»Gott setzte den Menschen
in den Garten Eden,
damit er ihn bebaue und bewahre«

1. Buch Moses, 2,15

D1619490

Inhalt

Einführung

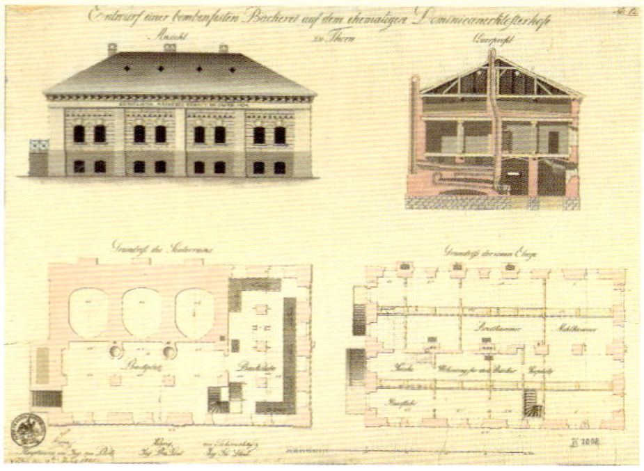

I Die Entwicklung der staatlichen Bauverwaltung von den Anfängen der Institutionalisierung bis zum Ende der Monarchie

II Von der Ersten Deutschen Republik bis zur Nazi-Diktatur: Blüte und Untergang der staatlichen Bauverwaltung

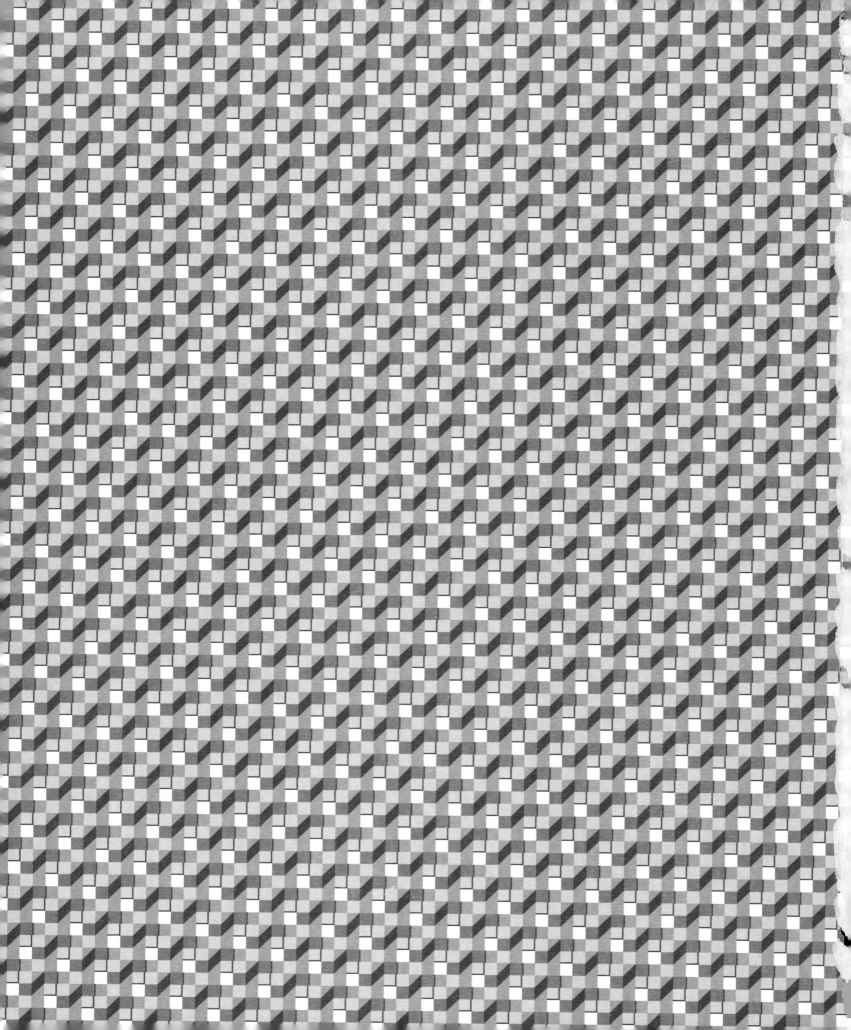

Andreas Kübler

Chronik Bau und Raum

Geschichte und Vorgeschichte des Bundesamtes für Bauwesen und Raumordnung

Impressum

Herausgeber

Bundesamt für Bauwesen
und Raumordnung

Verfasser

Andreas Kübler, Potsdam

Gestaltung

Joachim Dietl, Berlin

Bildbearbeitung

Bundesamt für Bauwesen
und Raumordnung
Ute Krüger, Rita Westerholt

Herstellung und Druck

Bundesamt für Bauwesen
und Raumordnung
Dienstleistungszentrum Druck

© 2007 Ernst Wasmuth Verlag,
Tübingen, Berlin,
Bundesamt für Bauwesen
und Raumordnung,
Andreas Kübler

Erschienen im

Ernst Wasmuth Verlag
Fürststraße 133
D - 72072 Tübingen
Tel. 0049-(0)7071-97550-0
Fax 0049-(0)7071-97550-13
www.wasmuth-verlag.de
2. Auflage
ISBN 978-3-8030-0667-7

Bundesamt
für Bauwesen und
Raumordnung

III

Die Demokratie baut: Staatliche Bauverwaltung und politische Repräsentationsarchitektur bis zum Umzug der Bundesregierung nach Berlin

IV

Umzug der Hauptstadt – Repräsentationsbauten der Berliner Republik

V

Der Fusionspartner der Bundesbaudirektion: Die Bundesforschungsanstalt für Landeskunde und Raumordnung

VI

Die Fusion der Bundesbaudirektion mit der Bundesforschungsanstalt für Landeskunde und Raumordnung

VII

Anhang

Geleitwort des Präsidenten des Bundesamtes für Bauwesen und Raumordnung

Der öffentlichen Hand den Zeichenstift führen

Das Wechselspiel von öffentlichen Bauten und Plätzen mit privaten Wohn- und Gewerbebauten prägt seit alters her das Bild der europäischen Stadt. Stadtbaumeister, Dombaumeister, Hofarchitekten und Bauräte waren es, die der öffentlichen Hand den Zeichenstift führten. So entstanden über Jahrhunderte Burgen, Kirchen, Rathäuser und Schlösser, Theater, Museen und Stadien, Straßen, Brücken, Plätze und Parks, die besten unter ihnen heute Denkmäler oder gar Weltkulturerbe.

War der historische Baumeister noch Handwerker und Künstler, Architekt, Ingenieur und Bildhauer in einem, teilt sich der ideelle Gesamtbaumeister der Neuzeit in vielfältige Berufszweige. Geblieben aber ist das einzige Werk und die besondere Aufgabe des öffentlichen und staatlichen Bauens.

Die Herrscher aller Jahrhunderte haben es verstanden, mit dem Nutzen und Zweck ihrer Bauwerke auch Zeichen ihres Willens und Wollens zu setzen. Mit dem Sinn für Schönheit haben sie zugleich bleibende Zeugnisse ihrer Kultur hinterlassen, die im Maßstab 1:1 viel unmittelbarer und anschaulicher als Bilder und Bücher auf die Menschen wirken. Die imponierende, einschüchternde und verführerische Wirkung von Bauwerken haben sich die Diktaturen des 20. Jahrhunderts zunutze gemacht. Für die Nordsüdachse der »Welthauptstadt Germania« wurden bereits wertvolle Berliner Stadtviertel ausradiert, bevor Bombenteppiche die Zerstörung fortsetzten. Für »Berlin – Hauptstadt der DDR« wurden Schinkels Bauakademie und Schlüters Schloss gesprengt, um einer sozialistischen Ost-Westachse Platz zu machen.

In der Bundesrepublik tat sich die »Demokratie als Bauherr« in der provisorischen Hauptstadt Bonn zunächst schwer. Noch die knappe Entscheidung des Bundestages für einen Umzug in die alte Hauptstadt Berlin zeigte, wie die Abgeordneten der wiedervereinigten Nation zögerten, die gewonnene Souveränität in einer richtigen Hauptstadt mit entsprechenden Parlaments- und Regierungsbauten zur Schau zu stellen. Das Reichstagsgebäude, »dem deutschen Volke« als Sitz des Bundestages wiedergegeben und mit seiner neuen Kuppel das Wahrzeichen der Berliner Republik, lockt einen unablässigen Besucheransturm. Er zeigt die Freude der Bevölkerung aus Ost und West, den diese an ihrer wiedervereinigten Hauptstadt und deren alten und neuen Bauten hat. Indem sie Identität und Autorität stiften, machen diese Bauten Staat. Darin liegt die staatspolitische Bedeutung von Regierungs- und Parlamentsarchitektur auch in der Demokratie.

Staatliche Bauten sollen Vorbild sein, in ihrer Wirtschaftlichkeit, Zweckmäßigkeit, Lebensdauer, Verträglichkeit mit Stadt und Umwelt und in ihrer Architektur. Dies sind hohe Ansprüche, denen die staatliche Bauverwaltung nur gerecht wird durch fachkundiges Zusammenwirken mit den künftigen Nutzern der Gebäude sowie ihren Partnern am Bau, den Architekten und Ingenieuren, den Bauunternehmern und Handwerkern. Ohne eine gute Partnerschaft aller am Baugeschehen Beteiligten geht es nicht. Und die Auswahl guter Partner geht nicht ohne Wettbewerb, seien es der Architekten- und Ingenieurswettbewerb oder die öffentliche Ausschreibung von Bauleistungen.

Die öffentliche Bauverwaltung des Bundes, der Länder und der Gemeinden ist in einem großen Umbruch begriffen. Dabei werden unterschiedliche Wege beschritten zu größerer Wirtschaftlichkeit und Eigenverantwortung und einem engeren Zusammenspiel mit der freien Wirtschaft.

Das Bundesamt für Bauwesen und Raumordnung ist entstanden aus der Vereinigung der Bundesbaudirektion, der Bundesforschungsanstalt für Landeskunde und Raumordnung und der Bauämter der Oberfinanzdirektion Berlin. Es vereinigt also theoretische und praktische Zweige – die Traditionen und Erfahrungen einer klassischen Baubehörde mit denen einer Einrichtung der Ressortforschung in Raumordnung und Städtebau. Durch Erweiterung des wissenschaftlichen Tätigkeitsfeldes um die europäische Dimension der Raumordnung sowie um die Felder Wohnungswesen, Bauwesen, Bauforschung, Architektur und Baukultur hat sich das Bundesamt zu einem umfassenden Kompetenzzentrum für Bau und Raum entwickelt. Seine Tätigkeit spiegelt sich in den Bauten des Bundes ebenso wie in vielfältigen Fachpublikationen und wissenschaftlichen Tagungen.

Es ist Sache der vorliegenden Chronik, die Geschichte und Vorgeschichte des Bundesamtes für Bauwesen und Raumordnung aufzuzeigen. In einer Zeit der Neudefinition staatlicher Aufgaben kann dieser Rückblick zu einem besseren Verständnis des staatlichen Planens, Bauens und Forschens verhelfen, und nicht zuletzt den Mitarbeitern des Bundesamtes zu einem besseren Selbstverständnis.

Florian Mausbach

Bonn/Berlin im Februar 2007

Geleitwort des Vizepräsidenten des Bundesamtes für Bauwesen und Raumordnung

Kontinuität im Wandel

Am 1. Januar 1998 wurde die Bundesbaudirektion (BBD) und die Bundesforschungsanstalt für Landeskunde und Raumordnung (BfLR) zu einem neuen Bundesamt, dem Bundesamt für Bauwesen und Raumordnung (BBR) fusioniert. Damit wurden unter dem damaligen Minister Klaus Töpfer die beiden einzigen nachgeordneten Behörden des damaligen Bundesministeriums für Raumordnung, Bauwesen und Städtebau zu einer zusammengelegt. Gründe dafür waren administrative Synergie-Effekte und inhaltliche Ansprüche auf erwünschte Gesamtschauen.

Zwei sehr unterschiedliche Behörden mit Traditionen, die weit über den Zeitpunkt der Gründung der Bundesrepublik hinausreichen, fanden sich unter einem Dach wieder.

Es wäre überzogen zu sagen, dass auf diese Weise zwei im Sinne C. P. Snows gegensätzliche Kulturen zu einer umfassenden umgeformt werden konnten. Vielmehr wurden baufachliche und administrative Strukturen – um den planerischen Entwurf verkürzt – mit einer analytisch, konzeptionellen Tradition – um das forscherische Element zu Gunsten einer administrativen Serviceorientierung beschnitten – zu einem neuen Tertium zusammengelegt, dessen gemeinsamer Nenner die administrative Zuarbeit für das Ministerium war und ist. Im Prinzip eine durchaus anspruchsvolle Orientierung, allerdings ist deren Farbigkeit und Originalität, ja deren Identität und Identifizierbarkeit, insbesondere von außen, immer noch bestimmt durch die forscherischen und gestalterischen Wurzeln beider Ursprünge.

Diese Chronik zeichnet die jeweiligen Herkünfte der beiden »Amtskulturen« nach. So gerüstet kann die Leserin/der Leser sich ein eigenes Urteil über die Sinnhaftigkeit dieser Gründung bilden. Vor allem aber erfahren sie etwas über Anspruch und Wirklichkeit zweier Bundesbehörden, die in ihren Fachgebieten eine durchaus deutlich erkennbare Stellung einnahmen. Die aktuellen Arbeiten des BBR sind ablesbar an den Bauten und den Publikationen, die es betreut, beziehungsweise herausbringt.

Es sollte aber nicht vergessen werden zu erwähnen, dass nach nicht einmal 10 Jahren der Existenz dieses Amtes wieder über eine Neubestimmung nachgedacht wird.

Wendelin Strubelt

Bonn im Februar 2007

Vorwort und Danksagung

Die staatliche Bauverwaltung in ihrer heutigen Form wurde 1930 gegründet. Die Wurzeln reichen allerdings bis in die friderizianische Epoche zurück. Seit 1770 wurden unterschiedliche Wege begangen, um dem Wildwuchs beim öffentlichen Bauen Einhalt zu gebieten. Dabei wurden auch Sackgassen und Einbahnstraßen eingeschlagen. Die Stein-Hardenbergschen Reformen zu Beginn des 19. Jahrhunderts und die bürgerliche Revolution von 1848 markieren Zäsuren in der Entwicklung einer zentralen Bauinstanz, die sowohl ästhetischen als auch fiskalischen Aspekten politischer Repräsentationsarchitektur gerecht werden sollten. Die Gründung des Deutschen Reiches 1871 erweiterte zunächst die Zuständigkeit preußischer Behörden auf ganz Deutschland. Ein unglaublicher Kompetenzwirrwarr bei gesamtstaatlichen Bauaufgaben konnte erst am Ende der Weimarer Republik mit der Gründung der Reichsbaudirektion beendet werden, die als Bundesbaudirektion nach dem II. Weltkrieg wiederbegründet wurde.

Die Raumordnung als weitere Säule des Bundesamtes für Bauwesen und Raumordnung wurde 1935 erstmals institutionalisiert und war eine Gründung der nationalsozialistischen Blut-und-Boden-Politik. Sie emanzipierte sich erst spät von ihren totalitären Wurzeln, wurde dann aber zu einem wichtigen Instrument des Sozialstaates in seinem Bemühen, gleichwertige Lebensverhältnisse in ganz Deutschland herzustellen, ein Bemühen, das mit der Wiedervereinigung eine ganz neue Dimension erhielt und, erweitert um den Aspekt der europäischen Integration, bis heute die größte Herausforderung darstellt.

Die beiden Institutionen, die sich in der Bundesrepublik Deutschland mit den wichtigsten staatlichen Repräsentationsbauten und den wissenschaftlichen Grundlagen der Raumordnungspolitik befassten, die Bundesbaudirektion und die Bundesforschungsanstalt für Landeskunde und Raumordnung, fusionierten 1998 zum Bundesamt für Bauwesen und Raumordnung. Diese Fusion war Anlaß, sich in Form einer »Chronik Bau und Raum« mit beiden Behörden und deren Vorgängerinstitutionen zu befassen. Mittlerweile sind auch die Organisationsuntersuchungen zur Vollendung der Fusion und die Zusammenlegung des Bundesamtes für Bauwesen und Raumordnung mit den beiden Bauämtern der Oberfinanzdirektion Berlin abgeschlossen und haben Eingang in diese Chronik erhalten. Das Bundesamt für Bauwesen und Raumordnung mit seinen beiden Standorten in Bonn und Berlin und seinen rund 1.200 Beschäftigten leistet heute Hervorragendes als staatlicher Bauherrenvertreter und als wissenschaftlicher Politikberater in Fragen der Raumordnung, des Bau- und Wohnungswesens und des Städtebaus und stellt sich den Anforderungen einer kosten- und leistungseffizienten Struktur.

Die »Chronik Bau und Raum« verdankt ihr Entstehen der Unterstützung durch den Präsidenten und den Vizepräsidenten des Bundesamtes für Bauwesen und Raumordnung, Florian Mausbach und Prof. Dr. Wendelin Strubelt, außerdem der engagierten und kompetenten baufachlichen Beratung durch den Mitarbeiter der Technischen Aufsichtsinstanz und des späteren Koordinierungsbüros, Hans-Dietmar Rudolph, sowie durch den langjährigen Leiter der Bibliothek der Bundesforschungsanstalt für Landeskunde und Raumordnung, Dr. Jost Weber, für den Forschungsbereich. Ihnen gilt an dieser Stelle mein herzlicher Dank. Die »Chronik Bau und Raum« stützt sich weitgehend auf bislang noch nicht veröffentlichtes Quellen- und Bildmaterial. Für Quellenzugang und Literaturhinweise danke ich dem Geheimen Staatsarchiv Preußischer Kulturbesitz, besonders Dr. Reinhart Strecke, dem Bundesarchiv Koblenz und Berlin, dem Deutschen Historischen Museum in Berlin, der Stiftung Preußischer Kulturbesitz und den Staatlichen Museen zu Berlin Preußischer Kulturbesitz, dem Brandenburgischen Landesamt für Denkmalpflege und Archäologischem Landesmuseum in Zossen, dem Landesarchiv Berlin, dem Brandenburgischen Landeshauptarchiv in Potsdam, der Staatsbibliothek zu Berlin Preußischer Kulturbesitz, dem Presseservice und dem Archiv der Stadt Bonn und der Bundesbildstelle.

Für die wertvolle Beratung und die zahlreichen Hinweise danke ich Prof. Dr. Dorothée Sack von der Technischen Universität Berlin, Prof. Dr. Wolfgang Schäche von der Technischen Fachhochschule Berlin, Harry Hirsch, Dr. Olaf Asendorf vom Bundesamt für Bauwesen und Raumordnung und Kristian Röttger, der aufmerksam das Manuskript redigierte. Für die anspruchsvolle Bildbearbeitung und Drucklegung danke ich Ute Krüger und Rita Westerholt sowie Werner Ramm und seinem Team vom Dienstleistungszentrum Druck des Bundesamtes für Bauwesen und Raumordnung. Mein Dank für hilfreiche Tips und die Unterstützung bei der Materialsuche gilt auch den vielen ungenannten Kolleginnen und Kollegen der Behörde und des Bundesministeriums für Verkehr, Bau und Stadtentwicklung.

Ein ganz persönlicher Dank sei mir hier zum Schluß gestattet. Er gilt meiner Frau Josephine, die mir Freiräume und Ruhe bei der wissenschaftlichen Recherche und Niederschrift dieses Buches verschaffte, als Germanistin bei der Redaktion der Chronik hilfreich zur Seite stand und mich in schwierigen Zeiten unterstützte.

Andreas Kübler

Potsdam im Februar 2007

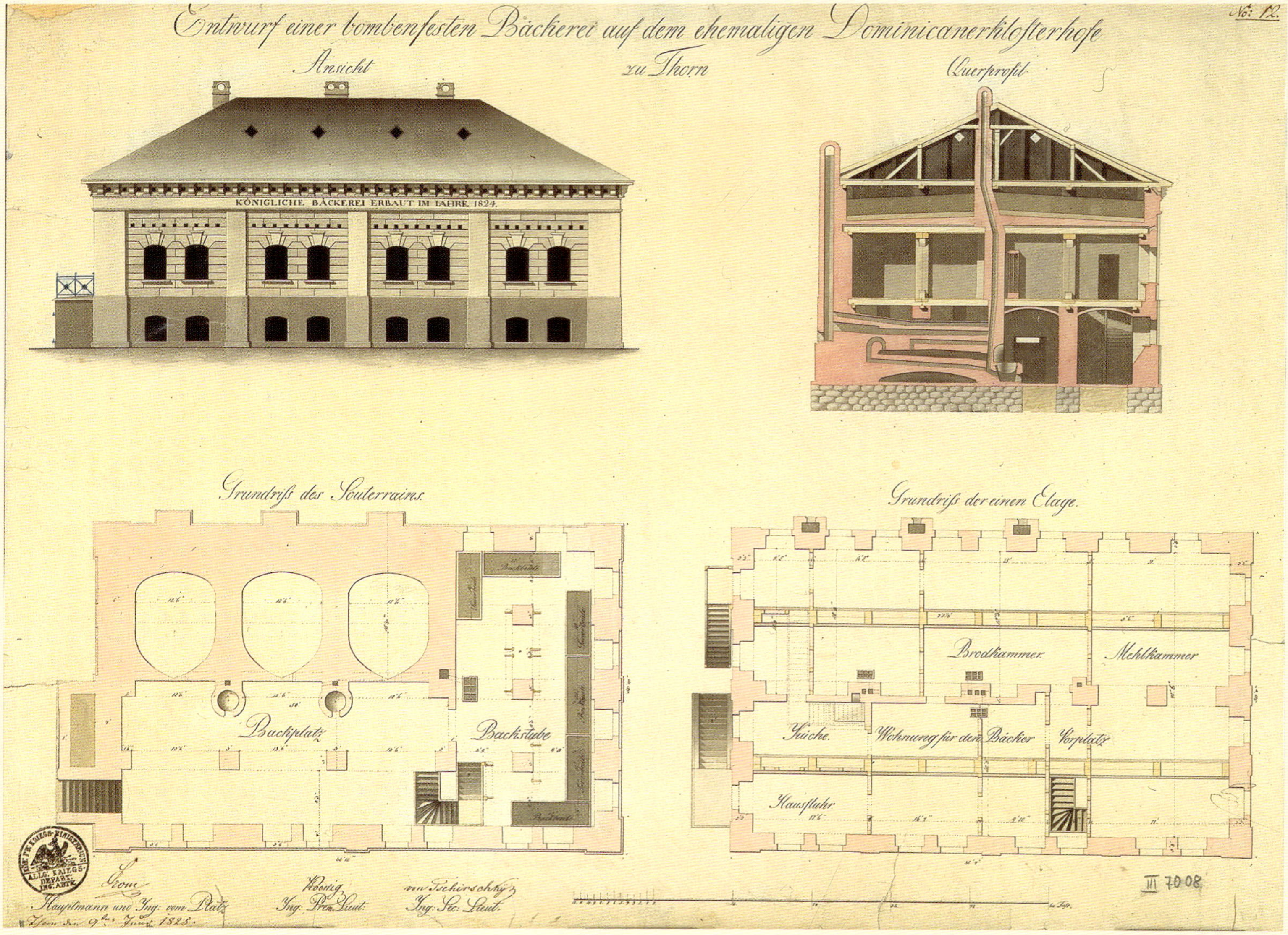
Entwurf einer bombenfesten Bäckerei auf dem ehemaligen Dominicanerklosterhofe
No: 12.
Ansicht
zu Thorn
Querprofil
KÖNIGLICHE BÄCKEREI ERBAUT IM JAHRE 1824.
Grundriß des Souterrains.
Grundriß der einen Etage.
Backplatz
Backstube
Brodkammer
Mehlkammer
Küche.
Wohnung für den Bäcker
Vorplatz
Hausflur
Hauptmann und Ing: vom Platz
Ing. Prem. Lieut.
Ing. Sec. Lieut.
III 7008

I

II

III

IV

V

VI

Die Entwicklung der staatlichen Bauverwaltung von den Anfängen der Institutionalisierung bis zum Ende der Monarchie

Einführung – Der Blick zurück

Der durch Architektur und Kunst geprägte Ausdruck politischen Prestiges erhielt nach dem Dreißigjährigen Krieg einen starken Impuls. Louis XIV, der »Sonnenkönig«, setzte 1661 mit dem barocken Monumentalschloß seines Hofarchitekten Louis Le Vau in Versailles einen machtvollen Akzent, dem fortan alle europäischen Herrscher nacheiferten. Doch dauerte es rund fünfzig Jahre, bis diese sich von den ökonomischen Auswirkungen des Dreißigjährigen Krieges erholt hatten. Das Jahr 1648 hatte einen Erschöpfungsfrieden gebracht und die kriegführenden zentraleuropäischen Staaten als Verlierer hinterlassen. Politisch bedeutete 1648 aber besonders für Deutschland eine Zeitenwende. Die Kurfürsten, Könige und Fürsten des Deutschen Reiches emanzipierten sich von der kaiserlichen Oberhoheit und schufen eigene, auch architektonische Symbole ihrer Macht. Die unterschiedliche Dichte von heute in Deutschland erhaltenen baulichen Meisterleistungen liegt vor allem in dem enormen Bedeutungsgefälle der bis zu 378 Staaten begründet, die bis in das 18. Jahrhundert auf deutschem Boden existierten. Nicht jeder dieser Staaten hatte die Größe und Wirtschaftskraft, um mit kunstvollen Bauten repräsentieren zu können.

Trafen diese Faktoren aber zusammen und kam Kultiviertheit und Anspruchshaltung des jeweiligen Herrschers hinzu, konnte Meisterliches vollbracht werden, zum Beispiel in Sachsen: Unter August dem Starken entfaltete Daniel Pöppelmann hier seine in Rom, Neapel und Paris erworbenen Baukenntnisse. Dresden verdankt ihm die glänzendsten und phantasievollsten Schöpfungen des Rokoko, als dessen anmutigstes Beispiel der Zwinger gilt. Pöppelmanns preußisches Pendant war Georg Wenzeslaus von Knobelsdorff, der nach dem Tod des Hofbaudirektors Andreas Schlüter erster Architekt im noch jungen Königreich Preußen wurde. Knobelsdorff entwickelte sich unter seinem Gönner Friedrich dem Großen zum Hauptmeister des preußischen, vom Klassizismus beeinflußten Rokoko und schuf neben einem Flügel des Schlosses Charlottenburg und der Deutschen Staatsoper Unter den Linden das Schloß Sanssouci in Potsdam. Ein weiteres Beispiel, diesmal aus dem süddeutschen Raum: Ohne Mäzenatentum – und Hang zur Selbstinszenierung – des Fürstbischofs Johann Philipp von Schönborn wäre auf dem 50-DM-Schein kein Treppenhaus zu sehen gewesen: Der Fürstbischof schickte den jungen, aufstrebenden Architekten Balthasar Neumann zu einer Bildungsreise nach Italien und Frankreich. Von dort zurückgekehrt, schuf dieser – in Anlehnung an Versailles – die prachtvolle Würzburger Residenz und prägte das barocke Franken. Die Zusammenhänge zwischen architektonischer Symbolik und politischem Machtanspruch bishin zur Einschätzung der Semiotik, daß die gesamte Architektur eine Zeichensprache sei, sind hinreichend analysiert und müssen nicht weiter ausgeführt werden.[1]

In den Kriegen des 18. und frühen 19. Jahrhunderts hatten sich die europäischen Großmächte der Neuzeit herausgebildet bzw. ihre Stellung gefestigt. Dazu gehörte neben Rußland, Frankreich, Großbri-

Schloss Sanssouci in Potsdam in einer Aufnahme aus der Vorkriegszeit.

tannien und Österreich-Ungarn das aufstrebende Preußen. Auf deutschem Boden hatten sich auch die Königreiche Hannover, Sachsen, Bayern und Württemberg sowie die Großherzogtümer Baden und Hessen behauptet. Parallel dazu zerfiel die Habsburger Kaisermacht zusehends und beschränkte sich letztlich auf die eigenen Erblande. Das Ende des Heiligen Römischen Reiches Deutscher Nation wurde auf Druck Napoleons 1806 besiegelt. Der Wiener Kongress schuf 1815 gut drei Dutzend überlebensfähige deutsche Staaten und löste damit die Kleinstaaterei von mehreren hundert souveränen Einzelterritorien ab.

Mit der Vergrößerung der Staaten stieg nicht nur der Repräsentationsanspruch ihrer Herrscher, sondern auch die Bautätigkeit und der Verwaltungsaufwand. Vergrößerte Populationen, die Notwendigkeit erhöhter Militärpräsenz, der Ausbau der Städte in der Frühindustrialisierungsphase bei gleichzeitiger Landflucht – das waren nur einige der Probleme und Aufgaben, mit denen die Staaten konfrontiert waren. Technische Entwicklungen im Transportwesen und auf militärischem Gebiet gingen einher mit komplexer werdenden Bauaufgaben – Wege- und Städtebau, Melioration, Tiefbau, Militäranlagen, Repräsentationsgebäude, Kultur und Kunst, Gesundheitswesen und Hygiene. Diese Zunahme staatlicher Bauaktivität führte zu einem Nachdenken über die Verwaltungsstrukturen. Bis in das ausgehende 18. und frühe 19. Jahrhundert hinein gab es keine staatlich gelenkte Bauverwaltung, die bis in die Provinzen reichte. Lediglich in den Residenzstädten lag die Bautätigkeit in den Händen von Festungs- oder Hofbaumeistern; Staats-

Die Baustelle von Schloss Versailles auf einem Ölgemälde von Adam Frans van der Meulen aus dem Jahre 1669.

Das Barockschloß als zentraler Bezugspunkt der ganzen Stadt: Ein Plan von Versailles aus dem Jahre 1789.

beamten, die in der Gunst des fürstlichen Bauherrn standen und umfassende Vollmachten besaßen. Ein Beispiel aus dem 16. Jahrhundert ist der Erbauer der Spandauer Zitadelle bei Berlin, Rochus Graf zu Lynar: Am Hofe des Kurfürsten Johann Georg von Brandenburg war er in Personalunion Kurfürstlicher Geheimrat, General und Gesandter, Oberartilleriemeister, Oberster Zeug- und Munitionsmeister und Oberster Baumeister. Die Ämterhäufung läßt sich auch bei allen späteren Hofarchitekten finden. So war zum Beispiel Knobelsdorff nicht nur ranghoher Militär, sondern auch Oberaufseher aller königlichen Gebäude und Geheimer Finanzrat.

Die Provinzen der einzelnen deutschen Staaten dagegen unterstanden, was die Bautätigkeit anging, keiner Zentralgewalt. Dort anfallende öffentliche Baumaßnahmen wurden von freiberuflichen Technikern und Architekten ausgeführt. Die einzelnen Provinzen beschäftigten allenfalls selbständige Baudirektoren, Landbaumeister und Bauinspektoren, die sich als Generalplaner wiederum – um im heutigen Sprachgebrauch zu bleiben – Subunternehmer für die einzelnen Gewerke suchten. Auch in Preußen[2] gehörten die Bau- und Wegeangelegenheiten lange nicht zu den ausgewiesenen Aufgabenbereichen der obersten preußischen Landesverwaltung.[3] Zwar hatte bereits Friedrich Wilhelm I. 1723 mit dem »General-Direktorium« eine Zentralbehörde mit mehreren Departements geschaffen.[4] Diese waren aber nicht nach fachlichen Kriterien, sondern ausschließlich nach regionalen Gesichtspunkten zusammengesetzt; so

In congenialer Zusammenarbeit schufen Balthasar Neumann und Giovanni Battista Tiepolo das Treppenhaus der Würzburger Residenz.

Pöppelmanns Zwinger, 1750 vom Elbkanal aus in Öl gemalt von Bernardo Bellotto.

war das 1. Departement beispielsweise für die Herzogtümer Preußen und Pommern sowie die Neumark zuständig.[5] Im Laufe der Zeit übernahmen diese Provinzialdepartements auch gesamtstaatliche, das ganze Königreich Preußen betreffende Aufgaben, so das 1. Departement alle Angelegenheiten der Grenz-, Räumungs- und Rodungssachen. Ein anderes Departement war für das Post- und Münzwesen, ein weiteres für Kassen- und Proviantsachen zuständig. Je mehr Kompetenzen die Provinzialdepartements erhielten, um so notwendiger wurde eine vollständige Neustrukturierung der Staatsverwaltung, bei der die gesamtstaatlichen Aufgaben den Provinzialdepartements entzogen werden und in eigenständigen »Fachdepartements« gebündelt werden sollten. So entstand im Jahre 1740 das erste Fachdepartement. Dieses merkantilistische Sonderdepartement für Handel und Manufakturen wurde »Fabrikendepartement« benannt und als 5. Departement der bestehenden Organisationsstruktur hinzugefügt.

Die Bauangelegenheiten verblieben jedoch zunächst in der Zuständigkeit der Regionalverwaltung, den Provinzialdepartements, die die Baumaßnahmen in ihren Provinzen jeweils selbständig betreuten. Auch hier waren sie aber nicht fest institutionalisiert, sondern wurden nur fallweise betrachtet und in den der Zentralbehörde nachgeordneten Kriegs- und Domänenkammern[6] bearbeitet. Diese waren jeweils für eine Provinz zuständig, »ohne daß eine Oberaufsicht über das gesamte Bauwesen aller Provinzen stattfand.«[7] Ludwig Zitelmann, erster Professor für Arithmetik, Trigonometrie, Geometrie und Feldmessen an der 1799 gegründeten Bauakademie, schildert in seinem Rückblick auf die preußische Bauverwaltung des 18. Jahrhunderts eingängig die Auswirkungen dieser fehlenden Zentralinstanz für das staatliche Bauwesen:

»Die natürliche Folge dieser einseitigen Verwaltung eines sehr wichtigen Zweiges des Finanzwesens war die, daß der Zustand der Bauverfassung der Provinzen so verschieden als die Geschicklichkeit und Thätigkeit der einzelnen Bau-Direktoren war, daß in der einen Provinz vielleicht wesentliche Verordnungen und Verbesserungen derselben gemacht wurden, indeß eine andere den alten fehlerhaften Schlendrian beibehielt, und daß also gar keine allgemeine Vorschriften, die das ganze des gesammten Bauwesens aller Provinzen betrafen, vorhanden seyn konnten, folglich die nöthige Einheit fehlte. Nie konnte auf diesem Wege und unter diesen Verhältnissen, selbst nur die praktische Baukunst in den Preußischen Landen irgend einen Grad an Vollkommenheit erreichen, noch weniger war wissenschaftliche, auf Theorie sich gründende Ausbildung derselben zu erwarten, und doch ist beides so nothwendig, wenn nicht beträchtliche Summen durch Unwissenheit unnütz verschwendet, die Forsten verwüstet, und also in beider Rücksicht der Staat unendlich leiden soll.«[8]

Friedrich der Große erkannte diesen Mißstand und versuchte, ihn bereits in seinem ersten Reformpaket kurz nach seiner Krönung zu beheben: Er schuf 1742 den Posten eines »Oberbaudirektors« als fachmännische Instanz zur Begutachtung und Genehmigung aller Pläne und Kostenvoranschläge, die fortan von den Verwaltungsbehörden der Provinzen und Städte vorgelegt werden mußten. Der Oberbaudirektor war formal dem zwei Jahre zuvor errichteten Fabrikendepartement zugeordnet. Erster Oberbaudirektor mit – wie schon erwähnt – umfassenden Vollmachten wurde Friedrichs Freund aus Rheinsberger Tagen,

Spandauer Zitadelle, erbaut von Rochus Graf zu Lynar im 16. Jahrhundert.

Berlin zur Zeit Friedrichs des Großen auf einem kolorierten Kupferstich von J. Mynde.

Georg Wenzeslaus von Knobelsdorff, dessen Ernennung per Kabinettsordre am 31. Juli 1742 erging: *»S.K. Majestät in Preußen etc. haben aus höchsteigener Bewegung allergnädigst resolviret, dem von Knobelsdorff den Character vom Surintendanten aller königlichen Schlösser, Häuser und Gärten wie auch vom Directeur en chef aller Bauten in denen sämmtlichen königlichen Provinzien beizulegen […].«*[9]

Als mit Bauaufgaben befaßter »Sur-Intendant hatte er Sitz und Stimme im Generaldirektorium, war aber gleichzeitig mit seinem Geschäftsbereich dem König unmittelbar unterstellt. Dies zeigt zum einen die herausgehobene Position von Knobelsdorffs als Günstling Friedrich des Großen. Zum anderen verdeutlicht es aber auch die Wichtigkeit, die der König den staatlichen Bauaufgaben zumaß. Damit liefen erstmals alle projektierten Baumaßnahmen eines deutschen Staates – vom Schlossbau bis zur Windmühle, von den königlichen Parks bis zum Wegebau in der Provinz – an einer zentralen Stelle zusammen und wurden unter baufachlichen Gesichtspunkten und nach Kostenkriterien begutachtet. Es war ein erster Versuch, einheitliche Maßstäbe für öffentliches Bauen in Deutschland zu schaffen und Richtlinien vorzugeben. Von einer RBBau[10], den heutigen umfassenden »Richtlinien für die Durchführung von Baumaßnahmen des Bundes«, war Knobelsdorff allerdings noch zwei Jahrhunderte entfernt. Die Aufgaben des Oberbau-

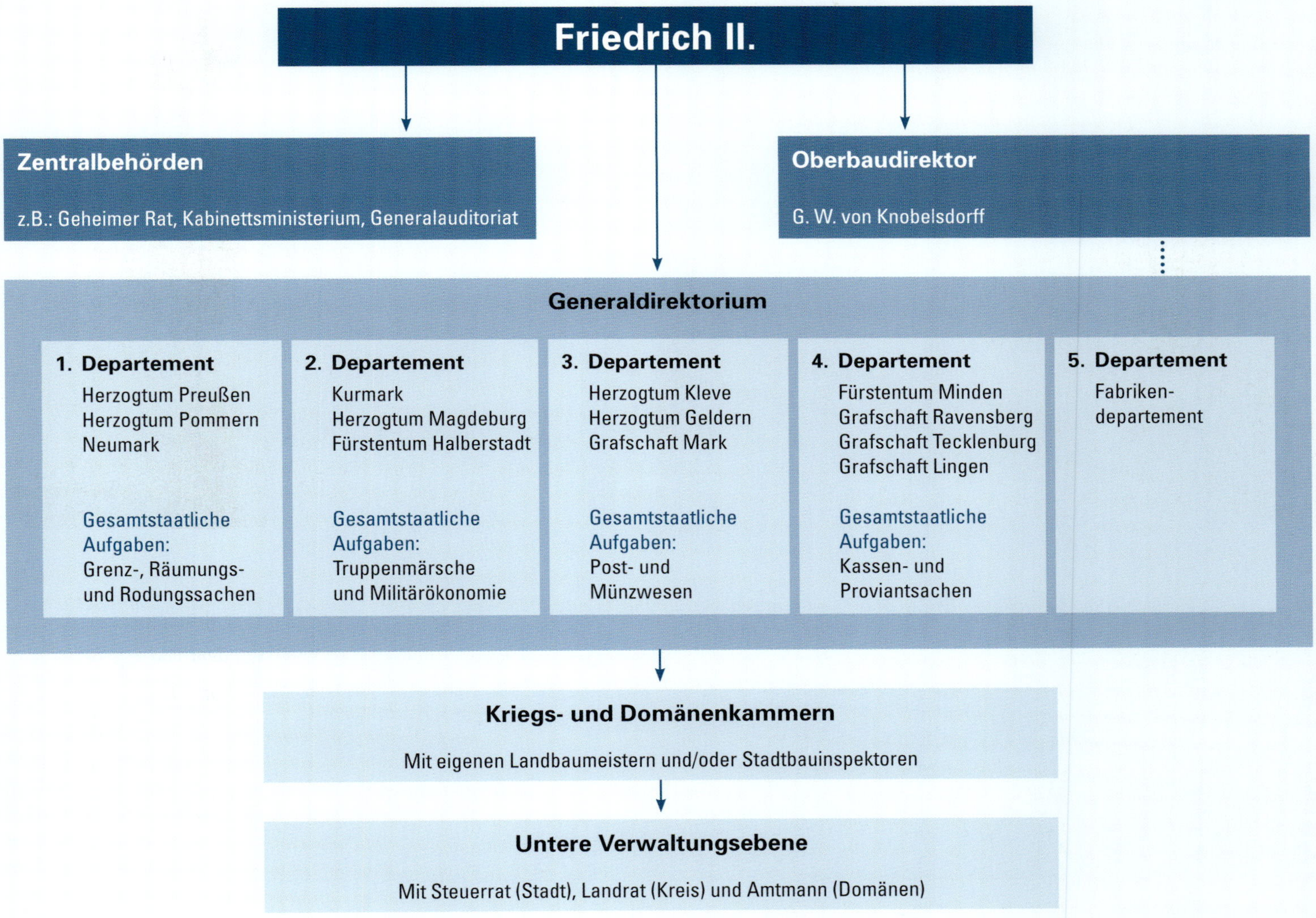

Die Graphik stellt die Organisation und Aufgabenverteilung der preußischen Staatsverwaltung nach 1742 dar.

Das Opernhaus Unter den Linden wurde in den Jahren 1741-1743 nach Plänen Georg Wenzeslaus von Knobelsdorffs erbaut. Auf dem Kupferstich von Johann Rosenberg aus dem Jahre 1773 ist auch die St. Hedwigskirche und im Vordergrund die hölzerne Opernbrücke über den Festungsgraben zu sehen.

direktors lassen sich mit viel gutem Willen zwar bereits als Anfänge einer Mittelinstanz bezeichnen, doch solange der »Schlendrian« in den Ortsinstanzen anhielt, halfen auch die besten Vorkontrollen nichts. Die Unzulänglichkeiten in der Bauausführung sah Zitelmann vor allem in der fehlenden technischen und wissenschaftlichen Ausbildung der im Bauwesen Tätigen begründet. Es fehlten einheitliche Vorgaben und Qualitätsmaßstäbe, Richtlinien und Fachkriterien, die zum Bauen befähigten. Zudem waren die Kapazitäten eines einzelnen Oberbaudirektors, der noch andere Aufgabengebiete betreute, schnell erschöpft. Friedrich II. selbst erkannte diese Unzulänglichkeiten bei zahlreichen Baustellenbesuchen und schimpfte häufig »von der Untüchtigkeit und von der pflichtvergessenen Treulosigkeit derer mehreren Baubediensteten«[11], von den »Schlingels [...], die keine Anschläge zu machen verstehen«[12] und kam schließlich zu dem vernichtenden Urteil:

»Alle unßere landtbauMeisters sindt Idiothen oder betriger, also erneuere ich die orders Ehrliche Mauer oder Zimermeisters zu solchen Bau zu Employiren. Paleste sindt nicht zu bauen, Sondern Schaf Ställe und Wirtschaftsgebeude, das kann ein Mauerer So guht als paladio.«[13]

Nach dem Siebenjährigen Krieg, der abermals mit einem Erschöpfungsfrieden 1763 endete, nahmen die Baumaßnahmen in Preußen noch einmal um ein Vielfaches zu: ganze kriegszerstörte Landstriche mußten wiederaufgebaut und Kolonistendörfer planmäßig angelegt werden – und das alles bei einer nach dem Krieg dramatischen Holzknappheit. Vordringlich war es auch, Straßen und Wege auszubauen und Landgewinnungsmaßnahmen durchzuführen. Ein Oberbaudirektor, dem auf Anordnung des Königs zudem alle in den Kriegs- und Domänenkammern einzustellenden Baubediensteten zur persönlichen Prüfung, Bewertung und Genehmigung vorzustellen seien, konnte diese Koordinierungsaufgabe für alle Provinzen nicht mehr bewältigen. Außerdem hatte die bisherige Erfahrung gelehrt, »daß das ganze Bauwesen theils durch Unwissenheit und Nachlässigkeit des größten Theils der Baubedienten, theils aus Bequemlichkeit, Vorurteilen und mancherley unlautere Ursachen und dem hinzugekommenen Mangel einer hinreichenden und gewissenhaften Aufsicht bei den Kriegs- und Domänenkammern und Kammer-Deputationen in größten Verfall und Unordnung gerathen«[14] war.

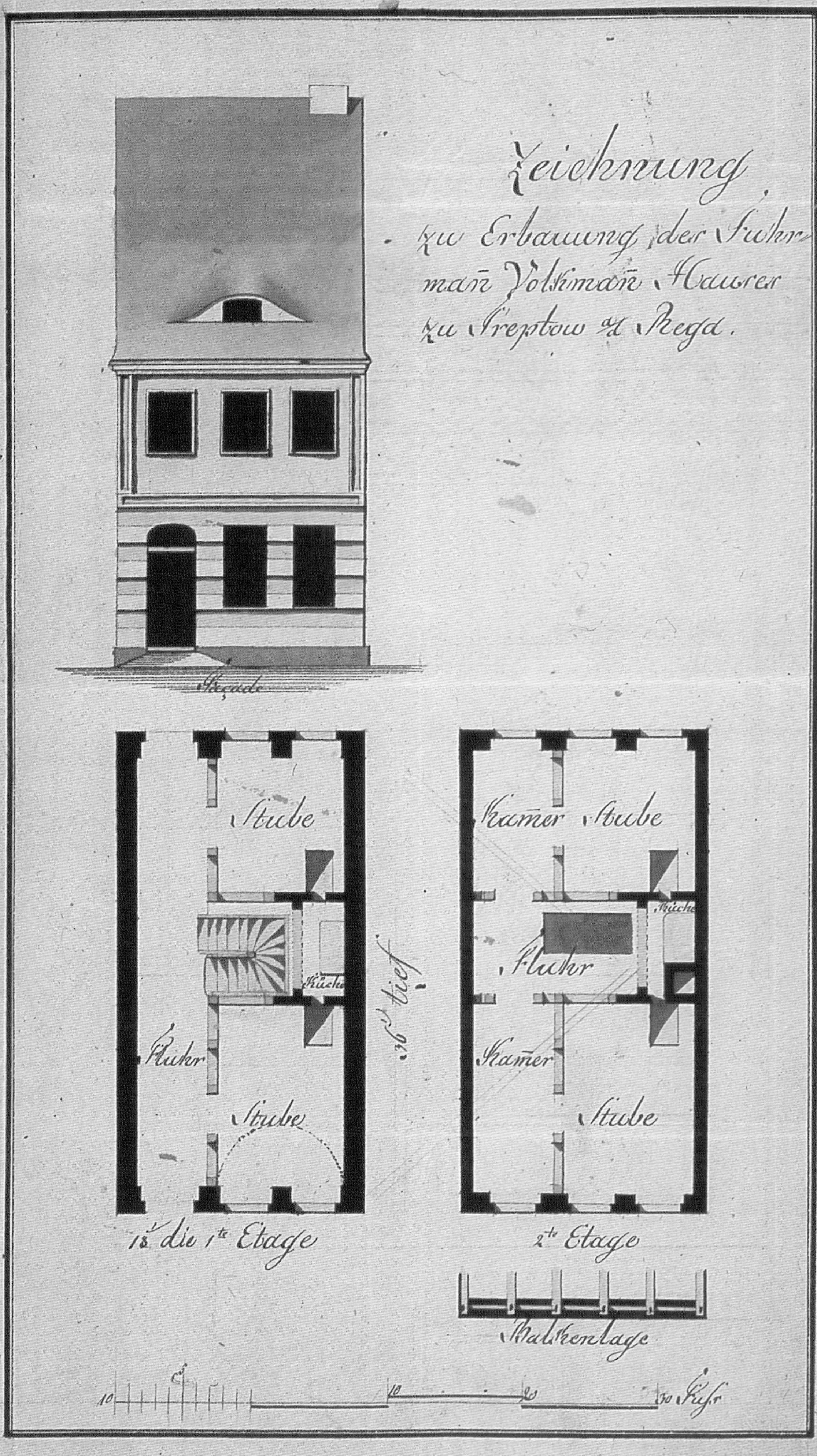

Landbaumeister Meyers Entwurf für ein Wohnhaus des Fuhrmanns Volkmann in Treptow a. d. Rega wurde im Jahre 1805 beim Oberbaudepartement zur Revision eingereicht und dort von Joachim Ludwig Zitelmann negativ bewertet, da die Pläne zahlreiche Mindestanforderungen nicht erfüllten.

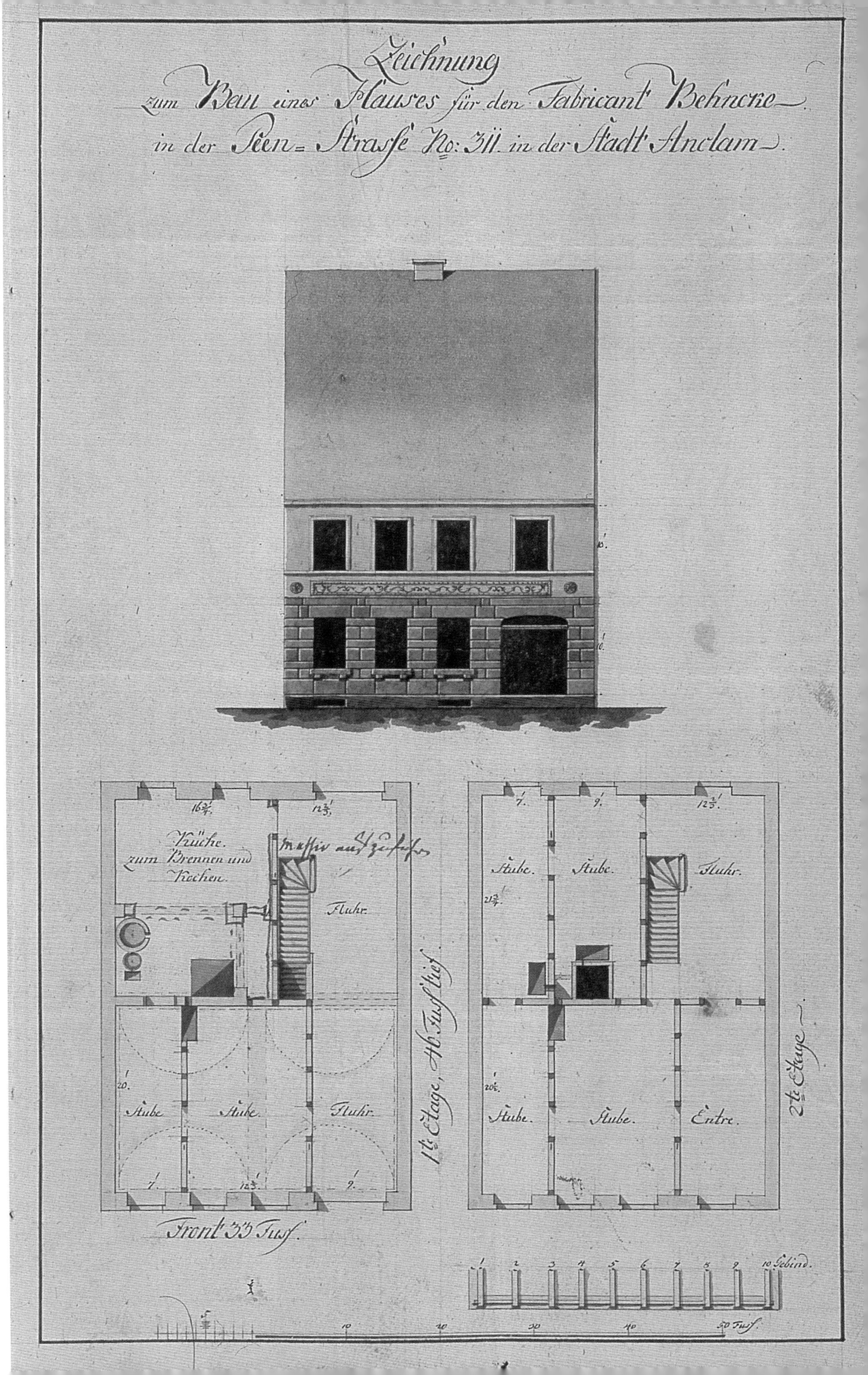

David Gilly prüfte diesen Entwurf des Landbaumeisters Kieck für das Wohnhaus des Dosenfabrikanten Behncke in Anklam aus dem Jahre 1805. Bauliche Korrekturen – hier zur Verbesserung des Brandschutzes – fügte er mit roter Tinte (»massiv auszuführen«) in die Zeichnung ein.

18 April 1770

[illegible] v. Hagen. v. d. Horst v. Derschau. 81

Da Seine Königliche Majestät in Preußen, Unser allergnädigster Herr, den Nachtheil für Höchst Dero Cassen und Forsten, welcher bis hero durch die mangelhafte Betreibung des Bau-Wesens bey den Krieges- und Domainen-Cammern, und durch die Unwißenheit, auch wohl gar Pflichtvergeßenheit des größten Theils der Bau-Bedienten, verursachet worden, fürs künftige verhüten, und alle solche Unordnungen schlechterdings abgestellet wißen wollen, und zu solchem Ende gut gefunden haben, zu Bearbeitung und Wahrnehmung aller vorkommenden Bau-Sachen, ein besonderes, von dem General-Directorio relevirendes Ober-Bau-Departement, vom 1.ten Juny dieses Jahres an zu etabliren, und die anliegende Instruction für daßelbe, zu vollziehen; So haben Allerhöchst Dieselbe solches, denen dirigirenden Etats-Ministres des General-Directorii, mit Verweisung auf den umständlichern Inhalt dieser Instruction, hierdurch bekandt machen, und selbigen aufgeben wollen, sich darnach überall auf das eigentlichste zu achten, und zur Erfüllung Höchst Dero heilsamen Intention hierunter, das erforderliche weiter wohl zu verfügen, bey denen Cammern und Deputationen, eine ähnliche Verfügung zu treffen, auch darüber zu aller Zeit, genau und eigentlich zu halten.

Potsdam, den 17.ten April, 1770.

Beyer.

An die Etats-Ministres des General-Directorii.

Seine Königliche Majestaet machen ihnen, Höchst-Dero Intention, wegen des, mit dem 1.ten Junii 1770. zu eröfnenden Ober-Bau-Departements allergnädigst bekandt.

42.) 4. N. April

Bauen in Preußen – Das Oberbaudepartement

So entschloß sich Friedrich der Große, an die Stelle des Oberbaudirektors eine eigene Behörde für diese Angelegenheiten zu setzen: Am 6. Mai 1770 wurde durch eine königliche Cabinetsordre das »Oberbaudepartement« als ein unmittelbarer Teil des Generaldirektoriums gestiftet. Obwohl es auf einer Hierarchieebene mit den fünf vorhandenen Ministerien, den »Departements«, errichtet wurde, hatte es doch nur den Rang einer nachgeordneten Behörde, nicht den eines Ministeriums. Jedem der fünf Minister stand für die Bauangelegenheiten, die sein Departement betrafen, der Vorsitz zu.[15] Eingeführt wurde es offiziell am 8. Juni 1770 durch den Geheimen Etats-Minister Freiherr von Massow. Die erste Zusammenkunft fand im oberen Geschoß der Königlichen Bank in der Jägerstraße statt. Dort hatte das Oberbaudepartement bis 1798 seinen Sitz.[16]

Die Nähe zum Finanzministerium wird durch die Erstbesetzung des zehnköpfigen Oberbaudepartements – alles ausgewiesene Verwaltungsbeamte – deutlich: Vier Finanzleuten, von denen zwei die beiden wichtigen Direktorenposten besetzten, standen fünf Baubeamte gegenüber.[17] Als Ehrenmitglied wurde Professor Lambert berufen, was in der Instruktion vom April 1770 folgendermaßen begründet wurde:
»In der Wissenschaft und Anordnung der Bauten noch manches eine genauere Ausmittelung erfordere, und noch viele Probleme über die Brauchbarkeit und Dauer der verschiedenen Baumaterialien im Lande, imgleichen der Art, nach Beschaffenheit derselben und der Bestimmung eines Gebäudes so zu bauen, daß an der Festigkeit nichts mangele, und doch zugleich solcher nicht ins überflüssige getrieben werde, aufzulösen wären, mithin überhaupt theoretische Gelehrte, die eine gute Stärke in der höheren Mathematik hätten, zur Excolirung vornehmlich der Wasserbaukunst und der übrigen Theile, vermittels wechselseitiger Communication der Ideen, Speculationen und Erfahrungen beitragen könnten.«[18]
Kurz: Ein wissenschaftliches Grundsatzreferat für Baufragen war geschaffen.

Mit der Errichtung des Oberbaudepartements war die erste technische Oberbehörde in Preußen entstanden. Ihr wurde die zentrale Kontrolle der gesamten preußischen Staatsbauverwaltung übertragen, sie hatte die Oberaufsicht über das Bauwesen aller Provinzen inne. Die rechtlichen, politischen und verfahrenstechnischen Gegebenheiten in den Einzelterritorien waren so unterschiedlich, dass eine Vereinheitlichung der Bauverwaltung nur gegen große Widerstände zu erreichen war. Schließlich waren die bislang geltenden Baureglements der Provinzen in harter Auseinandersetzung und nur unter Mitsprache der Stände ausgehandelt worden. Alle diese über Jahrhunderte weiterentwickelten Regelwerke galt es nun bei einer preußenweiten Vereinheitlichung zu berücksichtigen. Reinhart Strecke benennt aus den Akten des Geheimen Staatsarchivs Preußischer Kulturbesitz konkrete Beispiel für die Schwierigkeiten bei der landesweiten Vereinheitlichung der Regelwerke: »Der Einleitung zu der Wasser- und Uferordnung für den Rheinstrom mußte noch ein Plan zur Erklärung des Clevischen Wasserrechts vorausgestellt werden.«[19]

Die »Geburtsurkunde« des Oberbaudepartements: Anweisung Friedrichs II. vom 17. April 1770.

Im Obergeschoß der Königlichen Bank in der Berliner Jägerstraße – hier auf einem Stich aus dem Jahre 1765 – trat das Oberbaudepartement am 8. Juni 1770 zu seiner konstituierenden Sitzung zusammen. Bis 1798 hatte es hier seinen Sitz.

Rechte Seite oben: Im »Berlinischen Intelligenz-Zettel« vom 10. Mai 1770 wurde die Gründung des Oberbaudepartements öffentlich verkündet.

Rechte Seite unten: Diesen Entwurf für ein Wohngebäude für 20 Familien am Oranienburger Tor in Berlin reichte der spätere kurmärkische Baudirektor Siebicke 1789 zur Genehmigung beim Oberbaudepartement ein.

Die nachgeordneten Bereiche des Oberbaudepartements wurden streng hierarchisch organisiert und mit fachlich qualifizierten Männern besetzt: An die Spitze der einzelnen Provinzverwaltungen, der Kriegs- und Domänenkammern, wurde nun ein Baudirektor als »Provincial-Baumeister« gestellt, der im Gegensatz zu früher durch eine Fachprüfung ausgewiesen sein sollte.[20] Die Auswahl konnte sich sehen lassen: So wurde für die Provinz Schlesien Carl Gotthard Langhans ausgewählt, zum Baudirektor für Pommern wurde David Gilly ernannt.[21] Diese Baudirektoren der einzelnen Provinzen waren dem Oberbaudepartement direkt unterstellt, sie sollten »für die untadelhafte Ausführung der Bauten verantwortlich seyn.«[22] Unter den Baudirektoren rangierten die »Bau-Inspektoren« in den Städten und die »Land-Bau-Meister« auf dem flachen Land. In ihren Händen lag die Bauleitung vor Ort und die Anweisung der Handwerker.[23]

Welche Fülle von Maßnahmen damals zum staatlichen Bauwesen gehörte und damit in der Kompetenz des Oberbaudepartements lag, führt die Instruktion von 1770 auf:

»I. **Zum Maschinenbau,**

a. sämmtliche Wasser-, Wind- und Roß-Mühlen,

b. sämmtliche Künste und Maschinen der Salz-, Berg- und Hütten-Werke,

c. sämmtliche Wasserkünste, als Saug- und Druckwerke, Wasser-Pumpen, Wasser-Leitungen von Röhrstrecken und Brunnen, wie auch

d. sämmtliche Feuerspritzen.

II. **Zum Domainenbau,**

a. sämmtliche Domainenbauten, als Wohnhäuser, Scheunen, Stallungen etc.,

b. die Salzkoten-Anlagen und Gebäude, Gradierhäuser und Zubehör,

c. sämmtliche Brückenbauten,

d. die Fabrikenbauten,

e. die Anlagen von Colonien,

f. die Magistratsbauten,

g. die geistlichen Bauten, als Kirchen und Schulen, auch übrige öffentliche Anstalten, imgleichen

h. sämmtliche Vermessungssachen.

III. **Zum Wasserbau,**

a. sämmtliche Dämme, Buhnen, Pack- und Bleeßwerke und Verbesserungen an Strömen,

b. die Schleusenbauten und Canäle,

c. die Garnisons- und Festungsbauten, Schiff- und fliegende Brücken über große Ströme,

d. sämmtliche Einschläge und Stacks von Strömen, auch deren Einschränkung,

e. die Schiffbarmachung und Vertiefung der Ströme und

f. sämmtliche ins Nivelliren einschlagende Sachen.

IV. **Zum Straßenbau,**

a. die Instandhaltung der Post- und Landstraßen,

b. die Instandhaltung des Steinpflasters in den Städten.«[24]

665

Berlinische Intelligenz-Zettel,
welche auf Sr. Königlichen Majestät allergnädigsten Special-Befehl zum Besten des Potsdamschen grossen Waysenhauses, und zum Nutzen und Bequemlichkeit des Publici, Dienstags, Donnerstags und Sonnabends ausgegeben werden.

1770. No. 56. Donnerstags den 10ten May.

AVERTISSEMENT.

Seine Königl. Majestät haben nach Höchst Dero unermüdeten Sorgfalt, zur künftigen desto gründlicheren Bearbeitung und Wahrnehmung aller vorkommenden Land- Wasser- Mühlen- und Machinenbau-Sachen, zur Verhütung des bisherigen Nachtheils, welcher sowohl Höchst Dero Cassen und Forsten, als selbst dem Publico, durch Unwissenheit und Gewinnsucht mancher Baubedienten und Baumeistere, ja! selbsten durch die negligirte Dauerhaftigkeit der Gebäude und schlechte Präparatur derer Bau-Materialien, den gantzen gemeinen Wesen verursachet worden, von bevorstehenden ersten Junii an, ein besonderes von Dero General-Ober-Finantz- Krieges- und Domainen-Directorio relevirendes Ober-Bau-Departement vor Dero sämmtliche Lande, allhier zu Berlin zu etabliren gut gefunden. Und bey demselben den Herrn Geheimen Finantz rc. Rath Struve zum Ersten, den in Forst-Sachen kundigen Herrn Krieges- und Domainen-Rath Voß zum Zweyten Director; den, wegen seiner vorzüglichen Stärcke in Wasserbau und übrigen mathematischen Wissenschaften berühmten Herrn Ober-Consistorial-Rath Silberschlag, nächstdem die Herren Krieges und Domainen-Räthe van Haerlem und Naumann, den Ober-Bau-Director Bonmann, den Ober-Berg-Rath Gerhard, den bisherigen im Examine vor Werckverständigen vorzüglich gut bestandenen Cammer-Referendarium Holsche und Bau-Inspector Seydel, als Ober-Bau-Räthe und Membra desselben, vorjetzo zu ernennen, sie sämmtlich mit besondern Gehältern zu begnadigen, diesem Departement auch dem Herrn Professor Lambert mit einer Pension als Membrum honorarium, in Absicht der höhern Mathesin, beyzuordnen; imgleichen diesem Ober-Bau-Departement zugleich die Verwaltung eines auf beständig gantz von neuen ausgesetzten jährlichen Fonds, zur mehreren

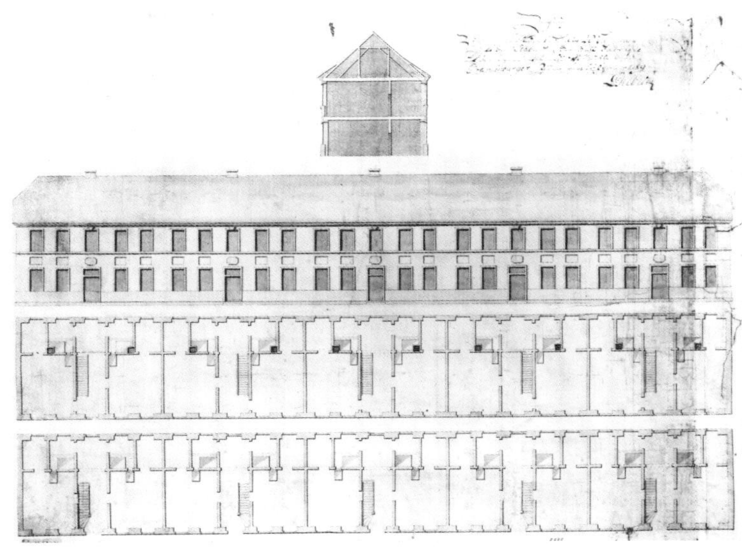

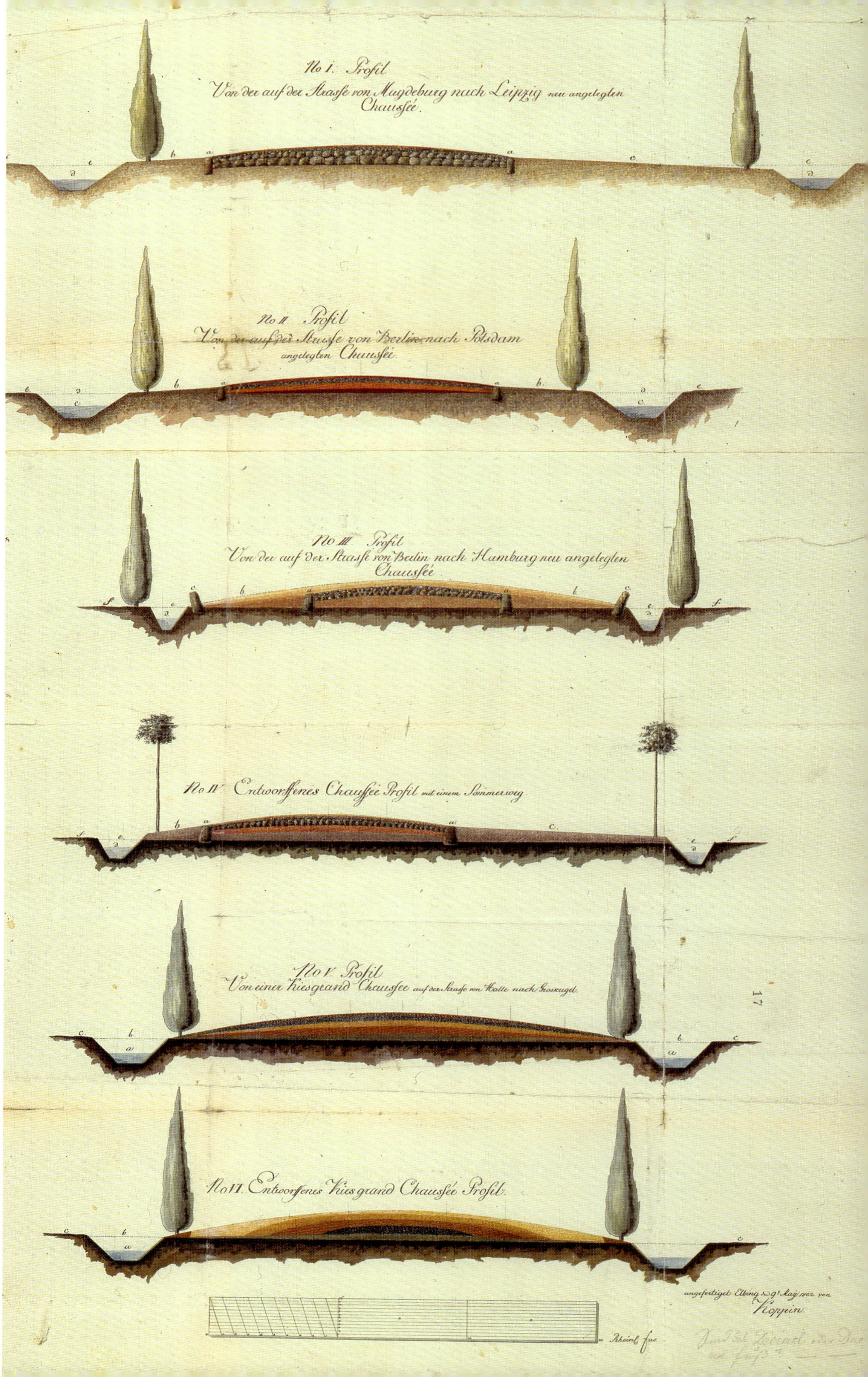

In dieser kolorierten Handzeichnung aus dem Jahre 1802 hielt der Königsberger Baubeamte Koppin als Ergebnis seiner Reisen durch die preußischen Provinzen verschiedene Chaussée-Profile fest. Sie dienten ihm als Anschauungsmaterial für den geplanten Chausseebau in Ostpreußen. Einheitliche Vorgaben für den Kunststraßenbau im gesamten Königreich gab die Bauverwaltung erst einige Jahre später heraus. Bis dahin wurden dem Oberbaudepartement von den einzelnen Provinzen sowohl in Ausführungsqualität als auch im Aussehen ganz unterschiedliche Chaussée-Entwürfe zur Revision vorgelegt.

Das Oberbaudepartement sollte jede Bautätigkeit, Projektierung und Finanzierung übernehmen. Im einzelnen mußten die Provinzen ihm alle Bauetats und -anschläge zur Prüfung vorlegen und dessen Zustimmung zur jeweiligen Baumaßnahme einholen.[25] Auch war die Behörde zu einem effizienten Kostenmanagement verpflichtet:

So *»sollte das Ober-Bau-Departement alle Anschläge ohne Ausnahme, welchen sowohl bei Neubauten als Hauptveränderungen Zeichnungen beigefügt werden müssen, mit Rücksicht auf die Nothwendigkeit des Baues prüfen und dahin sehen, daß überflüssige Gebäude abgeschaft und zu große eingeschränkt, auch die Gebäude an den schicklichsten Orten erbauet würden, imgleichen die veranschlagte Kosten revidiren und dem Befinden nach moderiren, jedoch dergestalt, daß es für die Zulänglichkeit der moderirten Kosten einstehen könne.«*[26]

Die »ansehnlichen Bauten« sollten vom Oberbaudepartement selbst abgenommen werden, bei »den minder wichtigen Bauten« sollten wenigstens die Abnahme-Protokolle der Provincial-Baumeister gründlich kontrolliert werden.[27] Die Baubehörde hatte außerdem die Aufgabe, die bislang unterschiedlichen regionalen Bauverordnungen zu vereinheitlichen.

So *»sollte das Ober-Bau-Departement vorzüglich dahin sehen, daß die bereits in den verschiedenen Provinzen existirende Instruktionen und Verordnungen genau befolgt würden; auch wenn solche nicht vollständig genug oder nicht mehr anpassend wären, neue und zweckmäßigere entwerfen.«*[28]

Auch Maßnahmen zur Qualitätssicherung waren in der Instruktion bereits festgeschrieben. Neben einer allgemeinen Förderung der Wissenschaft des Bauwesens

»würde sich das Ober-Bau-Departement ausserdem alle ersinnliche Mühe zu geben haben, Verbesserungen und nützliche Erfindungen in dem Bauwesen anzubringen und solches zu vervollkommen, den Fuschereien der Handwerker Einhalt zu thun, und dafür zu sorgen, daß nur geschickte Mauermeister, Zimmermeister etc. nach vorhergegangenem Examen angestellt würden.«[29]

Überhaupt legte die Instruktion viel über eine Verbesserung der bisher mangelhaften Ausbildung und Prüfung, besonders von Führungskräften, fest:

So *»sollten diejenigen, welche in den Provinzen als Baubediente placirt werden wollten, von dem Ober-Bau-Departement nach Beschaffenheit der Stellen, die sie bekleiden sollten, scharf geprüft werden, diejenigen aber, welche sich zu Bau-Direktor-Stellen meldeten, von der Ober-Examinations-Commission examinirt werden, zu welcher beständig Mitglieder des Ober-Bau-Departements gehören sollten. Damit es künftig nicht an geschickten Baumeistern fehle, sollten einige fähige Köpfe als Conducteurs, die geschicktesten von ihnen aber als Referendarien engagirt werden, welche bei den Bearbeitungen und Revisionen der Anschläge von den membris Collegii mit zugezogen, auch mit auf Commissionen genommen, sodann aber bei bewiesener Geschicklichkeit als Bau-Inspektoren und Landbaumeister, so wie die geschicktesten als Bau-Direktoren und Bau-Räthe der Provinzen versorgt, auch wenn sie vorzügliches Talent und wahre Neigung hätten, ihre Kenntnisse durch nützliche Reisen zu erweitern, selbigen ein Zuschuß zu den dazu erforderlichen Kosten bewilligt werden sollte.«*[30]

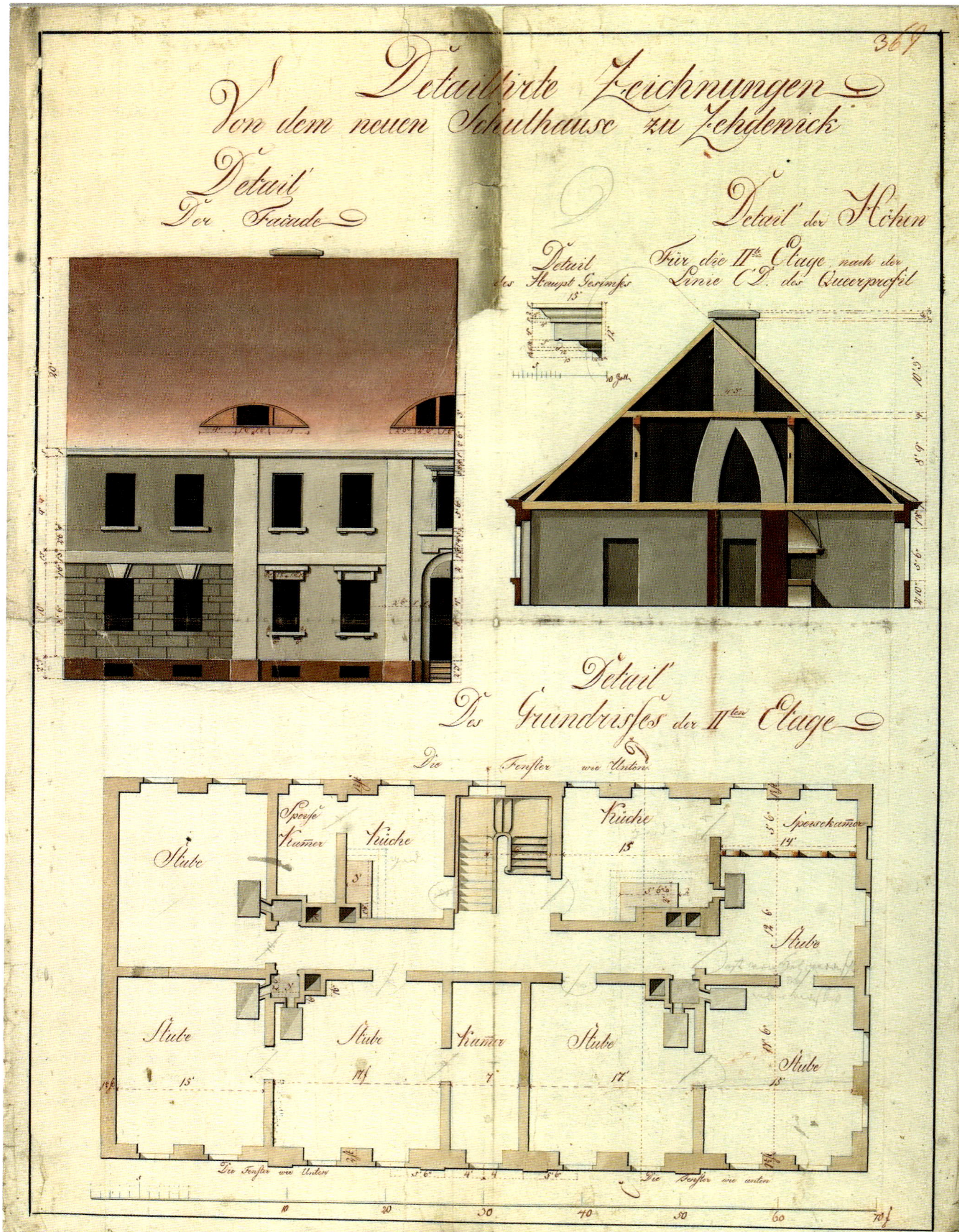
Detaillirte Zeichnungen
Von dem neuen Schulhause zu Zehdenick
Detail Der Façade
Detail der Höhen Für die IIte Etage nach der Linie C.D. des Querprofil
Detail des Haupt Gesimses
Detail Des Grundrisses der IIten Etage
Die Fenster wie Unten
Speise Kamer
Küche
Stube
Kamer
Speisekamer

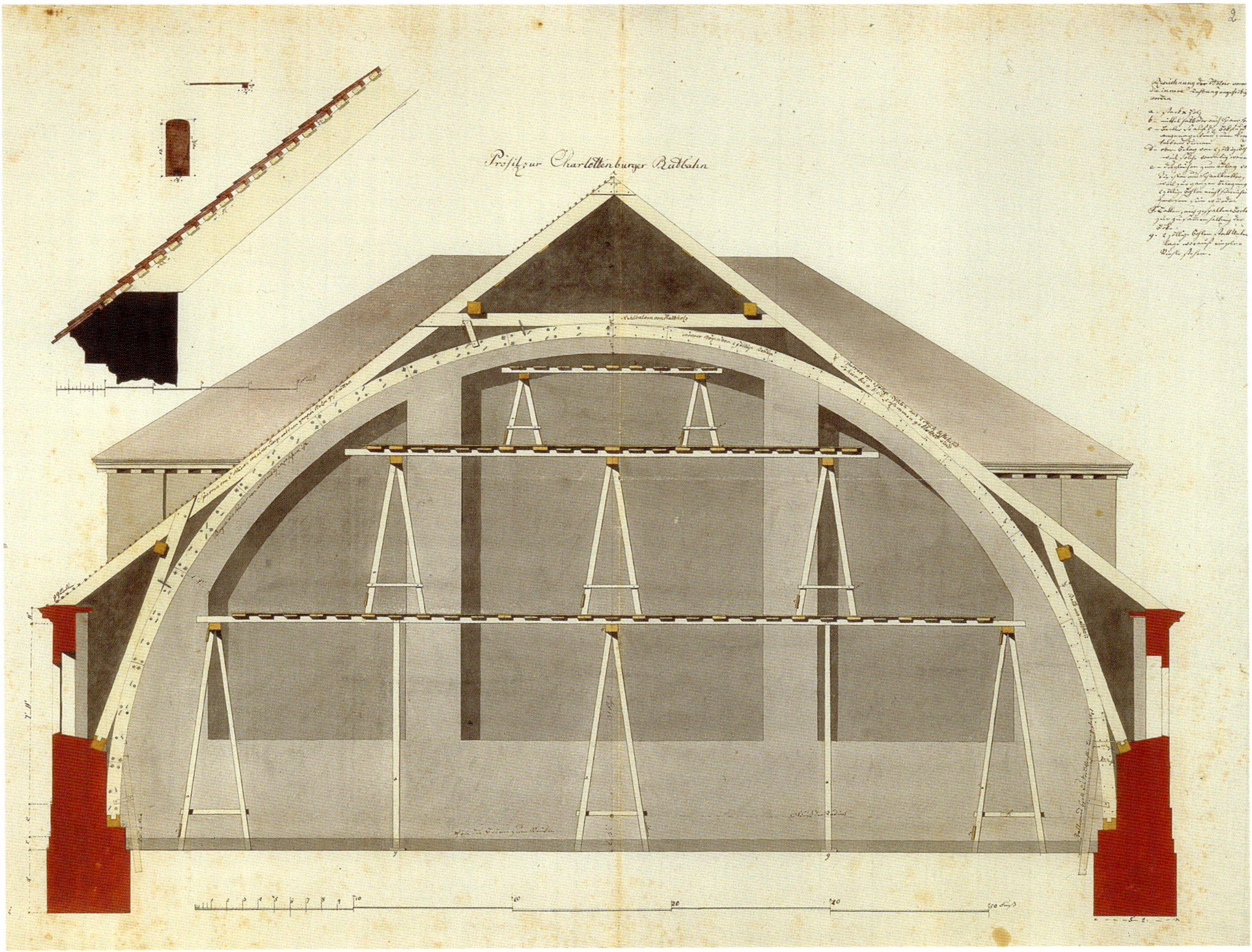

Linke Seite: Den ersten Entwurf für ein Schulhaus in Zehdenick hatte das Oberbaudepartement 1801 wegen nicht zu behebender technischer Mängel abgelehnt und einen eigenen Entwurf vorgelegt, der unter der Oberaufsicht von Francois Philipp Berson durch den Baureferendar August Triest ausgearbeitet worden war. Die hier abgebildete technische Bauzeichnung war so detailliert, dass sie direkt auf der Baustelle als Vorlage genutzt wurde, was ihr schlechter Zustand und unzählige Fingerspuren auf der Rückseite zeigen.

Oben: Das Oberbaudepartement hatte die planerische Qualität, das Niveau der Bauzeichnungen und auch technische Weiterentwicklungen in den ersten Jahrzehnten ihres Bestehens spürbar vorangebracht. Diese Profildarstellung einer Bohlendach-Konstruktion aus dem Jahre 1799 gehört zu David Gillys Plänen für die Reitbahn der Garde du Corps auf dem Vorplatz des Charlottenburger Schlosses, die dort bis 1863 stand. Die Kosten für die Errichtung der Reithalle beliefen sich auf 8.022 Reichstaler und 3 Groschen, was König Friedrich Wilhelm III. ausdrücklich als »wohlfeil« bezeichnete.

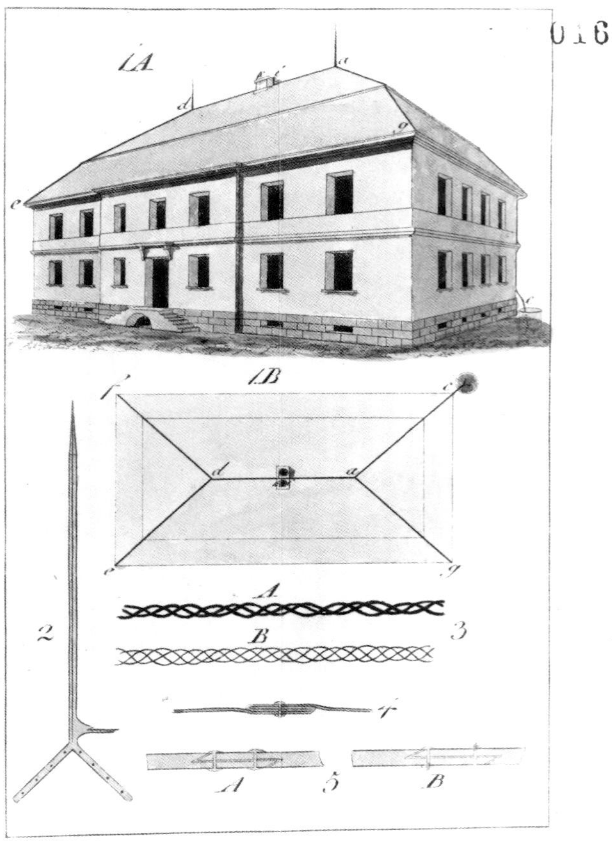

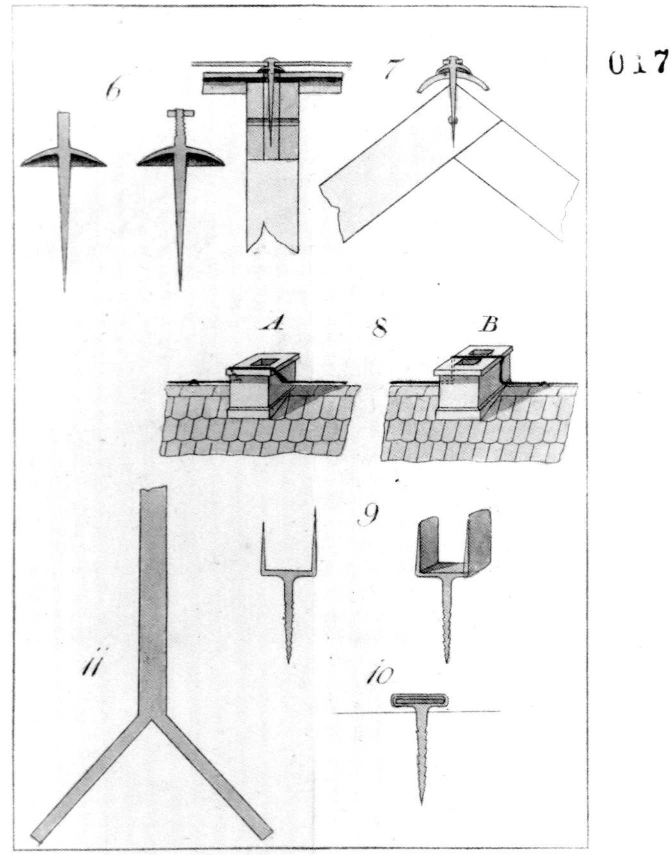

1778 installierten Mitglieder des Oberbaudepartements den ersten Blitzableiter in Berlin. Zwanzig Jahre später gaben David Gilly und Johann Albert Eytelwein im Auftrag des Oberbaudepartements eine allgemein verbindliche »Kurze Anleitung auf welche Art Blitzableiter an den Gebäuden anzubringen sind« heraus. Die beiden Tafeln aus der Broschüre illustrieren unterschiedliche Installationsvarianten.

Zusammengefaßt gehörten also gemäß der Instruktion von 1770 neben der allgemeinen Bauzuständigkeit die Normsetzung für Konstruktion und Kontrolle, die wissenschaftliche Untermauerung dieser Normen sowie die Ausbildung und Prüfung des Nachwuchses zum Aufgabengebiet des Oberbaudepartements.[31] Eine verwaltungsinterne Beurteilung aus dem Jahre 1783 belegt große Fortschritte und Erfolge nach 13 Jahren institutionalisierter Bauverwaltung. So wird vermerkt, daß »die Baukunst während der Stiftung unseres Collegii sich merklich gehoben und daß die jetzt eingehende Risse und Anschläge schon größten Theils durchgedachte und auf Principia gebaute Arbeiten sind«.[32] Weiter führt der Rechenschaftsbericht aus, daß mittlerweile auch in den Provinzen die wichtigsten Bauaufgaben fachlich ausgebildeten Baubeamten übertragen werden konnten.[33] Als Erfolg wird auch vermeldet, daß der Massivbau gefördert worden sei, um die Waldungen zu schonen. Schließlich listet der Bericht auf, wieviel Geld die Tätigkeit des Oberbaudepartements als Revisionsinstanz dem Staat seit 1770 eingespart habe und kommt dabei auf eine Summe von rund 500.000 Talern.[34]

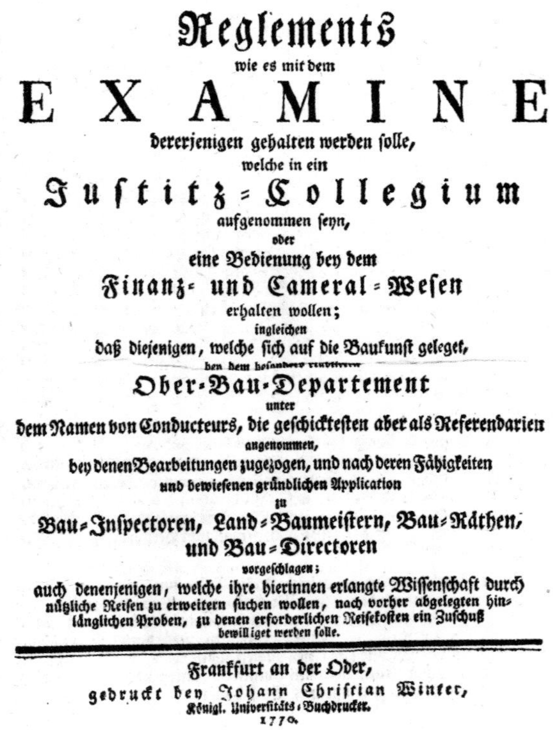

Reglements
wie es mit dem
EXAMINE
dererjenigen gehalten werden solle,
welche in ein
Justitz-Collegium
aufgenommen seyn,
oder
eine Bedienung bey dem
Finanz- und Cameral-Wesen
erhalten wollen;
ingleichen
daß diejenigen, welche sich auf die Baukunst geleget,
bey dem besonders [illegible]
Ober-Bau-Departement
unter
dem Namen von Conducteurs, die geschicktesten aber als Referendarien
angenommen,
bey denen Bearbeitungen zugezogen, und nach deren Fähigkeiten
und bewiesenen gründlichen Application
zu
Bau-Inspectoren, Land-Baumeistern, Bau-Räthen,
und Bau-Directoren
vorgeschlagen;
auch denenjenigen, welche ihre hierinnen erlangte Wissenschaft durch nützliche Reisen zu erweitern suchen wollen, nach vorher abgelegten hinlänglichen Proben, zu denen erforderlichen Reisekosten ein Zuschuß bewilliget werden solle.

Frankfurt an der Oder,
gedruckt bey Johann Christian Winter,
Königl. Universitäts-Buchdrucker.
1770.

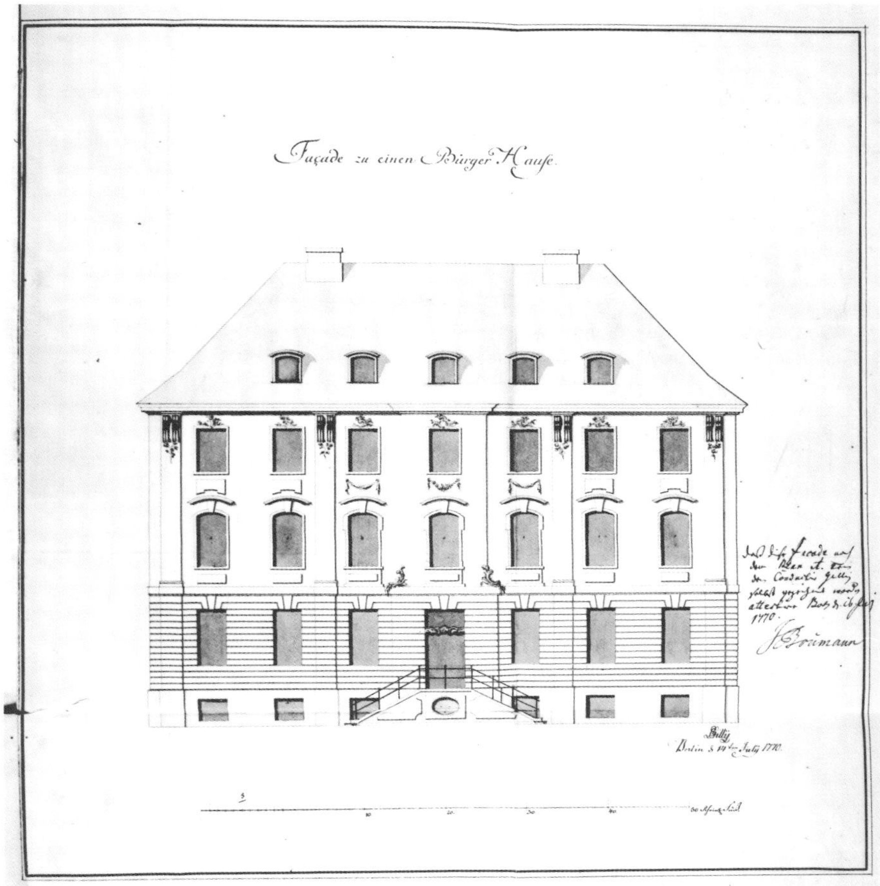

Die bereits in der Instruktion von 1770 als besonders bedeutsam herausgehobene Rolle der Ausbildung bereitete dem Oberbaudepartement in der praktischen Umsetzung aber Probleme: Bislang wurde die »Civilbaukunst« an der 1699 von Kurfürst Friedrich III. gegründeten Akademie der Künste gelehrt. Die Betonung lag auf der »Kunst«: So wurde der Baunachwuchs in folgenden Fächern unterrichtet: »Malereikunst«, »Bildhauerkunst«, »Architekturkunst mit Gebäudedekoration und besondere Ornamentenlehre«.[35] Mit Technik hatte die Ausbildung nicht viel zu tun. Genau hier sollte aber nach dem Willen des Oberbaudepartements der neue Schwerpunkt für den Baunachwuchs liegen: So legte eine Verfügung aus dem Jahre 1773 fest, welche Qualifikationen von den Bau-Conducteurs verlangt wurden:

»Alles, was von Feld- und Landmessern gefordert wird (Rechenkunst, theoretische Geometrie, Planimetrie, Zeichnen, Handschrift, Uebung im schriftlichen Vortrage), ferner Mathematik, Hydrostatik, Hydraulik, Aerometrie, Civil- und Wasserbaukunst.«[36]

Um das Dilemma zwischen technischem Anspruch der Ausbildung und rein künstlerischer Lehre zu lösen und um »dem Mangel an tüchtigen Feldmessern, Baubedienten und Bauhandwerkern, worüber in allen Provinzen bisher nicht ohne Grund geklagt wurde, abzuhelfen«[37], wurde 1798 eine Kommission ins Leben gerufen. Ihr gehörten Mitglieder der Akademie der Künste, des Oberhofbauamtes und des Oberbaudepartements an, so Johannes Boumann[38], David Gilly[39], Carl Gotthard Langhans[40] und Johann

Links: Seit 1770 gab es für die Beamtenlaufbahn obligatorische Zulassungsprüfungen vor einer Oberexaminationskommission. Ein Reglement aus demselben Jahr legte fest, wie sich künftige Baubedienstete auf dieses Examen vorzubereiten hatten.

Rechts: 1770 trat als erster Examenskandidat im Baufach David Gilly vor die Prüfer der Oberexaminationskommission. Seine Aufgabe: Berechnung und Zeichnung eines Bürgerhauses sowie Bauanschläge für ein Vorwerk mit massiven Gebäuden. Aus der Prüfungsakte Gillys ist auch diese Ausarbeitung einer Bürgerhausfassade erhalten geblieben.

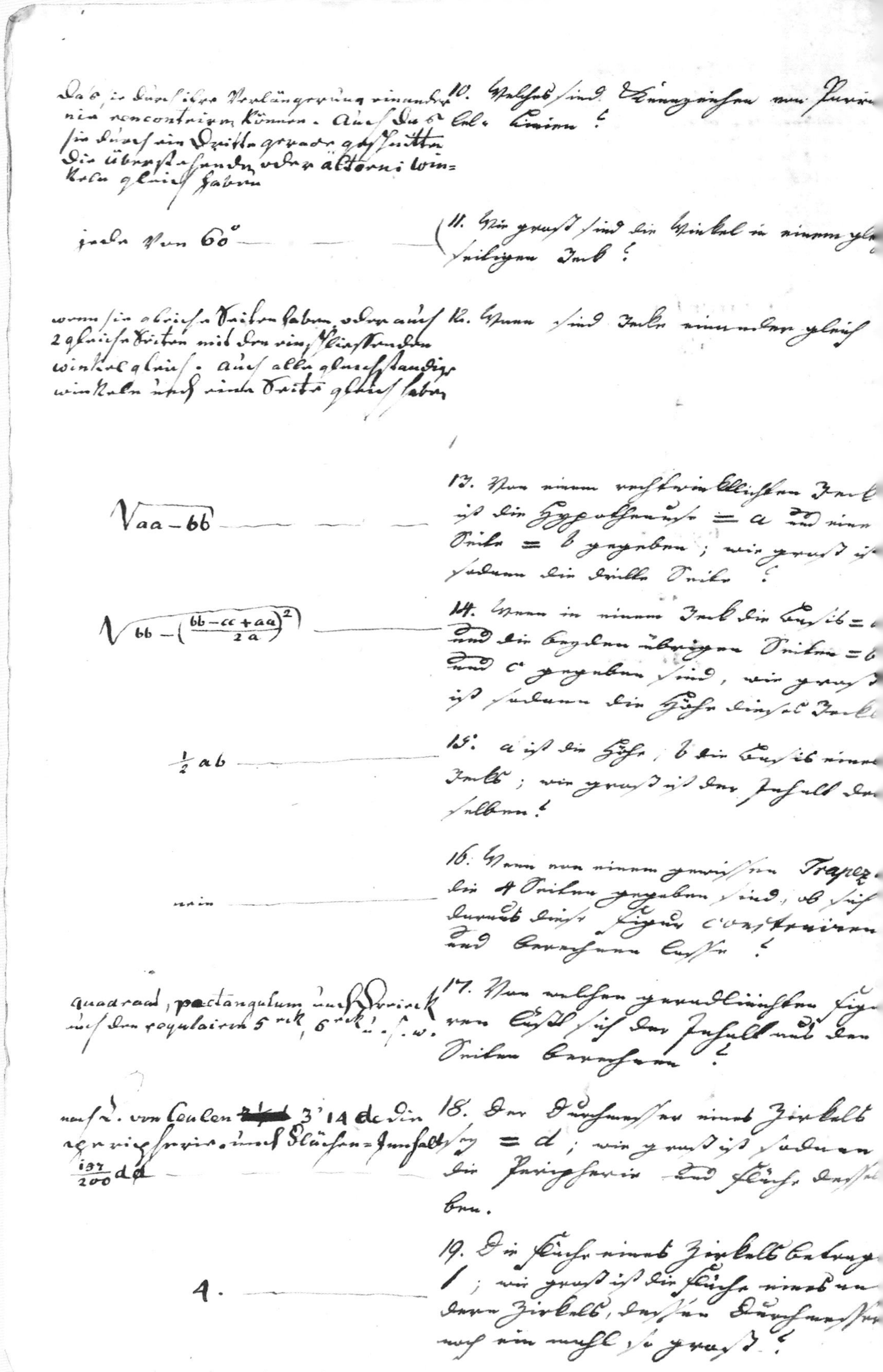
daß sie durch ihre Verlängerung einander nie rencontriren können. Auch da sie durch eine Dritte gerade geschnitten die übergstehende oder alterni winkel gleich haben

10. Welches sind Kennzeichen von Parallel-Linien?

jeder von 60°

11. Wie groß sind die Winkel in einem gleichseitigen Dreieck?

wenn sie gleiche Seiten haben, oder auch 2 gleiche Seiten mit den eingeschlossenen winkel gleich. auch alle gleichstandige winkeln und eine Seite gleich haben

12. Wann sind Dreiecke einander gleich

$\sqrt{aa-bb}$

13. Von einem rechtwinklichten Dreieck ist die Hypothenuse = a und eine Seite = b gegeben; wie groß ist sodann die dritte Seite?

$\sqrt{bb-\left(\frac{bb-cc+aa}{2a}\right)^2}$

14. Wenn in einem Dreieck die Basis = a und die beyden übrigen Seiten = b und c gegeben sind, wie groß ist sodann die Höhe dieses Dreiecks

$\frac{1}{2}ab$

15. a ist die Höhe, b die Basis eines Dreiecks; wie groß ist der Inhalt desselben?

nein

16. Wenn von einem gewissen Trapez die 4 Seiten gegeben sind, ob sich daraus diese Figur construiren und berechnen lasse?

quadrat, rectangulum und Dreieck auch den regulairen 5eck, 6eck u.s.w.

17. Von welchen geradlinichten Figuren läßt sich der Inhalt aus den Seiten berechnen?

nach L. von Ceulen 3'14 d die Peripherie und Flächen-Inhalt $\frac{157}{200}dd$

18. Der Durchmesser eines Zirkels sey = d; wie groß ist sodann die Peripherie und Fläche desselben.

4.

19. Die Fläche eines Zirkels beträgt 1; wie groß ist die Fläche eines andern Zirkels, dessen Durchmesser noch einmahl so groß ist?

Die angehenden Baubeamten wurden in Theorie und Praxis harten Prüfungen unterzogen. Hier eine mathematische Examensarbeit aus dem Jahre 1785.

20. Welche Instrumente Examinandus beym messen gebrauche?

Ausgenommen eine richtige 5 rüthige rein[l.] decimal-Kette nebst piquets zur topographischen Aufnahme einer Gegend der gewöhnliche Meßtisch in großen Vermessungen zur Bestimmung der Hauptörter das Astrolabium etc.

21. Ein Stück Landes von nachstehender Figur ~~berechnen~~ aufmessen und berechnen?

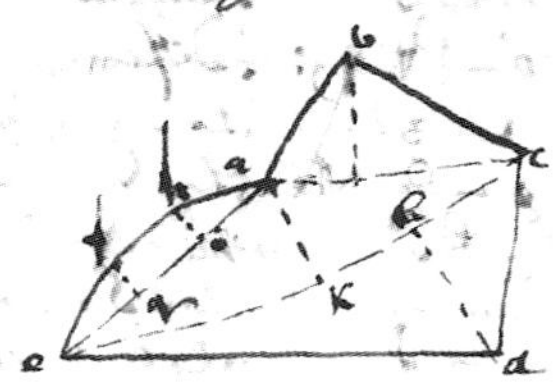

Mann messe den diagonal ec und lasse aus a und d auf ihm die perpendicul ak und dl fallen u. berechne also nach no. 15 die beiden Triangel aec und ecd ferner nach no. 15 den Δ abc und endlich die Segmente efhao durchmessung der Linie ae gemultiplicirt mit der mittelproportional gewissen Anzahl ebenweil voneinander entfernte Linien welche 4 producten sodann quadrirt werd[en]. auch noch wohl auf andere arth.

~~[…]~~

22. ~~Will~~ Von dem Wege ab ein Stück Landes zu 2 Dimat abstecken, so daß ab = 40 Ruthen und die Seite cd = ab wird

So wird die Seite ac = bd = 20 Ruthen und perpendiculair auf ab oder auch unter sich parallel genommen — NB. Das Dimat zu 400 □ Ruthen gerechnet

23. Ein Stück Landes z. B. abcd in 3 gleiche Theile theilen, so daß die Theilungslinien mit ab parallel laufen.

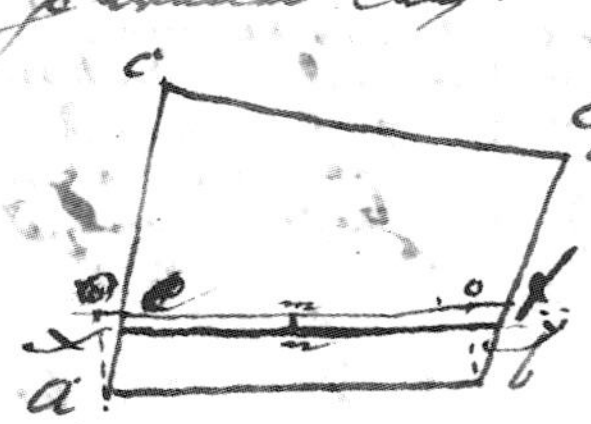

Man suche den Flächeninhalt des Stück Landes nach no. 19 und 21. dividire die Soma mit 3, das ~~product~~ quotient gedividirt mit der Länge der Linie ab so giebt die Auskunft den ⊥ ao und bo wodurch die Gerade ef gezogen so mit ab parallel und das Stück aefb = $\frac{1}{3}$ des ganzen macht. Dieses wäre nun richtig wann die Seiten ac u. bd mit einander parallel wären; im Fall aber der winkel abd größer als z. B. cab so daß der kleinen Δ fob größer als der auswärtigen kleinen Δ aoe muß beider Innhalt gesucht und ~~der~~ den kleinen vom größeren abgezogen werden — Dieser Rest wäre sodann zum Drittel zu viel gegeben und müste wieder zurück genommen werden — Mann dividire diesen Rest durch die (mittelst Vermessung gefundenen) Länge der Linie ef um die ~~Länge~~ des kleinen perpendikels mn zu wissen, wodurch xy als Theilungslinie ~~ge~~ mit ab oder ef parallel gezogen, wodurch dann die erste Theilung ist berichtiget werden — wann es noch nicht genau genug, muß diese Operation continuirt […] man auch die andere […] Theilungslinie

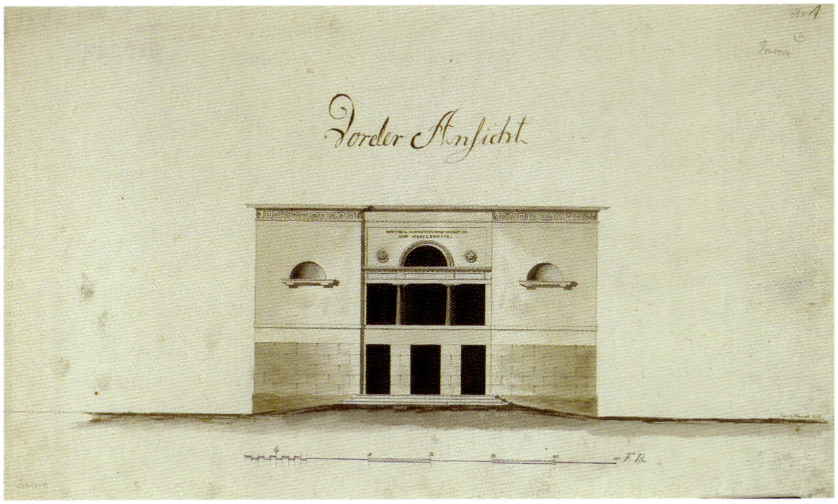

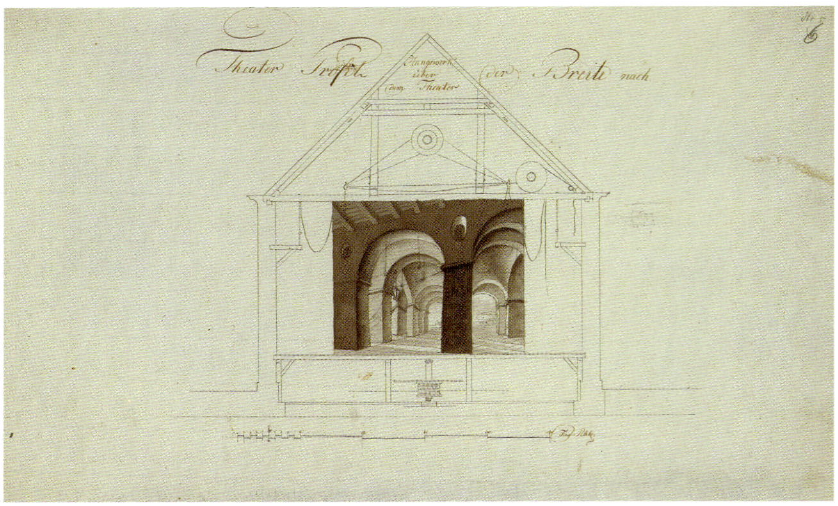

Publikandum

wegen

der vorläufigen Einrichtung

der

von Seiner Königlichen Majestät Allerhöchstselbst

unter dem Namen

einer Königlichen Bau-Akademie zu Berlin

gestifteten

allgemeinen Bau-Unterrichts-Anstalt.

De Dato Berlin, den 6. July, 1799.

Gedruckt bey Georg Decker, Königl. Geh. Ober-Hofbuchdrucker.

Oben links: Nach Plänen von Friedrich Gilly zeichnete Carl Ferdinand Langhans, der Sohn von Carl Gotthard Langhans, 1799 diesen spektakulären, von Studienreisen Gillys nach England und Frankreich geprägten Theaterneubau in Königsberg. Der Sohn David Gillys hatte schon früh zu einem eigenen funktionsbetonten Stil gefunden. Er bevorzugte kubisch-geschlossene Baukörper und setzte dekorativen Schmuck nur sehr sparsam ein. Hier ist die Eingangsseite und ein Querschnitt durch das Bühnenhaus mit Bühnenbild zu sehen. Das Theater wurde in veränderter Form 1799 gebaut, brannte aber bereits 1808 nieder.

Oben rechts: Gründungsurkunde der Bauakademie vom 6. Juli 1799.

Gottfried Schadow[41]. Die Kommission einigte sich schnell darauf, eine Lehranstalt für die Ausbildung der preußischen Baubediensteten zu schaffen. Ziel der Ausbildung sollte insbesondere der sparsame Umgang mit staatlichen Ressourcen sein. Private Architekten sollten dort nicht ausgebildet werden.[42]

Friedrich Wilhelm III. unterzeichnete am 6. Juli 1799 das »Publikandum wegen vorläufiger Einrichtung der von Seiner Königlichen Majestät unter dem Namen einer Königlichen Bau-Akademie zu Berlin gestifteten allgemeinen Bau-Unterrichts-Anstalt«. Die Bauakademie unterstand der Akademie der Künste und dem Oberbaudepartement. Die Bauakademie zog unter das Dach der Akademie der Künste in das 1749 von Boumann erbaute Akademiehaus Unter den Linden, dem heutigen Standort der Staatsbibliothek. Ein Jahr später bezog sie eigene Räumlichkeiten im Obergeschoß der Könglichen Münze am Werderschen Markt, einem Neubau von Hofbauinspektor Heinrich Gentz aus dem Jahre 1800.[43] Den ersten Lehrplan bestritten nicht nur bekannte Architekten wie Gentz, David und Friedrich Gilly und Eytelwein, sondern auch der Mathematiker Grüson und Hofrat Hirth, der über die »Kritische Geschichte der Baukunst« dozierte.[44] Zu den ersten Studenten des Wintersemesters 1799/1800 gehörte auch ein 18jähriger Neuruppiner, der sich an der Bauakademie zum Conducteur, also zum Bauleiter, ausbilden ließ: Karl Friedrich Schinkel.

Sitz des Oberbaudepartements und der Bauakademie von 1800 bis 1806: Die Münze von Heinrich Gentz am Werderschen Markt nach einem zeitgenössischen, kolorierten Kupferstich von P. Haas.

Zu dieser Zeit steckte das Oberbaudepartement in seiner ersten schweren Krise. Einmal wöchentlich, jeden Samstag, trafen sich die Mitglieder. Die anderen Tage der Woche mußten sie ihrer Hauptbeschäftigung zum Broterwerb nachgehen – so war beispielsweise der zweite Direktor Voß im Hauptberuf Geheimer Finanzrat beim Forstdepartement – denn als Angehörige des Oberbaudepartements arbeiteten sie nebenamtlich, die Aufwandsentschädigung war geradezu kärglich.[45]

Neben dem umfangreichen Kompendium an Aufgaben, das das Oberbaudepartement in der Instruktion von 1770 übertragen bekommen hatte, waren seine Mitglieder auch noch als Lehrer und Prüfer an der Bauakademie verpflichtet. Zudem wurde das Oberbaudepartement in den achtziger Jahren angewiesen, eine Sammlung mathematischer Werke, Fachzeitschriften und eine Modellkammer anzulegen.[46] Mit den polnischen Teilungen und dem Erwerb Westpreußens nahmen die Tätigkeiten des Oberbaudepartements noch einmal erheblich zu. Schließlich wurden die kontinuierlich angewachsenen uneingeschränkten Kompetenzen der Behörde, der nun alle Baumaßnahmen mit einem Volumen von über 50 Talern – nach heutiger Währung rund 10.000 Euro – zur Begutachtung und Genehmigung vorgelegt werden mußten, fast zum Verhängnis. Ein Tag pro Woche reichte jedenfalls nicht aus, um alle anfallenden Arbeiten zu erledigen. In der Folge kam es zu Versäumnissen und unbefriedigenden Resultaten bei den gestellten Auf-

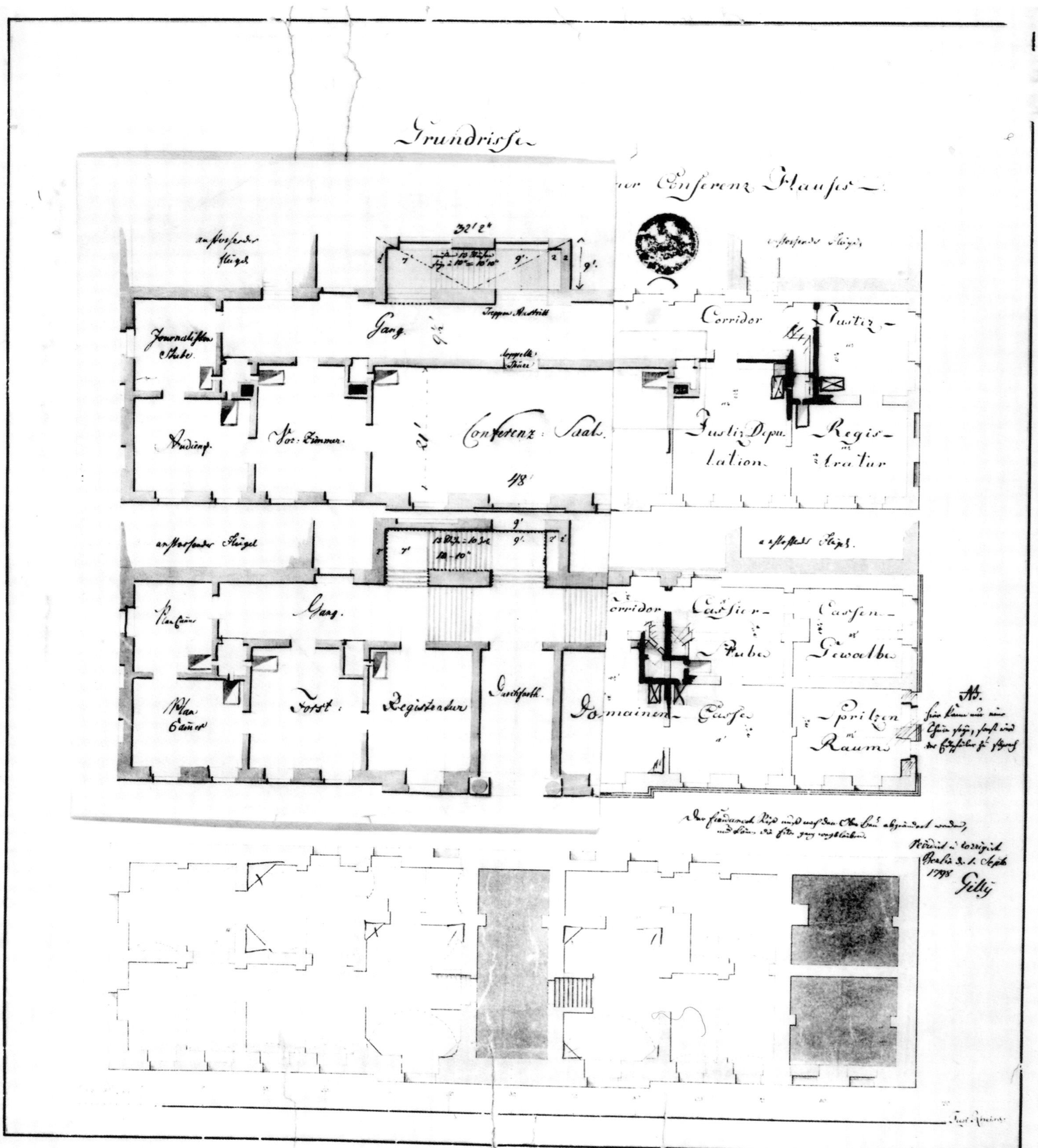
Grundrisse
Conferenz Hauses
Gang
Corridor
Justiz
Journalisten Stube
Conferenz Saal
Justiz Deputation
Registratur
Audienz
Vor Zimmer
Gang
Corridor
Cassier Stube
Cassen Gewölbe
Plan Cammer
Forst
Registratur
Domainen Casse
Spritzen Raum
Gilly

gaben.[47] Daran änderte selbst die wohlmeinende Aufwertung des Oberbaudepartements durch Friedrich Wilhelm II. im Jahre 1787 nichts: Der Nachfolger Friedrichs des Großen erhöhte die Gehälter erheblich, so daß die Mitglieder ihren Posten fortan hauptberuflich ausüben konnten. Gleichzeitig wurden sie zu »Geheimen Ober-Bau-Räthen« befördert und das Personal verstärkt. Mit dem »Geheimen Etats-Minister und Ober-Jägermeister« Graf von Arnim übernahm im selben Jahr erstmals ein Minister den Vorsitz der Bauverwaltung, was die Autorität des Gremiums stärken sollte.

Doch auch das erweiterte Kollegium konnte nicht mehr die Fülle der Aufgaben bewältigen, zu viele unbedeutende und kleinliche Geschäfte und Bautätigkeiten liefen mittlerweile über den Tisch des Oberbaudepartements.[48] Im Jahre 1798 gab es erste Kurskorrekturen. So mußten einzelne Baumaßnahmen von geringerer Bedeutung fortan nicht mehr zur Revision dem Oberbaudepartement, sondern konnten direkt den Provinzial-Baumeistern vorgelegt werden. Diese Kompetenzverlagerung zu den Baudirektoren der Provinzen entlastete nicht nur die zentrale Bauverwaltung, sondern kam auch dem Geschäftsgang der nachgeordneten Behörden und damit der Bautätigkeit in den einzelnen Provinzen zugute.[49] Zur gleichen Zeit setzte eine Diskussion innerhalb des Generaldirektoriums, also der preußischen Regierung, darüber ein, ob zukünftig nicht besser jedes Ministerium – jedes Departement – eigenverantwortlich seine Bauangelegenheiten wahrnehmen solle. Das Oberbaudepartement hätte sich fortan nur noch auf außergewöhnliche Bauprojekte konzentrieren sollen, die nicht für ein bestimmtes Ministerium errichtet werden sollten, sondern im Interesse des Generaldirektoriums lagen. Solche Bauaufgaben hätten dann in kollegialer Behandlung mit allen Ministern als Mitgliedern des Generaldirektoriums abgestimmt werden müssen.

Linke Seite und oben: Eigenständiger Entwurf des Oberbaudepartements aus dem Jahre 1798 für ein Kammer-Gebäude in Marienwerder in Westpreußen. David Gilly hat hier einen Alternativ-Teilgrundrißplan von Erd- und Obergeschoß der linken Gebäudehälfte in den Grundrissplan eingefügt.

Zeichnung zu einem Schoppen zur Unterbringung 10,000 Stück Lehm-patzen.

von

[illegible]

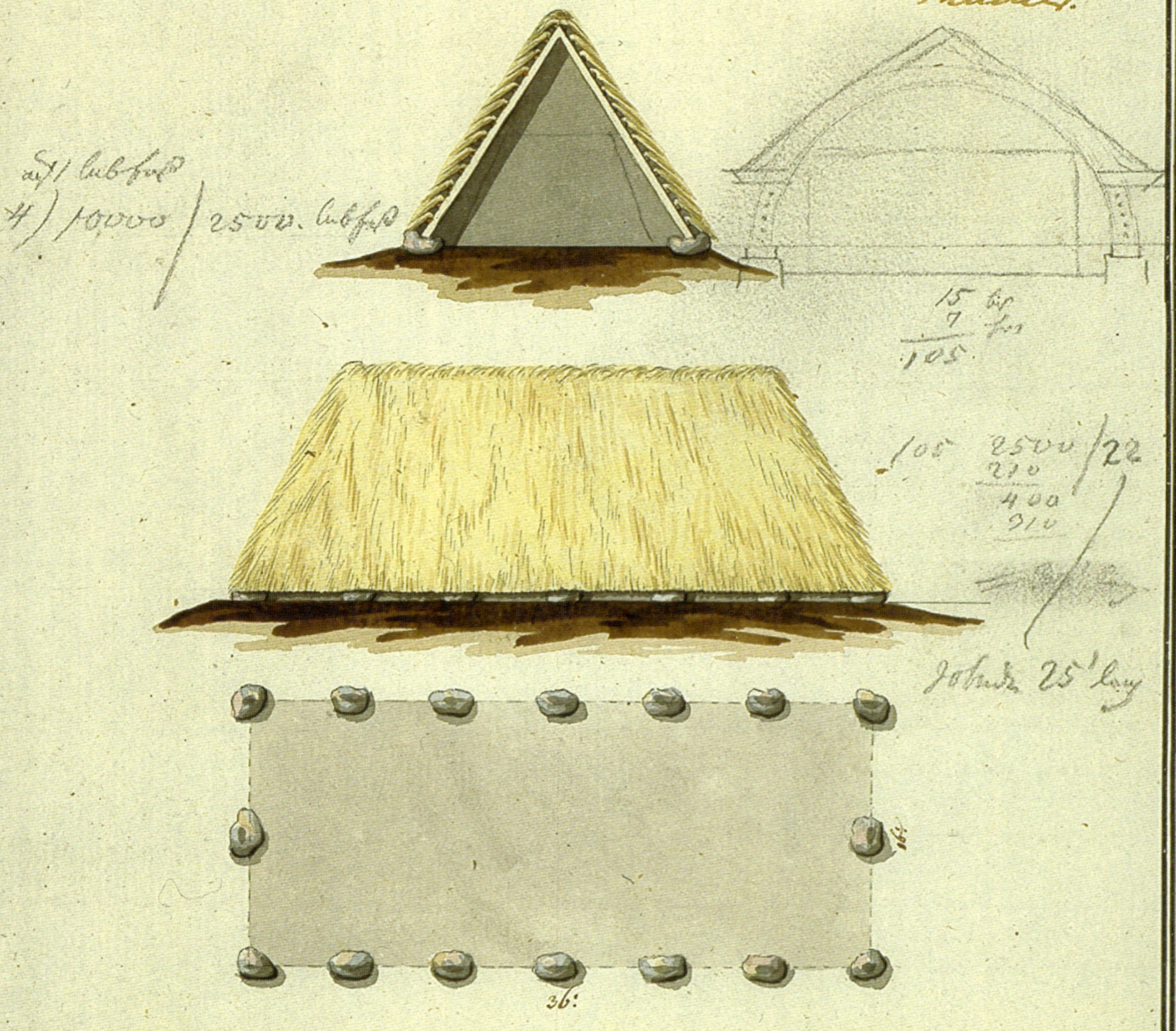

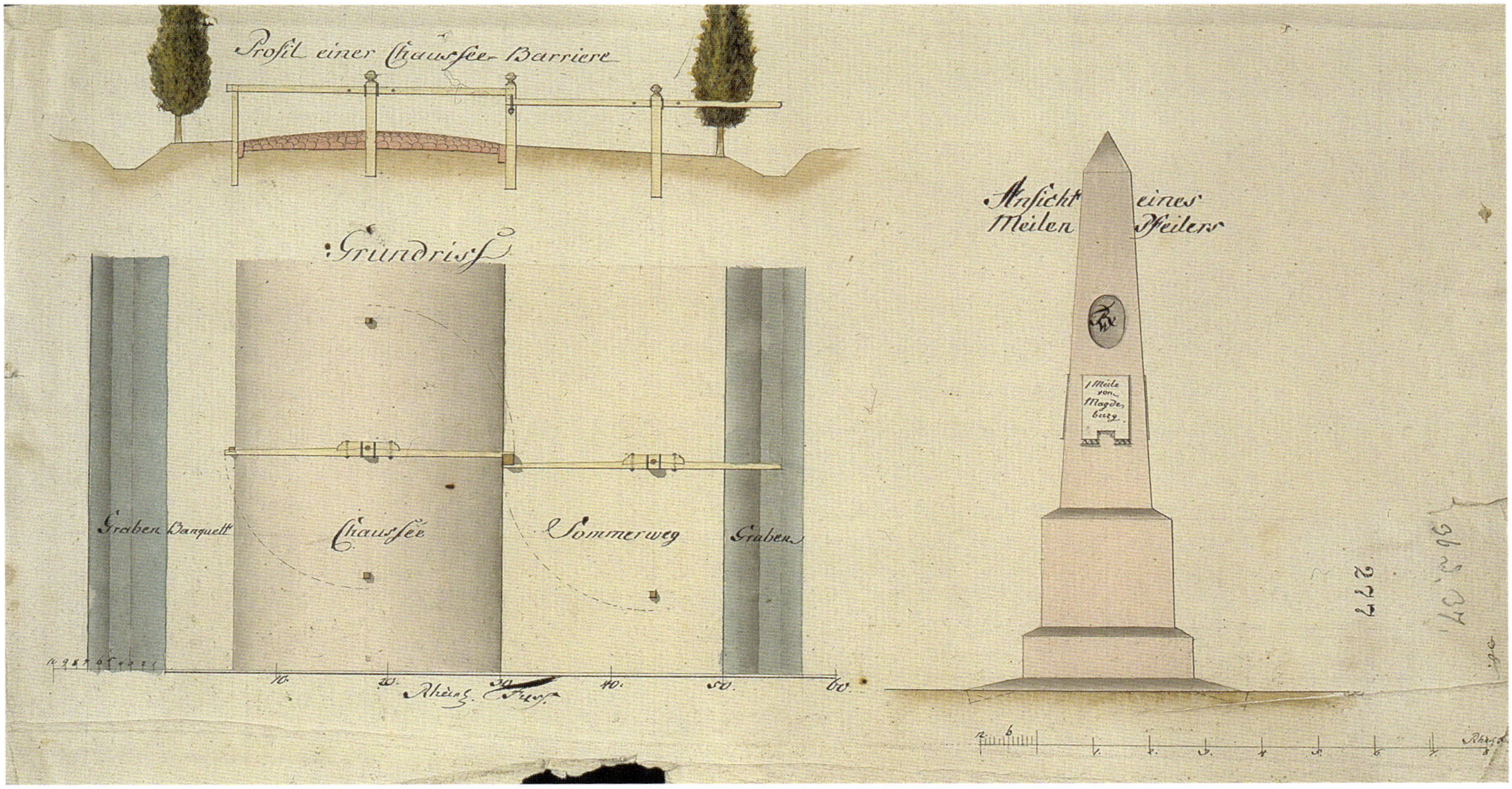

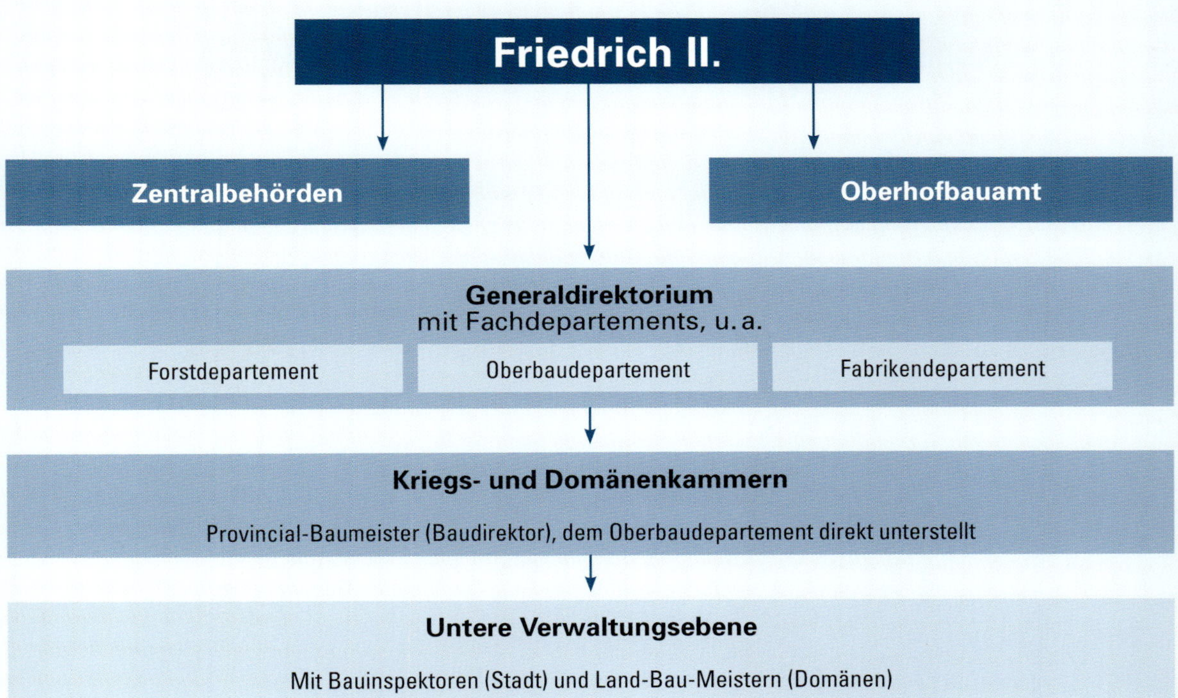

Oben: Das Oberbaudepartement gab auch Richtlinien für Meilenpfeiler und Chausséebarrieren heraus, hier in einer kolorierten Handzeichnung um 1800.

Links: Das Organigramm zeigt den Aufbau der preußischen Bauverwaltung am Ende der Regierungszeit Friedrichs II., 1786. Im selben Jahr wurde das Oberhofbauamt gegründet, das für alle, den König und seine Familie unmittelbar betreffenden königlichen Repräsentationsbauten zuständig war. Erst gut 20 Jahre später kam es in Folge der Stein-Hardenbergschen Reformen zu Veränderungen bei der staatlichen Bauverwaltung.

Linke Seite: Die Kriegs- und Domänenkammer Königsberg reichte 1801 diesen Entwurf eines Schuppens für 10.000 Lehmpatzen beim Oberbaudepartement ein. David Gilly prüfte ihn und zeichnete mit Bleistift einen Gegenentwurf auf den »Bauantrag«.

Die Preußischen Reformen: Vom Oberbaudepartement zur Oberbaudeputation

Die Diskussion zog sich einige Jahre hin; in dieser Zeit hatten die Provinzen verstärkt Baukompetenzen an sich gezogen, die Ortsinstanzen wuchsen und verfestigten eigene Verwaltungsstrukturen. Letztlich bekam zwar nicht jedes Ministerium seine eigene Bauabteilung, doch wurde das Oberbaudepartement im Jahre 1804 so umgewandelt, daß jeder Minister direkten Zugriff auf die Baubehörde erhielt. Bisher hatte das Oberbaudepartement hierarchisch auf der selben Ebene wie ein Ministerium gestanden und war nur dem Generaldirektorium unterstellt gewesen. Nun wurde beschlossen, »dem Oberbaudepartement eine andere Einrichtung dergestalt zu geben, daß solches in eine dem General etc. Direktorium und dessen einzelnen Departements untergeordnete technische Oberbaudeputation verwandelt werden und diese Einrichtung vom 1. Juni dieses Jahres ihren Anfang nehmen soll.«[50] Obwohl Größe und Zusammensetzung der Behörde beibehalten wurden, erfuhr das Oberbaudepartement im Jahre 1804 faktisch seine Auflösung. Sein neuer Name war »Technische Ober-Bau-Deputation«. Der Bedeutungsverlust wird auch in der Berufung des neuen Leiters deutlich. Ein königliches Dekret vom 26. März 1804 bestimmte, »daß weder ein Staats-Minister Chef, noch ein Geheimer Oberfinanzrat, der nicht Sachverständiger ist, künftig erster Direktor dieser technischen Deputation sein, sondern zu letzterm ein Mitglied der technischen Deputation genommen werden soll.«[51] Damit stand allerdings auch zum ersten Mal fest, daß kein Finanzbeamter, sondern ein ausgewiesener Baufachmann an der Spitze der Behörde stehen sollte. Reinhart Strecke urteilt über diese neue Einrichtung:

»Wenn dieser Oberbaudeputation künftig nur noch größere Bauprojekte zur Revision vorgelegt zu werden brauchten, so bedeutete dies in der nunmehrigen Form jedoch nicht nur eine Entlastung, sondern auch eine Einschränkung auf eine zunächst gutachtliche Tätigkeit. Denn gegenüber den einzelnen Kammern fungierten jetzt die jeweiligen vorgesetzten Provinzialdepartements als oberste baubehördliche Instanz. Die Nachfolgeeinrichtung des Oberbaudepartements war der bisherigen in Bauangelegenheiten maßgeblichen Weisungsbefugnis gegenüber den Kammern somit jedenfalls enthoben. Mit der Umbenennung von 1804 ging demnach eine grundlegende Veränderung innerhalb der Staatsbauverwaltung einher.«[52]

Zwischen Finanz- und Innenministerium, unter reger Beteiligung des Chefs der Gewerbepolizei, Theodor von Schön, wurde die zukünftige Ausgestaltung der staatlichen Bauverwaltung diskutiert. Einig war man sich, der bisher übermächtigen Stellung des ehemaligen Oberbaudepartements den Garaus zu machen. Innenminister Dohna begründet dies in einem Brief an Finanzminister Altenstein vom 20. Juli 1809:
»Das Oberbaudepartement hat seit seiner Stiftung im Jahre 1770 unablässig daran gearbeitet, sich zu isolieren, sich die Administration des ganzen Bauwesens ausschließlich anzueignen und die Provinzialbaubehörden unter die allerstrengste Vormundschaft zu setzen. Die ganz auffallenden Mißbräuche, welche hieraus entstanden, veranlaßten selbst in Zeiten, wo man sonst wenig geneigt war, der Büreaukratie zu steuern, die Trennung des Departements und die Verwandlung desselben in die zeitige Oberbaudeputation. Allein diese Modifikation hat den einmal so tief eingewur-

1806 bezogen die Bauakademie und die Oberbaudeputation für die nächsten 30 Jahre ihren Sitz im »Thielschen Haus«, dem ehemaligen Kreisgericht in der Zimmerstraße 25. Die Aufnahme des mittlerweile heruntergekommenen Hauses stammt aus dem Jahre 1880.

zelten Korporationsgeist nicht ausrotten können. Alle Vorschläge, welche ich daher auch von den vorgenannten, sonst mir sehr schätzbaren Bauofficianten erhalten habe, gehen darauf aus, der Oberbaudeputation, welche dem Geiste der Verfassung nach nur eine konstituierende und kontrollierende Behörde sein kann, die unbeschränkteste Administration des öffentlichen Bauwesens anzueignen.«[53]

So erarbeiteten die Minister unter fast vollständigem Ausschluß der Mitglieder der Oberbaudeputation die »Instruktion« vom 26. September 1809, die die Tätigkeit der Oberbaudeputation auf beratende und prüfende Aufgaben einschränkte und ihr die Baudurchführung entzog. Zudem sollten zukünftig die königlichen Baumaßnahmen unter 500 Reichstalern, alle Herrichtungsmaßnahmen und sämtliche kommunalen Bauvorhaben nicht mehr zum Geschäftsbereich der Oberbaudeputation gehören, womit die Kompetenzverlagerung auf die Ortsinstanz vollzogen wurde. Während dem Oberbaudepartement zwischen 1770 und 1804 die Pläne aller staatlichen Bauten vorgelegt werden mußten und dieses starken Einfluß auf die tatsächliche Bauausführung nehmen konnte, war die Oberbaudeputation nur noch ein Arbeitsausschuß, der auf Anforderung der übergeordneten Gewerbeabteilung oder jedes Ministeriums Gutachten zu erteilen und Bauanschläge zu prüfen hatte. Die Oberinstanz mit Entscheidungsbefugnis und exekutiver Gewalt lag nun ausschließlich in den übergeordneten Behörden und Ministerien. Die Mittelinstanz mit den Kompetenzen der allgemeinen Bauverwaltung wurde auf die Provinzialregierungen verlagert, denen Kreisbauinspektionen nachgeordnet wurden. Diese wiederum verwalteten meist mehrere Land- und Stadtkreise, die sie zu Baukreisen zusammenfaßte. Aus ihnen gingen 1910 die Staatshochbauämter hervor.[54]

Circulare.

Von Gottes Gnaden, Friedrich Wilhelm, König von Preußen ꝛc. ꝛc.

Unsern gnädigen Gruß zuvor.
Veste, Hochgelahrte Räthe, Liebe Getreue.

Wir Allerhöchstselbst haben mittelst Kabinets-Ordre vom 26. v. M. allergnädigst beschlossen, den bisherigen Geschäftsgang im Bauwesen abzuändern und mehr zu vereinfachen, in dieser Absicht aber dem Ober-Bau-Departement eine andere Einrichtung dergestalt zu geben, daß solches in eine dem General ꝛc. Directorium und dessen einzelnen Departements untergeordnete technische Ober-Bau-Deputation verwandelt werden, und diese neue Einrichtung vom 1. Juny d. J. ihren Anfang nehmen soll.

In Ansehung des Geschäftsganges der Bausachen, der künftigen kollegialischen Verfassung gedachter Deputation und des Umfanges ihres Geschäftskreises ist unmittelbar angeordnet worden: daß von der Superrevision der Ober-Bau-Behörde, nachfolgende Sachen ausgeschlossen, und künftig der allgemeinen Beurtheilung und Verantwortlichkeit der Kammern und der Provinzial-Ober-Bau-Bedienten überlassen werden soll, nemlich:

a) alle und jede Reparatur-Kosten-Anschläge von Königlichen Stadt- Kreiß- und Domainen- auch Kämmerey-Bauten, ohne Unterschied ihrer Beträchtlichkeit, in so fern solche nicht große und wichtige Abänderungen an Gebäuden, zu deren Beurtheilung ein Grundriß aufgenommen ist, betreffen, imgleichen alle Neubauten, deren Kosten-Anschlag die Summe von Funfzig Thalern nicht übersteigt, jedoch mit Ausschluß der Strombauten;

b) alle Holz-Desimationen von Unterthanen-Gebäuden, die sich auf Normal-Anschläge gründen, und alle Anschläge von solchen Gebäuden, wozu Normal-Zeichnungen vorhanden sind, ohne Unterschied der Kosten-Summe;

c) alle Anschläge von solchen Gebäuden in den Städten, worauf keine eigentliche Bau-Procente, sondern nur gewisse runde Summen gegeben werden, von welchen blos die Zeichnungen zu den Gebäuden, mit dem signo revisionis des Geheimen Ober-Bau-Raths versehen, und zu dem Ende an das Provinzial-Departement eingesandt werden sollen;

d) Bloße Rechnungen über Wacht- Lazareth- und Kasernen-Utensilien, so wie Anschläge über Brau- und Brennerey-Geräthe und was dem ähnlich ist, und

e) alle Bauten, so ob periculum in mora, auf Rechnung ohne einen vorher revidirten Anschlag ausgeführt sind, so daß von selbigen blos die Bau-Abnahme-Protocolle an das Provinzial-Departement eingereicht werden dürfen, und soll es von den Kammern und den Provinzial-Bau-Direktoren abhängen, und es in bedenklichen Fällen ihnen zur Pflicht gemacht werden, sich von obigen Regeln zu dispensiren, und also auch dergleichen Bagatell-Sachen an die Provinzial-Departements einzureichen.

Es wird Euch nun solches, so wie auch, daß die Prüfung der Kandidaten zu Baubedienungen künftig von der technischen Ober-Bau-Deputation vorgenommen werden wird, hiermit zur Nachricht und Achtung bekannt gemacht. Sind Euch mit Gnaden gewogen.

Gegeben Berlin, den 24. April 1804.

Auf Sr. Königlichen Majestät allergnädigsten Special-Befehl.

v. d. Schulenburg. v. Voß. v. Hardenberg. v. Struensee. v. Schrötter. v. Reeden. v. Angern.

Das »Circulare« vom 24. April 1804 verkündete die Auflösung des Oberbaudepartements und die Errichtung der Oberbaudeputation. Schon die Begriffe offenbarten die wichtigste Änderung: Das Departement »entschied«, die Deputation »berät«.

Eckhard Bolenz erkennt in der Entscheidungsverlagerung auf die oberste Instanz ein – wohl auch heute noch aktuelles – Problem:

»Von der Entscheidung, der formalen Kompetenz, auf höchster Ebene blieb der technisch-wissenschaftliche Sachverstand solange ausgeklammert, bis eine technisch-wissenschaftlich vorgebildete Person das Amt eines Abteilungs-Direktors oder eines Ministers bekleidete. Je mehr aber das Juristenprivileg in der Verwaltung festgeschrieben wurde, je unwahrscheinlicher war es, daß dieser sich durch ein ganzes Jahrhundert durchziehende Wunsch der Beamten der Bauverwaltung [auf technisch-wissenschaftlichen Sachverstand; Anm. d. Verf.] in Erfüllung ging.«[55]

Eine weitere Änderung der Zuständigkeiten wurde ebenfalls 1808 beschlossen: Ab sofort stand die Bauakademie »in keiner Verbindung mehr mit der technischen Oberbaudeputation«[56], deren Mitglieder fortan nicht mehr unterrichteten, sondern an der Bauakademie nur noch Prüfungen im Baufach abnahmen und als Kuratorium Kontrollfunktion ausübten, bis auch diese letzte Verknüpfung 1873 aufgelöst wurde. Interessant ist, daß die Baubehörde und die Bauakademie räumlich von Anfang an bis 1848 zusammengebunden waren. So zogen sie 1799 gemeinsam in das Haus der Akademie der Künste, im Jahre 1800 in die Königliche Münze am Werderschen Markt, 1806 in das ehemalige Kreisgericht in der Zimmerstraße 25, Ecke Charlottenstraße und schließlich 1836 in den Schinkelschen Backsteinkubus, den »roten Kasten« zwischen Werderschen Markt und Schloßbrücke, der als »Bauakademie« berühmt wurde.[57]

Da sich durch die einschneidenden Maßnahmen der Jahre 1804 bis 1809, die vom Oberbaudepartement zur Technischen Oberbaudeputation führten, der Arbeitsaufwand der Bauverwaltung nach Theodor von Schöns Ansicht um mindestens drei Viertel reduzierte, kürzte er auch das Personal drastisch. Nur noch fünf Geheime Oberbauräte und vier Hilfskräfte waren bei der Oberbaudeputation beschäftigt, von denen

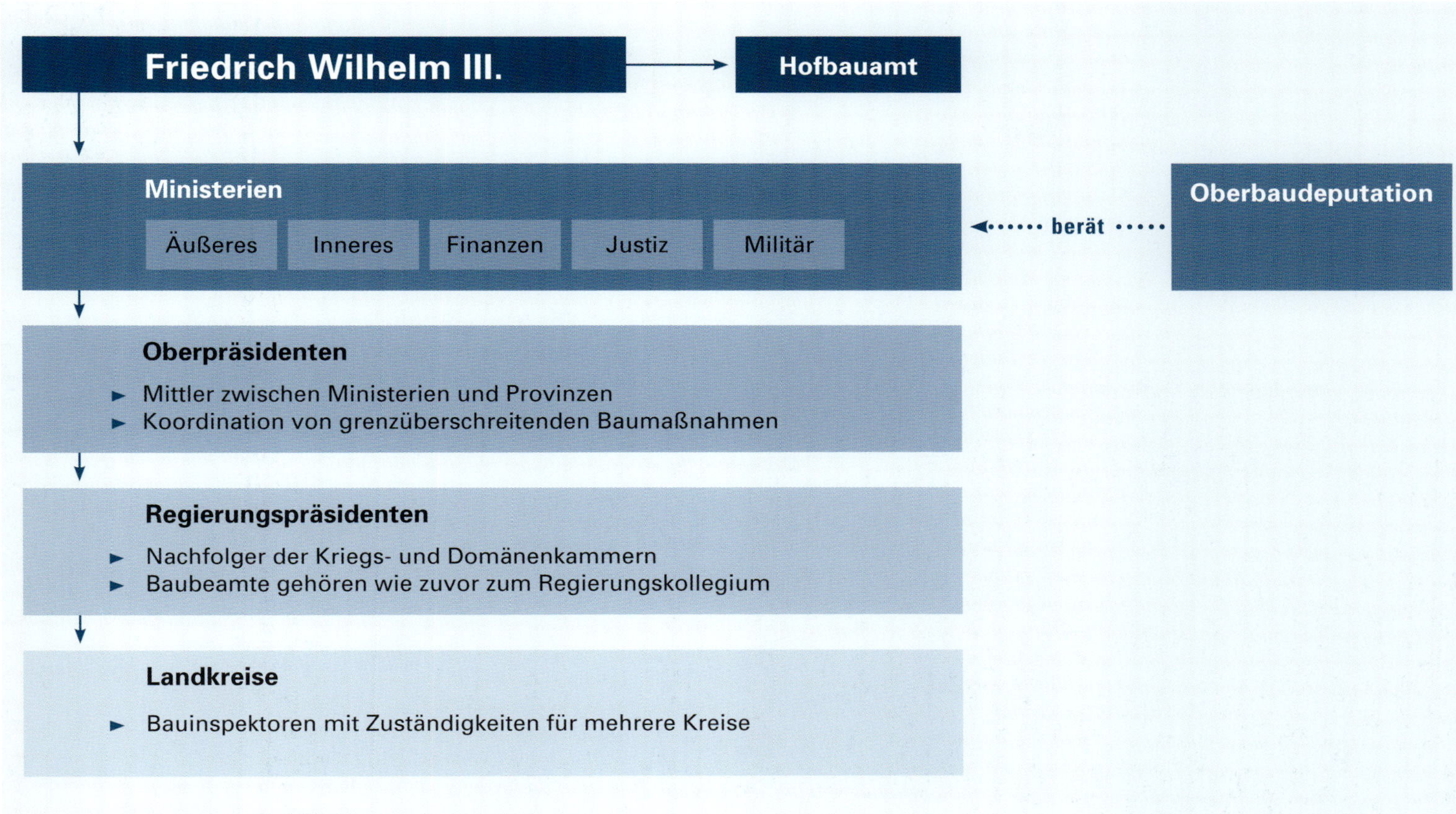

Die Stein-Hardenbergschen Reformen führten zur Gründung der noch heute üblichen Ministerialstruktur. Die Bauverwaltung erhielt dabei nicht den Status eines Ministeriums. Statt wie bisher als Departement Regierungsmitverantwortung zu tragen, fand sie sich nun als Deputation in einer fortan nur noch die Ministerien bei ihren Bauaufgaben beratenden Rolle wieder. Diese Struktur hatte im Großen und Ganzen bis 1850 Bestand, als die Oberbaudeputation im neu geschaffenen Ministerium für Handel, Gewerbe und öffentliche Arbeiten aufging.

jeweils der dienstälteste Rat den Vorsitz als Direktor innehatte. Zum ersten Leiter der Oberbaudeputation wurde Johann Albrecht Eytelwein[58] berufen. Seit 1794 war der Mathematiker, Physiker, Architekt und Ingenieur bereits Mitglied des Oberbaudepartements. 1799-1809 lehrte er an der von ihm mitbegründeten Bauakademie und brachte erstmals das ingenieurtechnische Element in die Ausbildung ein.

Nur zweimal wöchentlich – so die »Instruktion für die technische Oberbaudeputation vom 26. September 1809« – sollten die Räte zusammenkommen und die alle gemeinsam betreffenden Verwaltungs- und Kontrollaufgaben kollegial besprechen. Die fünf Räte der Oberbaudeputation hatten ansonsten klar abgegrenzte Kompetenzbereiche: Ein Rat war für den gesamten Wasserbau zuständig. Ein weiterer für den Landbau. Ein dritter hatte für die Provinz Schlesien sowohl den Land- als auch den Wasserbau zu begutachten. Ein vierter war für die Vermessungs- und Eichgeschäfte zuständig. Für den fünften Rat schließlich war in der Instruktion festgeschrieben, daß er

»insbesondere den ästhetischen Theil der Baukunst bearbeitet, Gutachten über öffentliche Prachtgebäude und Monumente und über die Erhaltung der öffentlichen Denkmäler und Ueberreste alter Kunst ertheilt, in den Prüfungen vorzüglich das Examen in Beziehung auf sein Ressort übernimmt und endlich die Hofbauangelegenheiten, welche zur Oberbaudeputation gelangen, als sein Specialdepartement bearbeitet.«[59]

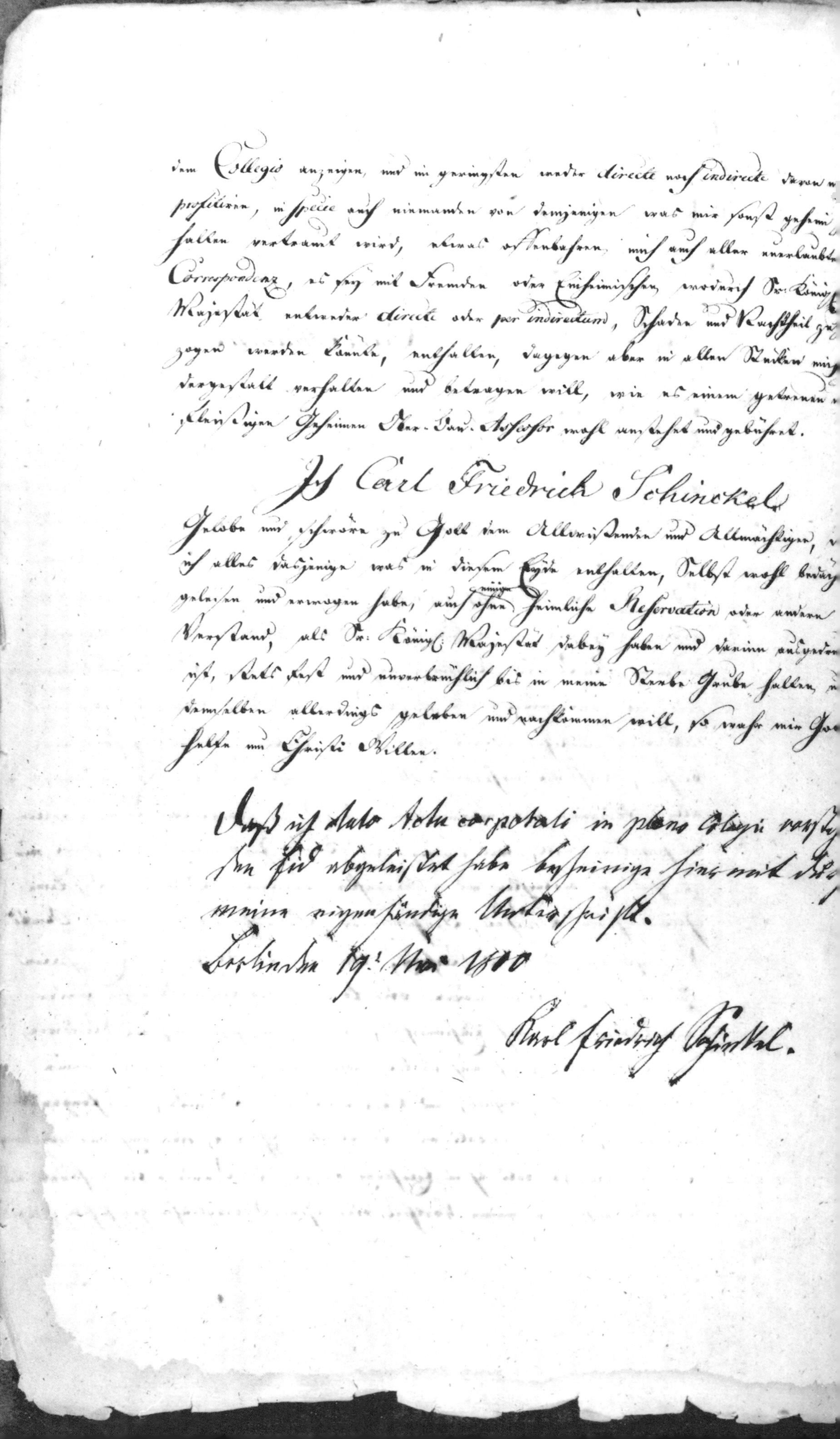
dem Collegio anzeigen, und im geringsten weder directe noch indirecte davon profitiren, in specie auch niemandem von demjenigen was mir sonst geheim zu halten vertraut wird, etwas offenbaren, mich auch aller unerlaubten Correspondenz, es sey mit Fremden oder Einheimischen, wodurch Sr. Königl. Majestaet entweder directe oder per indirectum, Schaden und Nachtheil zugezogen werden könnte, enthalten, dagegen aber in allen Stücken mich dergestalt verhalten und betragen will, wie es einem getreuen und fleißigen Geheimen Ober-Bau-Assessor wohl anstehet und gebühret.

Ich Carl Friedrich Schinckel

Gelobe und schwöre zu Gott dem Allwissenden und Allmächtigen, daß ich alles dasjenige was in diesem Eyde enthalten, selbst wohl bedächtig gelesen und erwogen habe, auch ohne einige heimliche Reservation oder andern Verstand, als Sr. Königl. Majestaet dabey haben und darinn ausgedrückt ist, stets fest und unverbrüchlich bis in meine Sterbe Stunde halten, und demselben allerdings geleben und nachkommen will, so wahr mir Gott helfe um Christi Willen.

Daß ich dato Actu corporali in pleno Collegio vorstehenden Eid abgeleistet habe bescheinige hiermit durch meine eigenhändige Unterschrift.
Berlin den 19ten Mai 1810

Karl Friedrich Schinckel.

Diensteid Karl Friedrich Schinkels vom 19. Mai 1810.

Die »Ära Schinkel«, die 1848er Revolution und ihre Auswirkungen bis zur Reichsgründung

Auf Fürsprache Wilhelm von Humboldts hin wurde 1810 der damals 29jährige Oberbauassessor Karl Friedrich Schinkel zum fünften »Geheimen Ober-Bau-Rath« berufen. Dieses Amt bekleidete er bis zu seinem Tod im Jahre 1841; 1830 wurde er als Nachfolger des pensionierten Johann Albrecht Eytelwein zum Leiter der Oberbaudeputation berufen und zum Ober-Bau-Direktor ernannt. 1838 wurde Schinkel noch zum Ober-Landes-Bau-Direktor befördert. Beim Eintritt in die Baubehörde legte Schinkel am 19. Mai 1810 den preußischen Beamteneid ab, der hier in großen Auszügen wiedergegeben werden soll; zeigt sich doch darin nicht nur das besondere Vertrauensverhältnis, das der König von seinen beamteten Beratern erwartet, sondern auch die Akzente und Gefahren der Tätigkeit: Er gelobte dem König »treu, hold und gewärtig« zu sein und alles abzuwenden was ihm, seinem Hause, seinen »sämtlichen Landen und dem Publico in Wasser- und Land-Bau-Sachen schädlich und nachtheilig seyn möchte«. Schinkel gelobte weiter:

»Die Bauanschläge auf das genaueste revidieren, Risse und Anschläge nach meinem besten Wissen und Vermögen jederzeit anfertigen, auf Verbesserung des Bau-Wesens denken, und rafiniren, welchergestalt die Bauten tüchtiger und dauerhafter wie bisher, auch mit mehrerer Menage errichtet werden können, auch sonst alles dasjenige mit unermüdetem Fleiß und unbefleckter Treue erfüllen und praestiren will, was vermöge der Königl. Instruction und überhaupt mir zu thun, zu beobachten und zu verrichten oblieget. Ferner daß ich keine Giften, Gaben, Praesente, Pensiones oder Promessen, wegen meiner Amts-Verrichtungen und zur Bestechung von was vor Natur oder Eigenschaften dieselben immer seyn mögen oder können, von keinem Menschen, weder von Auswärtigen noch Einheimischen, weder von Hohen noch von Niedrigen, und daß weder durch mich selbst noch durch andere, sie seyen meine Angehörige, Domestiquen, und Verwandte oder Fremde, empfangen oder annehmen, sondern so bald mir dergleichen offerieret, oder auch nur versprochen wird, oder so bald ich in Erfahrung bringe, daß andere, sie gehören mir an oder nicht, zu meinem Vortheil oder Genuß dergleichen geschehen, solches dem Collegio anzeigen, und im geringsten weder directe noch indirecte davon nicht profitiren, in specie auch niemandem von demjenigen, was mir sonst geheim zu halten vertraut wird, etwas offenbahren, mich auch aller unerlaubten Correspondenz, es sey mit Fremden oder Einheimischen, wodurch Sr. Königl. Majestät entweder directe oder per indirectum, Schaden und Nachtheil zugezogen werden könnte, enthalten, dagegen aber in allen Stücken mich dergestalt verhalten und betragen will, wie es einem getreuen und fleißigen Geheimen Ober-Bau-Assessor wohl anstehet und gebühret.«[60]

Die Oberbaudeputation hatte zwar im Vergleich zum Oberbaudepartement eingeschränkte Aufgaben und Kompetenzen, doch dauerte es nicht lange, bis die fünf Räte mit den verbliebenen Tätigkeitsfeldern voll ausgelastet waren. Besonders Schinkels Aufgabengebiet als fünfter Rat war so umfangreich, daß er sich 1821 mit der Bitte um Arbeitsentlastung an den zuständigen Minister Ludwig Graf von Bülow wandte: »Mit Bekümmernis fühle ich, daß ich aber innerlich zerrissen werde durch Arbeiten, zu denen ich die Zeit meiner eigentlichen Bestimmung entziehen muß.«[61] Schinkel nennt die vielfältigen Aufgaben, die

Karl Friedrich Schinkel entwarf diese »Meilensteine für preußische Kunststraßen« im Rahmen der Zuständigkeit der Oberbaudeputation für den Wege- und Chausseestraßenbau.

er neben seiner Tätigkeit als Prüfer an der Bauakademie zu bewältigen hat: »Die Begutachtung aller Kirchenbauten im ganzen Königreiche und die dabei notwendig werdenden Umarbeitungen und Vervollständigungen der Entwürfe und Anschläge.« Ferner die künstlerische Beurteilung »und die damit in Verbindung stehende Umarbeitung und Vervollständigung der Projekte aller übrigen Baugegenstände des Landes, welche dann anderen Räten des Kollegiums zur speziellen Revision zugeteilt werden.« Hinzu kamen besondere Aufträge wie Gutachten für das Kriegsministerium und die ästhetische Überwachung der Bauten in der Technischen Deputation für Gewerbe. Der »Beamte Schinkel« fügte sich aber nicht in die Beschränkung der Kompetenzen der Oberbaudeputation auf administrative Tätigkeiten. Anläßlich eines Symposiums der Berliner Humboldt-Universität zu Schinkels 225. Geburtstag am 13. März 2006 faßt Michael Zajonz die Bedeutung Schinkels als Leiter der Oberbaudeputation pointiert zusammen: »Eine Art oberster Geschmacksrichter in Bausachen.«[62] Trotz der Fülle an Aufgaben ließ sich der »Architekt Schinkel« nicht davon abhalten, auch als Privat-Baumeister für die königliche Familie und andere vornehme Bauherren tätig zu werden. Er übernahm zahlreiche Sonderaufträge, so die vollständige Bauausführung staatlicher Gebäude wie das Schauspielhaus, die klassizistische Umgestaltung des Doms, das Alte Museum samt Brücken und Uferbauten, die Packhofanlagen und das Gebäude der Bauakademie, das damals eines

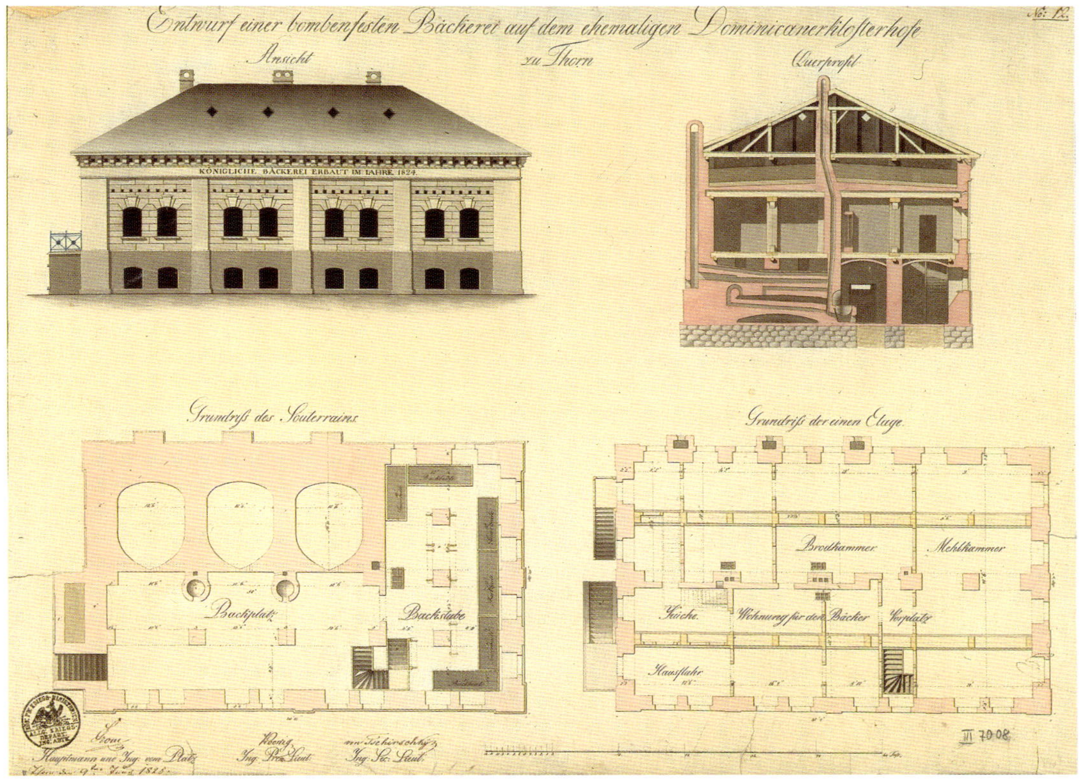

Der Entwurf für eine »bombenfeste Bäckerei in Thorn« wurde der Oberbaudeputation 1825 zur Begutachtung vorgelegt.

der planerisch und ausführungstechnisch fortschrittlichsten Gebäude Preussens war und bis in die Gegenwart, auch ein halbes Jahrhundert nach seinem Abriß, fasziniert, so Hans Kollhoff: *»Die Bauakademie war ein Glücksfall, das Ergebnis ganz außergewöhnlicher, gesellschaftlicher, technischer und künstlerischer Bedingungen«;* und weiter: *»Für mich ist die Bauakademie der beispielhafte Versuch, die Zerreißprobe auszuhalten zwischen einer Konvention der Architektur und neuen gesellschaftlichen und technischen Bedingungen. Das ist die große Leistung Schinkels. Bis zum Barock gab es eine Tradition, nicht zuletzt auf der Basis von zunehmend anachronistisch erscheinenden Traktaten. Um 1800 hat das nicht mehr gehalten. Schinkel musste erstmals die Frage beantworten: Was ist Architektur? Er hatte in England die neuen schmucklosen Industriebauten gesehen und sie faszinierten ihn. Er notierte mit einem ambivalenten Gefühl aus Abscheu und Bewunderung in sein Tagebuch, die Gebäude seien ›ganz ohne Architektur‹. So weit wollte er nicht gehen. Das Architektonische war für ihn eben nicht das Abstrakte, das rein Funktionalistische. Seine Antwort ist die Bauakademie.«*[63]

Weitere architektonische Entwürfe von Schinkel wurden zwar von anderen ausgeführt, doch hatte er auch hier die Oberaufsicht inne: Die Neue Wache, das Kreuzberg-Denkmal, die Schloßbrücke, die Friedrichwerdersche Kirche, Schloß Klein-Glienicke und Schloß Babelsberg, das Zivilcasino, die Römischen Bäder

Linke Seite: Nach vier Jahren Bauzeit konnten die Oberbaudeputation und die Bauakademie Schinkels »roten Kasten« im Jahre 1836 beziehen. Zur Mitfinanzierung des Backsteinkubus am Alten Packhof wurde das Erdgeschoss an Ladengeschäfte vermietet. Das 1868 entstandene Ölgemälde von Eduard Gaertner zeigt mit der Friedrichswerderschen Kirche einen weiteren Schinkelbau.

Oben: Der Kupferstich aus dem Jahre 1830 zeigt Schinkels Entwurf für das Berliner Schauspielhaus am Gendarmenmarkt.

Mitte links: Der im Jahre 1800 errichtete »Temple de Pomona« unterhalb des Belvedere auf dem Potsdamer Pfingstberg ist der erste realisierte Bauentwurf Schinkels. Der damals 19jährige Schüler der Bauakademie hatte den Teepavillon in strengen klassischen Formen nach antiken Vorbildern geschaffen.

Mitte rechts: Der Leiter der Oberbaudeputation: Oberbaudirektor Schinkel im Jahre 1833.

Unten: Die 1815 entstandene Gouache von Karl Friedrich Schinkel zeigt seinen Bühnenbildentwurf für den 1. Akt von Mozarts Zauberflöte: »Die Sternenhalle der Königin der Nacht«. Am 18. Januar 1816 feierte das Berliner Publikum die Premiere in der Königlichen Oper Unter den Linden.

Schinkel prüfte im Jahre 1827 den Entwurf seines Schülers Heinrich Bürde für ein Kaufhaus Unter den Linden mit rund 200 Geschäften. Es sollte am heutigen Standort der Alten Staatsbibliothek entstehen. Die Perspektive gibt die Ansicht Unter den Linden wieder, die Grundrisse zeigen die Läden und die jeweils darüber liegenden Wohnungen der Ladenbesitzer.

und die Nikolaikirche in Potsdam, das Humboldt-Schloß in Tegel, die Gebäude auf der Pfaueninsel, das Sommerhaus in Charlottenburg nebst Mausoleum; er schuf zudem Möbel, Kronleuchter, ganze Innenausstattungen, Gemälde, Orden wie beispielsweise das »Eiserne Kreuz«, Bilderrahmen, Münzen, Denkmäler und Bühnenbild-Entwürfe.[64] »Sein eigenes Oeuvre als Architekt und Maler«, so Michael Zajonz, »entsteht gewissermaßen nach Dienstschluß. Für Frau und Töchter dürfte kaum Zeit geblieben sein.«[65] Schinkel betrachtete die vielfältigen Aufgaben aber nicht nur als Bürde, sondern auch als Chance; in seiner Autobiographie schreibt er, daß er keine dieser Tätigkeiten habe missen wollen, daß er im Gegenteil mit Genugtuung seinen Einfluß auf die gegenwärtige Lage der Kunst und die Bildung junger Künstler erkenne.

In Folge weiterer Reformen Steins und Hardenbergs, aber auch als Auswirkung des Zusammenbruchs und Wiederaufbaus Preußens nach den Befreiungskriegen kam es zu zahlreichen behördlichen Neu- und Umbildungen. Die Oberbaudeputation wechselte in den Jahren nach 1809 etwa alle fünf Jahre in die Zuständigkeit eines anderen Ministeriums.[66] Doch gleich, ob sie dem Innenministerium, dem Finanzministerium oder dem Ministerium für Gewerbe, Handel und öffentliche Arbeiten nachgeordnet war: Der in der Instruktion von 1809 festgelegte Wirkungsbereich der Oberbaudeputation blieb bis 1848 gleich. Festzuhalten bleibt, daß die Stein-Hardenbergschen Reformen das altpreußische, spätabsolutistische System überwanden und eine Art bürokratischen Absolutismus konsolidierten: Der König hatte als politischer Machtfaktor an Bedeutung verloren, der staatliche Verwaltungsapparat als Akteur dagegen gewonnen. Damit hatte letztlich auch die Bauverwaltung mehr Gewicht bekommen, was einem autoritären Architekten und Künstler wie Schinkel entgegenkam. So konnte er seinen zentralistischen Einfluß an der Spitze der Oberbaudeputation, der er seit 1830 vorstand, immer weiter ausdehnen.[67] Als Direktor der Oberbaudeputation bestand seine Aufgabe nun auch in der Prüfung sämtlicher öffentlicher Bauvorhaben, einschließlich aller vom König geförderten Kirchenbauten. Besonders im östlichen Preußen, das als rück-

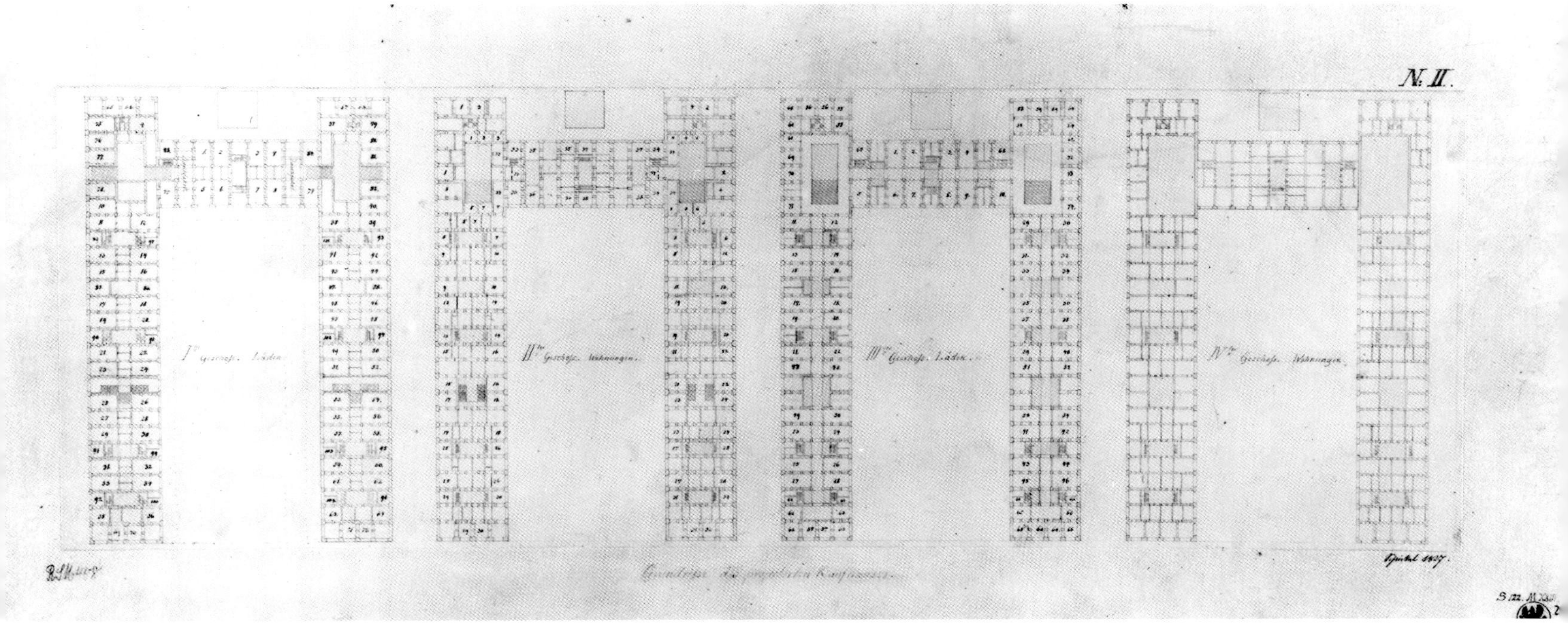

ständig verrufen war, arbeiteten nur wenig gut ausgebildete Bauleute. Die Entwürfe, die von den lokalen Baumeistern zur Genehmigung in die Oberbaudeputation geschickt wurden, waren meist

»kläglich bis desaströs [...]. Dementsprechend mußte Schinkel die meisten Projekte überarbeiten oder Gegenentwürfe anfertigen. Dieses Amt bereitete ihm nicht immer Vergnügen, er versah es aber mit preußischer Akkuratesse und persönlichem Engagement. Schließlich bot ihm die Machtstellung in der Oberbaudeputation die Möglichkeit, der gesamten staatlichen Bauproduktion seine architektonischen Vorstellungen aufzuprägen. Gerade in bezug auf die Ostgebiete begriff er diese Aufgabe als ästhetische Mission.«[68]

Schinkel war der letzte Vertreter der universalen Baugenies wie vor ihm Knobelsdorff oder Neumann. Gleichzeitig war Schinkel der erste Vertreter eines preußischen Baubeamten par excellence.

Mit dem Regierungsantritt Friedrich Wilhelms IV. im Jahre 1840 nahm die Bautätigkeit weiter zu. Die aus der Schinkel-Schule hervorgegangenen Architekten Friedrich August Stüler und Ludwig Persius sollten die größtenteils romantisch verklärten und eklektischen Pläne des Königs realisieren. Stüler und Persius verstanden es, dem entgegenzuwirken. Sie schufen spätklassizistische Bauten mit deutlichen Stilelementen italienischer Paläste oder griechischer Tempel. Mitte des 19. Jahrhunderts entstanden beispielsweise das Neue Museum, die Schloßkapelle mit Kuppel, Krolls Etablissement und in Potsdam die Neue Orangerie und die Friedenskirche. Die Revisions- und Verwaltungstätigkeiten für die Oberbaudeputation wuchs stetig an. Die Industrialisierung führte nicht nur zu einer stürmischen Entwicklung neuer Baustoffe und Technologien, sondern auch zu einer enormen Baunachfrage. Diese zog wiederum zwingend notwendige staatliche Maßnahmen nach sich: Verkehrsbauten, Massenwohnungsbau, soziale, kulturelle und administrative Einrichtungen. Diese Entwicklung mußte Rückwirkungen auf die Organisation des Bauwesens haben. Die bisherige Struktur mit fünf Bauräten, die aus dem technischen, künstleri-

Die Zeichnung von Albert Henry Payne aus dem Jahre 1855 zeigt Stülers im selben Jahr eingeweihtes Neues Museum auf der Berliner Museumsinsel.

schen, ja aus dem baupraktischen Wirken weitestgehend ausgeschlossen waren, konnte den Anforderungen nicht gerecht werden. Der bereits 1824 als Standesvertretung gegründete »Architektenverein« forderte im Revolutionsjahr 1848 unter Beteiligung der damals bereits namhaften Baumeister Dühring, Strack und Stüler in seinem »Entwurf zur Reorganisation des Bildungsganges der Baumeister« einen unabhängigen Sachverständigenrat für die Personalangelegenheiten. Preußische Baubeamte und über 80 Mitglieder der »Allgemeinen Bauschule« forderten ein Architekturstudium frei vom »Zwang der Büreaukratie« und eine Reorganisation des Bauwesens, wobei vor allem die Technische Oberbaudeputation Teil eines eigenständigen Bauministeriums werden sollte.[69] Fast alle Forderungen von »Dühring und Genossen« wies der Minister brüsk zurück. Die Hauptforderung nach einer Eingliederung der Bauverwaltung in ein langfristig eigenständiges Ministerium wurde allerdings Folge geleistet. So wurde 1848 eine eigene »Abteilung Bauwesen« im Ministerium für Handel, Gewerbe und öffentliche Arbeiten als oberste preußische Baubehörde geschaffen. Dorthin wurden entscheidende Befugnisse von den Baudirektoren der Provinzen verlagert, was den Beginn einer zunehmenden Zentralisierung bedeutete. Im darauffolgenden Jahr wurden in der Abteilung Bauwesen auch alle Verwaltungsaufgaben der nun überflüssig gewordenen Oberbaudeputation gebündelt: Mit Erlaß vom 14. Januar 1850 wurde die Oberbaudeputation aufgelöst. Im Jahre 1879 wurde das Ministerium für Handel, Gewerbe und öffentliche Arbeiten geteilt. Die Abteilung Bauwesen verblieb bis 1922 im preußischen Ministerium für öffentliche Arbeiten, danach wurde sie als Hochbauabteilung des Finanzministeriums weitergeführt.

Als zweite Nachfolgeinstitution der Oberbaudeputation wurde im Jahre 1850 eine »Technische Bau-Deputation« als reines Beratungsgremium ohne administrative Kompetenzen neu formiert. Ihr oblag es nun, »neue Erfahrungen und Vorschläge in künstlerischer, wissenschaftlicher und baulich-technischer Beziehung zu begutachten«.[70] Die Technische Bau-Deputation war auch Prüfungsbehörde und legte die Ausbildungsrichtlinien der Bauakademie fest. Durch die steigende Zahl von Studierenden an der Bauakademie in den folgenden Jahrzehnten reduzierte sich das Betätigungsfeld der Technischen Bau-Deputation mehr und mehr auf das einer reinen Prüfungsbehörde; die ursprüngliche Beratungsfunktion dieses Gremiums wurde vollständig ausgeblendet. 1879 verlor die Bauakademie ihre Eigenständigkeit und fusionierte mit der Gewerbeakademie zur »Technischen Hochschule Charlottenburg« – der Vorgängerin der Technischen Universität Berlin.[71]

Zugleich wurde eine eigene, für Staatsprüfungen zuständige »Technische Oberprüfungskommission« geschaffen. Damit hatte sich die Technische Bau-Deputation überlebt und wurde aufgelöst. Stattdessen wurde ein neuer Versuch unternommen, ein auf Sachfragen konzentriertes, beratendes Gremium ins Leben zu rufen, das – mit Ausnahme der Prüfungstätigkeit – die ursprünglichen, aber nie wahrgenommenen Aufgaben der Technischen Bau-Deputation erfüllen sollte: Am 7. Mai 1880 wurde per Erlaß die »Akademie des Bauwesens« gegründet, deren Name nicht zufällig an die ein Jahr zuvor aufgelöste traditionsreiche Bauakademie erinnern sollte.

Die Friedenskirche in Potsdam entstand nach Plänen von Ludwig Persius in den Jahren 1845 bis 1854.

Als erster Neubau des Deutschen Reiches entstand in den Jahren 1872-1874 nach Plänen von Georg Neumann das Kanzleramt in der Wilhelmstraße 74. In Anlehnung an den Piazzo Pitti in Florenz war das Haus im Stil der Neorenaissance gestaltet.

Preußische Landesbehörde mit Reichsaufgaben: Staatliche Bauverwaltung im Kaiserreich

Nach der Reichsgründung im Jahre 1871 übernahmen die beiden Nachfolgeorganisationen der Oberbaudeputation – also die Abteilung Bauwesen und die Technische Bau-Deputation bzw. ab 1880 die Akademie des Bauwesens – neben den preußischen nun auch die Bauaufgaben des Reiches. Dies hatte viele Ursachen und lag nicht nur darin begründet, daß das Deutsche Reich von der Hegemonialmacht Preußen am stärksten beeinflußt wurde. Der Sitz der Reichsverwaltung wurde Berlin. Damit war auf Jahrzehnte eine starke Bautätigkeit in der preußischen Königsstadt verbunden. Wie selbstverständlich wurde dafür die preußische Bauverwaltung genutzt, zumal die Reichsverwaltung sich erst sehr langsam konstituierte: So gab es das ganze Kaiserreich hindurch nur einen einzigen Reichsminister, den Kanzler, der bis 1892 in Personalunion auch Ministerpräsident von Preußen war. Im Reichskanzleramt ressortierten zunächst noch andere Politikbereiche, die erst später selbständig wurden. Und auch dann entstanden keine Ministerien, sondern lediglich Reichsämter, an deren Spitze Staatssekretäre standen, die sich nur allmählich von den in allen Feldern dominierenden preußischen Ministerien emanzipierten und eine eigene »Reichs-Identität« bildeten. Reichsministerien jedenfalls wurden erst in der Weimarer Republik geschaffen. Vordringlicher als eine gemeinsame Reichsbauverwaltung, die erstmals im Jahre 1873 vom Präsidenten des Kanzleramts, Rudolf von Delbrück gefordert wurde, waren zunächst andere Reichsinstitutionen wie die Reichspost, die Reichsbank oder die Reichsbahn. Doch das ganze Spektrum der notwendigen Reichsbehörden entstand erst im Laufe von Jahrzehnten. Bis dahin übernahmen die entsprechenden preußischen Instanzen die Reichsaufgaben und stellten dafür auch Gebäude des preußischen Fiskus zur Verfügung.

Dieser teilweise über Jahrzehnte andauernde Zustand war für alle unbefriedigend: Die einzelnen deutschen Staaten fühlten sich von Preußen bevormundet, und die preußische Verwaltung beklagte den zeitlichen, finanziellen und personellen Mehraufwand durch die Übernahme von Reichsaufgaben. So gab es von beiden Seiten Bestrebungen, die Reichsbauaufgaben von den preußischen zu trennen. Die erste reichseigene Stelle eines Bautechnikers meldete 1873 das Kanzleramt an; die erste umfassende Bauabteilung eines Reichsamtes wurde zwei Jahre später beim Generalpostamt gegründet, das reichsweite Vertretungen in allen deutschen Staaten errichten mußte, was die preußischen Baubehörden logistisch nicht bewältigen konnten. Dem neuen bautechnischen Büro stand ein Bauverwaltungsbüro zur Seite, das bereits vorher als Post-Baubüro existiert hatte.[72]

Statt einer reichseinheitlichen Bauverwaltung wurden also unterschiedlich große Bau-Abteilungen und -Büros eingerichtet oder in den einzelnen Reichsämtern Technische Räte angestellt. Zeitgleich behielten – trotz aller Verselbständigungsprozesse auf Reichsebene – preußische Stellen ihre Befugnisse.

Links oben: Hier tagte der Deutsche Reichstag von 1871 bis 1894. Noch im Jahr der Reichsgründung wurde die Königliche Porzellanmanufaktur in der Leipziger Straße 4 vom Architekten Friedrich Hitzig eiligst für den Reichstag umgebaut. Es blieb ein 23jähriges Provisorium bis der Wallot-Bau nach zwei Wettbewerben und zehn Jahren Bauzeit im Jahre 1894 eingeweiht werden konnte. Zwei Jahre später wurde das Gebäude in der Leipziger Straße abgerissen, um dem Preußischen Herrenhaus, in dem heute der Bundesrat seinen Sitz hat, Platz zu machen.

Links unten: Das Reichskanzlerpalais im Jahre 1895. Das Radziwillsche Palais, 1736 bis 1739 für den Grafen von Schulenburg errichtet, wurde von den Nachfahren des Fürsten Radziwill an den Preußischen Fiskus verkauft. In den Jahren 1875 bis 1878 wurde es zum Regierungs- und Wohnsitz Bismarcks umgebaut, der bis 1890 hier residierte.

Oben: Die »Wilhelmstraße« wurde zum Synonym für die preußische Regierung, nach 1871 auch für die des Deutschen Reiches. Vorne im Bild ist das Reichspräsidenten-Palais zu sehen, daneben das Kanzleramt und im Hintergrund das Auswärtige Amt.

1871 wurde der erste internationale Wettbewerb für den Neubau des Reichstags ausgeschrieben. 102 Architekturbüros hatten sich beteiligt. Der Siegerentwurf, hier in einem Stich aus dem Jahre 1872, stammte von Ludwig Bohnstedt aus Gotha.

Es wurden sogar neue preußische Institutionen geschaffen, die Zuständigkeiten für Reichsbauten erhielten, wie die bereits erwähnte, 1880 im Ministerium für öffentliche Arbeiten gegründete Akademie des Bauwesens.[73] Ihr Status als beratende Behörde sah vor, daß sie
»das gesammte Baufach in künstlerischer und wissenschaftlicher Beziehung zu vertreten, wichtige öffentliche Bauunternehmungen zu beurtheilen, die Anwendung allgemeiner Grundsätze im öffentlichen Bauwesen zu berathen, neue Erfahrungen und Vorschläge in künstlerischer, wissenschaftlicher und bautechnischer Beziehung zu begutachten und sich mit der weiteren Ausbildung des Baufachs zu beschäftigen« hatte.[74]

Besonders mit der Aufgabe, »wichtige öffentliche Bauunternehmungen zu beurtheilen«, fielen der Akademie des Bauwesens erhebliche Kompetenzen für die neuen oder herzurichtenden Reichsbauten zu. Albert Maybach, der preußische Minister für öffentliche Arbeiten, schlug im April 1880 vor, die neuerrichtete Akademie des Bauwesens auch für Zwecke der Reichsbauverwaltung einzusetzen, »welche [...] einer entsprechenden begutachtenden technischen Ober-Instanz entbehrt«.[75] In tatsächlicher Ermangelung eines eigenen Überbaus stimmten die Reichsbehörden und der Reichskanzler dieser Lösung zu. Am 7. Juli 1880 genehmigte ein Erlaß diese Mitwirkung der Akademie, nachdem Bismarck den Kaiser überzeugt hatte, daß die Bautätigkeit des Reichs zu geringfügig für eine eigene Instanz sei.[76] Die Akademie des

Am zweiten Reichstagswettbewerb im Jahre 1882 beteiligten sich 200 Architekturbüros, darunter auch der Wiener Otto Wagner, von dem dieser Entwurf stammt.

Bauwesens war infolgedessen für die Beurteilung aller wichtigen Reichsbauprojekte zuständig, die Zahl der Bauräte wurde im Laufe der Jahre stetig erhöht, im Jahre 1900 waren es schon 51, 1922 sogar 70. Das herausragende Projekt und eines der ersten für die Akademie des Bauwesens war das Reichstagsgebäude. Der Sieger des zweiten Architektenwettbewerbs von 1882, Paul Wallot, mußte seine Pläne der Akademie zur Begutachtung vorlegen, die Wallot daraufhin aufforderte, einige Änderungen vorzunehmen, wie beispielsweise eine Verkürzung der Eingangstreppe: Den Abgeordneten wäre es nicht zuzumuten, 60 Stufen bis in den Sitzungssaal hinaufzugehen.[77] Weitere wichtige Reichsbauten, die von der Akademie des Bauwesens begutachtet wurden, waren das Dienstgebäude des Patentamts, Bauten für die Reichsdruckerei, das Reichsgericht in Leipzig, das Reichsversicherungsamt, das Dienstgebäude für die Kolonialabteilung des Auswärtigen Amtes und den Reichsrechnungshof in Potsdam.[78]

Neben den Kompetenzen der Akademie des Bauwesens wurde 1880 festgelegt, daß die im selben preußischen Ministerium ressortierende, oben bereits vorgestellte »Abteilung Bauwesen« die Superrevision auch der Reichsbauprojekte durchführen sollte. Damit lag die oberste architektonische, künstlerische, technische und administrative Überwachung von Reichsbauangelegenheiten in der Hand des preußischen Ministeriums für öffentliche Arbeiten. Dorothea Zöbl beschreibt die weitere Kompetenzverteilung; dabei werden die vorprogrammierten Reibungen zwischen den preußischen Institutionen und den Reichsstellen deutlich:

Links oben: Die üppigen Holzvertäfelungen in allen repräsentativen Räumen des Reichstags, hier Bibliothek und Lesesaal, beförderten das vollständige Niederbrennen des Gebäudes bei der Brandstiftung im Jahre 1933.

Links unten: Stolz präsentieren sich die am Reichstagsbau beteiligten Handwerker im Jahre 1890 dem Photographen.

»Vorgeschrieben war auch die Vorbereitung der betreffenden Arbeiten durch die Technischen Räte der Reichsämter. Diese hatten die Pläne mit Gutachten, insbesondere für die Raumbedürfnisse, zu versehen. Für größere Vorhaben sollten Bauprogramme erstellt und diese auf Technischen Konferenzen im Ministerium für öffentliche Arbeiten besprochen werden. Die Kontrolle der Ausführungen sowie die Revision der Baurechnungen oblag den einzelnen Reichsverwaltungen. Bei Kosten über 30.000 Reichsmark führte die Bauabteilung des Ministeriums der öffentlichen Arbeiten die Superrevision durch, bei Summen über 750.000 Reichsmark erledigte das die Bauabteilung der Akademie des Bauwesens.«[79]

Mit der Einrichtung eigener Bauverwaltungen bei verschiedenen Reichsämtern war also noch lange nicht eine Autarkie von preußischer Mitsprache erreicht. Ein Beispiel aus der Praxis: So wurden die Baupläne des neuen Generalpostamtes an den Referenten für Bauangelegenheiten beim Kanzleramt weitergegeben. Von dort gingen sie zum Reichsschatzamt, das sie dem preußischen Finanzministerium vorlegte, das die Pläne wiederum zur fachlichen Begutachtung an die Abteilung Bauwesen im preußischen Ministerium für Handel, Gewerbe und öffentliche Arbeiten übergab, wo sie abschlägig bewertet wurden. Darüber erzürnte der damalige Generalpostmeister von Stephan, verbat sich die zukünftige Einmischung preußischer Minister in Bauangelegenheiten seines Amtes und wies die Kritik an der finanziellen und

technischen Gestaltung geplanter Reichsbauten zurück. Damit würden sich die Reichs-Zentralbehörden unter die Behörden eines einzelnen Landes unterwerfen.[80] Es dauerte letztlich aber noch bis 1891, bis das Generalpostamt alle Zuständigkeiten für seine Bauten erhielt. Daß eine Loslösung von Preußen aber weder möglich noch beabsichtigt war, bestätigte im selben Jahr Bismarcks Nachfolger, Reichskanzler Leo Graf von Caprivi: Er beabsichtige, sich auch weiterhin »in baukünstlerischer, technischer und finanzieller Beziehung« am preußischen Staatswesen zu orientieren, auch wolle er weiterhin den größten Teil des Personals aus dem preußischen Beamtencorps gewinnen.[81]

Als in den achtziger Jahren die Arbeitsüberlastung des Ministeriums für öffentliche Arbeit durch die stark angestiegenen Superrevisionen von Reichsbauten offensichtlich wurde, plädierten nun auch die preußischen Institutionen für eine eigene Bauinstanz des Reiches. Darauf konnten sich die zuständigen Reichsstellen aber nicht einigen; so kam es in der Folge dazu, daß das Ministerium für öffentliche Arbeiten seine Zuständigkeit für die Superrevision von Reichsbauten nach und nach an die jeweiligen Reichsämter abtrat, die nun ihre eigenen Bauinstanzen gründeten, so beispielsweise 1885 für die Marinebausachen. Auch andere Reichsbehörden erhielten in den folgenden Jahren eigene Kompetenzen in Bauangelegenheiten, so das Schatzamt und um die Jahrhundertwende die Reichsbank, die eine Bau- und Verwaltungs-

1882 erhielt Paul Wallot den Planungsauftrag für den Neubau des Deutschen Reichstags am Königsplatz. Seine Entwurfszeichnungen, die er eng mit der Akademie des Bauwesens abstimmte, zeigen die südliche Eingangshalle (Seite 66 rechts) und den Plenarsaal (oben).

Nach zehn Jahren Bauzeit war der Reichstag im Jahre 1894 fertiggestellt.

kostenabteilung errichtete. Verloren ging dabei der in Preußen übliche dreigliedrige Instanzenweg, den die Reichsämter nicht übernahmen. Reichskanzler Bernhard Graf von Bülow bewertete Ende 1900 einen Verwaltungsaufbau in Lokal-, Provinzial- und Zentralbehörde als unnötig, seien doch die Reichsbauten »fast ausnahmslos in Berlin auszuführen«, was »die Verwaltung von einer Stelle aus« gestatte.[82]

Bis zum Ausbruch des Ersten Weltkrieges zersplitterte die Bauverwaltung immer mehr. Neben den weiterhin bestehenden Reichsbau-Kompetenzen der Abteilung Bauwesen und der Akademie für Bauwesen beim Ministerium für öffentliche Arbeiten hatte fast jedes Reichsamt seinen eigenen Technischen Baurat oder eine Bauabteilung. Auch andere Konstruktionen gab es. So übertrugen einige Ämter, wie das Reichsamt des Innern, ihre Bauaufgaben dem Generalpostamt, besaß es doch eine der größten Bauabteilungen. Deshalb wurden beispielsweise die Neubauten der Biologischen Abteilung des Reichsgesundheitsamtes in Dahlem, die Herrichtungsmaßnahme für den Reichsrechnungshof in der Potsdamer Waisenstraße und im Auftrag des Reichsmilitärgerichts im Jahre 1908 der Neubau am Charlottenburger Lietzensee zur Superrevision dem Reichspostamt vorgelegt. Bei allen Bauten hatte zudem das Reichsschatzamt das Recht, die Grunderwerbs- und Bebauungspläne mitzuprüfen.

Das Reichsgericht in Leipzig entstand zwischen 1888 und 1895 nach Plänen von Ludwig Hoffmann und Peter Dybwad.

1908-1910 erbauten die renommierten kaiserzeitlichen Architekten Heinrich Kayser und Karl von Großheim das Reichsmilitärgericht in der Witzlebenstraße am Lietzensee in Berlin-Charlottenburg.

DEUTSCHLAND

I

II

III

IV

V

VI

Von der Ersten Deutschen Republik bis zur Nazi-Diktatur: Blüte und Untergang der staatlichen Bauverwaltung

Versuch des Neuanfangs in der Weimarer Republik

Der Kompetenzwirrwarr in den letzten Jahren des Kaiserreichs hatte auch nach 1918 noch lange Bestand. Mit der Um- und Neubildung der Reichsbehörden nach Ausrufung der Republik wurde im Reichsschatzministerium ein Referat für die Bauangelegenheiten der Reichsministerien ins Leben gerufen. Ein entsprechender Erlaß erging am 21. März 1919, der Geltungsbereich wurde ein halbes Jahr später festgelegt:

»I. Mit Wirkung vom 1. Oktober 1919 gehen auf das Reichsschatzministerium über: 1. die Bauverwaltung aller Behörden, soweit sie reichseigenen Grund und Boden sowie reichseigene Gebäude in Besitz haben. Die bauliche Unterhaltung und die Errichtung reichseigener Gebäude obliegt vom genannten Zeitpunkt ab der Reichsbauverwaltung beim Reichsschatzministerium. Ausgenommen von dieser Regelung sind Reichspost- und Reichsverkehrsministerium, die in Bauangelegenheiten selbständig bleiben; 2. die Verwaltung der Grundstücke und Gebäude, welche sich im Besitze von Heer und Marine befinden; 3. die Versorgung von Heer und Marine mit Verpflegung, Bekleidung, Unterkunft, Verbrauchsmaterialien, Geräten, Pferden.
II. Ausführende Behörden des Reichsschatzministeriums für diese Aufgaben sind die mit Wirkung vom 1. Oktober 1919 errichteten Abteilungen III der Landesfinanzämter und die ihnen unterstellten örtlichen Behörden (Reichsvermögensämter, Reichsvermögensstellen, Reichsverpflegungsämter, Remonteämter). Die Reichsbekleidungsämter unterstehen unmittelbar dem Reichsschatzministerium.
III. Im besetzten westlichen Gebiete tritt an die Stelle der unter II bezeichneten Abteilungen der Landesfinanzämter die Reichsvermögensverwaltung für das besetzte rheinische Gebiet in Coblenz mit den ihr unterstellten Zweigstellen und örtlichen Behörden.
IV. Nähere Vereinbarungen wegen des Überganges hat das Reichsschatzministerium mit den beteiligten Ministerien zu treffen. Berlin, den 17. Oktober 1919. Der Reichspräsident Ebert. Der Reichsschatzminister Dr. Mayer.«[83]

Zu den genannten Aufgaben kamen auch noch die im Friedensvertrag zu Versailles festgelegten »Entfestigungsarbeiten« hinzu; die vorhandenen militärischen Anlagen mußten beseitigt bzw. für andere, teils private Zwecke, teils für die Zivilverwaltung umgewidmet werden. Auch gehörte es nach dem Krieg zu den Bauaufgaben des Reiches, für die Unterkünfte der Besatzungstruppen zu sorgen. Die neue Grenzziehung erforderte zahlreiche Baumaßnahmen wie neue Zollhäuser. Nach Auflösung der auf deutschem Boden existierenden Königreiche und Fürstentümer und mit der Errichtung des föderalen Systems gleichberechtigter Länder wurde auch das Reichssteuerwesen in großem Umfang erweitert. Für die neu entstehenden Landesfinanzämter mußten Unterbringungen errichtet werden. Schließlich wurden mit Kabinettsbe-

Die Reichsbauverwaltung für die Reichsministerien bezog ihren Sitz mitten im Regierungszentrum in der Wilhelmstraße. Die Aufnahme aus dem Jahr 1943 zeigt die Wilhelmstraße in Richtung Norden mit u.a. Verkehrsministerium, Kanzleramt und Propagandaministerium.

schluß vom 20. Januar 1920 auch die Bauaufgaben im Ausland geregelt und teilweise in die Zuständigkeit der Reichsbauverwaltung überführt:

»Bei den Bauten des Auswärtigen Amtes im Auslande ist Baubedürfnisfrage, Art der Ausführung und Auswahl der örtlichen Bauleitung Sache der an Ort und Stelle befindlichen Beamten des Auswärtigen Amtes, während Entwurfsbearbeitung und Erledigung der bautechnischen Fragen unter Mitwirkung der Reichsbauverwaltung erfolgen.«[84]

Innerhalb des Reichsschatzministeriums wurden die Bauaufgaben in die Abteilung II »Liegenschaftsverwaltung« überführt, die anfänglich lediglich um zwei Baureferenten aufgestockt wurde. Innerhalb der nächsten Monate kamen angesichts des enormen Bauvolumens bereits acht weitere technische Referenten hinzu, und im August 1920 wurde die Bauverwaltung in einer eigenen »Abteilung V – Reichsbauverwaltung« des Reichsschatzministeriums neu organisiert und von der Liegenschaftsverwaltung getrennt. An der Spitze der Bauabteilung stand ein technischer Ministerialdirektor. Die ganze Abteilung bestand nach einem Bericht des Reichsschatzministeriums vom 30. September 1920 aus:

»1 Ministerialdirektor, 7 Ministerialräten, – darunter 1 für Ingenieurbau, 2 für Maschinenbau – 1 Oberregierungsbaurat, 2 Regierungsbauräten, 3 Hilfsreferenten (auf Provinzial-Etat), 6 technischen Ministerialsekretären und 9 technischen Oberregierungssekretären.«[85]

Die »Abteilung V – Reichsbauverwaltung« als Zentralinstanz hatte laut Geschäftsordnung folgende Aufgaben und Befugnisse:

»Oberste Leitung des Baudienstes, allgemeine Vorschriften und Richtlinien, Prüfung der Entwürfe für bedeutende Bauten. Im einzelnen: Organisation, Bauverwaltung (Hoch-, Ingenieur-, Maschinenbau), Neubaufragen, Baukunst- und Baudenkmalpflege, Baustoff- und Normenausschußsachen, Beschaffungs- und Verwertungsangelegenheiten, Verdingungswesen, Handwerker-, Lohn- und Tariffragen, Haushaltsangelegenheiten.«[86]

Der Arbeitsumfang konnte trotz ständiger Aufstockung des Personals im Reichsschatzministerium schon bald nicht mehr bewältigt werden. Deshalb wurde im Landesfinanzamt von Groß-Berlin eine besondere Abteilung M – »M« für Ministerien – gebildet. Ein Referent des Reichsschatzministeriums wurde zum Leiter dieser Abteilung M berufen. Da in allen obersten Reichsbehörden aber eigene Baubeamte tätig waren, wurden dieser Bauabteilung – so ein zeitgenössischer Bericht – »von vielen Seiten Schwierigkeiten bereitet«, die »nach halbjährigem Bestehen zu einem vollständigen Nervenzusammenbruch des betreffenden Leiters dieser Abteilung« führten.[87] Infolge dieses appellierenden Nervenzusammenbruchs wurde eine Neuorganisation und Gründung einer selbständigen Reichsbaubehörde beschlossen: Im Reichsgesetzblatt vom 15. Dezember 1920 wurde die Einrichtung der in der Wilhelmstraße 88 ansässigen »Reichsbauverwaltung für die Reichsministerien« beim Reichsschatz-, ab 1923 Reichsfinanzministerium, verkündet. Sie fungierte als Mittelinstanz mit den Reichsbauämtern als Ortsinstanz und sollte die »Bauverwaltungsgeschäfte für die Dienstgebäude des Reichspräsidenten, der Reichskanzlei und der Reichsministerien«[88] und auch der Auslandsbauten wahrnehmen, was sich vor allem auf die finanzielle Revision beschränkte.[89] Neben der Reichsbauverwaltung für die Reichsministerien gab es die allgemeine Hochbauverwaltung des Reiches. Sie war ebenfalls dem Finanzministerium unterstellt; die Mittelinstanz lag bei den Baugruppen der Landesfinanzämter, eine Organisation, die wenig verändert bis in die jüngste Vergangenheit Bestand hatte.[90] In Preußen waren die Zuständigkeiten in der obersten Instanz auf sieben Ministerien verteilt; die Akademie des Bauwesens beim Ministerium für öffentliche Arbeiten bestand als beratende Behörde fort; erst im Nationalsozialismus verlor sie an Gewicht, wurde nach dem II. Weltkrieg mit dem preußischen Staat aufgelöst und erst in der DDR als »Bauakademie« wiederbegründet.[91] Die Regierungspräsidenten stellten in Preußen die Mittelinstanz dar, die staatlichen Hochbauämter die Ortsinstanz. In Berlin nahm der Präsident der Preußischen Bau- und Finanzdirektion mit zwei Abteilungen die Aufgaben der Mittel- und der Ortsinstanz wahr.[92]

Dem Reich war es nach Jahrzehnten gelungen, sich langsam von Preußen zu lösen.[93] Die Reichsbauverwaltung für die Reichsministerien bestand neben dem Leiter, Oberregierungsbaurat Groß, aus vier Bauräten, einem Regierungsbaumeister, sechs technischen und einem Verwaltungssekretär, zwei Bauwarten, einer Schreibhilfe und drei technischen Angestellten. Auch hier wurde aber nur ein Papiertiger geschaffen: Die bestehenden Behörden und Reichsämter, die in der Weimarer Republik zu Reichsministerien erhoben wurden, behielten ihre Baukompetenzen, und die Bauaufgaben für Heer, Marine, Reichspost und Reichsbahn wurden von vornherein aus dem Bereich der Reichsbauverwaltung für die Reichsministerien völlig ausgeklammert. Diese Unabhängigkeit von einer übergeordneten Reichsstelle wollten die einzelnen Behörden behalten; so wehrte sich beispielsweise die Postbauverwaltung vehement gegen die vom Präsidenten der Preußischen Bau- und Finanzdirektion im September 1924 begonnene Diskussion unter dem Leitsatz »Rationalisierung durch Zentralisierung«, die auf eine einheitliche und für alle Reichsbauten zuständige Behörde abzielte. Die Post verteidigte ihre Selbständigkeit in Bauangelegenheiten mit dem Argument, nur Beamte, die mit den Gegebenheiten des Postverkehrs vertraut seien, könnten den Arbeitsanforderungen entsprechende Bauten errichten.[94]

Auch das Auswärtige Amt wehrte sich gegen eine beabsichtigte Kompetenzverlagerung. Zwar befürwortete es in einem Schreiben an die Reichskanzlei vom 26. Oktober 1926 die Tätigkeit der neuen Reichsbehörde, die nach dem Ersten Weltkrieg zahlreiche Baumaßnahmen im Ausland – wie die neue Botschaft in Ankara – durchführte, mit lobenden Worten:

Regierungsbaurat Listmann von der Reichsbauverwaltung entwarf Mitte der zwanziger Jahre die Botschaft in Ankara gemeinsam mit dem damaligen Botschafter Rudolf Nadolny. Bauhistorisch dem 19. Jahrhundert verhaftet, wurde der Komplex, der eher an eine zeitgenössische Mehrfamilienhaussiedlung erinnert, in den Jahren 1927 und 1928 erbaut. Die Außenansicht und die hier abgebildete Eingangshalle der Kanzlei wurden im Jahr der Einweihung aufgenommen.

»Bis dahin hatte das Auswärtige Amt mit Rücksicht auf die besonderen Verhältnisse im Auslande ein eigenes Baubüro, das mit der technischen Durchführung der Bauaufgaben bezüglich des reichseigenen Grundbesitzes im Auslande betraut war. Nachdem die Reichsbauverwaltung geschaffen war, die für das Auswärtige Amt bestimmungsgemäß zunächst nur die hinsichtlich des inländischen Grundbesitzes erwachsenen Bauaufgaben zu erledigen hatte, erschien es der Kostenersparnis halber zweckmäßig, ihr auch die im Auslande vorkommenden Aufgaben zu übertragen. Die Reichsbauverwaltung für die Reichsministerien hat diese mein Ressort betreffenden Bauarbeiten im In- und Auslande zu meiner vollsten Zufriedenheit und im engsten Einvernehmen mit meinen Referenten erledigt.«[95]

Als aber die allgemeine Reichsbauverwaltung beim Reichsfinanzministerium, Abteilung v, – nicht zu verwechseln mit der Reichsbauverwaltung für die Reichsministerien – seine finanztechnische Prüfung nun um eine bautechnische Prüfung erweitern wollte, lehnte das Auswärtige Amt diese Einmischung ab und machte seinem Unmut im selben Schreiben Luft:
»Die rasche Erledigung der Bauaufgaben, wie sie anfangs reibungslos stattfand, wurde durch die Einschaltung dieser weiteren technischen Instanz gehemmt. Bei den Bauten im Auslande sind nicht nur die örtlichen Verhältnisse überall verschieden, vielmehr sind hierbei auch die Landessitten und vielfach die besonderen politischen sowie klimatischen Verhältnisse zu berücksichtigen. Die Bauaufgaben des Auswärtigen Amts im Auslande können daher nur von einem Organ befriedigend gelöst werden, das in Auslandsbauten eine gewisse Erfahrung hat und mit den durch die Verschiedenheit der Länder gebotenen besonderen Anforderungen auf das Genaueste vertraut ist. Unter diesen Umständen kann die unmittelbare Zuständigkeit eines fremden Ressorts für diese Bauaufgaben aus den obigen Gründen keinesfalls in Frage kommen und müßte deshalb eine solche Regelung von hier aus mit aller Entschiedenheit abgelehnt werden.«[96]

Für 1926 war das Thema damit erst einmal vom Tisch. Ein erneuter Vorstoß zur Zentralisierung der Reichsbauaufgaben durch den Reichstagsabgeordneten Cremer im Jahre 1927, der die zerstreuten, »verschiedenen technischen Abteilungen und Funktionen [...] in einem Technischen Ministerium«[97] zusammengefaßt wissen wollte, fruchteten ebenfalls nicht und scheiterten an Besitzstandswahrungen. Der Leiter der Reichsbauverwaltung für die Reichsministerien, Oberregierungsbaurat Groß, unternahm im gleichen Jahr einen eigenen Vorstoß mit dem Ziel, seine Stellung zu festigen. In einem Schreiben an den Ministerialdirektor Lothholz im Auswärtigen Amt bittet er um Unterstützung. Dieses Schreiben gibt die schwierige Situation und den Umfang der Arbeiten bei der Staatsbauverwaltung in der Weimarer Republik anschaulich wieder und wird daher – auch wegen seiner Plastizität – hier ausführlich zitiert:

»Die Leitung der z.Zt. bedeutendsten Bauaufgaben des Reichs wie Neubau der Reichskanzlei und Erweiterungsbau des Reichstags liegt in meiner Hand. Ich darf als völlig selbständige Arbeiten der R.B.V.f.d.R.M. [Reichsbauverwaltung für die Reichsministerien] den Umbau des Wilhelmgymnasiums für die Unterbringung des vorläufigen Reichswirtschaftsrats und die Trauerdekoration für den verstorbenen Herrn Reichspräsidenten noch anführen. Um die Tätigkeit der R.B.V.f.d.R.M. noch weiter zu erläutern, darf ich bemerken, daß die R.B.V.f.d.R.M. zugleich Prüfungsinstanz für Rechnungen der Hauswirtschaft der obersten Reichsbehörden pp. ist. Nicht unerwähnt möchte ich die Arbeiten im Auswärtigen Amt im Ausland lassen. Seit Ende 1920 ist die R.B.V.f.d.R.M. für das Auswärtige Amt im Ausland tätig. Durch den Ausgang des Krieges mußten für die Unterbringung der Missionen und Konsulate in allen Teilen der Welt z.T. neue Unterkünfte geschaffen oder die vorhandenen durch die Zusammenlegung der Konsulate mit den Missionen baulich verändert und instandgesetzt werden. In 33 Orten des Auslands wurden bisher von der R.B.V.f.d.R.M. Neu- oder Ergänzungsbauten errichtet und Umbauten vorgenommen. Bei der Einstellung der früheren Feindstaaten in der Nachkriegszeit war die Tätigkeit der R.B.V.f.d.R.M. im Ausland besonders in Frankreich und Belgien mit den größten Schwierigkeiten verknüpft und nur unter äußerster Vorsicht war mit den betreffenden Handwerksleuten im Ausland ein reibungsloses Zusammenarbeiten möglich. Bei der Unterhaltung des gesamten Reichsbesitzes im Ausland wirkt die R.B.V.f.d.R.M. mit durch örtliche Bauleitung bei umfangreicheren oder schwierigeren Arbeiten, Lieferung von Materialien bei kleineren Ausführungen, durch Prüfung von Kostenanschlägen und Rechnungen in französischer, englischer und italienischer Sprache, die der ergebenst Unterzeichnete auch in den technischen Ausdrücken beherrscht. […] In technischer Hinsicht unterstehen der R.B.V.f.d.R.M. 15 bei den betreffenden Missionen tätige Privatarchitekten. Außerdem möchte ich noch erwähnen, daß die R.B.V.f.d.R.M. gelegentlich der Tätigkeit im Ausland dem Deutschen Schulverein pp. und die Aufstellung von Schulprojekten Vorschläge für Ausbauten von Krankenhäusern pp. ehrenamtlich zur Förderung des Deutschtums behilflich ist. Auch auf die Nachteile, welche die Tätigkeit im Ausland in gesundheitlicher Hinsicht mit sich bringt, möchte ich noch hinweisen. Ich hatte mir 1922 auf der Dienstreise nach Galatz in Rumänien schwere schwarze Ruhr und Malaria zugezogen, an deren Folgen ich an Herz und Nieren noch leide. Sehr verehrter Herr Ministerialdirektor, ich habe vorstehend ein umfassendes Bild von der Tätigkeit der R.B.V.f.d.R.M. gegeben, weil tatsächlich niemand an vorgesetzter Stelle weiß, welch umfangreiche und bedeutende Tätigkeit mein Amt ausübt mit verhältnismäßig sehr geringem Personal, von dem fast immer 2 bis 3 Herren vorübergehend im Ausland tätig sind. Bei der verantwortungsvollen Tätigkeit, die die R.B.V.f.d.R.M. stets mit den höchsten Ämtern im In- und Auslande in Berührung bringt, werden sowohl in technischer wie auch in künstlerischer Hinsicht Anforderungen gestellt, wie sie von keiner Baubehörde des ganzen Reiches gefordert werden. Ich bitte Sie daher sehr ergebenst, mir es nicht als überheblich auszulegen, wenn ich aus diesem Grunde eine Hebung meiner Dienststelle nach Gr. A 1 anstrebe. Ich würde es im dienstlichen Interesse für besonders wertvoll halten, wenn ich als Ministerialrat auf den Etat des R[eichs]. F[inanz].M[inisteriums]. genommen werden könnte, weil ich in solcher Stellung viel mehr Autorität in der Wahrung der wirtschaftlichen und reichsfiskalischen Interessen genießen würde als bisher, wo niemand eigentlich weiß, wohin ich gehöre. Ich dachte mir die Stellung ähnlich wie die des Leiters der Zentrale für Heimatdienst, der auf dem Etat der Reichskanzlei geführt wird.«[98]

Die Beförderungswünsche wurden zwar vom Auswärtigen Amt unterstützt, fanden aber ansonsten keinen Wiederhall und wurden sowohl von den Reichsministerien als auch vom Reichstag abgelehnt.

Schließlich befaßte sich zu Beginn des Jahres 1929 ein Reichstagsausschuß mit der unbefriedigenden Lage der Reichsbauverwaltung. Er trat mit dem Ziel zusammen, Konzepte zur Rationalisierung zu erarbeiten. Dabei war man in alle Richtungen offen. Nacheinander wurden folgende Reformen verworfen: Die Reichsbauverwaltung aufzulösen und die Reichsbauaufgaben vollständig den Ländern zu übertragen. Die Reichsbauverwaltung an einer Stelle zu konzentrieren und sie bei den bewährten preußischen Stellen anzusiedeln. Die Reichsbauverwaltung so zu belassen, aber einer »neutralen« Stelle, etwa dem Reichsverkehrsministerium, anzugliedern. In jedem Fall einigten sich die Ausschußmitglieder darauf, daß eine uneingeschränkte Zusammenfassung der Bau- und Liegenschaftsaufgaben erreicht werden sollte. Nur dann sei schließlich ein Überblick über die Gesamtheit der vorhandenen Immobilienbestände und ihre gleichmäßige Nutzung möglich; bevor Neu- oder Umbaumaßnahmen beschlossen würden, könnte so ein sicheres Urteil über eine mögliche Befriedigung des Raumbedarfs aus dem bereits vorhandenen Bau- und Grundstücksbedarf gegeben werden. Schließlich setzte sich der Finanzminister mit seinem Vorschlag durch, alle bautechnischen und finanzverwaltungstechnischen Reichsbauaufgaben in seinem Ministerium zentral zu organisieren und ihm direkt zu unterstellen. Als Konzession an die Besitzstände wurde am Status quo festgehalten und darauf verzichtet, die Bauangelegenheiten von Post, Heer und Marine ebenfalls zu integrieren. Sie behielten fortan ihre Selbständigkeit in Bauangelegenheiten. Damit war im Grunde die bestehende Reichsbauverwaltung für die Reichsministerien in ihrer Organisationsform bestätigt, aber aufgewertet und mit weiteren Zuständigkeiten, etwa in bautechnischer Hinsicht, ausgestattet worden. Um diese Zäsur auch nach außen hin deutlich zu machen, wurde die Reichsbauverwaltung für die Reichsministerien zum 1. April 1930 aufgelöst und die neue Organisation zum selben Zeitpunkt mit dem alten Personal unter dem Namen »Reichsbaudirektion« (RBD) gegründet.

Amtsblatt der Reichsfinanzverwaltung

Ausgabe A

Herausgegeben im Reichsfinanzministerium

11. Jahrgang | Berlin, den 9. Dezember 1929 | Nr. 36

Das Amtsblatt der Reichsfinanzverwaltung erscheint in zwei Ausgaben mit gleichem Inhalt: Ausgabe A mit zweiseitigem, Ausgabe B mit einseitigem Druck. Fortlaufender Bezug nur durch die Postanstalten. Einzelnummern können nur durch das Reichsverlagsamt in Berlin NW, Scharnhorststr. 4, Fernruf Norden 9265, bezogen werden. Der Bezugspreis beträgt für das Inland und die dem Postzeitungsabkommen von Madrid beigetretenen Länder für die Ausgabe A vierteljährlich 1 Reichsmark und für die Ausgabe B 1,20 Reichsmark. Für das übrige Ausland wird der Bezugspreis vom Reichsverlagsamt jeweils festgesetzt.

209. Verordnung über die Errichtung einer Reichsbaudirektion Berlin.

Die Bauangelegenheiten der Dienstgebäude des Reichspräsidenten, des Reichstags, des Reichskanzlers und der Reichsministerien (mit Ausnahme des Reichspostministeriums und des Reichswehrministeriums) sowie der Vertretungen des Deutschen Reichs im Auslande werden einer besonderen Reichsbehörde mit der Bezeichnung »Reichsbaudirektion Berlin« übertragen. Sie wird dem Reichsminister der Finanzen unmittelbar unterstellt. Dieser erläßt die näheren Anordnungen; er bestimmt insbesondere Art und Umfang der Geschäfte.

Die Verordnung tritt mit dem 1. April 1930 in Kraft.

Berlin, den 16. November 1929.

Der Reichspräsident.
gez. von Hindenburg.

Der Reichskanzler.
gez. Müller.

Der Reichsminister der Finanzen.
gez. Hilferding.

210. Änderung der Dienstanweisung für den Waffengebrauch (Waff. D. A.)

(R. F. Bl. 1921 S. 184)

— Ohne weitere Mitteilung. —

1. Ziffer V 2 Waff. D. A. erhält folgende Fassung:
Der nicht in dieser Weise amtlich gekennzeichnete Diensthabende hat vor dem Gebrauch der Waffe ein amtliches Abzeichen zu zeigen, es sei denn, daß es sich um Abwehr eines Angriffs oder einer Bedrohung (§ 1 Abs. 1 Ziffer 1 des Gesetzes) handelt.
2. Für Berichtigung der gelieferten Handausgaben der Waff. D. A. und Unterweisung der zum Waffengebrauch befugten Zollbeamten ist Sorge zu tragen.

Berlin, den 23. November 1929.
O 3163 — 11119 II.

Der Reichsminister der Finanzen.
Im Auftrage: Ernst.

211. Änderung der Geschäftsordnung für die technischen Prüfungs- und Lehranstalten der Reichszollverwaltung — H. L. G. O. — vom 14. Juli 1926

(R. F. Bl. S. 69 ff.)

— Ohne weitere Mitteilung. —

In § 1 Ziffer 2 sind die Worte Brandenburg, Düsseldorf, Leipzig, Mecklenburg-Lübeck, Nürnberg, Schleswig-Holstein zu streichen und an derselben Stelle sowie in den §§ 4 Ziffern 1 und 2 und 12 Ziffer 2 die Worte »Lehranstalten für Zollbeamte« durch »Zollehranstalten« zu ersetzen. Im Stichwortverzeichnis sind das Stichwort »Lehranstalten« und die dahinter angegebenen Zahlen zu streichen und zwischen den Stichworten »Zolldirektor« und »Zollkasse« einzufügen »Zollehranstalten ...... 1 (2), 4 (1, 2), 12 (2)«.

Berlin, den 27. November 1929.
O 3142 — 10822 II.

Der Reichsminister der Finanzen.
Im Auftrage: Hoßfeld.

212. Richtlinien für die Abrundung von Anordnungsbeträgen.

— Ohne weitere Mitteilung. —

Es hat sich als notwendig erwiesen, zum Zwecke der Geschäftsvereinfachung einheitliche Richtlinien für die Abrundung von Anordnungsbeträgen aufzustellen. Die bisher geltenden Bestimmungen beruhen zum Teil auf dem alten Besoldungsgesetze vom 30. April 1920, mit dessen Außerkrafttreten ihnen die Rechtsgrundlage entzogen worden ist. § 29 der Reichskassenordnung regelt lediglich die kassenmäßige Berechnung von Teilbeträgen, bezieht sich aber nicht auf die Festsetzung von Anordnungsbeträgen.

Ich beabsichtige, bei gegebener Gelegenheit der Reichsregierung den Erlaß der nachstehenden Richtlinien für die Abrundung von Anordnungsbeträgen vorzuschlagen, und ersuche, schon jetzt danach zu verfahren.

10 DEZ. 1929

Die Errichtung der Reichsbaudirektion wird unter der laufenden Nr. 209 im Amtsblatt der Reichsfinanzverwaltung vom 9. Dezember 1929 bekannt gegeben.

Die Reichsbaudirektion: Neubeginn vor dem Untergang

Der engagierte Leiter der Reichsbauverwaltung, Groß, wurde zum ersten Leiter der Reichsbaudirektion ernannt, ein Amt, das er allerdings nur kurz innehatte: Er starb bereits wenige Wochen darauf, Mitte Mai 1930. Einer seiner Nachfolger wurde im Dezember 1935 Erich Voß, der die Reichsbaudirektion bis zu seinem Tod am 7. November 1944 leitete. Voss hatte sich – wie es Carl Mertz, der dritte Leiter der Bundesbaudirektion nach dem Kriege, ausdrückte – als »geistiger Vater bzw. Geburtshelfer«[99] der Verdingungsordnung für Bauleistungen (VOB) in den Jahren 1921 bis 1926 in der Reichsbauverwaltung einen Namen gemacht.

In der »Verordnung über die Errichtung einer Reichsbaudirektion Berlin« heißt es am 16. November 1929:

»Die Bauangelegenheiten der Dienstgebäude des Reichspräsidenten, des Reichstags, des Reichskanzlers und der Reichsministerien (mit Ausnahme des Reichspostministeriums und des Reichswehrministeriums) sowie der Vertretungen des Deutschen Reichs im Auslande werden einer besonderen Reichsbehörde mit der Bezeichnung ›Reichsbaudirektion Berlin‹ übertragen. Sie wird dem Reichsminister der Finanzen unmittelbar unterstellt. Dieser erläßt die näheren Anordnungen; er bestimmt insbesondere Art und Umfang der Geschäfte. Die Verordnung tritt mit dem 1. April 1930 in Kraft. Berlin, den 16. November 1929. Der Reichspräsident, gez. von Hindenburg. Der Reichskanzler, gez. Müller. Der Reichsminister der Finanzen, gez. Hilferding.«[100]

Kurz vor Errichtung der Reichsbaudirektion erließ Hilferding genauere Bestimmungen, die wegen Ihrer Bedeutung und Reichweite hier ausführlich wiedergegeben werden:

»Die bisher ›Reichsbauverwaltung für die Reichsministerien‹ benannte Dienststelle der Reichsbauverwaltung wird zum 1. April 1930 aufgelöst. Die Dienstgeschäfte dieser Dienststelle und das Personal gehen mit dem gleichen Zeitpunkt auf die neuerrichtete ›Reichsbaudirektion Berlin‹ über. Die Reichsbaudirektion gehört zu den Dienststellen der Reichsbauverwaltung. Sie ist mir unmittelbar unterstellt. Sie hat für den ihr nach der Verordnung des Herrn Reichspräsidenten vom 16. November 1929 zugewiesenen Geschäftsbereich die Aufgaben der Bauverwaltung in der Orts- und der Aufsichtsinstanz zu erledigen, während die technische Oberaufsicht von mir ausgeübt wird. Sie hat demzufolge alle für die Landesfinanzämter gültigen, für ihren Geschäftsbereich einschlägigen Erlasse zu beachten und in den Fällen meine Entscheidung einzuholen, in denen seitens der Präsidenten der Landesfinanzämter dies zu geschehen hat. Insbesondere sind mir bei Bauten über 15.000 Reichsmark die Vorentwürfe und bei Bauten über 30.000 Reichsmark die Bauentwürfe zur Prüfung vorzulegen und zwar so rechtzeitig, dass Prüfung und Rückgabe der Bauentwürfe vor Baubeginn gesichert ist. Bei Bauten, die nicht für den Bereich der Reichsfinanzverwaltung bestimmt sind, hat mir die Reichsbaudirektion Berlin eine Zweitausfertigung der Entwürfe unmittelbar einzureichen, sobald sie die Hauptausfertigung an das verwaltungsmässig zuständige Ressort einreicht. Auslandsbauten sind geschäftsmässig wie Inlandsbauten zu behandeln. Bei den vorgeschriebenen laufenden Bauberichten (Geschäftsumfang im Bauwesen, Stand der Bauten, finanzielle Lage der Bauten, Kosten fertig gestellter Bauten) sind die Angaben für Auslandsbauten getrennt von den übrigen Angaben zu machen. Bevor Abordnungen von beamtetem oder nichtbeamtetem Personal oder Dienstreisen ins Ausland verfügt werden, ist mir von Zweck und voraussichtlicher Dauer der Abordnung oder der Dienstreise Mitteilung zu machen.

Neben den Geschäften der Bauverwaltung hat die Reichsbaudirektion Berlin die Haushaltsmittel zur Deckung der Personal- und Amtskosten bei mir anzufordern und sie zu bewirtschaften. Sie hat die bei der Reichsbaudirektion Berlin anfallenden Personalangelegenheiten in der Orts- und der Provinzialinstanz zu erledigen. Der Vorsteher der Reichsbaudirektion Berlin hat demgemäss seinem Personal gegenüber die gleichen Befugnisse wie ein Landesfinanzamtspräsident. Zuständige Kasse bleibt wie bisher für die Reichsbauverwaltung für die Reichsministerien auch für die Reichsbaudirektion Berlin die Oberfinanzkasse Berlin.«[101]

Die Anfangsphase wurde der Reichsbaudirektion nicht leicht gemacht, und ihre Existenz stand schon bald wieder auf dem Spiel. Schon im Vorfeld der Gründung und noch Jahre danach hatte die Preußische Hochbauverwaltung Versuche unternommen, die Zuständigkeiten auch für die Reichsbauten zu erhalten. Hintergrund war der personell stark aufgeblähte und nicht ausgelastete preußische Bau-Verwaltungsapparat, der für seinen Fortbestand neue Aufgaben akquirieren mußte.[102] Ein erster derartiger Versuch im Frühjahr 1930 wurde aber von höchster Stelle abgewehrt: Am 15. Juni 1930 vermerkte der Staatssekretär in der Reichskanzlei:

»Wenn es möglich wäre, würde auch ich es begrüssen, wenn die Reichsbauverwaltung in ihrer bisherigen Form und ihrem bisherigen Umfange erhalten bliebe. Insbesondere erschiene es mir eine absolute Notwendigkeit, dass die Zuständigkeit der Berliner Reichsbaudirektion unbedingt gewahrt bliebe. Es erschiene mir z. B. ganz ausgeschlossen, dass, um bei unserem Fall zu bleiben, wir wegen des Neubaus der Reichskanzlei über die Vermittlung des Preussischen Staatsministeriums und des Preussischen Finanzministeriums und der dortigen Ministerialabteilung mit den nachgeordneten Preussischen Bauabteilungen verhandeln müssten. Eine zentrale Reichsbauverwaltung für die Reichsministerien hat es auch längst vor dem Kriege schon gegeben und ist unbedingt nötig.«[103]

Auch weitere Querelen in der Gründungsphase der Reichsbaudirektion konnten schnell beigelegt werden. So hatten ihre seit 1930 vermehrten Zuständigkeiten für den Auslandsbau und die einhergehende Gleichbehandlung von Aus- und Inlandsbauten zu Kompetenzschwierigkeiten mit dem Auswärtigen Amt geführt, die aber bis Ende des Jahres 1930 in Gesprächen zugunsten der Reichsbaudirektion ausgeräumt werden konnten. Ein Vermerk des Reichsfinanzministeriums vom 20. Dezember 1930 hält fest:

»Es kann […] künftig auch ein Auslandsbau erst dann zum Haushalt angemeldet werden, wenn vom Auswärtigen Amt anerkannte und vom Reichsfinanzministerium technisch geprüfte Unterlagen gemäß § 14 der Reichshaushaltsordnung vorliegen, und er darf erst begonnen werden, wenn ebenso anerkannte und geprüfte Unterlagen gemäß § 45 der Reichshaushaltsordnung vorhanden sind. […] Muß zu einer Bauausführung im Ausland ein Privatarchitekt herangezogen werden, so ist künftig der Vertrag zwischen ihm und dem Fiskus von der Reichsbaudirektion zu schließen, die ihm allein Weisungen bezüglich der Bauausführung erteilt und dafür aber auch die Verantwortung allein zu tragen haben wird. Bei Bauunterhaltungsarbeiten soll ebenfalls soweit möglich die Reichsbaudirektion allein die Anordnungsbefugnis aber in diesem Umfange auch allein die Verantwortung tragen.«[104]

Der Umbau des Reichspräsidentenpalais in der Wilhelmstraße 73, links, in der Bildmitte, war die vornehmste Aufgabe der Bauverwaltung bis 1933.

Die Organisation der gesamten Reichsbauverwaltung war im Jahre 1930 folgendermaßen geregelt:

1. Die Oberste Aufsichtsinstanz bestand aus der Unterabteilung P II/III mit vier Referaten im Reichsfinanzministerium. Die Sachbearbeitung war unter den vier Referaten regional aufgeteilt; ein Referat bearbeitete zusätzlich die anfallenden Verwaltungsaufgaben eines Zentralreferats, wie Beschaffung, Personal usw. Als Referenten waren drei technische Ministerialräte und ein Oberregierungsbaurat eingesetzt. Weiterhin gab es einen Regierungsbaurat als Hilfsreferenten und elf Ministerialamtmänner und Regierungsoberinspektoren als Bürobeamte.

2. Die Mittelinstanz war zum einen die Provinzialinstanz; sie bestand bei den Präsidialstellen der 26 Landesfinanzämter je nach Umfang der regionalen Bauaufgaben aus Einzelbaureferaten oder mehreren Baureferaten, die dann zu Baugruppen zusammengefaßt wurden. Ihr Aufgabengebiet umfaßte hauptsächlich die Aufsicht über die Ortsbehörden, die Prüfung ihrer Ausarbeitungen und Bauausführungen und die gutachtliche Tätigkeit. Den Landesfinanzämtern standen 26 Oberregierungsbauräte als Leiter der Baugruppen bzw. als Baureferenten vor. Daneben gab es fünf Oberregierungsbauräte, 49 Regierungsbauräte, 121 Verwaltungsamtmänner, Regierungsoberbauinspektoren und Regierungsoberbausekretäre als

Der erste von der Reichsbaudirektion in der Wilhelmstraße betreute Neubau war der Erweiterungsbau für die Reichskanzlei nach Plänen von Eduard Jobst Siedler. Den »Winkebalkon« im 1. Geschoss ließ sich Hitler 1934 nachträglich anbauen. Rechts im Bild ein Flügel der alten Reichskanzlei. Links neben dem Neubau schließt das ebenfalls zur Reichskanzlei gehörende Palais Borsig an.

Bürobeamte sowie Unterbeamte und eine wechselnde Zahl von Angestellten für technische und Büroarbeiten. Die Mittelinstanz war zum anderen die Reichsbaudirektion. Als besondere Dienststelle war sie ausschließlich für die obersten Reichsbehörden und die Auslandsbauten zuständig. Ihr Leiter erhielt die Amtsbezeichnung »Direktor der Reichsbaudirektion Berlin«. Der Mitarbeiterstab bestand aus vier Regierungsbauräten, sechs Regierungsoberbauinspektoren und -sekretären als Bürobeamte sowie zwei Unterbeamten und einer wechselnden Zahl von Angestellten für technische und Büroarbeiten.

3. Die Ortsinstanz bestand im Jahre 1930 aus 62 Reichsbauämtern. Sie haben vor allem die Ausführung der Reichsbauten vor Ort durchzuführen und unterstanden je nach Baumaßnahme den Landesfinanzämtern oder der Reichsbaudirektion. In der Ortsinstanz arbeiteten 62 höhere Baubeamte als Vorsteher, davon ein Oberregierungsbaurat für die Reichshauptstadt und 61 Regierungsbauräte. Außerdem waren tätig: zwei Regierungsbauräte bei Neubauleitungen, 13 Regierungsbauräte als Mitarbeiter, 182 Regierungsoberbauinspektoren und -sekretäre als Bürobeamte sowie zahlreiche Unterbeamte und eine wechselnde Zahl von Angestellten für technische und Büroarbeiten.

Aus den umfangreichen Tätigkeiten der Reichsbauverwaltung und der Reichsbaudirektion zwischen 1920 und 1933 ragt vor allem der Erweiterungsbau des Deutschen Reichstages, der Umbau des Reichspräsidentenpalais in der Wilhelmstraße und der Neubau der Reichskanzlei nach einem Entwurf des Architekten Eduard Jobst Siedler heraus, der am 22. Dezember 1930 an Reichskanzler Heinrich Brüning übergeben werden konnte. Die Abrechnung durch die Bauleitung der Reichsbaudirektion erfolgte am 10. August 1931 und zeigt eine punktgenaue Landung: Gegenüber dem Kostenvoranschlag vom 20. Oktober 1928 in Höhe von 2.385.000,- Reichsmark beliefen sich die tatsächlichen Kosten auf 2.344.649,50 Reichsmark, es wurden also rund 40.000,- Reichsmark weniger ausgegeben als veranschlagt.[105]

Im Oktober 1930, ein halbes Jahr nach Gründung der Reichsbaudirektion, legte das Reichsfinanzministerium einen detaillierten und aussagekräftigen Bericht über den eingespielten Geschäftsgang der Reichsbauverwaltung vor:

»Die Geschäfte, die von der Reichsbauverwaltung zu erledigen sind, lassen sich in 2 Gruppen teilen: A. Bauberatung und technische Gutachten für die Zwecke der Verwaltungen. B. Bauausführungen. a) Ausführung der Bauunterhaltungsarbeiten mit Ausnahme der kleinen unter 500 Reichsmark liegenden Objekte, zu deren Überwachung technische Kenntnisse nicht erforderlich sind, wie z.B. des Ersatzes zerbrochener Fensterscheiben, kleinerer Anstreicher- und Tapezierarbeiten u. dgl. Derartige kleine Arbeiten lassen die Verwaltungsdienststellen, die die Gebäude benutzen, selbst erledigen. b) Durchführung der Um-, Erweiterungs- und Neubauten. Bei allen Bauausführungen werden die nötigen Baumittel nicht von den Baudienststellen, sondern von den Verwaltungsdienststellen auf dem Instanzenwege beantragt, und erst nach Bewilligung der Bauausführung durch die gesetzgebenden Körperschaften werden von ihnen die Baumittel den Baudienststellen zur Bezahlung der Bauausgaben zur Verfügung gestellt. Bei den Neubauten und den ihnen gleichzuachtenden Um- und Erweiterungsarbeiten stellen die Verwaltungsdienststellen im Instanzwege auch das Baubedürfnis z.B. den Raumbedarf, die Ausstattung der Räume u. dgl. fest. Den Baudienststellen obliegt die Erledigung der bautechnischen Vorarbeiten, die Aufstellung der Bauentwürfe, die Ausschreibung der Arbeiten, der Vertragsschluß mit den Unternehmern, die Überwachung der Ausführung, die Anweisung der Baugelder, die Abnahme der Arbeiten, die Aufstellung der Abrechnung und Übergabe der Bauten an die Nutznießer. Die Federführung und damit die Verantwortung liegt von der Bewilligung des Bauvorhabens an bis zur Übergabe des Baues an den Nutznießer und zur Hebung der Abrechnung in allen drei Instanzen, also auch bei der Provinzial- und Ministerialinstanz, bei den Baudienststellen.«[106]

Der Erweiterungsbau von Siedler – hier eine Aufnahme von 1932, noch ohne Balkon – erreichte durch die unterschiedlich gestalteten Gebäudehöhen einen harmonischen Übergang sowohl zum Palais Borsig als auch zum unmittelbar benachbarten Alten Reichskanzlerpalais, dem Radziwillschen Palais.

Organisationsstruktur und Aufgabenbereich hatten nun für lange Zeit unverändert Bestand: über 1933 hinaus und mit wenigen Akzentverschiebungen auch über 1949 bis in die jüngere Vergangenheit.

Die Reichsbaudirektion im Nationalsozialismus: Politische Repräsentationsarchitektur unter dem Hakenkreuz

Nach der Ernennung Hitlers zum Reichskanzler kam es zwar in den Folgejahren zu einer grundsätzlichen Umstrukturierung der Reichsverwaltung – so wurden fast alle Länderministerien aufgelöst und Deutschland in Reichsgaue eingeteilt – doch änderte sich für die Reichsbaudirektion nichts: Sie blieb mit identischem Aufgabengebiet im Ressort des Reichsfinanzministers.

Neben dem Umbau des Schlosses Bellevue zum Gästehaus der Reichsregierung war der Ergänzungsbau des Reichsministeriums für Volksaufklärung und Propaganda am Wilhelmplatz in den Jahren 1936 bis 1940 eines der größten Bauprojekte der Reichsbaudirektion. Goebbels, der dort in einem Schinkelbau – dem Prinz-Karl-Palais – residierte, benötigte entsprechend den stark angewachsenen totalitären Propagandaaufgaben einen um ein Vielfaches größeren Büroanbau. Nicht nur die Bauleitung hatte die Reichsbaudirektion inne: Auch Entwurf und Baupläne stammten von ihrem Architekten Karl Reichle, der bereits 1934 einen ersten Erweiterungsbau – den »Gartenflügel« – entworfen hatte.[107] Der Neubau respektierte – neben einigen Abrissen in der näheren Umgebung – die vorhandene Bausubstanz und fügte sich harmonisch ein, ja imitierte zum Wilhelmplatz hin sogar die Schinkelsche Formensprache in Fassadengliederung, Gestaltung, Traufhöhe und Materialien. »Der vornehme, einfache Charakter des Schinkelschen Palaisbaues«[108] war für Reichle das anzustrebende Vorbild. Um sich dem Palais noch besser anzupassen, wurde der hell verputzte Neubau zum Platz hin mit der gleichen grauen Mineralfarbe gestrichen. Zur Ostseite erhielt der Bau, den Nachbarhäusern angeglichen, einen naturfarbenen Putz ohne Anstrich, während das durchweg in Ziegeln ausgeführte Mauerwerk der Garten- und Hoffronten mit Muschelkalkplatten verkleidet wurde. Das Palais und die angrenzenden Teile des Neubaus dienten vor allem repräsentativen Veranstaltungen. So schuf Reichle beispielsweise einen 26 Meter langen und elf Meter breiten Saal, »der, mit kleiner Bühne am Nordende und Bildwerfereinrichtung auf der entgegengesetzten Seite versehen, die Möglichkeit zu Theater- und Filmvorführungen bietet, außerdem auch als Tanzsaal benutzt werden kann.«[109] Die übrigen Teile des Neubaus nahmen vor allem die Büros der Beamten auf, einige kleinere Sitzungssäle, ein Kasino, »die gerade in diesem Ministerium besonders wichtigen postalischen Einrichtungen«[110], das Archiv, die Filmprüfstelle und eine Sporthalle. Den Krieg hat der Erweiterungsbau – anders als das Prinz-Karl-Palais – fast unbeschädigt überstanden und ist heute Sitz des Bundesministeriums für Arbeit und Soziales.[111]

Der Neubau des Reichsministeriums für Volksaufklärung und Propaganda, nach Plänen der Reichsbaudirektion von 1936 bis 1940 am Wilhelmplatz errichtet, hier die Ansicht der Ostfassade an der Mauerstraße.

Oben und Seite 89 links: Die Reichsbaudirektion baute 1939 das Schloss Bellevue nach Plänen von Paul Baumgarten zum Gästehaus der Reichsregierung um und erweiterte es durch einen Neubau, den »Meißner-Flügel«, der bereits knapp zwei Jahre später – wie das Schloß selbst – bei einem Luftangriff am 10. April 1941 durch Brandbomben zerstört wurde. Die Innenaufnahme zeigt das Arbeitszimmer eines Gästeappartements.

Bemerkenswert war die Fülle von Auslandsaufgaben, die die Reichsbauverwaltung und die Reichsbaudirektion in nur zwei Jahrzehnten bewältigen mußte: Sie waren für Wettbewerbe sowie Neu- und Umbauten für 33 Vertretungen verantwortlich, darunter die Botschaften in Addis Abeba, Paris, Rom, Teheran und Washington, wobei kriegsbedingt viele Bauten nicht mehr ausgeführt wurden. So hatte die Reichsbauverwaltung 1940 und 1942 zwei Entwürfe für ein neues Kanzleigebäude in Rom ausgearbeitet. Die endgültige Entwurfsplanung, im Juni 1943 beim Architekten Paul Bonatz in Auftrag gegeben, war erst fertig, als das Mussolini-Regime bereits gestürzt war und so der Neubau nicht mehr ausgeführt werden konnte.

Ein weiterer Kanzleineubau des »Dritten Reiches« sollte in Washington entstehen. Von der Sitzung des Preisgerichts über den Wettbewerb liegt noch das Protokoll vor, das anschaulich den Ablauf des Verfahrens wiedergibt und auch über die planerischen Qualitäten der Reichsbaudirektion einiges aussagt: *»Das Preisgericht trat am Sonnabend, den 19. Februar 1938 vormittags 11 Uhr 30 im Standartensaal der Reichskanzlei, Voßstraße 1, zusammen. Als Preisrichter waren anwesend: 1. Staatssekretär von Mackensen als Vorsitzender des Preisgerichts, 2. Generalbauinspektor für die Reichshauptstadt, Professor Speer, 3. Ministerialdirektor Dr. Prüfer, 4. Ministerialrat, Geh. Regierungsrat Reichle, 4. Der Direktor der Reichsbaudirektion Berlin, Voß. [...] Zur Teilnahme an dem Wettbewerb waren 9 Architekten aufgefordert, die ihre Entwürfe fristgerecht eingereicht haben. Die Entwürfe sind in der vorgeschriebenen Weise mit fortlaufenden Nummern versehen worden. Sämtliche Entwürfe werden als wettbewerbsfähig anerkannt. Nach Erörterung der für die Beurteilung in Betracht kommenden Hauptgesichtspunkte*

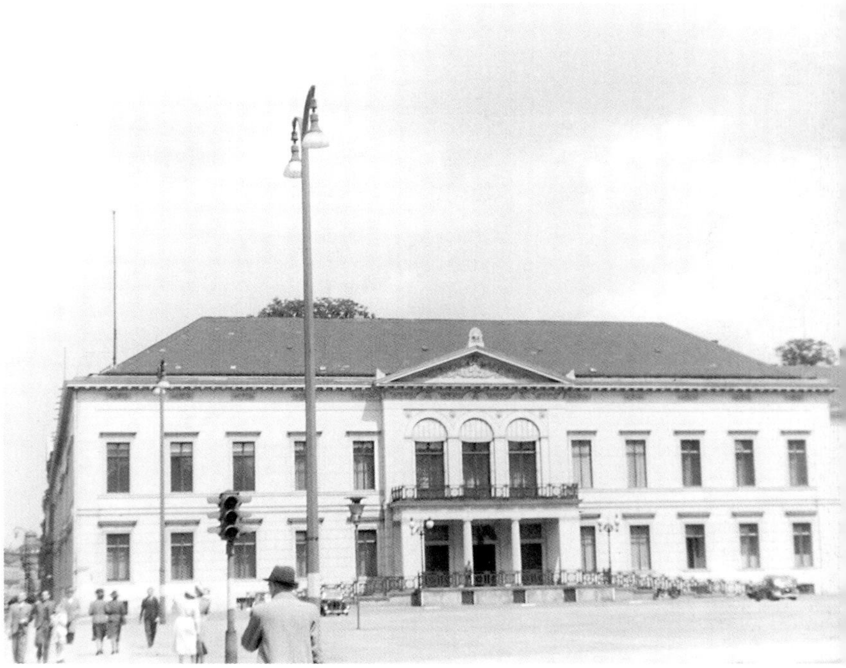

tritt das Preisgericht in das Prüfungsverfahren ein. Bei dem Rundgang werden die Entwürfe 1, 2, 3, 4, 5 und 6 ausgeschieden, so daß die Entwürfe 7, 8 und 9 in der engsten Wahl verbleiben. Da keiner der Entwürfe 7, 8 und 9 für die Ausführung als voll befriedigend angesehen wird, beschließt das Preisgericht, von der Verteilung der vorgesehenen Preise abzusehen und jedem der 3 Entwurfsverfasser eine Gebühr von 2.500 RM anzuerkennen. […] Im Anschluß an das Prüfungsverfahren wurde der nach den Wettbewerbsbedingungen ›außer Wettbewerb‹ aufgestellte und fristgemäß beim Auswärtigen Amt eingereichte Entwurf der Reichsbaudirektion Berlin besichtigt und festgestellt, daß sich die Grundrisse der Reichsbaudirektion für die Ausführung am besten eignen. Demgemäß wurde beschlossen, die drei in die engste Wahl gekommenen Entwurfsverfasser [der Berliner Architekt Professor Fritz August Breuhaus, das Mitglied der Münchener Kunstakademie, Professor German Bestelmeyer und der Berliner Architekt Professor Peter Behrens – Anm. des. Verf.] aufzufordern, möglichst im Anhalt an den Lageplan und die Grundrissausbildung der Reichsbaudirektion in Verbindung mit dieser kurzfristig neue Entwürfe anzufertigen, die der Entscheidung des Führers und Reichskanzlers zu unterstellen sind. […] Dabei werden der Höhenlage des Grundstücks und der Lage innerhalb eines Villengebietes eine ebenso große Bedeutung beizumessen sein als der Forderung, daß ein Botschaftsneubau, insbesondere in der Hauptstadt eines so großen Landes wie den Vereinigten Staaten von Amerika, in seiner äußeren Erscheinung des repräsentativen Charakters nicht entbehren darf, ohne etwa eine Steigerung zum Monumentalen zu erfordern.«[112]

Zur Umsetzung der überarbeiteten Pläne kam es dann aber nicht mehr, der Zweite Weltkrieg verhinderte die Ausführung des Baus.

Oben rechts: Das Prinz-Karl-Palais am Wilhelmplatz war Joseph Goebbels Dienstsitz, hier auf einer Aufnahme von 1943, kurz vor der Zerstörung durch Luftangriffe.

Oben: Bolschewismus gegen Nationalsozialismus: Auf der Weltausstellung in Paris stehen sich die architektonischen Beiträge der Sowjetunion und des Deutschen Reiches herausfordernd gegenüber.

Rechts: Pavillon Albert Speers auf der Weltausstellung in Paris 1937.

Die Reichsbaudirektion betreute außerhalb des Reichsgebiets auch Krankenhäuser, Kriegsgräberstätten und Zuwendungsmaßnahmen wie die Deutsche Schule in Kopenhagen. Auch die deutschen Bauten auf den Weltausstellungen in Brüssel 1935 und in Paris 1937 unterstanden der Reichsbaudirektion. Für den deutschen Turm-Pavillon in Paris wurde Albert Speer mit dem französischen Architekturpreis ausgezeichnet. Die 65 Meter hohe, mit Werkstein verkleidete Stahlkonstruktion galt als »Sinnbild des neuen deutschen Lebensgefühls«. Das Sprachrohr dieses in Stein gemeißelten Lebensgefühls war die Reichsarchitektenkammer. Dessen Vorsitzender, Carl Lörcher, der auch Leiter der Reichsstelle für Raumordnung war, verkündete 1935 die verbindliche Marschroute: »[...] wir haben [...] dafür zu sorgen, daß die Baukultur unserer Werke die Staatsgesinnung unserer Zeit verkörpert, die Staatsgesinnung des Nationalsozialismus. Baukunst ist noch immer die Künderin einstiger Größe gewesen.«[113]

Je näher der Krieg rückte, um so mehr waren auch die Bauaufgaben der Reichsbaudirektion davon bestimmt. Reichsbaudirektor Voß vergab am 11. Juli 1939 den Auftrag, für veranschlagte 260.000,- Reichsmark Luftschutzräume im »Europahaus« in der Berliner Saarlandstraße einzubauen. Im April 1940 konnten sie dem Reichsarbeitsminister übergeben werden. In den folgenden zwei Jahren wurden noch zahlreiche Neu- und Umbauten für die Reichsministerien in der Hauptstadt vorgenommen, ein Umbau für den Volksgerichtshof in der Wallstraße und eine Herrichtungsmaßnahme für die Reichsbaudirektion selbst, deren Dienstsitz im Jahre 1941 westlich des Leipziger Platzes, in der Bellevuestraße 5 A, lag. Der Geschäftsumfang der gesamten Baumaßnahmen für das Jahr 1942 wurden von der Reichsbaudirektion mit rund einer Viertel Milliarde Reichsmark angegeben.[114] Die zu diesem Zeitpunkt erfolgte Auflistung aller Bauvorhaben diente der »Nachprüfung des Kriegseinsatzes«. Außer kleinen Baracken und Garagenbauten kam 1943 die Neubautätigkeit in Berlin für die Reichsorgane fast vollständig zum Erliegen und beschränkte sich auf »Lebensnotwendige Bauunterhaltungsarbeiten bei den betreuten Reichsministerien und Umbauten für Gebäude des Reichsministeriums für die besetzten Ostgebiete in Berlin. Vorbereitende Arbeiten für Ausweichstellen der Reichsministerien bei Fliegerschäden.«[115] Auch zahlreiche Auslands-

Links: Am 12. Oktober 1935 wurde beim Neubau des Reichsluftfahrtministeriums in der Leipziger Straße Richtfest gefeiert.

Rechts: Nach Plänen von Ernst Sagebiel errichtete die Reichsbaudirektion den Neubau für Görings Ministerium in den Jahren 1935 bis 1936. Den Krieg hat das Gebäude beinahe unbeschädigt überstanden, heute ist es Sitz des Bundesfinanzministeriums.

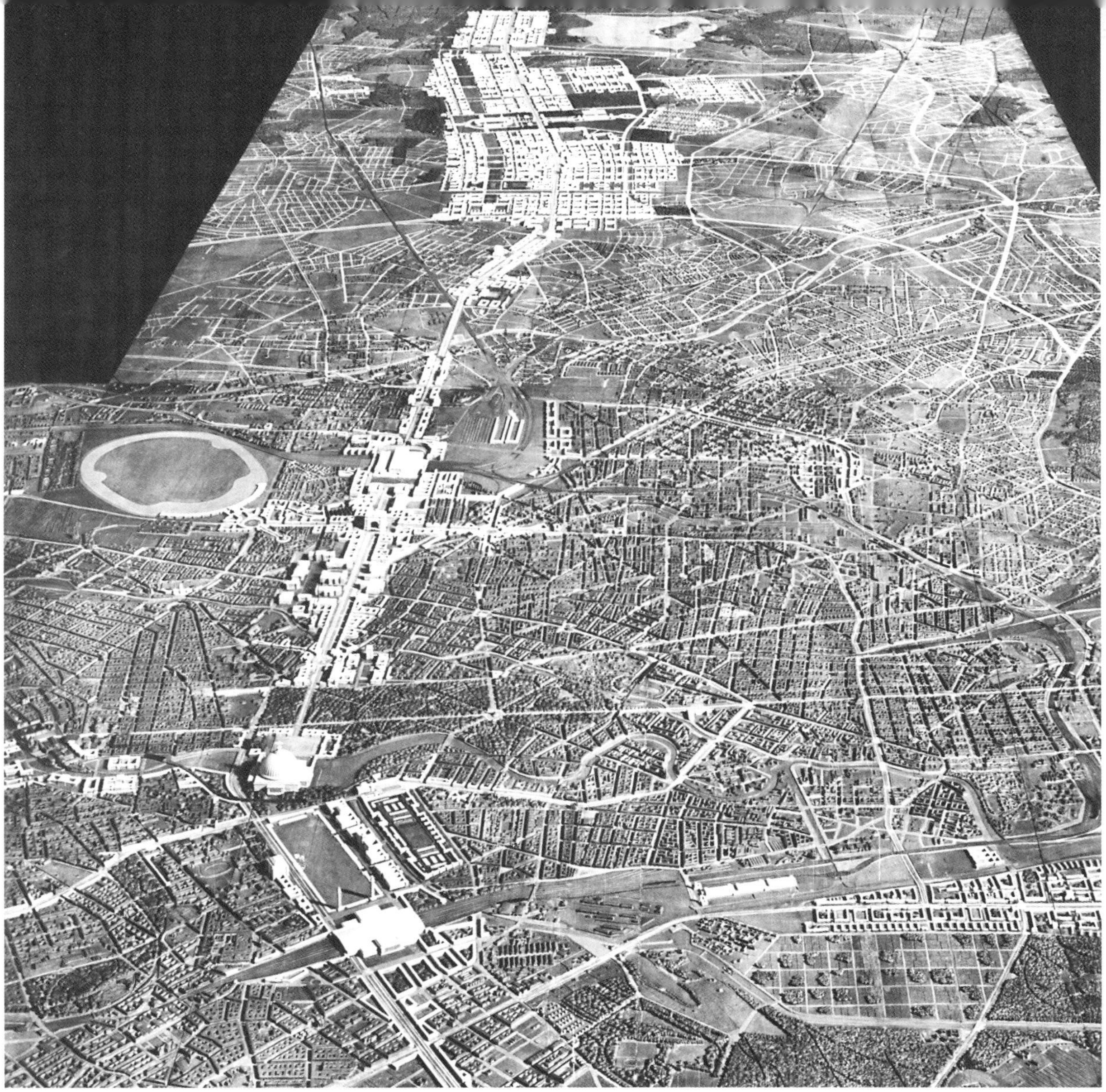

Linke Seite: Das große Modell der Welthauptstadt Germania im Maßstab 1:1000 stand im Gebäude des Generalbauinspektors (GBI) am Pariser Platz, der vormaligen Akademie der Künste. Es war neben der Reichsregierung nur wenigen Eingeweihten zugänglich. Sogar die meisten Planer und Architekten des GBI selbst bekamen das Gesamtmodell nie zu sehen und arbeiteten nur an Einzelprojekten. Vor der Öffentlichkeit waren die gewaltigen Dimensionen der Speer'schen Planungen geheim gehalten worden. Die Abbildung des im Krieg verloren gegangenen Modells zeigt die Nord-Süd-Achse von Süden her: Vorne der Südbahnhof, darüber der Triumphbogen und im Hintergrund die 290 Meter hohe Kuppel der Großen Volkshalle.

Links: Albert Speers Vorstellung vom Umbau Berlins zur Welthauptstadt Germania: Städtebauliches Modell der Nord-Süd-Achse. Vorn der Nordbahnhof, dann die »Große Halle«. In der Mitte links der Tempelhofer Flughafen, hinten der südliche Autobahnring.

bauten wurden nicht mehr weitergebaut, die Bauleiter ins Deutsche Reich zurückbeordert. Von den 26 sogenannten »Propaganda-Schulen im Ausland« wurden 19 nicht mehr begonnen. Im Bau befanden sich zu dieser Zeit die Schulen in Kopenhagen, Mailand und Budapest; im Vorentwurf standen Agram, Madrid, Valencia und Cadiz.

Die durch weggefallene Baumaßnahmen freigewordenen Kapazitäten der Reichsbaudirektion wurden mehr und mehr zweckentfremdet und durch Albert Speer in Anspruch genommen, der die Mitarbeiter vor allem für den gigantomanischen Ausbau Berlins zur »Welthauptstadt Germania« einsetzte. Entsprechend dem nationalsozialistischen Selbstverständnis sollten die Bauten in der politischen Zentrale den auf »Ewigkeit« programmierten Herrschaftsanspruch – im wahrsten Sinne des Wortes – untermauern. Bereits 1934 wurde Albert Speer, noch nicht dreißigjährig, zum »Führerbaumeister« ernannt. Er trat damit die Nachfolge des verstorbenen Paul Ludwig Troost an, den Hitler als den »größten Baumeister seit Schinkel«[116] bezeichnet hatte. Schnell arbeitete sich Speer aus dem Schatten Troosts heraus und erhielt von Hitler das Prädikat »größter Baumeister seit der Antike«.[117] Hitler selbst, der sich als verhinderter Architekt und Künstler sah, mischte sich häufig ein und ließ seine Entwurfsideen und Bauzeichnungen zur Grund-

Oben: 1934 wurde mit dem Neubau der Reichsbank nach Plänen von Heinrich Wolff begonnen. Im Hintergrund die Schlosskuppel.

Rechts: Der Rohbau der Reichsbank im Jahr 1936.

Ganz oben: Der fertiggestellte Reichsbankneubau im Jahre 1939, von der Unterwasserstraße aus gesehen.

Unten links: Das Foyer der Reichsbank.

Unten rechts: Die Eingangstreppe zur Reichsbank.

Die Planungen Speers sahen für den Umbau Berlins zur Welthauptstadt Germania den Abriss von rund 53.000 Wohnungen vor. Im Spreebogen, wo heute die Bundestagsneubauten und das Bundeskanzleramt stehen, sollte sich die Große Halle erheben. Dort wurde bereits Ende der dreißiger Jahre mit den Abrissarbeiten begonnen. Viele alte Palais im »Alsenviertel« wurden zuerst entwohnt, dann entkernt (oben) und schließlich rückgebaut (rechte Seite).

lage von Plänen werden. Er griff selbst in Wettbewerbsentscheidungen ein, erstmals 1933 beim Reichsbankneubau: 30 Architekten, darunter Walter Gropius, Ludwig Mies van der Rohe und Emil Fahrenkamp hatten für den Neubau Entwürfe eingereicht. Sie kamen in die engere Auswahl der Wettbewerbsjury, nicht dagegen Heinrich Wolff, der Leiter der Bauabteilung der Reichsbank. Mit seinem monumentalen Repräsentationsbau imponierte er Hitler aber so sehr, daß dieser sich über die Jury-Entscheidung hinwegsetzte und durch »Führerentscheid« Wolff zum Sieger des Wettbewerbs bestimmte. 1934–38 wurde die Reichsbank mit einer Hauptnutzfläche von 50.000 qm nach Wolffs Plänen gebaut. Der Bau überstand den Krieg weitgehend unbeschädigt. Jahrzehnte residierte hier mit dem Zentralkomitee der SED das Machtzentrum der DDR. Heute ist die ehemalige Reichsbank Sitz des Auswärtigen Amtes.

Hitler behielt sich auch bei allen weiteren Wettbewerben das Recht der Entscheidung vor; später wird ihm die Konfrontation mit einem ihm eventuell nicht konformen Juryurteil gar nicht mehr zugemutet: 1940, bei den Planungen für eine neue Reichsuniversität, fungierte Hitler – laut Ausschreibung – als alleiniger Preisrichter.[118]

Am 30. Januar 1937 ernannte Adolf Hitler seinen Lieblingsarchitekten und »Führerbaumeister« auch zum »Generalbauinspektor für die Reichshauptstadt« und legte Aufgaben und umfangreiche Machtbefugnisse fest:

»Der Generalbauinspektor stellt einen neuen Gesamtbauplan für die Reichshauptstadt Berlin auf. Er hat dafür zu sorgen, daß alle das Stadtbild beeinflussenden Platzanlagen, Straßenzüge und Bauten nach einheitlichen Gesichtspunkten würdig durchgeführt werden. Der Generalbauinspektor ist befugt, die zur Erreichung dieses Zweckes nötigen Maßnahmen und Anordnungen zu treffen. Zur Durchführung seiner Aufgaben stehen dem Generalbauinspektor die Behörden des Reichs, des Landes Preußen und der Reichshauptstadt zur Verfügung. Der Generalbauinspektor sorgt dafür, daß alle seinen Aufgabenbereich berührenden Entscheidungen künftig unter einheitlichen Gesichtspunkten ergehen. Er kann sich von allen Dienststellen des Reichs, des Landes Preußen und der Reichshauptstadt und von den Dienststellen der Partei, ihrer Gliederungen und der angeschlossenen Verbände die erforderlichen Auskünfte über Bauvorhaben geben lassen. Bei Meinungsverschiedenheiten trifft der Generalbauinspektor die notwendigen Anordnungen. Alle von Staats- oder Parteistellen beabsichtigten Maßnahmen, die das Aufgabengebiet des Generalbauinspektors

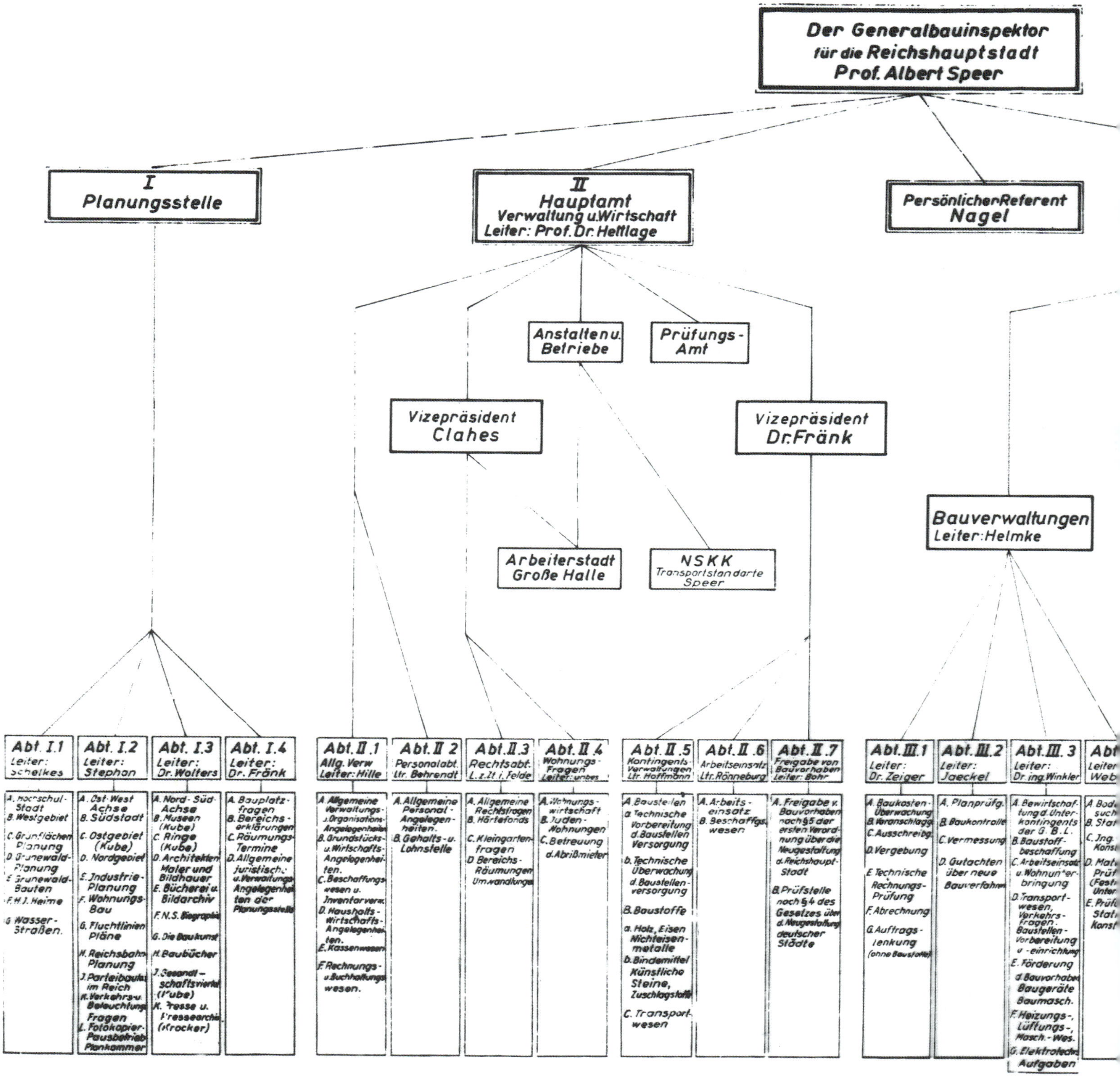
Der Generalbauinspektor
für die Reichshauptstadt
Prof. Albert Speer
I
Planungsstelle
II
Hauptamt
Verwaltung u. Wirtschaft
Leiter: Prof. Dr. Hettlage
Persönlicher Referent
Nagel
Anstalten u. Betriebe
Prüfungs-Amt
Vizepräsident
Clahes
Vizepräsident
Dr. Fränk
Bauverwaltungen
Leiter: Helmke
Arbeiterstadt
Große Halle
NSKK
Transportstandarte
Speer
Abt. I.1
Leiter: Schelkes
Abt. I.2
Leiter: Stephan
Abt. I.3
Leiter: Dr. Wolters
Abt. I.4
Leiter: Dr. Fränk
Abt. II.1
Allg. Verw
Leiter: Hille
Abt. II.2
Personalabt.
Ltr. Behrendt
Abt. II.3
Rechtsabt.
Abt. II.4
Wohnungs-Fragen
Abt. II.5
Kontingents-Verwaltungen
Ltr. Hoffmann
Abt. II.6
Arbeitseinsatz
Ltr. Rönneburg
Abt. II.7
Freigabe von Bauvorhaben
Leiter: Bohr
Abt. III.1
Leiter: Dr. Zeiger
Abt. III.2
Leiter: Jaeckel
Abt. III.3
Leiter: Dr. ing. Winkler
A. Hochschul-Stadt
B. Westgebiet
C. Grünflächen Planung
D. Grunewald-Planung
E. Grunewald-Bauten
F. H. J. Heime
G. Wasser-Straßen.
A. Ost-West Achse
B. Südstadt
C. Ostgebiet (Kube)
D. Nordgebiet
E. Industrie-Planung
F. Wohnungs-Bau
G. Fluchtlinien Pläne
H. Reichsbahn Planung
J. Parteibauten im Reich
K. Verkehrs-u. Beleuchtungs Fragen
L. Fotokopier-Pausbetrieb Plankammer
A. Nord-Süd-Achse
B. Museen (Kube)
C. Ringe (Kube)
D. Architekten Maler und Bildhauer
E. Bücherei u. Bildarchiv
F. N.S. Biographie
G. Die Baukunst
H. Baubücher
J. Gesandtschaftsviertel (Kube)
K. Presse u. Pressearchiv (Krocker)
A. Bauplatzfragen
B. Bereichserklärungen
C. Räumungs-Termine
D. Allgemeine juristisch. u. Verwaltungs-Angelegenheiten der Planungsstelle
A. Allgemeine Verwaltungs- u. Organisations-Angelegenheiten
B. Grundstücks- u. Wirtschafts-Angelegenheiten.
C. Beschaffungswesen u. Inventarverw.
D. Haushalts-wirtschafts-Angelegenheiten.
E. Kassenwesen
F. Rechnungs- u. Buchhaltungswesen.
A. Allgemeine Personal-Angelegenheiten.
B. Gehalts- u. Lohnstelle
A. Allgemeine Rechtsfragen
B. Härtefonds
C. Kleingartenfragen
D. Bereichs-Räumungen Umwandlungen
A. Wohnungswirtschaft
B. Juden-Wohnungen
C. Betreuung d. Abrißmieter
A. Baustellen
a. Technische Vorbereitung d. Baustellen Versorgung
b. Technische Überwachung d. Baustellen-versorgung
B. Baustoffe
a. Holz, Eisen Nichteisenmetalle
b. Bindemittel Künstliche Steine, Zuschlagstoffe
C. Transportwesen
A. Arbeitseinsatz
B. Beschaffungswesen
A. Freigabe v. Bauvorhaben nach §5 der ersten Verordnung über die Neugestaltung d. Reichshauptstadt
B. Prüfstelle nach §4 des Gesetzes über d. Neugestaltung deutscher Städte
A. Baukosten-Überwachung
B. Veranschlagung
C. Ausschreibg.
D. Vergebung
E. Technische Rechnungs-Prüfung
F. Abrechnung
G. Auftrags-lenkung
A. Planprüfg.
B. Baukontrolle
C. Vermessung
D. Gutachten über neue Bauverfahren
A. Bewirtschaftung d. Unterkontingents der G. B. I.
B. Baustoff-beschaffung
C. Arbeitseinsatz u. Wohnunterbringung
D. Transportwesen, Verkehrs-Fragen, Baustellen-Vorbereitung u. -einrichtung
E. Förderung d. Bauvorhaben Baugeräte Baumasch.
F. Heizungs-, Lüftungs-, Masch.-Wes.
G. Elektrotechn. Aufgaben

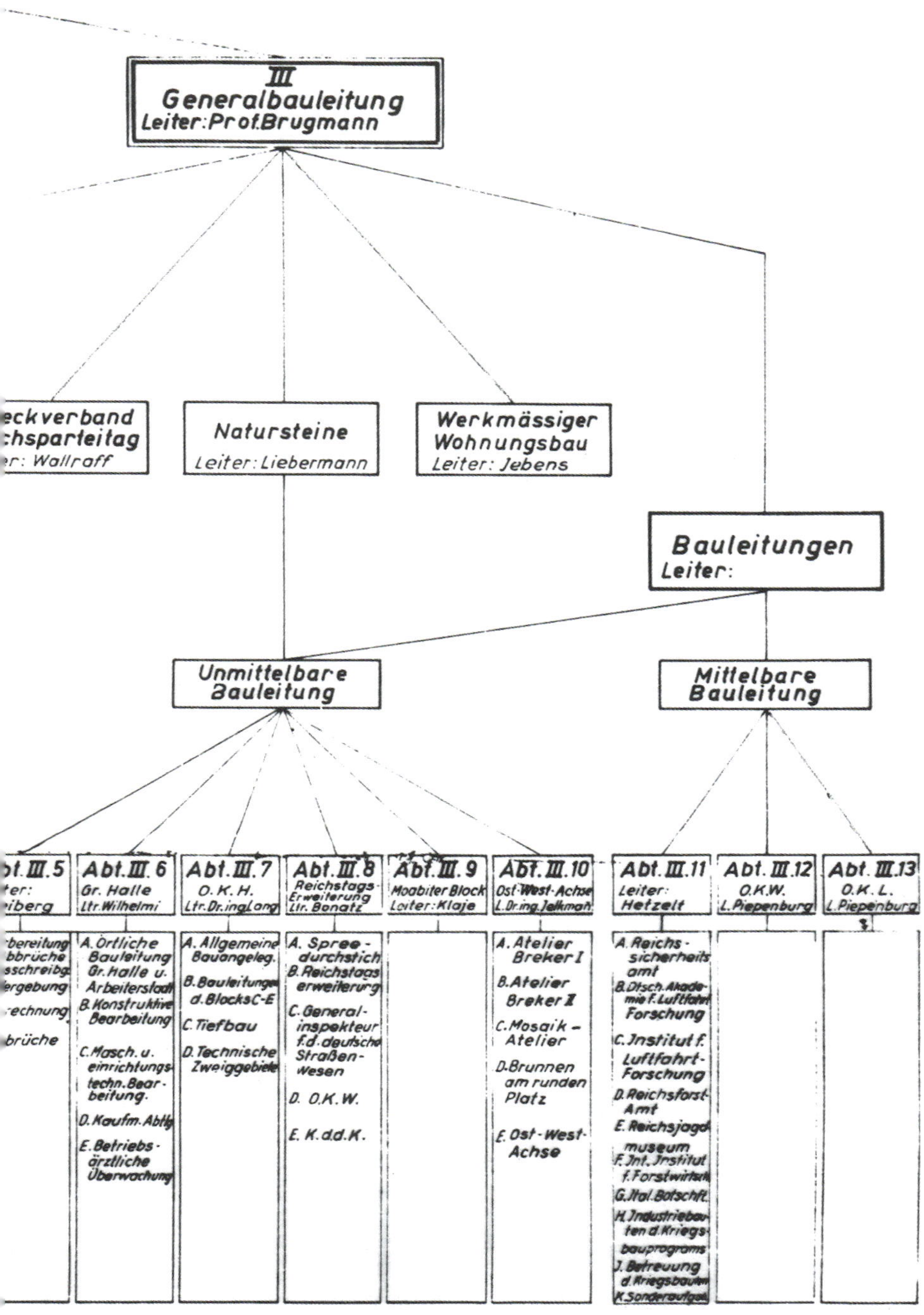

Das Organigramm des Generalbauinspektors zeigt, wie allumfassend die Verfügungs- und Gestaltungsmacht Albert Speers war.

berühren, sind ihm vor ihrer Ausführung zur Kenntnis zu bringen und bedürfen seiner Zustimmung. Der Generalbauinspektor bezeichnet diejenigen Hoch- und Tiefbauten, Platzanlagen und Straßenzüge, deren Ausführung oder Änderung ohne seine Zustimmung nicht in Angriff genommen werden darf. Vor dieser Zustimmung darf über die für solche Bauvorhaben und Anlagen bestimmten Mittel nicht verfügt werden.«[119]

Formell einem Ministerium gleichgestellt, war der Generalbauinspektor nur dem »Führer« gegenüber verantwortlich. Mit dieser rechtlichen Sonderstellung besaß Speer praktisch jegliche Planungs- und Durchführungsentscheidung; die bestehende Baugesetzgebung und Bauordnung galt für ihn nicht, die Baupolizei war ohne Entscheidungskompetenz. Bereits ein paar Monate nach diesem Erlaß, im Juni 1937, schrieb Speer an den Reichsfinanzminister, dem die Reichsbaudirektion unmittelbar unterstellt war:
»Zur Durchführung meiner mit der planvollen Gestaltung des Stadtbildes der Reichshauptstadt Berlin zusammenhängenden Aufgaben beabsichtige ich […] die Reichsbaudirektion Berlin in grösserem Umfange heranzuziehen und sie mit der Vorbereitung und Durchführung von Bauten, die mit ihrem Aufgabengebiet in Verbindung stehen, zu beauftragen. Ich wäre deshalb dankbar, wenn die Reichsbaudirektion Berlin angewiesen würde, meinen Anforderungen nachzukommen, wobei ich Wert darauf legen müsste, dass der gesamte Geschäftsverkehr für diese Aufgaben mit der Reichsbaudirektion unmittelbar von mir geführt wird.«[120]

Der Reichsfinanzminister gab der fordernden Bitte Speers nach und übergab damit faktisch die Reichsbaudirektion aus seinem Zuständigkeitsbereich in den des Generalbauinspektors.

Sie erhielt neben der Fortsetzung ihrer Bautätigkeit für die Reichsorgane eine neue Hauptaufgabe: Die Umgestaltung des Tiergartens zum Botschafterviertel. Nachdem die Vorplanungen des Generalbauinspektors abgeschlossen waren und das Diplomatenviertel zwischen Lichtensteinallee und Bendlerstraße – der heutigen Stauffenbergstraße – formal festgelegt worden war, übertrug Speer zu Beginn des Jahres 1938 der Reichsbaudirektion die weitere Gesamtdurchführung der Um- und Neubauten. Die Reichsbaudirektion beauftragte nun für die Entwurfsbearbeitung der einzelnen Bauvorhaben im Diplomatenviertel die von Speer ausgesuchten Architekten. Für die Baurealisierung und Projektleitung war sie dann allein verantwortlich.

In einer Auflistung der Reichsbaudirektion vom Februar 1943 sind als aktuelle Maßnahmen der »Baugruppe […] für den Generalbauinspektor Reichsminister Speer« Gebäude für ausländische Vertretungen in Berlin mit einer Gesamtsumme von 35 Millionen Reichsmark vermerkt, darunter eine großangelegte »Umsiedlung anläßlich d. Neugestaltg. d. Reichshauptstadt«, die die dänische, norwegische, finnische, jugoslawische u. slowakische Gesandtschaft betrafen. Als Neubauten, die »nach Übergabe noch endgültig fertigzust[ellen]« waren, wurden für 1943 die italienische, spanische und die japanische Botschaft sowie die bulgarische, schwedische und portugiesische Gesandtschaft aufgeführt.«[121] Einige Baumaßnahmen erledigten sich im Laufe der Zeit von selbst, so nach den Überfällen auf die jeweiligen Länder die Botschaf-

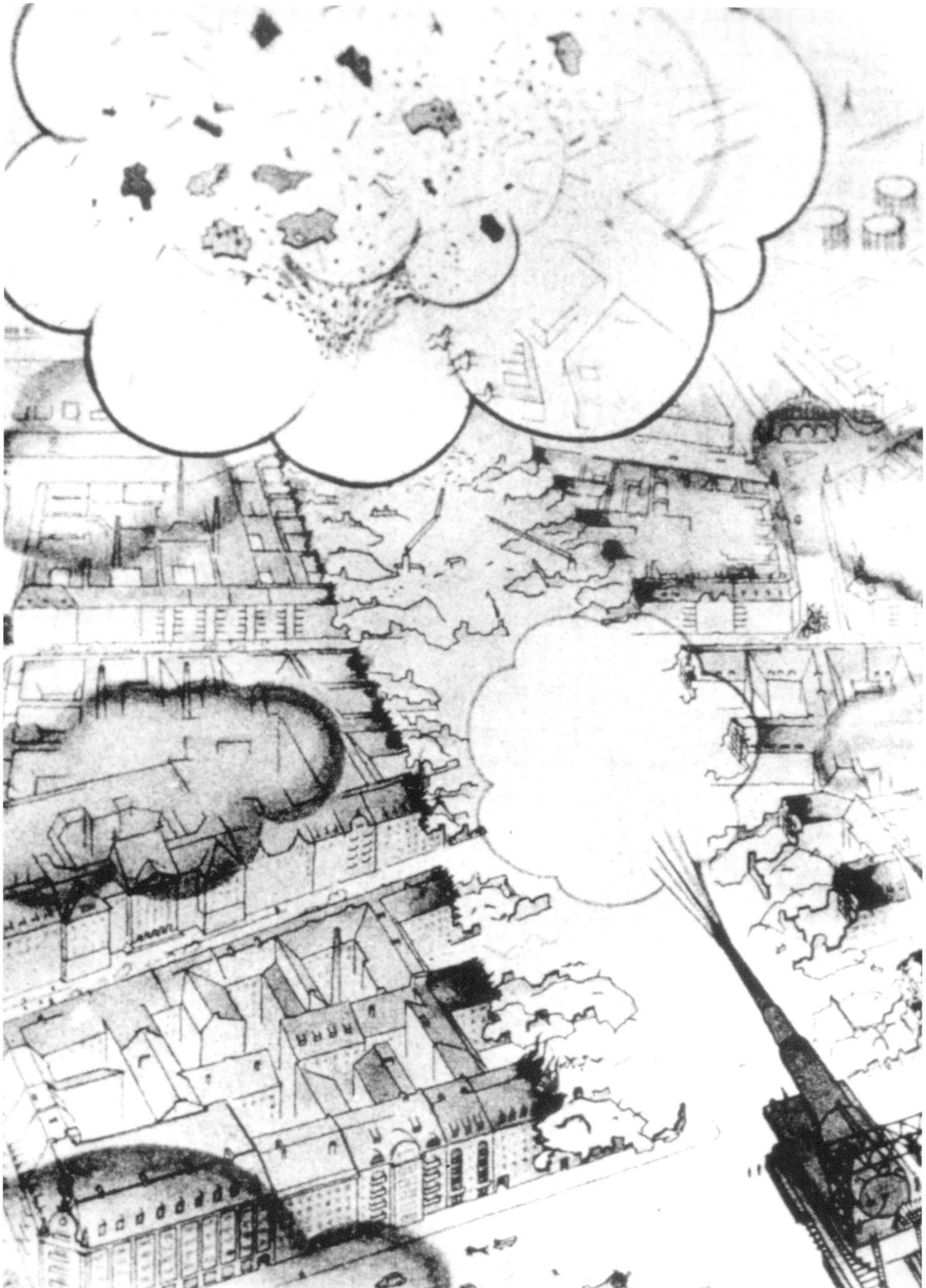

Einer der Stellvertreter Albert Speers, Abteilungsleiter Hans Stephan, in den fünfziger Jahren Senatsbaudirektor von Berlin, schmückte den Flur des GBI-Leitungsbereichs mit seinen Karikaturen.
Diese hier aus dem Jahre 1942 hat die »Neugestaltung der Reichshauptstadt« zum Thema. Die Karikatur war mit folgendem Text versehen: »Vorschlag nach der Ernennung von Albert Speer zum Rüstungsminister: die Nord-Süd-Achse wird durchgeschossen.«

Links: Mehrere Musterfassaden in Originalgröße wurden 1940 entlang der geplanten Nord-Süd-Achse errichtet. Das linke Fassadenmodell stellt einen Ausschnitt aus der 240 Meter langen Front des Reichsmarschallamtes dar. Albert Speer hatte diesen Monumentalbau mit einer 11.800 qm großen Parkanlage auf dem Dach in 40 Metern Höhe geplant. Dazu sollten flächendeckend vier Meter Gartenerde aufgeschüttet werden, so dass auch Bäume dort hätten wachsen können. In dem Dach-Park sollte Hermann Göring Entspannung finden. Dazu waren dort ein Tennisplatz, ein Schwimmbad, Springbrunnen, Wasserbecken, Säulengänge, Pergolen, Erfrischungsräume und ein Sommertheater für 240 Zuschauer geplant.

Rechts: Überall im Berliner Stadtzentrum entstanden Teilmodelle und Musterfassaden der geplanten Neubauten für die Reichshauptstadt Germania in Originalgröße. Damit sollten die Wirkung auf die Umgebung vor Ort und der Raumeindruck getestet werden. Dieses Teilmodell aus dem Jahr 1940 zeigt die Eingangshalle des Oberkommandos der Wehrmacht. Sie sollte am neuzuschaffenden »Großen Platz« vor der Volkshalle entstehen. Zum Größenvergleich steht links neben dem Modell ein Soldat.

ten der Tschechoslowakei, Polens, Frankreichs und Rußlands. Besondere Bedeutung wurde dagegen den Bauten für die Achsenmächte zugemessen. Als »architektonische Höhepunkte« des neuen Diplomatenviertels sollten daher die Botschaften Italiens und Japans herausgestellt werden: Größe und Lage der ausgesuchten Grundstücke, Grundrisse, Umfang und künstlerische Gestaltung der Gebäude dokumentieren diese Bedeutung.[122] So wurde die japanische Botschaft auf einem Areal von knapp 7.000 qm gebaut, der umbaute Raum betrug 27.730 Kubikmeter; bei der italienischen Botschaft entstanden 55.000 Kubikmeter umbauter Raum auf einem Grundstück von rund 5.800 qm.

Die Architektur der Botschaftsbauten war von vornherein im Rahmen der Neugestaltungsmaßnahmen festgelegt. Wolfgang Schäche schreibt dazu:

»Es galt weniger, den Gastländern einen angemessenen baulichen Rahmen zu schaffen, als sie vielmehr in ihrer Gesamtwirkung, der ›künstlerischen Gestaltung der im repräsentativen Neuaufbau Berlins verkörperten Baugesinnung‹ anzupassen, um den eigenen Machtanspruch zu materialisieren. Obschon das festgesetzte formale Repertoire an einigen Gebäuden durch architektonische Elemente der jeweiligen Länder modifiziert war, drückte der monumentalistische Habitus, der diese Bauten qualitativ bestimmte, das ästhetische Selbstverständnis seiner Erbauer und nicht der künftigen Nutzer aus.«[123]

Oben: 1941 entstand der Erweiterungsbau für das französische Generalkonsulat in der Graf-Spee-/ Ecke Tiergartenstraße. Das Bauschild nennt die Reichsbaudirektion als Bauherr, Bauleiter und Mitplaner beim Entwurf (Detail Seite 105 links).

Konsequenterweise übernahm das Deutsche Reich, vertreten durch das Auswärtige Amt, alle anfallenden Kosten für Umsiedlung, Abrisse, Herrichtungs- und Neubaumaßnahmen der ausländischen Botschaften. Damit erkaufte sich Speer auch das Recht, die Architekten für die jeweiligen Bauten selbst auszusuchen. Die japanische Botschaft entstand nach dem Entwurf von Ludwig Moshamer, die Innengestaltung erfolgte durch Caesar Pinnau, der Garten wurde von Heinrich Wiepking angelegt, mit der Kunst am Bau beauftragt wurden Robert Elster – er schuf den Löwen am Eingang der Kanzlei – und Paul Eschert. Von ihm stammen die Vasen vor dem Haupteingang.

Der noch weitaus größere italienische Botschaftsbau, der rund 4,5 Millionen Reichsmark kostete, stammt von dem Architekten und preußischen Baurat Friedrich Hetzelt. Die Italiener hatten zunächst einen eigenen, ihren Vorstellungen entsprechenden Vorentwurf ausgearbeitet. Speer lehnte diesen jedoch rundheraus ab und beauftrage daraufhin, in Abstimmung mit der Reichsbaudirektion, Hetzelt mit der weiteren Entwurfsbearbeitung; sie sollte einerseits der Neugestaltung und den Plänen Speers entsprechen und andererseits Merkmale italienischer Architektur aufweisen.[124] Die Italiener waren mit der Wahl Het-

Übersicht über abgerissene Wohnungen
lt. Anforderung Herrn Prof. Speer vom 28.2.1941

In Berlin sind bezw. werden für die Neugestaltung abgerissen (nach dem Stande vom 8.3.1941):

1. Südachse bis Südbahnhof	18 236 Wohnungen
2. Südachse ab Südbahnhof (noch nicht erfasst)	
- Grosse Halle	1 272 Wohnungen
3. Nordachse (Grosse Halle bis Nordbahnhof)	3 821 "
4. Nordachse (Nordbahnhof bis Ring)	3 484 "
5. Ostachse (Brandenburger Tor bis Ring)	5 958 "
6. Westachse (Brandenburger Tor bis Ring)	360 "
7. Reichsbahnabbrüche	10 013 "
	43 144 Wohnungen
Gesamtzahl der Wohnungen in Berlin	1 476 000 Wohnungen
Verhältnis der Abrisswohnungen zur Gesamtwohnungszahl	2,92 %
Von 1. - 7. noch zu erfassen schätzungsweise	10 480 Wohnungen
	0,71 %
Verhältnis insgesamt ungefähr	3,63 %

Berlin, den 10.3.1941

Rechts: Akribisch wurde die Anzahl der Wohnungen, die für die Neugestaltung Berlins abgerissen wurden bzw. noch abgerissen werden sollten, erfasst. Zwischen 150.000 bis 200.000 Bewohner hätten nach diesen Planungen umgesiedelt werden müssen.

zelts ebenfalls zufrieden, hatte er doch 1937 anläßlich des Besuchs Mussolinis in Berlin bereits das alte Botschaftsgebäude hergerichtet. Um wenigstens dem Wunsch Italiens nachzukommen, heimatliche Baustoffe verarbeitet zu sehen, wurde im Sockelgeschoß für die Fassade römischer Travertin verwandt. Die Reichsbaudirektion überwachte von 1938 bis 1942 auch bei diesem Neubau in der Tiergartenstraße die Baudurchführung.

Je länger der Krieg dauerte, um so mehr verlagerte sich die Bautätigkeit der Reichsbaudirektion – bis auf einige Hochbunker – unter die Erde: So betreute sie – ebenfalls im Auftrag Speers – im Jahre 1943 sieben Bunkerbauten für ausländische Missionen, einen für das Gästehaus, zehn Bunker für Reichsminister und Reichsleiter, einen auf dem Pariser Platz beim Hotel Adlon für die Gäste des Reiches, einen beim Hotel Kaiserhof und »andere trümmersichere Luftschutzräume für verschiedene Stellen«.[125] Später kamen dann noch Bunker auf den Wohngrundstücken der Reichsminister und Reichsleiter hinzu, so beispielsweise im Januar 1944 – für rund 250.000 Reichsmark – der Bunker auf der Halbinsel Schwanenwerder, dem Wohnsitz von Joseph Goebbels.

Oben: Nach Plänen Ludwig Moshamers errichtete die Reichsbaudirektion in den Jahren 1938 bis 1939 die japanische Botschaft im Tiergarten, hier eine Aufnahme aus dem Jahre 1951.

Rechte Seite oben: 1940 waren die Außenarbeiten an der italienischen Botschaft weitgehend abgeschlossen. Bis auf einige Zitate aus der italienischen Baugeschichte und dem römischen Travertin im Sockelgeschoß fügte sich der Neubau nach Plänen Friedrich Hetzelts harmonisch in die Gesamtpläne der Neugestaltung Berlins nach den Vorstellungen Albert Speers ein.

Rechte Seite unten: Die Entwurfszeichnung von Friedrich Hetzelt zeigt den Schnitt durch die Treppenhalle der italienischen Botschaft. Bis zum Kriegsende war der Innenausbau der italienischen Botschaft noch nicht vollendet, ließ aber bereits die reichhaltige Ausstattung unter Einbau von antiken Elementen wie Säulenpodesten und Portalen erahnen. 1942 hatte der Botschafter seine Residenz zwar bezogen, verbrachte aber die meiste Zeit in den Schutzräumen im Untergeschoß. Die Photographie aus der Nachkriegszeit zeigt den Aufgang zu den Wohnräumen des Botschafters.

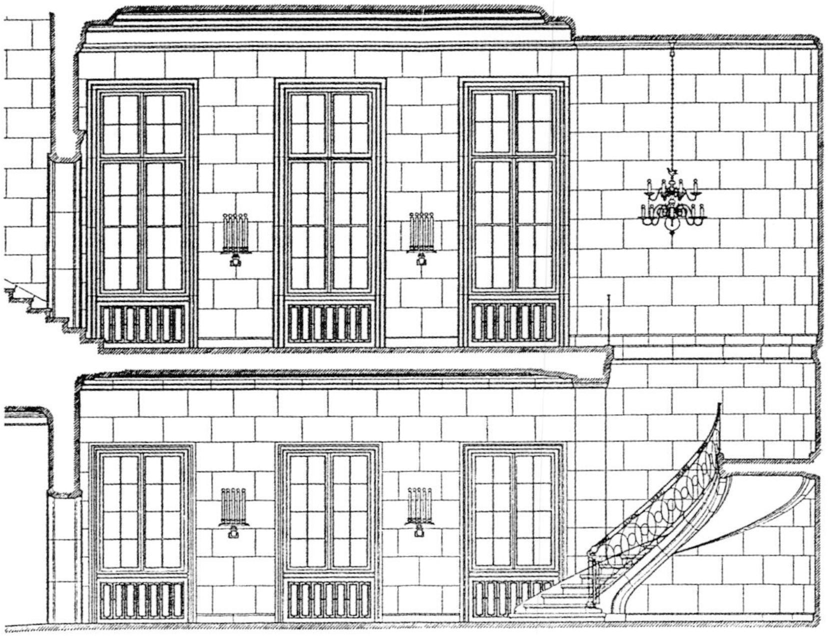

Das Knobelsdorff'sche Opernhaus Unter den Linden wurde zwischen 1943 und 1945 mehrmals schwer durch Bomben getroffen. Die Reichsbaudirektion beseitigte immer wieder Fliegerschäden. Eine Sysiphos-Arbeit, wie diese Aufnahme von 1945 zeigt.

Schließlich lag in der Zuständigkeit der Reichsbaudirektion auch die Beseitigung von Fliegerschäden. Je dichter die Bomben fielen, um so mehr mußte sie sich auf eine passive Rolle beschränken. Dem Reichsministerium für Volksaufklärung und Propaganda, das das Deutsche Opernhaus bewirtschaftete, teilte sie beispielsweise im Herbst 1943 den »Stand der Bauarbeiten« mit. Dabei schätzte die Reichsbaudirektion die Bombenschäden an der Oper zunächst auf 80.000,- Reichsmark. Ehe sie den Bericht abliefern konnte, gab es einen erneuten Fliegerangriff und der zuständige Bauleiter setzte in das Formular zwischen zwei Zeilen ein: »Zusätzlich für entstandene Schäden bei dem Angriff in der Nacht vom 3.-4. September 1943 rd. 100.000,- RM«, um schließlich als vorgesehenen Zeitpunkt der Fertigstellung anzugeben: »Noch nicht zu übersehen.«[126] In einer Zusammenstellung der aktuellen Bauvorhaben vom 8. Juli 1944 steht fast hinter jeder Maßnahme das Wort »Fliegerschädenbeseitigung«. Doch blieb offenbar auch noch Zeit und Geld für kriegswichtige Propagandamaßnahmen, so beispielsweise für den Um- und Ausbau des Reichsehrenmals Tannenberg.[127]

Anders als andere, nicht so kriegswichtige Verwaltungen, blieb die Reichsbaudirektion lange von Eingriffen verschont, mußte aber regelmäßig »Überprüfungen zum Kriegseinsatz in den Bauverwaltungen« ertragen, so am 24. März 1943. Am 3. April 1943 meldete Direktor Voss daraufhin dem Baubevollmächtigten des Reichsministeriums Speer, das Personalabgänge nicht zu verkraften wären:

»Ich bemerke dazu, daß mein Amt bereits am 16. März 1943 durch einen Beauftragten des Baubevollmächtigten des Reichsministeriums Speer, Herrn Reg.-Inspektor Strohfeldt, zugleich auch im Auftrag für den Sonderbeauftragten des Führers, General der Infanterie von Unruh, persönlich durch örtliche Untersuchung überprüft worden ist. Der Beauftragte hat dabei zum Ausdruck gebracht, daß der Geschäftsgang und die Organisation der Reichsbaudirektion so klar und einfach wären, daß hier seiner Auffassung nach eine Vereinfachung oder Zusammenlegung nicht in Frage zu kommen brauchten.«

Viele Mitarbeiter seien bereits im Kriegseinsatz und, so Voss weiter: »Auch ich selbst habe außerdem die Entlassung einiger Gefolgschaftsmitglieder durchgeführt, so daß bei den vorliegenden kriegswichtigen Aufgaben im In- und Ausland jetzt der Bestand meines Amtes auf das äußerste eingeschränkt ist.«[128]

Gegen Ende des Krieges sanierte die Reichsbaudirektion noch das Reichsehrenmal Tannenberg, ein wichtiges Symbol für die Durchhaltepropaganda.

Wie fast alle Regierungsgebäude in der Wilhelmstraße, so sank auch das gesamte, 1930 von der Reichsbaudirektion um- und neugebaute Ensemble der Reichskanzlei gegen Ende des Krieges in Trümmer. Ganz rechts im Bild: die Reste des Radziwill'schen Palais, dem einstigen Dienstsitz Bismarcks; links daneben der 1930 errichtete Neubau von Eduard Jobst Siedler und in der Bildmitte links das Palais Borsig.

Hitler übertrug Albert Speer, seit 1943 Reichsminister für Rüstung und Kriegsproduktion, per Erlaß vom 24. August 1944 auch die Leitung des Kriegseinsatzes der Bauverwaltung und ermächtigte ihn, »allen staatlichen und kommunalen Bauverwaltungen des Großdeutschen Reiches und der angegliederten Gebiete zu diesem Zweck Weisungen zu erteilen. Er kann über die Dienstkräfte und Einrichtungen der Bauverwaltungen nach seinem Ermessen verfügen. Die organisatorische Gliederung der Bauverwaltungen bleibt durch diesen Kriegseinsatz unberührt.«[129] Mit dem nahenden Ende des Krieges ruhten nicht nur alle Reichsbaumaßnahmen im In- und Ausland, sondern auch die Umsetzung der Hitlerschen und Speerschen Phantasmagorien für Berlin/Germania. Die Reichsbaudirektion, die ihr eigenes Ausweichquartier 1944 im »Restaurant Seeschlösschen« in Großköris, Kreis Teltow, bezogen hatte, kümmerte sich um Luftschutzmaßnahmen und – soweit Kapazitäten und technische Voraussetzungen ausreichten – um die Beseitigung von Kriegsschäden. Am 7. November 1944 verstarb nach längerer Krankheit Reichsbaudirektor Erich Voß. Die Nachfolge für das letzte halbe Jahr des »Dritten Reiches« übernahm sein Stellvertreter, Oberregierungsbaurat Kurt Soppart. Baumaßnahmen gab es nicht mehr zu betreuen.

Der ausgebrannte, zerbombte und im Endkampf um Berlin zerschossene Reichstag im Sommer 1945. Im Vordergrund, neben den spielenden Kindern, ein Flakgeschütz.

Linke Seite oben: Die Mitte Berlins in Trümmern. Ein Luftbild aus dem Sommer 1945 zeigt die Ruinen in der Friedrichstraße (links), der Charlottenstraße (Mitte) und der Markgrafenstraße (rechts). In der Mitte oben ist der Gendarmenmarkt zu erahnen.

Linke Seite unten: Auf dem Luftbild von 1946 ist der obere Teil der Linden mit Opernhaus, Universität, Neuer Wache und Zeughaus zu erkennen. Im Hintergrund die Ruinen der Museumsinsel, im Vordergrund rechts Schinkels weitgehend unzerstörte Friedrichwerdersche Kirche.

Oben: Der geschundene Lustgarten mit Dom und Schloß am Ende des Krieges. Rechts ist Schinkels Altes Museum angeschnitten, im Hintergrund sind seine Bauakademie und die Friedrichwerdersche Kirche sowie der langgestreckte Neubau der Reichsbank zu erkennen.

Die Demokratie baut: Staatliche Bauverwaltung und politische Repräsentationsarchitektur bis zum Umzug der Bundesregierung nach Berlin

Besatzungszeit und Gründung der Bundesrepublik Deutschland – Wiederaufbau der staatlichen Bauverwaltung

Mit dem Ende des Zweiten Weltkrieges verschwanden das Deutsche Reich und das Land Preußen von der politischen Landkarte und mit ihnen zunächst auch die gesamte staatliche Bauverwaltung. Allerdings dauerte es wegen des großen Umfangs der anstehenden Wiederaufbaumaßnahmen nicht lange, bis sie – meist mit identischer Organisation und Aufgabenkompetenz – wiederbegründet wurde. Einzig die preußischen Institutionen wie die »Akademie des Bauwesens« wurden nicht wieder ins Leben gerufen. Im August 1945 legt das Potsdamer Abkommen fest, örtliche Verwaltungsinstanzen und deutsche Zentralbehörden unter der Aufsicht des Alliierten Kontrollrats einzusetzen. Bis 1946 waren die Länder neu gebildet worden. Eine Zentralverwaltung scheiterte aber am französischen Veto. Dies und die wirtschaftliche Entwicklung in der sowjetisch besetzten Zone führten 1947 unter französisch-sowjetischem Protest zur Errichtung der britisch-amerikanischen Bizone mit einer einheitlichen Wirtschaftsverwaltung. Hier begannen die Alliierten auch mit der Reorganisation der Finanzbauverwaltung, die bis 1949 in allen Ländern abgeschlossen war. Infolge der zunehmenden Ost-West-Spannung schloß sich die französische Besatzungszone wenig später der Bizone an.

Die Bauämter bei den Finanzverwaltungen der einzelnen Länder hatten neben der Koordination von Wohnraumbeschaffung vor allem die Aufgabe, Kasernen und Truppenunterbringungen für die Alliierten zu errichten. Im September 1948 trat der Parlamentarische Rat zusammen, im Mai 1949 wurde das Grundgesetz der Bundesrepublik Deutschland verabschiedet, im November wurde Bonn mit 33 gegen 29 Stimmen im Parlamentarischen Rat zur provisorischen Hauptstadt erwählt. Die Bauverwaltung des Landes Nordrhein-Westfalen traf die ersten Vorbereitungen zur dortigen Unterbringung der Bundesregierung, denn eine Nachfolgerin der Reichsbaudirektion gab es zunächst wie viele andere Bundesbehörden nicht. Mit den wichtigsten Bauaufgaben, um die Arbeitsfähigkeit in der provisorischen Hauptstadt Bonn herzustellen, beauftragte die Düsseldorfer Staatskanzlei 1949 den renommierten, einer gemäßigten Moderne verpflichteten Architekten Hans Schwippert. Er wurde mit dem Neubau des Bundeshauses mit Plenarsaal und der Herrichtung des Palais Schaumburg für das Bundeskanzleramt beauftragt.

Schwipperts erste Entwürfe sahen für das Parlament einen großen Kubus in demonstrativer Einfachheit mit einer kreisförmigen Sitzanordnung vor. Die klare schnörkellose Architektur Schwipperts sollte einen deutlichen Neubeginn nach dem Krieg symbolisieren. Konrad Adenauer, der in Ermangelung einer bauleitenden Behörde selbst die Bauherrenrolle übernahm, kümmerte sich persönlich und intensiv um die Bauausführung. Den Plänen Schwipperts konnte er nichts abgewinnen und änderte sie fortwährend. Statt der zukunftsweisenden kreisrunden Anordnung des Parlaments setzte Adenauer eine kaiserzeitliche

Entrümpeln für den Neuanfang.

Links: Nach Plänen Hans Schwipperts wurde die Pädagogische Akademie in Bonn zwischen 1949 - 1951 durch Um- und Erweiterungsbauten zum Bundeshaus hergerichtet.

Rechts: Der Plenarsaal des Deutschen Bundestages, ab 1949 errichtet, wurde 1986 unter Denkmalschutz gestellt, aber dennoch 1987 für den Bonner Parlamentsneubau abgerissen.

Sitzordnung durch, die eher einem Vortragssaal für Frontalunterricht glich und der Regierung eine deutlich erhöhte Position bescherte. Bishin zur Innenausstattung griff Adenauer in die Planung ein und verwarf selbst einen vom Architekten entworfenen Schreibtisch, der von edler Materialität und moderner Eleganz war. Stattdessen entwarf Adenauer gemeinsam mit seinem Rhöndorfer Hausschreiner Walkembach einen eigenen Schreibtisch, »von fragwürdiger Stilechtheit. Chippendale, wie der Chef es sich passend für Chefs dachte«, so Jan Thorn-Prikker, der Adenauers Baupolitik als rückwärtsgewandt kritisiert:

»Was der Architekt an formalem Neuanfang zum Ausdruck bringen wollte, kollidierte mit Adenauers Wunsch, Traditionslinien der Vorkriegszeit aufzugreifen und damit die zwölf Jahre der Diktatur zu relativieren. Adenauer lag viel mehr an der Restauration der von Diktatur und Krieg zerschlagenen Autorität und Macht. Er wollte den Wiederaufbau, wo Schwippert den Neuanfang suchte. […] Der Briefwechsel zwischen Adenauer und Schippert ist ein einziger, sich immer mehr steigernder Streit um das Verständnis der Bauaufgabe. Er endete als ›Fall Schwippert‹ vor Gericht. Der erste und lange Zeit einzige freie Architekt, der im Auftrag des Staates arbeitete, machte sofort schlechte Erfahrungen mit dem Staat als Bauherrn.«[130]

Aus diesem Konflikt zog Adenauer Konsequenzen und schlug die Wiederbegründung der Reichsbaudirektion als »Bundesbaudirektion« vor. Er versprach sich von einer staatlichen Baubeamtenschaft, so Thorn-Prikker, »eine leichtere Beeinflußbarkeit im Sinne der politischen Auftraggeber«[131]. Bereits im Winter 1949 wurden dazu erste Vorkehrungen getroffen.

Im Oktober desselben Jahres wurde die DDR proklamiert, Ost-Berlin zu dessen Hauptstadt bestimmt und eine von der Bundesrepublik völlig unterschiedliche Verwaltungsstruktur aufgebaut; sie bedeutete einen radikalen Bruch mit der Tradition Preußens und des Deutschen Reichs. Eine vergleichbare Institution mit Aufgaben wie die der Reichsbaudirektion seit 1930 entstand in der DDR nicht. Nach der Wiedervereinigung wurde die westdeutsche Bauverwaltung auf die neuen Bundesländer übertragen, weshalb hier nur die Entwicklung in der Bundesrepublik betrachtet wird, die von Kontinuität geprägt war.

Am Marx-Engels-Forum in Ost-Berlins Mitte sollte ein 150 Meter-Hochhaus für die Volkskammer und die DDR-Regierung nach Plänen von Gerhard Kosel entstehen. Heute befindet sich hier der 1969 errichtete Fernsehturm.

Wie schon beim Reichsfinanzministerium, so wurde auch nach 1949 die Bauverwaltung zunächst beim Bundesfinanzministerium (BMF) angesiedelt. Hier wurde eine Baugruppe von Ministerialrat Theodor Weil, der bereits Referatsleiter in der Reichsbauverwaltung beim Reichsfinanzministerium gewesen war, eingerichtet, die zur »Keimzelle« aller folgenden ministeriellen Baufachabteilungen wurde bishin zur heutigen Abteilung B[132] (Bauwesen, Bauwirtschaft und Bundesbauten) des Bundesministeriums für Verkehr, Bau und Stadtentwicklung.[133] 1949 zunächst als Baureferat im Bundesfinanzministerium gegründet, entwickelte es sich zur Unterabteilung II D der Haushaltsabteilung und schließlich Mitte der fünfziger Jahre zur selbständigen Abteilung mit entsprechenden Unterabteilungen, der die Bundesbauverwaltung, also auch die Bundesbaudirektion, unmittelbar unterstellt war.[134] Diese Bauabteilung wechselte im Zuge der Kabinettsumbildung der dritten Regierung Adenauer im Oktober 1957 vom Bundesfinanzministerium als Abteilung III in das damals neu gegründete »Bundesministerium für wirtschaftlichen Besitz des Bundes«, das vier Jahre später, 1961, in »Bundesschatzministerium« umbenannt wurde. Gemeinsam mit der Bauverwaltung wurde auch die Liegenschaftsverwaltung des Bundesfinanzministeriums mit in das kleine, aus dem Marshall-Plan-Ministerium hervorgegangene Ressort eingegliedert, was positiv bewertet wurde, »da beide Institutionen – Bauabteilung und Liegenschaftsverwaltung – sehr viele Berührungs-Punkte haben.«[135]

Oben: Die im Krieg schwer beschädigte Bauakademie Schinkels war in den fünfziger Jahren teilsaniert worden und diente für Ausstellungs- und Vortragszwecke.

Links: Im Dezember 1961 wurde die Bauakademie abgerissen. Sie musste dem Neubau des DDR-Außenministeriums weichen.

Mit der politischen Wende von 1969 und dem ersten sozialdemokratischen Bundeskanzler Willy Brandt erfolgte die Auflösung des Bundesschatzministeriums. Die »Bauabteilung mit dem komplizierten Anhang Bundesbauverwaltung«[136] kehrte als Abteilung VIII (Bundesbauwesen) wieder in das Bundesfinanzministerium zurück. Johannes Rossig, der von 1952 bis 1970 als Leiter die Entwicklung vom personell kleinen Baureferat zur stark angewachsenen Abteilung mitgestaltet hatte, beurteilte die Ressortierung im Finanzministerium als folgerichtig und einzig mögliche Variante. Er hatte nie einen Hehl aus seiner Kritik an der von 1957 bis 1969 aus der Haushaltsabteilung des Bundesfinanzministeriums erfolgten Ausgliederung gemacht:
»Ich kann nicht sagen, daß die Bauabteilung von dem Wechsel begeistert war. Wir alle wußten um die Vorteile unserer engen Verbindung mit der Haushaltsabteilung des Bundesfinanzministeriums. [...] Zum Bauen ist der unmittelbare Kontakt zum Geldgeber das beste Fundament. [...] Ich selbst hatte bei aller Loyalität gegenüber dem Bundesschatzministerium, insbesondere zu ihren Ministern, nie meinen, auf gründlicher Erfahrung beruhenden Standpunkt aufgegeben, daß die Ausgliederung der Bauabteilung in der Sache ein Fehler war und diese Auffassung auch jederzeit vertreten. Ihre Bedeutung und Stärke beruhten in hohem Maße auf der Zugehörigkeit zu dem politisch jederzeit besonders starken Bundesfinanzministerium. Auch Aussagen und Entscheidungen der Bauabteilung erfolgten in dessen Namen.«[137]

Trotz der zahlreichen Vorteile, die die Ressortierung bei den Finanzen mit sich brachte, wurde die Bauabteilung nach der Bundestagswahl 1972 in das Bundesbauministerium verlegt. Der neue Bundesbauminister Hans-Jochen Vogel verstand es, den Zuschnitt des bisherigen Bundesministeriums für Städtebau und Wohnungswesen[138] erheblich zu erweitern und gleichzeitig Akzente zu verschieben. Aus der Beschränkung auf das »Wohnungswesen« wurde das »Bauwesen« allgemein. Die Verantwortung für alle Staatsbauten, einschließlich der Hoheit über die gesamte Bundesbauverwaltung, überführte Vogel aus dem Bundesfinanz- in das Bundesbauministerium. Seitdem ist die bis dahin in einer einzigen obersten Aufsichtsinstanz vereinte technische und finanzielle Verantwortung für staatliche Baumaßnahmen auf zwei Bundesministerien aufgeteilt. Die Ressortierung in einem eigenen Ministerium führte zu einer Aufwertung des gesamten staatlichen Bauwesens. Erstmals in der Geschichte der Bundesrepublik wurde die Baukultur ministeriell verankert, was zu einer erheblich verbesserten Außendarstellung der staatlichen Bauaufgaben und einer sinnvollen Verzahnung mit Städtebau, Raumordnung und Wohnungswesen führte.

Hans-Jochen Vogel, Bundesbauminister in den Jahren 1972 bis 1974.

Vogel war – wie es der Historiker Arnulf Baring sieht – *»umsichtig und energisch bemüht, kühnen, unkonventionellen Grundsätzen einer modernen und menschlichen Stadtentwicklung zum Durchbruch zu verhelfen.«*[139] So integrierte Vogel zusätzlich die Raumordnung als festen – und ersten – Namensbestandteil in sein Ministerium. Über die Raumordnungspolitik wollte Vogel das Ziel erreichen,

»die Gemeinschaft unmittelbar und umfassend an Bodenwertzuwachs und Bodenrente zu beteiligen und ihre Entscheidungsbefugnis hinsichtlich der Grundstücksnutzung zu verstärken – beides in einem Maße, in dem das ökonomische Prinzip nicht etwa aufgehoben, wohl aber in die Schranken verwiesen wird, in denen es der Gesellschaft nützt und sie nicht schädigt.«[140]

Vogel führte die Raumordnungskompetenzen des Bundes zusammen und überführte folgerichtig gleich zu Beginn seiner Amtszeit im Dezember 1972 die bisher dem Bundesinnenministerium nachgeordnete Bundesforschungsanstalt für Landeskunde und Raumordnung (BfLR) in sein Ressort, das für die nächsten sechzehn Jahre den Namen »Bundesministerium für Raumordnung, Bauwesen und Städtebau« (BMBau) erhielt. Vogel hatte erkannt, daß die Verzahnung von Bauwesen und Raumordnung wichtige Synergieeffekte und wechselseitige Impulse mit sich bringen würde. Die rot-grüne Regierung unter Bundeskanzler Gerhard Schröder legte das BMBau im Jahre 1998 mit dem Bundesministerium für Verkehr zusammen, eine Fusion, die auch unter der Großen Koalition seit 2005 fortgesetzt wurde.

Nach diesem Exkurs über die Entwicklung der für die Bundesbauverwaltung zuständigen obersten Prüf- und Kontrollinstanz, nun der Blick zurück in die Gründungszeit der Bundesrepublik, als auch die Mittel- und die Ortsinstanzen wieder ihre Arbeit aufnahmen.

Die Eingliederung der bereits von den Alliierten reorganisierten Länder-Finanzbauverwaltungen in das Bundesfinanzministerium erfolgte 1950, wo – wie oben ausgeführt – 1949 das erste Baureferat gegründet worden war und die Verantwortung über die Bundesbauverwaltung lag. Die Oberfinanzdirektionen (OFD) der Länder mit den Hochbauämtern als Ortsinstanz bedurften 1950 nicht einmal einer formellen Neuerrichtung, da sie 1945 gar nicht aufgelöst worden waren, so der Einführungsbericht des Bundesministers der Finanzen vom 13. Februar 1950.[141] Der Aufgabenkanon für die OFD wurde ein halbes Jahr später im Finanzverwaltungsgesetz[142] festgelegt. Darin wurde den Oberfinanzdirektionen die Zuständigkeit für Bauaufgaben des Bundes, insbesondere für nachgeordnete Bundesinstitutionen und Verteidigungsbauten übertragen.

Ausgenommen waren – wie schon im Deutschen Reich – die Baumaßnahmen für die Verfassungsorgane, die Ministerien und Auslandsbauten. Damit wurde nun – wiederum mit den bekannten Ausnahmen – die »Bundesbaudirektion« (BBD) als Funktionsnachfolgerin der 1930 gegründeten Reichsbaudirektion betraut.

Bundesminister für Verkehr, Bau und Stadtentwicklung

Wolfgang Tiefensee

Staatssekretär	Parl. Staatssekretär	Parl. Staatssekretär	Parl. Staatssekretärin	Staatssekretär
Dr. Engelbert Lütke Daldrup	**Ulrich Kasparik**	**Achim Großmann**	**Karin Roth**	**Jörg Hennerkes**

Z	AR	SW	B	A	EW	LS	S
Zentral-abteilung	Aufbau Ost, Raumenwicklung und Strukturpolitik	Städtebau, Wohnungswesen	Bauwesen, Bauwirtschaft und Bundesbauten	Grundsatz-abteilung	Eisenbahnen und Wasserstraßen	Luft- und Raumfahrt, Schifffahrt	Straßenbau, Straßenverkehr
MDir Robert Scholl	**MDir Peter Alltschekow**	**MDir Peter Runkel**	**MDir Michael Halstenberg**	**MDirig Matthias von Randow**	**MDir Thomas Kohl**	**MDir Dr. Hans-Jürgen Froböse**	**MDir Wolfgang Hahn**

Das Organigramm des Bundesministeriums für Verkehr, Bau und Stadtentwicklung im Jahre 2006.

Oben: Die Villa Hammerschmidt in Bonn, 1860 erbaut im spätklassizistischen Stil von August Dieckhoff, war eines der ersten Gebäude, das die Bundesbaudirektion für ein Verfassungsorgan herrichtete. Es wurde Sitz des Bundespräsidenten.

Rechts: Auch Bonn war in den letzten Kriegsmonaten durch Luftangriffe schwer zerstört worden. Ein Drittel der Stadt lag in Trümmern. Links der Beethovenplatz, rechts die Münsterbasilika.

Gründung der Bundesbaudirektion – Ausbau Bonns zur provisorischen Bundeshauptstadt

Im Gründungserlaß vom 17. März 1950 heißt es:

»Die Bauangelegenheiten des Bundespräsidenten, des Bundesrats, des Bundestags, des Bundeskanzlers und der Bundesministerien (mit Ausnahme des Bundesministeriums für Post und Fernmeldewesen und der Hauptverwaltung Bundeseisenbahn) sowie der Vertretungen des Bundes im Ausland werden soweit es sich um Dienstgebäude handelt, einer Bundesbehörde mit der Bezeichnung ›Bundesbaudirektion Bonn‹ übertragen. Sie wird dem Bundesminister der Finanzen unmittelbar unterstellt. Dieser erläßt die näheren Anordnungen; er bestimmt Art und Umfang der Geschäfte. Bonn den 17. März 1950. Der Bundeskanzler Adenauer. Der Bundesminister der Finanzen Schäffer.«[143]

Karl Badberger, der erste Leiter der Bundesbaudirektion, war von 1950 bis 1951 im Amt.

Dieser Erlaß ist nicht nur im Inhalt, sondern auch in Gliederung, Wortwahl und Syntax beinahe identisch mit dem Erlaß vom 16. November 1929 zur Errichtung der Reichsbaudirektion und hatte jenen ganz offensichtlich als Vorlage; das Wort »Reich« wurde lediglich durch das Wort »Bund« ersetzt.

Der bereits im 19. Jahrhundert in Preußen eingeführte und in der Reichsbauverwaltung bewährte Dreiinstanzenweg wurde bei Wiedererrichtung der staatlichen Bauverwaltung übernommen. Dem Ministerium obliegt die oberste Instanz. Wie schon vor dem Krieg, so sind auch in der Bundesrepublik für staatliche Bauten in den einzelnen Ländern die jeweiligen Oberfinanzdirektionen als Mittelinstanz mit den Hochbauämtern als Ortsinstanz eingesetzt. Die wiederbegründete Bundesbaudirektion dagegen betreute mit Ausnahme der Militäranlagen des Bundesverteidigungsministeriums die Bauangelegenheiten der Verfassungsorgane und der obersten Bundesbehörden in der provisorischen Hauptstadt Bonn und später auch in Berlin sowie alle zivilen Bundesbauten im Ausland. Das jeweilige Ministerium, dem die Bundesbaudirektion nachgeordnet war – dies waren wie oben näher erläutert in schnellem Wechsel das Bundesfinanzministerium (BMF), das Bundesministerium für wirtschaftlichen Besitz (BMBes), das Bundesschatzministerium (BMSchatz), dann wieder das Bundesfinanzministerium, schließlich das Bundesministerium für Raumordnung, Bauwesen und Städtebau (BMBau) und heute das Bundesministerium für Verkehr, Bau- und Stadtentwicklung (BMVBS) –, hat auch hier als oberste technische Behörde die Genehmigungsinstanz inne. Die Bundesbaudirektion erhielt in der Mittelinstanz, der Technischen Aufsicht (TA), die Kompetenz für Prüfung, fallweise – bei kleineren Projekten – auch für Genehmigung und war in der Ortsinstanz, den Bauleitungen, für Planung und Baudurchführung zuständig. Die näheren Vorschriften zu Organisation und Aufgabengebiet der Bundesbaudirektion als Mittel- und Ortsinstanz waren ebenfalls deckungsgleich mit denen der Reichsbaudirektion. Auf diese Kontinuität von Reichs- und Bundesbauverwaltung wies auch der Finanzminister in seinen näheren Ausführungen zum Wiederbegründungserlaß hin und schrieb an den ersten Leiter der Bundesbaudirektion, Ministerialrat Karl Badberger: »Bis zur Veröffentlichung der Vorschriften der Bundesbauverwaltung bitte ich, nach den beiliegenden Bestimmungen, die aus den Vorschriften der früheren Reichsbauverwaltung übernommen sind, zu verfahren.«[144]

Seit November 1949 war das Palais Schaumburg Dienstsitz von Konrad Adenauer. Ein Jahr später wurde das 1860 errichtete Schlösschen von Hans Schwippert für das Bundeskanzleramt umgebaut.

Die Kontinuität war nicht nur organisatorisch, sondern auch personell: Der erste Leiter des Baureferats im Bundesfinanzministerium und Mitbegründer der Zeitschrift »Die Bauverwaltung«, Theodor Weil, war bereits Referatsleiter mit vergleichbaren Aufgaben im Reichsfinanzministerium (RMF) gewesen. Seinen dortigen Kollegen Karl Badberger, als Referatsleiter zuständig für Bauangelegenheiten der Waffen-SS und der Konzentrationslager, empfahl er zum ersten Leiter der Bundesbaudirektion, ein Amt, das er bis zur Pensionierung innehatte. Auch die nächsten beiden Leiter der Bundesbaudirektion kamen aus der Reichsbauverwaltung: Franz Sales Meyer (1953-1958) war zuvor Bauamtsvorstand der Reichsbauverwaltung im Niedersächsischen, sein Nachfolger Carl Mertz (1958-1969) bis Kriegsende bei der Reichsbaudirektion beschäftigt. Der Einsatz von Mitarbeitern der Reichsbauverwaltung war für den Ministerialrat im Bundesfinanzministerium, Theodor Weil, beim Aufbau der Bundesbauverwaltung Programm. So schrieb er am 19. Januar 1951 an die Bundesbaudirektion: »Vor allem liegt mir daran, daß überall Kollegen der ehemaligen Reichsbauverwaltung dabei [beim Aufbau der Bundesbauverwaltung; Anm. d. Verf.] beteiligt werden.«[145] Werner Durth, der sich in seinem Standardwerk »Deutsche Architekten – Biographische Verflechtungen 1900-1970« mit vielen vergleichbaren bruchlosen Karrieren auseinandergesetzt hat, kommt resignierend zu dem Schluß:

Das Bundesfinanzministerium erhielt in den Jahren 1949 bis 1951 einen Neubau nach Plänen von Kurt Sieg.

»In mühsam beherrschter Duldsamkeit leben und arbeiten mit Blick auf eine notwendigerweise gemeinsame Zukunft in vielen gesellschaftlichen Lebensbereichen der neuen Republik Täter und Opfer, Verfolger und Verfolgte nebeneinander; in breitem Einverständnis wird die stille Duldung pragmatisch als Voraussetzung des Wiederaufbaus akzeptiert.«[146]

Die erste Dienstunterkunft der Bundesbaudirektion mit ihren 44 Mitarbeitern war das Lehrsaalgebäude und spätere Casino zwischen den Arealen des Bundesfinanz- und des Bundesinnenministeriums. Dort teilte sie sich das Obergeschoß mit der Baugruppe des Finanzministeriums unter Theodor Weil in der Rheindorfer Straße. Über die Pionierzeit der Bundesbaudirektion nach dem Krieg schrieb der spätere Leiter Franz Sales Meyer, der seit 1951 als rechte Hand von Badberger arbeitete: »Wir kannten weder eine ›RBBau‹ noch eine 40-Stundenwoche oder die gleitende Arbeitszeit.«[147] Und weiter: »Bauunterlagen, HU-Bau wie sie heute heißen, waren [...] damals sehr dürftig und sehr pauschal.«[148] Da die Baumaßnahmen für die Bundesregierung in aller Eile erfolgen mußten, verliefen Bauplanung und Bauausführung teilweise nebeneinander.[149]

Bereits wenige Wochen nach der Wiederbegründung war absehbar, daß die umfangreichen Bauaufgaben zur Unterbringung der Bundesregierung in Bonn mit der bestehenden flachen Hierarchie inner-

Nach Plänen der Bundesbaudirektion und des Architekten Dirk Denninger entstand von 1954 bis 1955 das Presse- und Informationsamt der Bundesregierung.

halb der Bundesbaudirektion nicht zu bewältigen waren: So war die gesamte Ortsinstanz nicht weiter aufgegliedert, es gab für die einzelnen Bauvorhaben keine örtlichen Bauleitungen und sämtliche Maßnahmen lagen in der Verantwortung von Regierungsbaurat Rumpf, dem Leiter der Ortsinstanz. Rumpf hatte schon bald keine Übersicht mehr über alle Bauvorhaben, so daß eine einwandfreie Ausschreibung, Vergabe, Durchführung und Abrechnung nicht mehr gewährleistet war. Deshalb schlug Karl Badberger dem Finanzministerium im Mai 1950 vor, »das Aufgabengebiet der Ortsinstanz aufzuteilen, d.h. gewisse Bauvorhaben aus ihr herauszunehmen und dafür selbständig örtliche Bauleitungen einzurichten, die unmittelbar der Mittelinstanz der Baudirektion unterstellt werden.«[150] Diese Aufteilung wollte Badberger ohne Neueinstellungen bewältigen, was auch zunächst gelang; die bereits vorhandenen technischen Kräfte mit Hochschulbildung sollten »selbständig gemacht«[151] werden. Diesem Vorschlag stimmte das Ministerium noch im selben Monat zu und es entstanden einzelne Sachgebiete – Vorläufer der späteren Referate –, denen bestimmte Bauvorhaben zugeteilt wurden. Mit dieser Struktur begann die Bundesbaudirektion 1950 mit nur 44 Mitarbeitern – davon sieben Beamte, 33 Angestellte und vier Arbeiter – den Ausbau Bonns zur provisorischen Bundeshauptstadt. Trotz guter Vorsätze konnte das Bauvolumen bald nicht mehr mit dem vorhandenen Personal bewältigt werden. Jahr für Jahr mußte neu eingestellt werden; bereits 1957 hatte die Bundesbaudirektion 139 Mitarbeiter, davon 25 Beamte, 101 Angestellte und 13 Arbeiter.[152]

Der zweite Leiter der Bundesbaudirektion von 1953 bis 1958: Franz Sales Meyer.

Zu den ersten Aufgaben der Bundesbaudirektion nach ihrer Wiederbegründung gehörten der Ausbau der ehemaligen Pädagogischen Akademie in Bonn als Parlamentsgebäude sowie die Fortführung des Umbaus des Palais Schaumburg für das Bundeskanzleramt und der Villa Hammerschmidt als Sitz des Bundespräsidenten mit einem vom Leiter der Bundesbaudirektion, Karl Badberger, gestalteten Ergänzungsbau für das Bundespräsidialamt. Die verwaisten Militärkasernen westlich und nördlich Bonns wurden für die Bundesministerien für Wirtschaft, Arbeit, Ernährung, Inneres und Vertriebene[153] um- und ausgebaut. Das Auswärtige Amt – nach Entwürfen der Bundesbaudirektion und des Architekten Horst Freese –, das Bundesfinanzministerium, das Presse- und Informationsamt und das Bundespostministerium erhielten Neubauten.[154]

Eine Anekdote von Franz Sales Meyer über den Neubau des Auswärtigen Amtes zeugt vom Pioniergeist der Nachkriegsjahre. Das Außenministerium sollte nach dem ersten, überhaupt von der Bundesbaudirektion veranstalteten beschränkten Wettbewerb auf einigen alten Villengrundstücken in Rheinnähe entstehen und – zumindest nach damaligen Verhältnissen – ein Hochhaus werden. Wie ein halbes Jahrhundert später um den Bau des Bonner »Post-Towers«, so entzündete sich auch hier ein heftiger, emotional geführter Streit um die Frage: Hochhaus oder nicht?! Viele Bonner befürchteten, daß das Stadtprofil, vom Rhein besehen, Schaden nehmen würde. In die Auseinandersetzung um ein Hochhaus für das Auswärtige Amt schaltete sich auch Konrad Adenauer als Bauherr ein, der in den ersten Jahren der Bundesrepublik nicht nur Bundeskanzler, sondern in Personalunion auch Außenminister war. Um besser

Erstes Hochhaus in Bonn, von Kanzler Adenauer als Simulation aus Wetterballons von der Wasserseite begutachtet und genehmigt: Das Auswärtige Amt.

Linke Seite: Weltsaal des Auswärtigen Amtes

beurteilen zu können, ob das Profil der Stadt tatsächlich empfindlich gestört werden würde, verlangte Adenauer, so Franz Sales Meyer, »daß die Baumasse bzw. die Gebäudehöhe durch ein Gerüst an Ort und Stelle demonstriert werde.« Dazu Meyer:

»Von den Kosten abgesehen, wäre das schon ein Bauwerk für sich geworden. Davon wollte ihn aber niemand überzeugen, denn ›Der Alte‹ war hartnäckig, und das sollten wir noch zu spüren bekommen. Wir schlugen ihm dann vor, die vier Eckpunkte des Hauptbaukörpers an Ort und Stelle in tatsächlicher Höhe durch vier aufzulassende Ballone darzustellen. Das akzeptierte er, vielleicht schon weil er neugierig war, wie wir das anstellen würden. Wir besorgten uns vom Wetterdienst acht Ballone – denn sicher ist sicher –, die wir vom Grundstück der ehemaligen Villa Selve, das in das Baugelände einbezogen war, aufsteigen lassen wollten. Am Vorabend der geplanten Aktion kam starker Wind auf, der sich bis etwa zur Stärke acht steigerte. Ich rief im Kanzleramt beim ›Persönlichen‹ an, teilte ihm meine Zweifel an einem Gelingen des Unternehmens unter den bestehenden Umständen mit und bat um Aufschub. Nach etwa einer Stunde erhielt ich jedoch den Bescheid, der Kanzler habe entschieden, daß es bei der angesetzten Demonstration trotz Sturm bleibe. ›Der Alte‹ war eben sturmerprobt!

Wir bezogen also gegen Mitternacht Stellung in der Ruine der Villa Selve, für warme Getränke hatten wir gesorgt, und warteten auf das Morgengrauen. Adenauer sollte mit seiner Eskorte, zu der außer Weil und Rossig auch Vertreter der Stadt Bonn gehörten, um 9.00 Uhr von Rhöndorf aus mit einem ›Böötchen‹ den Rhein herabfahren und unser Ballonexperiment beurteilen. Wir ließen als es dämmerte, probeweise einen Ballon steigen. Der stieg aber wegen des Windes keineswegs, sondern legte sich tückischerweise flach. Darauf banden wir ihn an drei Schnüre, so daß wir ihn einigermaßen im Griff behielten. So brachten wir dann um 8.00 Uhr alle vier Ballone in Position. Zum Glück war der Wind inzwischen etwas schwächer geworden, aber unsere Ballonpyramiden schwankten dennoch bedenklich, als das Kanzlerboot pünktlich den Rhein herab kam. Weil die Ballone sich schräg stellten, erschien die Bauhöhe geringer, und das hat vielleicht wesentlich zum Gelingen des Experiments beigetragen. Das Auswärtige Amt wurde jedenfalls als erstes ›Hochhaus‹ in Bonn gebaut.«[155]

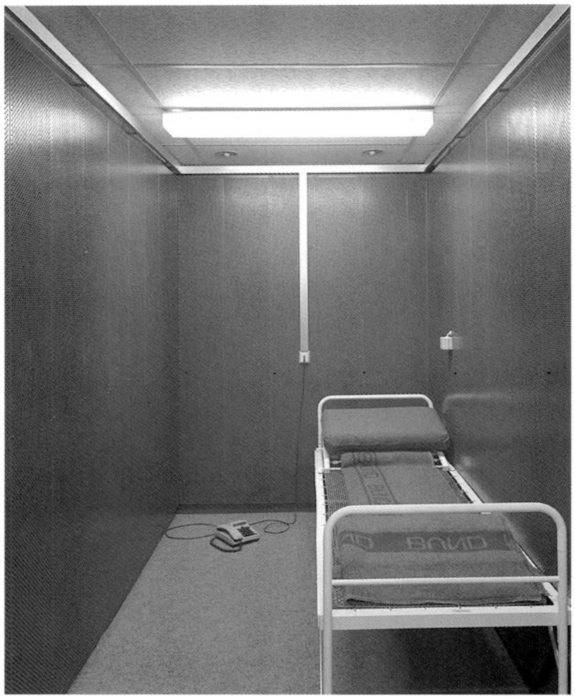

Links: Der Regierungsbunker im Ahrtal. 19 Kilometer Röhre für 3.000 Menschen im atomaren Ernstfall. 590 Kilometer Kabel, 52 Kilometer Rohre, 122.000 Quadratmeter Wände und Böden. 70.000 Kilogramm Farbauftrag. Hier das Drucktor im »Verschüttungsbereich 4«.

Rechts: Eine von 986 Schlafzellen. Diese sollte den Bundeskanzler aufnehmen.

Grundlage allen Bauens waren die baukulturellen und politischen Grundsätze der jeweils übergeordneten Ministerien. Der für die Bundesbauverwaltung zuständige Bundesschatzminister Werner Dollinger umriß die Aufgaben der Demokratie als Bauherr nach 1949 folgendermaßen:
»Die Geschichte zeigt, daß sich die Zeiten in ihren Bauten spiegeln. Deshalb kann es dem Bund nicht nur darum gehen, mit seinen Bauten eine rein technische und funktionelle Aufgabe zu erfüllen. Er kann und muß vielmehr auch in seinen Bauten beispielgebend sein für den Geist und die Kraft eines freien demokratischen Staates, dessen Ausgangs- und Mittelpunkt immer der Bürger, der Mensch ist.«[156]

Anfang der fünfziger Jahre ließ sich dieser Idealismus in Bonn nicht immer durchhalten: Bei der Bauausführung standen, so der spätere Präsident der Bundesbaudirektion, Fritz Moritz Sitte, »manchmal Termine und Quantität im Vordergrund, bis dann der Ruf nach Qualität verstärkt laut wird.« Bei den Bauaufgaben müßten, so Sitte, »die Kriterien staatlicher Signifikanz, künstlerischer Qualität, Funktion und Wirtschaftlichkeit – je nach Aufgabenstellung unterschiedlich gewichtet – überzeugend berücksichtigt sein«.[157]

Bis Mitte der fünfziger Jahre waren die Baumaßnahmen für alle Ministerien und Verfassungsorgane in Bonn weitgehend abgeschlossen. Mit Gründung der Bundeswehr und Eintritt in die NATO mußte die Bundesbaudirektion allerdings noch ein weiteres, streng geheimes Bauprojekt durchführen: Den »Ausweichsitz der Verfassungsorgane des Bundes«, kurz: Der Regierungsbunker. Er entstand mit einem Milliardenvolumen in den sechziger und siebziger Jahren unter dem Rotweinwanderweg im Ahrtal, war mit 19 km Länge einer der größten unterirdischen Bunker der Welt und hätte im Falle eines Nuklearangriffs 3.000 ausgesuchten Persönlichkeiten der Politik und des öffentlichen Lebens ein dreißigtägiges Überleben garantiert.[158]

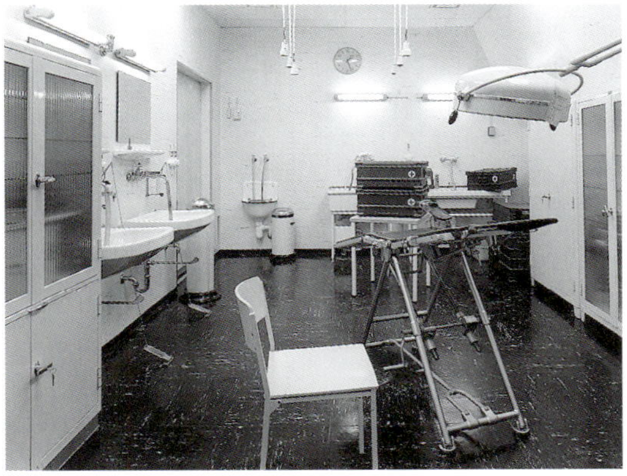

Oben: Pink im Bunker: Der Besprechungsraum des Bundespräsidenten.

Links: Ein paar Meter von insgesamt 57.000 Metern Lüftungskanal.

Ganz links: Operationssaal im Regierungsbunker.

Die Bundesrepublik wird souverän: Erste Botschaftsbauten im Ausland entstehen

Gleichzeitig mit der Wiederbewaffnung erlangte West-Deutschland die volle Souveränität zurück und konnte, zehn Jahre nach dem Krieg, wieder eine selbständige Außenpolitik betreiben. Der Ausgliederung des Auswärtigen Amtes aus dem Bundeskanzleramt im Jahre 1955 und die erste Berufung eines deutschen Außenministers nach dem Krieg folgte die Wiederaufnahme weltweiter diplomatischer Beziehungen. Parallel zur Abnahme der Bauaktivitäten in Bonn verstärkte die Bundesbaudirektion nun ihre Bautätigkeit im Ausland. Da im Krieg fast alle deutschen Auslandsliegenschaften konfisziert worden waren und zudem zahlreiche Staaten, vor allem in Asien und Afrika, erstmals auf der politischen Landkarte selbständig auftraten, mußte häufig neu gebaut werden. Seit Bestehen der Bundesrepublik Deutschland hat die Bundesbaudirektion in 61 Staaten für Auslandsvertretungen Neubauten errichtet.[159] In 38 Staaten, das entspricht über 62 Prozent aller Baumaßnahmen, stammen die zugrundeliegenden Planungen von den Architekten der Bundesbaudirektion, darunter auch an so wichtigen Standorten wie Athen, Brüssel, Den Haag, Lissabon, London, Paris und Tokio. Bei 21 dieser 38 Auslandsvertretungen zeichnete die Bundesbaudirektion sowohl für den Vorentwurf und den Entwurf als auch für die Ausführungsplanung verantwortlich, bei 13 Neubauten wurden Vorentwurf und Entwurf, bei weiteren vier nur die Vorentwürfe von der Bundesbaudirektion entwickelt.[160] Viele der übrigen, nicht von ihr entworfenen Auslandsrepräsentanzen wurden an bedeutenden Hauptstädten wie Washington, Madrid, Wien oder Rom nach Plänen namhafter deutscher Architekten errichtet wie Krahn, Eiermann, Scharoun, Gutbrod, Branca oder Ungers, die zumeist als Sieger aus engeren Bauwettbewerben, beschränkten Realisierungswettbewerben oder Gutachterwettbewerben hervorgingen.[161]

Auslandsvertretungen, die keine Neubauten erhielten, wurden entweder in bundeseigenen oder gemieteten, zumeist denkmalgeschützten Altbauten untergebracht. Bei den Planungen für die Altbauherrichtungen lag der Prozentsatz der Eigenleistungen der Bundesbaudirektion noch wesentlich höher als bei Neubauten. Allein mit den Altbauten war und ist die Auslandsabteilung schon dauerhaft ausgelastet: Sie müssen in regelmäßigen Abständen renoviert, umgebaut oder erweitert und ungefähr alle drei bis vier Jahrzehnte generalsaniert werden.

Nach dem Zweiten Weltkrieg wurde das Auftreten Deutschlands im Ausland besonders aufmerksam, wenn nicht skeptisch bis mißtrauisch beobachtet. Dies galt sowohl für die ersten politischen Schritte der jungen Bundesrepublik wie auch für seine bauliche Selbstdarstellung. Entsprechend bescheiden und schlicht sahen die ersten architektonischen Visitenkarten Deutschlands im Ausland aus. Die von den Nazis verfemte Moderne errang einen späten Triumph über die Monumentalbauten des »Dritten Reiches«.

Nach Plänen der Bundesbaudirektion entstand der Kanzleianbau in London (links im Bild neben der Residenz) als erster ausländischer Nachkriegsbau in den Jahren von 1954 bis 1956.

Eine Gemeinschaftsarbeit von Johannes Krahn und der Bundesbaudirektion: Nach sechsjähriger Bauzeit wurde die Deutsche Botschaft in New Delhi im März 1962 eingeweiht. Auf dem Bild ist die Kanzlei mit Dienstwohnungen zu sehen.

Den ersten Kanzlei-Neubau nach dem Krieg errichtete die Bundesbaudirektion in London direkt neben der Residenz – einem Regency-Juwel aus dem Jahre 1824, das die Bundesrepublik vom Duke of Westminster bis zum Jahr 2034 angemietet hat. Der Vorentwurf des gegenüber der Residenz bescheiden zurücktretenden Gebäudes stammt von Horst Peter Oltmanns, Architekt der Bundesbaudirektion. Für Entwurf und Ausführungsplanung war er gemeinsam mit dem Londoner Architekten Walter Marmorek verantwortlich. Diese erste Auslandsbauleitung der Bundesbaudirektion konnte am 11. Oktober 1954 in der englischen Hauptstadt mit der Grundsteinlegung den Kanzlei-Neubau beginnen. In weniger als zwei Jahren war das Gebäude mit einer Hauptnutzfläche von 1.304 qm fertiggestellt. Die Gesamtkosten inklusive der Sanierung der Residenz betrugen knapp 5 Millionen DM.[162]

Der erste Wettbewerb[163] für eine Auslandsvertretung nach dem Krieg wurde 1954 für den Neubau der Botschaft in New Delhi durchgeführt. Die britische Kronkolonie war 1947 unabhängig geworden und trat als »Republik Indien« dem Commonwealth bei. Indien forderte alle Staaten der Welt auf, sich in einer eigens geschaffenen »Diplomatischen Enklave« durch Botschafts-Neubauten selbst darzustellen.

»Es galt nun für die junge Bundesrepublik durch die Gestaltung eines Residenz- und Kanzleigebäudes den Anschluss an westliche Maßstäbe zu demonstrieren. Zum ersten Mal in der deutschen Baugeschichte sollte mit den gestalterischen Mitteln der Moderne eine diplomatische Vertretung geschaffen werden.«[164]

Links: Residenz in New Delhi.

Rechts: Salon in der Residenz in New Delhi – mit Stuckdecke und Knüpfteppich.

Die Wettbewerbsbeiträge überzeugten die Jury nicht, so daß kein erster Preis vergeben wurde. Den 2. Preis erhielt Johannes Krahn. Allgemeine Beachtung des Preisgerichts und des Auswärtigen Amts fand dagegen ein außer Wettbewerb eingereichter Entwurf einer Arbeitsgruppe der Bundesbaudirektion.[165] Nach eingehender Prüfung bestimmte das Auswärtige Amt diesen Entwurf zur Grundlage aller weiteren Planungen. Die Ausführungsplanung erfolgte dann in einer Arbeitsgemeinschaft zwischen Johannes Krahn und der Bundesbaudirektion.[166] So entstand in New Delhi auf einem 24.000 qm großen Grundstück der erste vollständige Botschaftsneubau der Nachkriegszeit mit Kanzlei, Residenz und Dienstwohnungen: Ein gestalterisch modernes, technisch innovatives und gleichzeitig sachliches und bescheidenes, den klimatischen Gegebenheiten angepaßtes Ensemble, mit dem die junge Demokratie ihren radikalen Bruch zu der Speerschen Weltherrschaftsarchitektur dokumentierte und ein Bekenntnis zur Architektur-Moderne ablegte. Das äußere Erscheinungsbild des 4,63 Millionen DM teuren Stahlbetonskelettbaus wurde durch grauen indischen Marmor und Sonnenschutzblenden aus Aluminium in Betonrastern bestimmt. Die deutsche Botschaft in Indien mit einer Hauptnutzfläche von knapp 3.000 qm konnte nach sechs Jahren Bauzeit am 21. März 1962 eingeweiht werden.[167]

Modell der Deutschen Botschaft in Tokio mit (v. l. n. r.) Residenz, Kanzlei und Dienstwohnungen. Die Gesamtanlage nach Plänen der Bundesbaudirektion wurde von 1956 bis 1960 verwirklicht.

Ein weiterer moderner Botschaftsneubau entstand Mitte der fünfziger Jahre in der japanischen Hauptstadt auf einem für Tokioter Verhältnisse sehr großen Grundstück mit knapp 13.000 qm, auf dem frühere Besitzer zahlreiche sakrale und historische Denkmäler hinterlassen hatten: Ein Samurai-Tor, ein Teehaus, mehrere konfuzianische Figuren, einen Schrein und einen Glockenturm.[168] Das fünfgeschossige Kanzleigebäude mit Tiefgarage, die Residenz des Botschafters, zwei Dienstwohnungen, Dienerwohnungen und ein Saalanbau entstanden mit 6.154 qm Hauptnutzfläche für gut 4,6 Millionen DM nach Plänen der Bundesbaudirektion in den Jahren 1956 bis 1960.[169]

»Das Markante der Kanzlei wird durch das geschwungene, zu großen Teilen freistehende Dach geprägt. Es sind zwar ähnlich charakteristische Dächer an zahlreichen bundesdeutschen Verwaltungsbauten der 50er Jahre zu finden, in dieser ausgeprägten Form erinnert es jedoch an die Dächer japanischer Tempelbauten und Tore. Deutlicher sind die japanischen Anklänge im Inneren der deutschen und japanischen Dienstwohnungen, die einen Anbau der Kanzlei bilden. Dort können einige schlichte Räume durch Schiebetüren separiert werden.«[170]

Kanzlei in Tokio mit charakteristisch geschwungenem Dach.

Die Kanzlei in Tokio wurde im Jahre 1995 nach einem schweren Erdbeben in Kobe statisch untersucht und mußte einige Jahre später abgerissen werden, da sie den hohen Anforderungen an Erdbebensicherheit nicht mehr genügte.[171]

Weitere Neubauten für deutsche Auslandsvertretungen in den fünfziger Jahren entstanden nach Plänen der Bundesbaudirektion in Canberra[172] und Ottawa[173] sowie durch externe Architekten in Rio de Janeiro[174] und Stockholm[175]. Die demokratische Entwicklung in den fünfziger Jahren führte die Bundesrepublik Deutschland als vollwertiges Mitglied zurück in die Völkergemeinschaft. Im Zuge der Normalisierung der politischen Beziehungen wurden Deutschland zahlreiche im und nach dem Krieg enteignete Auslandsliegenschaften wieder übertragen. So erhielt die Bundesrepublik, um nur ein herausragendes Beispiel zu nennen, als Symbol der entstehenden deutsch-französischen Freundschaft bei einem Staatsbesuch des Bundespräsidenten in Paris im Herbst 1961 das Palais Beauharnais als Botschaftsresidenz zum Geschenk. Bereits seit 1814 hatte das Palais zuerst Preußen, dann dem Reich als Gesandtschaft gedient. 1862 residierte hier Otto von Bismarck. Nach 130 Jahren deutscher Nutzung war das Gebäude im Oktober 1944 konfisziert und 1948 zum Zwecke der Unterbringung des französischen Außenministeriums enteignet worden.

Das Palais Beauharnais ist das einzige noch im ursprünglichen Stil erhaltene Empire-Gebäude der Welt und ein für Frankreich besonders wertvolles »Monument Historique«. Eugène de Beauharnais hatte den 1714 von Germain Boffrand im Stil des französischen Rokokos erbauten Palast Anfang des 19. Jahrhunderts innen wie außen dem Geschmack der Zeit entsprechend mit Rückgriffen auf die römische und ägyptische Antike gestaltet. Er tat dies mit einem derart verschwenderischen Luxus – man betrat das Gebäude bereits durch ein pompöses ägyptisches Portal –, daß ihn sein Stiefvater, Kaiser Napoleon, enteignete. Das Palais Beauharnais wurde nach der Rückübertragung an die Bundesrepublik Deutschland durch Charles de Gaulles unter der Leitung und nach Plänen der Bundesbaudirektion für knapp 17 Millionen DM umfassend an Baukörper und Inventar unter strengster Einhaltung denkmalpflegerischer Aspekte restauriert[176] und gehört jetzt inklusive des Original-Mobiliars als kunsthistorisch und architektonisch besonders wertvolle Liegenschaft zum Bundesvermögen.[177] Das einzigartige Empire-Juwel wurde im Jahre 2004, über 40 Jahre nach der Schenkung durch de Gaulle, erneut restauriert und eine erforderliche moderne Haustechnik äußerst sensibel eingebaut. Dabei wurde die Residenz kulturhistorisch wie ein Museum behandelt.[178]

Linke Seite: Die Residenz des Deutschen Botschafters in Paris. Das Hôtel Beauharnais diente seit 1814 Preußen, dann dem Deutschen Reich und seit der Rückübertragung durch de Gaulle im Jahre 1961 der Bundesrepublik als diplomatische Vertretung.

Oben: Der Vierjahreszeitensalon im Hôtel Beauharnais ist ein imposantes Zeugnis des Empire.

Links: Das im orientalischen Stil ausgestattete Baudoir des Hôtel Beauharnais wird von einem Fries mit Haremsszenen verziert.

Am 6. März 1957 wurde mit der Aufstellung des Bauschildes der Startschuß für den Wiederaufbau des Reichstages gegeben. Zunächst war noch die Baugruppe der Sondervermögens- und Bauverwaltung federführend, bevor die Bundesbaudirektion nach ihrem Berlin-Umzug im Jahre 1958 die Bauleitung übernahm.

Umzug der Bundesbaudirektion nach Berlin

Carl Mertz, Leiter der Bundesbaudirektion von 1958 bis 1969.

Nicht nur die Entspannung der Beziehungen zwischen Deutschland und den ehemaligen West-Alliierten, sondern auch der zunehmende Ost-West-Konflikt bestimmte die Entwicklung der allgemeinen politischen Großwetterlage und führte auch für die Bundesbaudirektion zu einschneidenden Veränderungen. Den Berlin-Krisen, Stalin-Noten und Chruschtschow-Ultimaten wurde ein klares Bekenntnis der westlichen Welt zum Schutze West-Berlins und zur Aufrechterhaltung des Status quo der Halbstadt als Teil der Bundesrepublik Deutschland entgegengesetzt. Die Bundesregierung selbst reagierte mit der Verlagerung zahlreicher Bundesbehörden nach West-Berlin, um mit verstärkter Bundespräsenz am Ziel der deutschen Einheit festzuhalten. Aus dem selben Grund beschloß der Deutsche Bundestag im Jahre 1956, daß in Bonn unter dem Gesichtspunkt des Provisoriums keine weiteren Neubauten entstehen sollten und stattdessen in Berlin Bauten für die Verfassungsorgane und Bundesbehörden herzurichten seien. Raumfehlbedarf in Bonn sollte in Zukunft durch Anmietung gedeckt werden. Für die Bundesbaudirektion mit ihren damals 282 Mitarbeitern bedeutete dies eine doppelte Zäsur: Der Schwerpunkt der Bautätigkeit lag nun in Berlin. Folgerichtig wurde auch ihr Sitz dorthin verlegt.

Am 1. April 1958 nahm die Behörde als »Bundesbaudirektion Berlin« mit einer »Außenstelle Bonn« ihre Arbeit in der bundeseigenen Liegenschaft Fasanenstraße 87 in Berlin-Charlottenburg auf, die bis heute Sitz der Berliner Dienststelle ist. Die notwendige Personalstärke zur Bewältigung der Baumaßnahmen in Berlin wurde zum Teil durch Mitarbeiterumzüge aus Bonn, teils auch durch Personalübernahme der »Sondervermögens- und Bauverwaltung der Oberfinanzdirektion Berlin« und auch durch Neueinstellungen erreicht. Insgesamt kamen über 100 neue Kräfte hinzu, so daß die gesamte Behörde im Jahre 1960 rund 400 Mitarbeiter hatte. Die Berliner Dienststelle der Bundesbaudirektion gliederte sich nach dem Umzug in den Präsidialbereich, die Zentralabteilung, das Sachgebiet A zur Wahrnehmung allgemeiner und zentraler Aufgaben, die Technische Aufsicht (»Mittelinstanz«), die rund 30köpfige Auslandsabteilung einschließlich der Mitarbeiter der Regionalbauleitungen sowie in die für Berliner Bundesbauten zuständige Abteilung. In Bonn verblieb eine Abteilung mit zwei Gruppen, die die Bauaufgaben der Bundesregierung in der provisorischen Hauptstadt durchführten.[179]

Mit dem Umzug der Bundesbaudirektion nach Berlin erfolgte auch ein Wechsel an der Spitze. Neuer Leiter wurde Carl Mertz. Er hatte bereits seit den dreißiger Jahren bei der Reichsbaudirektion und von 1952 bis 1956 bei der Bundesbaudirektion gearbeitet, bevor er von 1956 bis 1958 die Leitung der Bauabteilung der Sondervermögens- und Bauverwaltung in Berlin übernahm. Er blieb elf Jahre Leiter der Bundesbaudirektion, bis er 1969 zum Präsidenten der Olympia-Baugesellschaft nach München berufen wurde, um als deren Hauptgeschäftsführer die Bauten für die Spiele der XX. Olympiade 1972 zu errichten.[180]

Die Villa Borsig in Berlin-Tegel, auf der Halbinsel Reiherwerder gelegen, wurde Ende der fünfziger Jahre zunächst von der Sondervermögens- und Bauverwaltung für die Deutsche Stiftung für Entwicklungsländer umgebaut und später von der Bundesbaudirektion betreut und um Schulungsgebäude erweitert. Heute ist es das Gästehaus des Auswärtigen Amtes.

In Berlin war der Wiederaufbau des Reichstages nach Plänen des Architekten Paul Baumgarten und der Bundesbaudirektion die herausragende Baumaßnahme unter Mertz Leitung. Von Anbeginn war sie aber auch Zielscheibe vielfältiger Kritik. Dietmar Kansy, der Vorsitzende der Baukommission des Deutschen Bundestages von 1991 bis 2002, faßt die Kritik in seinem 2004 erschienenen Buch »Zitterpartie« prägnant zusammen:

»Der Reichstag war stets sowohl politisch als auch architektonisch umstritten und zusätzlich noch im Spannungsfeld zwischen Politik und Architektur. Kaiser Wilhelm II. nannte ihn noch vor seiner Fertigstellung den ›Gipfel der Geschmacklosigkeit‹, Reichstagspräsident Paul Löbe Jahrzehnte später ein Gebäude mit ›viel Raum, aber wenig Platz‹, Albert Speer wollte ihn abreißen, Adolf Hitler nicht, für Adolf Arndt war sein Wiederaufbau ›unverantwortlicher Unfug‹, für Willy Brandt dagegen ›ein bisschen Sinn für Geschichte‹, Christo wollte ihn unbedingt verhüllen, 223 Bundestagsabgeordnete in einer Kampfabstimmung im Plenum wollten das nicht, und auf dem Reichstagskolloquium 1992 wird er als ›pangermanisches Gemäuer‹, ›feuchtkaltes Gebirge‹ und ›Drachenhöhle‹ betitelt.«[181]

Beim ersten Wiederaufbau in den sechziger Jahren durch die Bundesbaudirektion prallten die unterschiedlichen Philosophien besonders heftig aufeinander. Der Deutsche Werkbund und der Bund Deutscher Architekten wollten keine Rekonstruktion, sondern den Abriß. Die Politiker aller Fraktionen wollten mehrheitlich zwar den Wiederaufbau, doch nicht aus architektonischen Erwägungen, sondern als »symbo-

Dienstsitz der Bundesbaudirektion seit 1958 in der Berliner Fasanenstraße 87 unweit des Bahnhofs Zoologischer Garten.

lische Geste des Anspruches auf ein gesamtdeutsches Parlament«, so Kansy.[182] Die aus den zerschossenen Ruinen rekonstruierte Musterfassade, die 1958 einige Meter breit über alle Ebenen vom Sockel bis zum First erstellt wurde, überzeugte schließlich und führte zum Wiederaufbau. Aber auch nach seiner Vollendung blieb er umstritten:

»Der unausgesprochene Kompromiss«, so Kansy, *»war die ›Stilbereinigung‹, bei der sich einschließlich ihres architektonischen Beraters Hans Scharoun die Bundesbauverwaltung und später auch Paul Baumgarten aus meiner heutigen Sicht mit ihrem damaligen Abschlagsfimmel eher in der Nähe von Bilderstürmern als im Bereich verantwortungsvollen Umganges mit der historischen Bausubstanz bewegten.«*[183]

Noch bevor Baumgarten den Plenarsaal ins Innere des völlig zerstörten Reichstages setzte, war am 11. November 1963 der Südflügel nach Plänen der Bundesbaudirektion wiederaufgebaut und die Schlüssel an den damaligen Bundestagspräsidenten Eugen Gerstenmaier übergeben worden.[184] Der Wiederaufbau, dessen Bauzeit gut zehn Jahre dauerte, kostete 110 Millionen DM.[185]

Ein weiterer Repräsentationsbau wurde auf Initiative des ersten Bundespräsidenten Theodor Heuss einige Jahre zuvor, zuerst von der Oberfinanzdirektion, dann von der Bundesbaudirektion aus den Ruinen wieder aufgebaut – das Schloss Bellevue. Heuss wollte mit dem Ausbau der Hohenzollernresidenz zu seinem zweiten Amtssitz die Bindung Berlins an die Bundesrepublik Deutschland betonen.[186]

Wiederaufbau von Schloß Bellevue, 1954-1959

Oben: Das Schloß Bellevue war im Zweiten Weltkrieg fast vollständig zerstört worden. Die Aufnahme zeigt die Ruine im Oktober 1946.

Unten links: 1954 wurde der Wiederaufbau des Schlosses Bellevue als Berliner Dienstsitz des Bundespräsidenten beschlossen. Am 2. Juli wurde das Bauschild aufgestellt, Planung und Bauleitung lagen in der Hand der Sondervermögens- und Bauverwaltung.

Unten rechts: Der kriegszerstörte Langhanssaal im Obergeschoß des Schlosses Bellevue vor seiner Restaurierung im Jahre 1954.

Oben: Knapp zehn Jahre nach dem Krieg bot die Schloßruine noch immer ein Bild des Jammers. Mittlerweile waren weitere Fassadenteile, Zwischenwände und Kamine in sich zusammengestürzt und die wenigen erhalten gebliebenen Schmuckelemente durch Witterungseinflüsse zerstört. Als Sicherungsmaßnahmen waren lediglich die Erdgeschoss-Fenster zugemauert worden und der ausgebrannte Langhans-Saal im Obergeschoß durch ein provisorisches Dach geschützt worden.

Unten links: Im Juni 1959 erstrahlt der Langhanssaal wieder in alter Pracht.

Unten rechts: Am 10. November 1954 wurde das Richtfest begangen.

Das wiederaufgebaute Schloß Bellevue als Berliner Amtssitz des Bundespräsidenten, 1959

Linke Seite:

Oben: Die repräsentative Eingangs- und Treppenhalle im Stil der fünfziger Jahre. Alle Einbauten inklusive der Treppe wurden bei Umbauten im Jahre 1985 entfernt, um der heutigen Raumfolge des Erdgeschosses Platz zu machen.

Unten links: Der »Große Saal« im Jahre 1959.

Unten rechts: Das Arbeitszimmer des Bundespräsidenten im Juni 1959.

Rechte Seite:

Oben links: Am 18. Juni 1959 fährt Bundespräsident Theodor Heuss zur feierlichen Schlüsselübergabe an seinem Berliner Amtssitz vor.

Oben rechts: »Salon II« im Schloß Bellevue. So stellte man sich in den fünfziger Jahren einen repräsentativen Empfangsraum vor.

Unten links: Als Geschenk des Berliner Senats anlässlich der Schlüsselübergabe überreicht der Regierende Bürgermeister Willy Brandt (rechts) am 18. Juni 1959 ein Tafelgeschirr der Staatlichen Porzellanmanufaktur an Bundespräsident Theodor Heuss (Mitte). Links im Bild: Parlamentspräsident Willy Henneberg.

Unten rechts: Einweihungsfeier im Schloß Bellevue im Juni 1959.

Wiederaufbau des Reichstags, Außensanierung 1957-1962

Linke Seite:

Eine einachsige Musterrestaurierung der Fassade war aufschlussreich für die Urteilsfindung über die gesamte äußere Gestaltung des Reichstags.

Rechte Seite:

Links oben: Steinmetze im Sommer 1960 auf der Reichstagsbaustelle.

Rechts oben: Die Musterfassade hatte die staatlichen Bauherren überzeugt. Im Oktober 1958 war die Restaurierung der Westfassade mit Portal schon weit fortgeschritten.

Rechts Mitte: Im April 1961 standen die Restaurierung der Fassaden und alle substanzerhaltenden Maßnahmen kurz vor dem Abschluß.

Unten: Bestandsaufnahme der Fassadenschäden am Reichstag.

NORDHOF: SÜDSEITE

ANSICHT M. 1:100

TEILZERSTÖRTES MAUERWERK
STARK ZERSTÖRT. MAUERWERK
NICHT VORHANDEN. MAUERWERK

Wiederaufbau des Reichstags, Innenausbau 1961-1972

Oben: Der Diplomateneingang des Reichstages in seinem Zustand von 1954.

Rechts: Im kriegszerstörten Reichstag haben sich die russischen Eroberer mit Inschriften auf den Wänden und Säulen der Wandelhallen verewigt.

Ganz rechts: Der Plenarsaal im April 1963. Ausgebrannt 1933, im Zweiten Weltkrieg zerbombt, 1945 im Endkampf zerschossen, 1954 durch die Kuppelsprengung enthauptet, 1961 enttrümmert und rückgebaut, stand der ehemals prachtvolle Raum nun wieder als Rohbau bereit, um den Baumgarten-Plenarsaal in sich aufzunehmen.

Ganz rechts unten: Seit 1961 betreute die Bundesbaudirektion den Innenausbau des Reichstags nach Plänen von Paul Baumgarten. Im Jahr dieser Aufnahme, 1963, war der »Rückbau«, der dem Aufbau vorausging, weitgehend beendet.

Ganz links oben: Im April 1969 sind Struktur und Raumkonzept des neuen Plenarsaals bereits erkennbar.

Ganz links unten: Das Büro des Bundestagspräsidenten im 2. Obergeschoß des Nordflügels. Nur das Bismarckportrait über dem Schreibtisch erinnert noch an die Zeit der Reichsgründung.

Links: Kunst am Bau vor dem Plenarsaal im Reichstag: Die zweiteilige Hängeskulptur »Kosmos 70« von Bernhard Heiliger aus den Jahren 1970/71.

Unten: Der fertiggestellte Plenarsaal im Dezember 1972.

Am 11. November 1963 übergibt Bundesschatzminister Werner Dollinger (Mitte rechts) die Schlüssel für den im ersten Bauabschnitt fertiggestellten Südflügel des Reichstags an Bundestagspräsident Eugen Gerstenmaier (Mitte links). Ganz rechts im Bild: Carl Mertz, Leiter der Bundesbaudirektion von 1958 bis 1969. Ehrengast des Festaktes war der 88jährige Paul Löbe, Reichstagspräsident von 1920 bis 1932 (links, sitzend).

Mit ihrem gesetzmäßigen Auftrag, die Bauten für die Verfassungsorgane und Ministerien durchzuführen, war die Bundesbaudirektion in Berlin aber nicht ausgelastet. Deshalb wurde ihr Aufgabenfeld um Bauangelegenheiten der nachgeordneten Bundesbehörden in Berlin, die ansonsten von den Bauämtern der Oberfinanzdirektion betreut wurden, erweitert.[187] Mit diesem Anfang der sechziger Jahre erfolgten Neuzuschnitt der Bautätigkeiten in Berlin gelangten zur Bundesbaudirektion Projekte wie die Neu- und Umbauten für die Bundesanstalt für Materialprüfung, das Robert-Koch-Institut, das Institut für Wasser-, Boden- und Lufthygiene, das Arzneimittelinstitut und die Deutsche Stiftung für Entwicklungsländer mit Sitz in der Villa Borsig in Berlin-Tegel. Der erste Spatenstich für Bauten aus diesem Aufgabenspektrum erfolgte im Jahre 1962 für den 300 Millionen DM teuren Neubau des Veterinärmedizinischen Instituts zusammen mit der Zentralen Versuchstieranlage in Berlin-Marienfelde.

Im gleichen Jahr wurde der Bundesbaudirektion im Rahmen eines Organleihevertrages die baufachliche Betreuung der 1957 gegründeten Stiftung Preußischer Kulturbesitz übertragen, darunter so wichtige Baumaßnahmen wie die Errichtung der Staatlichen Museen in Dahlem, in denen die ethnologischen, indischen und ostasiatischen Sammlungen präsentiert werden. Zunächst wurde von 1961 bis 1964 der Altbau von Bruno Paul aus dem Jahre 1916 saniert und um einen Erweitungsbau ergänzt. Nach Plänen der Architekten Fritz Bornemann und Wils Ebert entstand dann zwischen 1964 und 1971 für rund 31 Millionen DM ein der Moderne verpflichtetes Gebäudeensemble aus fünf in sich geschlossenen Baukörpern, die durch Treppen und Nebenräume miteinander verbunden sind.

Oben: Die Museen in Berlin-Dahlem erhielten zwischen 1964 und 1971 Neubauten nach Plänen von Fritz Bornemann und Wils Ebert.

Links: Von den Bauämtern der Oberfinanzdirektion in Berlin übernahm die Bundesbaudirektion auch die Baumaßnahmen für die Bundesanstalt für Materialprüfung, hier der Neubau eines Laborgebäudes.

Herausragendster Stiftungsbau war aber die Neue Staatsbibliothek nach Plänen von Hans Scharoun auf dem Kulturforum. Baubeginn war 1967. Auch nach dem Tode Scharouns 1972 setzte die Bundesbaudirektion mit großem Engagement das Konzept Scharouns unverfälscht um. 1978 konnte die Großskulptur der Bibliothek mit ihren vier Millionen Bänden eingeweiht werden. Die Baukosten lagen bei rund 226 Millionen DM. Dieser organische Bau mit einer in Berlin bis dahin einmalig großen, freitragenden Deckenkonstruktion fasziniert noch heute. Die Besucher gelangen vom offenen Katalograum direkt zu den »Ruhezonen«, den auf mehreren Ebenen galerieartig angeordneten Lesesälen und Freihandmagazinen. Wolfgang Leuschner, Präsident der Bundesbaudirektion von 1969 bis 1975, begeisterte sich für den Bau, dessen Konstruktion alle Beteiligten vor die schwierigsten Herausforderungen gestellt hatte: *»Die architektonische Form der Staatsbibliothek führte zu unregelmäßig gestalteten Stützen, Wänden und Balken und damit zu komplizierten statischen Systemen, die sich kaum wiederholen und die einen nicht abzuschätzenden Umfang an konstruktiver Bearbeitung mit sich brachten.«*[188] Genauso bemerkenswert wie die Architektur fand es Leuschner, *»daß sich die Organe, die seinerzeit über das Entstehen dieses Werkes zu befinden hatten, für den Entwurf von Prof. Scharoun mit seinen vielen Unbekannten entschieden, bemerkenswert deshalb, weil sie sich mit ihrer Zustimmung zum überragenden künstlerischen Wert bekannten und ihn den fiskalischen, ökonomischen, rationellen Erwägungen überordneten.«*[189]

Scharouns Staatsbibliothek auf dem Berliner Kulturforum beeindruckt auch vierzig Jahre nach Baubeginn. Die Ansichten zeigen die »Neue Stabi« in Richtung des heute vollständig bebauten Potsdamer Platzes (oben) und das faszinierende Innenleben, hier das offene Treppenhaus und den über mehrere Galerie-Ebenen angeordneten Lesesaal (linke Seite).

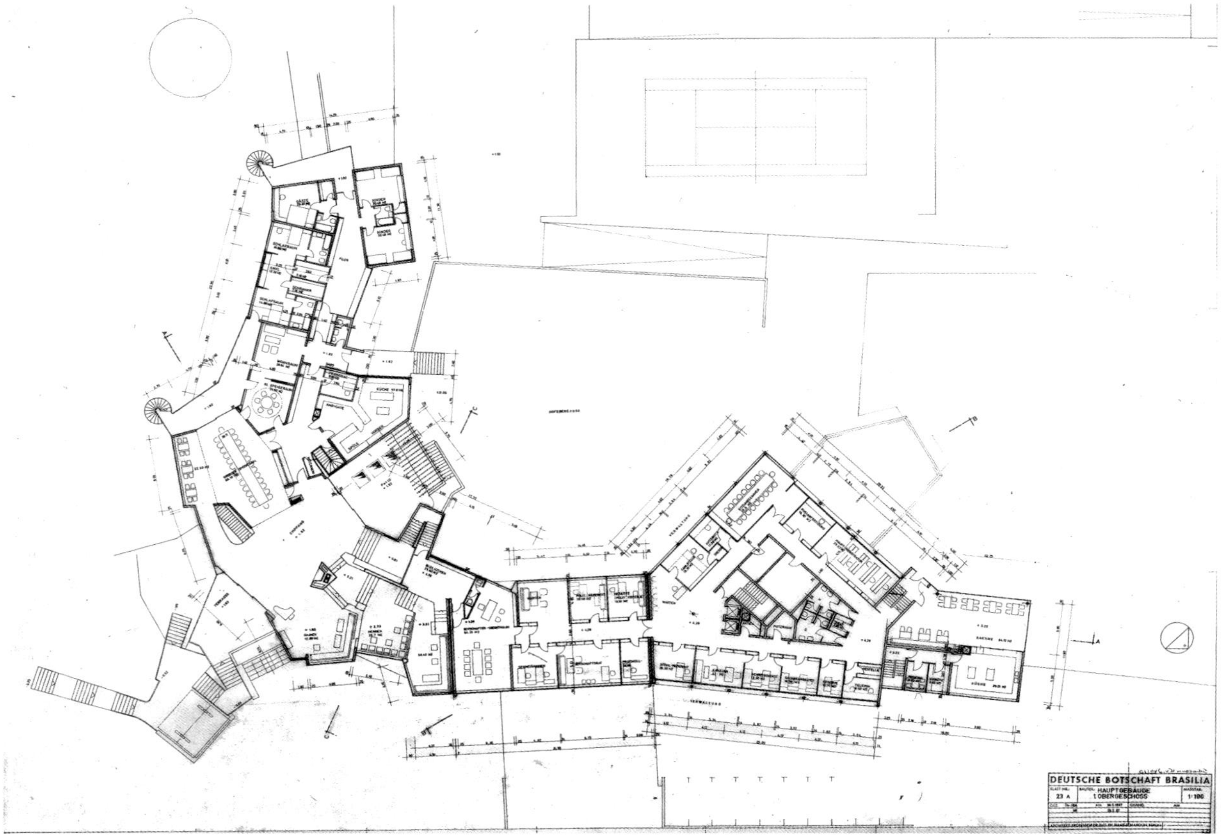

Einen weiteren vielbeachteten Bau hatte die Bundesbaudirektion nach Plänen Scharouns in der als »Stadt der Zukunft« gepriesenen jungen Hauptstadt Brasilia errichtet. Dieses Gebäude brach mit der inzwischen schon

»selbstverständlich gewordenen Gepflogenheit, Kanzlei und Residenz räumlich deutlich voneinander zu trennen. In Brasilia bilden beide Teile einen organisch zusammenhängenden Bauteil. Lediglich die Wohnräume des Kanzlers sowie die Dienst- und Personalwohnungen sind in separaten Häusern untergebracht. Es war Scharouns erklärtes Ziel, die Funktionen von Wohnen, Arbeiten und Repräsentieren ›zueinander und in sich geordnet‹ zu gestalten. Aus diesem Konzept heraus entstand eine Reihe ineinander greifender, abgestufter Räume, die auch dazu beitragen sollten, die damals als überkommen empfundenen Vorstellungen von Repräsentation zu mildern. Ganz im Sinne der gesellschaftlich reformativen Bemühungen der 60er Jahre sollte dem Ablauf festlicher Veranstaltungen und persönlicher Begegnungen eine neue Form gegeben werden. Auch auf das schon zur Baugewohnheit gewordene Vordach zum Residenzeingang verzichtet Scharoun zugunsten eines überbauten Vorfahrtraumes, von dem zwei getrennte Eingänge zum Botschafterbau und zum Verwaltungstrakt abgehen. Nach außen erfahren Kanzlei und Residenz durch eine Folge ansteigender Plateaus eine Abgrenzung und Ordnung zueinander. Die Fassade wird neben der vorgehängten Natursteinverkleidung aus rotem Sandstein von Leichtmetallbrüstungen geprägt, die durch einen Brisesoleil als Sonnenschutz verlängert sind. Das Gestaltungsprinzip des von innen nach außen entwickelten Baus wird im Garten fortgesetzt. Hier übernehmen die vom Haus abwärts führenden Terrassen die zusammenführende, verbindende Funktion. Unter diesen Wechselwirkungen zwischen Bauwerk und Umwelt hat der Landschaftsgestalter Roberto Burle-Marx den Garten geformt. Die Botschaftsbauten waren 1971 nach dreijähriger Bauzeit [für gut 11 Millionen DM, Anm. d. Verf.] fertiggestellt.«[190]

In der Retorten-Hauptstadt Brasilia schuf Hans Scharoun ein organisches Bauensemble, in dem die verschiedenen Funktionsbereiche der Deutschen Botschaft verschmolzen, was sowohl in der Gesamtperspektive als auch im Grundriss des Hauptgebäudes (Plan linke Seite) deutlich wird.

Auf unterschiedlichen Raum-Niveaus arrangierte Scharoun mehrere Formen repräsentativen Beisammenseins: Links im Anschnitt der gemauerte Abzug des Kaminzimmers, rechts vorne der Musiksalon, im Hintergrund drei Ebenen für kleinere und größere Gesprächsrunden.

Oben: In Washington verwirklichte die Bundesbaudirektion von 1962 bis 1966 einen viel beachteten Kanzlei-Neubau nach Plänen von Egon Eiermann, der mit zahlreichen amerikanischen Architekturpreisen ausgezeichnet wurde.

Rechts: Foyer der Kanzlei in Washington.

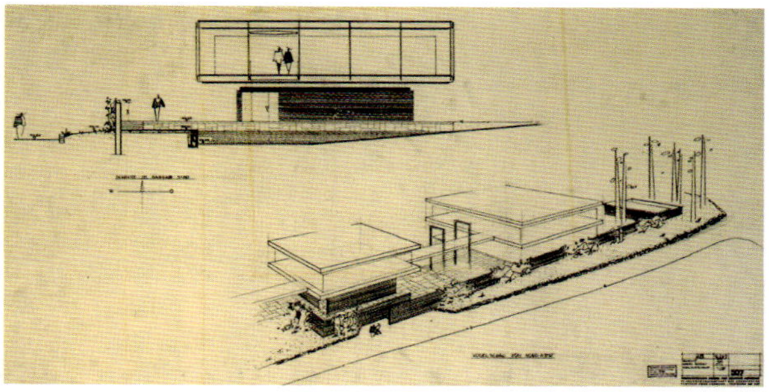

Links oben: Entwurfszeichnung von Egon Eiermann und Sep Ruf für die deutschen Pavillons der Weltausstellung von 1958 in Brüssel.

Links unten: Ein Steg führte hinüber zum östlichen Pavillon.

Oben: Die noch junge deutsche Demokratie setzte nach den steinernen und einschüchternden Speer-Planungen des »Dritten Reiches« auf eine leichte, gläserne Architektur, die Offenheit und Transparenz ausströmte. Das Ensemble von Pavillons nach gemeinsamen Plänen von Sep Ruf und Egon Eiermann für die Weltausstellung in Brüssel 1958 verkörperte jene Ideale.

Schon Jahre zuvor war die Bundesrepublik im Ausland durch einen anderen Botschaftsneubau aufgefallen: Dem Kanzleineubau in Washington von Egon Eiermann, für rund 13 Millionen DM in den Jahre 1962 bis 1966 erbaut. Hier schienen sich alle positiven Merkmale der jungen deutschen Republik zu manifestieren: Ein perfekter technischer Baukörper, transparent aus Glas und Stahl, horizontal an einen Hang geschmiegt, nicht auftrumpfend aber elegant-selbstbewußt. Der Bau erhielt mehrere amerikanische Architekturpreise[191], die internationale Presse jubelte mit Blick auf den vorangegangenen martialischen Neoklassizismus des »Dritten Reiches«, Deutschland sei zurückgekehrt vom kolossalen in den ruhigen Garten der klugen Kinder Europas.[192]

Neben weiteren Botschaftsbauten führte die Bundesbaudirektion in dieser Zeit auch die vielbeachteten und als zukunftsweisend gepriesenen Baumaßnahmen für internationale Messen und Ausstellungen durch, so für die Weltausstellung in Brüssel 1958 nach Plänen von Egon Eiermann und Sep Ruf, für die EXPO 1967 in Montreal nach Plänen von Frei Otto und Rolf Gutbrod und für die Weltausstellung 1970 in Osaka nach Plänen von Fritz Bornemann.

Das Bundesministerium für Justiz in Bonn.

Bauen in Bonn: Das Provisorium wird aufgegeben

In der Amtszeit Wolfgang Leuschners von 1969 bis 1975 erhielt die Bundesbaudirektion den Status einer Bundesoberbehörde. 1971 wurde Leuschner, der als »Leiter« angetreten war, zum ersten »Präsidenten« der Bundesbaudirektion ernannt.

1971 wurde erstmals ein Gesetz über die Bundesbauverwaltung verabschiedet. Die Bundesbaudirektion erhielt – sie hatte damals bei einem jährlichen Ausgabenvolumen von 450 Millionen DM rund 460 Beschäftigte – den Status einer Bundesoberbehörde. Ihre »Leiter« waren fortan »Präsidenten«.[193]

Auch inhaltlich gab es eine Zäsur: Nach dem Mauerbau war an eine baldige Verlagerung der Bundeshauptstadt nach Berlin nicht mehr zu denken. In Folge sollte die »provisorische Unterbringung« der Bundesregierung in Bonn beendet werden. 1962 sollte ein Gutachtergremium namhafter Architekten wie Paul Baumgarten und Sep Ruf eine Gesamtkonzeption für die Bundesbauten in Bonn entwickeln. Ihre erste Bilanz: »Das Provisorium darf nicht länger billige Ausflucht für das Fehlen von Planung, Voraussicht und Zueinanderordnung sein.«[194] Ein Jahrzehnt sollte noch vergehen, bis diese ersten Überlegungen in ein Konzept mündeten.

In einer Bilanz des Bundesschatzministeriums von 1964 über 15 Jahre staatliches Bauen war die Diskrepanz zwischen dem baukulturellen Anspruch an nationale Repräsentationsbauten und den unter fiskalischen Beschränkungen für das »Provisorium Bonn« entstandenen staatlichen Gebäuden in den fünfziger Jahren kritisiert worden, die nun überwunden werden sollte:

»Die Bauwerke [...] sind durch einen oft erschreckenden Materialismus gekennzeichnet, der seinen Ursprung vorwiegend im ökonomischen und fiskalischen Denken hat, das die Aufgabenstellung beherrscht. Hier wird eine für das geistige Leben gefährliche Lücke erkennbar. Die Begeisterung an bedeutenden, ein politisches oder nationales Anliegen erfüllenden Bauaufgaben, wie sie frühere Epochen erfüllt hat, fehlt. Für die Bauten der öffentlichen Hand ist Sparsamkeit immer höchstes Gebot. Die Sparsamkeit darf aber nicht die primäre Forderung sein, der sie die Gestaltungsfreude, den Mut und das Wagnis zu großzügigen neuen Lösungen unterdrücken würde. Auch eine Demokratie sollte Anspruch darauf erheben und Wert darauf legen, daß die von ihr geschaffenen Bauten staatliche Würde ausdrücken und daß die Staatsbauten nicht in billige Kategorien abgleiten. Das gilt in besonderem Maße für unsere junge Demokratie, die neben der Verantwortung für ihre eigenen Bauschöpfungen auch die Verpflichtung der Verwaltung eines bedeutenden baukulturellen Erbes zu erfüllen hat.«[195]

Diese Passage ist eine Gemeinschaftsarbeit zweier Autoren, die damals, im Jahre 1964, der Bundesbauverwaltung im Bundesschatzministerium angehörten und später nacheinander Präsidenten der Bundesbaudirektion wurden: Wolfgang Leuschner (1969-1975) und Fritz Moritz Sitte (1975-1989). Daß sich ihre Forderungen nicht erfüllten und auch weiterhin vor allem fiskalisch und nicht baukulturell entschieden

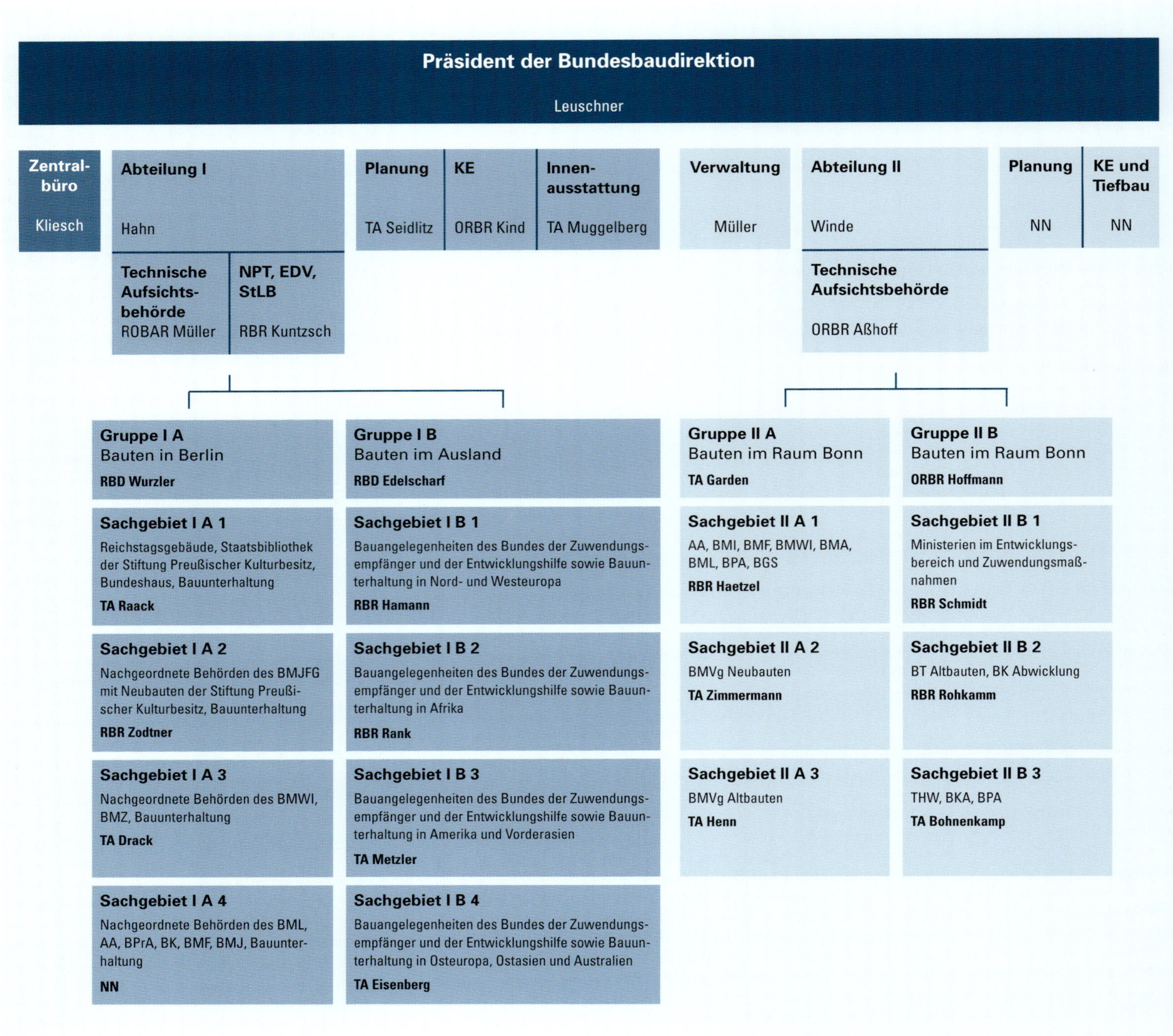

Organigramm der Bundesbaudirektion im Jahre 1972.

wurde, zeigt die Bilanz von Ingeborg Flagge drei Jahrzehnte später, die dem Bauherrn Bund vorhält, er habe bis in die achtziger Jahre in Bonn »nichts als eine möglichst preiswerte Hülle um Quadratmeter Bürofläche«[196] gewollt:

»Dieses Regierungsviertel gibt es gebaut eigentlich nicht. Jedenfalls ist es als solches nicht zu erkennen. Es ist schon in den fünfziger Jahren eine architektonische Null, eine geist- und ordnungslose Ansammlung beliebiger Bauten. […] In diesem Sinne steht das Bonner Regierungsviertel von Anfang an für politische Konzeptionslosigkeit und die Ablehnung jeder politischen Repräsentation in Bauten.«[197]

Als Konsequenz aus der Aufgabe des Provisoriums wurden in den Jahren 1971 bis 1973 der städtebauliche Ideenwettbewerb »Bauten des Bundes und ihre Integration in die Stadt Bonn« und die Wettbewerbe für ein neues Kanzleramt, ein neues Präsidialamt sowie für die Neubauten des Bundestages, Bundesrates und des Bundesverteidigungsministeriums durchgeführt. Carlo Schmid forderte als Preisrichter des Ideenwettbewerbes: »Die Neubauten sollen die Bundesrepublik würdig, nicht in Gigantismus, sondern als Monument repräsentieren, wobei zwischen Bescheidenheit und Schäbigkeit ein Unterschied besteht.«[198] Das neue Selbstverständnis einer geläuterten und erfolgreichen deutschen Demokratie in der Ära Brandt sollte fortan durch qualitätsvollere Bauten als bisher die prosperierende Republik repräsentieren und auch nach außen darstellen. In seiner Regierungserklärung vom 18. Januar 1973 bekräftigte Brandt den Ausbau Bonns zur Bundeshauptstadt und stellte die städtebaulichen Planungen in einen offiziellen Rahmen.

Das 29stöckige Abgeordnetenhochhaus in Bonn, 1966 bis1969 nach Plänen Egon Eiermanns von der Bundesbaudirektion errichtet, wird nach dem damaligen Bundestagspräsidenten Eugen Gerstenmaier im Volksmund »Langer Eugen« genannt.

Am 11. September 1975 unterzeichneten der Bund, das Land Nordrhein-Westfalen und die Stadt Bonn die Vereinbarung über den weiteren Ausbau Bonns als Bundeshauptstadt. In Folge verlagerten sich die Bauaufgaben der Bundesbaudirektion wieder nach Bonn, wo bereits 1966 bis 1969 für 48,5 Millionen DM mit dem 29stöckigen Abgeordnetenhochhaus von Egon Eiermann ein Wahrzeichen der Bonner Republik geschaffen worden war. Nun entstanden in den nächsten zwölf Jahren für rund 1,4 Milliarden DM zahlreiche Neubauten, so für das Bundesverkehrsministerium und die beiden sogenannten »Kreuzbauten« für die Bundesministerien der Justiz und der Bildung und Forschung.

Diese Kreuzbauten gingen auf den Architekten Joachim Schürmann zurück. Im Zuge einer Reihe städtebaulicher Untersuchungen für die von der Bundesbaudirektion seit 1967 initiierten Planungen eines Ministerienviertels im Norden der damals noch selbständigen Stadt Bad Godesberg hatte Schürmann einen detaillierten Gesamtplan mit sieben Hochhäusern über kreuzförmigem Grundriß für alle Bonner Ministerien entworfen. Letztlich scheiterte zwar die Umsetzung des Gesamtkonzeptes am öffentlichen

Zwei von sieben geplanten »Kreuzbauten« wurden in Bonn verwirklicht. 1.500 Mitarbeiter des Bundesjustiz- und des Bundesbildungsministeriums bezogen die beiden Hochhäuser im Jahre 1973.
Im Hintergrund sind noch weitere Regierungsgebäude zu sehen, so für das Bundesumwelt- und das Bundesverkehrsministerium.

Widerstand, doch wurden zwei der Hochhäuser realisiert und galten damals als modernste Gebäude in Bonn. Mit den beiden Neubauten wurde die aus der Bundesbaudirektion hervorgegangene Planungsgruppe Stieldorf der jungen Architekten Manfred Adams, Robert Glater, Günther Hornschuh, Georg Pollich und Peter Türler beauftragt. Zwischen 1969 und 1973 entstanden für 1.500 Mitarbeiter die beiden 11- und 14stöckigen Stahlskelettbauten mit der weithin sichtbaren Fassadengestaltung aus getönten Gläsern und dunkel eloxierten horizontalen und vertikalen Aluminiumstangen auf den umlaufenden Balkonen aus Beton, der seit der Fassadensanierung von 1986 blass rosa bzw. beige-grün gestrichen ist. Als grundlegendes Gestaltungsmerkmal sollte die Konstruktion des Hauses auch äußerlich sichtbar gemacht werden. Diesem Gestaltungsprinzip folgte der zur damaligen Zeit moderne Sichtbeton außen und innen. So wird auch erkennbar, daß die Kreuzbauten auf vier Betonpfeilern ruhen. Jeder davon trägt 6.000 Tonnen Gewicht, 20.000 Tonnen stützen sich auf den Betonsockel des Eingangsbereichs.

Erstmalig bei Neubauten des Bundes wurde hier in großem Umfang bereits bei der Entwurfsplanung ein umfassendes Kunst-am-Bau-Konzept integriert: Rund 50 Kunstobjekte sind im Inneren der Gebäude, in den Höfen und in den großzügigen, begrünten Außenanlagen, in denen sich Rasen und Flächen aus rotem Ziegel abwechseln, integriert.[199] Die Kreuzbauten wurden 30 Jahre nach ihrer Einweihung wegen dieser besonders gelungenen Wechselwirkung von Architektur und Kunst als Gesamtkunstwerk unter Denkmalschutz gestellt.

Ein weiterer aufsehenerregender Neubau in der Ära Brandt war das neue Bundeskanzleramt. Im Dezember 1969 hatte das Bundeskabinett den Neubau beschlossen, da das Palais Schaumburg den gestie-

genen Anforderungen an ein modernes Verwaltungs- und Regierungsgebäude weder technisch noch räumlich gewachsen war. Für den Wettbewerb wurden ästhetische und formale Vorgaben gemacht, die zeitgenössische gesellschaftspolitische Ausdrucksformen widerspiegeln und dem Gebot zurückhaltenden Auftretens auch in der äußeren Gestaltung entsprachen:

Helmut Schmidt titulierte es verächtlich als »rheinische Sparkassenfiliale«: Das Bundeskanzleramt in Bonn mit der Großplastik von Henry Moore.

»Daher wurde ein Gebäude gefordert, das erkennen läßt, daß hier Kanzler und Kabinett residieren, das Teamarbeit fördert und dessen Gestalt nicht vom hierarchischen Organisationsprinzip bestimmt ist. Im Raumprogramm drücken sich diese Forderungen dadurch aus, daß von den Nutzflächen des Abteilungsbaues etwa ein Drittel für Projektgruppen, ein Drittel für Großraumbüros, offene Sekretariate, Registraturen und Verfügungsflächen, ein Drittel für Einzelzimmer der Mitarbeiter, die gleich groß (Standardzimmer) sein sollten, vorgesehen waren.«[200]

An dem Ende 1970 durchgeführten Wettbewerb beteiligten sich 43 Architekten. Den ersten Preis erhielt die Planungsgruppe Stieldorf, die schon die Kreuzbauten errichtet hatte. Der Entwurf sah ein flaches Gebäude vor, das sich in die städtebauliche Umgebung einfügte, die vor allem durch gründerzeitliche Villen, das Bundesviertel und das benachbarte Palais Schaumburg geprägt war. Es entstand in den Jahren 1973 bis 1976 für rund 106 Millionen DM ein nur dreigeschossiger, gewinkelter Baukörper, der bewußt auf eine eigene dominante Wirkung verzichtete. Das Gebäude gliedert sich in einen Kanzler-, einen Kabinetts- und einen Abteilungsbau, der aus drei Trakten besteht. Die einzelnen Bauteile wurden versetzt angelegt, so daß ein Vorplatz mit Protokollauffahrt entstand und zugleich eine Sichtachse zum Palais Schaumburg und zum Kanzlerbungalow von Sep Ruf gebildet wurde.

Bei der Schlüsselübergabe am 1. Juli 1976 betonte Bundesbauminister Karl Ravens: »In Form, Gestaltung, Zweckmäßigkeit wird sich das Haus bewähren müssen. Ich bin sicher, es wird die Bewährung bestehen.«[201] Der Neubau erregte von Anfang an die Gemüter und wurde kontrovers diskutiert. Bundeskanzler Helmut Schmidt, der nach der Guillaume-Affäre Willy Brandt gefolgt war, formulierte spitz, das Bundeskanzleramt komme daher »wie eine rheinische Sparkassenfiliale.«[202] Zusammen mit der Großplastik von Henry Moore wurde es dennoch zu einer Fernseh-Ikone der Bundesrepublik.

Die meisten Kritiker sind sich einig: Alle Bemühungen um einen architektonisch würdigen und repräsentativen Auftritt der Bundesregierung in Bonn sind bis Ende der achtziger Jahre – bis auf wenige Ausnahmen – weitgehend fehlgeschlagen. Treffend formulierte der damalige Bundespräsident Walter Scheel bei einem Essen für das Kabinett im Jahre 1977 seine Kritik am Bild der Bundeshauptstadt Bonn: *»Der Reisende, der hier ankommt, findet Bonn; er findet auch, weit verstreut, ein paar Bürohäuser – nicht gerade Meisterwerke der Architektur – an deren Eingang er, wenn er genau hinschaut, einen Bundesadler erkennen kann. Und wenn er noch näher herantritt, kann er auch lesen, daß es sich bei diesem Gebäude um dieses oder jenes Bundesministerium handelt. Eine Hauptstadt findet er jedoch nicht.«*[203]

Erst in der Endphase der Bonner Republik betreute die Bundesbaudirektion schließlich einige auch baukulturell bedeutende politische Bauten wie Günter Behnischs neuen Plenarsaal und Jochim Schürmanns Erweiterungsbauten für den Deutschen Bundestag, auf die noch einzugehen ist. Neben diesen politischen, hatte die Bundesbaudirektion auch aufsehenerregende kulturelle Bauten zu betreuen. Der Ausbau der

Bonner Kulturmeile mit der »Kunst- und Ausstellungshalle« und dem »Haus der Geschichte« markiert den Höhepunkt dieser Bautätigkeit, der ein gewandeltes kulturelles Staatsverständnis und auch ein neues Selbstverständnis der Bundesrepublik zugrunde lag. Ohne die Kulturhoheit der Länder zu berühren, initiierte Bundeskanzler Helmut Kohl, der 1982 Helmut Schmidt abgelöst hatte, Projekte von nationalem Rang, durchaus vergleichbar mit den »grands projets« der Ära Mitterand in Frankreich. Große nationale Museen in Bonn und Berlin sollten die deutsche Geschichte dokumentieren. Während in Bonn die Zeitgeschichte vom Ende des Zweiten Weltkriegs bis in die Gegenwart präsentiert werden sollte, wollte der Historiker Kohl in Berlin ein Nationalmuseum der gesamten deutschen Geschichte errichten.

Eines der meistbesuchten Museen Deutschlands: Das Haus der Geschichte in Bonn, links die Außenansicht, rechts ein Blick ins Foyer.

Die Gründungsurkunde für dieses »Deutsche Historische Museum« konnte am 28. Oktober 1987 anläßlich der 750-Jahr-Feier der Stadt Berlin von Bundeskanzler Helmut Kohl und dem Regierenden Bürgermeister der Stadt Berlin, Eberhard Diepgen, im Gebäude des Reichstags unterzeichnet werden. In seinem Programm verpflichtete sich das Deutsche Historische Museum der »Aufklärung und Verständigung über die gemeinsame Geschichte von Deutschen und Europäern«. Standort des neuen Museums sollte der Spreebogen in der Nähe des Reichstages sein. Den hierfür von der Bundesbaudirektion ausgeschriebenen Wettbewerb gewann 1988 der italienische Architekt Aldo Rossi, den Grundstein legte Helmut Kohl bereits kurz darauf. Der Fall der Mauer aber veränderte alle Pläne. Am vorgesehenen Standort des Museums steht heute das Bundeskanzleramt. So wurde das bisher von der DDR als Geschichtsmuseum genutzte Zeughaus von 1695, das älteste Gebäude Unter den Linden, nun Sitz des Deutschen Historischen Museums. Dort wird seit Eröffnung des Museums im Juni 2006 auch der Grundstein für den von Aldo Rossi geplanten Neubau als Exponat der jüngsten deutschen Geschichte ausgestellt.

In Bonn dagegen konnte die Bundesbaudirektion das »Haus der Geschichte« wie vorgesehen errichten. Aus dem Wettbewerb waren 1985 die Braunschweiger Architekten Ingeborg und Hartmut Rüdiger als Sieger hervorgegangen. Das Preisgericht urteilte:

»Das Erscheinungsbild des Gebäudes entspricht der Aufgabe, die Geschichte unseres Landes darzustellen. Trotz der Eigenständigkeit des Gebäudes wird die Nachbarbebauung respektiert, der Kontrast der eigenständigen Architektur zur Umgebung wird positiv gesehen. Das Angebot der Ausstellungsräume ist großzügig, vielfältig, räumlich interessant und gut gegliedert.«[204]

Durch die offene Innenraumgestaltung werden Ausblicke, Rückblicke und Überblicke möglich. Für die Dauerausstellung stehen 4.000 qm in fünf Hallen auf vier Ebenen zur Verfügung. Sie sind durch Rampen miteinander verbunden. Zentrum des Hauses, Ausgangspunkt und Endpunkt des Rundganges ist das großzügige Foyer, von dem aus sich die verschiedenen Museumsbereiche leicht erschließen: Ausstellungen, Multivision, Konferenzräume, Info-Zentrum, Café und Shop. Der Museumsbau hat einschließlich der Verwaltung eine Gesamtnutzfläche von rund 22.000 qm. Die 1988 genehmigten Baukosten von 116 Millionen DM konnten eingehalten werden. Heute gehört das Haus der Geschichte zu einem der beliebtesten und meistbesuchten Museen der Republik.

Das zweite Großprojekt der Bundesbaudirektion an der Bonner Kulturmeile war die »Kunst- und Ausstellungshalle« von Gustav Peichl, die nach zweieinhalb Jahren Bauzeit 1992 eingeweiht werden konnte. Drei markante Lichttürme, eine schnurgerade Treppenrampe und ein portalähnlicher Haupteingang verleihen dem kubischen Baukörper ein fast morgenländisches Erscheinungsbild. 16 imposante Stahlsäulen – symbolisch für die deutschen Bundesländer – prägen den Vorplatz. Hinter den jeweils knapp 100 Meter langen Steinfassaden befinden sich Werkstätten, Versammlungsräume, die Servicezone mit Büros, eine Bibliothek, drei Ausstellungsgalerien und ein Café. Das innere Quadrat teilt sich in Foyer, Große Halle, Atrium und Forum. Der gesamte Ausstellungsbereich innerhalb der Kunsthalle beträgt 5.600 qm. Über die schwindelerregende »Götterstiege« vom Vorplatz gelangt man zu den drei Lichttürmen und zum bepflanzten Dachgarten, der »fünften Fassade« des Hauses. Dieser öffentliche Raum wird für Skulpturenausstellungen genutzt und erweitert die Ausstellungsmöglichkeiten um 8.000 qm. Die drei teilverglasten Lichtkegel sind mit einem türkis-blauen Mosaik ummantelt, setzen sich im Inneren des Bauwerkes in Säulen fort und sorgen für ideale Belichtungsverhältnisse. Diese weithin sichtbaren Wahrzeichen signalisieren den Dreiklang der bildenden Künste: Architektur, Malerei und Skulptur.

Die Kunst- und Ausstellungshalle der Stadt Bonn wurde nach Plänen von Gustav Peichl erbaut und 1992 eingeweiht.

Mit diesen beiden nationalen Kulturtempeln, die heute beide Besuchermagneten ersten Ranges sind, und zwei vielbeachteten politischen Bauten – dem Neubau des Plenarsaals von Günter Behnisch und den Erweiterungsbauten des Deutschen Bundestages von Joachim Schürmann – setzte Helmut Kohl noch vor der Wiedervereinigung einen baukulturellen Abschluß im Ausbau der Stadt Bonn, die in der Ära Brandt mit dem Abschied vom »Provisorium« begonnen hatte. Daß diese Bauten just zu einem Zeitpunkt fertiggestellt oder kurz vor der Vollendung waren, als die Hauptstadt nach Berlin verlegt wurde, bezeichnet Ingeborg Flagge zurecht als »Ironie der Geschichte«[205] und zieht eine ernüchternde Bilanz über die in Bonn entstandenen staatlichen Repräsentationsbauten:

»Bonn hat seine Aufgabe vierzig Jahre lang ordentlich wahrgenommen: gewissenhaft, sorgfältig, pflichtbewußt wie ein Beamter. So wie dieser selten Phantasie und unkonventionellen Mut zeigt oder großartige Ideen gebiert, so ist auch in Sachen Architektur in Bonn in vier Jahrzehnten nichts Aufregendes und Einmaliges entstanden. Daß die Bonner Staatsbauten die Bezeichnung Architektur nicht verdienen, weil alle – auch die, in denen die Regierung sitzt – nichts als bürokratische Manifestationen sind, hängt mit dem Bauherrn Bund zusammen, der in vierzig Jahren kein Konzept entwickelt hat und sich zu keinem integrierten Ausbau bereitfinden konnte.«[206]

Links: Auf dem begrünten Dachgarten befindet sich eine Ausstellungsfläche für Großskulpturen.

Rechts: Architektur, Malerei und Skulptur: Die drei markanten Lichtkegel symbolisieren den Dreiklang der bildenden Künste.

Kanzlei und Residenz der Deutschen Botschaft in Wien, 1962 bis 1965 nach Plänen von Rolf Gutbrod erbaut. Sichtbeton und Schnörkellosigkeit inmitten des alten kaiserzeitlichen Botschafterviertels boten Anlaß zu heftiger Kritik.

Paradigmenwechsel in der Architektur – Kritik an den Leistungen der Bundesbaudirektion

Trotz der in der Spätphase der Bonner Republik erfolgreich ausgeführten, baukulturell beachtenswerten kulturellen und politischen Repräsentationsbauten und weiterer gelungener und allseits respektierter Bauleistungen gab es für die Bundesbaudirektion bereits seit den siebziger Jahren immer seltener Anerkennung ihrer Verdienste, sei es vom Nutzer oder der Öffentlichkeit, vom staatlichen Geldgeber oder von externen Architekten, von Bauunternehmen oder auch vom eigenen übergeordneten Bundesministerium. Das lag nicht daran, daß die Fachleute der Bundesbaudirektion mit einem Schlag ihre Planungs- und Baukompetenz verloren hätten, sondern an einem gesellschaftlichen Paradigmenwechsel, der bereits mit dem Ende der Wirtschaftswunderzeit eingeläutet wurde und in der 68er-Bewegung ihre sichtbarste Ausdrucksform fand. Die Abrechnung mit der Elterngeneration führte zu einer weitgehenden Ablehnung jeglicher Autorität. Selbst bis dahin anerkanntes Fachwissen und Kompetenz wurde auf den Prüfstand gestellt und skeptisch bewertet. Die Ordnungsprinzipien, mit denen das Wirtschaftswunderland weltweit geachtete Qualitätsmaßstäbe »Made in West-Germany« gesetzt hatte, wurden fortan mit dem Schimpfwort »preußisch« diffamiert und als »Sekundärtugenden« verfemt.

Die Folgen des Paradigmenwechsels wirkten sich über eine allgemeine gesellschaftliche Kritik an den Aufbauleistungen der Bundesrepublik auch auf die Architektur und Baukultur aus. Die Kritiker beklagten, daß – bei aller positiver Aufbauleistung – der Wiederaufbau und die Stadtsanierungen der fünfziger und sechziger Jahre wenig Rücksicht auf historische Stadtstrukturen und denkmalwerte Gebäude genommen hatten. Als falsch verstandene Vergangenheitsbewältigung wollten viele die gesamte Geschichte vor 1945 »entsorgen«. Selbst intakte Wohnviertel des 19. Jahrhunderts fielen der Abrißpolitik zum Opfer. Aus Plätzen wurden Verkehrsknoten, die kleinteilige Bebauung in Innenstädten wich Großbauten und Kaufhäusern. In Berlin richtete der Bausenator einen speziellen »Entstuckisierungs-Fonds« ein, um die Gründerzeit- und Jugendstil-Ornamentik aus dem Stadtbild zu eliminieren.

Die zunächst intellektuell ausgetragene Auseinandersetzung mit diesem, das Antlitz der Städte radikal verändernden Städtebau der Nachkriegszeit setzte Mitte der sechziger Jahre mit dem Aufschrei »Die gemordete Stadt«[207] ein. Die Publikation von Wolf Jobst Siedler und Elisabeth Niggemeyer – mit dem Untertitel »Abgesang auf Putte und Straße, Platz und Baum« – erzeugte erstmals eine Sensibilität für die destruktiven Auswirkungen der Baupolitik der Nachkriegszeit. Ein Jahr später, 1965, kritisierte der Psychoanalytiker Alexander Mitscherlich in seinem vielbeachteten Buch »Die Unwirtlichkeit unserer Städte – Anstiftung zum Unfrieden«[208] die Zerstörung gewachsener Strukturen in der Stadtentwicklung.

Links: Innenhof der Deutschen Botschaft in Wien.

Rechts: Kleines Foyer in der Wiener Botschaftsresidenz.

Die Fachdebatte der folgenden Jahre erreichte auch die Politik, mündete 1971 auf dem Städtetag in das Motto »Rettet unsere Städte jetzt!« und läutete das Denkmalschutzjahr 1975 ein, das einen nachhaltigen Bewußtseinswandel auslöste. In Folge wurden nicht nur Altbauten und historische Stadtkerne saniert – in Berlin gab es vom Bausenator jetzt Geld aus einem »Stuckisierungsfonds« –, sondern auch verloren gegangene, identitätsstiftende Kulturbauten in ganz Deutschland wieder rekonstruiert. Diese langfristige Auswirkung des Paradigmenwechsels auf die Baukultur und die mit verhärteten Fronten weitergeführte Debatte beschreibt Paulgerd Jesberg in seinem Beitrag »Ein Stück Lebensvielfalt – Bauen am Platz« und führt aus: *»Robert Venturi brach mit seinem Buch ›Komplexität und Widerspruch in der Architektur‹ 1972 (deutsch 1979) in die Postmoderne auf, die sich spielerisch des historisch stilistischen Repertoires bediente. Plätze suchten erneut nach historischen Fassungen. So erhielt der Platz vor dem Römer in Frankfurt/Main 1980 Neubauten mit historischen Fassaden, die nie dort standen und Wellen der Empörung auslösten, die an den Aufstand der Modernisten gegen den Wiederaufbau von Münster und Freudenstadt 1950 erinnerten, die ihre historischen Straßen und Plätze wieder herstellten.«*[209]

Der Bundesbaudirektion wurde wegen der von ihr verantworteten repräsentativen Staatsarchitektur im In- und Ausland eine Vorbildfunktion zugeschrieben. Deshalb geriet sie nun ins Kreuzfeuer der Kritik. Ihre Entwurfsplaner und Architekten hatten in den fünfziger und sechziger Jahren ebenfalls den Bruch mit der Geschichte vor 1945 vollzogen und sich der modernen Architektur verschrieben. Die von ihr errichteten Bauten, beispielsweise in London, New Delhi, Tokio und Brüssel, die weiter oben bereits vorgestellt wurden, sowie zahlreiche Neubauten nach Plänen der Bundesbaudirektion in Bonn wie das Auswärtige Amt, das Finanzministerium, das Presse- und Informationsamt und das Postministerium zeugen von dieser, hauptsächlich in Beton gegossenen modernen Architektursprache. Sie hatten Qualität, besaßen Klarheit und Sachlichkeit in Form und Ausdruck, waren meist schlicht, zweckmäßig und entsprachen dem modernen Zeitgeschmack. Von Zeitgenossen war dieser Bruch mit der Vergangenheit und die Hinwendung zur Moderne begrüßt und die Bauten der Bundesbaudirektion zumeist lobend gewürdigt worden.

Mit dem Paradigmenwechsel wurden nun auch diese Gebäude in einem sehr kritischen Licht betrachtet und die Bundesbaudirektion für ihre »Stilbereinigung« beim Reichstagsaufbau in den sechziger Jahren und bei den Kanzleineubauten in Wien und Paris heftig angegriffen, weil hierfür historische Bauten der Abrißbirne zum Opfer gefallen und an ihre Stelle »uncharmante, moderne Betonkästen« getreten waren. Besonders bei den Botschaftsbauten prallten extrem unterschiedliche ästhetische Ansprüche von Architekten und Nutzern aufeinander. Während die Planer der Bundesbaudirektion sich als Vorkämpfer moderner Architektur betrachteten, blieb das diplomatische Korps eher traditionellen Stilvorstellungen verpflichtet; zugespitzt: »Beton contra Chippendale«.

In den siebziger und achtziger Jahren kollidierte zudem vielerorts die wachsende Anspruchshaltung der Nutzer eines Bauvorhabens – vom Bundesministerium bis zur Botschaftergattin – mit den schweren Wirtschaftskrisen der bis dahin verwöhnten Republik. Ölkrise, Arbeitslosigkeit, Steuererhöhungen und exorbitant steigende Staatsverschuldung brachten auch die Bundesbauverwaltung in Erklärungsnot: Einerseits wurden nun die meist nur noch als »mittelmäßig« bezeichneten, zuvor wegen ihrer Bescheidenheit gerühmten Verwaltungsbauten für den Bund im In- und Ausland von Berufenen wie Unberufenen heftig kritisiert und eine neue Qualität angemahnt, andererseits waren »goldene Wasserhähne« auf Staatskosten angesichts der wirtschaftlichen Entwicklung immer schwerer zu vertreten. Jan Thorn-Prikker urteilt vernichtend über die Leistungen der »staatlichen Baubeamtenschaft« in Bonn: »Keine eigene Handschrift, nichts Herausragendes oder Vorbildliches, kaum zeitgemäße moderne Architektur, sondern bauliches Mittelmaß und erzwungene Kompromisse.«[210]

Als nachgeordnete Behörde hatte die Bundesbaudirektion einen schweren Stand. Die Nutzeranforderungen der weisungsbefugten Ministerien stiegen, das Finanzministerium setzte immer engere Kostenrahmen, und gleichzeitig verriss die Öffentlichkeit regelmäßig die von der Bundesbaudirektion verantworteten Bauten: Entweder seien typische, dem »Kleingeist der BBD-Beamten« entsprungene »Behörden-

Postmoderndes Manifest: Botschaftsresidenz in Rom nach Plänen Alexander Freiherr von Brancas von 1980 bis 1984 erbaut.

kisten« und »Behälter- und Kartonagenarchitektur«[211] entstanden oder aber die Zeit- und Kostenrahmen bei übertriebenen Prunkbauten waren explodiert. Oder beides zusammen. Eine typische und daher hier beispielhaft genannte Kritik nimmt sich in der Süddeutschen Zeitung den Botschafts-Neubau am Heiligen Stuhl in Rom nach Plänen von Alexander Freiherr von Branca vor, der mal als »ungute Mischung aus Hohenschwangau und Disneyland«, mal als »architektonische Faust aufs Auge« bezeichnet wird. Der Artikel beginnt mit den niederschmetternden Worten:

»Erste Reaktion des Laien, der in der Via dei Tre Orologi, auf alles gefaßt, um die Biegung schlendert: ›Oh Gott, oh Gott! Igitt, Igitt! Laßt Efeu wachsen und wilden Wein, laßt Moos und hundert Rankenwerke sprießen, laßt sie das Ungetüm überwuchern und spart an Kunstdünger nicht! Die Bundesbaudirektion hat wieder zugeschlagen, diesmal in Rom!‹«[212]

Natürlich fehlt in dem Schmähartikel auch der Seitenhieb auf die hohen Kosten für übertriebenen Prunk und die allgemeine Häßlichkeit von deutschen Botschaften nicht:
»Wenn die Empfangsräume nicht gerade voll mit Menschen sind, wirken die Botschaften meist wie teure, ausgestorbene Bahnhofswartesäle, und die Bewohner geben nach dem vierten Whisky gerne zu, daß sie sich nach ihrem trauten Heim in Pütz oder Hangelar zurücksehnen. Verglichen mit den Innenräumen, die Alexander von Branca hier geschaffen hat, sei ihre Residenz ›ein richtiger Dreck‹, bekennt eine anwesende Botschaftergattin. Solches Lob muß schon zur Beruhigung des Steuerzahlers zitiert werden, denn der Sitz der deutschen Vatikanbotschaft hat immerhin 18 Millionen Mark gekostet.«[213]

Herrenzimmer in der römischen Residenz mit Deckenmalereien von Peter Schubert.

Die Kritik von Carlos Widmann war ungerechtfertigt. Mit dem Neubau von Freiherr von Branca war eine Botschaft entstanden, die – anders als die bisher von der Bundesbaudirektion verantworteten modernen Architekturen – einen postmodernen Bautypus repräsentierte und damit ein Beispiel für einen neuen geschichtsbewußteren Umgang mit Architektur darstellte. In dem Pamphlet von Widmann zeigt sich, daß sich die Vorurteile gegen die Bundesbaudirektion verselbständigt hatten und sogar die Leistungen eines von Branca zurücktraten hinter die grundsätzliche Kritik an der Bundesbauverwaltung.

Letztlich wurde die Bundesbaudirektion zum für alle Beteiligten bequemen »Prügelknaben«. Fachverbände, Architekturkritiker, Nutzer, Medien und eine immer größer werdende interessierte Öffentlichkeit verunglimpften die unter schwierigsten Umständen und langwierigen Abstimmungsprozessen entstandenen Leistungen. Auch die obersten Bundesbehörden und Verfassungsorgane, Bundestagsabgeordnete und Politiker aller Couleur nutzten die nachgeordnete Baubehörde gerne als Blitzableiter, statt sich in der Verantwortung als Bauherr zu sehen und diese Rolle aktiv zu gestalten. Oft fehlte bei den maßgeblichen Politikern auch die Baukompetenz, was keine Kritik bedeuten soll und durchaus wertfrei gemeint ist. Im privaten wie im öffentlichen Bauen bevorzugten sie eher das »Gemütliche«, »Rustikale« und »Verschnörkelte«. Die Moderne erschien ihnen suspekt.

Werner Durth kritisiert pointiert die Romantisierung denkmalgeschützter Bauten bei gleichzeitiger Abwertung der Nachkriegsmoderne:
»Im weiten Rückblick auf die herrschaftliche Baukultur vergangener Epochen wird die Sicht auf die letzten Jahrzehnte unscharf. Die Jahre vor der Proklamation der neuen Geschichtsträchtigkeit, die seit dem Denkmalschutzjahr 1975 ständig neue Ergebnisse zeitigt, versinken im Nebel schneller Verallgemeinerung. Konturen werden verwischt, die Bauten der Nachkriegszeit erscheinen als graue Sammlung von Kisten und Containern, als Sperrmüll der Moderne: trivialer Funktionalismus als mißratenes Erbe der zwanziger Jahre.«[214]

So erntete beispielsweise der von Architekturkritikern hoch geschätzte und von Mies van der Rohe als »elegantes Bauwerk der Moderne«[215] gelobte Kanzlerbungalow von Sep Ruf, 1963/64 für Ludwig Erhard erbaut, Hohn und Mißachtung auch von denen, die ihn nutzen sollten: So verglich Kurt Georg Kiesinger den Bungalow völlig unpassend mit einem Eisenbahnwaggon. Sein Nachfolger Willy Brandt urteilte den Bau ebenfalls negativ ab und bezog konsequenterweise den Kanzlerbungalow gar nicht erst. Auch Alt-Bundeskanzler Konrad Adenauer meldete sich wieder zu Wort und wählte in seiner ihm eigenen Art nur eine knappe, abschätzige Bemerkung über Sep Rufs Bauwerk: »Dat Ding brennt nich mal.«[216] Thorn-Prikker faßt pointiert zusammen: »Modernes Bauen war nur Anlaß für Polemik und Spott der Politiker.«[217] Als »Bauherren der Demokratie« taugten sie nur eingeschränkt.

Die Bundesbaudirektion aber mußte als alleinig verantwortlich gemachter Vertreter der »Demokratie als Bauherr« scheitern, sie war nie für diese Rolle vorgesehen und nie mit einer entsprechend notwendigen Richtlinienkompetenz und Entscheidungsbefugnis im politischen Machtbereich ausgestattet worden, deshalb konnte und durfte sie diese Rolle auch nicht ausfüllen. Völlig zutreffend kommentiert Ingeborg Flagge:

»Der öffentliche Bauherr in der Demokratie ist ein weitgehend unbekanntes Wesen. [...] Auf Bundesebene fühlten sich alle – Bundespräsidenten, Bundeskanzler, Minister und Abgeordnete – davon überfordert, eine eindeutige Bauherrenrolle zu übernehmen. Im System der Demokratie, die von Beteiligung lebt, [...] fand sich kein Politiker bereit, bauliche Phantasie zu entwickeln, den Mut, sie gegenüber Pfennigfuchserei und formaler Abstinenz durchzusetzen und dies alles über Wahlzeiten hinaus zu seinem Ein und Alles zu machen. Da kein Politiker diese Rolle wahrnahm, füllten Baubeamte das Vakuum. ›Dieser Bauherr Bonn ist keinem Architekten zu gönnen‹, schloß daraus Wolfgang Pehnt.«[218]

Sep Ruf erbaute 1963 den oft gepriesenen und viel geschmähten Kanzlerbungalow in Bonn. Die Kunst am Bau war integrativer Bestandteil des architektonischen Konzepts. Drei Großskulpturen von Bernhard Heiliger, Paul Dierkes und Fritz Koenig im umgebenden Park stehen im Dialog mit den Bewohnern und Gästen des Bungalows, dessen Grenze zwischen Innen und Außen durch raumhohe Glasfenster und -türen aufgehoben erscheint.

Links der Kanzlerbungalow mit der Plastik »Maternitas« von Fritz Koenig.

Die rechte Ansicht zeigt die offene Wohnstruktur der ineinanderfließenden Räume, die durch versenkbare Wände vergrößert oder verkleinert werden können.

Hotel Petersberg in Königswinter, das Gästehaus der Bundesrepublik, war Schauplatz aller Staatsempfänge der Bonner Republik. Am 18. Mai 1973 empfing hier Bundeskanzler Willy Brandt den sowjetischen Staatschef Leonid Breschnew.

An zwei Prestigebauten in Bonn entzündete sich schließlich ein Streit, der für die weitere Existenz der Bundesbaudirektion bedrohlich wurde und dessen Auswirkungen bis heute in Form von Fusionen, Organisationsuntersuchungen und Vorschlägen zur Privatisierung der Bundesbauverwaltung spürbar sind: Der Streit um die Kostenexplosion und die Bauzeitverlängerungen sowohl beim neuen Bonner Plenarsaal als auch beim Bundesgästehaus auf dem Petersberg eskalierten und führten 1989 sogar zur Demission von Fritz Moritz Sitte als Präsident der Bundesbaudirektion. Dabei waren es gerade die Profis der Bundesbaudirektion gewesen, die die übergeordneten Behörden – Bundesbau- und Bundesfinanzministerium und als Nutzer Bundestag und Auswärtiges Amt – mehrfach vor Kostensteigerungen gewarnt hatten. Das vorgesehene Raumprogramm für den Petersberg hatte die Bundesbaudirektion mit Kosten in Höhe von rund 130 Millionen DM beziffert. Dennoch setzte die Bundesregierung bei knapp 90 Millionen DM einen Kostendeckel – ohne das Raumprogramm zu ändern. Zudem führten während der Baudurchführung immer neue Begehrlichkeiten der Nutzer bei Technik, Ausstattung und Raumprogramm zu einem planerischen Chaos, das alle vorgegebenen Zeit- und Kostenrahmen sprengte.

Nach zehnjähriger Planungs- und Umbauzeit wurde das Gästehaus auf dem Petersberg fertiggestellt. In der offiziellen Hochglanz-Berichterstattung werden die dramatischen Streitigkeiten zwischen allen Beteiligten verharmlost:

»Die Erarbeitung der funktionalen Zusammenhänge und Verflechtungen im einzelnen mit ihrer baulichen Ausbildung und Gestaltung sowie einer angemessenen Möblierung erfolgte in einem langen Planungsprozeß zwischen Auswärtigem Amt, Architekten und Bauverwaltung […].«[219]

Umbau und Generalsanierung des Gästehauses auf dem Petersberg entwickelte sich in den achtziger Jahren zum Alptraum der Bundesbaudirektion.

Die Zahlen sprechen eine andere, deutlichere Sprache: Beim Petersberg waren die Kosten um weit über 50 Prozent gestiegen, von 87,6 auf 137 Millionen DM. Damit erreichten sie letztlich doch wieder in etwa die Höhe, die bereits vor Baubeginn von der Bundesbaudirektion errechnet worden war.

Noch verheerender wirkten sich Planungsschwierigkeiten, Kompetenzwirrwarr und Begehrlichkeiten Einzelner bei Günter Behnischs Neubau des Plenarsaals aus, dessen Realisierung vom Wettbewerb bis zur Fertigstellung über 20 Jahre dauerte und dessen Kosten in mehreren Zig-Millionen Schritten bis auf eine Viertelmilliarde DM anstiegen: 1985 waren zunächst 87,6 Millionen DM für den Plenarsaal und das Eingangsgebäude bewilligt worden. Bereits ein Jahr später wurden in einem ersten und zweiten Nachtrag Neubauten für ein Präsidialgebäude und ein Restaurant mit Küche für 53,7 Millionen DM beschlossen. Als 1987 das Bundestagspräsidium neu besetzt wurde, entflammte die Diskussion über den Erhalt des alten Plenarsaals in der Pädagogischen Hochschule erneut, und sämtliche planerischen Untersuchungen wurden wieder aufgerollt. Letztendlich blieb aber die Entscheidung für den Abriß des alten Bundestages bestehen. 1988 wurde dann in einem dritten und vierten Nachtrag die Tieferlegung des Plenarsaales mit einer abgesenkten Sitzordnung der Parlamentarier in die Planung aufgenommen. Zusätzliche Kosten: 11,8 Millionen DM. Gleichzeitig mußte die Stabilisierung der erhaltenswerten Altbauteile der ehemaligen Pädagogischen Hochschule in Höhe von 7,6 Millionen DM zusätzlich beschlossen werden. Im selben Jahr wurde bereits der fünfte Nachtragshaushalt bewilligt: Die Änderungen und Ergänzungen im Restaurant, im Präsidial- und Plenarbereich kosteten nochmals 41,5 Millionen DM. Ein Jahr darauf wurden im sechsten

Nachtrag in Höhe von 53,8 Millionen DM die Wandelhallen ausgedehnt und das Sicherheitskonzept erweitert. Ein siebter Nachtrag im Jahre 1990 für behindertengerechte Einbauten blieb immerhin kostenneutral. Insgesamt hatten die Nachträge, die zum Teil der Kreativität und dem Qualitätsanspruch des Architekten geschuldet sind, zumeist aber den stetig gestiegenen Bedürfnissen und Forderungen der einzelnen Bundestagsabgeordneten anzulasten sind – »den 662 Bauherren«, wie die Bauleitung der Bundesbaudirektion lakonisch anmerkte –, zu einer Kostensteigerung von 80 % geführt. Der Neubau des Plenarsaales sollte der herausragendste Prestigebau der Bonner Republik werden. Es wurde zwar einer der architektonisch aufsehenerregendsten Staatsbauten, aber auch eines der teuersten und zähesten Bauvorhaben, die die Bundesbaudirektion je betreut hat; und es wurde ein Fiasko für alle Beteiligten, das Prozesse, Skandale und Rücktritte nach sich zog.

In die Öffentlichkeit gelangten alle Details des Skandalbaus. Auch über die sonst eher selten behandelten, lähmenden Entscheidungsprozesse zwischen den ausführenden Planern, Unternehmen, einzelnen Bundestagsabgeordneten, Baukommissionen, Bundesministerien und der Verwaltungsebene wird berichtet. Der Berliner »Tagesspiegel« kommentiert 1989 pointiert die langwierige und problembeladene Vorgeschichte:

»Lange vor seiner Fertigstellung, die nunmehr für das Jahr 1992 angestrebt wird, ist der Neubau des Bundestages zum öffentlichen Ärgernis geworden. Eine abermalige Kostenexplosion, diesmal von 202 Millionen auf 256 Millionen DM, hat auch bei den Abgeordneten zu verstörten Reaktionen geführt – und zu einer Suche nach den Schuldigen, die man allenthalben, nur nicht im eigenen Hohen Hause vermutet. Dem aus Resignation in den vorzeitigen Ruhestand tretenden Präsidenten der Bundesbaudirektion hat Bundesbauministerin Hasselfeldt jedenfalls gestern bestätigt, daß er einer ›ungerechtfertigten Kampagne‹ ausgesetzt gewesen sei. Ihr Parlamentarischer Staatssekretär Echternach, der noch vor vier Wochen öffentlich mit den alten Zahlen operiert hatte, obwohl er es besser hätte wissen müssen, wird nicht so leicht zu exkulpieren sein. Das eigentliche Thema aber ist, wie der Bundestag als Bauherr in eigener Sache mit seinen Planungen und seinen Kostenvoranschlägen umgeht.

Der architektonisch famose Plenarsaal des Deutschen Bundestages in Bonn von Günter Behnisch. In die Annalen der Bundesbaudirektion ging er als »Bauprojekt der 662 Bauherren« ein und mit 80 Prozent Kostensteigerung in über 20 Jahren Planungs- und Bauzeit als Super-Gau der Baugeschichte.

Fritz Moritz Sitte, Präsident der Bundesbaudirektion von 1975 bis 1989, trat nach zermürbender Kritik in den vorzeitigen Ruhestand.

Seit 1970 hantierte man mit verschiedenen Entwürfen, war sich aber nicht schlüssig darüber, ob der alte Plenarsaal als historische Stätte bundesdeutscher Geschichte restauriert oder abgerissen werden sollte. Und kaum stand der Saal unter Denkmalschutz, wurde 1987 sein Abriß beschlossen, wobei sich der Bundestag – formal dazu legitimiert, aber in der Sache nicht recht überzeugend – über nordrhein-westfälisches Landesrecht hinwegsetzte. Und während der Bundestag sich notgedrungen in ein nahegelegenes Wasserwerk zurückzog, ging der Streit weiter: um die Sitzordnung, die technischen Installationen und um die sogenannte Tageslichtdecke, die für die Ingenieure wie für den Geldgeber zum Abenteuer zu werden droht. Und hier dürfte der Hauptfehler liegen: Anstatt eine ausgereifte Planung zügig zu realisieren, hat man immer neue Wünsche geäußert und die Entwürfe umgestoßen – ein unüberlegtes, kostentreibendes Verfahren, egal, ob diese Änderungen im einzelnen sinnvoll sind oder nicht.

Nichts ist dagegen einzuwenden, daß das Parlament sich ordentliche Arbeitsbedingungen schafft, verbunden mit jenem republikanisch-bescheidenen Maß an Repräsentation, das ihm wegen seiner zentralen politischen Bedeutung auch in der provisorischen Bundeshauptstadt zukommen dürfte. Aber längst hat der Bundesrechnungshof auch das Parlament selbst als mitverantwortlich für die Misere bezeichnet. Was immer das neue Parlamentsgebäude an architektonischem Ausdruck und arbeitstechnischem Nutzen bringen mag – ein Monument beispielgebender Arbeit des Bundestages kann es nicht mehr sein.«[220]

Die Boulevardblätter setzten der Bundesbaudirektion und den politischen Entscheidern noch heftiger zu. Handelte es sich ja offensichtlich bei den Versäumnissen im Bundesbau nicht um einen Einzelfall, was die zeitgleichen Kostenexplosionen und Querelen beim Bonner Plenarsaal und dem Gästehaus auf dem Petersberg deutlich belegten. Präsident Fritz Moritz Sitte hielt diesem fortwährenden Beschuß von allen Seiten nicht stand und bat unter Zustimmung des Bundesbauministeriums im Oktober 1989 um die Versetzung in den vorzeitigen Ruhestand. Bereits in den Zeitungsbeiträgen über den Rückzug Sittes, die großformatig titelten – »Chef der Bundesbaudirektion tritt ab«[221] – wird die Schuldzuweisung differenzierter: »Der Präsident des Bundesrechnungshofs, Zavelberg, räumte [...] ein, daß die Kostenerhöhungen nicht nur auf Fehlplanungen, sondern auch auf zusätzliche Anforderungen des Parlaments und allgemeine Preiserhöhungen zurückzuführen seien.«[222] Auch Behnisch und Partner wurden Planungsfehler vorgeworfen, die das Architekturbüro in eigenen Pressestatements als »unzutreffende Behauptungen« zurückwies[223] und die Bauverwaltung als Hemmnis für schöpferische Leistung hinstellte, so Günter Behnisch in seinem Beitrag »Bauen für die Demokratie«:

»Unsere Werke dauern so lange, wie sie uns beschäftigen. Je länger sie dauern, um so reicher können sie werden und können sie uns machen. Was fertig ist, was niemand mehr berührt, ist am Ende. Dies ist ein Begriff von Schaffen und Werden, den eine Baubürokratie meist nicht teilt. Weswegen ängstliche Baubeamte auch selten geeignet sind, Architektur zum Entstehen zu verhelfen.«[224]

Rückblickend faßt der damalige SPD-Sprecher in der Bundestagsbaukommission, Peter Conradi, die Problematik zusammen:

»[…] doch hatte es im Verfahren der Planung und der Bauausführung in Bonn viel Ärger gegeben, nicht nur, weil das Parlament ein wankelmütiger, änderungsfreudiger Bauherr war, sondern auch weil die Bundesbauverwaltung mit ihren aufgeblähten Berichts- und Genehmigungsregelungen sich selbst lähmte und den Bauherren Bundestag nicht eben freundlich behandelte. Die Entscheidungswege von der Ortsbauverwaltung in Bonn über die Bundesbaudirektion in Berlin zum Bundesbauministerium in Bonn und zurück dauerten Wochen.«[225]

Bundesbauministerin Gerda Hasselfeldt kündigte nach dem Rückzug Sittes an, daß jetzt »alle Karten offen auf den Tisch gelegt werden« sollten. Durch ein neues Koordinierungsverfahren, mit dem auch Spannungen zwischen Baudirektion und Architekten vermieden werden sollten, sollte mehr Effizienz in die Planung kommen.[226]

Als Präsident Sitte seinen Abschied nahm, wurde in Berlin die historische Zeitenwende eingeläutet: Die Mauer fiel und mit der Wiedervereinigung erlebte die Bundesbaudirektion eine weitreichende Zäsur in ihrem Schaffen, die das Baugeschehen für die nächsten Jahrzehnte prägte. Als am 2. April 1990 Barbara Jakubeit als neue Präsidentin ihr Amt antrat, mußte sie als eine ihrer ersten Aufgaben die Integration der rund 100 neuen Mitarbeiter aus Ost-Berlin, vornehmlich auf der Museumsinsel, aber auch aus den ehemaligen Baubehörden der DDR, bewältigen. Die Zahl der Beschäftigten in der Bundesbaudirektion war damit auf 592 angestiegen.

Die Wiedervereinigung: Beginn des Wandels und neue Herausforderungen

Drei große, neue Arbeitsgebiete bestimmten fortan das Aufgabenspektrum:

- Der Umzug der Bundesregierung nach Berlin mit einem Bauvolumen von mehreren Milliarden DM für rund 227.000 qm.
- Die großen Kulturbauten Ost-Berlins, die nun zur Stiftung Preußischer Kulturbesitz kamen und im Rahmen des Organleihevertrages Baumaßnahmen der Bundesbaudirektion wurden, wie das Schloß Köpenick, die Friedrichwerdersche Kirche und die Alte Staatsbibliothek Unter den Linden. Das wertvollste und größte Bauprojekt stellte das Gebäudeensemble der Museumsinsel dar, das in einem ambitionierten Masterplan innerhalb von 20 Jahren für rund 1,5 Milliarden Euro seit 1997 saniert und weiterentwickelt wird.
- Eine weitere Herausforderung stellten die zahlreichen, nach der Wiedervereinigung Deutschlands in die Obhut der Bundesbaudirektion gelangten DDR-Liegenschaften im Ausland dar. Vor allem in den Staaten des ehemaligen Ostblocks hatte die DDR große Repräsentativbauten, beispielsweise die Botschaft in Budapest von Heinz Graffunder oder der DDR-Komplex in Moskau auf einem 2,24 ha großen Grundstück am Leninskiprospekt mit einer Grundfläche von rund 28.000 qm. Seit der Wende wird dieser vom Konsulat der Deutschen Botschaft, dem Goethe-Institut, dem Deutschen Akademischen Austauschdienst und deutschen Firmenvertretungen genutzt.

Oben: Die Restaurierung der Friedrichwerderschen Kirche von Karl Friedrich Schinkel wurde bereits in den letzten Jahren der DDR begonnen und nach der Wende von der Bundesbaudirektion abgeschlossen.

Linke Seite: Eines der schönsten Museen der Stadt Berlin: Das Schinkel-Museum in der Friedrichwerderschen Kirche.

Dieser Aufgabenzuwachs für die Bundesbaudirektion in einer Zeit, in der sie wegen der Bonner Bauprobleme heftig angegangen wurde, rief viele Kritiker auf den Plan, die eine andere Lösung forderten. Dabei hatte Fritz Moritz Sitte über die Umstände seines Rückzuges in diesem Zusammenhang später verbittert geurteilt:

»Die Ursachen dieser Probleme sind eindeutig: nicht ausreichend definierte Bauprogramme zum Planungsbeginn; Bauprogramme, die in den vorgesehenen Finanzrahmen nicht hineinpaßten; verzögerte Entscheidungen und Genehmigungen; ständige Änderungswünsche der Nutznießer, besonders des Parlamentes, aber auch der Nutzer, hier z.B. des Auswärtigen Amtes (Petersberg).

Der BMBau ist nicht in der Lage, seine eigene nachgeordnete Behörde vor diesen z.T. ungerechtfertigten Vorwürfen zu schützen. Obwohl eine Reihe von Abgeordneten, insbesondere die Mitglieder der Baukommission des Deutschen Bundestages, ihre eigene Mitverantwortung inzwischen einsehen, entwickelt der BMBau – und beschließt dann auch der Deutsche Bundestag –, daß das Ziel einer schnellen und kostensicheren Baudurchführung mit einer privatwirtschaftlichen Organisation besser zu erreichen sei.«[227]

Tatsächlich wurde dann am 10. September 1993 die privatwirtschaftlich organisierte Bundesbaugesellschaft Berlin mbH (BBB) gegründet. Politiker aller Fraktionen erhofften sich mit der Gründung dieser Gesellschaft im Vergleich zur Bundesbaudirektion höhere Kosten- und Terminsicherheit sowie eine Einhaltung von Qualitätskriterien. Doch wurde die Bundesbaugesellschaft nicht einzig als Alternative zur Bundesbaudirektion ins Leben gerufen. Das gewaltige Auftragsvolumen, das mit dem Bonn-Berlin-Umzug verbunden war, konnte mit den vorhandenen Kapazitäten der beiden Berliner Bundesbauverwaltungen – der Bundesbaudirektion und den Bundesbauämtern der Oberfinanzdirektion – nicht bewältigt werden. Allein deswegen bedurfte es einer Verstärkung. Die Bundesbaugesellschaft sollte für alle Bauten im Spreebogen – Reichstag, Bundestagsbauten und Bundeskanzleramt – verantwortlich sein. Die Bundesbaudirektion wurde außerhalb des Spreebogens mit den Baumaßnahmen für Bundestag, Bundesministerien und Verfassungsorgane im gesamten Stadtgebiet beauftragt – mit Ausnahme der Altbausanierungen für das Bundesverteidigungs- und das Bundesfinanzministerium, die von der Oberfinanzdirektion betreut wurden. Die Oberfinanzdirektion übernahm im Zuge dieses neuen Aufgabenzuschnitts auch wieder die – 1958 an die Bundesbaudirektion abgetretene – Betreuung der nachgeordneten Bundesbehörden, da die Bundesbaudirektion nun mit den Wettbewerben, Neubauten und Altbausanierungen für den Regierungsumzug voll ausgelastet war.

Eine Hinterlassenschaft der DDR im Ausland: Die Botschaft von Heinz Graffunder in Budapest. Die Außenansicht zeigt das Gebäude von Südwesten, die Innenansicht das großzügige Foyer.

Entgegen dieser vorgesehenen Aufgabenteilung jubilierte die Berliner Presse angesichts des schlechten Rufs der Bundesbaudirektion im Vorfeld der Gründung der bundeseigenen Baugesellschaft:

»Die als Bonn-lastig und obendrein schwerfällig geltende Bundesbaudirektion ist jetzt für die Planung der Bundesbauten in Berlin aus dem Rennen. Die Bundestagsfraktionen haben sich auf die Gründung einer bundeseigenen Baugesellschaft privaten Rechts geeinigt. Der Haushaltsausschuß bewilligte insgesamt 2,605 Millionen Mark für die Baumanagement Gesellschaft Spreebogen. Jetzt werde klargestellt, daß die Gesellschaft Planung und Management aller bundeseigenen Bauvorhaben im Spreebogen in die Hand nehmen könne und die Bundesbaudirektion ausgeschaltet werde.«[228]

Auch differenziertere Artikel, die die organisatorische Trennung zwischen den Spreebogen-Bauten und den übrigen Staatsbauten in Berlin kommentiert hatten, begrüßten die Gründung der Bundesbaugesellschaft.[229]

Es bestand ein parteiübergreifender Konsens, der Bundesbaudirektion eine privatrechtlich organisierte Baugesellschaft gegenüberzustellen. So begründete beispielsweise der Rechtsexperte der FDP-Bundestagsfraktion, Detlef Kleinert, in einem Schreiben an Kollegen in den anderen Fraktionen die Gründung der Bundesbaugesellschaft mit dem Kompetenzwirrwarr der bestehenden Verwaltung:

»›Die bisherige vermischte und umständliche Zuständigkeitsregelung, bei der ehrenamtliche Gremien des Bundestages mit der Verwaltung des Bundestages, diese mit dem Bundesbauministerium und dieses mit der Bundesbauverwaltung in Verbindung treten müssen, ist sowohl vom Zeitaufwand wie wegen der Verwischung der Verantwortlichkeiten unerträglich.‹ Daher müsse das Gesetz über die Bundesbauverwaltung so geändert werden, daß der Bundesbaudirektion nicht nur wie bisher die Kompetenz für die Bauten des Verteidigungsministeriums, sondern auch für die des Bundestages entzogen würden. Der Berliner CDU-Bundestagsabgeordnete Christian Neuling begrüßte den Vorschlag gegenüber der ›BZ‹. Die Bauverwaltung sei zu langsam und zu unflexibel. Private Unternehmer bauten schneller und müßten zudem bei Fehlern Schadenersatz leisten. Zustimmung zum Kleinert-Vorschlag signalisierte laut ›BZ‹ auch der Bauexperte der SPD-Fraktion, Helmut Esters.«[230]

Barbara Jakubeit leitete in einer Zeit großen Umbruchs und großer architektonischer Herausforderungen als Präsidentin die Bundesbaudirektion von 1990 bis 1994.

Wie grundlegend der Ruf der Bundesbaudirektion Anfang der neunziger Jahre im Argen lag, zeigt eine Anekdote von Dietmar Kansy aus dem Reichstagscolloquium von 1992, als sie offenbar ein beliebter »Prügelknabe« war. Es ging in der Sitzung des Colloquiums um den vielgescholtenen Reichstagsumbau Paul Baumgartens und der Bundesbaudirektion in den sechziger Jahren:

Die grüne Abgeordnete Michaele Schreyer *»nennt das Programm von Baumgarten [...] ›ein Gegenstück gegen die Düsternis‹, das nach Wilkens*[231] *Meinung aber ›Baumgarten später eigentlich nicht mehr wiedererkennen konnte‹. Und er stichelt gegen die Bundesbaudirektion: Einer der Präsidenten legte auch, ohne es zu wissen, was er sich damit antat, immer den größten Wert darauf, bei Veröffentlichungen darauf hinzuweisen: Gesamtleitung Bundesbaudirektion. Wilkens Schlussfolgerung: ›Diese Feststellung ist gar nicht nötig: Man sieht es auch so‹, führt zu großer Heiterkeit und Beifall und entspannt sichtlich die Situation.«*[232]

So wurde die Gründung der Bundesbaugesellschaft im Jahre 1993 – auch oder gerade als Gegenstück zur Bundesbaudirektion geplant – von Anfang an mit hoher Erwartung bedacht. Alleinige Gesellschafter der Bundesbaugesellschaft waren der Deutsche Bundestag und die Bundesregierung, vertreten mit Sitz und Stimme im Aufsichtsrat durch das Bundesfinanz- und das Bundesbauministerium.[233] Die Bundesbaugesellschaft erhielt den Auftrag, die Parlaments- und Regierungsbauten im Spreebogen einschließlich Reichstag und Bundeskanzleramt zu errichten. Dabei wurde sie konsequent als Bauherren-Organisation mit reiner Managementfunktion gegründet, zuständig für Projektleitung, Auftragsvergabe, Überwachung der Kosten-, Termin- und Qualitätskontrolle. Extern vergeben werden sollten dagegen Planung, Ausschreibung, Bauleitung und Projektsteuerung.

Die Einflußmöglichkeit des Bundestags als Nutzer wurde stark beschränkt, um die Fehler des Bundestagsbaus in Bonn nicht zu wiederholen. Dazu wurde die Baukommission des Ältestenrats des Deutschen Bundestags als politisches Entscheidungsgremium des Nutzers bestimmt und erhielt »lediglich« den Status eines Beirats der Gesellschaft. Kosten- und terminrelevante Änderungen am bestehenden Planungs- und Ausführungskonzept sollte ausschließlich der Aufsichtsrat beschließen können.[234] Durch die privatwirtschaftliche Rechtsform konnte die Baugesellschaft zudem unabhängiger – auch frei von den geltenden Richtlinien wie der »RBBau« – agieren, war dem Haushaltsausschuß des Deutschen Bundestages direkt Rechenschaft schuldig – anders als bei der Bundesbaudirektion, wo das übergeordnete Bundesministerium diese Rechenschaftspflicht und Verantwortung zu tragen hat – und konnte stets in direktem Kontakt mit dem jeweiligen Nutzer selbständig Entscheidungen treffen, ohne im Interessengeflecht zwischen Nutzer, Bundesfinanz- und -bauministerium gefangen zu sein.

Beides hat jedoch sein Für und Wider. Im Nachhinein stellte sich beispielsweise im direkten Vergleich der Modelle heraus, daß die Verpflichtung auf Richtlinien und Regelwerke durchaus ihr Gutes hat, geben sie doch klare Handlungsrahmen vor. Auch wenn sich die Abstimmungsprozesse für die Bundesbaudirektion dadurch zuweilen schwierig gestalteten, erwiesen sich die Richtlinien in der Regel als sinnvoll. Die Bundesbaugesellschaft, der Verfahrensvereinfachungen bei der Genehmigung von Bauunterlagen und bei der Baudurchführung zugestanden worden waren, konnte auf vergleichbare Regularien in ihrer schwierigen Situation nicht zurückgreifen: Sie hatte mit Abstand die größten und kompliziertesten Neubauten zu betreuen. Die beauftragten Star-Architekten machten der Bundesbaugesellschaft notwendige Kompromisslösungen schwer. Mit dem Bundestag hatte sie zudem einen vielköpfigen Bauherren, der mit zusätzlichen Forderungen im fortgeschrittenen Ausführungsstadium – wie der Umstellung der Zwei- auf die Drei-Raum-Struktur für die Bundestagsabgeordneten – die Arbeiten zusätzlich verzögerte. Hinzu kamen der komplizierte Baugrund im Spreebogen, einige Wassereinbrüche mit Folgeschäden für die bereits eingebaute Haustechnik und zahlreiche Schwierigkeiten mit der Qualität der Baustoffe wie beispielsweise dem Sichtbeton im Bundeskanzleramt. All dies muß berücksichtigt werden, wenn heute rückblickend über die Leistungen der Bundesbaugesellschaft gesprochen wird.

Oben: Zentrale Halle des Paul-Löbe-Hauses nach Plänen des Architekten Stephan Braunfels

Rechts oben: Im Innenhof des Jakob-Kaiser-Hauses ist der Konferenzbereich hinter einer kurvenreichen Fassade zentral eingestellt und bietet den Teilnehmern dennoch völlige Ruhe und Abgeschiedenheit

Rechts unten: Der »Spreesprung« vom Marie-Elisabeth-Lüders- zum Paul-Löbe-Haus (hinten)

Die Bundesbaugesellschaft Berlin mbH hat das Reichstagsgebäude umgebaut und das neue Kanzleramtsgebäude errichtet. Sie hat die Neubauten für den Deutschen Bundestag, das Jakob-Kaiser-, Paul-Löbe- und Marie-Elisabeth-Lüders-Haus, sowie die Bundestagskindertagesstätte und das unterirdische Erschließungssystem der Parlamentsbauten gebaut. Mit diesen spektakulären Bauten für die obersten Verfassungsorgane im neuen Parlaments- und Regierungsviertel im Spreebogen hat die Gesellschaft die bedeutendsten Bauvorhaben des Bundes für den Umzug nach Berlin verwirklicht. Diese Gebäude gehören zu den größten und hinsichtlich der architektonischen Gestaltung wie der technischen Gebäudeausrüstung zu den anspruchsvollsten Bauprojekten des Bundes in der deutschen Nachkriegsgeschichte.

Mit Gründung der Gesellschaft im Herbst 1993[235] beriefen Bundestag und Bundesregierung einen mehrheitlich mit Persönlichkeiten aus der privaten Bau-, Immobilien- und Kreditwirtschaft sowie Architekten und Wirtschaftsprüfern besetzten Aufsichtsrat ein. Unter seinem Vorsitzenden Prof. Dr. Günther Klein bestellte der Aufsichtsrat bis zur Jahresmitte 1994 Michael Kretschmer und Dr. Winfried Rütter als Geschäftsführer, beides erfahrene Manager aus der privaten Bau- und Immobilienwirtschaft, die an die Stelle der Gründungsgeschäftsführer Erhard Weiss und Dr. Hartwig Lüers aus dem Bundesbauministerium traten. Zum Jahresende 1994 war die Bundesbaugesellschaft mit ca. 50 neu eingestellten Mitarbeitern arbeitsfähig.

Beim Umbau des Reichstagsgebäudes stieg die Geschäftsführung in die bereits mit dem Architekten Sir Norman Foster laufenden Vertragsverhandlungen des Bundesbauministeriums ein. Zur Architekten-

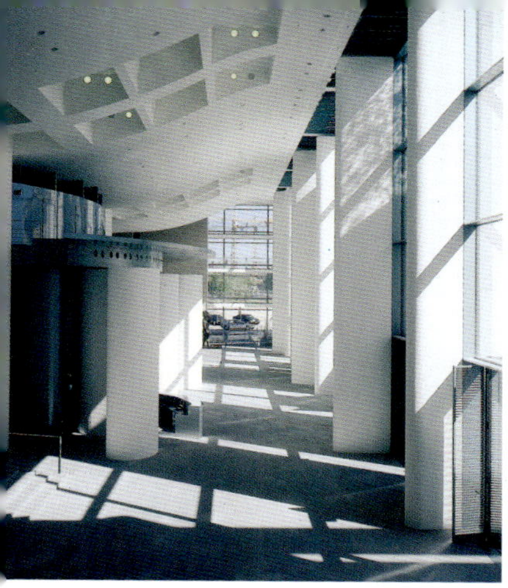

auswahl für das Jakob-Kaiser-Haus, dem Bürogebäude für rund zwei Drittel der Abgeordneten und Sitz der Bundestagsfraktionen, wurde ein Verhandlungsverfahren nach der neuen EU-Dienstleistungsrichtlinie durchgeführt. Die von den ausgewählten Büros[236] gegründete Planungsgesellschaft wurde mit den Generalplanungsleistungen beauftragt. Den Wettbewerb für das Paul-Löbe- und Marie-Elisabeth-Lüders-Haus gewann der Münchner Architekt Stephan Braunfels. Hier sollten ein weiteres Drittel der Abgeordnetenbüros, die Ausschußsitzungssäle, die Bibliothek, das Presse- und das Parlamentsarchiv sowie der Wissenschaftliche Dienst der Bundestagsverwaltung untergebracht werden. Axel Schultes und Charlotte Frank aus Berlin wurden nach einem mehrstufigen Wettbewerbsverfahren mit der Planung des neuen Bundeskanzleramtes beauftragt.[237] Den Planungsauftrag für die Kindertagesstätte schließlich erhielt Prof. Gustav Peichl aus Wien als Sieger eines beschränkten Wettbewerbes.

Das umgebaute Reichstagsgebäude wurde termingerecht am 19. April 1999 dem Bundestag übergeben. Kanzleramt und Bundestagsneubauten wurden von Mitte 2001 bis Anfang 2002 bezogen. Manfred Rettig trat in diesem Jahr die Nachfolge des technischen Geschäftsführers an, Karl-Heinz Volke hatte zu Jahresbeginn die kaufmännische Geschäftsführung übernommen. Die Fertigstellung des Marie-Elisabeth-Lüders-Hauses folgte wie vorgesehen zwei Jahre später. Die Bundesbaugesellschaft Berlin mbH hat damit in nur sieben bzw. neun Jahren Planungs- und Bauzeit ein Bauvolumen von rund 1,8 Milliarden Euro erfolgreich umgesetzt.[238]

Links oben: Elegant geschwungener Eingangsbereich im Bundeskanzleramt nach Plänen von Axel Schultes und Charlotte Frank

Rechts oben: Modell des Jakob-Kaiser-Hauses, heute Sitz der Bundestagsfraktionen und der Mehrheit aller Bundestagsabgeordneten. Das Jakob-Kaiser-Haus entstand nach Entwürfen namhafter Architekten, die sich in einer Planungsgesellschaft zusammengeschlossen hatten: Gerkan, Marg und Partner; Schweger und Partner; de Architecten Cie (Piet de Bruijn); Busmann und Haberer; van den Valentyn.

Links unten: Die Bibliothek des Deutschen Bundestages im Marie-Elisabeth-Lüders-Haus

Rechts unten: Reichstag Berlin – Sitz des Deutschen Bundestages

Organisationsuntersuchung und Auflösung der Mittelinstanz: Der erste Schritt zur Bauherrenverwaltung

Bundesbauministerin Irmgard Adam-Schwaetzer.

Die Gründung der Bundesbaugesellschaft 1993 war nicht die einzige Reaktion auf die Kritik an der klassischen Bauverwaltung: Der Ankündigung von Bundesbauministerin Gerda Hasselfeldt, nach dem Rücktritt von Präsident Sitte Ende 1989 eine Organisationsuntersuchung zur Steigerung der Effizienz durchzuführen, folgten rasch Taten. Irmgard Adam-Schwaetzer, die sie von 1991 bis 1994 als Bundesbauministerin ablöste, trieb die Reform ihrer nachgeordneten Behörde nochmals voran.

Ihre Politik zielte darauf, kleinere und mittlere Architektur- und Planungsbüros zu fördern. Ihr Motto war: So wenig Staat wie nötig, so viel externe Vergabe an Private wie möglich. Mit der Untersuchung der Bundesbaudirektion wurde die Wirtschaftsberatungs AG »WIBERA« Ende 1991 beauftragt. Im Mai 1994 legte sie den Abschlußbericht vor. Darin wurden neben allgemeinen Empfehlungen zur Einführung eines Controllingsystems, zur Personalreduzierung und zur Verkürzung der Verfahrensabläufe und Entscheidungswege Vorschläge entwickelt, der Ortsinstanz mehr Handlungsspielräume zu geben und alle Möglichkeiten zur Aufgabenprivatisierung konsequent zu nutzen. Die Bundesbaudirektion sollte sich zukünftig auf die Projektsteuerung beschränken und nur noch die nicht delegierbaren Bauherrenfunktionen wahrnehmen.[239]

Bauherrenfunktion – Stärkung der Ortsinstanz – Controlling – Effizienz: Dies waren die vier Hauptziele des WIBERA-Gutachtens. Ein erster Schritt in diese Richtung sollte durch die Abschaffung der Mittelinstanz erreicht werden. Das Personal und weitestgehend auch die Prüfaufgaben der rund 50-köpfigen Technischen Aufsicht sollte zur Stärkung der Ortsinstanz auf die Bauabteilungen und deren Bauleitungen übergehen bzw. als kleine »Koordinierungsstelle« beim Präsidenten ein modernes Betriebs-Controlling aufbauen. In der Begründung der WIBERA heißt es dazu:

»Angesichts der annähernd 100%igen Vergabe von Planungs- und Baudurchführungsleistungen auf der Ortsebene hat deren Prüfung dort bei Annahme der Leistungen zu erfolgen. In der Technischen Mittelinstanz finden aus diesem Grunde Wiederholungsprüfungen statt, in welche keine erweiterten Prüfungsinformationen einbezogen werden können. Die Auflösung der Technischen Aufsichtsinstanz führt zu einer Stärkung der Verantwortlichkeit der Ortsebene und zu einer Beschleunigung der Transformationsprozesse.«[240]

Bislang waren die staatlichen Baumaßnahmen – auch bei den Vorgängerinstitutionen der Bundesbaudirektion – stets in einem dreistufigen Verfahren abgewickelt worden. Dieser, über Jahrzehnte praktizierte Drei-Instanzen-Weg, der im Folgenden vorgestellt wird, zeigt deutlich, welch hohe Hürden und Kontrollen bei der Durchführung staatlicher Hochbaumaßnahmen erforderlich waren – und teilweise bis heute sind –, um ein transparentes und ordnungsgemäßes Verfahren zu gewährleisten.

Unterste Stufe war die Ortsinstanz, bei der Bundesbaudirektion waren dies die Bauleitungen. Darüber stand die Technische Aufsichtsbehörde in der Mittelinstanz (TAM). Die Oberste Technische Instanz (OTI) wurde dagegen durch das jeweils übergeordnete Bundesministerium wahrgenommen, bei der Bundesbaudirektion seit 1972 das Bundesbauministerium.

Die Ortsinstanz veranschlagte zunächst die Baumaßnahme und erarbeitete alle erforderlichen Unterlagen. Die von ihr erstellte Haushaltsunterlage Bau (HU-Bau) mußte auch vom späteren Nutzer der Baumaßnahme gegengezeichnet werden. So hatte der Auftraggeber die Möglichkeit, aber auch die Pflicht, nochmals zu prüfen, ob das von ihm vorgegebene Raumprogramm und allgemeine Anforderungen angemessen berücksichtigt worden waren. Die Mittelinstanz prüfte dann neben der reinen Vollständigkeit und Richtigkeit der Kostenermittlung alle Details der Bauunterlagen auf Plausibilität, Stimmigkeit, Auskömmlichkeit, auf zukünftige Wirtschaftlichkeit und Funktionalität des Entwurfs. Dazu gehörten die Funktionstüchtigkeit des Grundrisses und die Angemessenheit der Raumgrößen, die architektonische Gestaltung unter Berücksichtigung der örtlichen Verhältnisse, die Abstimmung der baulichen mit den betriebstechnischen Erfordernissen, die Eignung der Konstruktionen und Baustoffe, der technischen Anlagen und der Ausstattung. Die Überprüfung durch die Oberste Instanz im Bundesbauministerium beschränkte sich nach dieser Detailprüfung durch die Mittelinstanz innerhalb der Bundesbaudirektion nur noch auf grundsätzlich bedeutsame Angaben und Daten und schloß mit der Genehmigung ab. Welche Aufgaben die Bundesbaudirektion in der Orts- und in der Mittelinstanz – den Bauleitungen und der Technischen Aufsicht – bis zur einschneidenden Umstrukturierung im Jahre 1994 en détail zu erfüllen hatte, wird im folgenden anhand nebenstehender Graphik dargestellt.[241] Der Bauprojektablauf ist in den Richtlinien für die Durchführung von Baumaßnahmen des Bundes (RBBau) festgelegt.[242]

Am Anfang stand die Notwendigkeit und der Wunsch beispielsweise eines Bundesministeriums, eine Baumaßnahme in Angriff zu nehmen. Für den Bauantrag des späteren Gebäudenutzers an das Bundesfinanzministerium muß zunächst ein Raumprogramm erstellt werden, bevor die Programmkosten ermittelt werden können. Dafür gibt es einen Verteilerschlüssel nach Kennziffern, der jedem nur denkbaren Angestellten- und Beamtenverhältnis, jedem Verwaltungszweig, jeder Aufgabe und jedem Behördenbedürfnis eine entsprechende Quadratmeterzahl und Ausführungsstandards zuweist. Das geht bis zur Empfehlung, welche Hierarchieebene oder welcher Aufgabenbereich in welchem Stockwerk untergebracht werden sollte. Auch besondere Anforderungen des Nutzers werden hier bereits ins Raumprogramm aufgenommen, beispielsweise Sicherungsmaßnahmen, eine spezielle technische Ausstattung, Räumlichkeiten für Bibliotheken, Archive, Labore und explizite Ausführungs- und Qualitätsstandards. Bereits bei diesem ersten Schritt in Richtung Baumaßnahme treten die Fachleute der Bundesbaudirektion in Aktion: Sie beraten den zukünftigen Nutzer bei der Aufstellung des Raumprogramms, unterstützen das jeweilige Ministerium bei der Formulierung des Bauantrags und ermitteln die Programmkosten. Dabei handelt es sich zunächst um eine grobe Errechnung der zu erwartenden Kosten auf der Grundlage des aufgestellten Raumprogramms. Zu den Programmkosten gehören neben den reinen Baukosten auch die Nebenkosten wie Honorare für freischaffende Architekten und externe Gutachter.

Der zweite Schritt, die Kostenschätzung, führt zur Kostenvoranmeldung der Baumaßnahme (KVM-Bau) beim Bundesfinanzministerium. Die Bundesbaudirektion bestätigt zunächst, daß die Planung des künftigen Nutzers hinsichtlich der benötigten Hauptnutzfläche (HNF), des angemeldeten allgemeinen Bedarfs und des Raumprogramms substantiell angemessen und sachlich korrekt ist. Hier bewährt es sich, daß die Bundesbaudirektion bereits in der Vorplanung dem Nutzer beratend zur Seite stand. Die Kostenschätzung selbst erfolgt dann aufgrund von Erfahrungswerten bei vergleichbaren, bereits durchgeführten Baumaßnahmen. Da die KVM-Bau dazu dient, die Kosten in den Haushaltsplan einzubringen, ermittelt die Bundesbaudirektion auch die voraussichtliche Projektdauer und legt den zu erwartenden Mittelabfluß fest, d.h. welche Summe in welchem Jahr zur Verfügung stehen muß. Parallel zur Kostenschätzung beginnt das baurechtliche Verfahren. Zunächst fragt die Bundesbaudirektion bei den örtlichen Baugenehmigungsbehörden – für die Bundeshauptstadt ist das die Bauaufsichtsbehörde beim Senator für Stadtentwicklung – an, ob die Baumaßnahme als genehmigungs- und zustimmungsfähig beurteilt wird. Dazu muß eine Machbarkeitsstudie vorgelegt werden, die von der zuständigen Planungsabteilung erstellt wird und darüber Auskunft gibt, ob das für die Baumaßnahme anvisierte Baugrundstück entsprechend erschlossen werden kann, dem Projekt angemessen ist und die vorgeschriebenen Normen eingehalten werden können. Die Anfrage der Bundesbaudirektion sollte mit einem positiven Bescheid der Baugenehmigungsbehörde enden.

Liegt aufgrund der Kostenschätzung mittlerweile die Genehmigung des Bundesfinanzministeriums vor, erteilt das Bundesbauministerium[243] als oberste technische Instanz der Bundesbaudirektion nun den Auftrag, die Kostenberechnung der Baumaßnahme durchzuführen und die »Haushaltsunterlage Bau« (HU-Bau) aufzustellen. Damit sind die Bauleiter in der Ortsinstanz betraut. Anders als die Kostenschätzung, ist die Kostenberechnung wesentlich detaillierter, beinhaltet ein genaues Leistungsverzeichnis und eine umfassende Baubeschreibung bis hin zur Feingliederung und legt die Ausführungsfristen fest. Nun sollte, wenn die Haushaltsunterlagen vollständig sind, das Bundesbauministerium baufachlich und anschließend das Bundesfinanzministerium haushaltsrechtlich zustimmen. Parallel zur Kostenberechnung beantragt die Bundesbaudirektion die Zustimmung der Bauausführung bei der zuständigen Baugenehmigungsbehörde, bei der zuvor schon die Anfrage auf Grundlage der Machbarkeitsstudie positiv beschieden worden war.

Im Idealfall ist das Bauvorhaben zu diesem Zeitpunkt baurechtlich, baufachlich und haushaltsrechtlich genehmigt. Es kann nun die Phase der Bauausführung folgen, die von der ständigen Kostenkontrolle oder auch Kostensteuerung begleitet ist. In der Ortsinstanz haben die Bauleitungen die Aufgabe, stets die drei »Essentials« zu berücksichtigen: Sicherung des Termin- und Kostenrahmens sowie der Qualitätsstandards. Letzteres hat schon sehr früh, bei der Erstellung der Programmkosten für den Bauantrag zu erfolgen, da die Qualität der Ausführung Termine und Kosten beeinflußt. Für die Terminplanung stellt die Bundes-

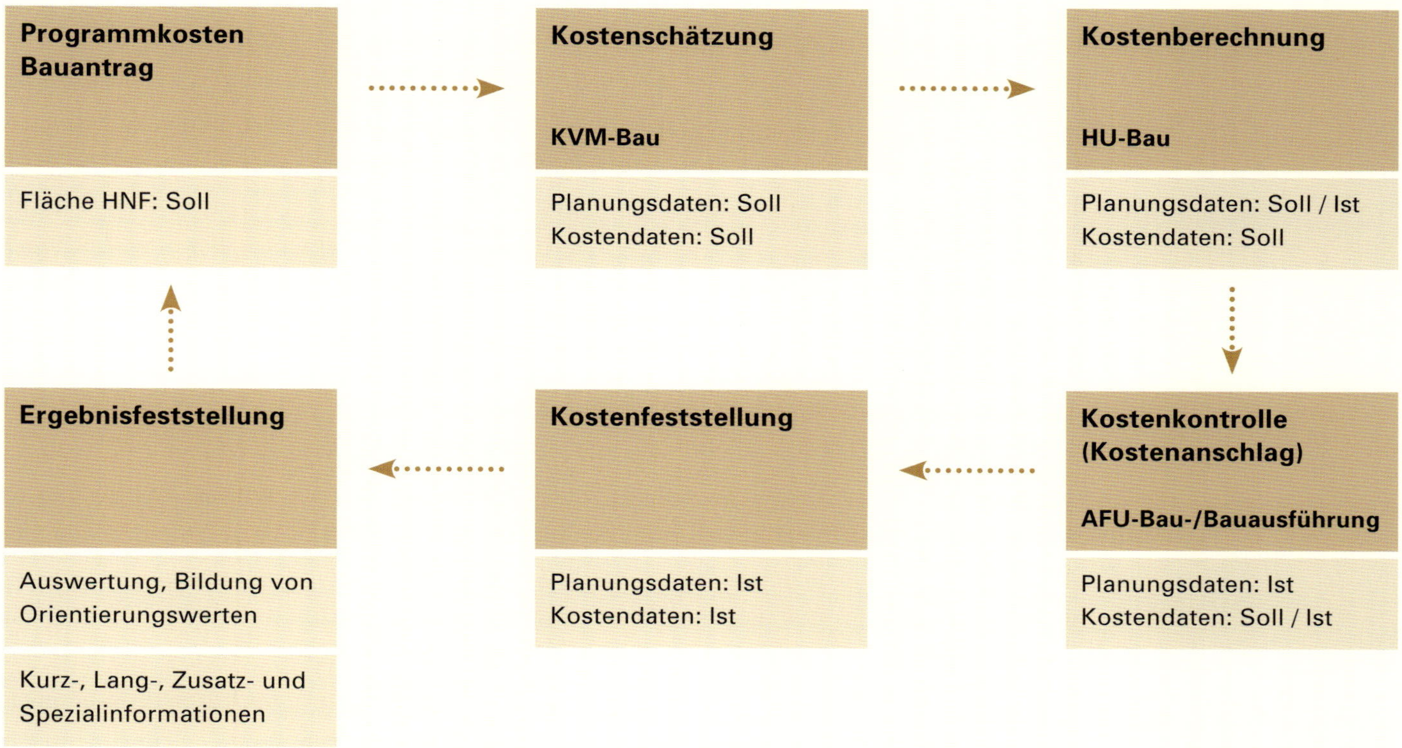

Qualitäts-, Termin- und Kostenplanung nach den Richtlinien für die Durchführung von Baumaßnahmen des Bundes (RBBau) in ihrer Fassung von 1995.

baudirektion detaillierte Zeit- und Ablaufpläne auf, die beispielsweise den Zeitpunkt der Leistungsvergabe, die Dauer von Ausführungszeiten und schließlich den Übergabetermin an den Nutzer festlegen. Das Ziel der Kostenplanung ist es, die ermittelten und berechneten Programmkosten bei Vorbereitung, Planung und Ausführung einzuhalten. Die Ortsinstanz hat bei der Bauausführung auch die Kompetenz, Verträge für die Vergabe von Bauleistungen abzuschließen. Die Technische Aufsicht als Mittelinstanz prüft diese Verträge und überwacht die Einhaltung der »HOAI«, der Honorarordnung für Architekten und Ingenieure. Außerdem kontrolliert die Mittelinstanz, ob die Termine eingehalten werden: Die Ortsinstanz muß hier zwei Mal im Jahr ihrer Berichtspflicht nachkommen. Die Phase der Bauausführung schließt mit der Übergabe an den Nutzer ab. Es folgen die Bauabnahme und die Legung der Baurechnung sowie die Dokumentation der Baumaßnahme.

Die Kostenfeststellung erfolgt durch die Ortsinstanz parallel zur Bauschlußrechnung. Die Mittelinstanz prüft wiederum. Hierbei werden nicht nur die reinen Bauentstehungskosten – also die Investitionen –, sondern auch die laufenden Betriebskosten ermittelt und aufgestellt.

Die Ergebnisfeststellung soll die Erfahrungen, die bei der abgeschlossenen Baumaßnahme gemacht wurden, dokumentieren, um bei zukünftigen ähnlichen Projekten darauf zurückgreifen zu können, aufgetretene Fehler zu vermeiden oder vergleichbare Gewerke für die nächste Kostenvoranmeldung-Bau in den Kosten detaillierter schätzen zu können. Der Ortsinstanz kommt dabei die Aufgabe zu, die Arbeiten und Abläufe des fertiggestellten Baus auszuwerten. Die Dokumentation soll dabei alles berücksichtigen: von der baufachlichen, baustofflichen, architektonischen und technischen Seite bishin zum Baumanagement. Dabei werden für die Zukunft Orientierungswerte gebildet, die, in einzelne Kennziffern umgemünzt, als Lerneffekt in spätere Baumaßnahmen einfließen sollen. Dahinter steht der Wunsch, Bundesbauprojekte baufachlich und haushaltstechnisch immer präziser planen zu können.

Der Projektablauf nach den Richtlinien zur Durchführung für Baumaßnahmen des Bundes ist bei allen Reformen bis heute ähnlich geblieben; jedoch führte die von der WIBERA empfohlene und im August 1994 per Erlaß vollzogene Auflösung der Technischen Aufsicht in Folge zu einer weitgehenden Delegation der mittelinstanzlichen Aufgaben auf die Ortsinstanz, wo sie in Konsequenz des weitgehenden Outsourcing – ein erklärtes Ziel der Bundesbauministerin Adam-Schwätzer – heute größtenteils an Freischaffende nach der Vergabe- und Vertragsordnung für Bauleistungen (VOB) vergeben werden.[244] Neben dieser Kompetenzverlagerung auf die Ortsinstanz wurde als weitere Folge der Organisationsuntersuchung auch das Personal kontinuierlich reduziert: Von 624 Beschäftigen im Jahre 1994 – dem höchsten Personalstand, den die Bundesbaudirektion je hatte – über 612 Beschäftigte 1995 bis zu 560 Beschäftigte Ende 1997. Mit dieser Organisationsuntersuchung war die Bundesbaudirektion ihren ersten Schritt zur Bauherrenverwaltung gegangen. In Anbetracht der gewaltigen Bauaufgaben in Folge der Wiedervereinigung war die Beschränkung auf die Bauherrenaufgaben eine notwendige Entwicklung, die aber auch einen Verzicht auf planerische und kreative Tätigkeiten der Staatsbaubeamten zur Folge hatte. Barbara Jakubeit, die damalige Präsidentin der Bundesbaudirektion, befürwortete zwar insgesamt die stärkere Einbindung von Freischaffenden bei den staatlichen Baumaßnahmen, kritisierte aber als Schwachpunkt der Strukturänderung, daß ihre Baubeamten zukünftig nur noch Baumanagement und Bauunterhalt betreiben sollten:

»Bei aller uneingeschränkten Zustimmung zur Partnerschaft mit Freischaffenden bin ich doch der Auffassung, daß die Übertragbarkeit von Bauaufgaben an Freischaffende dort ihre Grenzen haben muß, wo den Mitarbeitern der Bauverwaltung ein derart geringer Tätigkeitsumfang verbleibt, daß jede Möglichkeit der Motivation und Fortbildung fehlt. Der Bauverwaltung müssen im Bereich von Planung und Baudurchführung Eigenleistungen in einem Umfang verbleiben, daß sie mit der unmittelbaren Beschäftigung mit diesen Aufgaben ihre Qualifikation und Befähigung als fachkundiger und erfahrener Sachverwalter des Bauherren behält und dadurch für die Freischaffenden erfahrener, ebenbürtiger Partner sein kann. Dies kann aber nur derjenige, der die Not des Machens selbst erfahren hat.«[245]

In dieser Umbruchsphase traf die Bundesbaudirektion in Bonn nach »Petersberg« und »Plenarsaal« ein weiterer herber Schlag: Die Hochwasserkatastrophe des als Bundestagserweiterung geplanten »Schürmann-Baus«. Sie wurde durch die Bundesbauministerin Adam-Schwätzer der Präsidentin der Bundesbaudirektion, Barbara Jakubeit, persönlich angelastet. So erklärte die Ministerin öffentlich, »Jakubeit verlasse den Posten nach einem Gespräch über die Verantwortung für die Schäden.«[246] Zu diesem Zeitpunkt war aber bereits bekannt, daß Barbara Jakubeit die Bundesbaudirektion verließ, um 1994 den Max-Bächer-Lehrstuhl der TH Darmstadt anzunehmen. Deshalb wehrte sich die Präsidentin »öffentlich, um nicht dazustehen wie eine ›Absauf-Madame‹«.[247]

Am 30. Juni 1995 übernahm Florian Mausbach, zuvor Baudezernent in Bielefeld, als Präsident die Leitung der Bundesbaudirektion. Er war von Bundesbauminister Klaus Töpfer berufen worden, der Adam-Schwätzer 1994 nachgefolgt war. Mausbach wurde von der Bundesbaudirektion mit der Hoffnung begrüßt, daß sich mit dem neuen Präsidenten ihr Ruf bessern würde:

»Wir wären alle sehr dankbar dafür [für eine positive Zusammenarbeit zwischen Präsident und Bundesbauminister], denn nur allzuoft hat die Bundesbaudirektion in der Vergangenheit als ›Prügelknabe‹ oder besser gesagt als ›geprügelte letzte Instanz‹ herhalten müssen. Ich nenne nur die Stichworte Petersberg, Plenarsaal Bonn und zuletzt den Schürmannbau, bei dem man selbst das negative Wirken von Naturkräften versuchte, der Bundesbaudirektion in die Schuhe zu schieben.«[248]

Der Wechsel an der Spitze der Bundesbaudirektion fiel in eine Zeit, in der der volle physische und emotionale Einsatz aller Mitarbeiter für den Umzug der Hauptstadt nach Berlin gefordert war.

Vom Erweiterungsbau des Deutschen Bundestags zum Funkhaus Deutsche Welle

1983 gewann Joachim Schürmann den Architektenwettbewerb für die Erweiterungsbauten des Deutschen Bundestages in Bonn. Der »vielköpfige Bauherr« Bundestag beteiligte sich aktiv an den Vorplanungen, so dass der Startschuß für den Baubeginn im Jahre 1989 kurz vor dem Mauerfall fiel. Mit dem historischen Beschluß vom 20. Juni 1991, die Hauptstadt nach Berlin zu verlegen, kam dem Neubau schon kurz darauf der Bundestag als Bauherr abhanden und die Baustelle wurde stillgelegt. Im Dezember 1993, noch bevor ein neuer Nutzer gefunden werden konnte, drang das Rheinhochwasser in die Baustelle ein und richtete schweren Schaden an, da das Wasser den fast fertiggestellten Rohbau auftrieb und ihm eine Schlagseite verpasste. Die Öffentlichkeit überzog die Baustelle mit Hohn und Spott. Der sogenannte »Schürmann-Bau« mutierte von einer liebevollen Ehrenbekundung zum Inbegriff für Havarie und Desaster, zu einer Art Titanic der Architekturgeschichte. Der Komplettabriss wurde erwogen. Erst Bundesbauminister Klaus Töpfer setzte sich 1995 für den »Schürmann-Bau« ein und fand im Funkhaus Deutsche Welle einen neuen Nutzer. Nach umfangreichen Umplanungen, Gründungssanierungen und Teilabrissen, konnte 1999 weitergebaut werden, Ende Juni 2002 erfolgte die Schlüsselübergabe des 300 Millionen Euro teuren Neubaus, ein Jahr später begann der regelmäßige Funkbetrieb.

Unten links: Bevor der Neubau für die Deutsche Welle fortgesetzt werden konnte, mussten zunächst die Tiefgarage und einige Hochbauten abgerissen werden.

Rechte Seite unten: Nicht höher als die bürgerlichen Villen in der Bonner Nachbarschaft erstreckt sich der »Schürmann-Bau« als horizontaler Kontrapunkt zum Abgeordnetenhochhaus, dem »Langen Eugen«. Der Schnitt zeigt die Perspektive vom Rhein.

Unten rechts: Die Luftaufnahme zeigt die Baustelle im Jahre 1999 vom Rhein her. Rechts im Bild der »Lange Eugen«. Deutlich sind die benachbarten Villen an der Kurt-Schumacher-Straße zu erkennen, an deren Höhe sich der Neubau orientiert.

Oben: Im Juni 2002 wurde der Neubau, der sich zwischen dem »Langen Eugen« (links) und dem Post-Tower erstreckt, an die Deutsche Welle übergeben. Die Brücke in Bildmitte führt von der Kurt-Schumacher-Straße zum Haupteingang.

Linke Seite oben: Haupteingang der Deutschen Welle zu Füßen des Abgeordneten-Hochhauses von Egon Eiermann.

Rechts: Die Deutsche Welle von der »Gartenstraße« her gesehen.

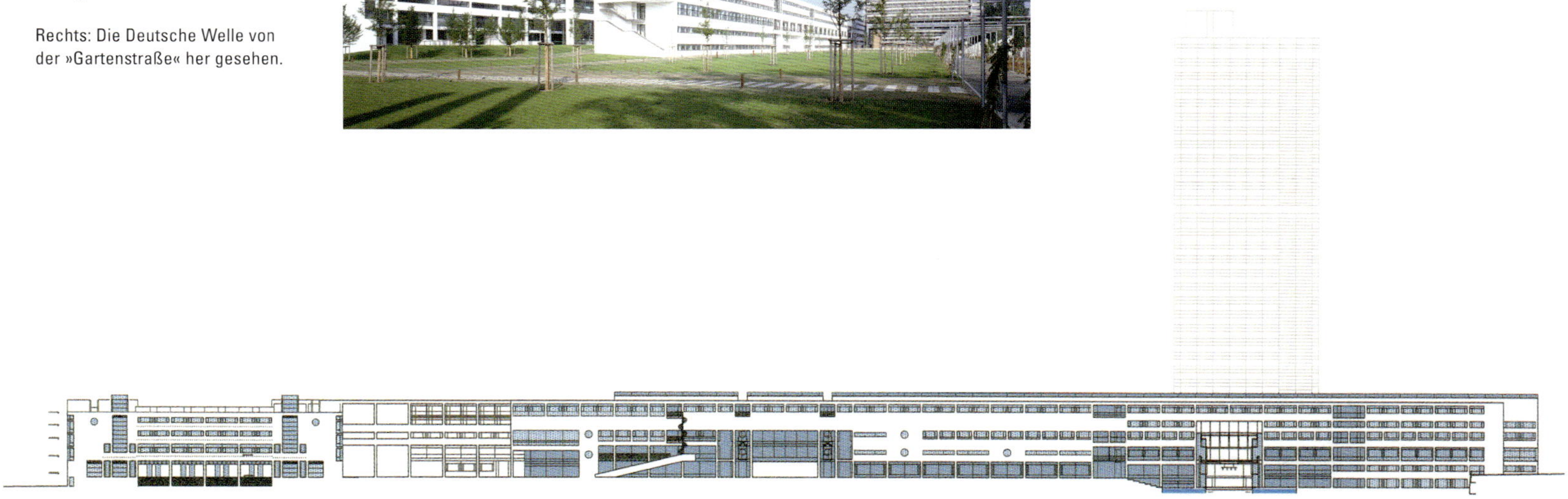

I

II

III

IV

V

VI

Umzug der Hauptstadt – Repräsentationsbauten der Berliner Republik

Das Band des Bundes

Am 20. Juni 1991 hatte der Deutsche Bundestag mit der knappen Mehrheit von 337 zu 320 Stimmen entschieden, den Sitz von Parlament und Regierung nach Berlin zu verlegen. Der Auftrag, die baulichen Voraussetzungen für den Umzug zu schaffen, stellte die wohl größte Herausforderung in der Geschichte der Bundesbaudirektion dar. Dazu mußten zunächst die organisatorischen Voraussetzungen geschaffen werden, um diese Aufgabe mit einem Bauvolumen von über 3 Milliarden Euro überhaupt bewältigen zu können. So wurden die Baumaßnahmen für nachgeordnete Bundesbehörden, die nach 1958 auf dem Erlaßwege zur Bundesbaudirektion gekommen waren, wieder in die Betreuung durch die Oberfinanzdirektion zurückgegeben.[249] Die Bauämter der Oberfinanzdirektion übernahmen zusätzlich im Volumen von rund 200 Millionen Euro die Herrichtung des ehemaligen Reichsluftfahrtministeriums für das Bundesfinanzministerium und des Bendlerblocks in der Stauffenbergstraße für das Verteidigungsministerium und entlasteten so die Bundesbaudirektion. Die Bundesbaugesellschaft wurde mit den Baumaßnahmen im Spreebogen für Bundestag und Bundeskanzleramt beauftragt.[250]

Der Startschuß zum Umzug von Bonn nach Berlin war der offene städtebauliche Ideenwettbewerb für den Spreebogen im Jahre 1992, der von der Bundesbaudirektion durchgeführt wurde. Der Siegerentwurf von Axel Schultes und Charlotte Frank legte mit einer dominanten Ost-West-Achse über die Spree ein symbolisches Band der Wiedervereinigung über die einstmals getrennten Stadthälften. Auch den anschließenden, ebenfalls von der Bundesbaudirektion durchgeführten Realisierungswettbewerb für das Bundeskanzleramt gewannen letztendlich – nach einem schwierigen Entscheidungsprozeß mit öffentlicher Diskussion und einem Fachsymposium – Schultes und Frank mit einem aufsehenerregenden Entwurf. Zuvor hatte Bundeskanzler Helmut Kohl für die ostdeutschen Preisträger Torsten Krüger, Christiane Schuberth und Bertram Vandreike, die ebenfalls einen ersten Preis erhalten hatten, Sympathien gezeigt, sich dann aber schließlich für den mutigen Entwurf von Schultes und Frank entschieden.[251] Mit der Baudurchführung wurde die für den Spreebogen zuständige Bundesbaugesellschaft beauftragt. Das Gebäude ist in seiner architektonischen Haltung Ausdruck eines neuen Selbstbewußtseins und wurde von der Kritik heftig und kontrovers diskutiert. Der Architekturkritiker Heinrich Wefing urteilte pointiert:

»Schultes ist angetreten als einer, der die Deutschen wenigstens auf dem Felde der Architektur von ihren Selbstzweifeln erlösen wollte. Nach den Exzessen des Symbolischen während des ›Dritten Reiches‹ und den Exerzitien der Bonner Nüchternheit suchte Schultes einen dritten Weg. Auf den Trümmern aller Traditionen wollte er eine neue begründen. Er mühte sich, eine eigene Sprache zu erfinden, mit der sich wieder Großes sagen ließe, ohne hohl zu dröhnen [...und] das Ausdrucksstarke, das sich die deutsche Repräsentationsarchitektur fünfzig Jahre lang versagt hatte, wieder gesellschaftsfähig zu machen. [...] Es ist, als habe Schultes den Wind des Wandels, der 1989 durch das Land fegte, in Beton gießen wollen. Bonn ist eine abgeschlossene Ära, eine erledigte Epoche, verkündet der Berliner Bau, die rheinische Republik mit ihren Selbstzweifeln, ihren Restriktionen des Symbolischen ist eine historische Episode.«[252]

Plenarsaal des Deutschen Bundestags im Reichstagsgebäude nach Plänen von Norman Foster kurz nach der Einweihung im Jahre 1999.

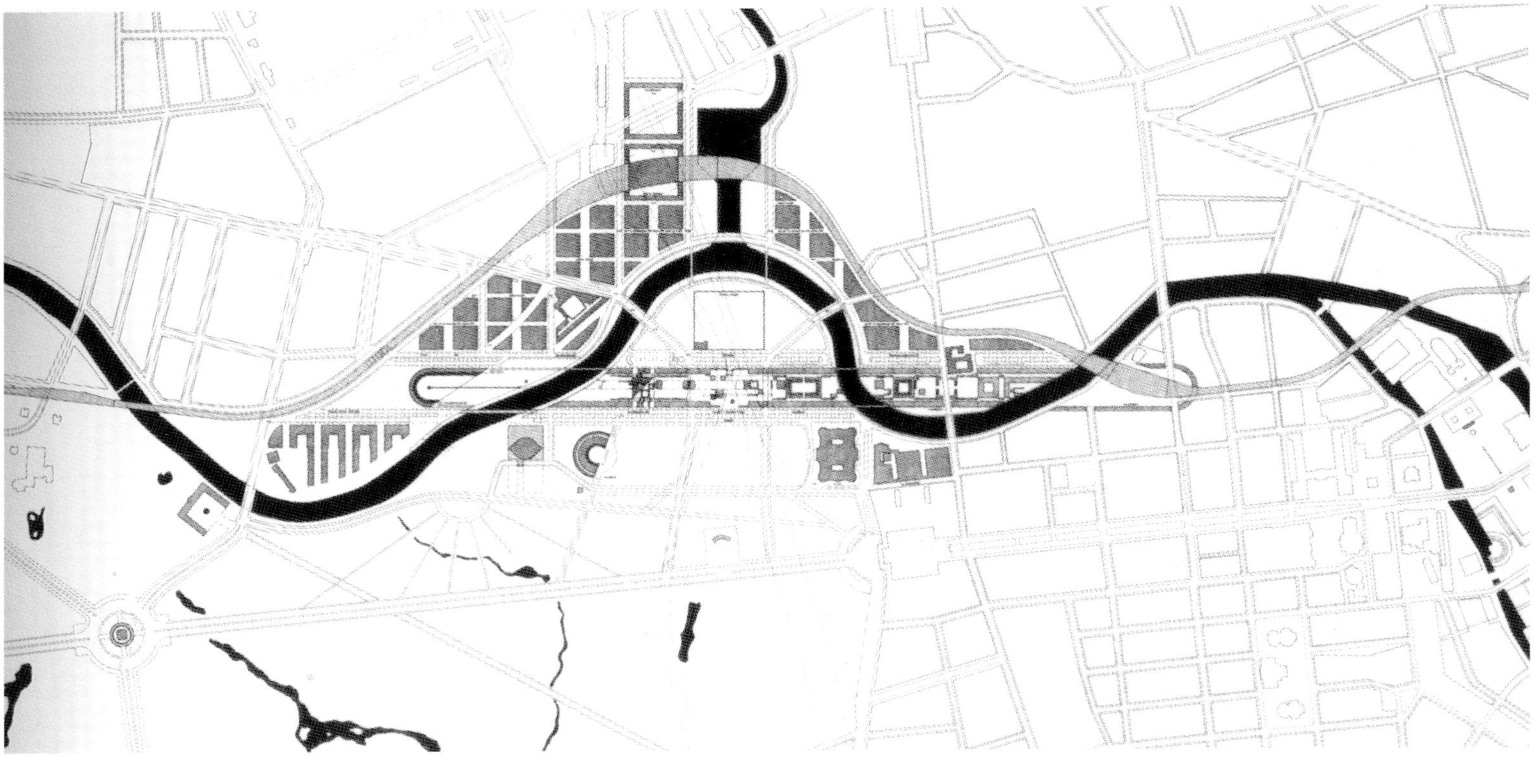

Der Lageplan zum Wettbewerb für das Bundeskanzleramt zeigt die Ost-West-Klammer, mit der Axel Schultes und Charlotte Frank den städtebaulichen Ideenwettbewerb für den Spreebogen 1992 gewonnen hatten. Er greift über alle Ufer der sich schlängelnden Spree und reicht im Osten bis zum Bahnhof Friedrichstraße.

Wefing nennt das Bundeskanzleramt ein »Tempeltheater für Staatsathleten« und bezeichnet es als »wunderbare Kapriole der Baugeschichte, ein schöner Klotz am Bein der Republik und eine prächtige Zumutung für jeden Kanzler, der darin regiert.«[253] Die ursprünglich von der Bundesbaugesellschaft angesetzten Baukosten von 204 Millionen Euro stiegen um 58 Millionen Euro auf rund 262 Millionen Euro an. Nach vier Jahren Bauzeit konnte das Gebäude im April 2001 von Bundeskanzler Gerhard Schröder bezogen werden.

Den in seiner politischen Symbolik bedeutendsten Architekturwettbewerb führte die Bundesbaudirektion 1992/93 für den Souverän der Bundesrepublik Deutschland durch: Der Deutsche Bundestag sollte als Plenargebäude den im Krieg zerstörten und in den sechziger Jahren von der Bundesbaudirektion und dem Architekten Paul Baumgarten wiedererrichteten Reichstag beziehen. Aus dem Wettbewerb ging unter den ersten Preisträgern der britische Architekt Sir Norman Foster als Sieger hervor, dessen Entwurf eine großflächige gläserne Überdachung des Reichstages und weiter Teile des Platzes der Republik vorsah. Der frühere Bundesbauminister Oscar Schneider setzte sich als Abgeordneter für die Wiedererrichtung einer Kuppel ein. Schließlich mußte Foster auf Wunsch des Ältestenrates umplanen: Der gewaltige, von

Die skulpturale Eingangsfront des Berliner Bundeskanzleramtes mit der 87,5 Tonnen schweren Eisenfigur »Berlin« von Eduardo Chillida.

Paul Wallot 1884-1894 errichtete Bau sollte wieder eine Kuppel erhalten, nun in einer modernen, gläsernen und für die Öffentlichkeit begehbaren Form. Die Entscheidung dafür fiel in der Bundestags-Baukommission mit nur einer Stimme Mehrheit. Der Umbau des Reichstags wurde von der Bundesbaugesellschaft bis 1999 für 310 Millionen Euro realisiert. Die gläserne Kuppel ist heute das Wahrzeichen der Berliner Republik.

Die Bundesbaudirektion wurde im Volumen von über einer Milliarde Euro mit der Betreuung aller Ministeriumsbauten, mit dem Neubau des Bundespräsidialamtes und dem Umbau des Alten Preußischen Herrenhauses für den Bundesrat sowie mit Bauten für den Deutschen Bundestag außerhalb des Spreebogens beauftragt. Einige ihrer herausragenden, in Berlin durchgeführten Baumaßnahmen werden im Folgenden wegen ihrer städtebaulichen, baukulturellen und politischen Bedeutung vorgestellt; aber auch weil die Bundesbaudirektion hier unter hohem Leistungs- und Erfolgsdruck bei jahrelanger Überlastung und kontinuierlichem Personalabbau in hohem Maße ihre baufachliche Kompetenz einsetzen konnte und konsequent in ihrer neuen Bauherrenrolle das Management mit externen Generalplanern, Generalunternehmern und Projektcontrollern wahrgenommen hat.

Die Menschen stürmen – friedlich – das Parlament und steigen den Bundestagsabgeordneten im wahrsten Sinne des Wortes auf's Dach. Selten wurde ein Gebäude so enthusiastisch von der Bevölkerung angenommen wie Fosters Reichstagsumbau.

Die Entscheidung, so weit möglich vorhandene Altbauten für die Standorte der Regierung zu nutzen, geschah zuerst und vor allem mit Rücksicht auf die Kosten und mit dem Ziel eines zügigen Umzugs. Sie fiel auch unter dem Druck wachsender öffentlicher Kritik, die für die Abriß- und Neubaupläne, wie sie anfangs verfolgt wurden, immer weniger Verständnis zeigte: So sollten beispielsweise die Reichsbank und das Staatsratsgebäude, in dem später der Bundeskanzler zeitweilig untergebracht wurde, abgerissen werden. Das »Altbau-Recycling« wurde zum Programm. Laut Beschluß des Bundeskabinetts vom 1. Juni 1994 sollte die Regierung zu 90 Prozent in Altbauten untergebracht werden mit dem Ziel einer Einsparung von einer halben Milliarde Euro. Über den Umgang mit den »politisch kontaminierten« Altbauten gab es zunächst erbitterte Debatten, denn viele der vorgesehenen Gebäude waren bereits von den Nationalsozialisten und später von der DDR als Staatsbauten genutzt worden. So sollte das Bundesarbeitsministerium in das frühere Propagandaministerium von Goebbels und das Auswärtige Amt in die ehemalige Reichsbank und das spätere Zentralkomitee der SED ziehen.

Florian Mausbach, seit 1995 Präsident der Bundesbaudirektion.

Als Bauherr des Bundes befürwortete Florian Mausbach, seit 1995 Präsident der Bundesbaudirektion, die Herrichtung historischer Altbauten aus friderizianischer, wilhelminischer, Weimarer, aber auch aus totalitärer Zeit für die Bundesregierung. In seinem Vortrag »Reichsbank, Politbüro, Auswärtiges Amt – Demokratie in Diktaturen-Architektur?« bezog er in dieser Debatte eindeutig Stellung:

»Diese Altbauten, die nun hergerichtet, umgebaut und im Einzelfall auch erweitert werden, stehen mittlerweile samt und sonders unter Denkmalschutz. Sie sind also nicht nur von materiellem, sondern auch ideellem Wert. Daß der Bund als verantwortungsvoller Bauherr nicht Mühe und Kosten scheut, um diese historischen öffentlichen Gebäude als Denkmäler zu retten und auf Dauer zu erhalten, bedeutet für Berlin einen unschätzbaren Beitrag zum zweiten Wiederaufbau der Stadt nach dem zweiten Weltkrieg. Es sind fast durchweg herausgehobene, repräsentative Standorte in der Mitte Berlins und großzügige Gebäude auch im Innern. Dies gilt auch für die ehemalige Reichsbank, das künftige Auswärtige Amt. Die Steine sollen sprechen. Das ist das eine. Die wiedervereinigte deutsche Hauptstadt aber muß ihren Gebäuden auch ihren eigenen neuen Stempel aufdrücken. Das ist das andere.«[254]

In den drei folgenden Abschnitten werden herausragende Beispiele von Repräsentationsbauten der »Berliner Republik« vorgestellt, baukulturell betrachtet und in ihrer Bedeutung für die Staatsbauverwaltung bewertet. Der Begriff »Berliner Republik« ist dabei an sich ahistorisch und markiert lediglich Zeitabschnitte – denn es hat nie eine »Bonner Republik« gegeben, sondern nur die Bundesrepublik Deutschland mit einer provisorischen, dann etablierten Bundeshauptstadt Bonn und einer Bundeshauptstadt Berlin, die seit 1999 auch Regierungssitz ist. Im Folgenden werden Staatsbauten vorgestellt, die nach dem Hauptstadtbeschluß des Deutschen Bundestages am 20. Juni 1991 entworfen und von der Bundesbaudirektion errichtet wurden.

Die politischen Hauptstadtbauten

Das zwischen 1996 und 1999 für die rund 2.000 Beschäftigten des Auswärtigen Amtes für knapp 280 Millionen Euro entstandene Gebäudeensemble aus Neu- und Altbau gilt als eines der gelungensten Beispiele im Umgang mit »politisch kontaminierten« Bauten. Aus dem Auswahlverfahren zur Herrichtung der ehemaligen Reichsbank ging Hans Kollhoff in Gemeinschaft mit dem Künstler Gerhard Merz als Sieger hervor. Der im Neoklassizismus der dreißiger Jahre errichtete, 50.000 qm große, damals hochmoderne Stahlskelettbau mit seiner Sandstein- und Granitplattenverkleidung wurde unter Berücksichtigung der beiden früheren Nutzungen – der Reichsbank und dem SED-Zentralkomitee, dem Machtzentrum der DDR – durch Hinzufügen einer neuen »Schicht« für die Demokratie umgestaltet und mit der Infrastruktur heutiger Anforderungen wie Weltsaal, Konferenzräume und Ministerbereich ausgestattet.

»Mit Hans Kollhoff«, so Florian Mausbach, Präsident der Bundesbaudirektion, in seiner Rede über den Umgang mit ›politisch kontaminierten‹ Bauten, *»wurde ein Architekt gefunden, der vor diesem steinernen Massiv nicht zurückschreckt und auch vor Gespenstern keine Angst hat. Seine Konzeption, die zum Teil verschütteten oder, besser, verbauten Qualitäten der Architektur wieder herauszuarbeiten, dem Bau durch mehr Glas, mehr Grün und künstlerische Farbgestaltung eine neue Schicht hinzuzufügen, hat den Bauherrn, den künftigen Nutzer und auch den Denkmalpfleger überzeugt. Die Reichsbank-Architektur ist eher typisch für die Umbruchzeit von der Weimarer Republik zum Dritten Reich: in seiner Konstruktion und im Innern überwiegend ein moderner Bau – die große Schalterhalle fast amerikanisch – in seiner äußeren Haltung konservativ mit deutlichem Machtanspruch und einzelnen neoklassizistischen Attributen. Das Bauwerk ist funktionstüchtig und wird durch seine innere Neugestaltung und äußere Erweiterung ein neues Gesicht und eine neue Atmosphäre erhalten. Ansonsten sollten wir das Zeitdokument nicht retuschieren, sondern uns ihm stellen. […] Verwandeln wir Bauten der Diktatur in Bauten der Demokratie!«*[255]

Der Altbau des Auswärtigen Amtes wird von einem 20.000 qm großen Neubau der jungen Berliner Architekten Thomas Müller und Ivan Reimann ergänzt. Gegenüber Schinkels Friedrichswerderscher Kirche und seiner wiedererstehenden Bauakademie ist dieser Bau in hellem Naturstein und Glasbändern »aufgebrochen« durch drei haushohe Einschnitte. Trotz der hohen sicherheitstechnischen Anforderungen ist es gelungen, den großen Lichthof für Besucher zu öffnen als begrünte Ausstellungshalle mit Café, Buchhandlung und Informationszentrum, ein Beispiel für eine zeitgemäße architektonische »public diplomacy« in dieser »Mutter aller Botschaften«.

Der helle und lichte Neubau des Auswärtigen Amtes ist durch die Protokollvorfahrt vom Altbau, der ehemaligen Reichsbank (links im Bild) abgerückt. Zur Spreeseite hin öffnet sich der begrünte und begehbare »Bibliothekshof«, zur Stadt hin empfängt ein über alle Ebenen reichender Lichthof die Besucher (hinten rechts im Bild).

Zitronenbäume, Wasserkaskaden, ein Café und Wechselausstellungen verwandeln den Haupteingang des Auswärtigen Amts zu einem öffentlichen Raum mit mediterranem Flair. Der Lichthof mit der Glaskunst von James Carpenter gibt tagsüber seinen Blick frei auf das Zentrum Berlins, abends reflektiert die raumhohe Glasfassade das Innere des beeindruckenden Lichthofs und verdoppelt ihn optisch bis in den Stadtraum.

In seiner Rede anläßlich der Schlüsselübergabe 1999 hob der damalige Bauminister Franz Müntefering die Aufgabe des Neubaus hervor,

»eine städtebauliche Synthese zwischen dem geschlossenen, wuchtigen Bauwerk der ehemaligen Reichsbank und dem Areal des Werderschen Marktes herzustellen. Das neue Gebäude soll nicht nur räumlich und funktional den Anforderungen des Auswärtigen Amtes entsprechen. Es soll an einem zentralen Punkt der Hauptstadt einen städtebaulichen Akzent für das neue Berlin setzen […]. Der offene Charakter des Hauses stellt nicht nur ein Gegengewicht zur Baumasse der ehemaligen Reichsbank dar, er gewährt auch in hervorragender Weise Transparenz nach innen wie nach außen.«[256]

Linke Seite obere Reihe: Der Treppenaufgang zur ehemaligen Reichsbank im Jahre 1940 (links), zu DDR-Zeiten (Mitte), als das Gebäude vom ZK der SED genutzt wurde und in einer Computersimulation von 1995, als es nach Plänen von Hans Kollhoff und Gerhard Merz für das Auswärtige Amt umgebaut wurde.

Die Bibliothek des Auswärtigen Amtes mit dem tiefer gelegenen Lesesaal.

Das steinerne Foyer der ehemaligen Reichsbank wurde mit einem tiefblauen Deckengemälde von Gerhard Merz, das mit einem Lichtband aus Neonröhren eingefasst ist, umgestaltet. Die »Barcelona«-Sessel Mies van der Rohes erinnern an dessen Teilnahme am Reichsbank-Wettbewerb in den dreissiger Jahren, der dann per »Führerbefehl« zugunsten des Leiters der Reichsbankbauabteilung, Heinrich Wolff, entschieden wurde.

Früher Schalterhalle der Reichsbank, heute Weltsaal des Auswärtigen Amtes. Die Holzvertäfelung und die Oberlichter wurden nach dem alten architektonischen Vorbild rekonstruiert. Mit der Weltkarte, mit großen monochromen Tafeln im oberen Teil des Saals, hinter dem sich auch die Dolmetscherkabinen befinden, und mit Kronleuchtern erhielt der Saal eine moderne, künstlerische und repräsentative Ausstattung.

Der Innenhof des Bundesarbeitsministeriums erfüllt die strengen Vorgaben der Berliner Denkmalpflege und kommt gleichzeitig dem Bedürfnis des Nutzers nach einem entspannenden »Pausenraum« mit frischem Grün und Sitzmöglichkeiten an frischer Luft entgegen.

Besondere Erwähnung fand in allen Reden auch, daß es der Bundesbaudirektion gelungen war, für das Auswärtige Amt diese Baumaßnahme auf schwierigem Grund mit einem Volumen von 280 Millionen Mark termin- und kostengerecht abzuschließen.

Ein weiteres Ministerium wurde in einem politisch vorbelasteten Bau, dem Goebbelschen Propagandaministerium untergebracht: das Bundesarbeitsministerium erhielt als Standort das alte Regierungsviertel in der Wilhelmstraße. Hier standen die Gebäude der preußischen Ministerien, von hier wurde nach 1871 das Deutsche Reich regiert. Auch die Weimarer Republik zog in die Wilhelmstraße. Seit 1918 arbeitete hier die Presseabteilung der Reichsregierung. 1933 entwickelte sich die Presseabteilung zum Propagandaministerium. Die gewaltige Bedeutung dieses Ministeriums im NS-Staat verlangte nach einem Erweiterungsbau, der zwischen 1936 und 1940 nach Plänen Karl Reichles, eines leitenden Mitarbeiters der Reichsbaudirektion, errichtet wurde und im Kapitel II dieser Chronik vorgestellt wurde. Es wurde ein Gebäude in der baulichen Qualität eines klassischen Verwaltungsbaus mit einem großen, funktionalen Grundriß und manchen bahnbrechenden Neuerungen, wie die unterirdische Tiefgarage mit Oberlichtern.

Die zentrale Eingangshalle des Arbeitsministeriums steht mit ihrer klaren, schlichten Linienführung in »harmonischem Kontrast« zum Altbau aus den dreißiger Jahren. Sie wird dominiert vom acht mal acht Meter großen Kunstwerk »La Grande Fenêtre« von Daniel Buren.

Der Krieg zerstörte den Wilhelmstraßenflügel und das Schinkelpalais mit dem Ministerbüro. 1949 bezog Wilhelm Pieck als erster Präsident der DDR das Restgebäude, 1990 arbeitete hier unter der Regierung Modrow das Medienministerium. Dann war es fünf Jahre Bundesumweltamt.

1997 begann die Umplanung und Herrichtung für das Arbeitsministerium, das erste Büros im Juni 1999 beziehen konnte. In drei Jahren Bauzeit wurde der Komplex von der Bundesbaudirektion nach Plänen des Berliner Architekten Josef Paul Kleihues für 360 Mitarbeiter hergerichtet und um einen Neubau als zentrale Eingangshalle ergänzt. Der Kunst des Architekten ist es zu danken, daß Alt und Neu zu einer neuen Harmonie finden. Die denkmalgeschützten Altbauten werden als Zeugnis ihrer Zeit respektiert und ihnen durch die Eingangshalle und die architektonische Gestaltung und Erneuerung des Gebäudeinneren neuer Geist und neues Leben eingehaucht.

Denkmalschutz, Kunst am Bau und moderne Formensprache gehen eine gelungene Kombination ein. Mitentscheidend für den neuen Geist des Hauses ist die Kunst am Bau. Dem Kunstbeirat der Bundesregierung ist es in enger Abstimmung mit dem Architekten gelungen, herausragende Künstler für die atmosphärische Aufwertung des Hauses zu gewinnen. Die Knotenpunkte der Gänge in allen Etagen wurden von drei Künstlern unterschiedlich, aber stets mit Bezug auf das Ministerium und das Gebäude gestaltet:

Thom Barth setzt sich in seinen 186 Einzelzeichnungen engagiert mit der neueren deutschen Geschichte und aktuellen Themen aus der Arbeits- und Sozialwelt auseinander, wobei er Bildmaterial aus den Printmedien verarbeitet. Die Textilkollagen Katarina Zavarskas setzen sich mit der Thematik des Ministeriums auseinander und stellen beispielsweise »Handwerk und Industrie« und »musisches und schöpferisches Arbeiten« dar. Die farbigen Ochsen von Felix Droese spielen auf die Themen »Arbeit und

Soziales« an und symbolisieren Kraft und Aufschwung. Der Künstler Carsten Nicolai prägt auf inspirierende Weise das Foyer der Bibliothek und stimmt den Besucher auf die Welt der Bücher und Medien ein. In der Eingangshalle bildet ein acht mal acht Meter großes gläsernes Schachbrett aus gelb-blauen Feldern des Pariser Künstlers Daniel Buren den optischen Mittelpunkt und Hintergrund für Pressekonferenzen. Wie die heutige Zeit sich mit moderner Architektur und Kunst einen wuchtigen, steinernen Saal aneignen kann, zeigt der Sitzungssaal des Ministers im zweiten Geschoß: ein großes Tafelbild in Öl von Peter Chevalier versetzt den repräsentativen Saal in heitere Stimmung.

Besonders gelungen ist auch die Gestaltung des großen Innenhofs durch ein in sich stimmiges Konzept. Es vereint die sehr unterschiedlichen Anforderungen von Denkmalpflege und Nutzer. Harmonisch und doch voll Spannung bleibt die steinerne Strenge erhalten. Sie wird von Buchsbosquetten und Felsenbirnen, Wasser und Steinbänken aufgelockert und lädt so die Mitarbeiter des Ministeriums zum Verweilen ein. Im Laufe der Baumaßnahme stellte sich heraus, daß das Gebäude hinter der »tausendjährigen« Fassade sehr viel brüchiger war als erwartet; so geriet der Bau um ein paar Monate in Zeitverzug und wurde mit knapp 59 Millionen Euro um rund sieben Prozent teurer. Präsident Florian Mausbach urteilte später über die Bedeutung des Gebäudes: »So werden die Bauten totalitärer Staatsarchitektur als Zeugnisse ihrer Zeit erhalten, zugleich aber architektonisch gegen den Strich gebürstet und in moderne Bürohäuser verwandelt.«[257]

Links: Die Symbolkraft des Stieres überträgt der Neandertaler Felix Droese in seine Kunst für das Bundesarbeitsministerium. Der hier abgebildete Stier besteht konsequenterweise aus Kuhmist.

Mitte: Im Vorraum der Bibliothek des Arbeitsministeriums weisen großformatige Wandbilder mit Strichcodes des Chemnitzer Künstlers Carsten Nicolai auf den folgenden Raum hin, in dem Bücher der Entzifferung harren.

Rechts: Der wuchtige Steinsaal des ehemaligen Propagandaministeriums wirkt Dank Oberlichtern, einer freundlichen Farbgestaltung an Boden und Wänden und des großen Ölgemäldes von Peter Chevalier nicht mehr einschüchternd, sondern fast schon heiter.

Das kaiserzeitliche Herrenhaus dient heute dem Bundesrat als Sitz.

Einen weiteren spektakulären Altbau richtete die Bundesbaudirektion für den Bundesrat her: Das Alte Preußische Herrenhaus in der Leipziger Straße. Das bedeutendste Werk des Architekten Friedrich Schulze-Colditz war von 1899 bis 1904 als Sitz der ersten Kammer des Preußischen Landtages errichtet worden. Zusammen mit dem Gebäude der zweiten Kammer des preußischen Parlaments, dem heutigen Berliner Abgeordnetenhaus, entstand ein Baukomplex, der sich bis zur Niederkirchnerstraße – der ehemaligen Prinz-Albrecht-Straße – erstreckt. Das steinerne Palais mit seinem vornehmen Ehrenhof als Sitz des Bundesrats verleiht dem Föderalismus Gewicht und Dauer, der zeitgenössische Plenarsaal spiegelt das Demokratieverständnis unserer Tage. Nach dem Umzugsbeschluss der Bundesregierung war das Gebäude zunächst als Sammelunterkunft für die Außenstellen der am Rhein verbleibenden Ministerien vorgesehen. Die Umwidmung eröffnete der neobarocken Dreiflügelanlage erstmals seit 1918 die Perspektive einer angemessenen Nutzung.

Die durch diese Umwidmung des Altbaus zum Sitz des Bundesrates möglich gewordene Wiederbelebung der Gebäudestruktur kam dem Entwurfsansatz der Hamburger Architekten Schweger + Partner entgegen, den Altbau zu respektieren, ohne den vergangenen Neobarock zu beschwören. Die Analyse des Grundrisses von Schulze-Colditz erwies dessen Tauglichkeit für die Anforderungen des Bundesrates, und so wurde die Wiedergewinnung der alten Raumbeziehungen zum Leitmotiv des Umbaus: Hat der Besu-

Vom alten Sitzungssaal der ersten Kammer des preußischen Landtags ließ der Krieg nichts übrig. Der Plenarsaal des Bundesrates ist in den alten Proportionen mit einigen modernen Zitaten der historischen Wandverkleidungen nach Plänen der Hamburger Architekten Schweger und Partner neu geschaffen worden.

cher den Ehrenhof durchschritten – der historische Vorgarten wurde vom Hamburger Landschaftsarchitekten Prof. Gustav Lange mit einem Raster aus geschnittenen Buchsbaumkörpern und Kübelhortensien, unterbrochen von frei angeordneten Magnolienbäumen und Rosenstauden, neu interpretiert – gelangt er durch Vestibül und Wandelhalle zum Plenarsaal, die von den Sitzungssälen der 16 Ausschüsse flankiert werden. Der östliche und westliche Lichthof wurden überdacht und bieten jetzt weitläufige Wandelflächen nahe des Plenums.

Bei aller grundsätzlichen Akzeptanz des Parlamentsgebäudes von Schulze-Colditz wird sich freilich kein Abgeordneter in Wilhelms Reich versetzt fühlen. Mit neuem Innenausbau gaben die Architekten dem alten Haus eine zeitgenössische Atmosphäre; sind die Eingangshalle und die Wandelhalle, in denen die wenigen überdauerten Fragmente früherer Detail-Lust sorgfältig konserviert und ergänzt wurden, noch weitgehend erhalten, so ist der Plenarsaal in den Proportionen des im Krieg zerstörten Plenums völlig neu gestaltet. Er wird geprägt durch den dunkelbraunen Parkettboden, die Wandverkleidungen aus Birkenholz und Glas und einer lichtspendenden und gleichzeitig Sonnenschutz bietenden Glasrasterdecke. Die Filmemacherin Christina Haberlik sieht in dem einstmals geschlossenen, intorvertierten Raum, der preußische Ordnung und Disziplin ausgestrahlt habe, eine gelungene Neugestaltung hin zu einem großflächigen, offenen, freundlichen und durch die transparente Dachkonstruktion hellen Plenarsaal.[258]

Letzte Fragmente der historischen Pracht wurden als Puzzleteile in der Wandelhalle erhalten und durch das pendelnde Kunstwerk »Die drei Grazien« von Rebecca Horn ergänzt.

Der Umbau des Preußischen Herrenhauses zum Sitz des Bundesrates repräsentiert die alte bundesrepublikanische Tradition des ästhetischen Kontrastes zur Historie. Der Kunstbeirat des Bundesrates fand im Rahmen eines »Kunst-am-Bau«-Wettbewerbes die passende künstlerische Gestaltung: Die »Kolosse« von Per Kirkeby wie die »Drei Grazien« von Rebecca Horn ergänzen und verfremden das Preußische Herrenhaus. Die »Kolosse« ersetzen die verlorenen Attikafiguren und wirken aus der Ferne leider wie überdimensionale Briketts. Die »Drei Grazien« – bewegliche goldene Lanzen anstelle von Lichtkuppeln – geben der Wandelhalle einen spielerischen, aber auch bedrohlichen Akzent.

Ein weiterer historischer Gebäudekomplex, der heute vom Bundesministerium für Wirtschaft und Technologie genutzt wird, reiht sich ein in die Strategie des »Altbau-Recyclings«. Bei dem Ensemble handelt es sich um Häuser ganz unterschiedlicher Epochen und Nutzungen, die für den neuen Hausherren umgebaut und erweitert werden mussten. Das wilhelminische Haupthaus an der Invalidenstraße mit seinen repräsentativen Räumen und Treppenhäusern wurde denkmalgerecht wiederhergestellt und dient heute als Sitz des Ministers sowie für offizielle Anlässe, Konferenzen und öffentlichkeitswirksame Veranstaltungen. Hier findet sich auch ein vielbestauntes Beispiel für die Kunst am Bau, mit der die Bundesrepublik als fördernder Mäzen auftritt: Marcel Odenbachs bläulicher Schmuckfries in der neobarocken Aula ist eine Collage aus Photos und Texten zur Geschichte Deutschlands und Berlins im 20. Jahrhundert und dokumentiert auch die hundertjährige Geschichte des Baus in der Invalidenstraße: Von 1905 bis 1910 als Kaiser-Wilhelm-Akademie für das militärärztliche Bildungswesen gebaut, wurde das Gebäude von 1920 bis 1934 vom Reichsarbeitsministerium genutzt. Von 1934 bis 1945 diente es der wiedergegründeten Militärärztlichen Akademie als Sitz, danach bis 1949 der Roten Armee als Lazarett. In den Jahren von 1951 bis 1973 waren gleichzeitig mehrere Nutzer untergebracht: das Ministerium für Gesundheitswesen, die Staatsanwaltschaft

»Kolosse«: Kunst am Bau auch auf der Attika des Bundesrates. Mit seinen schwarz patinierten Bronzeskulpturen erinnert der dänische Künstler Per Kirkeby an die im Krieg verloren gegangenen Figurengruppen.

Der kaiserzeitliche Altbau an der Berliner Invalidenstraße dient heute dem Bundeswirtschaftsministerium als Sitz der Leitung und für öffentlichkeitswirksame Veranstaltungen und Kongresse. Im Vordergrund die Brunnenskulptur »Doppel-Spirale« der Aachener Künstlerin Annette Sauermann.

und das Oberste Gericht, an dem die berüchtigte Hilde Benjamin zahlreiche Todesurteile fällte. Von 1973 bis 1990 diente der gesamte Gebäudekomplex als Regierungs- und Diplomatenkrankenhaus.

Neben dem Kopfbau in der Invalidenstraße und seinen Anbauten steht das mit Abstand älteste Gebäude, das die Bundesregierung in Berlin nutzt: Das über 250 Jahre alte Invalidenhaus aus der Zeit Friedrich des Großen. Das Haupthaus zwischen zwei Flügeln war im Krieg völlig zerstört worden und wurde durch eines der modernsten Gebäude der Stadt ersetzt. Nach nur 20 Monaten Bauzeit konnte das Bundeswirtschaftsministerium in dieses hochmoderne Gebäude der Architekten Thomas Baumann und Dieter Schnittger ziehen, das sich janusköpfig präsentiert: Die eine Seite – geprägt durch Ziegel, Lochfassade und Mittelrisalit – stellt das barocke Ensemble der Invalidenhäuser Friedrichs des Großen in seinen historischen Konturen wieder her. Die andere Seite des Hauses präsentiert sich als riesiger Wintergarten aus Glas und Stahl mit einer der größten und leistungsfähigsten Photovoltaikanlagen Berlins.

Nach Kriegsbeschädigungen und Vermauerung in der DDR-Zeit konnte das repräsentative Treppenhaus Ende der neunziger Jahre in seiner ursprünglichen Form wiederhergestellt werden. Die Aufnahmen stammen aus den Jahren 1910, 1995 und 2001.

Auf dieses über Jahrhunderte entstandene Gesamtensemble von historischen und neuen Gebäuden trifft die Anspruchshaltung der Bundesrepublik Deutschland bei ihren Repräsentationsgebäuden, wie sie im Vorwort der Bundesbauminister Schwaetzer, Töpfer, Oswald, Müntefering und Klimmt zur Publikation »Demokratie als Bauherr« aus dem Jahr 2000 zum Ausdruck kommt, in besonderem Maße zu:

»Der Gedanke zur Herrichtung der in schlechtem Zustand befindlichen Gebäude für eine Bundesnutzung wurde durch eine ganzheitliche Betrachtung der Gebäude bestimmt. Vorstellungen von Gestaltung, Konstruktion, Denkmalschutz, Ökologie, Energie, Realisierbarkeit, Kunst, Sicherheit, Barrierefreiheit und Benutzerfreundlichkeit mußten so zusammen wirken, daß ein jeweils anspruchsvolles Ganzes entstand.«[259]

Ein weiteres vorausschauendes Experiment hatte bei diesem Bauvorhaben für das Bundeswirtschaftsministerium Premiere. Die mittelständische Bietergemeinschaft Pegel & Sohn aus Berlin, die den europaweiten Generalunternehmer-Wettbewerb gewonnen hatte, schloss sich mit acht Bauunternehmen zu einer Arbeitsgemeinschaft zusammen, der »Mittelstands-ARGE«. Als gleichberechtigte Partner wickelten die neun Unternehmen die Einzelgewerke in eigener Verantwortung ab. Das Zusammenspiel auf neuem Terrain war nicht immer einfach – aber führte auch hier zu einem beachtlichen Erfolg: Der Zeitrahmen wurde eingehalten und die Kosten sogar um rund 7,4 Millionen Euro unterschritten.

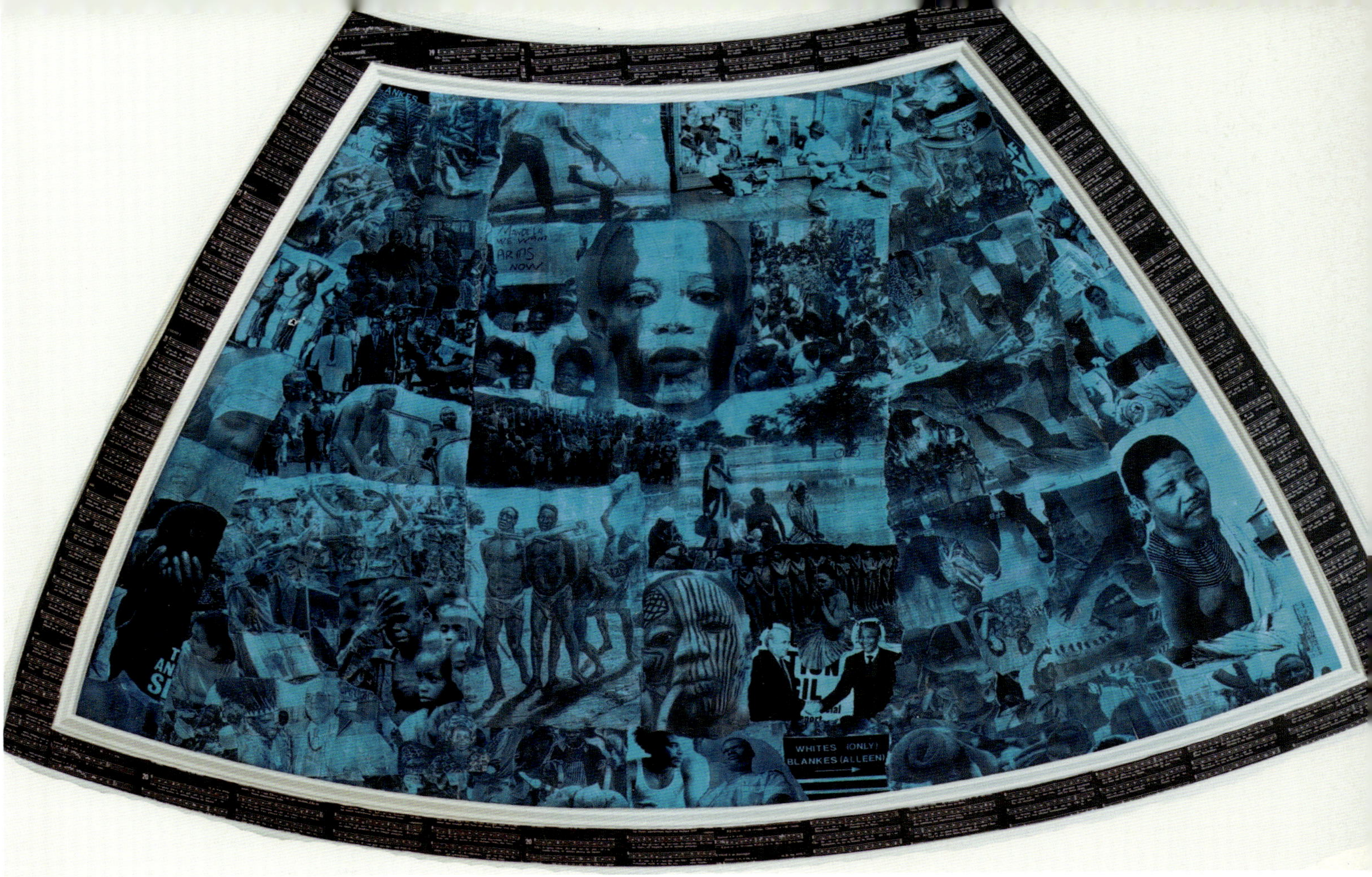

Eine weitere Herausforderung für die Bundesbaudirektion war der Neubau für das Staatsoberhaupt im Tiergarten. Bundespräsident Roman Herzog war der zögerlichen Bonner Bundesverwaltung mit gutem Beispiel voran gegangen und hatte als erster Amtsträger seinen Dienstsitz nach Berlin verlegt. Für den Stab des Bundespräsidenten und seine Administration war das Schloss Bellevue zu klein. Deshalb mußte für das Bundespräsidialamt ein Neubau errichtet werden. Den Wettbewerb entschieden die beiden jungen Architekten Martin Gruber und Helmut Kleine-Kraneburg aus Frankfurt am Main für sich. Für rund 46,5 Millionen Euro entstand von 1996 bis 1998 neben dem Schloß Bellevue, beinahe unauffällig versteckt im weitläufigen Park, ein elliptischer Baukörper, der das Grün der Umgebung in seinen glänzenden, dunklen Natursteinplatten reflektiert und dadurch zum integrativen Bestandteil des Parks wird. Präsident Florian Mausbach beschreibt prägnant und anschaulich die vielbeachtete Architektur:

»Ein Haus für den Bundespräsidenten – es war der erste gebaute Entwurf der jungen Architekten und gleich ein großer Wurf, eine zeitlose Architektur, als wär's ihr Alterswerk. Heute steht der Bau da, als müsste er hier stehen, seit langem und für immer. Während das Schloss Bellevue sich mit breiten Armen zur Stadt öffnet, tritt das neue Amtsgebäude vornehm zurück. Der viergeschossige Ellipsoid in dunkelgrauem Naturstein überragt weder Schloss noch Bäume und steht doch da wie eine große eigenständige Skulptur. Er widerlegt das Dogma, dass Bauen in der Demokratie immer und nur gläserne Transparenz und Offenheit bedeutet. Vielmehr verschließt er sich nach außen wie eine kostbare dunkle Muschel, die sich nach innen leuchtend öffnet. Hier überrascht er mit einer Perle, der künstlerischen Gestaltung in Terrazzo und Majolika.«[260]

Die kriegszerstörte, ehemals mit reichem Stuck verzierte »Aula« der militärmedizinischen Kaiser-Wilhelm-Akademie wurde für das Bundeswirtschaftsministerium in den alten Proportionen aber mit modernen Stilelementen neu geschaffen. Als »Kunst am Bau« wurde ein blauer Schmuckfries von Marcel Odenbach eingefügt, das in Photocollagen die Geschichte des 20. Jahrhunderts widerspiegelt.

Der Neubau des Bundeswirtschaftsministeriums ersetzt das kriegszerstörte Haupthaus des Invalidenhauses aus der Zeit Friedrichs des Großen und interpretiert es bei aller harmonischer Einbindung der erhaltenen Flügel aus dem 18. Jahrhundert mit Spitzdach und Lochsteinfassade aus Sandstein modern.

Ein eigens gebildeter Kunstbeirat empfahl, mit der Gestaltung des Innenraumes den Künstler Lothar Baumgarten zu beauftragen, während der Außenraum zur Erhaltung der Tradition des Ortes weitgehend unberührt von Kunst am Bau bleiben sollte. Noch während der Entstehung des Rohbaus erarbeitete Lothar Baumgarten gemeinsam mit den Architekten ein umfassendes Kunstkonzept, das Florian Mausbach als besonders gelungen heraushebt: »So konnte in einer sehr glücklichen Zusammenarbeit von Architekten und Künstler etwas sehr Seltenes erreicht werden – die harmonische Einheit von Kunst und Architektur.«[261] Auch der Kunstkritiker Thomas Wagner urteilt über die Kunst Baumgartens im Bundespräsidialamt begeistert:

»Das Konzept des Künstlers verschmilzt mit der Architektur, nimmt deren Formen auf und steigert sie symbolisch. Dabei orientiert es sich an der bereits angelegten Ordnung: Maß, Proportionen, Material, Oberfläche, Farbe und deren Zusammenklang werden aus dem Baukörper selbst und der umgebenden Landschaft entwickelt. Die Arbeit entsteht aus zwei Elementen. Ausgangspunkt ist zunächst der Grundriss des Baus. Den Terrazzoboden der Ellipse, der durch den Mittelriegel geteilt wird, strukturierte Lothar Baumgarten in Gestalt eines abgewandelten magischen ›Quadrats‹ aus neun Zahlen. Ferner versah er die Arkadengänge der drei oberen Geschosse mit neunzig zweifarbigen in die Wand eingelassenen Majolika-Tafeln zwischen den Türen. […] Die mit den Jahreszeiten wechselnde Stimmung des im Lichthof unsichtbaren Parks, auf den man aus den Zimmern blickt, wird durch die Licht- und Farbsymbolik der Majolika-Tafeln antizipiert, deren Farben den Gemälden Caspar David Friedrichs an jener Stelle entnommen wurden, an der Himmel und Erde aufeinandertreffen und sich scheinbar berühren.«[262]

Zum Spandauer Schifffahrtskanal zeigt der Neubau des Bundeswirtschaftsministeriums mit einer über 1.000 m² großen Photovoltaikanlage seine sowohl architektonisch als auch technologisch innovative Seite.

Der Neubau des Bundespräsidialamtes im Berliner Tiergarten wurde vom Architekturbüro Gruber Kleine-Kraneburg in der Form eines Ellipsoids entworfen. Das Gebäude in seinem dunkel schimmernden Natursteingewand tritt gleichzeitig selbstbewusst auf und doch bescheiden neben dem benachbarten Schloß Bellevue zurück.

Die Kunst am Bau, die beim Bundespräsidialamt – wie auch beim Auswärtigen Amt – eine Symbiose mit der Architektur eingeht, ist ein integrativer Bestandteil der neuen Berliner Bundesbauten. Florian Mausbach zu der besonderen Rolle, die die Kunstobjekte bei den Bundesbauten einnehmen:

»Kunst am Bau ist Kunst mit dem Bau. Sie ist Teil der Architektur oder ihr Gegenüber, Fortsetzung der Architektur mit anderen Mitteln oder autonomer Widerpart. Ob sie harmoniert, akzentuiert, kontrastiert, immer hat sie ein Verhältnis zur Architektur. […] Kunst als Bestandteil und Widerpart der Architektur ergänzt diese, bereichert sie und weist über sie hinaus. Sie schafft eine neue, anregende, zeitgenössische Atmosphäre.«[263]

Karl Valentin hatte richtig erkannt: »Kunst ist schön, macht aber viel Arbeit«. Für diese Arbeit setzte die Bundesregierung einen eigenen Kunstbeirat ein, der das umfangreiche Kunst-Programm für alle Baumaßnahmen durchgeführt hat.[264] Neben den rund 1000 Künstlerinnen und Künstlern, die sich an den Kunst-am-Bau-Wettbewerben beteiligt haben, bewarben sich auch über 600 weitere Kunstschaffende mit Arbeiten auf Papier. Aus dieser umfangreichen Grafiksammlung sind knapp 300 Werke von über 100 Künstlerinnen und Künstlern durch die Ministerien angekauft worden.[265]

Das Bundespräsidialamt zeigt sich innen hell und offen. Über Galerien gelangen die Mitarbeiter in ihre Büros. Brücken führen auf allen Ebenen zum zentral gelegenen Konferenzkubus. Zahlenreihen und farbige Majolikatafeln sind der Kunst-am-Bau-Beitrag von Lothar Baumgarten.

Diese staatliche Kunstförderung im Rahmen des »Kunst-am-Bau«-Programmes, für die die Bundesbaudirektion vom Wettbewerb bis zur Realisierung verantwortlich war, ist in dieser Form weltweit einmalig. Je nach Bedeutung der Baumaßnahme wurden 0,5 bis über 1 Prozent der Baukosten für die Kunst am Bau ausgegeben. Dabei erhielten nicht nur namhafte Künstler wie Daniel Buren, Per Kirkeby, James Carpenter, Rebecca Horn, Jenny Holzer, Via Lewandowsky, Gerhard Merz, Marcel Odenbach, Lothar Baumgarten, Peter Chevalier und Felix Droese – um nur einige der international bekannten Künstler zu benennen – die Möglichkeit, sich an den Kunstwettbewerben zu beteiligen. Ganz bewußt sollten auch junge Künstler gefördert werden. Auf persönliche Initiative der Bundesministerin für Bildung und Forschung, Edelgard Bulmahn, wurde ein zweistufiger, offener Kunst-am-Bau-Wettbewerb unter Studenten der 22 deutschen Kunsthochschulen ausgelobt. Fünf Arbeiten aus dem Wettbewerb wurden zur Realisierung empfohlen und im Ministerium an der Hannoverschen Straße – der ehemaligen Ständigen Vertretung der Bundesrepublik in Ost-Berlin – umgesetzt.[266]

Kunst am Bau I

Die Kunstwerke an den verschiedenen Ministerialstandorten resultieren aus fünf Direktaufträgen, sechs Ankäufen von Fotokunst, einem kooperativen Kolloquium, 22 beschränkten und 22 offenen Wettbewerben, die von der Bundesbaudirektion durchgeführt wurden. Insgesamt waren etwa 1000 Künstlerinnen und Künstler beteiligt.

Beim Bundesbildungs- und forschungsministerium wurden Wettbewerbsbeiträge von Studenten der deutschen Kunsthochschulen umgesetzt:

Oben: »Neugier« – die Fassadeninstallation von Philipp Fritzsche aus Halle an der Saale ist geheimnisvoll und erweckt Neugier auf das Gebäude des Ministeriums. Zwei Spiegelkörper gleiten in Stahlschienen – scheinbar von Geisterhand geführt -über alle vier Etagen des Gebäudes in fortwährender Auf- und Ab-Bewegung aufeinander zu und voneinander weg.

Rechts: »Die Gelassenheit der Augen im Hinblick auf das Rauschen« – die Glasbilder im Treppenhaus stammen von der Berliner Künstlerin Barbara Frieß.

Oben: »Pinnwand« – ein Nagelbild im Gartenpavillon des Bildungs- und Forschungsministeriums von Jan Hendrik Theissen. Aus 40.000 Reißzwecken setzte der Saarbrückener Künstler das Bild von Teilnehmern einer Montagsdemonstration in Leipzig zusammen. Dieses Bild mit vier unbekannten Gesichtern einer Demonstration, die mit zum Ende der DDR beigetragen hat, gewinnt im früheren Gebäude der Ständigen Vertretung der Bundesrepublik in Ost-Berlin eine symbolhafte Bedeutung.

Oben links: Der Objekt- und Performancekünstler Klaus Rinke schuf den »Sonnenstrahl im Birkenhain« für den Innenhof des Bundestagsgebäudes Unter den Linden 50 in Berlins Mitte.

Links: Auf dem massigen Bau der ehemaligen Reichsbank verwandeln farbige Figuren aus Edelstahl des Künstlers Stephan Balkenhol, die sich wie Wetterfahnen im Winde drehen, die Dachterrasse des Auswärtigen Amtes in eine heitere Begegnungsstätte flanierender Diplomaten aus aller Welt, die von hier einen Ausblick über das Zentrum der deutschen Hauptstadt mit (v.l.n.r.) Berliner Dom, St. Marienkirche, Fernsehturm, Rotem Rathaus und Nikolaikirche haben.

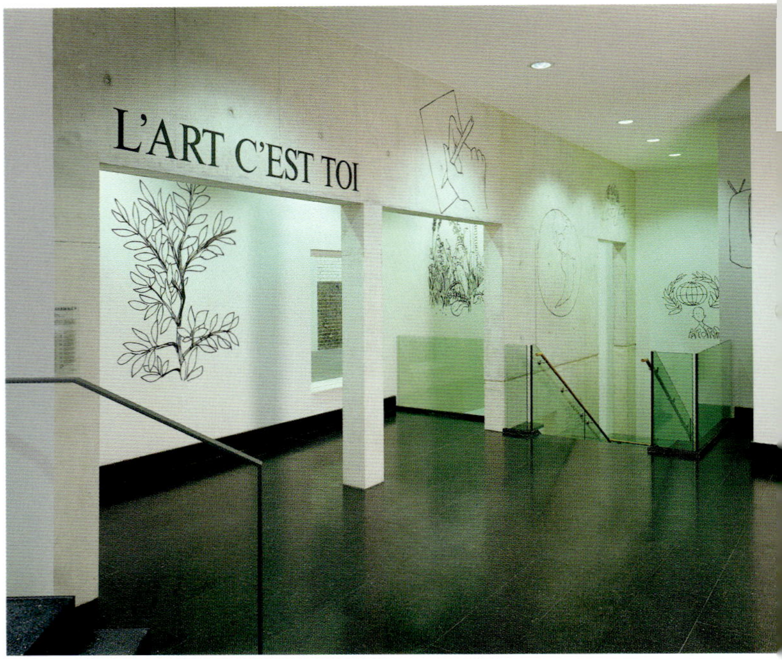

Kunst am Bau II

Oben links: Die Aluminiumgussfigur »Seiltänzer« von Trak Wendisch aus Berlin schwebt im Innenhof des Auswärtigen Amtes und weckt Assoziationen zur Pendel-Diplomatie, die sich wie der Seiltänzer zwischen Balance und Wagnis bewegen muß.

Oben rechts: Dirk Klomann aus Heidelberg gestaltete das Foyer des Bundesjustizministeriums mit seinem »Weltbilderbogen«. Die einzelnen Zeichnungen stellen Themen aus der Lebenswirklichkeit dar und verbinden den Ort abgeschiedener Konferenzen symbolisch mit der Alltagswelt.

Rechts: Die Installation »Verkündung der Reisefreiheit« des Kassler Künstlers Ulrich Schröder erinnert in einer Tordurchfahrt des Justizministeriums und früheren Internationalen Pressezentrums der DDR an die nachgerade beiläufige Öffnung der Berliner Mauer, die hier am 9. November 1989 auf einer Pressekonferenz verkündet wurde.

Ganz rechts: Das Bild »Kirschen vor Landschaft« der Düsseldorferin Karin Kneffel schmückt das Treppenhaus des Bundesministeriums für Ernährung, Landwirtschaft und Verbraucherschutz.

Oben links: Rebecca Horn schuf für den Lichthof des Bundesministeriums für Verkehr, Bau und Stadtentwicklung ihre Installation »Verspiegeltes Planetensystem« aus 21 hin- und herschwenkenden Spiegelskulpturen.

Links: »Die Geburt des Menschen« – das goldene Baby, eine Installation der Radebeuler Künstlerin Ursula Sax, liegt im Innenhof des Bundesministeriums für Familie, Senioren, Frauen und Jugend.

Oben: Die Heidelberger Künstlerin Gisela Hachmann-Ruch installierte ihre »Bildzeichen« aus Acrylplatten im Neubau des Auswärtigen Amtes.

Weitere eindrucksvolle Um- und Erweiterungsbauten betreute die Bundesbaudirektion für das Bundesjustizministerium und das Presse- und Informationsamt der Bundesregierung. Beide zogen in Gebäudeensembles ganz unterschiedlicher Bauepochen: Das Bundespresseamt mit seinen 500 Mitarbeitern erhielt ein Areal zwischen Reichstagsufer und Dorotheenstraße mit vier Kopfbauten, einem Solitär und zehn Flügeln im Inneren des Blocks. Die Grundfläche von rund 43.000 qm wurde nach Plänen des Berliner Architekturbüros KSP Engel Kraemer Schmiedecke Zimmermann für die Nutzung als Verwaltungs-, Konferenz- und Briefing-Zentrum neu »geordnet«, die Altbauten denkmalgerecht saniert, die Plattenbauten mit neuen Fassaden ästhetisch aufgewertet und Neubauten mit modernster Medientechnik errichtet. Ein 120 Meter langer, 20 Meter hoher und sieben Meter breiter Gebäuderiegel stellt eine architektonische Klammer zwischen allen Häusern dar. Dieser Neubau verbindet die Gründerzeit- und DDR-Plattenbauten miteinander, ermöglicht kurze Wege, erleichtert die Orientierung und sorgt mit einer im Abstand von einem Meter vor die Fassade gehängten Lamellenwand, die auch als Sonnenschutz dient, für ein gutes Raumklima und ist gleichzeitig Bestandteil des Energiesparkonzeptes.

Erstmals bei der Sanierung eines Bundesministeriums wurde beim Presse- und Informationsamt der Bundesregierung eine im Krieg und beim Nachkriegsaufbau verloren gegangene historische Fassade auf Basis der computergestützten Photogrammetrie rekonstruiert. Der plastische Bildschmuck der historischen Markthalle aus dem 19. Jahrhundert wurde nach digital geschärften Photovorlagen zentimetergenau von Bildhauern nachgeformt. Die Fassade ziert den repräsentativen Eingang zum Briefingsaal und dient heute als beredtes Beispiel für die technischen und künstlerischen Möglichkeiten der exakten Rekonstruktion verlorener Gebäudesubstanz.

Auch das Bundesjustizministerium residiert in einem Gebäudeensemble von Plattenbauten und historischen Häusern des früheren Konfektionsviertels am Hausvogteiplatz in Berlins Mitte. Die ältesten Bauteile aus dem Jahre 1787 stammen von Carl Gotthard Langhans, dem Baumeister des Brandenburger Tores. Nach Plänen der Düsseldorfer Architekten Eller und Eller wurden die unterschiedlichen Häuser zusammengefaßt, durch einen Bibliotheksneubau ergänzt und die Innenhöfe als glasüberdachte Veranstaltungs- und Kommunikationsflächen neu geschaffen. In einem der Altbauten, dem zwischen 1973 und 1977 zum Presseamt der DDR umgebauten »Haus Stern« mit seiner erhaltenen Jugendstilfassade, verkündete Günter Schabowski am 9. November 1989 die Reisefreiheit für DDR-Bürger. Eine Kunst-am-Bau-Installation von Ulrich Schröder in der Tordurchfahrt von »Haus Stern« erinnert daran. Die Vorreiterrolle des Bundes beim ökologischen Bauen zeigte sich auch beim Bundesjustizministerium: Mehr als die Hälfte des Brauchwasserbedarfs wird durch Sonnenkollektoren erwärmt, die auf dem Plattenbau installiert sind.

Für das Bundespresseamt wurden Gebäude aus unterschiedlichen Epochen zu einem Ensemble zusammengefügt und durch einen 120 Meter langen und nur sieben Meter breiten Riegel, hier in der Bildmitte, miteinander verbunden. Während im Inneren fließende Übergänge geschaffen wurden, betont die Fassadengestaltung die Verschiedenartigkeit der einzelnen Häuser.

Stadtbaurat Helmut Blankenstein schuf 1884 die Fassade der Markthalle (oben links in einer Aufnahme um die Jahrhundertwende). Im Krieg schwer beschädigt, wurde die einst schmuckvolle Fassade in den fünfziger Jahren abgeschlagen und für das Postamt verputzt. Die Aufnahme aus dem Jahre 1996 (oben Mitte) zeigt bereits die Bauschilder für den Umbau zum Bundespresseamt. Kurze Zeit später war der Putz abgeschlagen und die Reste des ursprünglichen Schmucks freigelegt (oben rechts). Genaue Platzierung, Ausformung und Materialität der ursprünglichen Fassadengestaltung konnten mittels computergestützter Photogrammetrie, der Auswertung von historischen Dokumenten und Fundstücken detailgenau rekonstruiert werden (rechte Seite).

Auf den überdachten Innenhöfen gibt es eine 210 qm große Photovoltaikanlage, und die Anforderungen des Wärmeschutzes werden beim Erweiterungsbau nicht nur erfüllt, sondern um 40 Prozent unterboten.

Die hier nur in einzelnen Beispielen vorgestellten und weitere von der Bundesbaudirektion betreute Altbausanierungen und Neubauten für die Bundesregierung in Berlin blieben weitestgehend im Kosten- und Zeitrahmen. Dies wurde von der Arbeitsgruppe des Bundesbauministeriums zur »Auswertung der Baumaßnahmen in Berlin« in ihrem Abschlußbericht vom 5. Juli 2001 als Erfolg für die Hinwendung zur Bauherrenverwaltung beurteilt. In dem Bericht wird die Rolle der Bauverwaltung bei der Kontrolle wirtschaftlichen Einsatzes von Haushaltsmitteln als beispielhaft bewertet.

Gleichzeitig stellte die ministerielle Arbeitsgruppe aber fest, daß *»das Generalplanermodell [..] eine Steuerung und Kontrolle auf Auftraggeberseite erschwert«*[267] hat. Ursprünglich war das Generalplanermodell eingeführt worden, damit *»die Kontrolle der Leistungserbringung der Planer durch Reduzierung auf nur einen Ansprechpartner, nämlich den Generalplaner, erleichtert werden [würde]. Weiterhin sollten die Bauherren von entsprechenden Koordinationsleistungen zwischen den Fachplanern und zwischen Fachplanern und Architekt sowie von umfangreichen und wiederholten Vertragsverhandlungen mit den einzelnen Fachplanern entlastet werden.«*[268]

Eine schlechte Erfahrung mit dem Generalplanermodell hatte das Bundesbauministerium ausgerechnet beim Neubau für sein eigenes Haus gemacht. Nach Plänen des deutsch-schweizerischen Architekten Max Dudler erhielt der Altbau – 1875 bis 1878 von August Tiede als Geologische Landesanstalt und Bergakademie erbaut und nach dem Krieg als Ministerium für Geologie der DDR genutzt – in den Jahren 1997 bis 2000 einen Erweiterungsbau. Der quadratische Kubus mit seiner grün-grauen Natursteinverkleidung und der geometrisch klaren Fassadengliederung kommt in schlichter Eleganz daher. Während der Entwurf überzeugen konnte, gab es zahlreiche gravierende Bauschäden und Versäumnisse bei der Qualitätskontrolle. Auch der Generalunternehmer ließ sich nur unter Kündigungsandrohung zur Einhaltung seiner

1886
1917
1999
PRESSE- UND INFORMATIONSAMT
DER BUNDESREGIERUNG
84

»Haus Stern« wurde für das Bundesjustizministerium entkernt. Hinter der Jugendstilfassade entstand ein Neubau mit gläsernem Quadratraster. In der früheren Tordurchfahrt ist heute die Kunst am Bau von Ulrich Schröder installiert, die an die Pressekonferenz vom 9. November 1989 erinnern soll, auf der die Reisefreiheit für DDR-Bürger verkündet wurde.

Einer der überdachten Innenhöfe des Bundesjustizministeriums am Hausvogteiplatz.

Termine bewegen. Insgesamt zeigte sich, daß in diesem Falle eine gewerkeweise Vergabe durch den Bauherren effektiver gewesen wäre als die, für alle Beteiligten im Nachhinein unbefriedigende Generalplaner-Generalunternehmer-Lösung.

Anders als bei Neubauten birgt der Einsatz von Generalunternehmern bei Altbausanierungen ein schwer kalkulierbares Risiko. Beim Bundesarbeitsministerium beispielsweise stellte sich im Laufe der Baumaßnahme heraus, daß die Bausubstanz des ehemaligen Goebbelschen Propagandaministeriums wesentlich schlechter war als erwartet. Seit Kriegsbeginn war hier selbst Bauschutt zur Verarbeitung gekommen. Bei der Beauftragung des Generalunternehmers konnte dies noch nicht bekannt sein. Dies führte zu erheblichen Nachträgen mit entsprechenden Auseinandersetzungen und Kostensteigerungen.

Allgemein galt für die Zusammenarbeit mit Generalplanern, daß die Bundesbaudirektion lediglich auf Mängel aufmerksam machen konnte, die weitere Verfolgung dieser Mängel dann aber ihrer Kontrolle

Quadratischer Kubus, strenges Raster: Der Erweiterungsbau von Max Dudler für das Bundesministerium für Verkehr, Bau und Stadtentwicklung.

entzogen war und – wie es das Bundesbauministerium ausdrückte – in eine »black box« fiel.[269] Im Abschlußbericht der Arbeitsgruppe »Auswertung der Baumaßnahmen in Berlin« wird dieser Mißstand bemängelt:

»Auf der Grundlage unvollständiger, ungenauer und fehlerhafter Leistungsbeschreibungen hat eine Vielzahl von Firmen spätestens nach Auftragserteilung ein professionelles Nachtragsmanagement als Mittel der Ergebnisverbesserung aufgebaut. Zu den daraus resultierenden, zum Teil erheblichen Bauablaufstörungen sind Defizite in der Organisation, Koordination und Integration der Leistungen der Planungs- und Baubeteiligten hinzugekommen.«[270]

Weiterhin kritisierte das Bundesbauministerium: *»Hinsichtlich der Koordinierung der einzelnen Fachplanerleistungen durch den Generalplaner zeigten sich oft Mängel bei der Qualität der Ausführungsplanungen und der Erstellung der Leistungsverzeichnisse sowie bei der Durchführung der Projekte. Die Behebung und das Abstellen solcher Mängel gestaltete sich über den Umweg des Generalplanervertrages oft langwieriger als dies bei einem direkten Vertragsverhältnis zwischen Fachplaner und Bauherr möglich gewesen wäre.»*[271]

Nicht selten war das Vertrauensverhältnis zwischen Projektleitung und Generalplaner im Laufe der Baumaßnahme so nachhaltig gestört, daß bestehende Verträge gekündigt wurden: Bei den Berliner Bundesbaumaßnahmen wurden ein Viertel aller Generalplanerverträge vorzeitig aufgelöst. »Dabei sind«, so der Bericht des Bundesbauministeriums, »Mehrkosten und Terminverzögerungen zur Verhinderung noch größerer Schäden bewusst in Kauf genommen worden.«[272] Ursache für diese Entwicklung war auch, daß nicht jeder Architekt, sei er als Entwurfsplaner auch noch so qualifiziert gewesen, die gleichen professionellen Maßstäbe als Generalplaner einhalten konnte.

Eine schlanke Bauherrenverwaltung wird auch künftig je nach Bauaufgabe und Auslastung in unterschiedlichem Maße Bauaufgaben an Dritte übertragen. Aus den Erfahrungen mit Generalplanern und Generalunternehmern sind Lehren zu ziehen, insbesondere die einer ausreichenden Kontrolle durch eigenes oder hinzugezogenes Personal. Hierzu gehört auch die Weiterentwicklung elektronischer Kontroll- und Informationssysteme. Heute werden Generalplanerverträge nur noch in Ausnahmefällen abgeschlossen. In der Regel werden durch VOF-Verfahren der Projektsteuerer und alle Planungsleistungen unterhalb der Schwellenwerte einzeln ausgeschrieben, beispielsweise für Hochbau, Technische Gebäudeausrüstung, Tragwerksplanung, Bauphysik und Freianlagen. Die Bauleistungen werden dabei gemäß § 4 VOB/A gewerkeweise oder in Teillosen vergeben, um somit auch dem Mittelstand – auch als Bietergemeinschaft – die Möglichkeit zu geben öffentliche Aufträge zu erhalten.

Der Lichthof im Altbau des Bundesverkehrs- und bauministeriums bildet den schmuckvollen Rahmen für Tagungen und repräsentative Veranstaltungen.

Karl Friedrich Schinkel erbaute die Friedrichswerdersche Kirche zwischen 1824 und 1830. Im Jahre 2000 konnte die Bundesbaudirektion die Generalsanierung abschließen.

Heute beherbergt die Friedrichswerdersche Kirche die Sammlung von Skulpturen des frühen 19. Jahrhunderts der Staatlichen Museen Preußischer Kulturbesitz. Werke der klassizistischen Bildhauer Johann Gottfried Schadow, Christian Friedrich Tieck, Christian Daniel Rauch, Emil Wolff, Theodor Kalide, Ridolfo Schadow und August Kiss entfalten ihre volle Wirkung in Schinkels beeindruckendem Kirchenschiff.

Die kulturellen Hauptstadtbauten

Nachdem die politischen Hauptstadtbauten Zug um Zug fertig wurden, verlagerte sich die Bautätigkeit mehr und mehr auf die kulturellen Hauptstadtbauten. Bereits Anfang der 1990er Jahre war der Deutsche Dom am Gendarmenmarkt restauriert und für die Reichstags-Ausstellung »Fragen an die deutsche Geschichte« hergerichtet worden. Unter den Linden entstand aus Schinkels Neuer Wache die »Zentrale Gedenkstätte der Bundesrepublik Deutschland«.

2000 konnte die Friedrichswerdersche Kirche, 1824 bis 1830 von Karl Friedrich Schinkel erbaut, den Staatlichen Museen der Stiftung Preußischer Kulturbesitz für ihre Skulpturensammlung übergeben werden. Die Friedrichswerdersche Kirche war im Krieg schwer, aber nicht unwiederbringlich beschädigt worden. Zur 750-Jahrfeier der Stadt Berlin 1987, also noch zu DDR-Zeiten, war sie zum ersten Mal wiederhergestellt worden, aber nur unzureichend und vorläufig. Es hatte nicht zuletzt am richtigen Material gemangelt. Nach der Wende wurde die Bundesbaudirektion mit der detailgenauen und denkmalpflegerischen Restaurierung beauftragt. Unter der Leitung von Martina Abri, die mit der Sanierung der Friedrichswerderschen Kirche seit 1979 vertraut war, und Christian Raabe wurde der harmonische Bau nach den Originalplänen Schinkels restauriert.

Mit der Sanierung des ältesten Berliner Barockbaus, dem Zeughaus von Andreas Schlüter Unter den Linden, und einem anspruchsvollen Erweiterungsbau von Ieoh Ming Pei erhielt das Deutsche Historische Museum zwei außergewöhnliche Ausstellungshäuser im Herzen des historischen Berlins. Das Zeughaus wurde von 1695 bis 1730 von Nering, Grünberg, Schlüter und de Bodt als preußisches Waffenarsenal erbaut. Es ist eines der ältesten Gebäude Berlins und zählt zu den bedeutendsten Barockbauten Norddeutschlands. Unter Kaiser Wilhelm I. erhielt der Innenhof mit den berühmten Masken der »Sterbenden Krieger« von Andreas Schlüter eine Glasüberdachung und der Nordflügel eine kuppelbekrönte Ruhmeshalle im Obergeschoß. Im Zweiten Weltkrieg wurde das Zeughaus fast vollständig zerstört. Nur die barocken Fassaden blieben stehen und wurden restauriert. Der Wiederaufbau im Inneren des vollständig entkernten Zeughauses erfolgte ganz im Stil der fünfziger Jahre und berücksichtigte dabei die barocke Weitläufigkeit und Offenheit der Flächen. Das Gebäude diente der DDR fortan als Museum für Deutsche Geschichte. Seit 1991 ist das auf Initiative von Bundeskanzler Helmut Kohl gegründete Deutsche Historische Museum (DHM) Nutzer des Hauses, das mit der Dauerausstellung zu 2000 Jahren deutscher Geschichte im Juni 2006 das Zeughaus eröffnet hat.

Die dafür notwendige Generalsanierung erfolgte in den Jahren 1999 bis 2003. In Anbetracht der Bedeutung des Gebäudes wurde – anders als sonst üblich – für diese Generalsanierung ein Wettbewerb ausgeschrieben. Sieger war das Architekturbüro Winfried Brenne aus Berlin, das den gestalterischen und funktionalen Anforderungen an ein modernes Museum sowie den Qualitäten der Bausubstanz des Barockbaus und des Wiederaufbaus aus den 50er und 60er Jahren am besten gerecht wurde. Die denkmalgemäße Generalsanierung und der Einbau innovativer Klimatisierungs- und modernster Sicherheits- und Medientechnik kostete rund 25 Millionen Euro. Das Zeughaus verfügt seitdem über Ausstellungsflächen von

Unten: Der Deutsche Dom steht auf einem der schönsten Plätze Berlins, dem Gendarmenmarkt, und wurde von der Bundesbaudirektion für Ausstellungszwecke hergerichtet.

Rechts: Die ausgebrannte Kriegsruine des Deutschen Doms wurde im Inneren als Rohbau belassen und mit modernen Einbauten, meist aus Stahl und Beton, versehen.

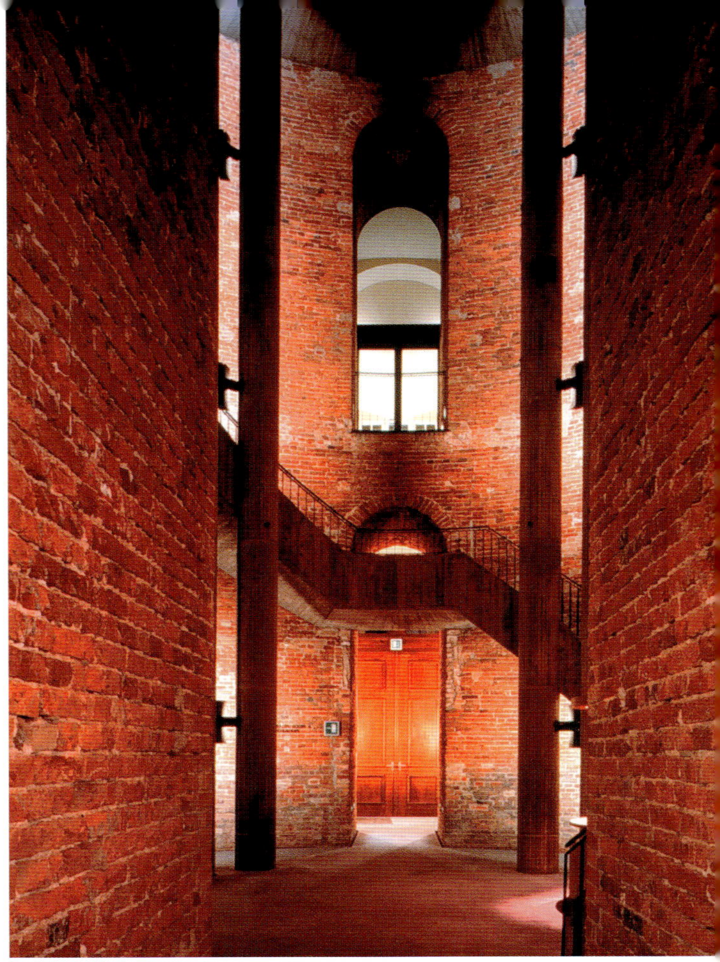

7.600 qm und ist im Erdgeschoß mit Granitboden und Putzoberflächen ausgestattet, im Obergeschoß mit geöltem Eichenparkett, Pfeilern aus thüringischem Travertin, Stuck und Lampen aus den fünfziger Jahren, einem modernisierten Kino im Ambiente der sechziger Jahre, einem neuen Buchladen und einem Café.

Der von Ieoh Ming Pei entworfene Neubau des Wechselausstellungsgebäudes, das sich im Norden des Zeughauses anschließt und unmittelbar mit diesem verbunden ist, erweist sich mit Abstand als der anspruchsvollste und architektonisch aufsehenerregendste Kulturneubau Berlins. Durch den Verbindungsgang aus dem Zeughaus kommend, öffnet sich ein großer Luftraum, der den ungestörten Blick bis zum Himmel freigibt. Von den Rolltreppen, Freitreppen, Brücken und Galerien aus, die sich vielfältig durchdringen und überschneiden, fällt der Blick immer wieder auf die gegenüberliegende Fassade des

Bildreihe rechts: Im Zweiten Weltkrieg wurde das Zeughaus vollständig zerstört. Nur einige Grundmauern und die Innenhoffassade mit den wertvollen Plastiken der »Sterbenden Krieger« von Andreas Schlüter blieben erhalten.

Ausführungsentwurf des »VEB Projektierung Berlin« aus dem Jahre 1952 für den Wiederaufbau des Zeughauses als »Museum für Deutsche Geschichte«. Hier die Empfangshalle im Lindenflügel.

Vor dem Wiederaufbau mussten die einsturzgefährdeten Reste des Gewölbes abgerissen werden. Der Einbau der Stahlskelettkonstruktion erfolgte 1955.

Zeughauses. Der eigentliche Ausstellungsbereich liegt in einem mit Naturstein verkleideten, weitgehend geschlossenen Baukörper, der sich dem Gegenüber von klassizistischen Bauten mit dieser Materialwahl anpasst. Gleichzeitig setzt er jedoch ein zeitgenössisches Zeichen der klassischen Moderne. Die Ausstellungsflächen sind fensterlos, der Bezug zur Grundgeometrie bleibt jedoch überall erhalten. Nur im zweiten Obergeschoß sind Einschnitte in den monolithischen Körper erlaubt: Ein gebogenes Fenster fokussiert das Kastanienwäldchen und die Neue Wache, eine Dachterrasse und ein Glaserker schaffen den Bezug zur Museumsinsel. Dieser, wie eine Skulptur mit zahlreichen Verschneidungen, Vor- und Rücksprüngen ausgebildete Baukörper wird von der über vier Geschosse reichenden offenen Glashalle umgriffen. Auf der Ostseite, unmittelbar an das Verwaltungsgebäude des Museums angrenzend ist ein schmaler, L-förmiger Baukörper eingestellt, der ein Auditorium und Werkstätten beinhaltet und ebenfalls mit hellem Kalkstein verkleidet ist.[273]

Unten: Von 1695 bis 1730 wurde das Zeughaus von den bedeutenden Baumeistern Johann Arnold Nering, Martin Grünberg, Andreas Schlüter und Jean de Bodt errichtet. Es beherbergte im 18. Jahrhundert das bedeutendste Waffendepot Preußens.

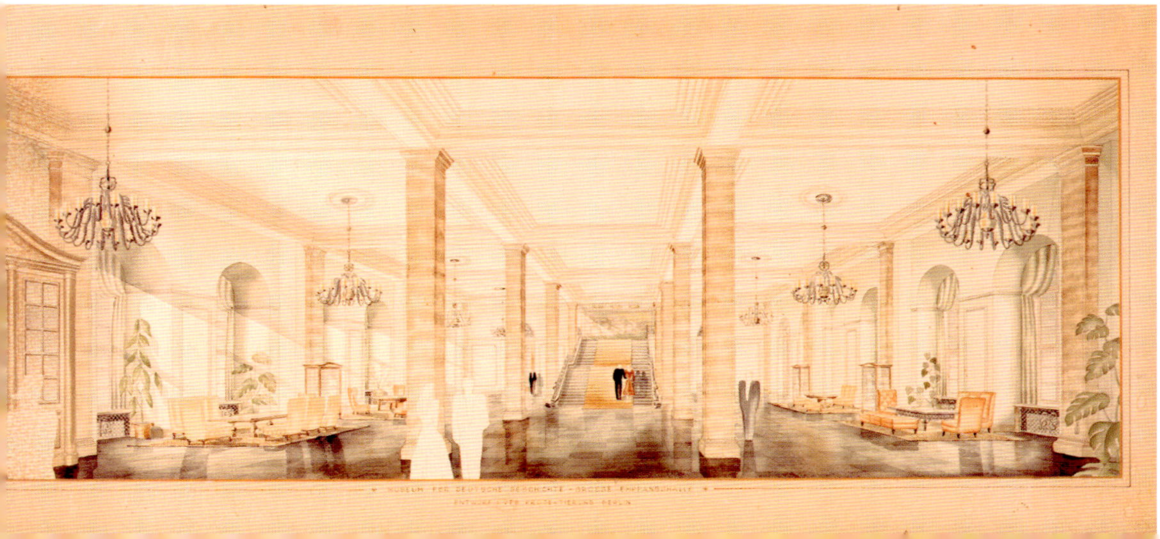

Oben: Der glasüberdachte Schlüterhof mit den Masken der »Sterbenden Krieger« gilt als bedeutendster und schönster Veranstaltungsort Berlins.

In der Rede anläßlich der Schlüsselübergabe am 28. Februar 2003 spricht Florian Mausbach von den besonderen Herausforderungen, die dieser Neubau mit sich brachte:

»Ieoh Ming Pei hat uns mit diesem Bau vor eine wunderbare, aber auch ungewöhnlich schwierige Aufgabe gestellt. Seine persönliche Handschrift und die architektonische Gestalt im Großem wie in jedem Detail, die Konstruktionen und die ausgesuchten Werkstoffe stellten nicht nur höchste ästhetische Ansprüche. Auch die technischen Anforderungen waren so, dass alle Mitwirkenden – Bauherr, Architekten, Ingenieure, Bauunternehmer und Handwerker – an ihre Grenzen gehen mussten. Um den bekannt schwierigen Baugrund in Berlins Mitte durch eine weiße Wanne zu sichern, mussten wir zunächst Braunkohle zu Tage fördern. Für die Verbindung zum historischen Zeughaus musste die Straße Hinter dem Zeughaus unterfahren werden. Dafür wurde das denkmalgeschützte Barockgebäude an dieser Stelle vorübergehend an einer Stahlkonstruktion aufgehängt.

Für die Großskulptur des Pei-Baus wurde ein Architekturbeton entwickelt mit eigener Rezeptur unter Beimischung gelber Sande. Die Schalung aus Oregon-Pinie wurde wie ein Schiffsboden verlegt. Dafür mussten wir Zimmerleute aus Irland holen. Der Naturstein – es ist Kalkstein aus Burgund für die Wände und Granit aus New Hampshire

Oben rechts: Rund 7.500 qm Ausstellungsfläche stehen dem Deutschen Historischen Museum im Zeughaus zur Verfügung. Im Obergeschoss befinden sich lichtdurchflutete großzügige Räumlichkeiten, hier der Nordflügel nach dem Umbau der Jahre 1999-2003 mit den restaurierten, originalen Decken-Rosettenleuchten aus dem Jahre 1958.

Unten links: Der Buchladen des Deutschen Historischen Museums in der Südostecke des Zeughauses.

Unten rechts: Bei der Generalsanierung des Zeughauses wurden auch die Einbauten aus den fünfziger und sechziger Jahren als Denkmal behandelt. Das Kino verströmt das entsprechende Ambiente, lediglich Akustik, Bildtechnik und behindertengerechte Ausstattung sind Tribute an zeitgemäße Anforderungen.

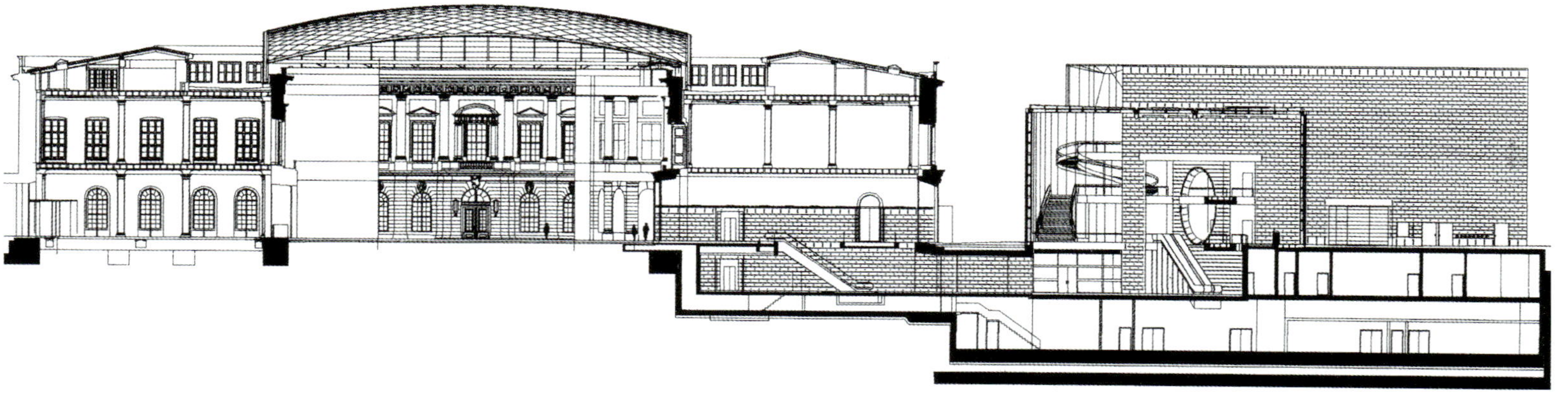

Ganz oben: Ieoh Ming Peis Wechselausstellungshalle für das Deutsche Historische Museum. Rechts im Bild die Nordfassade des Zeughauses.

Oben: Der Schnitt zeigt die unterirdische Anbindung der Wechselausstellungshalle (rechts) mit dem Zeughaus. Der Besucher defiliert von den Linden kommend (von links nach rechts) durch die Eingangshalle und den glasüberdachten Schlüterhof hinunter zur Passerelle bis zum Foyer des Pei-Baus.

Oben links: Auf diesem Blick in die Eingangshalle des Pei-Baus wird deutlich, warum der große chinesisch-amerikanische Architekt von seinem »Schauhaus« spricht.

Oben rechts: Fernöstliche Formensprache wie hier im Foyer geht bei Pei eine geniale Symbiose mit westlicher Moderne ein.

Links: Das glasüberdachte Foyer des Pei-Baus.

Staatsbibliothek Unter den Linden auf einer Luftaufnahme von 1929. Deutlich erkennbar der Kuppellesesaal als Herzstück des ganzen Ensembles.

für die Böden –, er durfte nicht geklebt, sondern musste in komplizierten Geometrien massiv verarbeitet werden. Für die Stahlkonstruktionen konnten keine Serienprodukte verwendet werden. Einzelteile der Wendeltreppe wurden in einer holländischen Werft zurechtgebogen. Nur in Finnland konnten die großen Gläser der Wendeltreppe ihre gebogene Form erhalten. Im unscheinbaren Glas verbirgt sich neueste Technologie: Sonnenschutz, Wärmeschutz, Transparenz, Farbechtheit und auf den Dächern Begehbarkeit.«[274]

Die Bauzeit für den Pei-Bau betrug viereinhalb Jahre. Bei einer Hauptnutzfläche von 4.500 qm kostete der Neubau 54 Millionen Euro. Daß sowohl die hohe Qualität der Architektur und Materialien als auch der Kosten- und Zeitrahmen eingehalten werden konnten, fand bei diesem unvergleichlich anspruchsvollen

Bau ein positives Echo. Auch die Berliner Bevölkerung »stürmte« begeistert das noch leere Ausstellungshaus: An zwei frostigen Wintertagen standen 20.000 Menschen stundenlang Schlange, um bei den von der Bauverwaltung initiierten Tagen der Offenen Tür einen ersten Blick auf die »Architektur pur« zu werfen. Bei den Tagen der Offenen Tür im Zeughaus waren es später sogar 50.000 Besucher. Heute erleben die Besucher des Deutschen Historischen Museums eine Zeitreise durch die Architektur. Sie betreten, von den Linden kommend, das Zeughaus durch das barocke Portal, durchschreiten das Foyer und Treppenhaus aus den fünfziger Jahren und den atemberaubenden Lichthof mit seiner beeindruckenden Symbiose von Schlüterscher Architektur und Plastiken und moderner Ingenieurbaukunst und gelangen schließlich zur, im Kontrast zur strengen Symmetrie des Barocks stehenden freien Skulptur des Pei-Baus.

Der historische Kuppellesesaal wurde im Krieg schwer beschädigt und die Reste zu DDR-Zeiten gesprengt, um vier Büchermagazintürmen Platz zu machen.

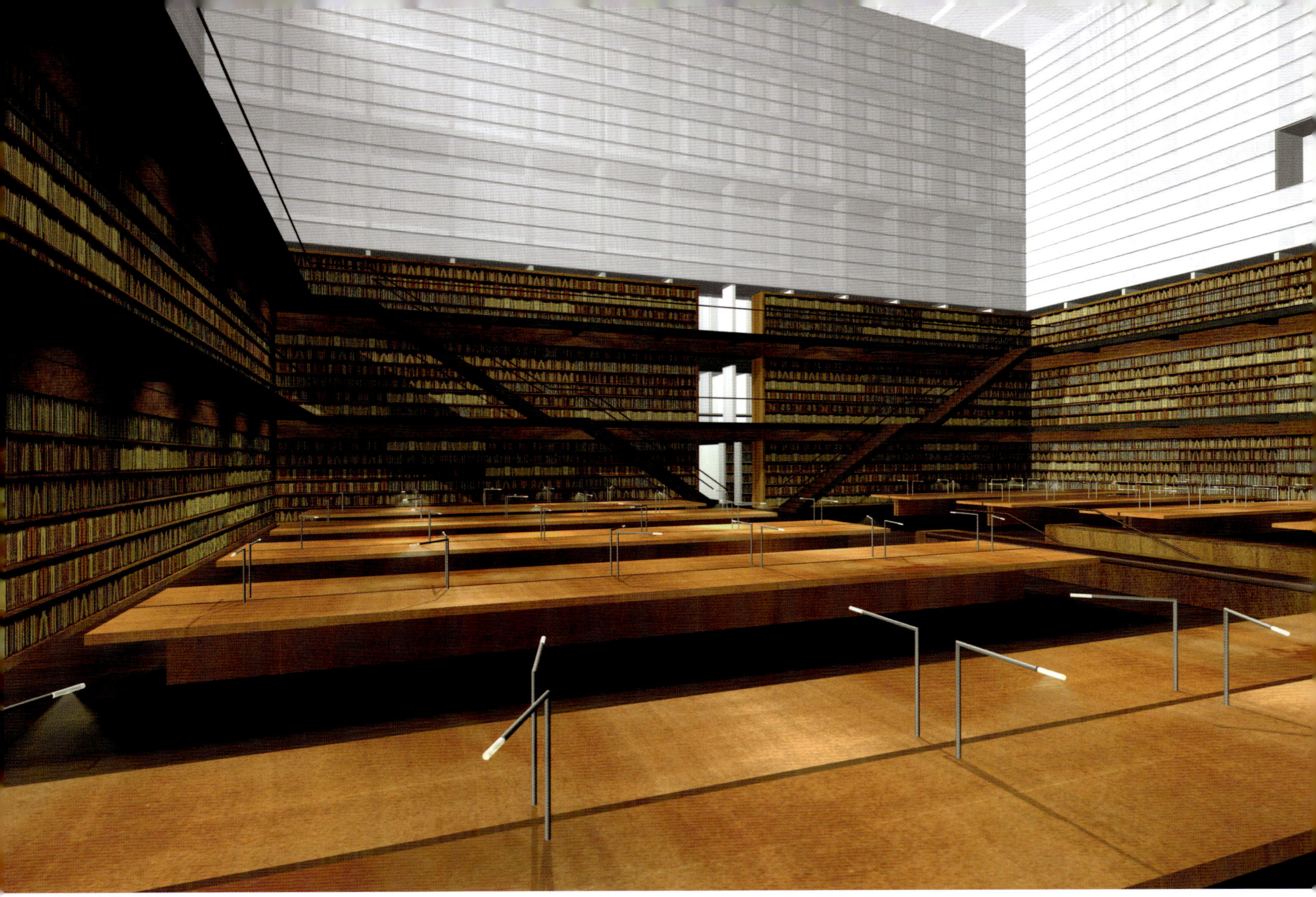

300.000 Bücher im Freihandmagazin: Der neue Lesesaal nach den Plänen von HG Merz nimmt die Proportionen des alten Saals – auch in der Höhe – auf und bekrönt ihn mit einer gläsernen Decke. Vom Brunnenhof über den imposanten wilhelminischen Treppenaufgang und das Vestibül wird der Lesesaal den Höhepunkt einer eindrucksvollen Raumfolge bilden.

Eine weitere bedeutende Kulturbaumaßnahme ist seit 1990 die Sanierung und der Wiederaufbau der größten deutschen Universalbibliothek: Die Alte Staatsbibliothek Unter den Linden – von Bau- und Kostenvolumen größer als der Reichstag – wird seit 1992 noch bis 2011 für rund 460 Millionen Euro saniert. Das Gebäude wurde von 1903 bis 1914 nach Plänen Ernst von Ihnes erbaut und im zweiten Weltkrieg stark beschädigt. 1975 wurde der zentrale Lesesaal abgerissen. Seitdem fehlt dem Gebäude seine funktionale und inhaltliche Mitte. Mit dem ausgewählten Wettbewerbsbeitrag des Architekten H. G. Merz werden mehr als die funktionalen Voraussetzungen für einen modernen Bibliotheksbetrieb geschaffen. Der Entwurf rekonstruiert die Idee des historischen Großbauwerks, die dramatisch inszenierte Raumfolge mit dem großen Lesesaal als Höhepunkt, dies aber in einer überraschend lichten zeitgenössischen Architektur. Als kubischer Lichtkörper auf einem Sockel aus hohen Bücherwänden demonstriert der zentrale Lesesaal die Staatsbibliothek als klassisches »Haus des Buches« und setzt zugleich dem wilhelminischen Prunkbau ein aufklärerisches Licht auf.

Neben den oben beispielhaft vorgestellten Kulturbauten stellt das UNESCO-Weltkulturerbe »Museumsinsel Berlin« die größte Herausforderung dar.[275] Im Verlaufe von 100 Jahren, zwischen 1830 und 1930, entstand hier ein einmaliges Ensemble bedeutender Museumsbauten, geschaffen von den Architekten jener Zeit. Nach nur wenigen Blütejahren wurde die Museumsinsel durch die Bomben des 2. Weltkriegs zerstört und konnte nach dem Krieg nur teilweise und unter schwierigen Umständen instandgesetzt werden. Mit der Wiedervereinigung Deutschlands ergaben sich auch für die Museumsinsel völlig neue Aufgaben und Möglichkeiten. Sammlungen von Weltrang, die über 40 Jahre getrennt waren, konnten nun wieder hier im historischen Ensemble der fünf Museen zusammengeführt werden. 1993 wurden erfahrene Museumsarchitekten aus aller Welt zu einem Wettbewerb geladen, an dessen Ende nicht nur ein Architekt, sondern auch ein stimmiges architektonisches und denkmalpflegerisches Konzept gefunden wurde. 1997 erhielten David Chipperfield Architects (DCA) aus London den Planungsauftrag für den Wiederaufbau des Neuen Museums. Chipperfield entwickelte in einem ersten Schritt gemeinsam mit den anderen Architekten der Museumsinsel einen Masterplan, der zum ersten Mal die Anforderungen an ein modernes Weltmuseum mit den Belangen der Denkmalpflege in Einklang brachte. Am 4. Juni 1999 wurde der Masterplan durch den Stiftungsrat als Grundlage für alle weiteren Planungen für die Museumsinsel beschlossen.

Museumsinsel Berlin mit (von rechts nach links): Altes Museum, Ruine des Neuen Museums, Alter Nationalgalerie, Pergamonmuseum, Bodemuseum.

Alte Nationalgalerie, seit 2001 im neuen Alten Glanz.

In diesem ambitionierten Masterplan, der nicht nur die einzelnen Gebäude sanieren und wiederherstellen, sondern die gesamte Insel weiterentwickeln und modernisieren soll, werden über rund 15 Jahre die Perlen der Stiftung Preußischer Kulturbesitz für über 1,2 Milliarden Euro saniert und die einzelnen Museen mit einer archäologischen Promenade verbunden. Die Freiräume zwischen den Museen werden nach Plänen der Landschaftsarchitekten Levin Monsigny aus Berlin nach klassischem Vorbild gestaltet und durch eine souveräne Anordnung von Wegen, Grünflächen und Standbildern eine Harmonie zwischen Lustgarten, Domgarten und dem Kolonnadenhof erzeugt.

Mit der Fertigstellung der Alten Nationalgalerie wurde im Jahre 2001 ein erster Meilenstein für die Generalsanierung der Museumsinsel erreicht und die »Nagelprobe« bestanden: Der Kostenrahmen für die Grundinstandsetzung der Alten Nationalgalerie in Höhe von 74 Millionen Euro wurde eingehalten. Statt nach der vorgesehenen Bauzeit von vier Jahren konnte die Alte Nationalgalerie bereits ein Jahr früher fertiggestellt werden. Damit wurde ein Wunsch der Staatlichen Museen zu Berlin erfüllt, die pünktlich zum 125-jährigen Jubiläum der Alten Nationalgalerie im Dezember 2001 mit den Sammlungen der Malerei und Skulpturen des 19. und 20. Jahrhunderts wiedereröffnen konnten. Das tempelartige Gebäude war zwischen 1866 und 1876 von Friedrich August Stüler und Johann Heinrich Strack errichtet worden. Im Krieg weitgehend zerstört, konnten 1949 zehn Räume wiedereröffnet werden, 1959 wurde dort dann wieder die vollständige Ausstellung gezeigt. In den sechziger Jahren konnte auch das äußere Erscheinungsbild mit breiter Außentreppe und Haupteingang wiederhergestellt werden.

Treppenhaus der Alten Nationalgalerie, 1866-1876 erbaut von Friedrich August Stüler, saniert und mit neuen Akzenten versehen von HG Merz.

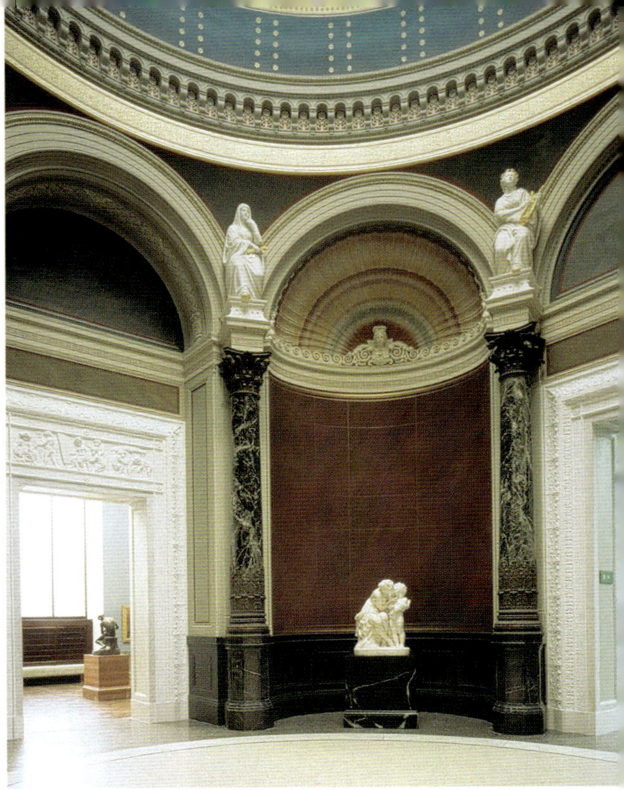

Alte und neue Kabinette und Ausstellungsräume der Alten Nationalgalerie.

Die Generalsanierung nach Plänen von H. G. Merz begann 1998 und brachte das Gebäude sowohl museumstechnisch als auch ästhetisch auf den Stand des 21. Jahrhunderts. Die grundlegende Instandsetzung umfasste Gründungsarbeiten, Roh- und Ausbau, eine klima- und sicherheitstechnische Basiserneuerung sowie umfangreiche Stucco-, Terrazzo- und Restaurierungsarbeiten. In enger Zusammenarbeit mit dem Landesdenkmalamt wurde ein denkmalpflegerisch-architektonisches Konzept entwickelt, das darauf aufbaute, die noch vorhandenen Schichten und baulichen Spuren der letzten 120 Jahre zu akzeptieren und soweit beizubehalten, wie dies ästhetisch und funktional zu verantworten war. Heute ist die Alte Nationalgalerie Zeugnis dreier historischer Umbauphasen: Die Säulenhalle wurde im ersten Geschoss in Kabinette umgeformt, die zweigeschossigen Säle in ihrer Höhe durch Einziehen einer Zwischendecke reduziert, um dadurch Ausstellungsfläche zu gewinnen, und schließlich war der Wiederaufbau der 1944/45 stark beschädigten Räume im dritten Obergeschoss und im Haupttreppenhaus in veränderter Form mit reduzierter Bauplastik erfolgt.

Zum Richtfest am 4. Oktober 1999 hob Bundeskanzler Gerhard Schröder die Bedeutung der gesamten Museumsinsel als herausragende kulturpolitische Aufgabe des Bundes hervor. Kurz darauf nahm der Bund seine Verantwortung wahr, als das Land Berlin sich aus der Finanzierung des Masterplans zurückzog und der Bund diese fortan zu hundert Prozent übernahm. Auch bei der Alten Nationalgalerie feierte die Bevölkerung an Tagen der Offenen Tür die gelungene Sanierung und flanierte durch die wiederhergestellten Kabinette und die teilweise mit reichem plastischen Schmuck ausgestatteten Säle.

Das Kaiser-Friedrich-Museum, seit 1956 nach Wilhelm von Bode, seinem Gründer und ersten Direktor, Bodemuseum genannt, wurde von 1896 bis 1904 für die Gemäldegalerie und Skulpturensammlung als damals höchst modernes Tageslichtmuseum nach Plänen Ernst von Ihnes erbaut. Nachdem es im Krieg schwer beschädigt worden war, erfolgte in den fünfziger Jahren der schrittweise Wiederaufbau bis zur Schließung des Museums im Jahre 1999. Die Generalsanierung für rund 152 Millionen Euro nach Plänen des Wiener Ateliers Heinz Tesar und des Berliner Ateliers Christoph Fischer konnte im Jahr 2005 vollendet werden. Das neobarocke Äußere des Gebäudes wurde dabei wieder hergestellt. Im Inneren wurde die Hauptachse des Gebäudes mit Großer Kuppel, Kamecke-Halle, Basilika und Kleiner Kuppel entsprechend ihrem hohen denkmalpflegerischen Rang dank der fast vollständig erhaltenen Originalsubstanz aufwändig restauriert. Im Sockelgeschoss wurden im Rahmen des neuen Ausstellungskonzeptes zusätzliche Räume wie die »Kindergalerie« geschaffen und vier der fünf ebenerdig gelegenen Höfe öffentlich zugänglich gemacht. Dadurch entstand eine Verbindung mit dem natürlichen Niveau sowie eine Korrespondenz mit den übrigen Freiräumen der Insel. Im Jahre 2006 wurde das Bodemuseum auf 11.000 qm Hauptnutzfläche mit Skulpturensammlung und den Exponaten des Museums für Byzantinische Kunst wiedereröffnet.

Oben: An der Nordwestspitze der Museumsinsel gelegen, dort wo Spree und Kupfergraben zusammenfließen und von der Monbijou-Brücke überspannt werden, hat Ernst von Ihne zwischen 1896 und 1904 ein damals hoch modernes Tageslichtmuseum geschaffen. 100 Jahre nach der ersten Einweihung wurde die Generalsanierung dieses schlossähnlichen Museums abgeschlossen.

Links: Der Besucher des Bodemuseums betritt als erstes die mächtige Kuppelhalle mit dem Reiterstandbild des Großen Kurfürsten von Andreas Schlüter. Diese Halle ist der Beginn einer repräsentativen Mittelachse, die durch die »Kamecke-Halle« und die »Basilika« bis zur Kleinen Kuppel führt.

In den kommenden Jahren werden auch die drei anderen Gebäude auf der Museumsinsel nach und nach generalsaniert. Eine besonders faszinierende Baumaßnahme stellt dabei der Wiederaufbau der Kriegsruine des Neuen Museums dar. Schon die Errichtung des Gebäudes von 1841 bis 1855 nach Plänen von Friedrich August Stüler stellte ein Novum sondergleichen dar. Florian Mausbach in seiner Rede anläßlich des Startschusses zum Wiederaufbau am 24. Juni 2003:

»Stand das Alte Museum noch in der klassischen Tradition, war das Neue Museum modern und revolutionär. Mit diesem Bau erwies sein Architekt sich als Vorreiter preußischer Konstruktions- und Baukunst im Zeichen der Industrialisierung. Es war die Zeit, als Berlin aufbrach ins Industriezeitalter und sich anschickte, Weltstadt zu werden. Die Revolution begann auf der Baustelle. August Borsig, der mit seiner ersten Lokomotive gerade die englische Konkurrenz in einem Wettrennen geschlagen hatte, lieferte eine mächtige Dampfmaschine für die erste Dampframme in Berlin, für die Wasserhaltung der Baugrube, für die Mörtelmischmaschine und den Materialaufzug. Revolutionär aber waren vor

allem die neuen Baukonstruktionen. Es waren freitragende eiserne Deckenkonstruktionen, zum Teil bereits vorgefertigt. Es waren Leichtziegel und Topfgewölbe, die bei dem schwierigen Baugrund die Baulasten verringern sollten. Neu aber war auch die gestalterische Inszenierung dieser neuzeitlichen Konstruktionen. Und auch die Museumsphilosophie war eine neue. Diente das Alte Museum noch dem Kunstgenuss antiker Skulptur, sollte das Neue Museum Bildung vermitteln und die Brücke schlagen zu universitärer Wissenschaft und Forschung. Gestalterischer, funktioneller und didaktischer Mittelpunkt des Hauses aber war das große Treppenhaus, wo in Wandbildern Kaulbachs die Höhepunkte menschlicher Kultur vorgeführt wurden. 100 Jahre später wurde das Haupttreppenhaus durch Brandbomben zerstört, in der Nacht vom 23. zum 24. November 1943. Zwei Jahre später, am 3. Februar 1945, zerstörten Sprengbomben den Nordwestflügel und die Südkuppel – die Nationalsozialisten hatten die Museumsinsel zur Festung erklärt. Seitdem ist das Neue Museum Ruine.«[276]

Links: »Basilika« des Bode-Museums.

Mitte: Im Sockelgeschoß des Bodemuseums befindet sich seit 1904 das Münzkabinett. Es wurde inklusive der ebenfalls 100 Jahre alten Möbel, kupfernen Münz-Schuber und Vitrinen bei laufendem Betrieb in den Jahren 2000 bis 2004 saniert. Mit seinen rund 500.000 Objekten stellt es eine der weltweit größten numismatischen Sammlungen dar.

Oben: Die Kleine Kuppel krönt das Treppenhaus, das zu den oberen Ausstellungssälen führt.

Oben: 100 Jahre nach seiner Errichtung durch Friedrich August Stüler wurde das Neue Museum durch die Bomben des Zweiten Weltkrieges zerstört. Seitdem steht es als Ruine auf der Berliner Museumsinsel.
Im Jahre 2003 gab der Bund den Startschuß zum Wiederaufbau.

Links: Der Niobidensaal vor der Restaurierung mit den Wunden des Krieges und des anschließenden Verfalls.

Dabei ist der Grad der Zerstörung des Hauses sehr unterschiedlich. Der Südostrisalit und der gesamte Nordwestflügel des Gebäudes waren vollständig zerstört worden. Neben erhaltenen Innenräumen mit raffinierten Oberflächen bis hin zu Wandbildzyklen finden sich Bauteile wie die Treppenhalle, deren nackte Ziegelmauern einen erschütternden Leerraum umschließen. Es gilt nun beim Wiederaufbau nach Plänen von David Chipperfield Architects, die historische Bausubstanz der Ruine zu sichern, zu restaurieren und zusammen mit den Ergänzungen zu einem ganzen Haus zu vervollständigen. Der Entwurf nutzt das Erhaltene und gibt ihm den Gebäudekontext wieder. Das architektonische Thema ist hier weniger der Kontrast als die Kontinuität. Der Wiederaufbau des Neuen Museums soll einer enthistorisierenden Rekonstruktion ebenso entgehen wie einer romantisierenden Alt-Neu-Rhetorik oder der Monumentalisierung seiner Zerstörung.

Die wiederhergestellte Folge der Innenräume führt durch fast vollständig erhaltene, reich gefasste Interieurs, durch Räume, die ihre historischen Oberflächen verloren haben und ihr konstruktives Skelett zeigen, durch Räume, deren Primärtragstruktur zwar erhalten, deren Boden und Decke aber neu sind, und durch ganz neu gebaute Räume.[277] Präsident Florian Mausbach würdigt Chipperfields Pläne für das Neue Museum:

Ganz oben: David Chipperfield und Julian Harrap entwickelten ein behutsames Konzept für das Neue Museum, das sich für jeden Bauteil, je nach Zustand, für Reparatur, Konservierung oder Restaurierung entscheidet. Die Plan-Ansicht der von Kolonnaden gesäumten Nordostfassade zeigt links den ergänzten, im Krieg vollständig zerstörten Südostrisalit.

Oben: Schnitt durch das Neue Museum mit (von links nach rechts) ergänztem Südkuppelsaal, Römischem Saal, Bachussaal, Niobidensaal und Nordkuppelsaal.

Der jüngste Bau der Berliner Museumsinsel: Das Pergamonmuseum in der Bildmitte. Links, getrennt durch die S-Bahn-Trasse, das Bodemuseum, rechts daneben die Ruine des Neuen Museums, dahinter die Alte Nationalgalerie.

»Die Wiederaufbaupläne vermeiden ein schroffes Gegeneinander von Alt und Neu ebenso wie eine romantische Rekonstruktion. David Chipperfield als Architekt und Julian Harrap als Restaurator gehen einen neuen beispielhaften Weg. Indem sie die historische Bausubstanz der Ruine sichern, sie restaurieren und wieder zu einem ganzen Haus vervollständigen, suchen sie ein harmonisches Miteinander von Alt und Neu, ohne die Geschichte des Hauses zu leugnen. So wird Stülers Werk in Würde wiederauferstehen, jedoch als neues Ganzes in der sicheren und respektvollen Handschrift eines modernen Architekten.«[278]

Die Wiederherstellung des Neuen Museums wird bis 2009 dauern und rund 295 Millionen Euro kosten. Nach dem Neuen Museum steht die Generalsanierung des Pergamonmuseums auf dem Programm. Zwischen 1910 und 1930 von Alfred Messel und Ludwig Hoffmann als Dreiflügelanlage erbaut, wurden die einzelnen Flügel für die antiken Großarchitekturen wie den Pergamonaltar, das Ischtator, die Tel-Halaf-Fassade und die Mschattafassade nach den Zerstörungen im zweiten Weltkrieg in den fünfziger Jahren schrittweise wiedereröffnet.

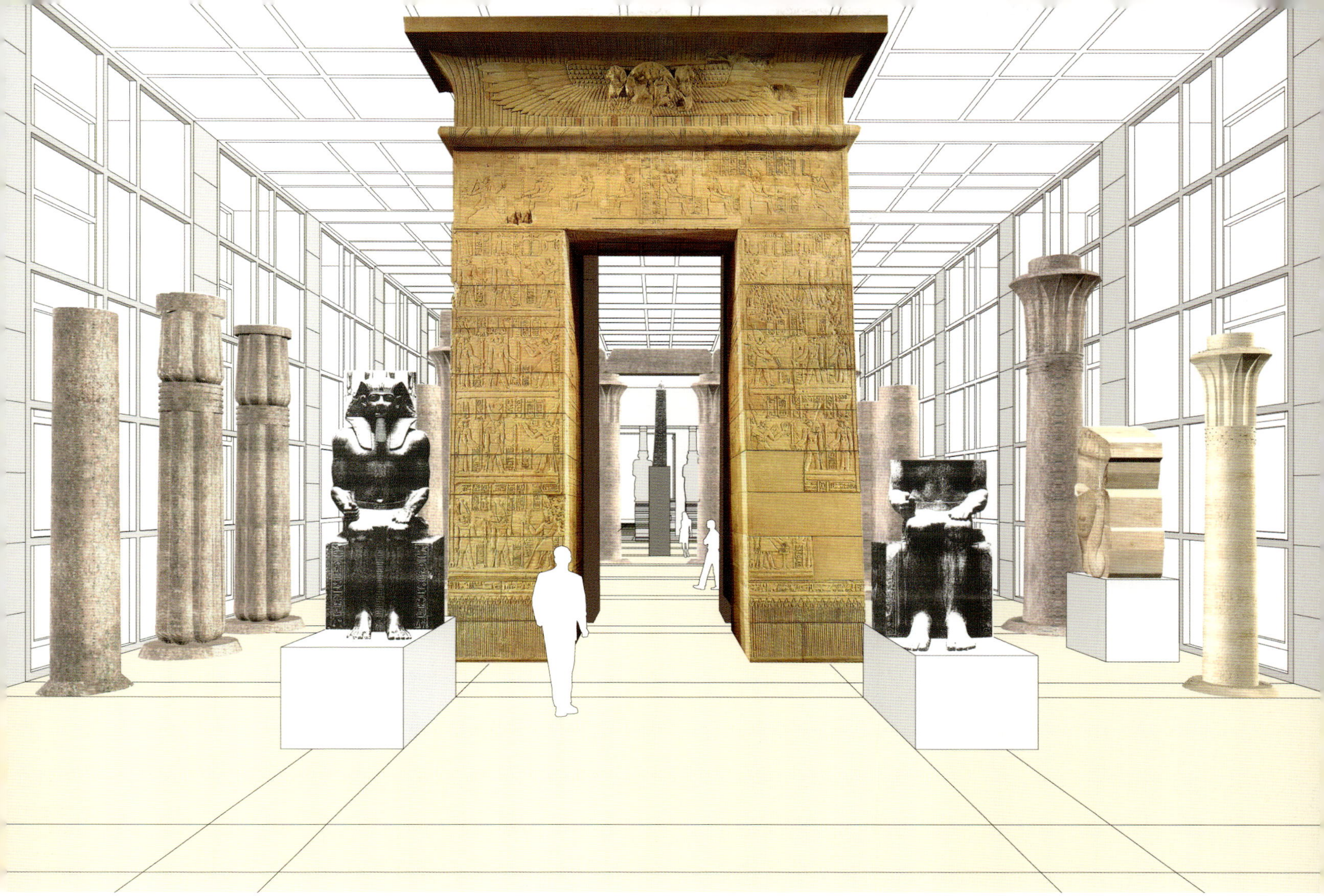

Im Jahre 2004 erhielt das Büro Oswald Mathias Ungers den Auftrag zur Vorplanung für die Grundinstandsetzung und Ergänzung des Pergamonmuseums. Entsprechend dem Wettbewerbsentwurf von 2000 ist die Errichtung eines neuen Verbindungsflügels zwischen den Kopfbauten des Nord- und Südflügels vorgesehen, der den geschlossenen Rundgang auf der Hauptgeschossebene durch die antiken Großarchitekturen ermöglicht und eigene Zugänge für die Antikensammlung, das Vorderasiatische Museum und das Museum für Islamische Kunst schafft. Durch die zunächst geplante Tieferlegung der Haupterschließungsebene hätte einerseits das geplante neue Eingangsgebäude, andererseits – über die Archäologische Promenade – das Neue Museum und das Bodemuseum angebunden werden können. Als Varianten wurden auch die reine Schadensbehebung ohne bauliche Erweiterungen (zweite Variante) sowie Sanierung und Erweiterung mit minimalen baulichen Eingriffen (dritte Variante) beplant. Im Februar 2006 entschied sich die Arbeitsgruppe Bau, bestehend aus Vetretern des Bundes und des Landes Berlin, für die dritte Variante, deren Kostenobergrenze bei 351.298.000 Euro liegt.

Ein neuer, vierter Flügel mit den Großarchitekturen des Ägyptischen Museums – hier ist das Kalabscha-Tor in einer Computervisualisierung zu sehen – stellt das Bindeglied für einen zukünftig möglichen Hauptrundgang dar, der den Besucher zu den weltberühmten Exponaten der Antikensammlung, des Vorderasiatischen Museums und des Museums für Islamische Kunst führt.

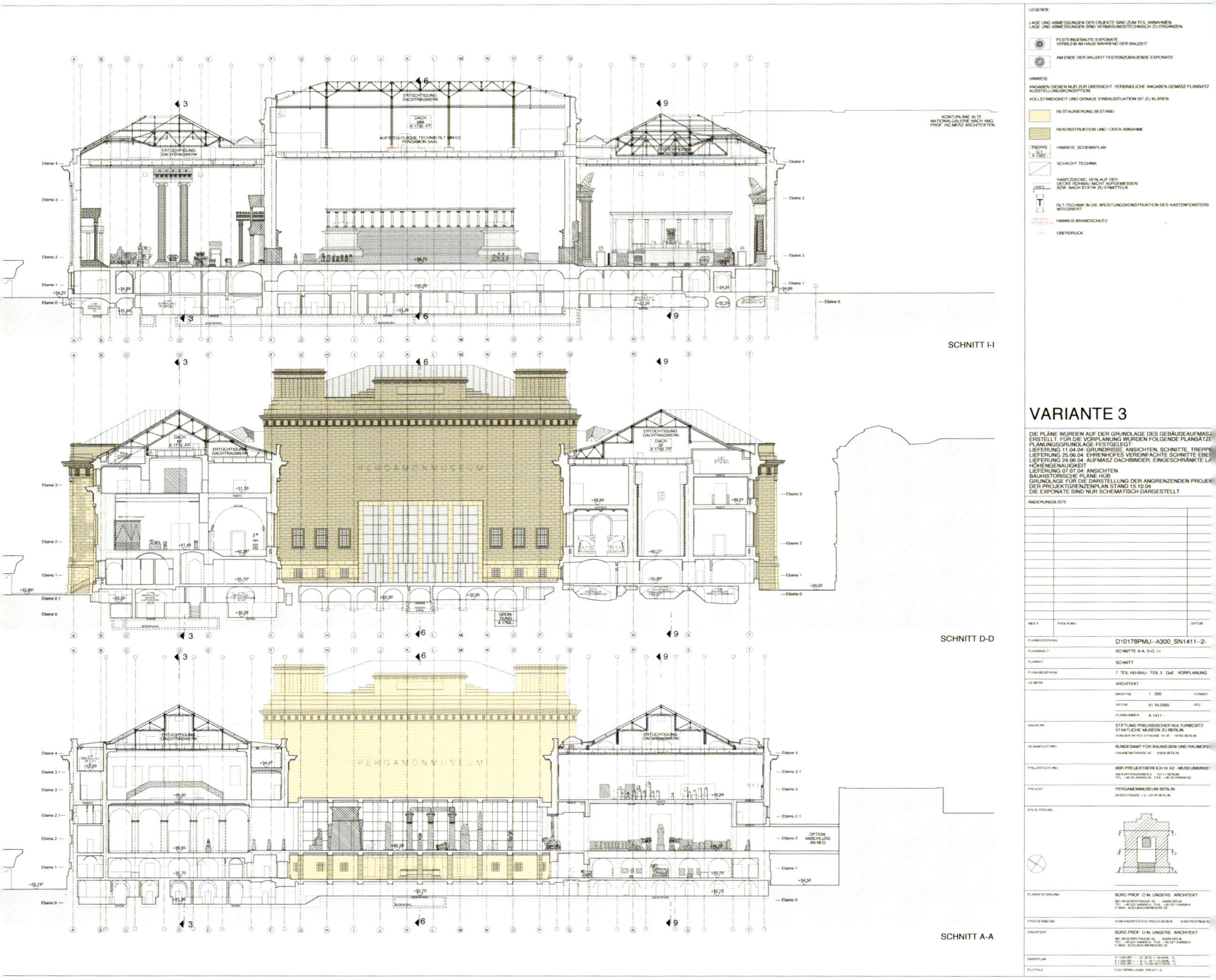

Die Schnitte durch das Pergamonmuseum zeigen die zur Realisierung vorgeschlagene Variante des Architekturbüros Ungers für die Erweiterung und Sanierung.

Schinkels Altes Museum, der älteste Bau der Berliner Museumsinsel, wird den krönenden Abschluß der Sanierungen im Rahmen des Masterplans darstellen.

Als letztes Gebäude soll das älteste Museum der Museumsinsel saniert werden: Das Alte Museum, 1824 bis 1830 von Karl Friedrich Schinkel als Königliches Museum erbaut, im Krieg stark zerstört und in den sechziger Jahren wiederaufgebaut, soll nach Plänen von Hilmer, Sattler und Albrecht für die Antikensammlung der Stiftung Preußischer Kulturbesitz zwischen 2010 und 2013 grundinstandgesetzt werden. Das Architekturbüro wurde 1998 mit der Planung zur Generalsanierung des Alten Museums beauftragt. Hauptanliegen ist die Nutzung als Museum nach heutigen Anforderungen an die Erschließung, Belichtung, Klimatisierung und Sicherheit in drei zusammenhängenden Ebenen. Wie an der Gestaltung der inneren Treppe noch heute ersichtlich ist, wurde das Gebäude ursprünglich als geteiltes Haus mit zwei unabhängigen Ebenen geplant. Mit der vorgesehenen Sanierung ist zugleich die größtmögliche denkmalpflegerische Würdigung dieses Hauptwerkes von Karl Friedrich Schinkel verbunden. Die wichtigsten Eingriffe werden die Entfernung der 1990 vor die Schinkeltreppe gesetzten Verglasung, die Schließung der Höfe mit einem Glasdach, der Einbau einer Klimaanlage, Aufzüge, eine verbesserte behindertengerechte Erschließung sowie die Anbindung an die »Archäologische Promenade« im Rahmen des Masterplanes sein.

Der »Masterplan Museumsinsel Berlin« stellt die größte Herausforderung der Bundesbauverwaltung im Kulturbereich dar. Florian Mausbach, der seit 1995 an den wichtigsten Wettbewerben beteiligt war, beschreibt die bisherige, nicht immer einfache Planungsarbeit als »schöne Sisyphosarbeit«: »Wir sind als Bauverwaltung an die Stiftung Preußischer Kulturbesitz ausgeliehen. Das bedeutet: viele Interessen, viele Partner, viele Chefs und gerade bei der Museumsinsel ist ja jeder ein kleiner Fürst.«[279]

Politische und kulturelle Auslandsbauten

Nach der Wiedervereinigung wurden viele Botschafts- und Kulturbauten im Ausland saniert oder neu gebaut, so beispielsweise in Kiew, Tokio, Peking, Tallinn und Mexiko; nicht zuletzt mit der Übernahme aller DDR-Liegenschaften im Ausland kam ein immenses Arbeitspensum zusätzlich auf die Bundesbauverwaltung zu.

Im Jahre 2003 wurde die Kanzlei von Egon Eiermann in Washington umfassend und denkmalgerecht saniert, seit dem Jahr 2004 die Botschaft von Scharoun in Brasilia. In jüngster Zeit wächst der Anteil der technischen Gebäudeausrüstung an den Bauinvesitionen, so bei der Medien- und Kommunikationstechnik und der sich ständig revolutionierenden, auch ökologischen Haustechnik. Seit den Anschlägen auf das New Yorker World Trade Center und das Pentagon vom 11. September 2001 erfordern die Sicherheitsmaßnahmen im Zuge des Anti-Terrorprogramms immer mehr Investitionen. Auch die Schadstoffbelastung der sechziger und siebziger Jahre ist ein großer Kostenfaktor, so beispielsweise in Washington, wo der Sanierung der Kanzlei von Egon Eiermann eine Asbestbeseitigung vorausging. Im Jahre 2004 wurden rund 750 Liegenschaften mit über 2.000 Gebäuden baufachlich betreut: Neben Kanzleien, Residenzen und Dienstwohnungen auch internationale Begegnungsstätten wie die Villa Vigoni und die Villa Massimo, Kulturinstitute wie das Deutsche Archäologische und das Deutsche Historische Institut, Gedenkstätten wie das Konzentrationslager Auschwitz, Studentenunterkünfte und – zumeist als Zuwendungsmaßnahmen – deutsche Auslandsschulen.

Der wohl herausragendste Neubau im Ausland in den neunziger Jahren war die Botschaftsresidenz in Washington nach Plänen Oswald Mathias Ungers. Die der Kanzlei Egon Eiermanns aus den Sechzigern – damals eine Selbstdarstellung der jungen deutschen Republik gewissermaßen »auf Zehenspitzen« – benachbarte Residenz von Ungers markierte einen deutlichen Wendepunkt in der Selbstdarstellung der Bundesrepublik: Dieser erste große Auslandsbau nach der Wiedervereinigung zeigt Selbstbewußtsein und beherrscht im Habitus antikisierender Washingtoner Bauten mit Säulenreihe und Portikus die Umgebung. Der weiße Stein, mit dem das Gebäude verkleidet ist, hebt die Würde und Eleganz der Residenz nochmals hervor.

Wie bei Ungers üblich, so herrscht auch hier als Stilmerkmal das Quadrat als durchgängiges Modul vor – sei es in der Fassadengestaltung oder dem Fußbodenbelag, sei es an den Fensterbändern oder der Außenbeleuchtung. Selbst die Bestuhlung ist diesem Diktat unterworfen, was nach Auskunft von Besuchern nicht gerade der Bequemlichkeit dient. Die Residenz gliedert sich in zwei Ebenen. Während im Obergeschoß die Privaträume der Botschaftsfamilie untergebracht sind, befinden sich im Erdgeschoß der repräsentative und großzügige Empfangssaal, in klassischer Tradition auch ein »Herren-« und ein »Damenzimmer« sowie der Speisesaal. Der Kunsthistoriker Olaf Asendorf kommentiert treffend:

»Meisterwerk, Mist, Feldherrenhalle oder Sanssouci?« Oswald Mathias Ungers Residenz der Deutschen Botschaft in Washington löste seit der Einweihung 1994 Debatten über politische Symbolik der deutschen Architektur aus.

»Als auffälligstes Element des Baukörpers zeigt sich die Eingangsfront an der Schauseite. An ihr sind verschiedene Architekturtraditionen wie die klassische Säulenreihe, der antike Portikus oder einfach abstraktes Gebälk zu assoziieren. […] Die gesamte Architektur der Residenz steht für einen gelungenen, selbstbewussten Umgang mit Architekturgeschichte, ohne der Gefahr zu erliegen, in schlichte historische Reminiszenzen zu verfallen.«[280]

Es hat wohl kaum einen deutschen Staatsbau – ausgenommen das Bundeskanzleramt von Schultes und Frank – gegeben, der in der Fachöffentlichkeit der jüngeren Vergangenheit umstrittener war als Ungers Residenz in Washington. Obwohl bereits 1982 geplant und 1988 in der zweiten Stufe des beschränkten Realisierungswettbewerbs als Sieger hervorgegangen, galt dieser 1994 fertiggestellte Ungers-Bau sofort als Symbol des wiedervereinigten Deutschlands: die einen wollten darin das neue, gesunde Selbstbewußtsein der Deutschen sehen, die anderen erkannten darin ein Fanal des wieder überheblich gewordenen, erstarkten Deutschlands.

Alleine die Titel der Architekturkritiken zeigen schon, wie unterschiedlich der Bau bewertet wurde: »Dazu verdammt, in einem Gesamtkunstwerk zu leben.«[281] »Es fehlt der Charme eines echten Gesamtkunstwerkes.«[282] »Keine Großmannssucht, sondern politisch geboten.«[283] »Die Architektur der Arroganz.«[284] »Wie der Tempel eines fremden Gottes: neue Residenz des deutschen Botschafters in Washington.«[285] »Meisterwerk, Mist, Feldherrenhalle oder Sanssouci?«[286]

Während in Deutschland erbittert über die Architektur der Botschaft in Washington gestritten wurde, erhielt der Bau in Amerika übrigens zahlreiche Architekturpreise und wurde allgemein als gelungen bewertet.

Linke Seite: Die Empfangshalle der Deutschen Residenz in Washington mit Holzschnitten von Markus Lüpertz und das Herrenzimmer (oben) mit den Eckbildern »Vier Elemente« von Christa Näher werden wie das gesamte Gebäude durch das Quadrat als Ungers markantes Stilelement bestimmt.

Politische Auslandsbauten I

Oben links und rechts: Von Kammerer, Belz, Kucher und Partner stammt der Neubau der Deutschen Botschaft in Peking, der 1998 eingeweiht wurde und im äußeren Auftreten den Hu-tongs, den traditionellen Pekinger Wohnvierteln, Referenz erweist.

Rechts: Im Juli 2006 konnte der Neubau der Deutschen Botschaft in Mexiko nach Plänen von Volker Staab eröffnet werden. Im Inneren des Gebäudes dominieren die farbenfrohen Wand- und Deckenmalereien mit Anleihen am deutschen Blattwerk der Berliner Künstlerin Renate Wolff.

Oben links und rechts: Für rund 2,6 Millionen Euro entstand 1997/98 in nur knapp einem Jahr Bauzeit die Deutsche Botschaft in Tallinn nach Plänen von Kersten und Martinoff Architekten. Außen mit landestypischen Hölzern verkleidet und mit einem weit überkragenden Flugdach bekrönt, das die Fassaden von Schnee und Eis freihalten soll, präsentiert sich das Gebäude innen Dank Glasdach und großzügig bemessener Fensterbänder hell und freundlich und beschert den Besuchern und Beschäftigten trotz der wenigen sonnigen Monate in Estland ein stets lichtdurchflutetes Foyer und angenehm beleuchtete Büros, die an den umlaufenden Galerien liegen.

Ganz links und links: Im Dezember 2001 übergab Präsident Florian Mausbach (links) in einem Festakt die Schlüssel der generalsanierten Deutschen Botschaft auf dem Budapester Burgberg an Außenminister Joschka Fischer. Kersten und Martinoff Architekten aus Braunschweig hatten das denkmalgeschützte Gebäude, das erstmalig im Jahre 1490 urkundlich erwähnt wurde, unter Verwendung alter gotischer und barocker Elemente für die deutsche Vertretung umgebaut.

Politische Auslandsbauten II

Oben: Beim Richtfest für den Neubau der Botschaft in Kiew hielten (v.l.n.r.) der ukrainische Staatspräsident Leonid Kutschma, Bundeskanzler Gerhard Schröder und Präsident Florian Mausbach am 6. Dezember 2001 die Festansprachen.

Rechts: Im Oktober 2002 wurde die Deutsche Botschaft in Kiew eingeweiht. In 22 Monaten Bauzeit war der Neubau inmitten der historischen Altstadt für rund 10 Millionen Euro nach Plänen des Rosenheimer Architekturbüros Martini und Grossmann entstanden. Die ruhig gegliederte Fassade ist mit grünem Naturstein verkleidet. Innen wird der Bau von einer über alle sechs Geschosse reichenden Glashalle dominiert. In seiner Eröffnungsrede übertrug Präsident Mausbach die Qualitäten des Gebäudes auf die politische Ebene: »Im Äußeren solide und dauerhaft, im Inneren offen und freundlich: So sollten die deutsch-ukrainischen Beziehungen sein.«

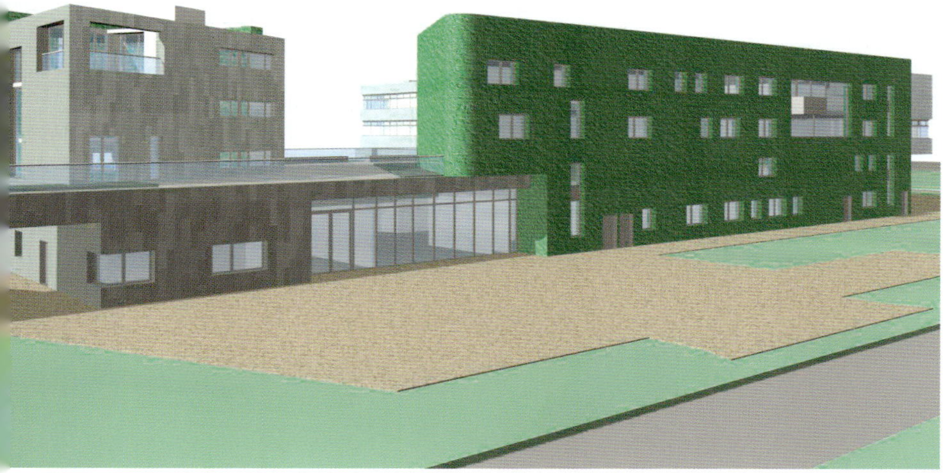

Reihe oben: Nachdem die alte Kanzlei in Tokio aus dem Jahre 1959 abgerissen worden war, da sie nicht mehr den heutigen Vorschriften an Erdbebensicherheit entsprach, wurde in knapp zwei Jahren ein Neubau nach Plänen des Stuttgarter Büros Mahler Günster Fuchs errichtet. Der Neubau ist ein klarer und ganz einfacher Kubus, geprägt von Stahl und Glas, abgerückt vom Hang. Dabei orientiert sich das Gebäude nicht an aktuellen Trends und temporären Strömungen, sondern vermittelt gleichsam grundlegende und bestehende Werte wie Offenheit, Transparenz, Solidität und Klarheit. Die Verschattungselemente wirken auf das Aussehen des Gebäudes wie ein Beitrag zur Kunst am Bau. Das rund 200 m² große, überdachte Atrium mit den großen Fenstereinschnitten spendet Tageslicht bis in die Eingangsebene und bildet das kommunikative Zentrum der Botschaft.

Reihe unten: In Warschau entsteht bis zum Jahr 2007 ein neues Botschaftsgebäude nach Plänen des siegreichen Berliner Architekten Holger Kleine, die sich beim europaweiten Wettbewerb gegen 377 Mitbewerber durchgesetzt hatten. Der skulpturale Baukörper gibt durch großformatige Glasflächen viele Aus- und Einblicke und korrespondiert durch seine Fassade aus grünem Stein mit aufgeprägten Blättern mit der umliegenden Parklandschaft. Der Neubau wird mit 3.500 m² Hauptnutzfläche Raum für die Kanzlei und die Residenz bieten und wird für rund 18 Millionen Euro in einer Bauzeit von knapp zwei Jahren auf dem 12.700 m² großen Grundstück errichtet. Die Computersimulationen und der Grundriss des Erdgeschosses geben einen plastischen Eindruck dieses Neubaus an einem für Deutschland bedeutenden Ort.

Oben und rechts: Seit 1911 ist die Villa Massimo in Rom ein Ort der Inspiration für deutsche Künstler. Noch heute dürfen hier jährlich Stipendiaten der Deutschen Akademie wohnen und in den Künstlerwerkstätten arbeiten. Eine anspruchsvolle Generalsanierung, die aus Rücksicht vor dem Denkmalschutz vor allem der Bestandserhaltung diente und bei denen sich alle baulichen Veränderungen vorrangig dem historischen Originalzustand anzunähern hatten, konnte 2003 erfolgreich abgeschlossen werden.

Ganz oben und oben: Im Stadtzentrum Alexandrias residiert das Goethe-Institut Inter Nationes in einer hundert Jahre alten Patriziervilla, die seit Mitte der neunziger Jahre von der Bundesbaudirektion umgebaut und saniert wurde. Dabei wurde die schmuckvolle Fassade und das repräsentative Innere – wie das eindrucksvolle Treppenhaus – behutsam restauriert und konserviert.

Links Mitte und unten: In zwei Jahren Bauzeit entstanden bis 2001 Dienstwohnungen (gelbes Gebäude) für die Botschaftsangehörigen und die Deutsche Schule (rotes Gebäude) in Peking nach Plänen von Gerkan, Marg und Partner.

Villa Vigoni und Villa Garovaglio in Menaggio am Comer See.

Ebenso wie Ungers Residenz in Washington wurde ein kultureller Auslandsbau in der Öffentlichkeit kontrovers diskutiert: das Konferenzzentrum des Deutsch-Italienischen Zentrums Villa Vigoni in Menaggio am Comer See. Auch diese besondere, insgesamt aber eher unspektakuläre Baumaßnahme führte zu Vorwürfen und harscher Architekturkritik, die mit einer allgemeinen Gesellschaftskritik an den wiedervereinigten Deutschen verbunden wurde. Unter anderem deshalb, aber auch weil sie eine der letzten eigenen Entwurfsplanungen der Bundesbaudirektion vor der verordneten Beschränkung auf die reinen Bauherrenaufgaben war und als gelungenes Beispiel für das Know-How und die planerische Kompetenz dieser staatlichen Behörde gelten darf, soll diese Maßnahme hier ausführlich vorgestellt werden.

Das Anwesen der Villa Vigoni war vom letzten Eigentümer, Don Ignazio Vigoni, an Deutschland vermacht worden. Es besteht aus zwei großzügigen Villen – der Villa Mylius-Vigoni und der Villa Garovaglio-Ricci – sowie 18 Wirtschaftshäusern, einem Tempel und einem Mausoleum inmitten eines vier Hektar großen Parks. Für die Nutzung als Tagungszentrum und Gästehaus mußte das bislang über Generationen ausschließlich privat bewohnte Gebäudeensemble saniert, technisch modernisiert und teilweise umgebaut und erweitert werden. Mit dieser umfangreichen, rund 7,5 Millionen Euro teuren Baumaßnahme war die Bundesbaudirektion in den neunziger Jahren betraut. Ihre Präsidentin, Barbara Jakubeit, hatte den Umbau der Villa Garovaglio-Ricci und den Einbau eines großen Konferenzraumes selbst geplant und stellte ihn 1994 in der »Bauwelt« vor:

Oben: Das neue Tagungszentrum des Deutsch-Italienischen Zentrums wurde als moderne Stahl-Glas-Konstruktion nach Plänen von Barbara Jakubeit, Präsidentin der Bundesbaudirektion bis 1994, in ein entkerntes Stallgebäude gesetzt. Rechts auf der Empore sind die gläsernen Dolmetscherkabinen untergebracht. Die linke Wand des Konferenzraumes ist die straßenseitige Mauer des früheren Stalls. Ihr unebener Kalkputz blieb erhalten.

Links: Das »Ägyptische Zimmer« in der Villa Garovaglio dient heute als Besprechungsraum.

Ganz links: Das frühere Stallgebäude (links im Bild), das heute das Tagungszentrum der Villa Vigoni beherbergt und nach außen hin sein ländliches Erscheinungsbild in der engen Gasse von Menaggio-Loveno gewahrt hat.

Die Villa Vigoni liegt hoch über dem Comer See.

»Die Addition einzelner Teile, die auch im Inneren des Gebäudes immer spürbar bleibt und ihm einen ganz eigenwilligen Charakter verleiht, wird im Entwurf aufgegriffen und weitergeführt. Auf der repräsentativen Talseite der Villa liegt der Hauptzugang. Hier werden über zwei Geschosse Büros für die Verwaltung untergebracht. Die zum Ort orientierten Wohnhäuser werden zu Gästehäusern umgebaut und künftig über separate Eingänge erschlossen. Soweit möglich wird jedoch eine zur Zeit noch nicht vorhandene Verbindung zur Eingangszone geschaffen.

Ebenfalls an den Eingangsbereich angebunden wird über den Ausbau eines schmalen Hofes zum Foyer der Konferenzraum, der in einem ehemaligen Stall und dem daneben liegenden kleinen Gebäude Platz findet.

Die Außenmauern mit allen Öffnungen und Unebenheiten bleiben weitgehend erhalten; eingestellt werden eine äußerst reduzierte Stahlkonstruktion, die das neue Dach trägt, und zum Foyer eine Stahlbetonwand, in die vier Dolmetscherkabinen integriert sind. Dach und Außenwand trennt ein Stahlfensterband, der Einbau einer Verglasung in eine vorhandene Türöffnung ermöglicht Passanten einen Einblick in den Tagungsraum.

Die glatten Oberflächen der hinzugefügten Elemente kontrastieren mit der ›alten Hülle‹. Dabei tritt die neue Architektur im Innenraum durchaus bestimmend auf, während sie sich nach außen zwar sichtbar, jedoch wesentlich zurückhaltender präsentiert. Der Grundgedanke des Entwurfs, Alt und Neu sowohl in konstruktiv-technischer als auch in formaler Hinsicht klar zu trennen, zeigt sich beim Konferenzraum besonders deutlich. In den anderen Bereichen des Hauses, in denen der Umfang der neu hinzugefügten Elemente wesentlich geringer ist, wird dieses Konzept ebenfalls verfolgt und äußert sich in Materialwahl und Detailausbildung.«[287]

Oben: Großer Speisesaal in der Villa Vigoni

Links: Kleiner Speisesaal in der Villa Vigoni

Ganz links: In der Kleinen Bibliothek ist Heinrich Mylius' Sammlung italienischer und deutscher Klassiker untergebracht, beispielsweise eine handsignierte Erstausgabe der Gesamtwerke Goethes.

Die besondere Herausforderung bei der Sanierung der Villa Mylius-Vigoni aus dem 18. Jahrhundert mit einer Hauptnutzfläche von 1.544 qm bestand darin, innen wie außen penibelste Denkmalschutz-Ansprüche einzuhalten und doch den modernsten technischen Anforderungen und Standards einer internationalen Begegnungsstätte auf höchstem Niveau gerecht zu werden. Erste Planungen hatten noch weitgehende Eingriffe in die vorgefundene Raumstruktur vorgesehen. So sollten historische Räume zu Gästezimmern mit Naßzelle zusammengefaßt werden, um jedem Besucher ein eigenes Bad zur Verfügung zu stellen. Ein Artikel von Dietmar Polaczek in der Frankfurter Allgemeinen Zeitung mit der Überschrift: »Deutsche Badezimmer – Teuer und besserwisserisch: Die Restaurierung der Villa Vigoni«[288] – mit dem Tenor: die größenwahnsinnigen deutschen Barbaren poltern über die Alpen, um italienisches Kulturgut zu zerstören – veranlaßte den kurz zuvor ins Amt berufenen neuen Präsidenten der Bundesbaudirektion, Florian Mausbach, die Baumaßnahme zur Chefsache zu machen. Nach Besprechungen vor Ort wurde entschieden, ausschließlich »im Bestand« zu sanieren. Die gesamte Haustechnik war unter Putz zu erneuern, alle Stromleitungen, Versorgungskabel, Entlüftungsschächte, Zu- und Abwasserleitungen, die Heizungsrohre und Heizkörper komplett auszutauschen und anschließend so zu kaschieren, daß das geschlossene Ambiente einer Villa des 19. Jahrhunderts erhalten blieb. Dabei wurde größter Wert darauf gelegt, die persönlich-familiäre Atmosphäre zu wahren und die Antiquitäten im Original zu restaurieren.

Wer heute als Gast des Deutsch-Italienischen Zentrums in der Villa untergebracht wird, fühlt sich auf Privatbesuch bei Familie Mylius-Vigoni im 19. Jahrhundert und nimmt dabei gerne in Kauf, daß er statt eines eigenen Badezimmers einen mit der Aurora – dem Symbol und Logo des Zentrums – bestickten Bademantel in seinem mit Antiquitäten und Kunstgegenständen ausgestatteten Zimmer findet, mit dem er morgens über den Flur zu einem der historischen Badezimmer gelangt. Die Bundesbaudirektion erhielt für den Umbau und die Sanierung des Villenensembles von allen Seiten Anerkennung. Auch Dietmar Polaczek von der Frankfurter Allgemeinen Zeitung, der anfangs zu den heftigsten Kritikern gehört hatte, lobte die neue Planung und titelte einen zweiten Artikel versöhnlich: »Zerschlagenes und gekittetes Porzellan. In der Villa Vigoni: Keine deutschen Badezimmer.«[289]

Zwei weitere Auslandsbauten stellten die letzten großen selbständigen Planungsleistungen der Bundesbaudirektion vor der Umwandlung in eine mit den staatlichen Kernaufgaben betraute Bauherrenverwaltung dar: Die neugebauten Botschafts-Dienstwohnungen von Rolf Löhr in Tokio und das vielbeachtete Generalkonsulat im pakistanischen Karatschi nach Plänen von Eva Annette Behérycz. Dieser Neubau konnte im August 1997 nach zwei Jahren Bauzeit und Kosten in Höhe von rund 10,5 Millionen DM eingeweiht werden.

Mit den Auslandsbauten der neunziger Jahre, mit der milliardenschweren Umsetzung des Bonn-Konzeptes – Sanierung, Herrichtung und Nachnutzung der Bonner Liegenschaften nach dem Wegzug von Teilen der Regierung durch Erst- und Zweitsitze der Bundesministerien, durch nachgeordnete Behörden und internationale Institutionen wie der UN – und den herausragenden Berliner Bauaufgaben für die Verfassungsorgane und die Erst- oder Zweitsitze der Bundesministerien hat die Bundesbaudirektion das größte Auftragsvolumen seit ihrer Gründung bewältigt.

Inmitten der Kanzlei des Generalkonsulats in Karatschi befindet sich ein kleiner Garten und eine Terrasse.

Linke Seite: Generalkonsulat in Karatschi nach Plänen von Eva-Annette Behérycz, Bundesbaudirektion. Blick vom weiten Dachüberstand des Residenzeingangs zur gegenüberliegenden Kanzlei.

Oben: Die Gartenseite der Residenz in Karatschi.

Auf der Zeichnung der Residenz in Karatschi ist deutlich das geschwungene Dach als Hauptmerkmal des äußeren Erscheinungsbildes zu erkennen.

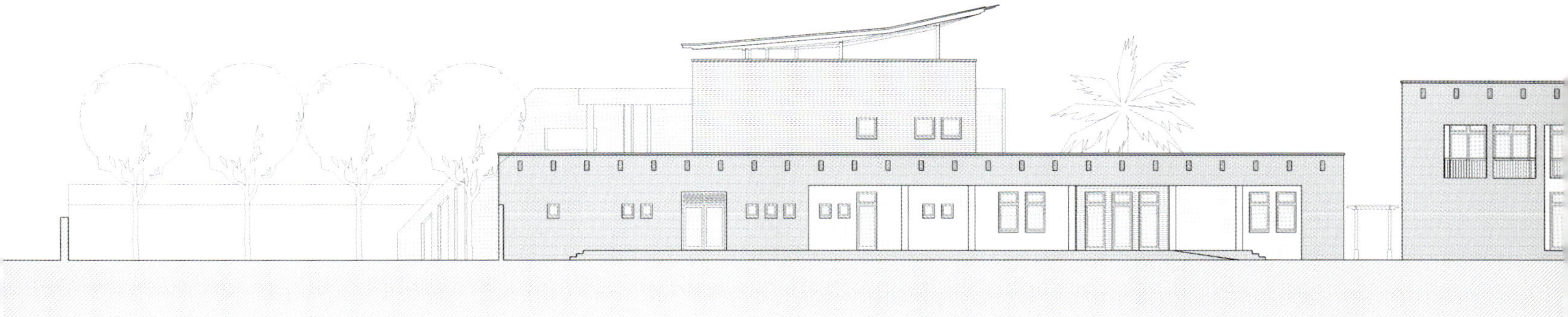

I

II

III

IV

V

VI

Der Fusionspartner der Bundesbaudirektion: Die Bundesforschungsanstalt für Landeskunde und Raumordnung

Während die Bundesbaudirektion mit den anspruchvollsten Bauaufgaben seit ihrer Gründung ausgelastet war, gingen die Anfang der neunziger Jahre begonnenen Organisationsuntersuchungen, die auf eine Verbesserung der Binnenstruktur zielten, unvermindert weiter. Mitte der neunziger Jahre forcierte die Bundesregierung ihr Programm vom »Schlanken Staat«. Auswirkungen hatte dies auch auf die beiden einzigen, dem Bundesbauministerium nachgeordneten Behörden: Das Kabinett beschloß am 7. Februar 1996 die Zusammenlegung der Bundesforschungsanstalt für Landeskunde und Raumordnung (BFLR) mit der Bundesbaudirektion (BBD) zum »Bundesamt für Bauwesen und Raumordnung« (BBR).

In diesem fünften Kapitel sollen Herkunft und Entwicklung der Bundesforschungsanstalt für Landeskunde und Raumordnung untersucht werden. Es sollen Aufgaben, Ziele und Strukturen dieser Behörde aufgezeigt werden. Wo gibt es Gemeinsamkeiten mit dem Fusionspartner Bundesbaudirektion, wo gibt es Überschneidungen, wo gibt es Unterschiede, wo gibt es Gegensätze? Welche Synergieeffekte erhoffte sich die Bundesregierung mit der Fusion von Bundesbaudirektion und Bundesforschungsanstalt für Landeskunde und Raumordnung? Welche Richtung sollte die staatliche Bauverwaltung mit der Fusion einschlagen? Um sich den Antworten zu nähern wird nun im Folgenden die Bundesforschungsanstalt für Landeskunde und Raumordnung als Fusionspartner der Bundesbaudirektion vorgestellt.

Dazu sollen zunächst die beiden Forschungsschwerpunkte der Bundesforschungsanstalt – Raumordnung und Landeskunde – und Ihre Vorläufer und Vordenker betrachtet werden. Ihre Institutionalisierung reicht sowohl bei der Raumordnung als auch bei der Landeskunde in die Vorkriegszeit zurück; beides waren Gründungen im nationalsozialistischen Machtgefüge. Ihre Vordenker waren bereits im 19. Jahrhundert aktiv. Beide Fachgebiete haben eine unterschiedliche Herkunft und Ausrichtung. Beide näherten sich in der Nachkriegszeit an und wurden Forschungspartner. Schließlich rückten sie als selbständige Institute unter einem Dach zusammen, bis beide Forschungszweige 1973 in einer Behörde, der Bundesforschungsanstalt für Landeskunde und Raumordnung, aufgingen.

Geschichte und Vorgeschichte der staatlichen Raumordnung und Landeskunde. Einführung – Der Blick zurück

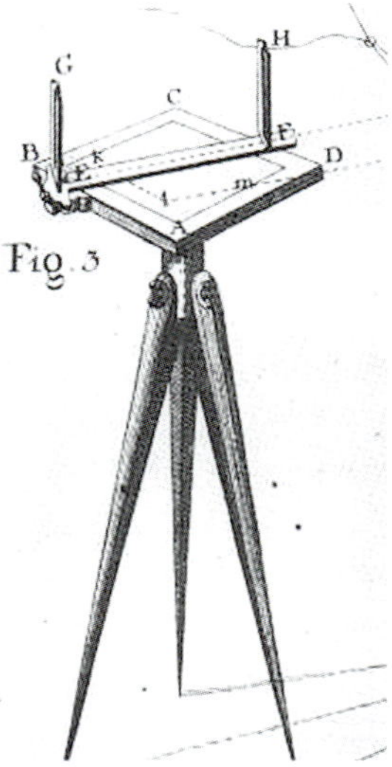

Links: Wasser bedeutet Leben. Kaum ein Bild veranschaulicht dies besser als das Satellitenphoto vom Nil; inmitten der Wüste gibt es nur ein paar Kilometer links und rechts des afrikanischen Stroms Vegetation, Leben und Kultur.

Mitte: Die Pyramiden von Gizeh, eines der Weltwunder, errichtet mit der Technik exakter Vermessung, die in Ägypten bereits vor über 4.500 Jahren entwickelt wurde.

Rechts: Über Jahrhunderte blieb die Technik eines Messtisches, hier eine Darstellung um 1800, beinahe unverändert.

Schriftliche Quellen gibt es nicht von den Anfängen der Landeskunde und Raumordnung, denn sie führen zurück bis in die Vorzeit. Sobald sich Menschen in Gruppen zusammenfanden, wurden Aufgaben, Zeit und Ressourcen organisiert, verteilt und geordnet. Jedes gesellschaftliche System gründete sich von Anbeginn auf die Inanspruchnahme der natürlichen Lebensadern. Wasser verschaffte Macht. Die Verteilung des Wassers in den großen Flußsystemen wie dem Nil führte überhaupt erst zur Herausbildung der antiken, hier der ägyptischen Hochkultur.[290] Ägypten dient aber nicht nur als Beispiel für die Ursprünge der Raumordnung. Hier finden sich auch frühe Zeugnisse von der Landvermessung als einer von vielen Grundlagen der Landeskunde. Die Vermessungstechnik war bereits in der vierten ägyptischen Dynastie, also vor rund 4.700 Jahren, so weit entwickelt, daß es für ein Weltwunder reichte: Ohne Kenntnisse in der Vermessung wäre den Baumeistern der Cheopspyramide der exakte quadratische Grundriß und die perfekte Nord-Süd-Ausrichtung nicht gelungen. Aus Ägypten ist auch die erste Dokumentation einer Landvermessung überliefert: In einem Grab bei Theben aus der Zeit um 1.400 v. Chr. ist die Vermessung eines Kornfeldes dargestellt. Hier sind nicht nur mehrere Landvermesser bei der Arbeit festgehalten, sondern auch ihre technischen Instrumente. Die späteren antiken Hochkulturen haben diese Technik weiterentwickelt. Unter Alexander dem Großen begannen die Griechen bereits mit der Vermessung des Küstenstreifens zwischen dem indischen und dem persischen Golf. Und das römische Imperium bediente sich für sein umfangreiches Straßennetz sogar eines Vorläufers des bis in unsere Zeit noch gebräuchlichen Meßtisches. Auch die Landesbeschreibung kam um die Zeitenwende mit Plinius' »Naturalis historia«, Strabons »Geographica« und Ptolemäos' »Geographia« zu einer frühen Blüte.

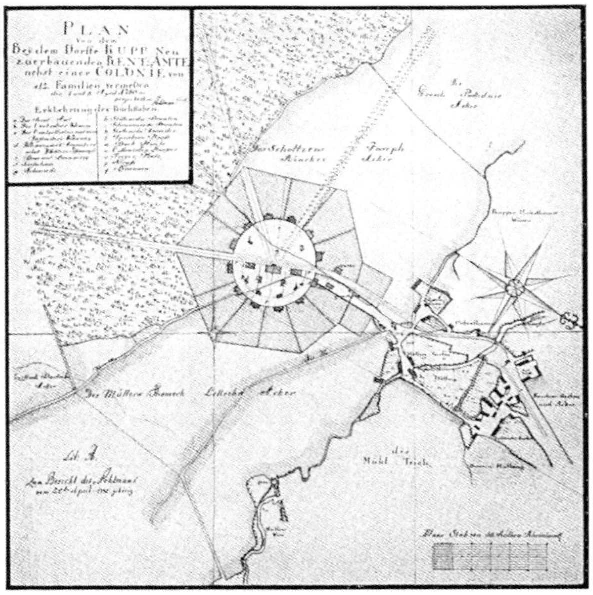

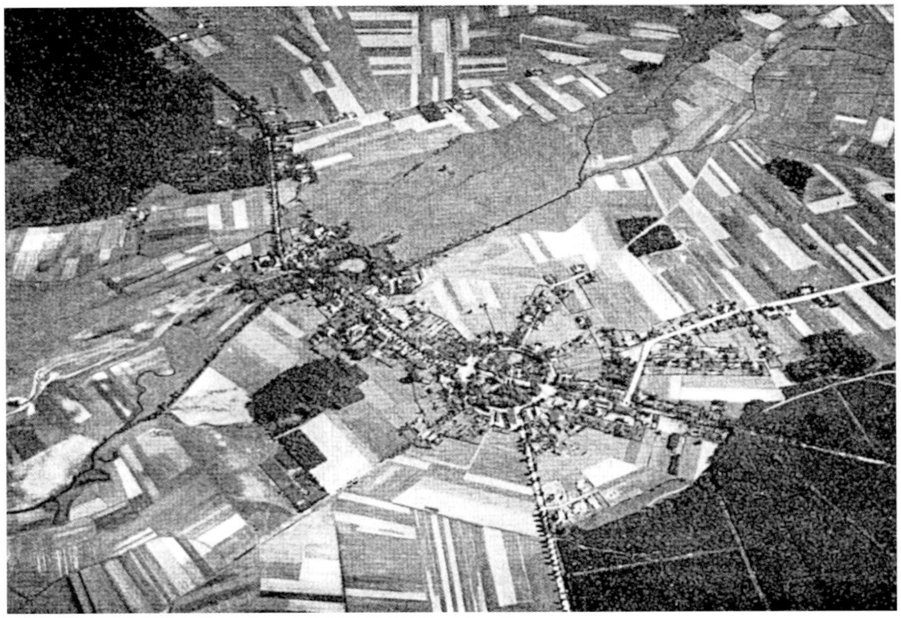

Rund 100 neue Dörfer oder Marken entstanden im Rahmen des Siedlungsprogramms Friedrichs II. nach 1765 allein im schlesischen Kreis Oppeln. Hier der friderizianische Plan des Dorfes Kupp (oben) und ein Luftbild (oben rechts) 175 Jahre später, aufgenommen kurz vor dem II. Weltkrieg.

Mit dem Zerfall des Römischen Reiches gingen in der westlichen Hemisphäre viele dieser Kenntnisse verloren und wurden erst mit der Renaissance wiederentdeckt und weiterentwickelt. Auch die Araber brachten im 12. Jahrhundert mit dem Kompass und ihrem astronomischen Wissen neue Impulse nach Europa. Die merkantilistische Wirtschaftspolitik seit dem 16. Jahrhundert erforderte zudem eine immer umfassendere Kenntnis der Landes- und Infrastruktur, sozialer und demographischer Daten;[291] so gewann die Raumordnung eine immer größere Bedeutung. Landesvermessung und -beschreibung, topographische und geologische Kenntnisse mündeten in raumwirtschaftliche Maßnahmen: die europäischen Staaten legten zur optimalen Ausnutzung ihres Territoriums Verkehrswege an, schufen Kanäle und bauten Städte. Sie bemühten sich um die besten Verfahren zur Ackernutzung, Bodenverbesserung und industriellen Produktion, forcierten Ansiedlung und Urbarmachung. Zu diesem Raumordnungsplan[292] gehörte auch die proportionale Gliederung der Berufe, die Raumgliederung der Arbeitskräfte, die Proportion der Bevölkerung zur Nahrung und die Proportion zwischen Dörfern und Städten. In diesem Zusammenhang sind die Siedlungsprojekte Friedrichs II. und der Landesausbau nach dem Siebenjährigen Krieg zu nennen. Die von absolutistischen Herrschern angeregten und von aufgeklärten Monarchen fortgeführten kameralistischen Prinzipien wirken in ihren raumordnenden Grundlagen über Generationen bis heute fort. Dieses merkantilistische System der Raumordnung wird bereits »als eine freiheitliche Marktordnung« bezeichnet.[293]

Wegen der großen Bedeutung von Landeskunde und Raumordnung galt der hierfür notwendigen wissenschaftlichen und technischen Forschung das besondere Interesse des merkantilistischen Staates. Durch englische und holländische Mathematiker wurden im 17. Jahrhundert die allgemeinen Berechnungsgrundlagen weiterentwickelt. Dies und die fortschreitende Verbesserung optischer Geräte führten zu einer immer exakteren Vermessungstechnik und schufen die Grundlage für die graphische Triangulation, bei der das Land in Drei- oder Mehrecke geteilt und so einer umfassenden trigonometrischen Netzlegung unterzogen wird. Doch erst die Fixierung des Anfangs-Meridians durch die beiden französischen Ingeni-

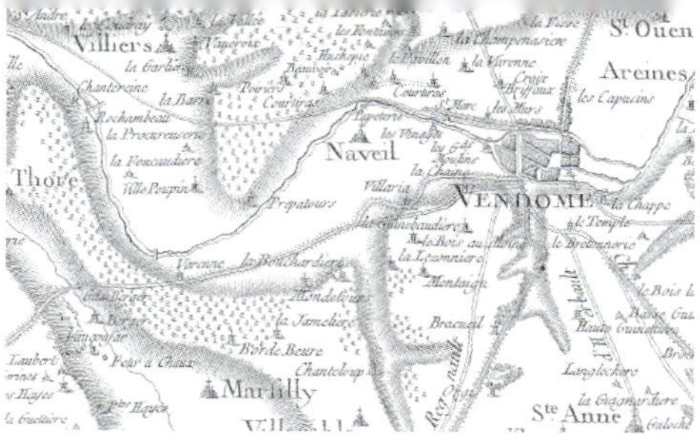

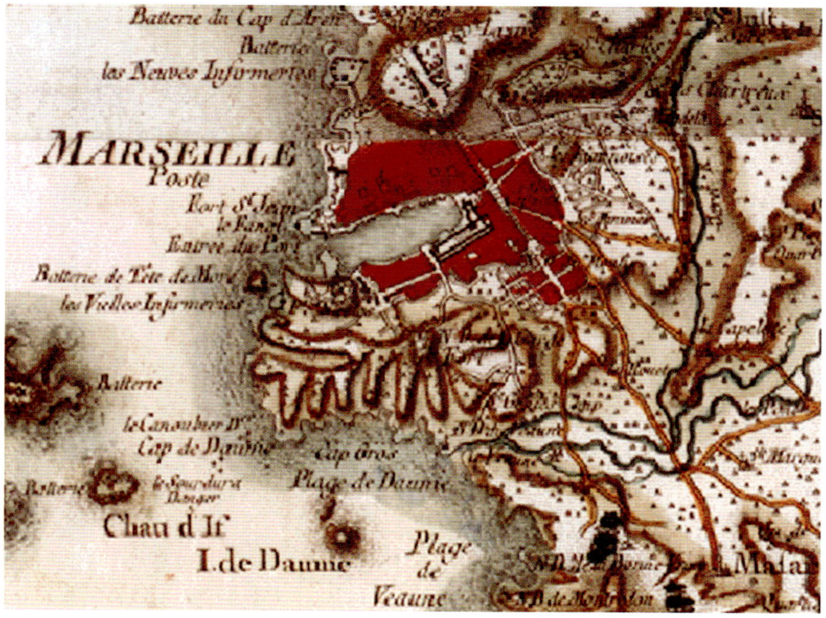

eure Jean Delambre und Pierre Méchain im Jahre 1790 legte den Grundstein für das metrische Vermessungssystem und damit für die moderne Landvermessung.[294] Die genannten Fortschritte führten im 18. Jahrhundert auch zu einer Reform der Kartographie. Noch in der frühen Neuzeit bestimmten Fabelwesen und mythische Symbolfiguren die Landkarten. Die bis dahin üblichen Allegorien für bestimmte Regionen wurden nun als dekorative Elemente an den Kartenrand verbannt; die tatsächliche Landesbeschaffenheit trat in den Vordergrund. Dienten bislang Reisebeschreibungen als Quelle, so führten jetzt wissenschaftliche Erkenntnisse und technische Neuerungen wie die Triangulation zu akkurateren und detaillierteren Daten. Naturgetreue Landesdarstellungen in realen Proportionen konnten erstellt werden. Die europäischen Staaten erkannten bei ihrem Kampf um die Vorherrschaft die schlachtentscheidende Bedeutung topographischer Kenntnisse. Deshalb blieb die Landesaufnahme auch lange eine militärische Angelegenheit, weswegen es von Rußland bis zum Beginn des Satellitenzeitalters hinein keine verzerrungsfreie Karte gab: Denn nur mit exaktem Kartenwerk hätte die feindliche Artillerie ihre Ziele genau bestimmen und treffen können.

1748 war die Carte Géométrique de la France fertiggestellt, die vollständige Landesbeschreibung Englands wurde 1787 abgeschlossen. Spanien, Österreich und die Schweiz folgten. Die erste Initiative, ganz Europa nach einheitlichen Kriterien zu vermessen und eine Europakarte im Maßstab 1:100.000 zu erstellen, kam von Napoléon. Das Vorhaben hielt mit den raschen Eroberungen kaum Schritt und wurde mit dem Ende der bonapartistischen Ära aufgegeben. Weitreichender war hier schon das Wirken Napoléons auf dem Gebiet der Raumplanung: Seine Infrastrukturpolitik wirkt, besonders auf dem Straßenbausektor, bis heute fort.

Oben ist die Carte Géométrique von César François Cassini de Thury aus dem Jahre 1748 dargestellt: Eine Ansicht Südfrankreichs (links unten) sowie Ausschnitte mit geographischen Details aus dem Vendôme (links oben) und eine kolorierte Version der Region Marseille (rechts). Als Revolution in der Kartographie galt die Erfindung der Triangulation als Hilfsmittel fortschrittlicher Vermessungstechnik. Sie wurde hier erstmals großflächig angewandt.

Raumordnung in Deutschland. Vorstöße und Vordenker einer Institutionalisierung

Die staatliche Lenkung der Wirtschaftspolitik, die seit dem Merkantilismus durch raumordnende Maßnahmen ausgeübt worden war, wurde durch die liberalen Reformen seit Ende des 18. Jahrhunderts zurückgenommen und viele städtebauliche und ländliche Entwicklungskompetenzen den Regionen oder dem Individuum übertragen. Das preußische Allgemeine Landrecht von 1794 zum Beispiel enthielt bereits Bestimmungen zu prinzipieller Baufreiheit. Die Stein-Hardenbergschen Reformen führten zu Bauernbefreiung, Gewerbefreiheit und einer Neubewertung des Eigentums.[295] Parallel dazu entstanden auch erste raumwissenschaftliche Untersuchungen. So legte Johann Heinrich von Thünen seine ökonomische Betrachtungen auf den Raum und faßte ihn in die nach ihm benannten »Thünenschen Kreise«.

Im Verlauf des 19. Jahrhunderts ging der staatliche Einfluß auf die besitzmäßige Aufteilung und die Nutzung des Bodens immer weiter zurück, da der mit der Industrialisierung einhergehende Liberalismus raumplanerische Eingriffe in das freie Spiel der Marktkräfte strikt ablehnte. Der Staat mischte sich nur durch seine Finanzpolitik, beim Eisenbahn- und Straßenbau und mit der Verteilung seiner Garnisonen in die Raumordnung[296] und damit in die Wirtschaftspolitik ein. Erst mit Beginn des 20. Jahrhunderts führten die negativen Folgen dieses laisser-faire in den Großstädten und Ballungsräumen zu einer Forderung nach überregionalen Raumplanungen und zu ersten gesetzlichen Regelungen; so zum »Gesetz gegen die Verunstaltung von landschaftlich hervorragenden Gegenden« von 1902 und das »Gesetz gegen das wilde Bauen außerhalb der Ortschaften« von 1904. Doch blieben praktische Auswirkungen des neu aufkeimenden Gestaltungswillen des Staates bis zum Ersten Weltkrieg beinahe bedeutungslos. Eine Ausnahme stellte der »Zweckverband Groß-Berlin«[297] dar, der am 19.7.1911 per Gesetz eingerichtet wurde, um die Abstimmungsprobleme im Großraum Berlin in den Griff zu bekommen und raumordnenden Charakter bewies. Seine Aufgabe sollte es sein, das Gesamtgebiet subsidiär zu ordnen. Auch die wissenschaftliche Entwicklung der Raumordnung erhielt hier neue Impulse. Zu den Erfolgen des Zweckverbandes gehörten die Schaffung eines einheitlichen Infrastrukturnetzes und einheitlicher Abwasserflächen und der Erwerb ausgedehnter Waldflächen für Erholung, Sport, Wassergewinnung und Naturschutz.[298] In den Hungerjahren des Ersten Weltkrieges sorgte der Zweckverband für eine verbesserte Versorgung der Bevölkerung mit Nahrungsmitteln und Brennstoffen und baute die Kriegsgetreidegesellschaft auf. Aus dem Zweckverband erwuchs 1920 die Gemeinde »Groß-Berlin« mit 20 Bezirken. Als in den darauffolgenden Jahren eine Viertelmillion Berliner in den brandenburgischen »Speckgürtel« rund um die Reichshauptstadt abwanderte, um dort auf kleinen, preisgünstigen, aber kaum erschlossenen Grundstücken Eigenheime zu bauen statt in der dichtbesiedelten Stadt zu bleiben, wurde ein Gesamtsiedlungsplan für die Region immer bedeutender, so daß für diese Aufgabe 1929 der Landesplanungsverband Brandenburg-Mitte ins Leben gerufen wurde.[299] Ihr späterer Geschäftsführer Martin Pfannschmidt nannte im Rückblick die Gründe für das zwangsläufige Scheitern dieses Vorhabens nach nur zehn Jahren:

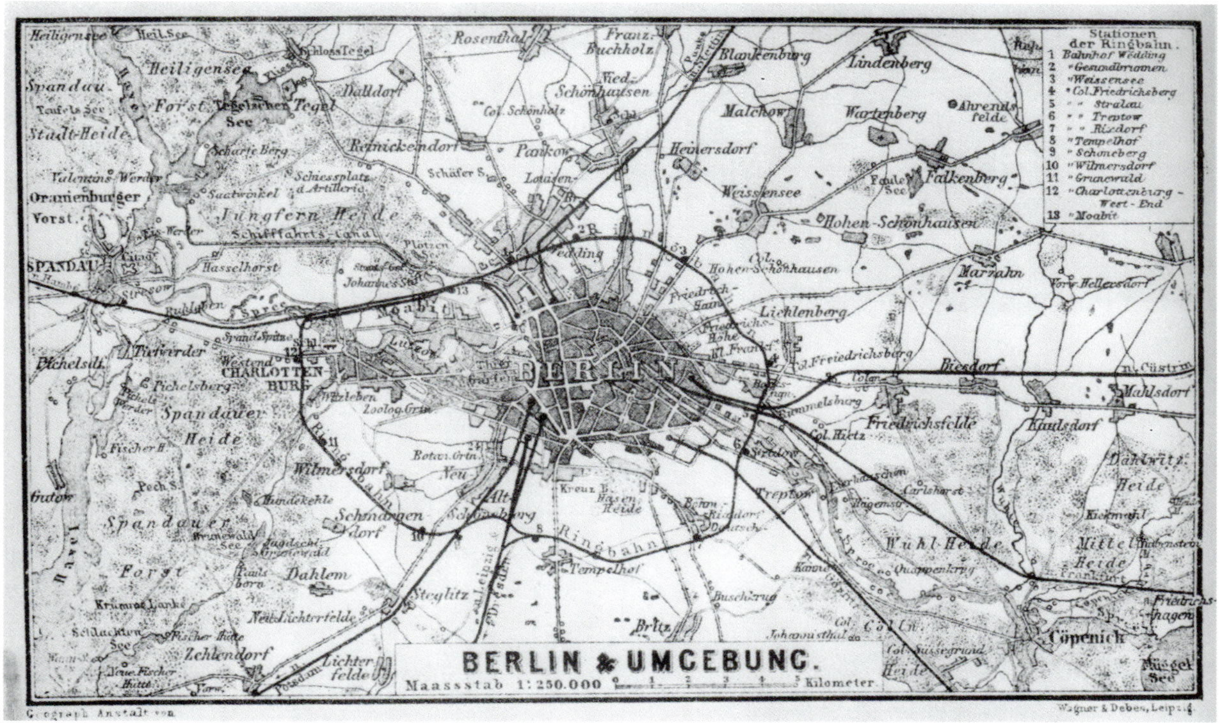

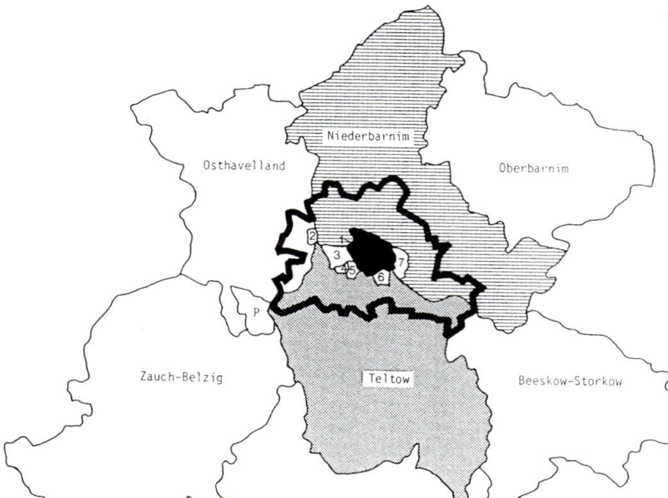

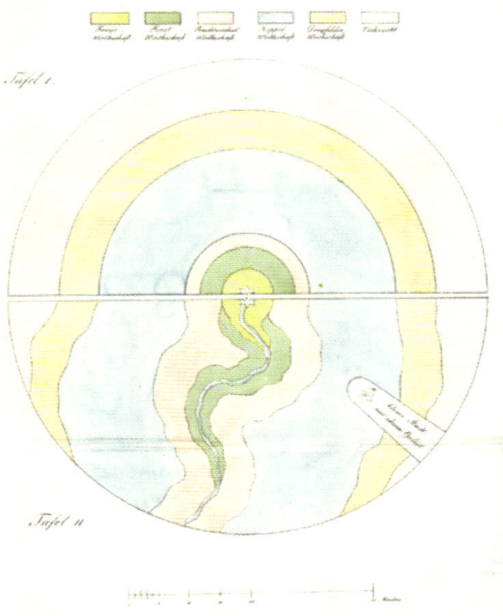

Links und unten links: Die Karte aus dem Jahre 1885 zeigt den Großraum der Reichshauptstadt mit den zahlreichen sie umgebenden eigenständigen Städten, Gemeinden, Dörfern und Marken. Daraus entstand »Groß-Berlin« als raumordnerische Einheit mit Modellcharakter (s. die schematische Darstellung): 1911 wurde der »Zweckverband« der Landkreise Niederbarnim und Teltow sowie der Städte Berlin (1), Spandau (2), Charlottenburg (3), Wilmersdorf (4), Schöneberg (5), Neukölln (6) und Lichtenberg (7) gegründet. Daraus erwuchs ab 1920 die »Stadtgemeinde Groß-Berlin« (in ihren noch heute weitgehend vorhandenen Grenzen innerhalb der hier schwarz markierten Linie) und entwickelte sich als raumordnerisch gemeinsam agierendes Gebiet 1929 weiter zum »Landesplanungsverband Brandenburg-Mitte« mit den Landkreisen Beeskow-Storkow, Niederbarnim, Oberbarnim, Osthavelland, Teltow, Zauch-Belzig und dem Stadtkreis Potsdam (P).

Unten rechts: Der Mecklenburger Gutsbesitzer Johann Heinrich von Thünen begründete mit seinem 1826 erschienenen Werk »Der isolierte Staat« die Regionalökonomie. Seine nach ihm benannten »Thünenschen Kreise« – auch »Ringe« – sind eine frühe wirtschaftsgeographische Standorttheorie. Die Ringe sind konzentrisch um den Absatzort als Zonen unterschiedlicher landwirtschaftlicher Nutzung ausgebildet. Sie beschreiben die landwirtschaftliche Bodennutzung einer idealtypischen Region, in der die Transportkosten diejenige Einflussgröße sind, die im wesentlichen die Bodennutzung einer bestimmten Region begründet.

»Die Geschichte der Landesplanung im Raum Berlin-Brandenburg lehrt eindringlich, wie erfolglos eine Landesplanung bleibt, die nur für einen Teil eines einheitlichen Siedlungsraumes zuständig ist. In Berlin und Brandenburg kann die Landesplanung ihr Raumganzes nur dann harmonisch entwickeln, wenn Großstadt und Umland sich über Ziele und Durchführung einig sind. In einem Raum, der durch eine zentrale Agglomeration von der Größe und Bedeutung der Weltstadt Berlin bestimmt wird, läßt sich die notwendige Einigkeit durch einen losen Zusammenschluß nicht erreichen. Berlin als Hauptkostenträger wird stets versuchen – und hat es auch getan –, die Planung entscheidend zu beeinflussen oder sich zum mindesten dem Druck der anderen Seite zu entziehen.«[300]

Weitere Versuche, eine gemeinsame Landesplanung von Berlin und Brandenburg zu organisieren, wurden 1945 jäh unterbrochen und erst in den Jahren nach der Wiedervereinigung wieder aufgenommen.

Immer lauter wurde in den ersten Jahrzehnten des 20. Jahrhunderts der Ruf nach einer Zentralbehörde für Raumordnung. Unter den Vordenkern waren hier die Autoren der Konservativen Revolution[301] besonders aktiv. Deren autoritäre Vertreter befürworteten die Raumplanung als Mittel des Staates, Ökonomie und Gesellschaft zu lenken. Exponent der Konservativen Revolution war Ernst Jünger mit seinen Vorstellungen zur organischen Konstruktion.[302]

Vertreter einer anderen Richtung war der Gartenarchitekt Leberecht Migge. Er knüpfte an die Jugendbewegung der Vorkriegszeit und an den Siedlungsenthusiasmus aus dem Ersten Weltkrieg an.[303] Migge wollte durch begrünte Siedlungsprojekte wie den Sonnenhof in Worpswede und Selbstversorgersiedlungen den Kapitalismus überwinden.

Gedanklich eingebunden in den Städtebau war der Leiter des Deutschen Archivs für Städtebau, Siedlungs- und Wohnungswesen in Berlin, Gustav Langen.[304] Er wollte unter dem Einfluß von Kulturkritik, Heimatschutzbestrebungen und ökonomischen Standorttheorien Raumplanung als ein Instrument umfassenden kulturellen Neuaufbaus entwickeln.

Für den Münsteraner Hochschullehrer für Nationalökonomie, Werner Friedrich Bruck, ergab sich aus der Theorie vom Ende des Exportindustrialismus die Forderung nach einem umfassenden wirtschaftlichen Umbau des Deutschen Reiches, die auf eine weitestgehende agrarische Selbstversorgung und einen reduzierten industriellen Wirtschaftsanteil abzielte und nur mit dem Instrument der Raumplanung zu erreichen wäre.[305]

Auf die zuletzt genannte Forderung nach einer Agrarisierung unter dem Aspekt der Selbstversorgung setzte die erste deutsche Republik: nach der alliierten Blockade und im Glauben, daß nach dem verlorenen Weltkrieg der internationale Markt dem deutschen Export verschlossen bliebe, befürwortete die Nationalversammlung 1919 den Ausbau des Kohlebergbaus und Maßnahmen zur verstärkten Binnenkolonisation. Die dafür notwendigen Raumplanungen führten zur Gründung von freiwilligen, nicht staatlich institutionalisierten Landesplanungs- und Siedlungsverbänden[306]. Eine Ausnahme stellte der Siedlungsver-

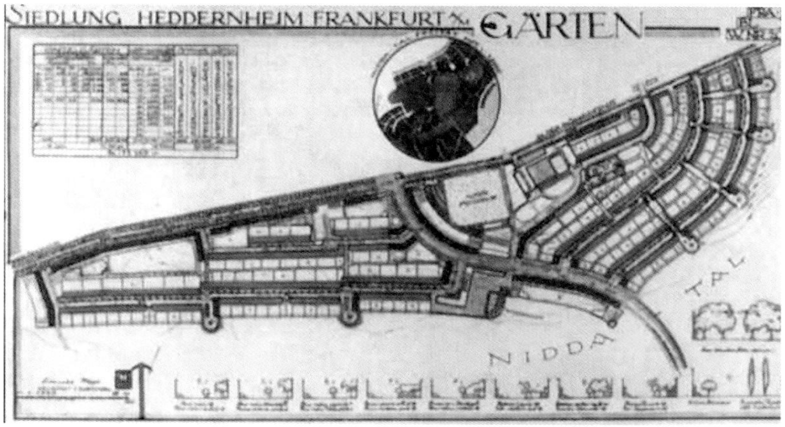

band Ruhrkohlenbezirk dar, der 1920 zur weltweit ersten gesetzlich verankerten Raumplanungsinstitution wurde. Seine Aufgaben ergaben sich in erster Linie aus dem Versailler Vertrag: Um die hohen Reparationsforderungen der Alliierten erfüllen zu können, mußte die Kohleförderung stark gesteigert werden, weswegen 600.000 Menschen zusätzlich im Ruhrgebiet angesiedelt werden sollten.[307] Der Wohnungsbau war daher vorrangig. Der General-Siedlungsplan dazu stammte von Robert Schmidt, der zum Direktor des Siedlungsverbandes Ruhrkohlenbezirk ernannt wurde. Das Gesetz vom 20. Mai 1920 legte darüber hinaus als Hauptaufgaben fest, geeignete Flächen von jeder Art der Bebauung freizuhalten, ein einheitliches Straßennetz zu schaffen, Verkehrsbänder festzulegen und den öffentlichen Personenverkehr zu vereinheitlichen.[308] Zwangsläufig lief dies auf die Entwicklung eines »Raumordnungsplans« hinaus; und genau hier liegt das Verdienst des Siedlungsverbandes Ruhrkohlenbezirk, daß »der Gedanke der umfassenden Raumplanung in den beginnenden zwanziger Jahren in Deutschland festen Fuß gefaßt hat und seitdem aus der öffentlichen Verwaltung und kommunalpolitischen Diskussion nicht mehr wegzudenken ist«.[309]

Ein einheitliches raumplanerisches Leitbild suchte der Siedlungsverband Ruhrkohlenbezirk allerdings viele Jahre vergeblich. Nur eine Minderheit war für die Ansiedlung neuer Industriezweige. Die führende Unternehmerorganisation der Ruhrregion, der sogenannte »Langnamverein«, forderte eine Aussiedlung der Arbeitslosen in den Osten oder ins Emsland. Eine dritte Position vertrat Robert Schmidt, der eine mit schwerindustriellen Anlagen durchsetzte Selbstversorgerlandschaft befürwortete.[310] Schließlich

Oben links: Ernst Jünger befürwortete in der Weimarer Republik als Vertreter der sogenannten »Konservativen Revolution« die Raumordnung als autoritäres Lenkungsinstrument des Staates.

Oben: Grüne Siedlungsprojekte mit Selbstversorgungscharakter waren Leberecht Migges Beitrag zur Diskussion der Raumplanung in den zwanziger Jahren des 20. Jahrhunderts. Gestaltungsplan und Photo zeigen die von Migge entworfene Gartensiedlung in Frankfurt-Heddernheim um 1930.

beschränkte sich der Siedlungsverband zuerst auf den Wohnungsbau und später auf den Ausbau des Straßennetzes, was ihn 1932 fast in die finanzielle Handlungsunfähigkeit führte. Die nationalsozialistischen Machthaber setzten im April 1933 Robert Schmidt ab und einen Staatskommissar ein, der den Verband nach dem »Führerprinzip« umstrukturierte und damit den Einfluß von Kommunalpolitikern und Vertretern der Arbeitnehmer und Arbeitgeber beseitigte. In den 30er Jahren wurde vor allem die Verkehrsplanung forciert; der Krieg beschränkte dann die Aufgaben des Siedlungsverbandes auf die Behebung von Bombenschäden, Luftschutzmaßnahmen und den Barrackenbau für Zwangsarbeiter. Nach 1945 stand der Wiederaufbau obenan, in den fünfziger und sechziger Jahren war der Siedlungsverband Ruhrkohlenbezirk wieder die »wichtigste Ordnungskaft im Revier«[311] bis er Anfang der siebziger Jahre im Rahmen der kommunalen Gebietsreform wieder an Bedeutung verlor.

Nach der Einrichtung des Siedlungsverbandes Ruhrkohlenbezirk hofften die Protagonisten einer überregionalen Raumordnung in den zwanziger Jahren, daß auch reichseinheitlich eine staatliche Organisation geschaffen werden würde. Die Weimarer Republik unternahm tatsächlich zahlreiche Versuche, die Raumplanung zu institutionalisieren und hatte sogar allgemeine Grundlagen dafür in der Verfassung geschaffen:

»Die Verteilung und Nutzung des Bodens wird von Staats wegen in einer Weise überwacht, die Mißbrauch verhütet […]. Grundbesitz, dessen Erwerb zur Befriedigung des Wohnungsbedürfnisses, zur Förderung der Siedlung und Urbarmachung oder zur Hebung der Landwirtschaft nötig ist, kann enteignet werden […]. Alle Bodenschätze und alle wirtschaftlich nutzbaren Naturkräfte stehen unter Aufsicht des Staates.«[312]

1929 war es dann dem Minister für Volkswohlfahrt gelungen, die 23 preußischen Landesplanungsstellen zu einer »Arbeitsgemeinschaft« zusammenzuschließen, die 1930 sogar auf das ganze Reich ausgedehnt wurde und deren Vorsitz Robert Schmidt, der Direktor des Siedlungsverbandes Ruhrkohlenbezirk, übernahm;[313] doch alle weitergehenden Versuche, Raumplanung gesetzlich zu verankern und reichseinheitlich zu organisieren scheiterten: 1929 fand sich im preußischen Landtag wegen der Einschränkung der Nutzungsrechte des Bodeneigentümers keine Mehrheit für ein Städtebaugesetz, das die Einrichtung einer zentralen Landesplanungsstelle vorgesehen hatte. 1930 und 1931 scheiterte das vergleichbare Vorhaben eines Reichsstädtebaugesetzes im Reichstag wegen grundsätzlicher verfassungsrechtlicher Einwände in bezug auf Einschränkungen im Eigentumsrecht.

In den Jahren vor und nach Hitlers Machtergreifung fand Ernst Jüngers Vorstoß, durch die bewußte Gestaltung räumlicher Bedingungen nicht nur den Raum, sondern darüber auch die Wirtschaft und die Gesellschaft umfassend zu lenken, immer mehr Anhänger bei der politischen Rechten.[314] Sie beklagte das Fehlen einer zentralen Raumplanungsinstitution für das ganze Reich; betrachtete sie die Raumplanung doch als ideales Reform- und Steuerungsinstrument für einen gesellschaftlichen und wirtschaftlichen

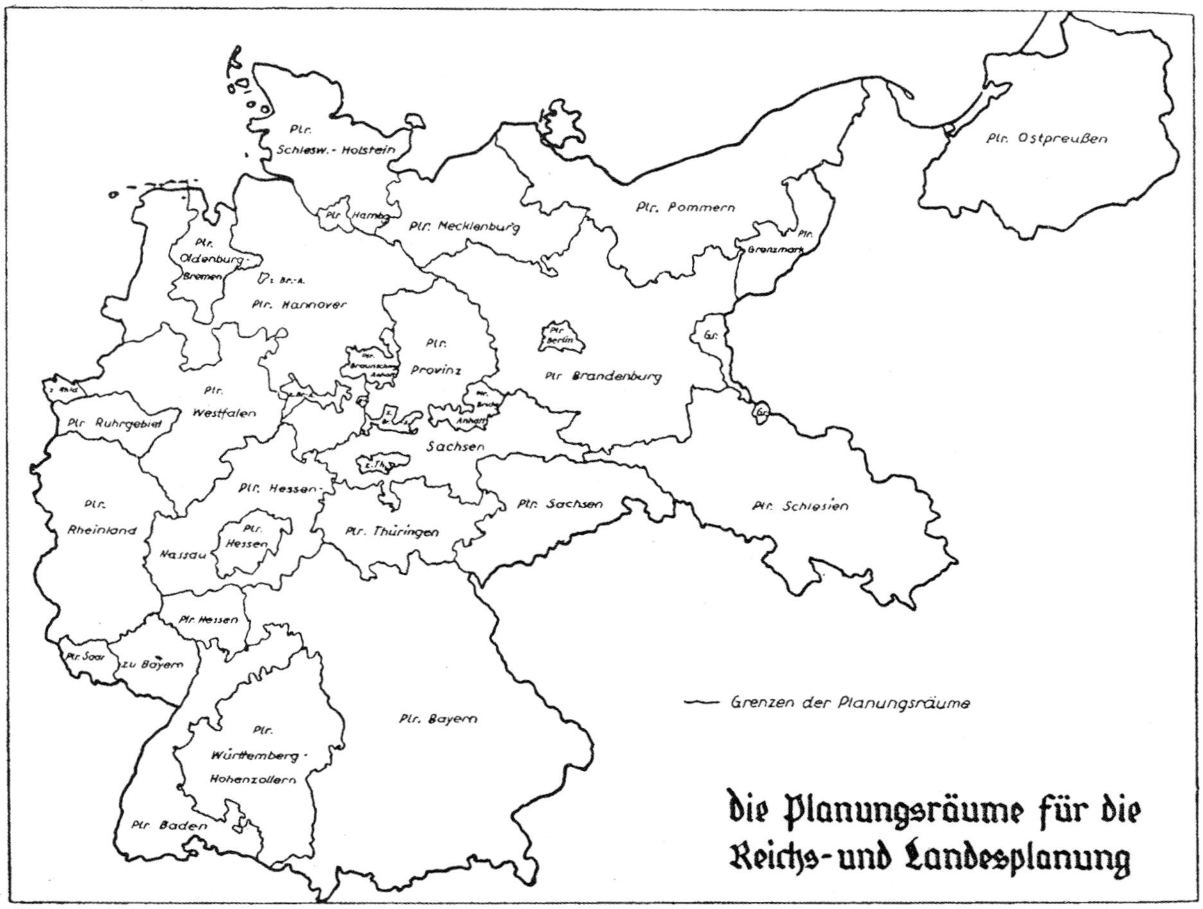

Seit Beginn der dreißiger Jahre war das Deutsche Reich in Planungsräume (Plr.) gegliedert.

Umbau, wenn nicht sogar für einen kulturellen Neuanfang.[315] Nach dem Publizisten Heinz Wilhelm Hoffacker kann Raumplanung nur mit einem von der Politik vorgegebenen Leitbild existieren, so »daß unter Raumordnung nicht eine ausschließlich technische Aufgabe gesehen werden kann [...], sondern vor allem auch eine grundlegend politische Aufgabe«.[316]

Die politische Richtung, für die die Raumplanung in den dreißiger Jahren instrumentalisiert wurde, wird in Hans Weigmanns »Gedanken zur Neugestaltung des deutschen Lebensraumes« aus dem Jahr 1935 deutlich: »Raumplanung zielt auf Volksordnung, auf echte dauerhafte Volksgemeinschaft. Alle anderen Zwecke sind dieser Grundidee dienstbar.«[317] Eine Opposition oder verfassungsrechtliche Bedenken gab es nach 1933 nicht mehr.[318] So konnten nach der nationalsozialistischen Machtergreifung in schneller Folge raumordnende Gesetze verabschiedet werden, deren Grundlagen in der Weimarer Republik zwar geschaffen, aber wegen rechtlicher Einwände immer wieder abgelehnt worden waren: 1933 die Gesetze über die Reichsautobahnen und über die Aufschließung von Wohnungssiedlungsgebieten, 1934 das Gesetz über einstweilige Maßnahmen zur Ordnung des deutschen Siedlungswesens und 1935 das Gesetz zur Regelung des Landbedarfs der öffentlichen Hand.[319]

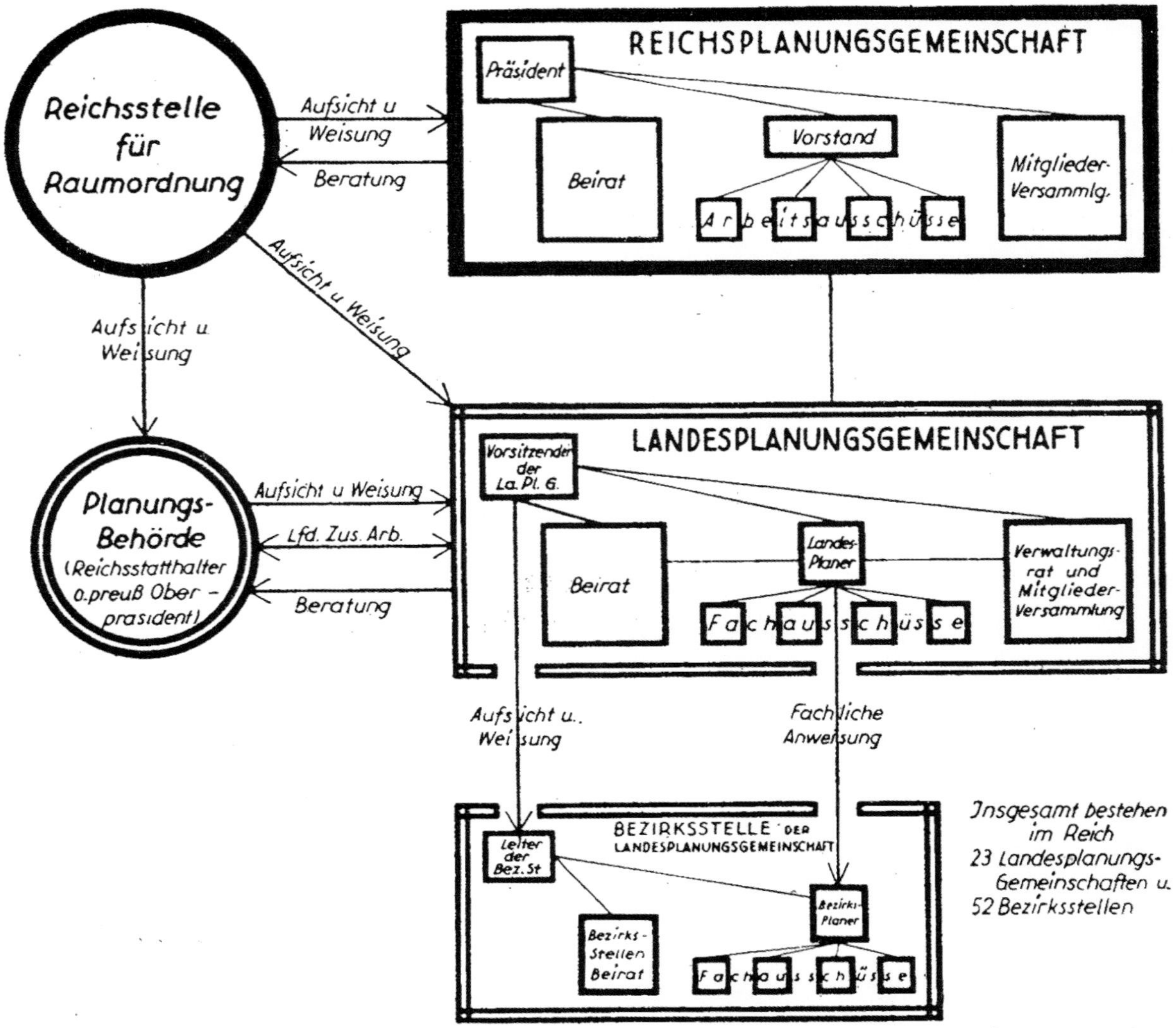

Die Organisation der Reichs- und Landesplanung nach Gründung der Reichstelle für Raumordnung.

Reichsstelle für Raumordnung und Reichsarbeitsgemeinschaft für Raumforschung

Das letztgenannte Gesetz bildete die Grundlage der lange angestrebten und jetzt erstmals erreichten Institutionalisierung der Raumordnung[320]: am 29. März 1935 wurde die »Reichstelle zur Regelung des Landbedarfs der öffentlichen Hand« beim Ernährungsministerium geschaffen.[321] Mit Erlaß vom 26. Juni desselben Jahres wurde sie in »Reichsstelle für Raumordnung« (RfR) umbenannt.[322] Die Länder und Provinzen wurden zu Planungsräumen erklärt, für die 23 »Landesplanungsgemeinschaften« gebildet wurden, in die die bisher bestehenden Landesplanungsstellen aufgingen.[323] 1937 wurde dann der Reichsstelle für Raumordnung die »Reichsplanungsgemeinschaft« als Zusammenfassung der Landesplanungsgemeinschaften als beratendes Gremium untergeordnet.[324] Damit war eine Zentralisierung nach dem »Führerprinzip« erfolgt. Die Reichsstelle für Raumordnung selbst wurde als eine oberste Reichsbehörde direkt dem Reichskanzler unterstellt und dem Ressort des Kirchenministers Hanns Kerrl zugeordnet, der nunmehr im Volksmund als »Minister für Himmel und Erde« bezeichnet wurde.[325] Die Reichsstelle bestand aus der Zentral-, der Verwaltungs- und der Planungsabteilung, die in 21 Fachreferate unterteilt waren. Kriegsbedingt kamen später weitere Referate hinzu: »Allgemeine Angelegenheiten des Luftschutzes und der Luftkriegsschäden«, »Volkstumsangelegenheiten«, »Ostgebiete« und »Reichsverteidigung«.[326]

Konrad Meyer leitete die Reichsarbeitsgemeinschaft für Raumforschung und war willfähriger Vollstrecker der nationalsozialistischen Blut- und Boden-Ideologie.

Die wissenschaftliche Forschung wurde im Dezember 1935 in der »Reichsarbeitsgemeinschaft für Raumforschung« (RAG) zusammengefaßt, die von 1936 bis 1944 die monatliche Zeitschrift »Raumforschung und Raumordnung« (RUR) herausgab und die Arbeiten auf Weisung der »Reichsstelle für Raumordnung« (RFR) wissenschaftlich vorbereiten sollte.[327] Der »Obmann« – der Leiter – der Reichsarbeitsgemeinschaft für Raumforschung sollte die Verbindung zu allen deutschen Forschungsinstitutionen und den Parteistellen gewährleisten. Dieser Posten wurde daher mit einem damals anerkannten Wissenschaftler besetzt, der sich gleichzeitig als SS-Mann in der nationalsozialistischen Bewegung bewährt hatte: Die Wahl fiel auf den bisherigen Direktor des Instituts für Agrarwesen und Agrarpolitik an der Universität Berlin, Professor Dr. Konrad Meyer, seit 1931 Mitglied der NSDAP.[328] Die Raumordnung wurde nun vollends für nationalsozialistische Ziele instrumentalisiert.

Alle genannten Institutionen waren nicht nur zufällig im »Dritten Reich« gegründet worden: Die jüngsten Forschungsergebnisse belegen, daß die »grundsätzliche Aufgabenstellung und die Ziele der Raumordnung [...] direkt aus den Hauptzielen der Nationalsozialisten abgeleitet« wurden.[329] Die institutionalisierte Raumordnung vor 1945 zog ihre Existenzberechtigung aus der nationalsozialistischen »Blut-und-Boden-Politik« und dem Lebensraumkonzept der NS-Ideologie, der »Volk-ohne-Raum-Politik«. Hermann Muhs, der stellvertretende Leiter der Reichsstelle für Raumordnung im Range eines Staatssekretärs, gab die Marschrichtung in einer Rede auf der Tagung der Reichsarbeitsgemeinschaft für Raumforschung in der Marienburg 1937 vor:

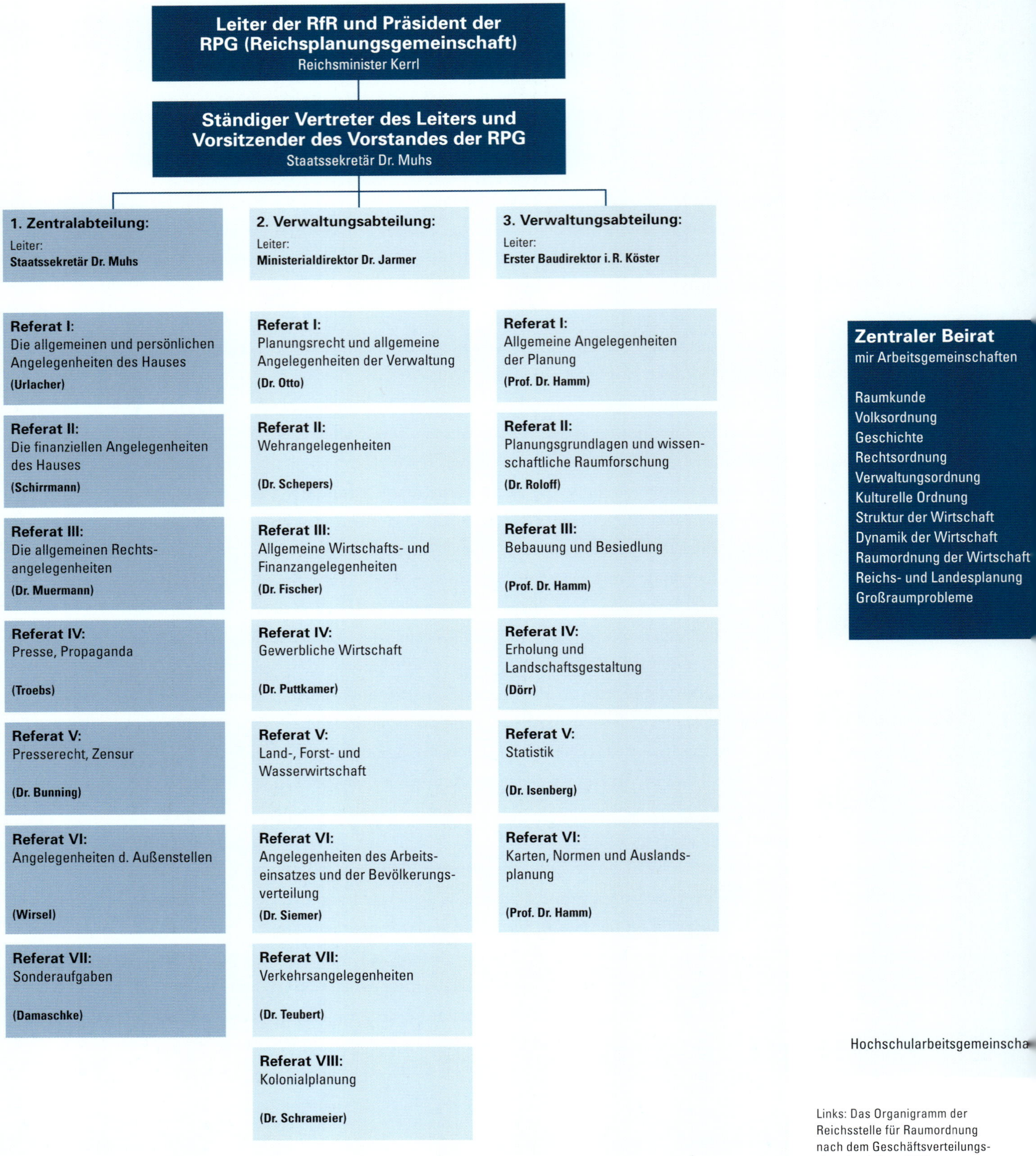
Leiter der RfR und Präsident der RPG (Reichsplanungsgemeinschaft)
Reichsminister Kerrl
Ständiger Vertreter des Leiters und Vorsitzender des Vorstandes der RPG
Staatssekretär Dr. Muhs
1. Zentralabteilung:
Leiter:
Staatssekretär Dr. Muhs
2. Verwaltungsabteilung:
Leiter:
Ministerialdirektor Dr. Jarmer
3. Verwaltungsabteilung:
Leiter:
Erster Baudirektor i. R. Köster
Referat I:
Die allgemeinen und persönlichen Angelegenheiten des Hauses
(Urlacher)
Referat II:
Die finanziellen Angelegenheiten des Hauses
(Schirrmann)
Referat III:
Die allgemeinen Rechtsangelegenheiten
(Dr. Muermann)
Referat IV:
Presse, Propaganda
(Troebs)
Referat V:
Presserecht, Zensur
(Dr. Bunning)
Referat VI:
Angelegenheiten d. Außenstellen
(Wirsel)
Referat VII:
Sonderaufgaben
(Damaschke)
Referat I:
Planungsrecht und allgemeine Angelegenheiten der Verwaltung
(Dr. Otto)
Referat II:
Wehrangelegenheiten
(Dr. Schepers)
Referat III:
Allgemeine Wirtschafts- und Finanzangelegenheiten
(Dr. Fischer)
Referat IV:
Gewerbliche Wirtschaft
(Dr. Puttkamer)
Referat V:
Land-, Forst- und Wasserwirtschaft
Referat VI:
Angelegenheiten des Arbeitseinsatzes und der Bevölkerungsverteilung
(Dr. Siemer)
Referat VII:
Verkehrsangelegenheiten
(Dr. Teubert)
Referat VIII:
Kolonialplanung
(Dr. Schrameier)
Referat I:
Allgemeine Angelegenheiten der Planung
(Prof. Dr. Hamm)
Referat II:
Planungsgrundlagen und wissenschaftliche Raumforschung
(Dr. Roloff)
Referat III:
Bebauung und Besiedlung
(Prof. Dr. Hamm)
Referat IV:
Erholung und Landschaftsgestaltung
(Dörr)
Referat V:
Statistik
(Dr. Isenberg)
Referat VI:
Karten, Normen und Auslandsplanung
(Prof. Dr. Hamm)
Zentraler Beirat
mir Arbeitsgemeinschaften
Raumkunde
Volksordnung
Geschichte
Rechtsordnung
Verwaltungsordnung
Kulturelle Ordnung
Struktur der Wirtschaft
Dynamik der Wirtschaft
Raumordnung der Wirtschaft
Reichs- und Landesplanung
Großraumprobleme
Hochschularbeitsgemeinscha

Links: Das Organigramm der Reichsstelle für Raumordnung nach dem Geschäftsverteilungsplan des Jahres 1939.

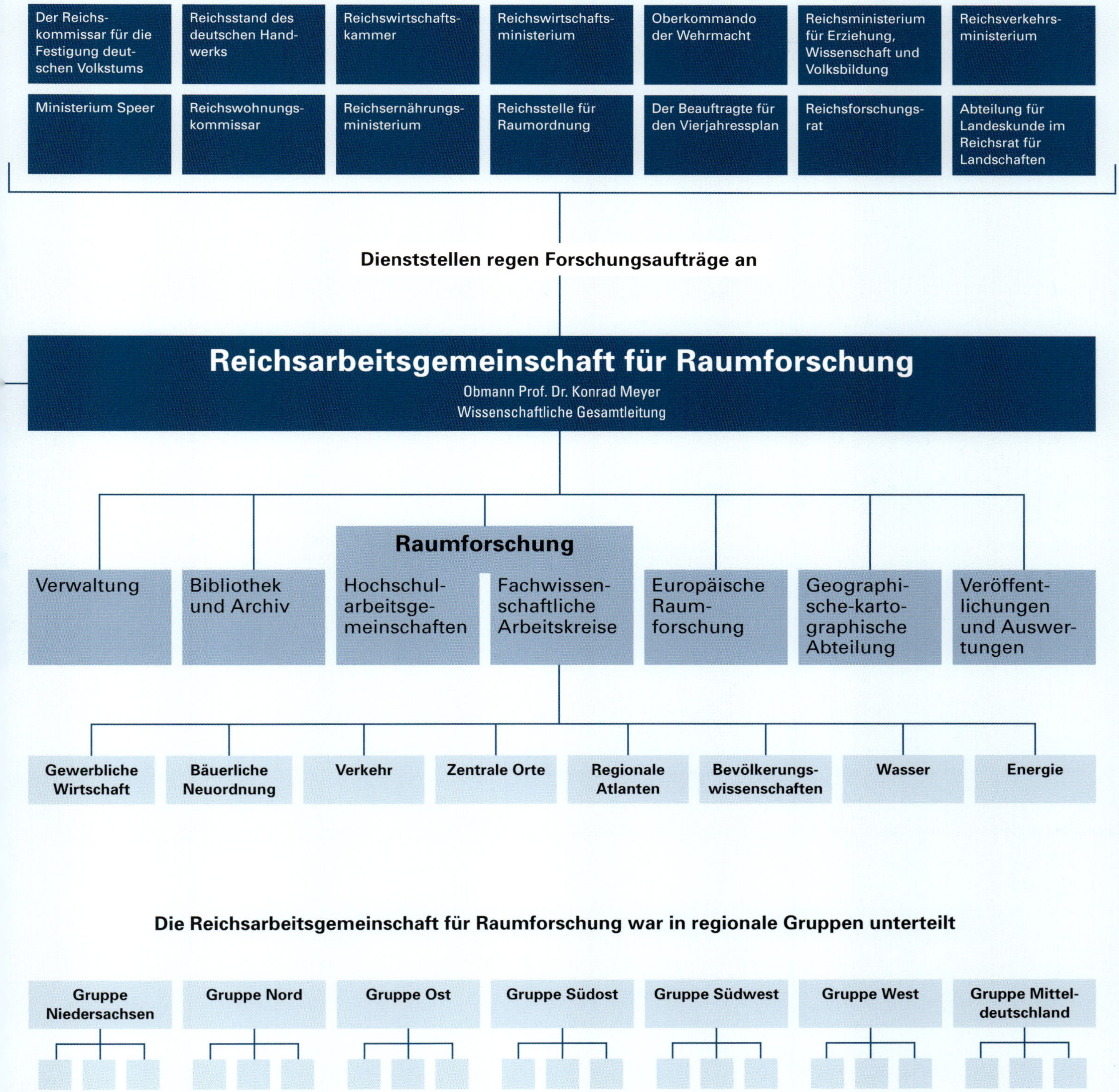

Oben: Die Reichsarbeitsgemeinschaft für Raumforschung war das Instrument der Eroberungs- und Unterjochungspolitik der Nationalsozialisten. Das Organigramm aus der Kriegszeit zeigt Zuständigkeiten und Verflechtungen der Raumforschungsinstitutionen des »III. Reiches«.

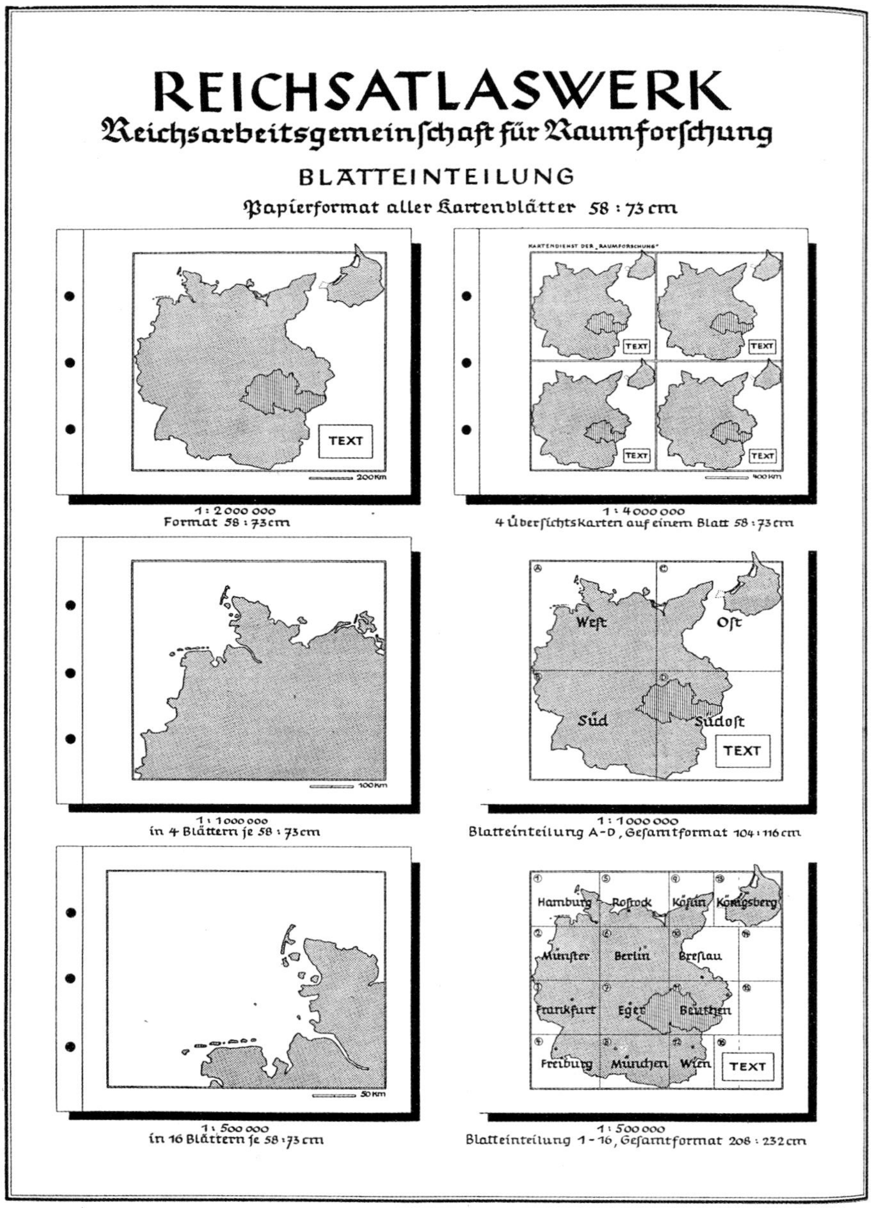

»Die Aufgabenstellung stimmt restlos überein mit den großen Zielen der nationalsozialistischen Staatspolitik. […] Der Totalitätsgedanke macht erst die nationalsozialistische Raumordnung aus. Dadurch unterscheidet sie sich grundlegend von der Raumordnung aus der Zeit vor der Machtübernahme. ›Totalität in jeder Hinsicht‹ ist das Kennzeichen echter Raumordnung im nationalsozialistischen Sinne.«[330] Und weiter, bezogen auf den Mitarbeiterstab: *»Ein Planer, der nicht weltanschaulich festgegründet auf nationalsozialistischem Boden steht, wird niemals seiner Aufgabe gerecht werden können.«*[331]

Auch der Leiter der ersten Reichstelle für Raumordnung beim Ernährungsministerium, der Vorsitzende der Reichsarchitektenkammer Carl Ch. Lörcher, setzte hier gleich:

Das »Reichsatlaswerk« bildete einen Schwerpunkt der Reichsraumforschung nach 1938/39, als das »Großdeutsche Reich« mit Österreich, dem Sudetenland und der »Resttschechei« – dem Protektorat Böhmen und Mähren – entstanden war.

»Mensch und Raum, also Blut und Boden« und fährt fort: *»[…] ja, es kann mit Recht betont werden, daß eine Neuordnung überhaupt erst durch die Führung des Staates durch den Nationalsozialismus möglich wird. […] Eine neue Ordnung des deutschen Lebensraumes und eine neue Ordnung im deutschen Lebensraume hat darum eine Aufstellung des Istzustandes zur Voraussetzung, nach welchem grundsätzlich die Zukunftswege durch den Führer der Deutschen vorgezeichnet sind […].«*[332]

Konrad Meyer, der Obmann der Reichsarbeitsgemeinschaft für Raumforschung, bezeichnete in der ersten Nummer der »Raumforschung und Raumordnung« (RUR) vom Oktober 1936 die Institutionalisierung der Raumforschung als ersten »kühne[n] Versuch, den nationalsozialistischen Gedanken der Gemeinschaft und Zusammengehörigkeit, sowie die in dieser Idee wurzelnden Grundsätze der Ordnung, Führung und

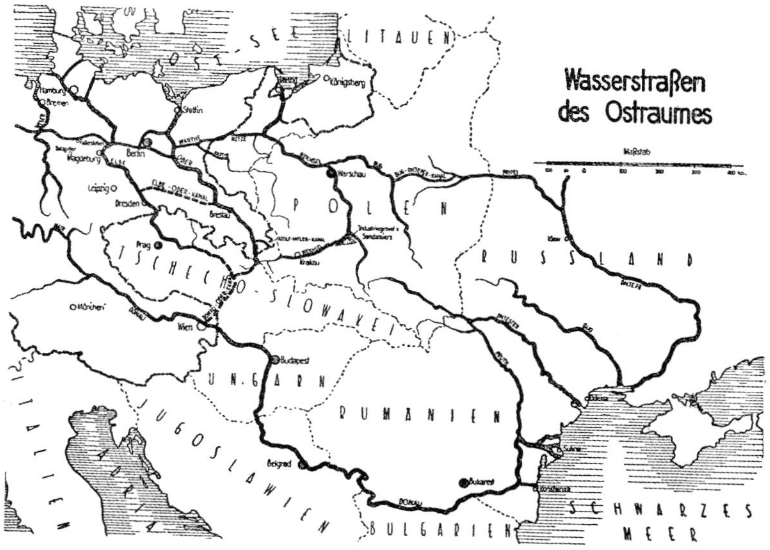

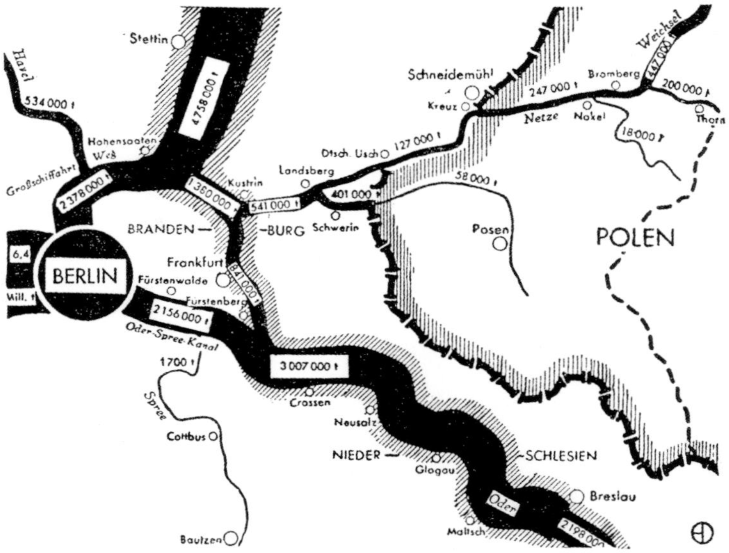

Die Transportwege in Osteuropa waren in den Monatsheften der »Raumforschung und Raumordnung« seit Ende der dreißiger Jahre häufiges Forschungsthema, so beispielsweise die »Wasserstraßen des Ostraumes« (oben links) und deren Jahresbelastung in Tonnagen (oben rechts)

Gefolgschaft auch in der Wissenschaft wirksam werden zu lassen.«[333] Im Vorwort dieser ersten »RuR«-Ausgabe konstatiert Bernhard Rust, Reichs- und Preußischer Minister für Wissenschaft, Erziehung und Volksbildung von 1934 bis 1945: »Der Ansatz der Wissenschaft für die Raumforschung und Raumordnung wird sie zwangsläufig hineinführen in die Kernfragen des Nationalsozialismus: Blut und Boden, Volk und Raum.« Ernst Jarmer schreibt in der selben Ausgabe über die »Politische Zielsetzung und weltanschauliche Abgrenzung der Raumordnung«:

»Nicht nur eine artgemäße Raumordnung wird deshalb der deutsche Staat als sein Ziel hinstellen, vielmehr wird er heute eine nationalsozialistische Ordnung des deutschen Raumes fordern. Wenn man sich fragt, welche Raumordnung der nationalsozialistischen Weltanschauung entspricht, so wird man von den Grundkenntnissen der nationalsozialistischen Lehre ausgehen. Der Nationalsozialismus wertet alle staatlichen Maßnahmen danach, ob sie dem deutschen Volk in seiner Lebenskraft und in seinem Bestand als Volkskörper Nutzen bringen. Die Raumordnung muß deshalb eine gesunde Volksordnung gewährleisten. Volksordnung umschließt die Sozial- und Wirtschaftsordnung.«[334]

1938 freut sich Meyer über seinen Erfolg: »In diesem neuen Ansatz der Wissenschaft ist uns jedenfalls eins gelungen [...] die Forschung zu den Quellen unseres nationalen Lebens hinzulenken: *Zu Volk und Lebensraum, zu Blut und Boden.«*[335] Die neuere Forschung weist nach, daß gerade in der »Selbstausrichtung jedes einzelnen Wissenschaftlers in einer Forschungsgruppe auf nationalsozialistische Zielsetzung hin«[336] die Effektivität der alles umfassenden – »totalen« – Raumordnung begründet lag. Dies galt für die ideologischen Projekte der Reichsstelle für Raumordnung wie die »Gesundung der Ballungsräume« und im ökonomischen Bereich für die Wirtschafts- und Verkehrsanalysen. Bei der Reichsarbeitsgemeinschaft für Raumforschung drückte sich diese unselige Verquickung vor allem in der Verbindung von Lebensraumideologie, Wirtschafts- und Bevölkerungspolitik im Forschungsprogramm nach 1937 aus.[337] Für die zusammenfassende übergeordnete Planung und Ordnung des deutschen Raumes für das gesamte Reichsgebiet wurden – in den kommenden Jahren immer wieder modifizierte –Arbeitskreise mit folgenden Schwerpunkten gebildet: »Reichsatlas«; »Volkskraft, Volksdichte, Arbeitseinsatz«; »Bodenschätze«; »Wasserwirtschaft«; »Verkehrswirtschaft«; »Wirtschaftsordnung«; »Gesundung der Ballungsräume«; »Not-

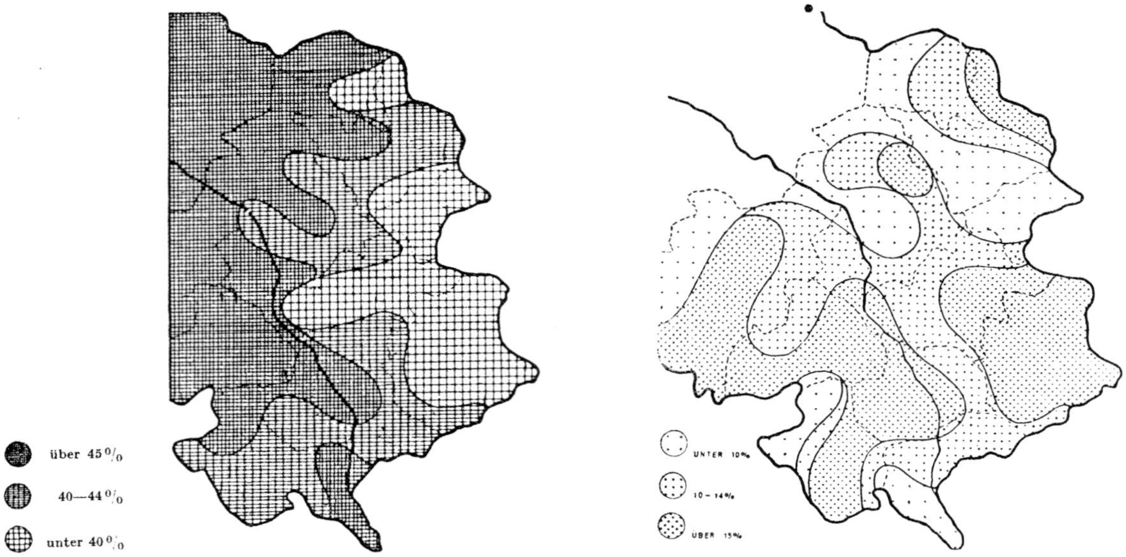

Die Raumforscher der Reichsarbeitsgemeinschaft legten bei ihren Analysen des deutschen Lebensraumes die »Wertigkeitsskala« des NS-Rassenforschers Hans Friedrich Karl Günther zugrunde und untersuchten beispielsweise die Häufigkeitsstufen der nordischen (oben links) und der dinarischen Rasse (oben rechts) in Oberschlesien.

standsgebiete«; »Raumordnung und Gemeinden«.[338] Dabei war die den »Deutschen artgemäße Volks- und Raumordnung« wie der Leiter der Reichsarbeitsgemeinschaft für Raumforschung, Konrad Meyer, sie forderte, vom Wesen her antisemitisch, da – so Meyer weiter – »das volksorganische Prinzip [...] seinen entsprechenden Niederschlag in den Nürnberger Gesetzen fand«.[339]

Für die Raumordnung war von Anfang an Hitlers Ziel maßgeblich, »neuen Lebensraum zu schaffen«. Die »Heim-ins-Reich-Politik«, also die gewaltsame Eingliederung fremden Staatsgebiets, in denen deutschstämmige Einwohner die Mehrheit stellten, wurde Grundlage der Raumforschung, die wiederum die Politik vorab legitimierte. Über den »Sudetenraum« schrieb im Januar 1936 der Raumplaner Karl Viererbl bereits knapp drei Jahre vor der »Eingliederung ins Deutsche Reich«:

»Die Problematik aber dieses Grenzgebietes für die tschechische Politik bildet die Tatsache, daß jenseits dieser Grenze ein stellenweise 50-80 Kilometer breiter fest geschlossener deutscher Siedlungsgürtel liegt, der mit dem reichsdeutschen Siedlungsraum innig zusammenhängt. Sein Außenrand, der innerhalb des Sudetenraumes liegt, bildet die Grenze zwischen deutschem und tschechischem Volkstum.«[340]

So wie die »Reichsplanung der NSDAP«, so lieferte auch die Reichsarbeitsgemeinschaft für Raumforschung mit ihren wissenschaftlichen Bestandsaufnahmen und Analysen die Basis für die nationalsozialistische Raumordnungspolitik.[341] Nachdem Hitler auf dem Nürnberger Parteitag im September 1936 den Vierjahresplan zur Erlangung der wirtschaftlichen Autarkie verkündet und im November 1937 auf der geheimen Führerkonferenz seine Kriegspläne zur gewaltsamen Eroberung neuen Lebensraumes enthüllt hatte, gab Minister Kerrl als Leiter der Reichsstelle für Raumordnung die neuen politischen Leitlinien und »völkischen Hochziele« der Raumordnung »für eine nationalsozialistische Neugestaltung des deutschen Lebensraumes« bekannt:

»1. Stärkung der biologischen Volkskraft, 2. bestmögliche Nutzung des Bodens und seiner Kräfte, 3. arteigene Zuordnung von Volk und Landschaft, 4. Steigerung der Abwehrbereitschaft des deutschen Raumes.«[342]

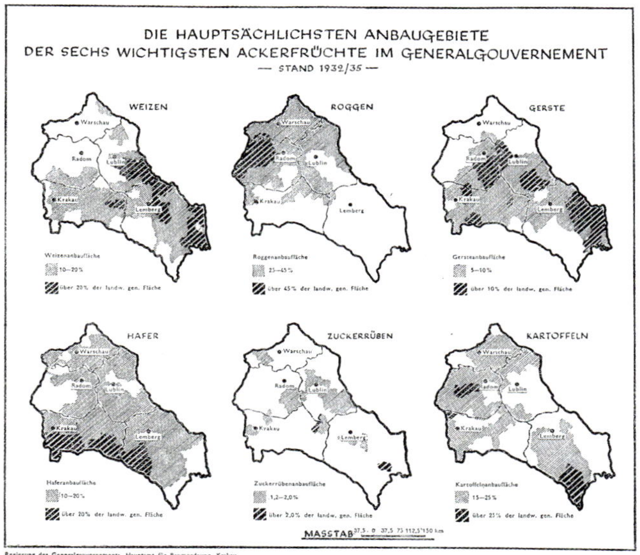

Regierung des Generalgouvernements, Hauptamt für Raumordnung, Krakau

Regierung des Generalgouvernements, Hauptamt für Raumordnung, Krakau

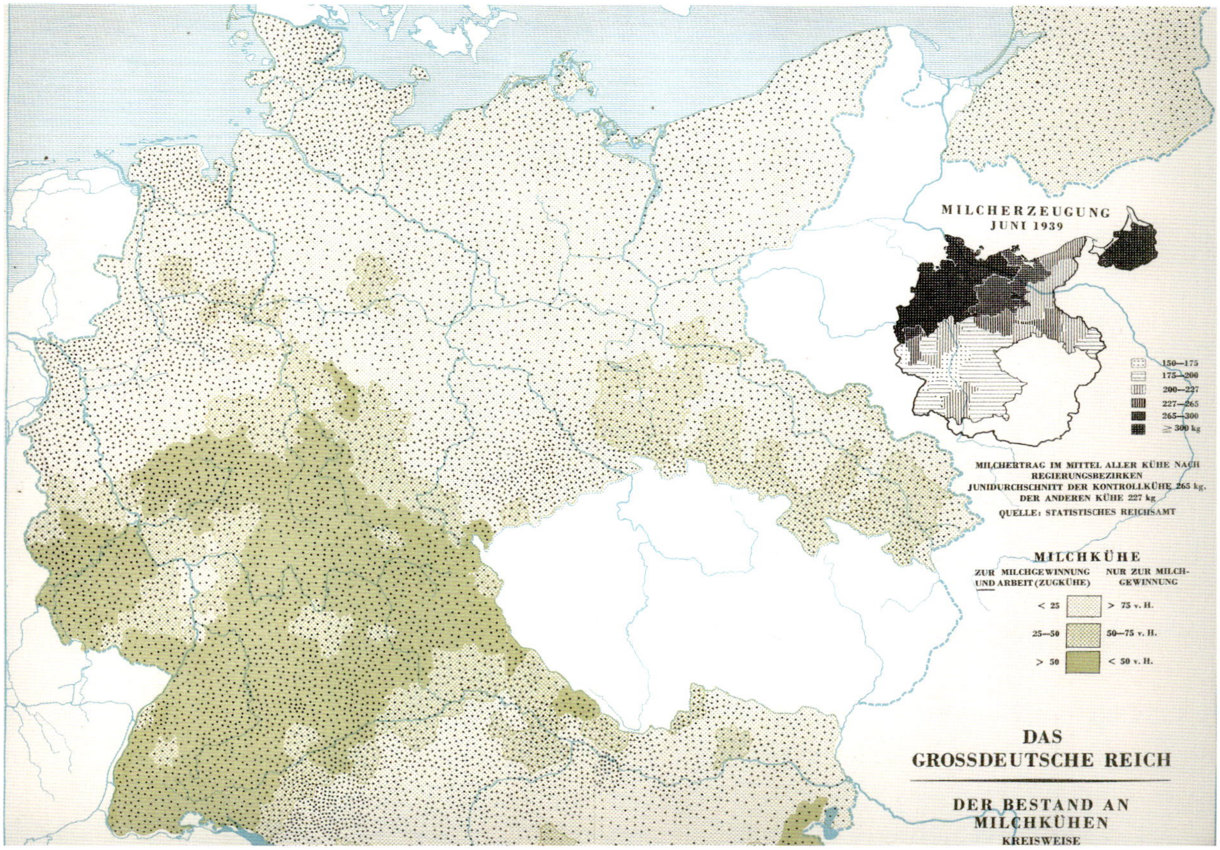

Zur Erreichung wirtschaftlicher Autarkie gehörte es auch zu den Aufgaben der Raumforschung, eine Bestandsaufnahme industrieller und landwirtschaftlicher Produkte vorzunehmen wie beispielsweise Anzahl und Verteilung der Milchkühe im Deutschen Reich (links), der Ackerfrüchte (oben links) und der Rohstoffvorkommen in den besetzten polnischen Gebieten, dem »Generalgouvernement« (oben rechts).

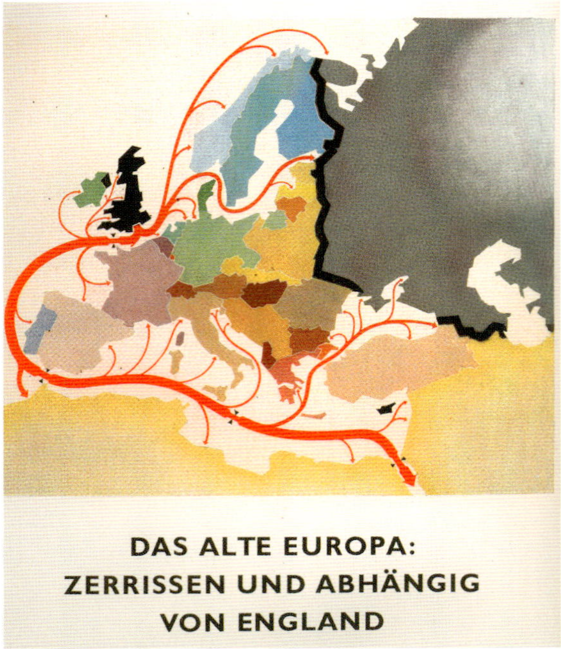
DAS ALTE EUROPA:
ZERRISSEN UND ABHÄNGIG
VON ENGLAND

DAS NEUE EUROPA:
EIN FREIER ORGANISMUS

Die Raumforschung im Dienste der nationalsozialistischen Propaganda: Beilage der »Raumforschung und Raumordnung« 1942.

Hitlers Vierjahresplan sah vor, die Armee in vier Jahren einsatzfähig und die deutsche Wirtschaft im selben Zeitraum kriegsfähig zu machen. Die Reichsstelle für Raumordnung lieferte dafür industrielle Standortvorschläge. Auch der militärische Landbedarf für Kasernen und Truppenübungsplätze wurde ein Arbeitsschwerpunkt der Reichsstelle. Nach 1936 wurde die Reichsstelle völlig in den »militärstrategisch orientierten Begründungszusammenhang« gestellt und damit inhaltlich neu ausgerichtet.[343] Im Januar 1941 vereinbarte die Reichsstelle für Raumordnung mit dem Reichsführer-SS Heinrich Himmler, auch die Waffen-SS bei ihren Planungen für Konzentrationslager zu unterstützen.[344] Die staatlichen Raumplaner hatten weitgehende Einsichten in das nationalsozialistische Gesamtkonzept, besaß sie doch »als einzige Reichsbehörde einen Überblick über sämtliche Planungen und Vorhaben von Wirtschaft, Wehrmacht und Verwaltung«.[345] Entsprechend entwickelten sich auch die Arbeiten der Raumforschung, deren Untersuchungsschwerpunkte bis 1939 noch auf Wirtschaftsstruktur, Standortfragen und Landwirtschaft lagen[346] und nun auf das »kriegswichtige« Forschungsprogramm umgestellt wurden:[347] Die heimischen Rohstoffgrundlagen sollten ausgebaut und Industrieanlagen gegen feindliche Angriffe geschützt werden; dabei galt die Devise: »Bomben brechen die Haufenstadt«.[348] Nach den Planungsvorgaben der Reichsstelle für Raumordnung wurden großstädtische Firmen aufgefordert, Zweigbetriebe auf dem Land zu errichten, was nachhaltig Industriestandorte in ländliche Regionen verlagerte, weshalb – um nur ein Beispiel zu nennen – noch heute in Bayern überproportional viele Großkonzerne ihren Sitz haben.

Andererseits wurden aus Gebieten mit überschüssiger Landbevölkerung Arbeitskräfte in die Rüstungsindustrie dienstverpflichtet und so zur Abwanderung veranlaßt.[349] Im Luftkrieg wurde nach den Evakuierungsplänen der Reichsstelle für Raumordnung verfahren. In diesem Zusammenhang entwickelte Gerhard Isenberg die Grundlagen der »Tragfähigkeitsanalysen«, bei denen die Aufnahmekapazitäten[350] vorher bestimmter Gebiete ermittelt wurden.

Das düsterste Kapitel stand der deutschen Raumordnung und Raumforschung aber noch bevor: Im Krieg trugen die Mitarbeiter der Reichsstelle für Raumordnung und der Reichsarbeitsgemeinschaft

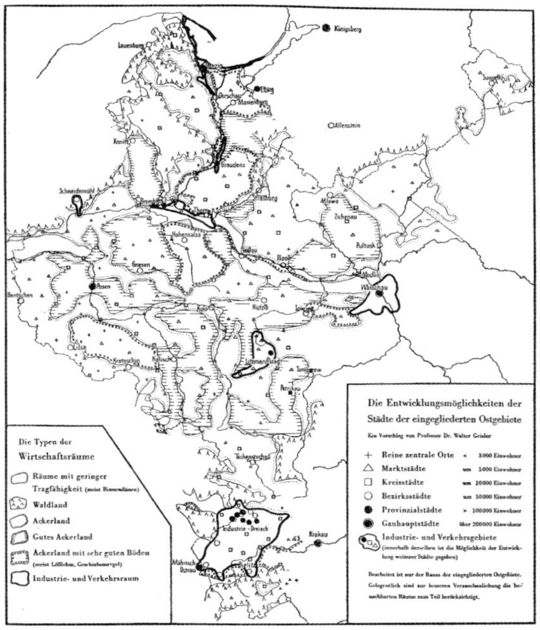

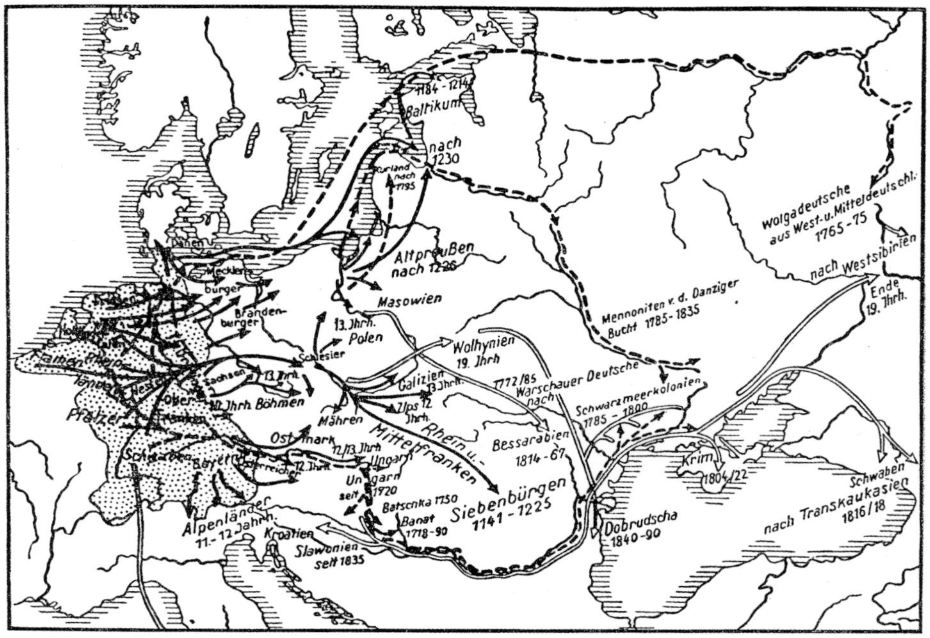

Oben links: Der Leiter der Reichsarbeitsgemeinschaft für Raumforschung an der Technischen Hochschule Aachen, Walter Geisler, legte 1941 seine Forschungsergebnisse zu den »Entwicklungsmöglichkeiten der Städte der eingegliederten Ostgebiete« vor.

Oben rechts: 1940 widmete sich die Raumforschung dem Thema »Deutsche Wanderung nach dem Osten« und bereitete ideologisch den Russlandfeldzug vor.

für Raumforschung die Grundlagen des »Generalplans Ost« unter der Federführung von Konrad Meyer zusammen, der – wie Wolfgang Istel in seiner Detailstudie belegt – »die Raumordnung in den Dienst der Völkerausrottung« stellte.[351] Dieser Generalplan sollte als Antwort auf die »Volk-ohne-Raum«-Politik die raumplanerische Vorgabe für die Besiedlung der eroberten Ostgebiete sein, die Hitler bereits in »Mein Kampf« angekündigt hatte:

»Wir stoppen den ewigen Germanenzug nach dem Süden und Westen Europas und weisen den Blick nach dem Land im Osten. Wir schließen endlich ab die Kolonial- und Handelspolitik der Vorkriegszeit und gehen über zur Bodenpolitik der Zukunft.«[352]

Als Reichsführer-SS war Heinrich Himmler, der besessen war von der Idee der »Eindeutschung« des gesamten Kontinents[353], Anfang Oktober 1939 von Hitler zum Leiter des »Reichskommissariats für die Festigung des deutschen Volkstums« (RKF) ernannt worden. Kurz darauf beauftragte er Konrad Meyer mit dem dortigen Aufbau eines Planungsstabes für die Siedlungs- und Bevölkerungspolitik in den besetzten Gebieten. Neuer Obmann der Reichsarbeitsgemeinschaft für Raumforschung wurde Hermann Ritterbusch und, nach dessen Tod 1944, Kurt Brüning. Meyer blieb bis Kriegsende Chef der »Hauptabteilung Planung und Boden« des »Reichskommissariats für die Festigung des deutschen Volkstums« im Range eines SS-Oberführers und war nach 1942 in Personalunion Leiter des Siedlungsausschusses für die besetzten Ostgebiete und Planungsbeauftragter für die Siedlung und Landesneuordnung beim Reichsleiter für Agrarpolitik, beim Reichsministerium für Ernährung und Landwirtschaft (RMEUL) und beim Reichsbauernführer. Das »Bodenamt« Meyers erhielt – Dank der von der ordentlichen Staatsgewalt unabhängigen Befehlsgewalt der SS – die Kompetenz, jederzeit Boden zu enteignen.[354] So im Frühjahr 1940 im polnischen Bezirk Kattowitz, wo das Bodenamt 40 Quadratkilometer Gelände für die Errichtung des Konzentrationslagers Auschwitz beschlagnahmte.[355]

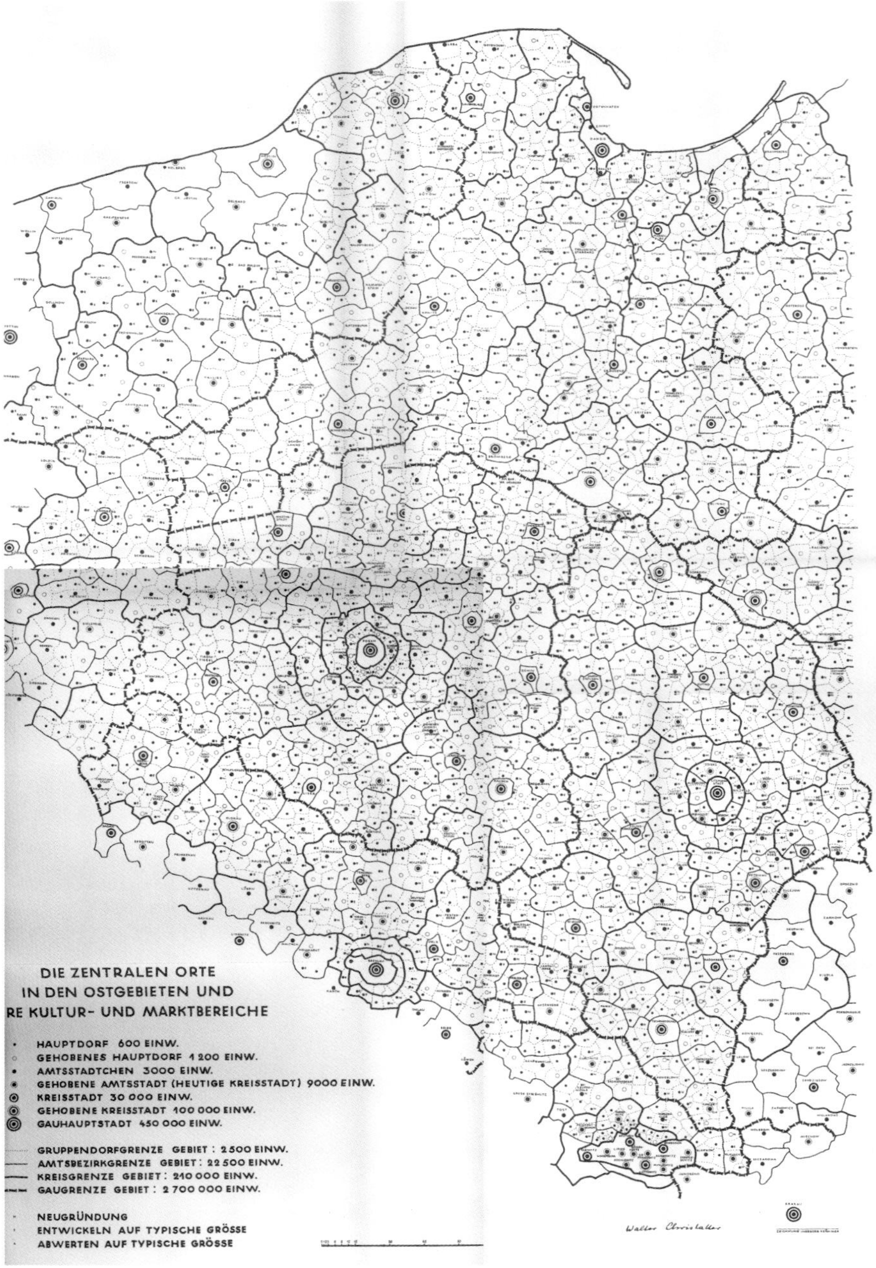

Walter Christaller konnte seine Theorie der »Zentralen Orte« erstmals beim Umbau des besetzten Polens in der Praxis anwenden; rechts oben die Danziger Bucht.

In der neugeschaffenen Hauptabteilung führte Meyer seinen Stab von bewährten Raumforschern zusammen und bündelte die Kapazitäten der Reichsstelle für Raumordnung und der Reichsarbeitsgemeinschaft für Raumforschung[356]. Selbst die universitären Raumforschungen wurden über die Reichsarbeitsgemeinschaft für Raumforschung in die Planung des »Reichskommissariats für die Festigung des deutschen Volkstums« integriert und ganz auf die Siedlungsplanung im Osten abgestellt.[357] So erhielt – um ein Beispiel zu nennen – der Geographieprofessor Metz, Leiter des Alemannischen Instituts der Universität Freiburg, Forschungsaufträge wie »Die Ansiedlung der Bamberger bei Posen« und »Untersuchungen über die in Oberbaden vorhandenen geeigneten Kräfte, d[ie]. f[ür]. d[ie]. Ostsiedlung infrage kommen«.[358]

Meyer stellte für alle beteiligten Ämter die Grundsatzplanung auf; bei ihm »liefen nach den bisherigen Erkenntnissen der Historiographie und Wissenschaftsgeschichte alle Fäden der Siedlungsplanung der SS zusammen; die Vielzahl der Funktionen und Eingriffsrechte, die er inne hatte, waren selbst für NS-Verhältnisse ungewöhnlich [...].«[359] Den Generalplan Ost trieb Meyer Anfang der 40er Jahre mit Hilfe der Reichsstelle für Raumordnung und der Reichsarbeitsgemeinschaft für Raumforschung zügig voran. So wurde im Rahmen des Kriegsforschungsprogramms bei der Reichsarbeitsgemeinschaft[360] der überregionale Arbeitskreis »Zentrale Orte« eingerichtet, der direkt der Ostsiedlungspolitik der SS diente. Die Theorie der »Zentralen Orte« stammte von Walter Christaller, der 1933 über dieses Konzept eines hierarchischen, nach bestimmten Gesetzmäßigkeiten strukturierten Siedlungssystems promoviert hatte. Wissenschaftler der Reichsstelle für Raumordnung[361] und der Reichsarbeitsgemeinschaft für Raumforschung[362] befaßten sich in diesem Arbeitskreis mit der soziokulturellen Umschichtung des »Warthegaus«, des »Generalgouvernements« und des »Reichsgaus Danzig-Westpreussen«.[363] Als Sachbearbeiter im Stabe Meyers beim »Reichskommissariat für die Festigung des deutschen Volkstums« konnte Christaller seine Theorie der »Zentralen Orte« mit

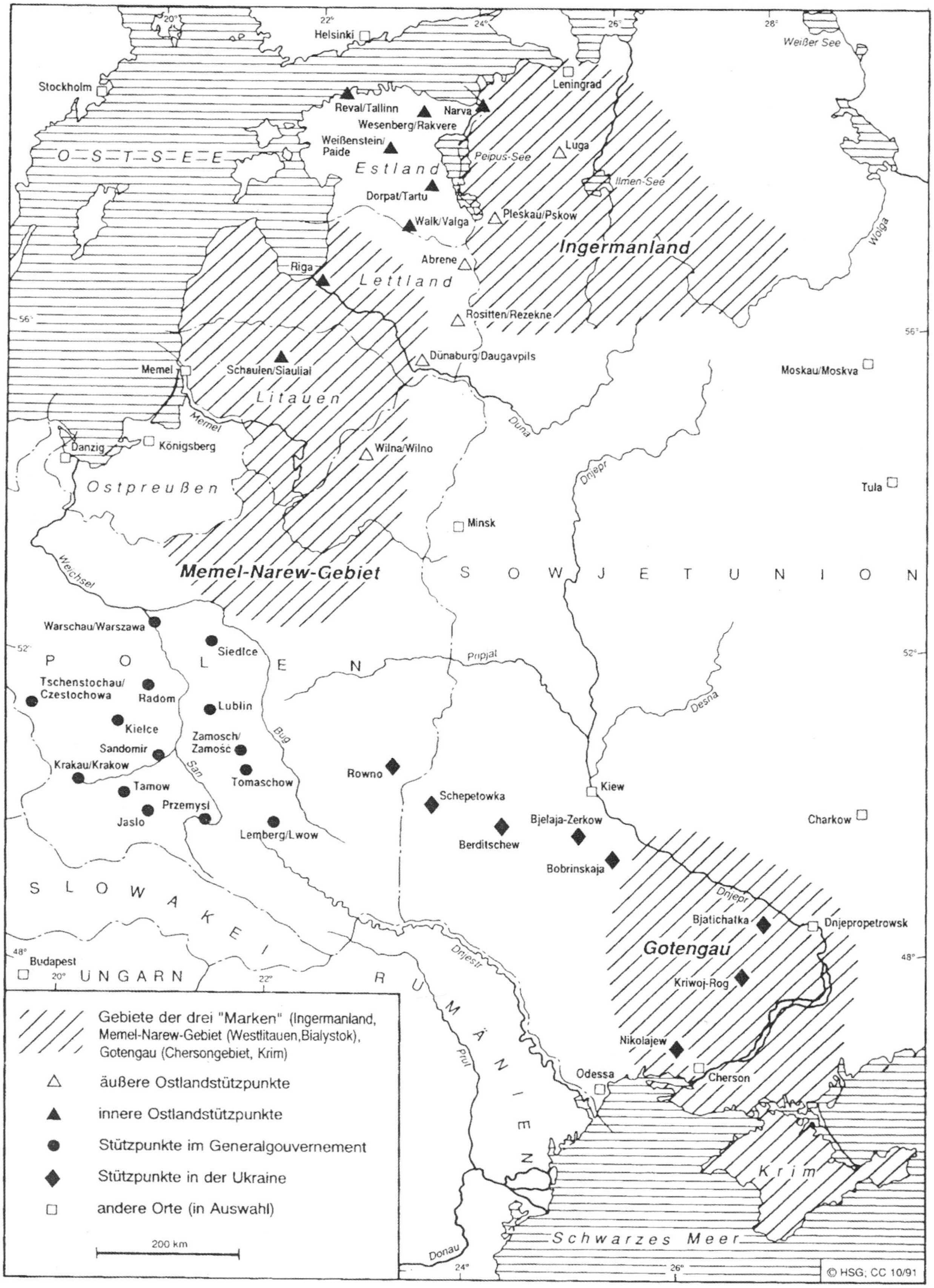

Der dritte »Generalplan Ost«: 36 Siedlungsstützpunkte sollten die »Eindeutschung« der eroberten Gebiete bis zum »Gotengau«, der Krimregion, sichern.

Im Verlauf des Krieges befasste sich die Reichsarbeitsgemeinschaft für Raumforschung mehr und mehr mit dem Wiederaufbau und der Neugründung deutscher Siedlungen und Städte. Isenbergs »Tragfähigkeitsanalysen« und Christallers »Zentrale Orte« bildeten dafür die planerischen Grundlagen. Aus dem »Feuersturm«, der sich in den engen Straßen der deutschen Altstädte nach den Flächenbombardements zerstörerisch ausbreitete, zogen die Stadtplaner die Konsequenz, die Städte der Zukunft organisch, mit großen Freiflächen zu planen. Konzepte, die beim Wiederaufbau nach dem Krieg in der Bundesrepublik vielfach verwirklicht wurden.

Linke Seite:

Rechts oben: Schema einer Kreisgemeinschaft mit der Kreisstadt als Mittelpunkt. Um die engere Siedlungsgemeinschaft der Kreisstadt gruppieren sich konzentrisch acht Dorfgemeinschaften mit einem Großdorf als Mittelpunkt.

Rechts Mitte: Planungsschema für eine Kreisstadt von 10.000 Einwohnern

Links unten: Haustyp und Blocktypen für Handwerker

Rechts unten: Typ eines kleinen Einfamilien-Reihenhauses

Rechte Seite:

Oben: Der Entwurf von 1941 für ein »großstädtisches Wohngebiet zu beiden Seiten einer Auenlandschaft« trägt die Bildunterschrift: »Grünstreifen als Zusatzgartenland zu den anschließenden Hausgärten münden in das breite Grünband der Aue ein. Schutz der seitwärts liegenden alten Dorfkerne durch einen Ring von Obstgärten.«

Links unten: Planungsschema einer Stadt mit 10.000 Einwohnern, hier der Ausschnitt »Marktplatz mit Grünstraße zu den Anlagen der Partei«. 1 Marktplatz; 2 Rathaus; 3 Aufmarschplatz; 4 Platz der Partei; 5 Festplatz.

Rechts Mitte: »Blick auf den Platz der Partei«.

Rechts unten: Modell zur nationalsozialistischen Wohnungsbau- und Siedlungsplanung anlässlich einer Ausstellung im Jahre 1935.

Luftkrieg und Städtebau

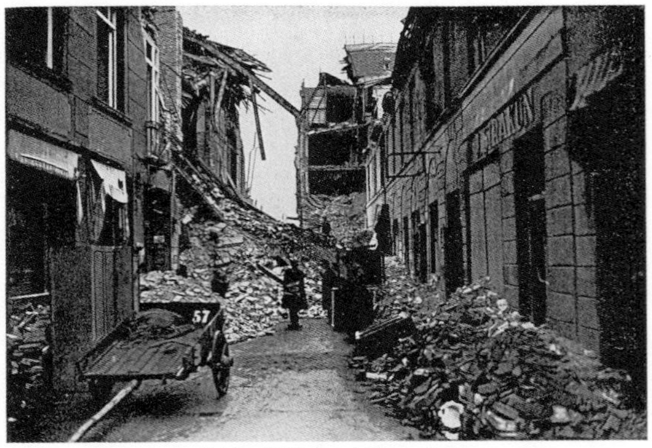

Abb. 1. Enge Altstadtstraße, durch Trümmer versperrt.

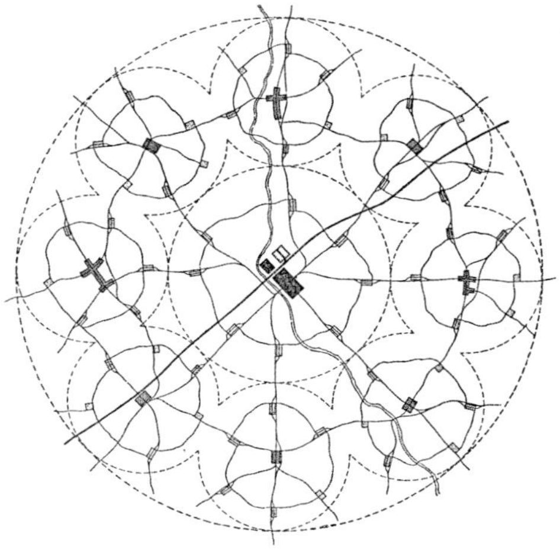

Abb. 2. Weiträumige Bebauung eines Wohngebietes. Beispiel einer geschlossenen neuen Ortsmark in Mitteldeutschland. Planbearbeitung unter Führung des Reichsarbeitsministeriums durch Mitteldeutsche Heimstätte, Magdeburg.

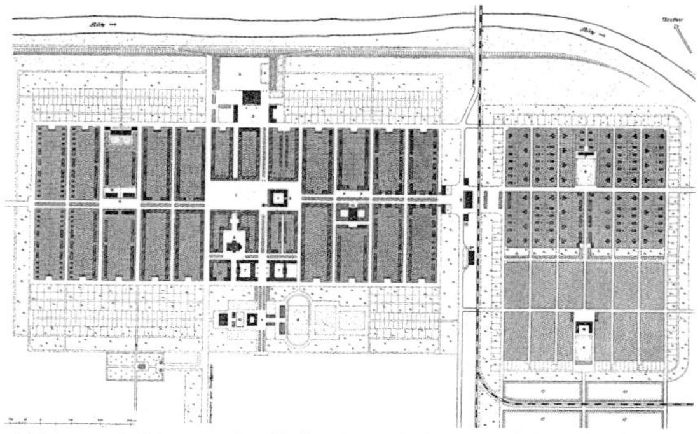

1 Marktplatz; 2 Rathaus; 3 Bahnhof; 3a Güterbahnhof; 4 Gebäude des Staates; 5 Platz der Partei; 6 Fest- und Kundgebungsplatz; 7 Schulen; 8 Kirche; 9 Sportplatzanlagen; 10 Badeanlagen; 11 Krankenhaus; 12 Altersheim; 13 Fremdenhöfe; 14 Lichtspielhaus; 15 Postamt; 16 Ledigen-Heim; 17 Industriegelände

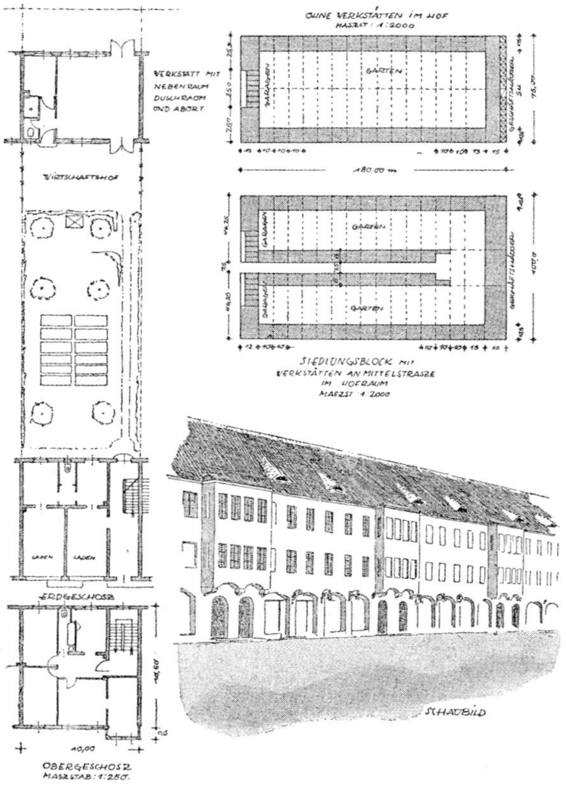

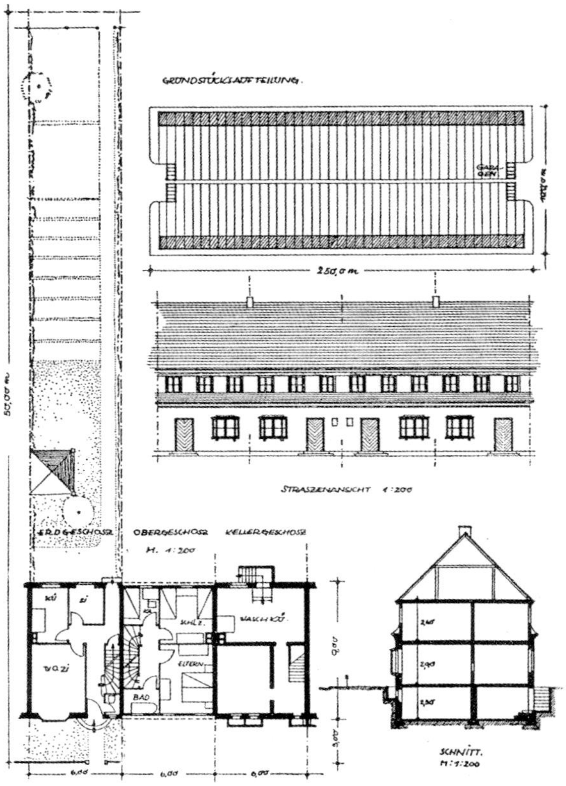

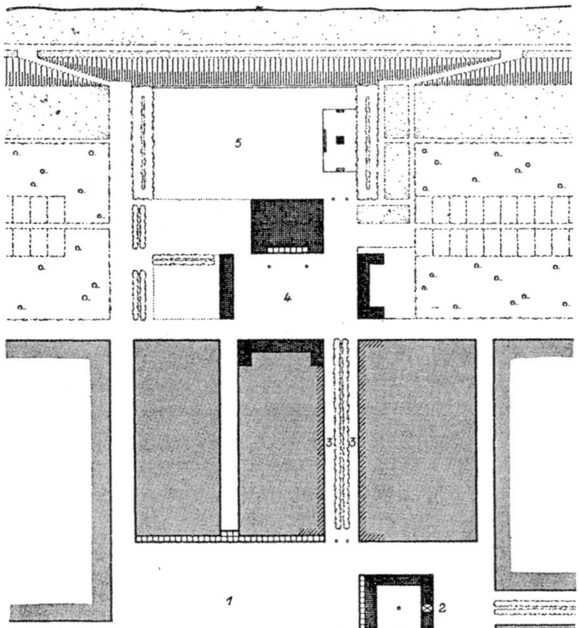
5
4
3
3
1
2

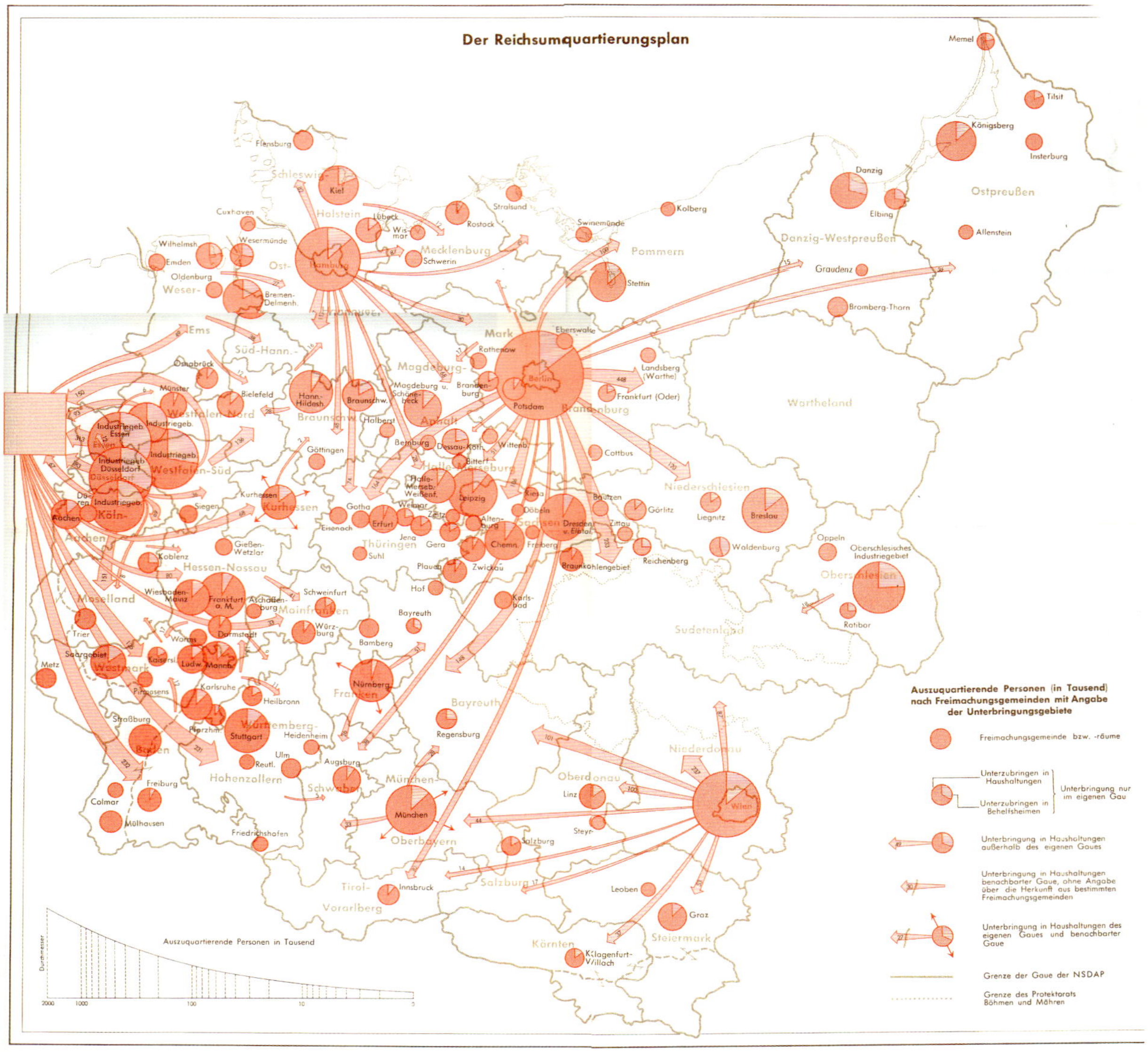

In den letzten Kriegsmonaten wurde die Reichsstelle für Raumordnung mit Evakuierungsplänen beauftragt. Dieser Reichsumquartierungsplan von Gerhard Isenberg behandelt die »Freimachung der Ostgebiete zum Schutz der Bevölkerung vor den Gewalttaten der Russen«.

einem Planungsmodell für den Umbau des besetzten Polens erstmals praktisch anwenden. Rössler weist in diesem Zusammenhang auf »die enge Verknüpfung von Forschung und deren Umsetzung [...] im Zusammenhang mit sozial- und bevölkerungspolitischen Zielsetzungen des nationalsozialistischen Staates zur Sicherung der eroberten Ostgebiete« hin.[364]

Anfänglich nur auf das »Generalgouvernement« bezogen, erstellten die Raumplaner entsprechend den rasant fortschreitenden Eroberungen immer neue und weitreichendere Pläne. Der dritte und letzte Generalplan Ost, der am 28. Mai 1942 Himmler vorgelegt wurde, wird in der Literatur nur noch als Phantasmagorie bezeichnet[365] und stellt wohl den gigantischsten und menschenverachtendsten Raumordnungsplan aller Zeiten dar: Als erstes sollten dem Plan zufolge alle Juden »ausgerottet« werden.[366] Danach sollten 31 Millionen »rassisch unerwünschte« Slawen aus den zu kolonisierenden Gebieten deportiert und ermordet bzw. – nach der Originaldiktion – »verstreut«, »rassisch ausgelaugt« und als unerwünschte Volksteile »verschrottet« werden.[367] 14 Millionen »zu germanisierende« Slawen sollten in ihrer Heimat verbleiben[368] und für die fünf Millionen deutschen und deutschstämmigen Siedler[369] als Zwangsarbeiter versklavt werden.[370] Polen sollte dem Reich eingegliedert und völlig »germanisiert«,[371] 85% der 20 Millionen Polen und 65% der Ukrainer in Westsibirien angesiedelt werden.[372] Es wurde die Schaffung von 36 Siedlungsstützpunkten im »Generalgouvernement«, dem Baltikum und der Ukraine angeregt, die entlang der Hauptverkehrsstraßen als »Siedlungsbrücken« zu den neu zu schaffenden Reichsmarken dienen sollten: »Ingermanland« westlich Leningrads, »Memel-Narew-Gebiet« und »Gotengau«, der Krimregion.

Als erste »Realisierungsphase« des Generalplans Ost vertrieb die SS von November 1942 bis Sommer 1943 etwa 50.000 Menschen aus der Region um die polnische Stadt Zamosc, die jüdische Bevölkerung wurde deportiert, Tausende kamen ums Leben. Konrad Meyer war bei dieser »Realisierungsphase« nicht nur Ideengeber und Koordinator, sondern überwachte die »Umvolkungspläne« auch vor Ort.[373] Zutreffend urteilt Marcel Herzberg:

»Die beteiligten Planer beim RKF[374], aber auch bei der RfR[375], die ›nur‹ die Vorarbeiten leisteten, stellten sich damit endgültig in den Dienst des nationalsozialistischen Terrorregimes. Mit ›kalter Nüchternheit‹ wurde auf der Massenvernichtung der Juden und vermehrt auch der Polen und Russen aufgebaut und die nächste Etappe des Völkermords vorweggenommen. Die von Meyer und auch der RfR bereits vor dem Krieg angekündigte ›totale‹ Planung ohne Restriktionen war scheinbar Realität geworden. Über den Raum konnte frei verfügt werden. Menschen waren nur noch eine Planungsgröße, die je nach ›rassischer‹ Wertigkeit verschieden behandelt werden konnten.«[376]

Der Generalplan Ost ist seitdem in der historischen Forschung, so Isabel Heinemann, »zu einem Symbol für den verbrecherischen Charakter der nationalsozialistischen Volkstumspolitik und insbesondere für die Skrupellosigkeit der nationalsozialistischen Experten und angeblich ›unpolitischen Wissenschaftler‹ geworden.«[377]

Im Verlauf des Krieges mußten zahlreiche Forschungsinstitute und Behörden ihre Arbeit einstellen oder wurden umstrukturiert. Die Raumplanung aber war für die Staatsführung so wichtig, daß Hitler am 25.3.1943 per Erlaß den weiteren Bestand der Reichsstelle für Raumordnung (RFR) bestätigte: »Eine Eingliederung der RFR in einen anderen Geschäftsbereich, welcher dies auch sein möge, kann nach Ansicht des Führers nicht in Betracht kommen.«[378] Erst Ende 1944 mußte die Reichsstelle alle Planungen, die sich auf die Nachkriegszeit bezogen, ruhen lassen,[379] am 13.12.1944 wurden die Landesplanungsgemeinschaften aufgelöst, die letzten Bekanntmachungen der Reichsstelle für Raumordnung vom März 1945 bezogen sich auf die kriegsbedingt immer neuen Dienstsitze.

Nachkriegsgründungen — Neuanfang und Kontinuitäten: Das Institut für Raumforschung

Die teilweise inhaltliche Neuorientierung der Raumforschung und Raumordnung erfolgte nach 1945 zwangsläufig: Siedlungspläne bis hinter den Ural waren nicht mehr gefragt; stattdessen mußte nun auf einem Minimum dieser Fläche operiert werden. Die Tragfähigkeitsanalysen Isenbergs bekamen eine ganz neue Perspektive. Zu der Altbevölkerung stießen nun über 13 Millionen Flüchtlinge. Eine Hauptaufgabe der Raumordnung und -forschung nach dem Krieg wurde es, diese Flüchtlinge im westlichen Rumpfdeutschland zu integrieren. Organisatorisch dagegen und vor allem personell wurde »nach 1945 angeknüpft«[380] an die Entwicklung der Raumforschung seit 1935. Nur knapp zwei Wochen nach Beendigung des Krieges, am 20.5.1945, nahm die ein Jahr zuvor nach Göttingen ausgelagerte Reichsarbeitsgemeinschaft für Raumforschung die Arbeit unter ihrem alten Obmann Kurt Brüning wieder auf. Selbst der bisherige Name wurde beibehalten. Erst als die »Control Commission of Germany« drohte, keine finanziellen Mittel zu bewilligen, erklärte sich die Reichsarbeitsgemeinschaft für Raumforschung im Herbst 1946 notgedrungen bereit, das Wort »Reichsarbeitsgemeinschaft« fallen zu lassen und sich in »Akademie für Raumforschung und Landesplanung« (ARL) umzubenennen.[381] Als Mitteilungsorgan werden seit 1948 auch wieder die 1944 eingestellten Hefte »Raumforschung und Raumordnung« (RUR) herausgegeben,[382] die in Inhalt, Methodologie und Gestaltung bruchlos an die Zeit vor 1945 anschlossen und daher konsequenterweise auch die Jahrgangsnumerierung fortführten, so daß 1967 der 25. Jahrgang mit einer Sonderausgabe gefeiert werden konnte.[383] In der zweiten Ausgabe bestätigt Kurt Brüning als erster Präsident der nach Hannover umgesiedelten Akademie:

»Die Akademie für Raumforschung und Landesplanung ist also keine neue Organisation, sondern Teil der alten Reichsarbeitsgemeinschaft, die den wissenschaftlichen Forschungen gewidmet ist«.[384]

Vom Stallgeruch des Nationalsozialismus befreite sich Brüning, indem er die Raumforschung nun als »allgemeingültig« und »an kein Regierungs- oder Wirtschaftssystem gebunden« einstuft, »denn jeder Staat, gleich welcher Art er ist, lebt auf seiner ihm zugeteilten Erdenfläche«.[385] Konrad Meyer hatte als erster Obmann der Reichsarbeitsgemeinschaft für Raumforschung die Existenz der Raumforschung noch allein aus der Idee des Nationalsozialismus definiert, bevor er sich dem Generalplan Ost (GPO) widmete. Meyer wurde nach 1957 Mitglied mehrerer Forschungsausschüsse der Akademie für Raumforschung und Landesplanung und publizierte wieder in der »Raumforschung und Raumordnung«, nachdem er 1956 den Lehrstuhl für Landesplanung an der Hannoveraner Technischen Universität erhalten hatte. Zuvor war Meyer bei den Nürnberger Prozessen »trotz der eindeutigen Urheberschaft der GPO-Planungen [...] und seine[r] Verstrickung in die Völkermordplanungen«[386] nur aufgrund seiner SS-Angehörigkeit zu zwei Jahren Gefängnis verurteilt worden.[387] Als »›graue Eminenz‹ der Raumforschung«[388] hielt er auch nach 1945

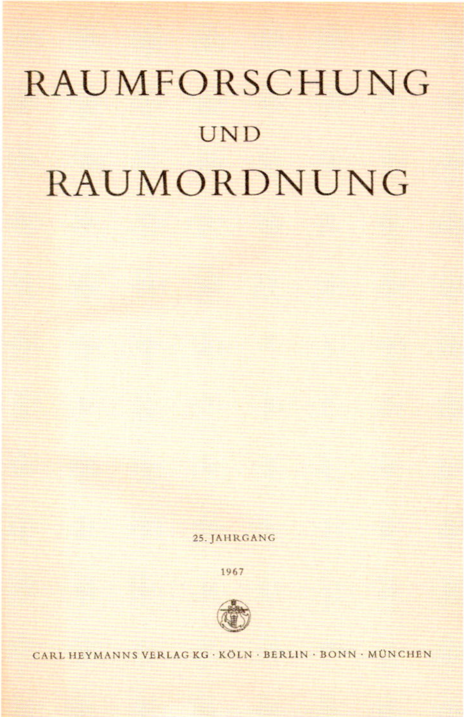

Die Reihe »Raumforschung und Raumordnung« erschien 1937 im ersten Jahrgang, 1967 – nach einigen in der Nachkriegszeit ausgefallenen Jahrgängen – im 25. Jahrgang und im Jahre 2006 im 64. Jahrgang.

an der Raumordnung als Volksordnung fest: Bis in die siebziger Jahre hinein hebt er die Ordnungsfunktion des Raumes bei der für ihn notwendigen Umgestaltung der Gesellschaft hervor, so in seiner 1970 erschienenen Schrift über den »Boden als Bauelement der gesellschaftlichen Ordnung«.[389] Isabel Heinemann urteilt zutreffend:

»Es ist zwar richtig, daß sich in der Planungsstelle des RKF [»Reichskommissariat für die Festigung des deutschen Volkstums«, Anm. des Autors] namhafte Experten versammelten, die auf dem Gebiet der Raum- und Landesplanung manche Innovationen erarbeiteten, jedoch immer vor dem Hintergrund der angeblich zur Verfügung stehenden ›menschenleeren Räume‹. Deswegen ist es problematisch, wenn Meyer in einem 1971 erschienenen Artikel rückblickend konstatierte: ›Die Begriffe Raumordnung und Raumforschung wären auch ohne das Regime der dreißiger Jahre geboren und politische Vokabeln geworden.‹ Gewiß hätte man sich auch ohne das NS-Regime und die Besatzungspolitik des Zweiten Weltkrieges in Deutschland mit Raumplanung befasst, nur eben nicht auf der Grundlage von Gewalt und mit dem Ergebnis von Millionen Toten beziehungsweise Vertreibungsopfern.«[390]

Beinahe alle vor 1945 tätigen Raumforscher arbeiteten fast nahtlos und unbehelligt weiter, viele für die Akademie für Raumforschung und Landesplanung, so Friedrich Bülow, »der Apologet der ›nationalsozialistischen Standortlehre‹«[391] und auch Gerhard Isenberg, der an der letzten Fassung des Generalplans Ost mitgewirkt hatte[392], arbeitete bei der Flüchtlingsintegration nun an seinen Tragfähigkeitsanalysen weiter.[393] 1951 war er als Ministerialrat im Bundesfinanzministerium zuständig für regionale Strukturfragen, zehn Jahre später wurde unter seiner Federführung die Bundesraumordnungsgesetzgebung weiter entwickelt.[394] Die personelle Kontinuität vom »Dritten Reich« zur Bundesrepublik findet sich ja durchgängig in allen politischen, wirtschaftlichen, medizinischen, journalistischen, juristischen und wissenschaftlichen Berufsfeldern.[395] Die Forschung nach 1968 hat dies weitgehend aufgedeckt. Die Raumforschung blieb Jahrzehnte unangetastet, da sie als »Exotenfach« nicht im öffentlichen Interesse stand. Erst nachdem die letzten Vertreter der nationalsozialistischen Raumordnung und -forschung in den achtziger Jahren gestorben waren oder sich zumindest aus der Publizistik zurückgezogen hatten, war der Weg frei für eine umfassende und akribische Untersuchung dieses düsteren Kapitels, dessen sich einige Fachautoren in der jüngeren Vergangenheit angenommen haben.[396] Während die Raumforschung nach 1945 durch die Kontinuität zur Zeit vorher mit einer schweren Hypothek lange belastet blieb, berufen sich die heutigen Fachvertreter auf die Ergebnisse der anglo-amerikanischen und internationalen Wissenschaftstradition, eine deutsche Tradition der Raumforschung wird heute nachgerade verneint.

Während die »Reichsarbeitsgemeinschaft für Raumforschung« (RAG) ihre Arbeit im Mai 1945 wieder aufgenommen hatte und nach 1946 in »Akademie für Raumforschung und Landesplanung« (ARL) umbenannt wurde, war die Zäsur 1945 bei der Reichsstelle für Raumplanung (RFR) härter: Sie hörte mit der Auflösung des Deutschen Reiches durch die Alliierten auf zu existieren; eine vergleichbare zentralstaatliche Stelle wurde auch später nicht wieder errichtet. Das Raumordnungsrecht ging auf die deutschen Länder über. Dort wurden bis 1949 sowohl auf Landes- wie auch auf Bezirksebene die Landesplanungsbehörden mit eigenen Planungsstellen ausgestattet.[397] Mit der Gründung der Bundesrepublik im Mai 1949 erhielt der Staat die Kompetenz für die Rahmengesetzgebung im Bereich der Raumordnung, überließ sie aber größtenteils noch bis in die sechziger Jahre den Landesplanungsbehörden der Länder.[398]

Zur selben Zeit, 1949, wurde in Bad Godesberg das »Institut für Raumforschung« (IFR) aufgebaut[399], das das »Pendant zum früheren wissenschaftlichen Apparat der RFR« darstellte[400], dessen Wurzeln aber gleichfalls bei der Reichsarbeitsgemeinschaft für Raumforschung lagen, was anfänglich aufgrund persönlicher Querelen zu inhaltlichen Parallelen mit der Akademie für Raumforschung und Landesplanung führte. Erst 1950 sprachen sich die beteiligten Institutionen aus und grenzten im Juli und Oktober desselben Jahres in zwei Grundsatzerklärungen ihre Arbeiten voneinander ab. Außerdem vereinbarten sie eine paritätisch besetzte ständige Kommission, die die Einhaltung der getroffenen Abmachungen überwachen und »alle laufenden und beabsichtigten Arbeiten aufeinander« abstimmen sollte.[401]

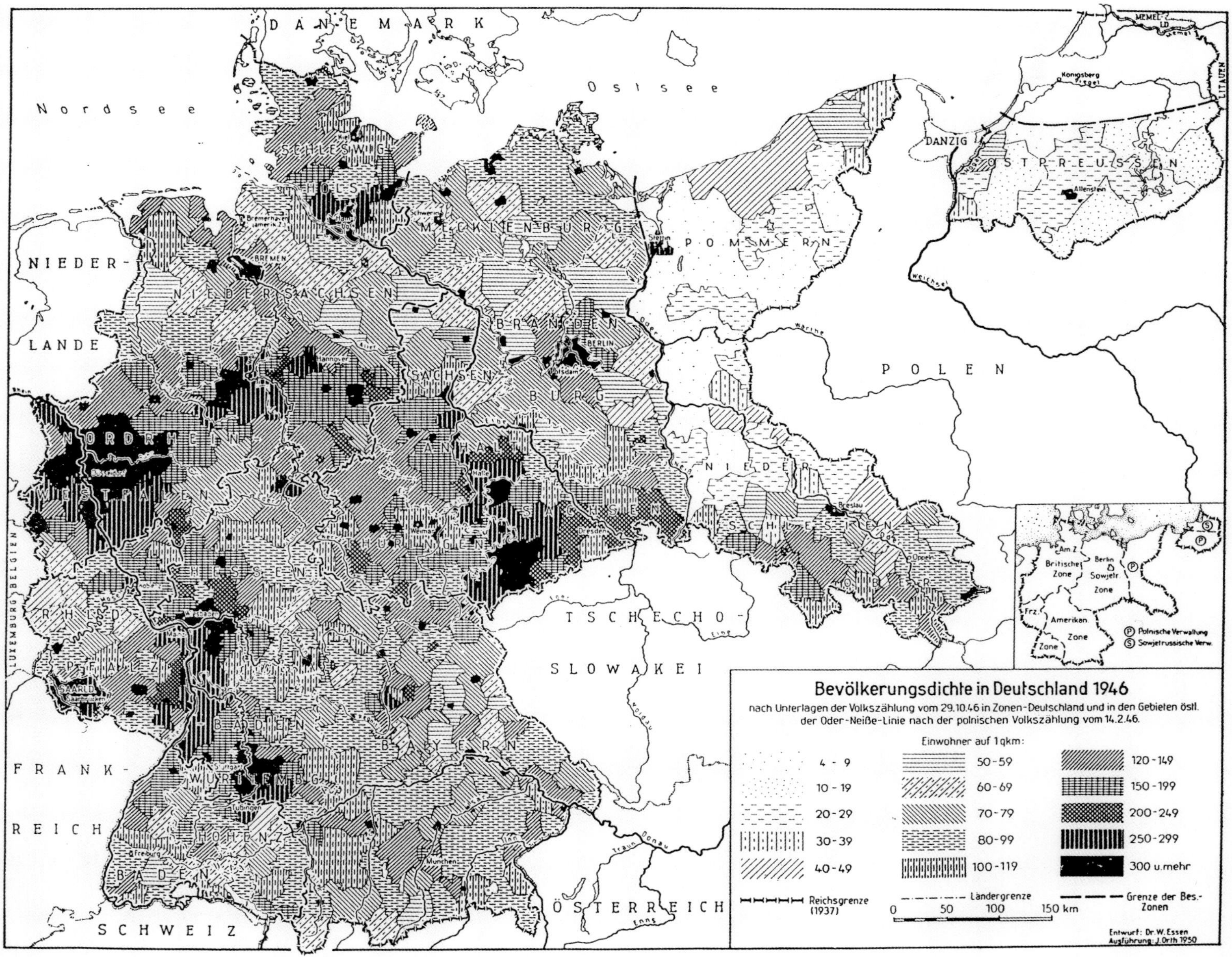

Nachhaltig beigelegt wurde das Kompetenzgerangel aber erst, als die Bundesländer im Rahmen des Königsteiner Abkommens 1951 die Akademie zu einer von ihnen finanzierten Institution machten.[402] Das Institut für Raumforschung, noch in der Verwaltung des Vereinigten Wirtschaftsgebietes unter der Leitung von Erwin Muermann gegründet, wurde durch Verordnung vom 8. September 1950 in die Verwaltung des Bundes, hier in die des Bundesministers des Innern überführt.[403] Arbeitsabkommen zwischen dem Institut für Raumforschung, dem Institut für Landeskunde in Remagen und der Akademie für Raumforschung und Landesplanung bündelten und regelten die Raumforschungskapazitäten. Nach nur einem Jahr übernahm Erich Dittrich die Leitung des Instituts für Raumforschung.[404] Auch Dittrich war schon vor 1945 – allerdings nicht an exponierter Stelle – für die Reichsarbeitsgemeinschaft für Raumforschung tätig und in deren Projekte eingebunden.[405]

Eine der ersten Aufgaben des wiederbegründeten Instituts für Raumforschung war die Bestandsaufnahme der Verteilung des deutschen Volkes in den vier Besatzungszonen und in den polnisch besetzten Gebieten.

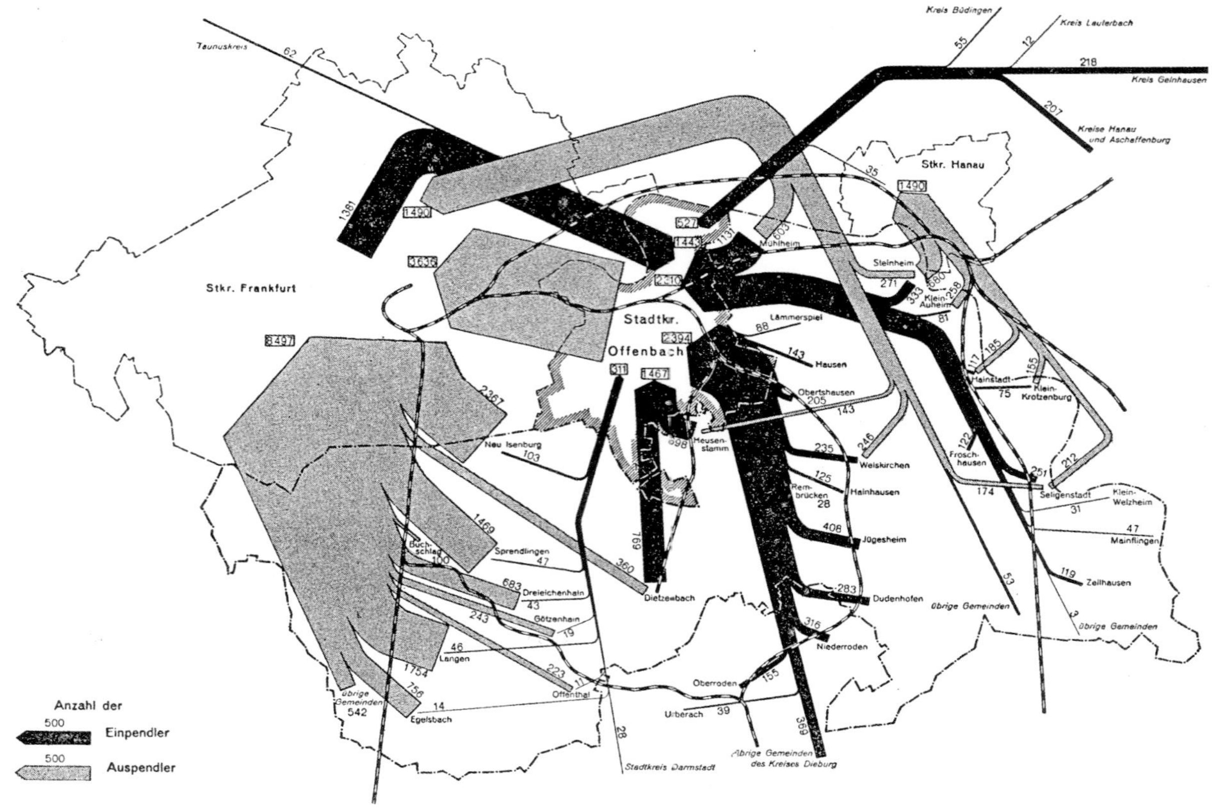

Ein frühes Beispiel aus dem Programm des Instituts für Raumforschung: »Wege zur Lösung gemeinsamer Aufgaben der Stadt und ihres Umlandes,« hier die Untersuchung »Offenbach im Pendelverkehr im Jahre 1950«.

Beim Institut für Raumforschung hatte man im Namen auf die »Vokabel Raumordnung« verzichtet, damit der »verbreiteten Identifikation von Raumordnung mit nationalsozialistischen Vorstellungen wohl zum Teil ausgewichen werden konnte«.[406] Bis in die jüngere Vergangenheit wurden die Namensanimositäten diskutiert; ob die Begriffe nun NS-belastet seien oder nicht, darüber ging das Urteil weit auseinander. Die Kritiker meinten, »der in den Begriffen ›Raumordnung‹ und ›Raumplanung‹ ausgedrückte Totalitätsgedanke entspricht dem nationalsozialistischen Herrschaftssystem«.[407] Erich Dittrich dagegen lehnte es ab, die Raumordnung als »Überbleibsel des überwundenen Nationalsozialismus« zu sehen und wertete eine solche Bezeichnung als eine typische Kritik der fünfziger Jahre.[408] Dittrich verstand räumliche Ordnung

»[...] als Bezeichnung für den tatsächlichen Zustand der Zuordnung des Menschen und seiner Institutionen im weiten Sinne zum Raume eines bestimmten Gemeinwesens (Staat, Verwaltungsbezirk, Gemeinde), also das, was man jeweils im Raume vorfindet: die räumliche Verteilung der Siedlungen, der landwirtschaftlichen und industriellen Betriebe, der Einrichtungen der zentralen Dienste, der Verkehrswege, aber auch die räumliche Verteilung von Wohngebieten, Fabrikzonen, City, Erholungsgebieten in und um eine große Stadt.« [409]

Die Schwerpunkte in der Anfangszeit räumlicher Planung nach dem Krieg lagen im Wiederaufbau der zerstörten Städte und Infrastruktur, im Bau von Wohnungen und Arbeitsstätten, in der Initialförderung für die Zonenrandgebiete und in der Abgrenzung von Notstandsgebieten und Verdichtungsräumen.

In der Raumforschung nach 1945 standen sozialwissenschaftliche Fragen im Vordergrund.[410] Besonders Erich Dittrich hat in zahlreichen Aufsätzen immer wieder den ursächlichen Zusammenhang zwischen Gesellschaftspolitik und Raumordnungspolitik erhellt.[411] Allerdings ginge es wohl zu weit, nach 1945 von einem Paradigmenwechsel zu sprechen. Jörg Gutberger sieht darin »lediglich eine unter anderen Vorzeichen betriebene konsequente Fortsetzung des bereits eingeschlagenen Weges«.[412] Tatsächlich wurden nach dem Krieg viele der bei der Reichsstelle für Raumordnung und bei der Reichsarbeitsgemeinschaft für Raumforschung begonnenen Projekte wie die »Kreismappenuntersuchungen«[413] nahtlos weitergeführt. Im Organisationserlaß von 1951 wurden die Kompetenzen und Aufgaben einer demokratischen Raumforschung festgeschrieben. Darin heißt es, daß das Institut die Aufgabe hat,

»[…] die wissenschaftliche Erkenntnis auf dem Gebiete der Raumforschung in Wort, Schrift und Bild selbständig und im Zusammenwirken mit ähnlichen Einrichtungen des In- und Auslandes zu fördern, sie für die Raumordnung und Raumplanung nutzbar zu machen sowie die Grundlagen aller Fragen der Raumforschung für die Bundesregierung zu schaffen. Diese Aufgabe soll in enger Zusammenarbeit mit den Ländern der Bundesrepublik gelöst werden, […]«[414]

weswegen ein Länderbeirat eingerichtet wurde. Ein achtköpfiger Wissenschaftlicher Rat gestaltete das Forschungsprogramm. Bei freien Kapazitäten sollte das Institut für Raumforschung auch Aufträge Dritter durchführen. Das Institut gliederte sich in die beiden Arbeitsgruppen »Allgemeine« und »Angewandte Raumforschung«. Die erste beschäftigte sich mit soziologischen und wirtschaftswissenschaftlichen Grundfragen, den Dokumentationen, dem Archiv und der Kreismappe. Die zweite mit der Raumforschung im In- und Ausland, der Kommunalwirtschaft und den Beziehungen zur Stadtplanung.

Erich Dittrich war von 1951 bis 1969 Leiter des Instituts für Raumforschung in Bad Godesberg.

In der Kreismappe wurde das für Raumforschung und Raumordnung wichtige regionalstatistische Datenmaterial gesammelt und fortgeschrieben. Die Kreismappe ist auch eine der Wurzeln der später weiterentwickelten, vielschichtigeren »Laufenden Raumbeobachtung«. Die Nachfrage nach diesen Daten war so groß, daß mit den Benutzergebühren Überschüsse erwirtschaftet werden konnten, die größtenteils der Bibliothek zugute kamen, Dittrichs »liebstem Kind«.[415] Die Bibliothek, die nach dem Vorbild des Instituts für Weltwirtschaft in Kiel aufgebaut wurde, umfaßte die in- und ausländischen Fachveröffentlichungen, alle Daten des Statistischen Bundesamtes und der Landesämter. Die wissenschaftlichen Arbeiten des Instituts für Raumforschung behandelten von Anfang an räumliche Probleme der Politik wie die Flüchtlingsintegration und die wissenschaftlichen Grundlagen für die bundesdeutsche Raumordnung im Rahmen des Marshallplans.[416] Dittrichs Hauptanliegen war es, die Raumordnung in der deutschen Politik zu verankern, ihr Zielvorstellung und Leitbild zu geben. Dies glich einem Kampf gegen Windmühlen, da Ludwig Erhard als Befürworter der freien Marktwirtschaft ein erklärter Feind jeglicher Planung war und er allein schon den Begriff nicht hören konnte.[417]

Es hat Jahre gedauert, bis auch die Wirtschaft das Mißtrauen gegen die Raumordnung überwand »und das Vertrauen wiedergewonnen war, daß die Landesplanung der freiheitlichen Wirtschafts- und Gesellschaftsordnung durchaus konform eingegliedert werden kann, ja daß sie in der modernen Zivilisation gerade auch zur Sicherung und Verteidigung der freiheitlichen Ordnung notwendig ist.«[418] Schließlich überzeugte Dittrich mit seinem Leitbildbegriff »So viel Freiheit als irgend möglich und nur so viel Planung und Ordnung als unbedingt notwendig«[419] auch die Bundesregierung von der Machbarkeit einer übergeordneten und weitsichtigen Raumplanung[420]: Diese Formulierung fand fast wortwörtlich Eingang in das von Dittrich koordinierte und redigierte Gutachten des »Sachverständigenausschusses über die Raumordnung in der Bundesrepublik Deutschland« aus dem Jahre 1961, wurde zum gesellschaftspolitischen Leitmotiv[421] und steckte den grundlegenden Rahmen für die Maximen der Raumordnungspolitik ab.

Für die Entwicklung der Raumordnung in Deutschland bis heute war dieses Gutachten von entscheidender Bedeutung.[422] Es schuf die fachlichen und politischen Voraussetzungen für das Raumordnungsgesetz von 1965.[423] Hierin fixierte der Bund seine normativen Grundsätze, die sich an der damaligen Bewertung der räumlichen Situation und Entwicklung orientierten und auf eine Umverteilung von Investitionen in die Infrastruktur und Wachstumspotentiale benachteiligter Gebiete abzielte, um insgesamt ausgewogene Raumstrukturen zu erreichen. Mit dem Gesetz war letztendlich die Raumordnung in der demokratischen Gesellschaftsordnung und im föderalistischen Staatsaufbau verankert. Die politischen Leitvorstellungen für die deutsche Raumordnung ergaben sich aus der Garantie des Grundgesetzes, einheit-

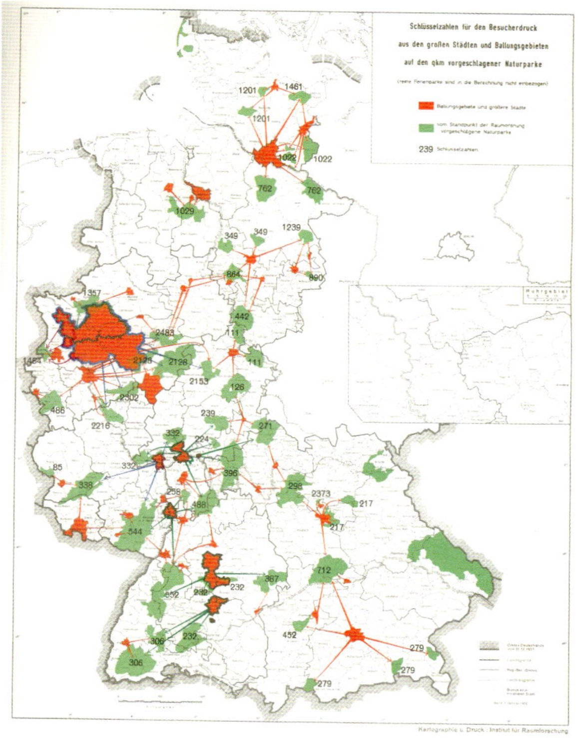

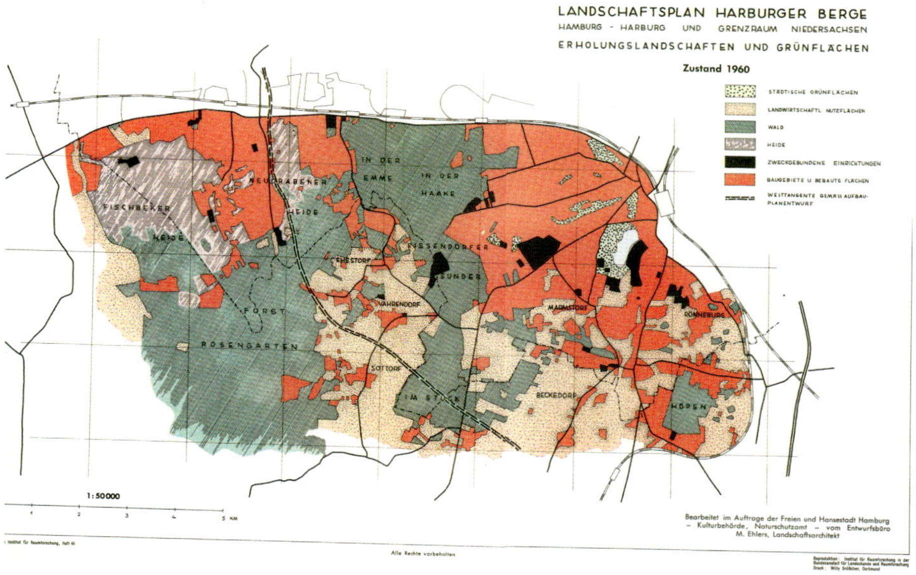

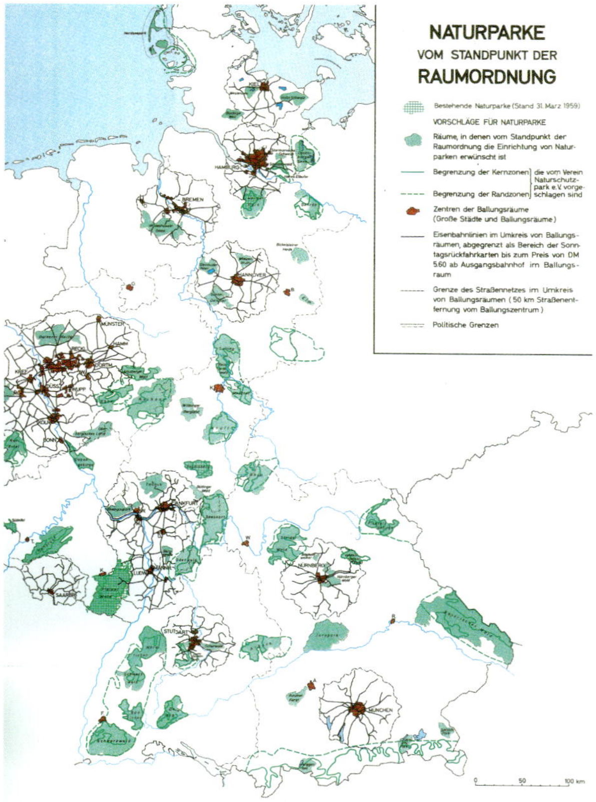

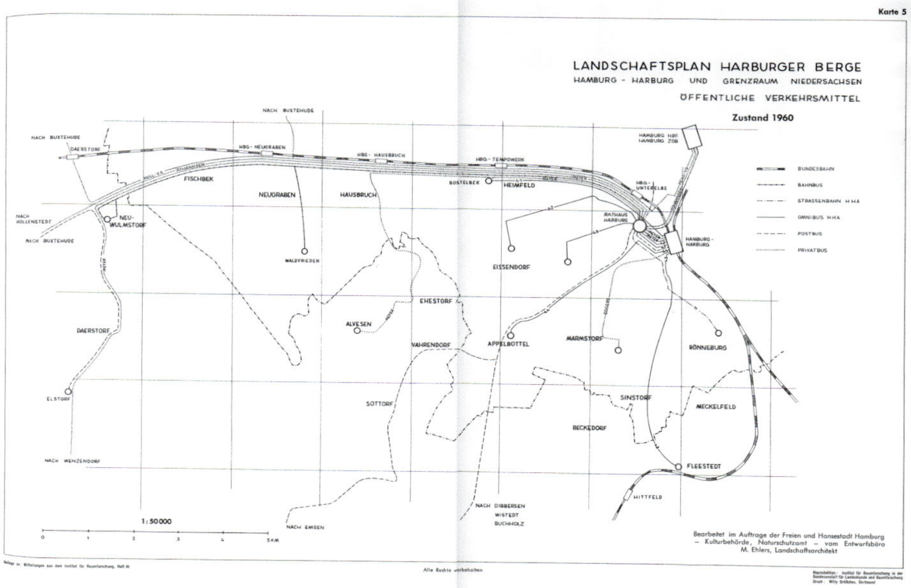

Ein proportional angemessenes Verhältnis der erholungssuchenden Bevölkerung zu erreichbaren Naturparks war Thema eines Gutachtens des Instituts für Raumforschung aus dem Jahre 1959. Dazu wurden Schlüsselzahlen erhoben und ausgewertet (links oben) und daraus Vorschläge für Standorte von Naturparks abgeleitet (links). Auch Studien über einzelne Erholungslandschaften und deren Erreichbarkeit mit öffentlichen Verkehrsmitteln wurden in dieser Zeit vom Institut für Raumforschung in Auftrag gegeben und veröffentlicht, so beispielsweise eine Studie zu den Harburger Bergen (oben und ganz oben).

liche Lebensverhältnisse zu schaffen; das Ziel sollte die gleich hohe Qualität des Raumes sein. Qualitätsmaßstäbe setzten hierbei Gebiete »mit gesunden Lebens- und Arbeitsbedingungen sowie ausgewogenen wirtschaftlichen, sozialen und kulturellen Verhältnissen«.[424] Aus diesen gesellschaftlichen Formprinzipien galt es nun nach Dittrich, Leitbilder der Raumordnung herauszuarbeiten und der Raumordnungspolitik Entscheidungshilfen zu bieten. Diese Leitbilder zielten auf einen Ausgleich des traditionellen Stadt-Land-Gegensatzes und der besonderen Problempunkte »Bildungsnotstand«, »Chancengleichheit«, »regionale Disparitäten in der Versorgung mit sozialer Infrastruktur«.[425]

Die ersten fünfzehn Jahre hatte das Institut für Raumforschung vor allem das grundsätzliche Verhältnis von Staat und Planung wissenschaftlich bearbeitet und sich unter Dittrich auf die Leitbilddiskussion konzentriert. Mit der Verabschiedung des Raumordnungsgesetzes war ein wichtiges Ziel erreicht und damit auch eine inhaltliche Zäsur erfolgt. Fortan orientierten sich die Forschungsprojekte stärker auf die wissenschaftliche Bearbeitung aktueller raumordnungspolitischer Aufgaben, die seit 1963 alle zwei, seit 1974 alle vier Jahre in den Raumordnungsberichten der Bundesregierung festgelegt werden, in denen damit zugleich die Raumordnungspolitik des Bundes dokumentiert ist.[426] So stand im Bericht von 1966 folgendes Arbeitsprogramm unter dem Leitgedanken potentialorientierter zukünftiger Entwicklungen an:
»Prognose der zukünftigen regionalen Entwicklungstendenzen von Bevölkerung und Wirtschaft im Bundesgebiet bis 1980/2000; Ermittlung und Darstellung der Belastbarkeit des Naturhaushaltes; Erhaltung der durch Technisierung und Zivilisierung gefährdeten natürlichen Lebensgrundlagen; Ordnung und Entwicklung der Verdichtungsräume; Entwicklung der ländlichen Räume, vor allem durch Förderung von Siedlungsschwerpunkten; Verbesserung der Infrastruktur in ländlichen Rückstandsgebieten und monostrukturierten Industriegebieten; Gesamtstrukturelle Entwicklung des Zonenrandgebietes; Kosten der Sanierungsmaßnahmen und des Ausbaus der Infrastruktur in den verschiedenen Gebietskategorien.« [427]

Im Nachhinein läßt sich bestätigen, daß viele der Untersuchungsergebnisse ein realistisches Bild der Zukunft zeichneten. So prognostizierten die Raumforscher eine Stagnation und teilweise Schrumpfung der Zahl der industriellen Arbeitsplätze aufgrund fortschreitender Rationalisierung und empfahlen, mithilfe verstärkter Industrieansiedlung dem Problem zu begegnen.[428] Die Rezession von 1966/67 und die Feststellung, daß die regionalen Disparitäten nicht ab- sondern zunahmen, führte zu einer Reorientierung der Raumordnungspolitik am Wachstumsziel und damit einer Wiederentdeckung der Agglomerationsvorteile: Das vormalige Ziel flächenmäßig aktiver Sanierung entwicklungsbedürftiger ländlicher Räume wurde fallengelassen zugunsten einer »dezentralen Verdichtung«.[429]

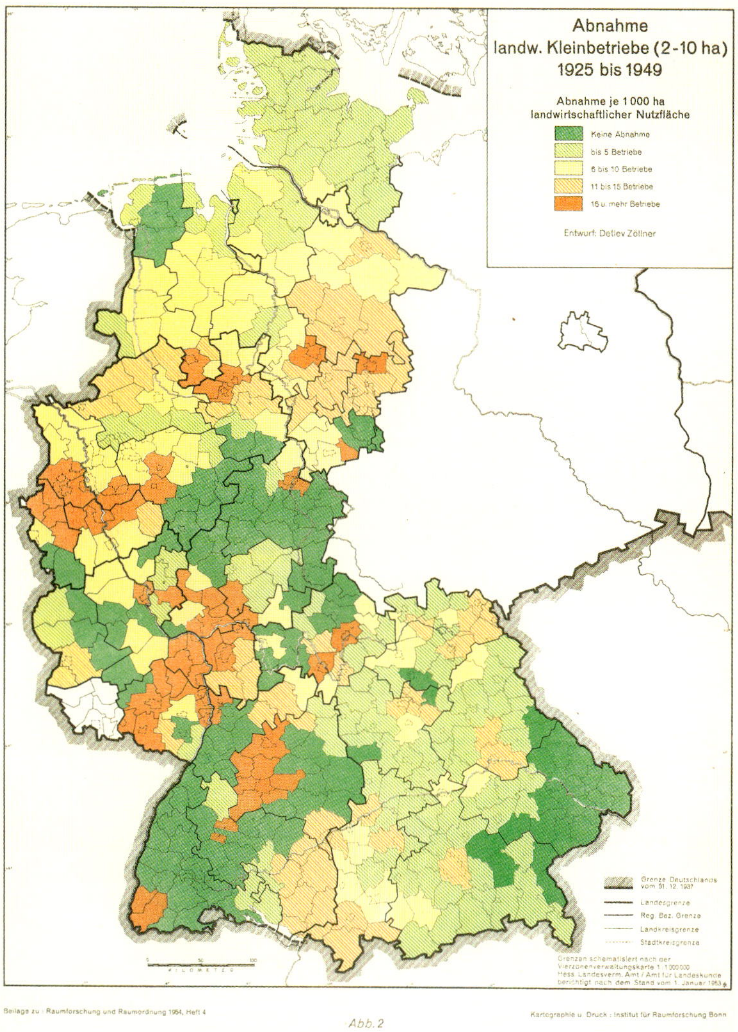

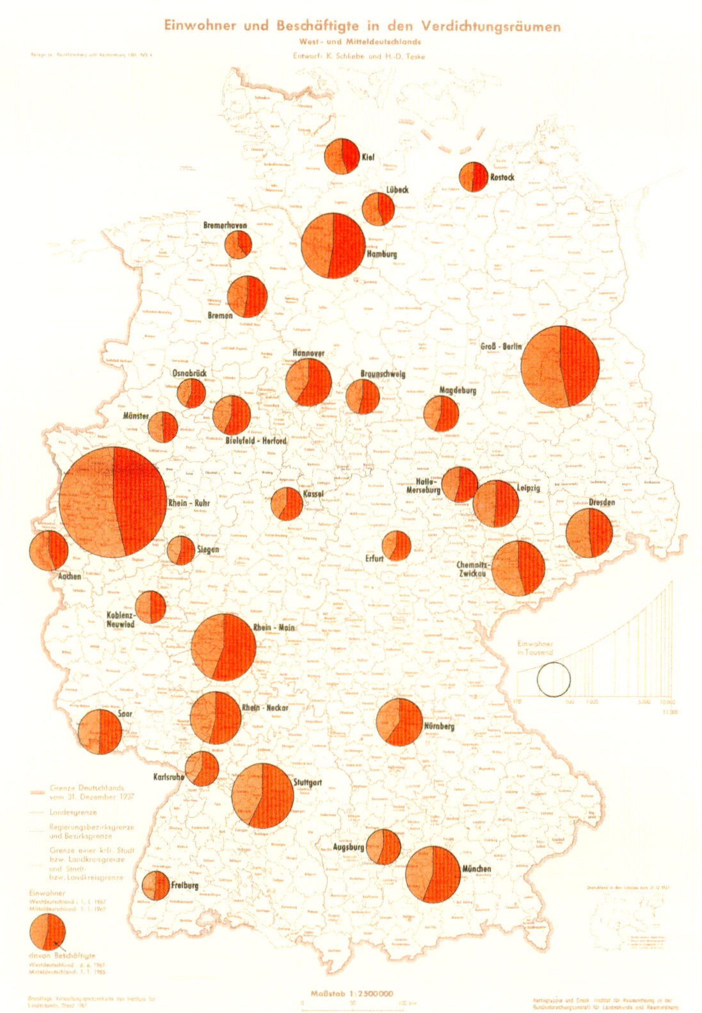

Um alle raumwirksamen Bundesmittel besser koordinieren und in Land und Bund effektiver steuern zu können, beschloss der Bundestag 1969, ein Bundesraumordnungsprogramm zu erarbeiten.[430] In ihm wird die Bundesrepublik in funktional abgegrenzte Gebietseinheiten aufgeteilt. Damit wurde ein Bezugsrahmen festgelegt, in dem raumrelevante Entwicklungen in abgegrenzten Teilräumen ermittelt und analysiert werden können. Die Raumordnungspolitik des Bundes hat dabei die Aufgabe, mit Hilfe von übergeordneten Planungen die Wirtschafts-, Verkehrs- und Forschungspolitik zu koordinieren, um so eine geordnete soziale und ökonomische Entwicklung und die bestmögliche räumliche Verteilung von Wohnsiedlungen, Arbeitsstätten und Erholungsgebieten, von sozialen und kulturellen Einrichtungen sowie deren Verknüpfung durch das moderne Verkehrs- und Nachrichtenwesen in den unterschiedlichen Teilräumen zu erreichen; stets unter der Prämisse, gleichwertige Lebensverhältnisse und eine menschenwürdige Umwelt zu schaffen.

Oben links: Für die Aufrechterhaltung einer dauerhaften Versorgung der bundesrepublikanischen Bevölkerung benötigte die Politik eine Bestandsaufnahme mit Entwicklungstendenzen und Prognosen über landwirtschaftliche Produkte. Dazu lieferte das Institut für Raumforschung Anfang der fünfziger Jahre Kartenwerke und statistisches Material, beispielsweise über die Abnahme von landwirtschaftlichen Kleinbetrieben innerhalb eines längeren Zeitraumes, hier von 1925 bis 1949.

Oben rechts: Im Arbeitsprogramm ab 1966 waren auch die »Verdichtungsräume« ein zentrales Forschungsthema.

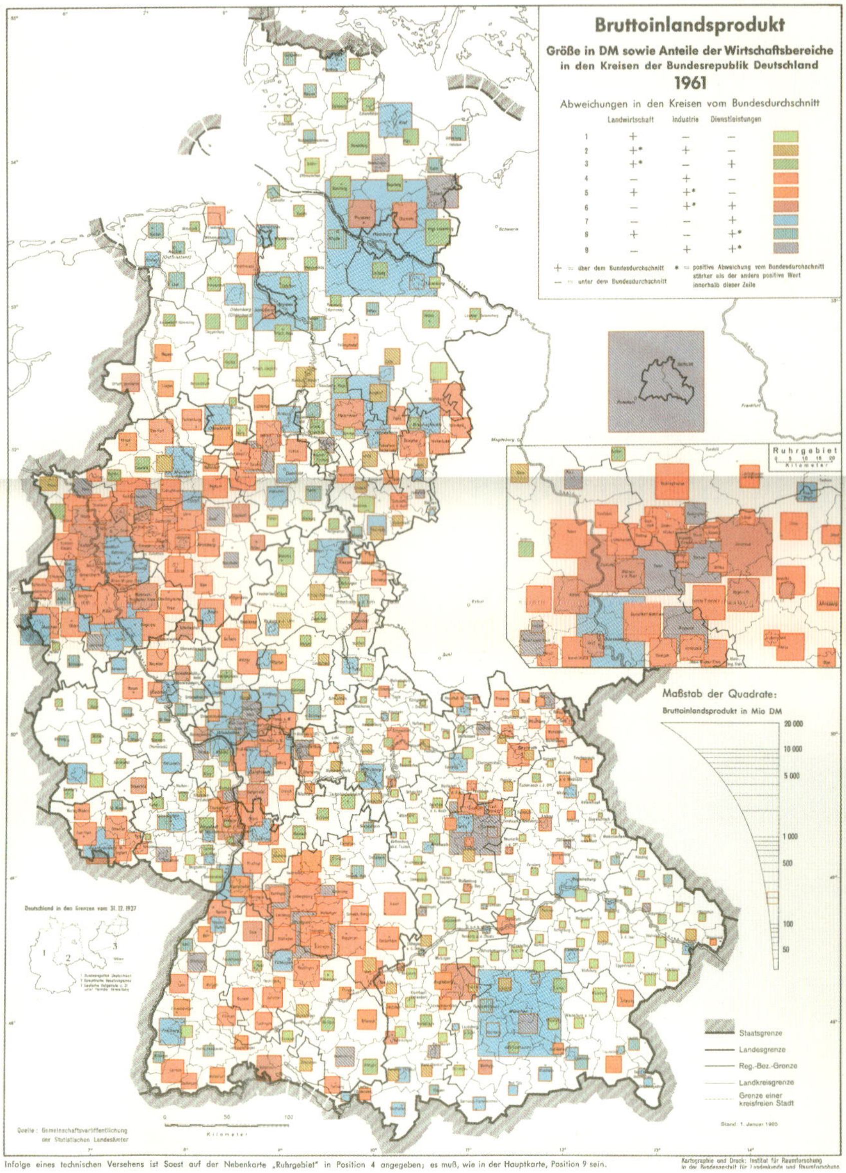

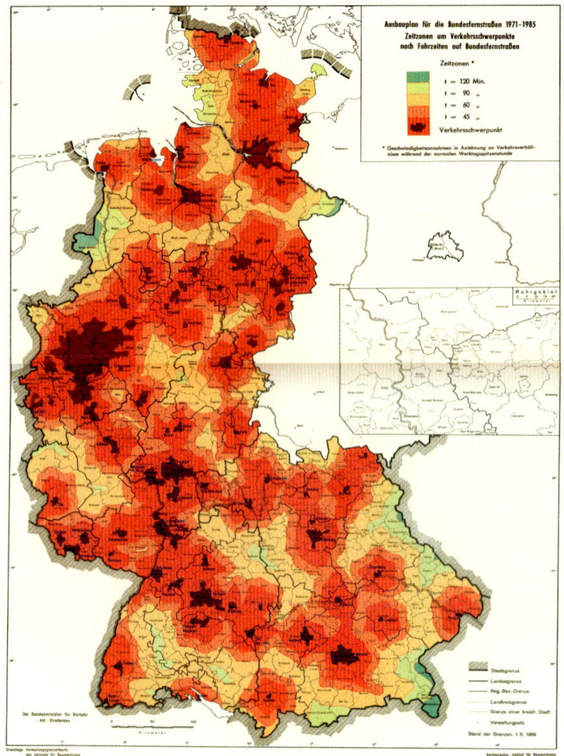

Links: aus dem ersten Raumordnungsbericht des Jahres 1966: Karte über die Verteilung des Bruttoinlandsproduktes in den Kreisen der Bundesrepublik.

Oben: Die Erreichbarkeitsberechnungen des Instituts für Raumordnung aus dem Jahre 1970 fanden Eingang in die Überlegungen zum Bundesfernstraßen-Ausbauplan.

Die Landesplanung, deren Träger die Länder sind, leistet hierbei die überörtliche, einzelne Politikfelder umfassende Planung der zukünftigen Raumentwicklung für ein Bundesland, während die Regionalplanung als Bindeglied zwischen Gemeinden und der jeweiligen Landesplanung versucht, deren Vorhaben für die einzelnen Teilräume zu konkretisieren. Die Regionalplanung wird von Landesplanungsgemeinschaften bzw. von den Gebietskörperschaften wahrgenommen. Als unterste Planungseinheit befaßt sich die Gemeindeplanung mit der Erstellung von Flächennutzungs- und Bebauungsplänen. Im Rahmen des Bundesraumordnungsprogramms richtete das Institut für Raumforschung die »Zentrale Dokumentationsstelle« ein und ermittelte fortlaufend die Forschungsschwerpunkte auf dem Gebiet der Raumordnung bei 162 Hochschul- und 75 weiteren wissenschaftlichen Institutionen, um Informationen über die wissenschaftliche Raumforschung zu bündeln.

Ende 1969 erfolgte ein Wechsel in der Leitung des Hauses: Erich Dittrich, der fast zwanzig Jahre lang als Sozioökonom das Institut für Raumforschung geprägt und den theoretischen Bezugsrahmen für Raumordnung in der Bundesrepublik geschaffen hatte, widmete sich nach seiner Pensionierung ganz der Forschung, bis er 1972 starb. Georg Müller wurde für drei Jahre sein Nachfolger. Auch Müller hatte – wie Dittrich – erste Erfahrungen in der nationalsozialistischen Hochschularbeitsgemeinschaft gesammelt, bis er nach 1937 als volkswirtschaftlicher Referent in der schlesischen Landesplanungsgemeinschaft wissenschaftliche Kriterien für die Festlegung von Notstandsgebieten entwickelte.[431] Seit 1950 war er beim Institut für Raumforschung, dort leitete er jahrelang die Sachgebiete Statistik und Grundsatzfragen. Der Statistik galt auch »als einem wesentlichen Erkenntnismittel fundierter Planung«[432] sein ganzer Einsatz, der Aufbau der »Kreismappe« geht wesentlich auf sein Wirken zurück. Er initiierte das Projekt der »Abgrenzung von Verdichtungsräumen«, seine siedlungsräumlichen Forschungen führten ihn zu den Arbeiten über Trabantenstädte und dem Phänomen der Suburbanisierung. Müller erkannte auch früh die außerordentliche Bedeutung der öffentlichen Investitionen als planungsrelevantem Instrument.[433] Im Zusammenhang mit dem Ausbau der Bundesfernstraßen schuf er als erster ein System von Raumeinheiten für prognostische Zwecke.[434]

Georg Müller war seit 1950 beim Institut für Raumforschung beschäftigt und leitete die Behörde von 1970 bis 1973.

Neben der inhaltlichen Weiterentwicklung, hatte es diverse organisatorische Änderungen gegeben. So wurden im Jahre 1959 auf Erlaß des Innenministeriums das Institut für Raumforschung und die »Bundesanstalt für Landeskunde« aus Gründen der Kostenersparnis in der Verwaltung in einer gemeinsamen »Bundesanstalt für Landeskunde und Raumforschung« (BFLR)[435] zusammengefaßt. Zu mehr als einer einheitlichen Zentralabteilung, gemeinsamen technischen Diensten und einem gemeinsam bezogenen Haus Am Michaelshof in Bad Godesberg kam es aber nicht: Das von »Bundesanstalt« in »Institut« umbenannte »Institut für Landeskunde« (IFL) und das Institut für Raumforschung blieben fachlich selbständig. In der Leitung der Bundesanstalt wechselten sich die Institutsleiter Emil Meynen und Erich Dittrich turnusmäßig alle zwei Jahre ab. Intern bestand die Absprache, daß Dittrich für die Bibliothek zuständig war und Meynen für die Kartographie. Eine weitere Änderung gab es 1961, als Adenauer am 14. November sein viertes Kabinett vorstellte und es zu einer umfangreichen Neuabgrenzung der Geschäftsbereiche der Bundesministerien kam. Infolge des Gutachtens des »Sachverständigenausschusses über die Raumordnung in der Bundesrepublik Deutschland«, das Dittrich kurz zuvor präsentiert hatte, wurde der Raumordnung fortan eine größere Bedeutung zugemessen: Das bisherige »Ministerium für Wohnungsbau« wurde umbenannt in »Ministerium für Wohnungswesen, Städtebau und Raumordnung«, Ressortminister Paul Lücke übernahm mit Erlaß vom 29.1.1962 »demgemäß aus dem Geschäftsbereich des Bundesministeriums des Innern die Federführung für die Raumordnung einschließlich der Fachaufsicht über das Institut für Raumforschung [...]«.[436]

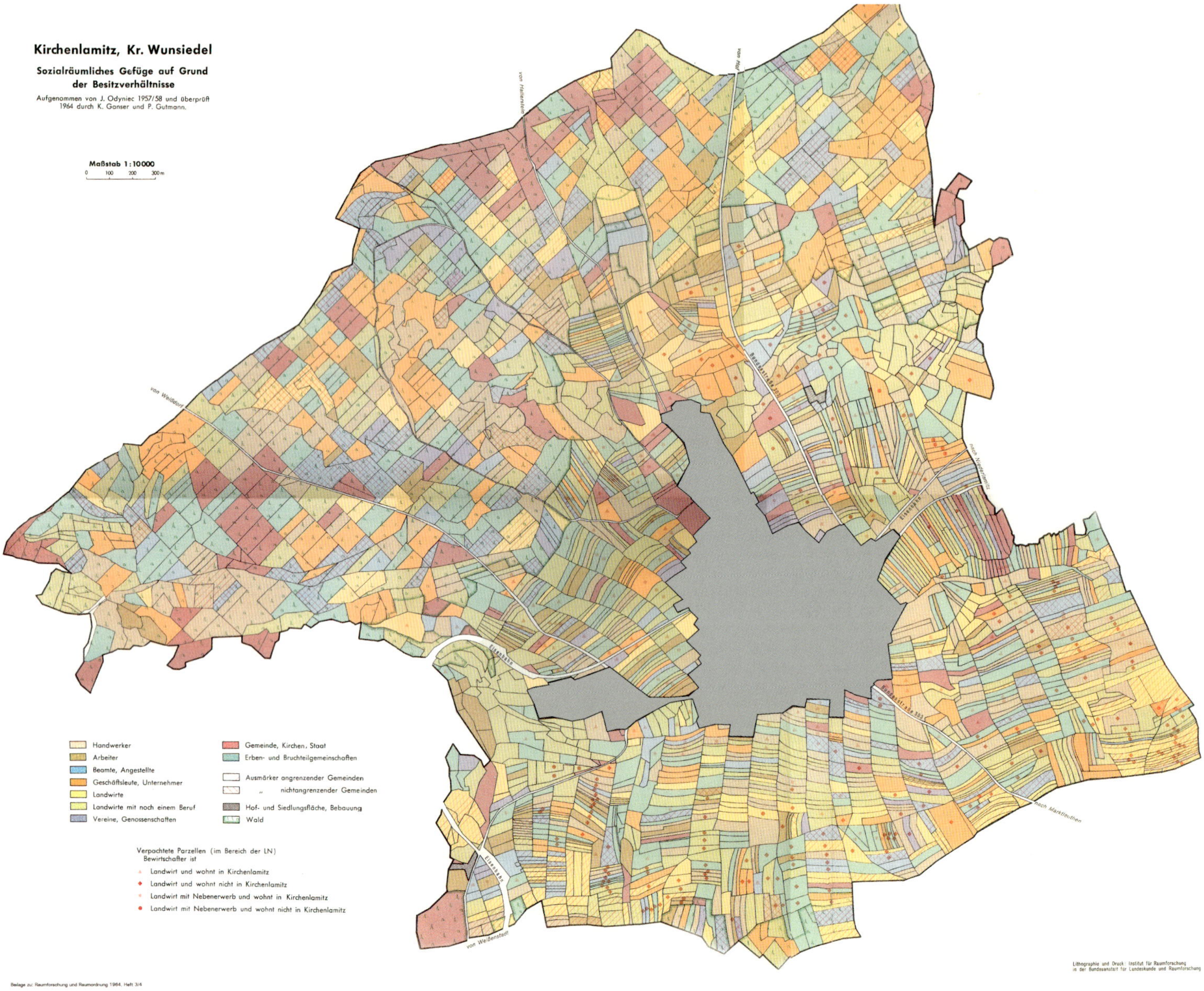

1962 wurde Paul Lücke zuständiger Bundesminister; für ihn war Raumordnungspolitik angewandte Gesellschaftspolitik, was auch im Arbeitsprogramm des Instituts für Raumforschung seinen Niederschlag fand, beispielsweise bei der regionalen Untersuchung des sozialräumlichen Gefüges auf Grund der Besitzverhältnisse, hier für Kirchenlamitz im Kreis Wunsiedel.

Die Dienstaufsicht über die Bundesanstalt für Landeskunde und Raumordnung blieb dagegen beim Bundesinnenministerium, und – nachdem Lücke 1965 im zweiten Kabinett von Ludwig Erhard zum Innenminister ernannt worden war – wechselte auch die Fachaufsicht über das Institut für Raumforschung dorthin zurück und der Begriff »Raumordnung« verschwand wieder aus dem Namen des Bundesbauministeriums, das von 1966 bis 1972 von Lauritz Lauritzen als »Bundesministerium für Wohnungswesen und Städtebau« geführt wurde.

Für Paul Lücke bedeutete »Raumordnungspolitik angewandte Gesellschaftspolitik«[437], das Institut für Raumforschung wurde zum Instrument dieser politischen Aufgabe. Die parallel erfolgte Akzentverschiebung des Instituts für *Raumforschung* hin zur eher anwendungsorientierten wissenschaftlichen Bearbeitung *raumordnungspolitischer* Aufgaben führten konsequenterweise 1967 zur Umbenennung in »Institut für Raum*ordnung*« (IFR); und mit dem selben Erlaß wurde aus der »Bundesanstalt« die »Bundes*forschungs*anstalt für Landeskunde und Raumordnung« (BFLR).[438] Nach einem Ministerialrevirement der zweiten sozialliberalen Koalition wurden schließlich die Fach- und Verwaltungsaufsicht über die Bundesforschungsanstalt 1972 beim – nun wieder mit dem Begriff »Raumordnung« versehenen – »Bundesminister für Raumordnung, Bauwesen und Städtebau« zusammengeführt; ein Jahr später verloren das Institut für Raumordnung und das Institut für Landeskunde ihre Selbständigkeit und wurden zusammengelegt.[439]

Bevor die weitere Entwicklung der neuentstandenen Bundesforschungsanstalt für Landeskunde und Raumordnung bis zur Zusammenlegung mit der Bundesbaudirektion 1998 verfolgt wird, soll nach der Geschichte der Raumordnung nun die Institutionalisierung der Landeskunde als Fusionspartner des Instituts für Raumordnung von den Ursprüngen bis 1973 dargestellt werden.

Landeskunde in Deutschland – Vorstöße und Vordenker einer Institutionalisierung

Die napoleonischen Feldzüge hatten die europäische Landkarte nachhaltig verändert. Das französische Kaiserreich schuf in den eroberten Gebieten Vasallenstaaten, die zumeist von Napoléons Geschwistern regiert wurden. Dabei entstanden auf dem Reißbrett Konglomerationen ohne historische Wurzeln wie zum Beispiel das Königreich Westphalen, ein Gebilde, das mit der heutigen Region Westfalen wenig gemein hat: in ihm gingen 1807 die von Napoléon liquidierten Staaten Kurhessen und Braunschweig sowie Hannover und die preußischen Gebiete westlich der Elbe auf. Die westphälische Hauptstadt, von der aus König Jérôme, der jüngste Bruder Napoléons, regierte, war Kassel. Die Grenzen reichten von Marburg im Süden über Paderborn im Westen, Lüneburg im Norden bis Halle, Magdeburg und Stendal im Osten.

Napoléons Herrschaft dauerte zwar nur wenige Jahre, hatte aber Auswirkungen auf die europäische Politik bis in die Gegenwart. Auf dem Wiener Kongress wurde Europa 1815 neu geordnet. Angetreten zur Wiederherstellung des status quo ante, einigten sich die europäischen Monarchen dennoch darauf, nicht in allen Punkten hinter die napoleonische Herrschaft zurückzugehen. So wurde nicht nur die revolutionäre Errungenschaft der Säkularisation geistlicher Gebiete beibehalten, sondern auch ein Rückfall in die Kleinstaaterei verhindert, die den Kontinent seit dem dreißigjährigen Krieg bestimmt hatte: Noch zu Beginn des 19. Jahrhunderts bestand Deutschland aus einem Flickenteppich von bis zu 378 souveränen Staaten, die manchmal nur wenige Quadratkilometer maßen. Der Wiener Kongress verringerte ihre Zahl auf 39, die im neugegründeten Deutschen Bund zusammengefaßt wurden. Um eine Übersicht über die neuen Territorialzugehörigkeiten, über Land und Leute zu erhalten, wurde eine amtliche Landeserhebung in den deutschen Staaten notwendig, die wegen der speziellen Interessen in die Hände der Militärs gelegt wurde: So entstanden nach und nach die deutschen Generalstabskarten. Einzig im Königreich Württemberg war nicht das Militär zuständig, sondern das Statistische Büro, das die erste Landesaufnahme auf deutschem Boden auf Grundlage der trigonometrischen Netzlegung durchführte und als Ergebnis ab 1824 die württembergischen Oberamtsbeschreibungen veröffentlichte. Es folgten die Generalstabskarten Preußens ab 1830[440], der Großherzogtümer Hessen und Baden sowie der Königreiche Bayern und Sachsen in der zweiten Hälfte des 19. Jahrhunderts.

Nach der Gründung des Deutschen Kaiserreichs 1871 wurden die zumeist im Maßstab 1:25.000 vorhandenen Generalstabskarten der einzelnen deutschen Staaten in die Reichskarte im Maßstab 1:100.000 übertragen. Die Reichseinigung erforderte eine grundsätzliche organisatorische Umstrukturierung der Landesaufnahme, die 1876 durchgeführt wurde. Als oberste leitende Behörde für die Landesaufnahme im Deutschen Reich wurde das »Zentraldirektorium der Vermessungen« eingerichtet. Dem Wesen nach vor allem von kriegspolitischem Interesse, stand folgerichtig der Chef des Generalstabs an der Spitze dieses Zentraldirektoriums, dessen Haushalt auch ein Posten des Generalstabsetats war. Ihm unterstanden alle Projekte und Arbeitspläne von aus Staatsmitteln durchgeführten Vermessungen und Kartierungen. Das Zentraldirektorium legte auch die den Arbeiten zugrunde liegenden Methoden und Anforderungen

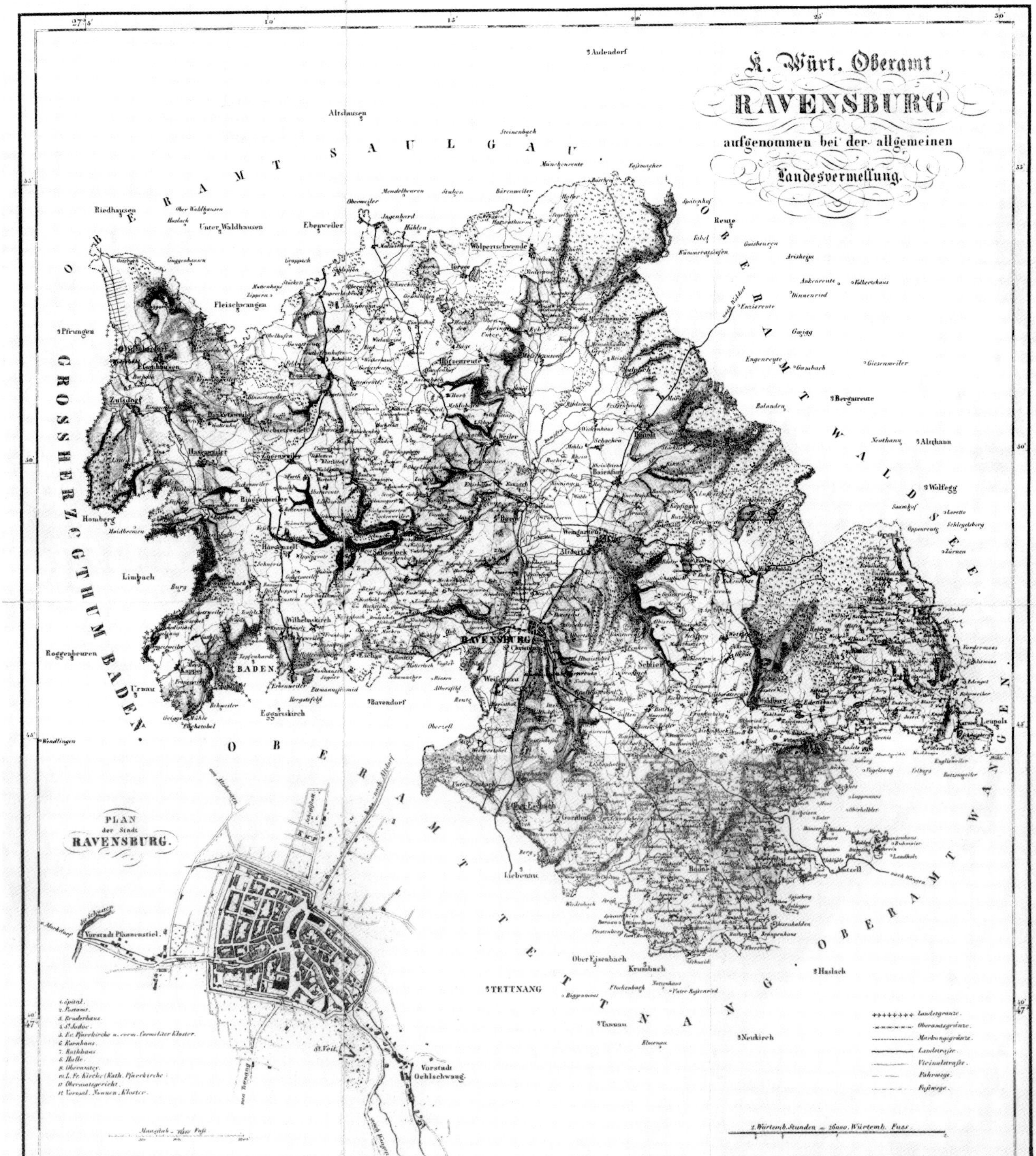

Die württembergischen Oberamtsbeschreibungen bedienten sich bei der Landvermessung erstmals der technisch noch jungen trigonometrischen Netzlegung und erhielten so exakte räumliche Karten und Pläne der einzelnen Oberämter des Königreichs Württemberg, hier zum Beispiel des Oberamts Ravensburg.

№ II. Flächenmaas.

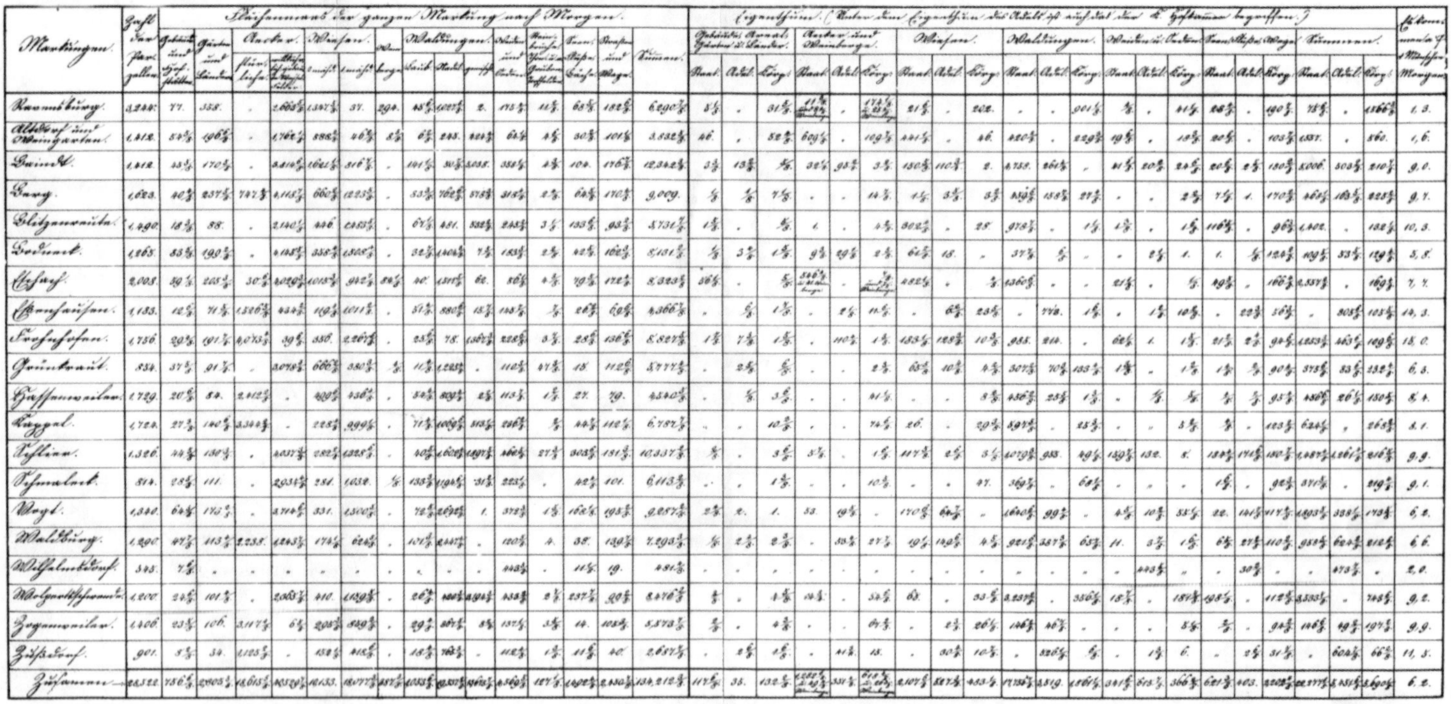

№ I. Gemeinden, Bevölkerung und Gebäude.

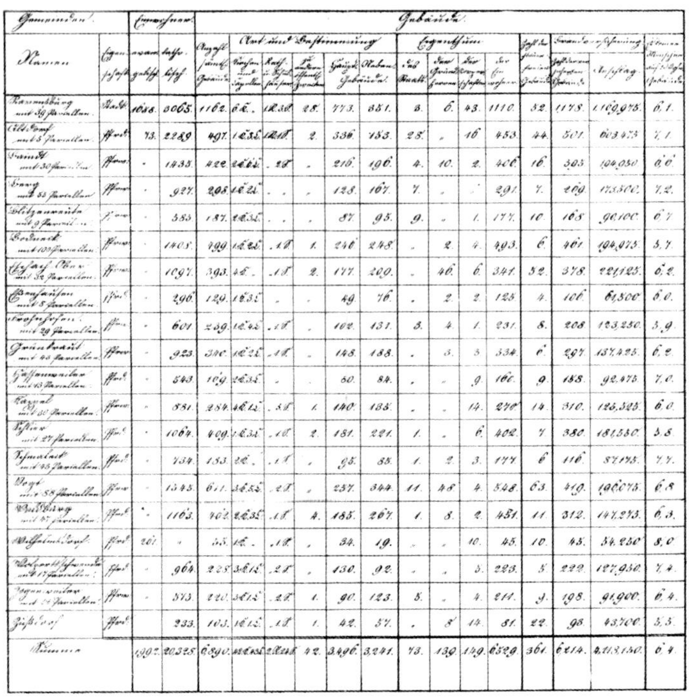

№ III. Viehstand.

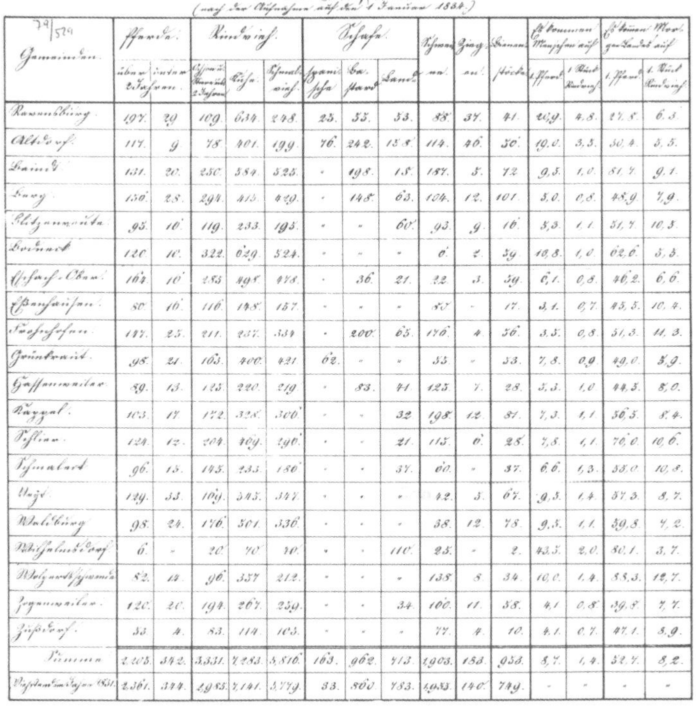

Zu den württembergischen Oberamtsbeschreibungen gehörte neben der Kartierung auch eine statistische Erhebung über Bevölkerung, Flächenmaß und Viehbestand, hier ebenfalls am Beispiel des Oberamts Ravensburg.

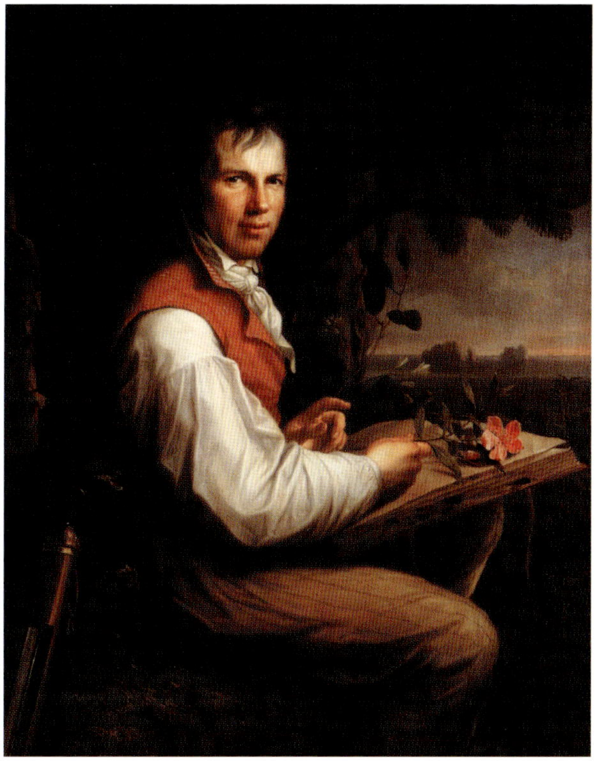

Ganz links: Mit seinen Expeditionen und Forschungen zu Beginn des 19. Jahrhunderts und seinen Publikationen schuf Alexander von Humboldt die Grundlagen der modernen Landbeschreibung und legte den Grundstein der wissenschaftlichen Geographie. Das Gemälde von Friedrich Georg Weitsch zeigt den Forscher im Jahre 1806.

Links: Karl Ritter, der bedeutendste Geograph des 19. Jahrhunderts, begründete die vergleichende Erdkunde.

fest.[441] Weitere Mitglieder waren je zwei Beamte oder Offiziere sämtlicher Ministerien. Die Landesaufnahme war in drei Bereiche gegliedert: die trigonometrische Abteilung für die Arbeiten der höheren Geodäsie, die topographische Abteilung für die Aufnahme und die kartographische Abteilung mit der Plankammer für die Herstellung der Karten selbst.

Nach der Reichseinigung übernahm die zentrale preußische Behörde infolge der Militärkonvention von 1876 auch die Landesaufnahme aller anderen Bundesstaaten mit Ausnahme der Königreiche Bayern, Sachsen und Württemberg. Zu dieser Zeit wurde die amtliche Landesbeschreibung noch weitgehend von Verwaltungsjuristen, Landeshistorikern und -statistikern sowie von Staats- und Wirtschaftswissenschaftlern durchgeführt. Dabei hatten sich die Vordenker einer geographischen Landesbeschreibung längst zu Wort gemeldet: Allen voran Alexander von Humboldt.

Humboldt hinterließ die richtungsweisenden geographischen Landesbeschreibungen seiner Expeditionen. Die einzelnen naturwissenschaftlichen Disziplinen waren für ihn nur die Vorstufen zu einer tieferen Erkenntnis der Physik des Erdballs. Seine Forschungsergebnisse – zum Beispiel über die regional verschiedene magnetische Intensität – verknüpfte er mit den Kenntnissen seiner Zeit über Geologie, Astronomie, Zoologie, Botanik und Mineralogie und entwickelte damit die moderne physische Weltbeschreibung.[442] Humboldt wurde so zum Begründer der klimatologischen und plastischen Geographie, der Physik des Meeres und der Pflanzengeographie. Seine südamerikanischen Reisebeobachtungen über die Abstammung, die Sprachen, Kulturzustände und Wanderungsbewegungen lieferten zudem bedeutende Erkenntnisse für die Staatsökonomie und gaben der noch jungen Disziplin der Statistik entscheidende Impulse.

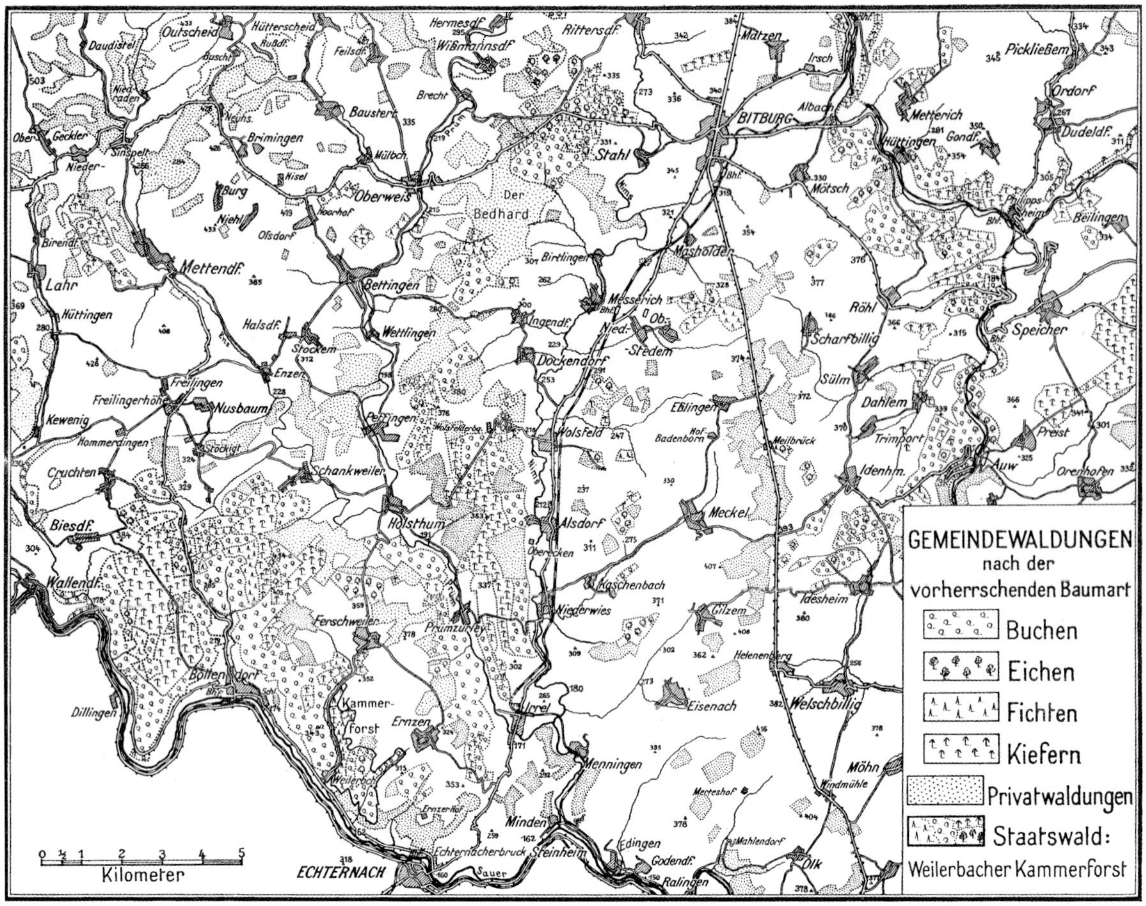

Die Ende des 19. und zu Beginn des 20. Jahrhunderts zusammengetragenen Einzelerkenntnisse der deutschen Landesteile – hier beispielsweise die Waldungen nach Besitzverhältnissen und vorherrschender Baumart – ergaben wegen ihrer unterschiedlichen Herangehensweise, Tiefe und Auswahl kein koordinierbares Bild des Gesamtstaates.

Der zweite wichtige Exponent in der Entwicklung der modernen Landbeschreibung war Karl Ritter. Während Alexander von Humboldt als größter Naturforscher seiner Zeit galt, erwarb sich Karl Ritter als bedeutendster Geograph des 19. Jahrhunderts Meriten. Er führte den von Humboldt eingeschlagenen Weg fort und lehrte von 1820 bis 1859 an der Berliner Universität neben geographischer Landesbeschreibung auch die Fächer Statistik und Geschichte. In den veröffentlichten Beobachtungen seiner Reisen durch fast alle Länder Europas verbindet er historisches, geographisches und naturkundliches Wissen.[443] Mit seinen Werken ist Ritter der Begründer der vergleichenden Erdkunde geworden und hat hiermit erst die Geographie zur Wissenschaft erhoben.

Doch alle Versuche, die wissenschaftliche Landeskunde zu institutionalisieren, brachten zunächst nicht den gewünschten Erfolg. Am weitesten gedieh noch der Vorstoß des Zweiten Deutschen Geographentages 1882: Damals wurde als ein erster Schritt die – allerdings nicht behördliche – »Zentralkommission für wissenschaftliche Landeskunde von Deutschland« gegründet.[444] Die Geographie hatte sich bis dato im Zuge der deutschen Kolonialinteressen fast ausschließlich auf die landeskundliche Beobachtung des Auslandes konzentriert, die eigene Heimat wurde vernachlässigt, ja die Beschäftigung mit deutschen Ländern galt sogar als anrüchig: seit Humboldt und Ritter hielt sich hartnäckig das Bild, daß ein »richtiger« Geograph nur der sein könne, der sich in entlegensten und unerforschten Gebieten durch den Dschungel kämpfe.

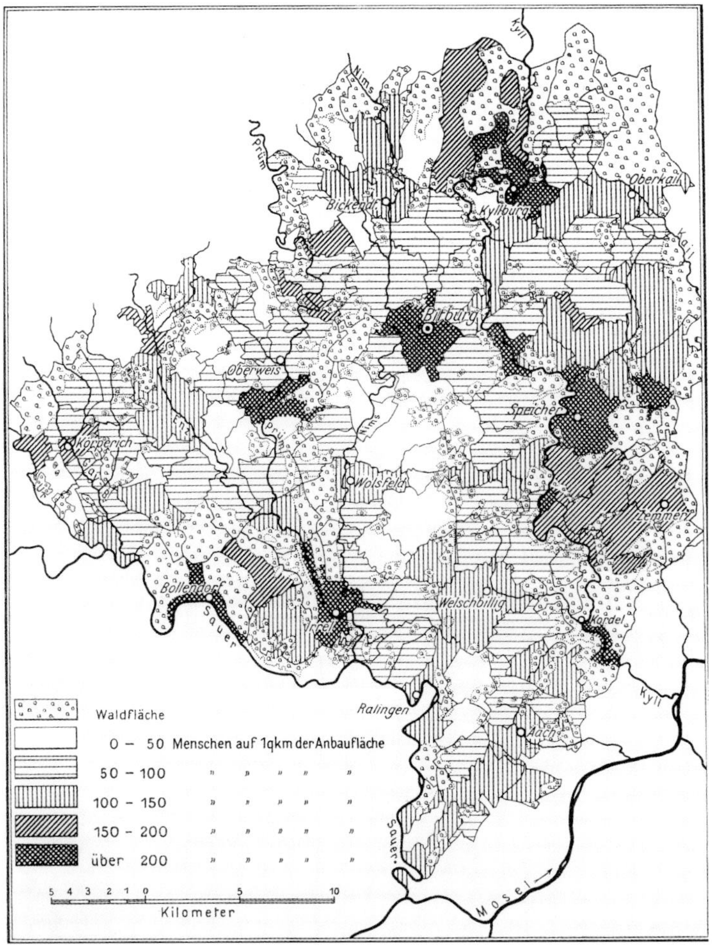

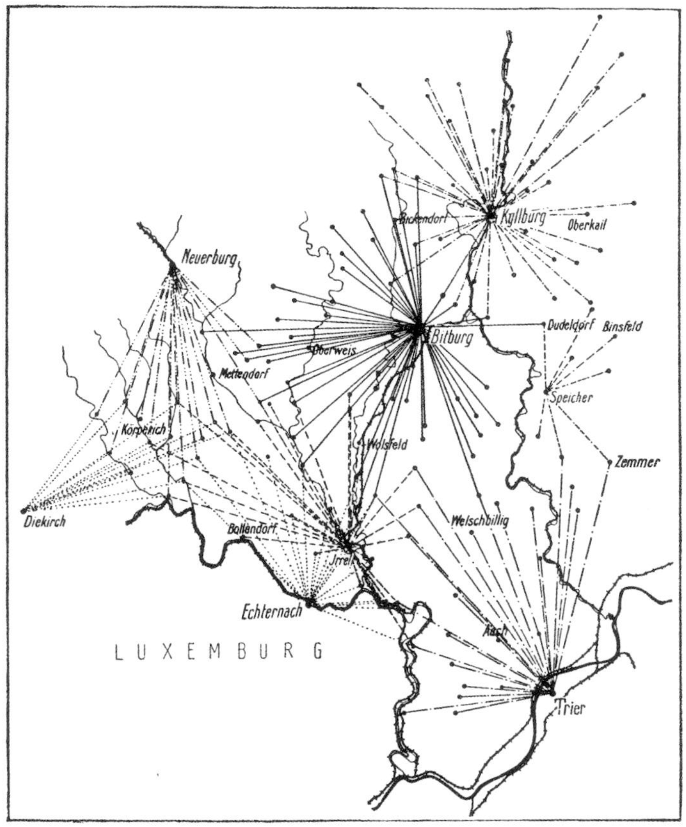

Die Zufuhrbereiche der Märkte (1:400000)

Der Zufuhrbereich des Schweinemarktes Bitburg, des Rindviehmarktes Kyllburg, des Schweinemarktes Irrel, des Schweinemarktes Speicher, des Rindvieh- und Schweinemarktes Neuerburg, des Rindvieh- und Schweinemarktes Trier (die beiden letzteren nur, soweit die Zufuhr aus dem Bitburger Land geschieht) und der Luxemburger Märkte Diekirch und Echternach östlich der Sauer-Urtallinie vor der zollpolitischen Trennung Luxemburgs vom Deutschen Reich

Die »Zentralkommission« sollte sich nach den Vorstellungen des Geographen Richard Lehmanns nun verstärkt der Landesaufnahme Deutschlands widmen. Dabei sollte die, dem naturwissenschaftlichen Methodenideal verpflichtete beobachtende Geographie der Ausgangspunkt sein, also originäre Feldforschung und Geomorphologie. Die gewonnenen Einzelerkenntnisse aller deutscher Landesteile sollten dann in einem zweiten Arbeitsschritt zusammengefügt und im Rahmen dieser, »konstruktiv« genannten Methode zu einer wissenschaftlich fundierten landeskundlichen Darstellung des gesamten Deutschen Reiches führen. Für dieses ambitionierte und immense Vorhaben fehlten der Zentralkommission aber Personal und Geld; mehr als die formalen Rahmenbedingungen für ein derartiges Forschungsprojekt konnten daher nicht geschaffen werden. Für diese Grundlagenarbeit koordinierte die Zentralkommission erfolgreich die Hochschulgeographen und die naturhistorischen, historischen und geographischen Vereine. So entstand in den achtziger Jahren eine umfangreiche und vielbeachtete Bibliographie[445] und ein Adressbuch aller 3.500 damals tätigen landeskundlichen Institutionen und Personen. 1885 wurde für landeskundliche Spezialuntersuchungen die Reihe »Forschungen zur deutschen Landes- und Volkskunde« begründet; 1889 folgte die »Anleitung zur deutschen Landes- und Volksforschung«, die einheitliche qualitative Standards setzte. Damit hatte sich allerdings die Wirkungskraft der Zentralkommission schon erschöpft.

Zur geographischen Untersuchung der deutschen Regionen trug Emil Meynen mit seiner Dissertation zum »Bitburger Land« einen weiteren Puzzlestein im Gesamtkontext der deutschen Landeskunde bei. Aus seiner Forschungsarbeit stammt die Abbildung zur »Gesamtbevölkerung nach Gemarkungen auf die landwirtschaftliche Anbaufläche bezogen (1 : 200.000) auf Grund der Volkszählung am 1. Dezember 1925 berechnet« (oben links) sowie die Karte der »Zufuhrbereiche der Märkte (1 : 400.000)« (oben rechts).

Kulturarten und Anbauverhältnis in Hektar nach der Anbauflächenerhebung in Preußen Mai 1925

	Winterweizen	Winterspelz	Winterroggen	Mischelfrucht	Wintergerste	Wintergetreide insgesamt	Sommerweizen	Sommerroggen	Sommergerste	Hafer	Buchweizen	Sommergetreide insgesamt	Getreide insgesamt	Erbsen und Peluschken	Ackerbohnen	Wicken	Lupinen	Sonstige Hülsenfrüchte	Kartoffeln	Runkelrüben	Kohlrüben	Möhrrüben und sonstige Hackfrüchte
Gesamtgebiet																						
Bgm. Zemmer	115	—	258	—	—	373	—	—	42	310	—	352	725	12	—	20	—	8	300	74	32	10
Bgm. Speicher	68	65	156	4	—	293	3	—	16	269	5	293	586	7	—	40	—	109	313	113	81	2
Gmde. Binsfeld und Spang-Dahlem	32	—	75	15	—	122	—	—	40	232	—	272	394	—	—	28	—	23	220	53	72	1
Bgm. Dudeldorf	233	118	180	391	1	923	10	5	57	596	8	676	1599	15	2	60	5	20	383	251	53	9
Bgm. Oberkail	154	5	166	—	—	325	—	—	76	316	20	412	737	4	—	18	—	2	174	42	89	1
Bgm. Kyllburg	56	8	326	35	—	425	—	—	16	423	36	475	900	9	1	15	—	—	336	71	21	4
Bgm. Bickendorf[1]	391	—	462	75	1	929	2	2	128	689	79	900	1829	12	—	32	14	7	228	144	23	17
Bgm. Bitburg (Land)	523	—	160	1012	5	1700	12	2	106	1287	14	1421	3121	21	9	111	1	43	556	359	12	15
Bgm. Bitburg (Stadt)	35	—	8	52	—	95	—	—	17	153	—	170	265	1	5	5	—	3	112	38	—	1
Bgm. Wolsfeld	608	—	181	209	28	1026	7	—	151	1076	43	1277	2303	5	—	28	4	25	400	283	—	4
Bgm. Oberweis[2]	274	—	368	139	18	799	5	5	103	766	98	977	1776	15	—	30	—	12	380	178	21	3
Bgm. Körperich[3]	682	—	507	275	22	1486	3	—	122	1306	111	1542	3028	15	1	73	—	87	513	279	3	—
Bgm. Bollendorf	91	—	268	156	8	523	1	1	5	303	52	362	885	9	3	12	2	22	348	159	—	9
Bgm. Welschbillig	361	7	164	647	6	1185	2	—	85	664	5	756	1941	22	12	25	—	33	343	265	3	9
Gmde. Butzweiler und Kordel	44	—	222	—	—	266	1	1	10	220	1	233	499	1	—	2	—	—	275	108	1	1
Bgm. Aach-Igel-Trierweiler[4]	262	—	101	538	2	903	3	—	67	640	—	710	1613	25	18	28	—	8	261	156	4	14
Summe:	3829	203	3702	3548	91	11373	49	16	1041	9250	472	10828	22201	173	51	527	26	402	5142	2573	415	100
% d. Acker- u. Gartenfläche	**7,8**	**0,4**	**7,6**	**7,2**	—	**23,2**	—	—	**2,1**	**18,9**	**1,0**	**22,1**	**45,3**	—	—	—	—	—	**10,5**	**5,2**	—	—
% der Gesamtfläche	—	—	—	—	—	—	—	—	—	—	—	—	—	—	—	—	—	—	—	—	—	—
Kreis Bitburg																						
% d. Acker- u. Gartenfläche	**7,5**	**0,5**	**9,4**	**5,6**	—	**23,2**	—	—	**1,9**	**20,0**	**2,0**	**24,1**	**47,3**	—	—	—	—	—	**10,2**	**4,8**	—	—
% der Gesamtfläche	—	—	—	—	—	—	—	—	—	—	—	—	—	—	—	—	—	—	—	—	—	—
Der dem Schiefergebiet angehörende NW-Teil des Kreises Bitburg[5]																						
% d. Acker- u. Gartenfläche	**2,7**	**0,4**	**15,6**	**0,5**	—	**19,3**	—	—	**1,0**	**21,2**	**6,0**	**28,3**	**47,6**	—	—	—	—	—	**9,9**	**2,0**	—	—
% der Gesamtfläche	—	—	—	—	—	—	—	—	—	—	—	—	—	—	—	—	—	—	—	—	—	—
Kreis Prüm																						
% d. Acker- u. Gartenfläche	**2,5**	**1,6**	**17,1**	**2,0**	—	**23,3**	—	—	**1,1**	**24,7**	**6,3**	**32,2**	**55,5**	—	—	—	—	—	**12,0**	**1,4**	—	—
% der Gesamtfläche	—	—	—	—	—	—	—	—	—	—	—	—	—	—	—	—	—	—	—	—	—	—
Buntsandsteinboden																						
Gmde. Steinborn	6	5	63	—	—	74	—	—	11	62	3	76	150	—	—	6	—	—	40	2	14	1
Gmde. Seinsfeld	4	—	54	—	—	58	—	—	8	54	2	64	122	—	—	1	—	—	25	5	11	—
Gmde. Kyllburgweiler	5	6	50	—	—	61	—	—	—	60	—	60	121	—	—	—	—	—	30	10	—	—
Gmde. Kyllburg	—	—	30	—	—	30	—	—	2	30	1	33	63	—	—	3	—	—	32	15	—	—
Gmde. Malberg	—	—	35	—	—	35	—	—	—	20	—	20	55	—	—	—	—	—	45	—	—	—
Gmde. Malbergweich	5	—	70	—	—	75	—	—	5	60	15	80	155	1	—	—	—	—	50	15	20	4
Gmde. Neidenbach	—	—	56	—	—	56	—	—	—	70	15	85	141	—	—	2	—	—	81	—	20	—
Gmde. Sefferweich	10	—	92	—	—	102	—	—	22	102	15	139	241	5	—	6	10	—	25	17	18	12
Gmde. Seffern	1	—	40	—	—	41	—	—	4	42	12	58	99	1	—	8	—	—	35	10	—	4
Summe:	31	11	490	—	—	532	—	—	52	500	63	615	1147	7	—	26	10	—	363	74	83	21
% d. Acker- u. Gartenfläche	**1,2**	—	**19,6**	—	—	**21,3**	—	—	**2,1**	**20,0**	**2,5**	**24,6**	**45,9**	—	—	—	—	—	**14,5**	**3,0**	—	—
% der Gesamtfläche	—	—	—	—	—	—	—	—	—	—	—	—	—	—	—	—	—	—	—	—	—	—
Brauner Muschelkalkboden																						
Gmde. Nattenheim	130	—	50	—	—	180	—	—	15	90	—	105	285	—	—	—	—	—	60	15	—	—
Gmde. Fließem	55	—	1	—	1	57	—	—	22	154	—	176	233	1	—	9	—	30	60	20	—	1
Gmde. Badem[6]	100	65	25	—	—	190	—	—	15	105	—	120	310	3	—	15	—	14	90	40	10	—
Gmde. Möhn[6]	100	—	5	—	2	107	1	—	10	80	—	91	198	3	—	2	—	2	30	15	—	—
Summe:	385	65	81	—	3	534	1	—	62	429	—	492	1026	7	—	26	—	46	240	90	10	1
% d. Acker- u. Gartenfläche	**18,8**	—	**4,0**	—	—	**26,1**	—	—	**3,0**	**21,0**	—	**24,1**	**50,2**	—	—	—	—	—	**11,7**	**4,4**	—	—
% der Gesamtfläche	—	—	—	—	—	—	—	—	—	—	—	—	—	—	—	—	—	—	—	—	—	—
Steifer Keuperboden																						
Gmde. Masholder	20	—	9	52	2	83	2	—	4	69	—	75	158	1	—	2	—	—	17	10	—	—
Gmde. Messerich	21	—	12	68	2	93	2	—	10	105	—	117	210	—	—	2	—	—	20	18	—	—
Gmde. Oberstedem	30	—	8	33	5	76	—	—	15	70	2	87	163	2	—	—	—	—	12	12	—	—
Gmde. Scharfbillig	6	—	6	50	—	62	1	—	3	61	1	66	128	1	2	3	—	4	14	12	2	4
Summe:	77	—	35	203	9	324	5	—	32	305	3	345	669	4	2	7	—	4	63	52	2	4
% d. Acker- u. Gartenfläche	**5,3**	—	**2,4**	**14,1**	—	**22,4**	—	—	**2,2**	**21,1**	—	**23,9**	**46,3**	—	—	—	—	—	**4,4**	**3,6**	—	—
% der Gesamtfläche	—	—	—	—	—	—	—	—	—	—	—	—	—	—	—	—	—	—	—	—	—	—

	Hackfrüchte insgesamt	Feldmäßig angebaute Gartengewächse	Raps	Flachs	Hanf	Klee	Luzerne	Sonstige Futterpflanzen	Ackerweide	Feldfutterbau insgesamt	Brache	Ackerland insgesamt	Gewöhnliche Wiesen	Be- u. entwässerbare Wiesen	Viehweiden und Hutungen	Wiesen und Weiden insgesamt	Obst- und Gartenland	Weingärten	Forsten und Holzungen	Öd- und Unland	Gesamtfläche
Gesamtgebiet																					
Bgm. Zemmer	416	5	8	—	—	123	21	6	—	150	183	1527	258	—	31	289	31	—	1635	14	3617
Bgm. Speicher	509	11	9	2	—	138	47	51	—	236	107	1618	347	—	3	350	5	—	1233	34	3374
Gmde. Binsfeld und Spang-Dahlem	346	—	1	—	—	152	9	—	—	161	30	1362	266	—	10	276	25	—	565	91	2376
Bgm. Dudeldorf	696	7	2	4	—	266	312	72	3	653	381	3446	458	—	88	546	28	—	676	110	5014
Bgm. Oberkail	306	6	—	—	—	172	38	1	—	211	76	1456	584	—	26	610	10	—	3183	45	5427
Bgm. Kyllburg	432	1	—	2	—	312	75	3	29	419	155	1934	—	—	125	125	5	—	2898	205	5989
Bgm. Bickendorf[1]	412	15	—	2	1	417	396	40	17	870	235	3521	713	—	208	921	21	—	1784	118	6554
Bgm. Bitburg (Land)	942	5	3	3	1	637	1314	82	23	2056	757	7075	834	4	132	970	114	—	2185	30	10753
Bgm. Bitburg (Stadt)	151	—	—	—	—	25	158	25	—	208	12	650	340	—	12	352	18	—	415	—	1509
Bgm. Wolsfeld	687	17	—	1	4	577	785	136	29	1527	291	5092	508	—	320	828	121	—	2403	45	8835
Bgm. Oberweis[2]	582	3	—	—	—	357	570	118	3	1048	216	3567	431	—	361	792	40	—	1199	25	5782
Bgm. Körperich[3]	795	—	—	—	2	546	531	119	13	1209	304	5513	596	1	240	837	67	—	3046	122	9884
Bgm. Bollendorf	516	12	1	—	4	196	200	42	—	438	37	1941	277	—	16	293	63	7	2070	42	4608
Bgm. Welschbillig	620	16	14	8	—	510	644	106	61	1321	765	4764	409	5	242	656	66	24	1644	46	7412
Gmde. Butzweiler und Kordel	385	1	20	1	1	100	48	—	—	148	—	1058	92	—	10	102	—	1	1125	54	2419
Bgm. Aach-Igel-Trierweiler[4]	435	1	16	—	—	861	424	21	47	1353	411	3810	356	—	89	445	65	47	929	161	5628
Summe:	8230	100	74	23	13	5389	5572	822	225	12008	3960	48334	6469	10	1913	8392	679	79	27050	1142	87923
% d. Acker- u. Gartenfläche	**16,6**	—	—	—	—	**11,0**	**11,4**	**1,7**	**0,5**	**24,5**	**8,1**	—	—	—	—	—	—	—	—	—	
% der Gesamtfläche	—	—	—	—	—	—	—	—	—	—	—	**55,0**	**7,7**	—	**2,2**	**9,5**	—	—	**30,8**	**1,3**	
Kreis Bitburg																					
% d. Acker- u. Gartenfläche	**20,3**	—	—	—	—	**11,1**	**10,6**	**1,7**	**1,3**	**24,7**	**7,5**	—	—	—	—	—	—	—	—	—	
% der Gesamtfläche	—	—	—	—	—	—	—	—	—	—	—	**53,0**	**8,3**	—	**4,5**	**12,8**	—	—	**27,2**	**1,8**	
Der dem Schiefergebiet angehörende NW-Teil des Kreises Bitburg[5]																					
% d. Acker- u. Gartenfläche	**13,4**	—	—	—	—	**16,4**	**0,9**	**0,5**	**6,2**	**24,0**	**9,3**	—	—	—	—	—	—	—	—	—	
% der Gesamtfläche	—	—	—	—	—	—	—	—	—	—	—	**44,3**	**8,1**	—	**12,9**	**21,0**	—	—	**27,0**	**8,3**	
Kreis Prüm																					
% d. Acker- u. Gartenfläche	**15,2**	—	—	—	—	**12,7**	**0,7**	**0,5**	**2,7**	**16,5**	**9,3**	—	—	—	—	—	—	—	—	—	
% der Gesamtfläche	—	—	—	—	—	—	—	—	—	—	—	**27,9**	**9,6**	—	**16,4**	**26,0**	—	—	**32,1**	**10,3**	
Buntsandsteinboden																					
Gmde. Steinborn	57	—	—	—	—	19	8	—	—	27	10	251	120	—	23	143	—	—	720	3	1126,7
Gmde. Seinsfeld	41	—	—	—	—	60	1	—	—	61	1	227	61	—	—	61	—	—	367	—	669,1
Gmde. Kyllburgweiler	40	—	—	—	—	47	—	—	—	47	—	208	80	—	—	80	—	—	245	6	725,8
Gmde. Kyllburg	47	—	—	—	—	54	—	—	—	54	10	208	80	10	11	101	—	—	161	2	460,9
Gmde. Malberg	45	—	—	—	—	54	—	—	—	54	—	154	40	—	—	40	—	—	375	39	660,9
Gmde. Malbergweich	89	—	—	1	—	15	15	—	—	30	34	328	155	—	—	155	—	—	439	88	1016,4
Gmde. Neidenbach	101	—	—	—	—	64	—	—	—	64	—	308	64	—	31	95	—	—	495	30	935,1
Gmde. Sefferweich	72	2	—	1	1	140	50	13	—	203	43	589	200	—	15	215	6	—	179	42	1073,1
Gmde. Seffern	49	4	—	—	—	40	—	—	—	40	7	214	40	—	30	70	1	—	122	7	491,6
Summe:	541	6	—	2	1	493	74	13	—	580	105	2489	840	10	110	960	7	—	3103	217	7159,6
% d. Acker- u. Gartenfläche	**21,7**	—	—	—	—	**19,8**	**3,0**	—	—	**23,2**	**4,1**	—	—	—	—	—	—	—	—	—	
% der Gesamtfläche	—	—	—	—	—	—	—	—	—	—	—	**34,8**	—	—	—	**13,4**	—	—	**43,3**	**3,0**	
Brauner Muschelkalkboden																					
Gmde. Nattenheim	75	1	—	—	—	5	55	—	—	60	15	436	128	—	—	128	—	—	113	—	692,6
Gmde. Fließem	81	1	—	—	—	30	125	—	—	155	40	551	58	—	40	98	8	—	135	—	832,3
Gmde. Badem[6]	140	1	—	—	1	26	37	—	—	63	70	617	103	—	15	118	10	—	133	10	913,6
Gmde. Möhn[6]	45	—	4	—	—	—	150	25	—	175	100	422	75	—	6	81	—	—	169	—	768,4
Summe:	341	3	4	—	1	61	367	25	—	453	225	2026	364	—	61	425	18	—	550	10	3206,9
% d. Acker- u. Gartenfläche	**16,7**	—	—	—	—	**3,0**	**18,0**	—	—	**22,1**	**11,0**	—	—			—	—	—	—	—	
% der Gesamtfläche	—	—	—	—	—	—	—	—	—	—	—	**63,2**	—	—	—	**13,3**	—	—	**17,2**	**0,3**	
Steifer Keuperboden																					
Gmde. Masholder	27	—	—	—	—	46	95	—	—	141	48	377	52	—	2	54	3	—	53	15	507,7
Gmde. Messerich	38	—	—	—	—	32	128	—	—	160	41	461	30	—	32	62	1	—	106	—	653,0
Gmde. Oberstedem	24	1	—	—	—	20	50	—	—	70	30	290	20	—	23	43	—	—	93	—	447,0
Gmde. Scharfbillig	32	—	—	—	—	29	49	—	—	78	50	298	49	—	25	74	14	—	77	—	479,9
Summe:	121	1	—	—	—	127	322	—	—	449	160	1426	151		82	233	18	—	329	15	2087,6
% d. Acker- u. Gartenfläche	**8,4**	—	—	—	—	**8,8**	**22,4**	—	—	**31,1**	**11,7**	—	—	—	—	—	—	—	—	—	
% der Gesamtfläche	—	—	—	—	—	—	—	—	—	—	—	**67,8**	—	—	—	**11,2**	—	—	**15,8**	**0,7**	

1) Ausschließlich der Gemeinden Beifels, Echtershausen, Hamm.
2) Ausschließlich der Gemeinden Altscheid, Berkoth, Burscheid, Fischbach, Niederraden, Niederweidingen, Oberraden, Outscheid, Uppershausen, Weidingen.
3) Ausschließlich der Gemeinden Bauler, Keppeshausen, Waldhof-Falkenstein.
4) Ausschließlich der Gemeinden Langsur, Igel.
5) Bgm. Neuerburg (Land), Bgm. Neuerburg (Stadt) und die oben ausgeschlossenen Gemarkungen der Bgm. Bickendorf, Oberweis, Körperich.
6) Teilweise auch andere Böden (Unterer und Mittlerer Muschelkalk)

Forschungen zur Deutschen Landes- und Volkskunde XXVI, 3

In den »Forschungen zur Deutschen Landes- und Volkskunde« wurde über Jahrzehnte ein immenses Kompendium an statistischen Daten für die Geographiewissenschaft bereitgestellt - hier zu Kulturarten und Anbauverhältnis in Hektar nach der Anbauflächenerhebung in Preußen vom Mai 1925.

Die Forschungen, die zur modernen Landeskunde führten, flossen lange nicht in die amtliche Landesbeschreibung ein, die in enzyklopädischen und statistischen Sammelwerken verharrte. Vielmehr wurden in den folgenden Jahrzehnten länderkundliche Vergleiche nur als Einzelleistungen verlegerischer Privatinitiative herausgegeben, die sich der jungen Disziplin bedienten.[446] Landeskunde bedeutete hier hauptsächlich eine individuelle, eher zufällig oder nach den Neigungen oder der Herkunft des Autors ausgewählte Betrachtung bestimmter Regionen. So entstanden in den ersten Jahrzehnten des 20. Jahrhunderts Werke über »Das Sieger Land«, »Das Mitter Ennstal«, »Das Bitburger Land«, »Das Eulengebirgsvorland« oder »Das Tecklenburger-Osnabrücker Hügelland«. Die seit der Jahrhundertwende in immer rascherer Folge herausgegebenen Handbuchreihen und Monographien zur deutschen Landes- und Erdkunde blieben aber unbefriedigend. Diese persönlichen Anliegen entsprachen nicht neuzeitlichen Ansprüchen, so daß der Ruf nach einer systematischen und vor allem kontinuierlich fortgeschriebenen Landeskunde laut wurde. Nur eine staatliche Stelle hätte das aber leisten können.

Doch so langsam wie sich die geographische gegenüber der enzyklopädischen und statistischen Landeskunde durchsetzte, so lange dauerte es, bis die Notwendigkeit einer Institutionalisierung von staatlicher Seite erkannt wurde. Emil Meynen, der spätere Nestor der amtlichen Landeskunde, fragte zurecht:

»Kann es wirklich das öffentliche Verlangen sein, die systematische geographische Landesaufnahme und die fortschreibende Landeskunde auf die Schultern des Privatverlegers zu legen? Kann sich überhaupt die staatliche Verwaltung hinsichtlich des Wissens von Land und Leuten ausschließlich vom Einsatzwillen und der Einsatzkraft eines Privatverlegers abhängig machen?«[447]

Meynen befürwortete zwar die von Einzelpersönlichkeiten getragene, in die Tiefe dringende Problemforschung, weil diese nur durch private Initiative zustande käme. Dagegen könne aber ausschließlich eine amtliche Landeskunde das Ziel einer allseitig ausgewogenen, in die Breite gehenden, systematischen und fortschreibenden lückenlosen Landesbeschreibung erreichen.

Der geographische Nachwuchs, der sich nach den Zielvorstellungen der Zentralkommission vor allem der deutschen Landeskunde hätte widmen sollen, blieb aus, er eiferte weiter dem alten Ideal eines Geographen nach und widmete sich lieber der Auslandsforschung. Während im Ersten Weltkrieg die anfänglichen Eroberungen zu verstärkter landeskundlicher Aktivität führten – der Generalstab richtete Kommissionen ein, die die besetzten Gebiete in Polen, dem Baltikum und dem Balkan systematisch landeskundlich aufnahmen – werkelte die Zentralkommission nach 1918 »nur noch lustlos vor sich hin«,[448] und auch mehrere Vorstöße der Kommission und des Deutschen Geographentages, eine Zentralstelle für Landeskunde behördlich zu verankern, scheiterten.

Erst nach 1930, als Friedrich Metz die Leitung übernahm, erhielt sie neue Impulse. So änderte sich zunächst der organisatorische Aufbau: neben dem wechselnden Vorstand installierte Metz 1936 zur Wahrung der Kontinuität die Stabsstelle des »ständigen Wissenschaftlichen Sekretärs«. Mit Emil Meynen als

Die Forschungen zur regionalen Landeskunde nahmen sich zumeist nicht nur sehr kleine Gemarkungen oder Flecken zum Gegenstand ihrer Untersuchung, sondern deckten dort auch eine kleinteilige Tiefe ab, deren Ergebnisse mit anderen Regionen aufgrund unterschiedlicher Schwerpunkte kaum verglichen werden konnten, hier beispielsweise im Bitburger Land das Vorhandensein von Rotklee und Luzernen – einer Nutzpflanze aus der Familie der Hülsenfrüchtler und der Unterfamilie der Schmetterlingsblütler.

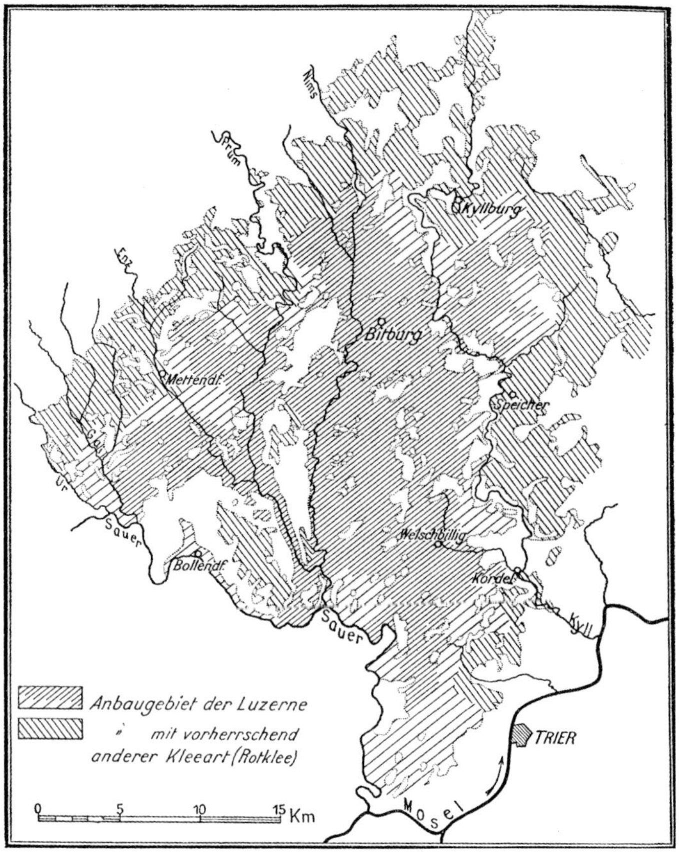

erstem Sekretär wurde auch gleich die inhaltliche Neuorientierung vorgegeben und die Zentralkommission zu einem »Instrument volksdeutscher Forschung« umgeformt.[449]

Meynen war geprägt vom ethnozentrischen »Deutschland«-Begriff seines Mentors Albrecht Penck, des führenden deutschen Geographen der Kaiserzeit. Dieser definierte »Deutschland« nicht als das »deutsche Staatsgebiet« innerhalb seiner natürlichen und politischen Grenzen, sondern als auf Sprache, Kultur und Volkstum basierenden Begriff. 1926 war Meynen Mitarbeiter der von Penck gegründeten »Stiftung für deutsche Volks- und Kulturbodenforschung« in Leipzig geworden, die aus Mitteln des Reichsinnenministeriums und des Auswärtigen Amtes finanziert wurde und die Aufgabe hatte, den deutschen Volks- und Kulturboden »streng wissenschaftlich zum Besten des deutschen Volkstums« zu erforschen.[450] Hinter dieser Vorgabe verbarg sich eine kaum kaschierte »konsequente Deutschtumsarbeit, an deren Ende die politische Revision des ‚Versailler Schandvertrages' stehen sollte«.[451] Ute Wardenga hat in ihrer Untersuchung über Emil Meynens Leben gezeigt, daß noch dessen 1935 erschienene Habilitationsschrift über »Deutschland und das Deutsche Reich« »zutiefst ein Produkt«[452] seiner Leipziger Jahre war. Meynen fordert darin eine klare Trennung der beiden Begriffe: »Deutschland« sei – anders als das »Deutsche Reich« – nur noch zu verwenden, wenn jene sehr viel größere Raumeinheit des »deutschen Volksbodens« gemeint sei, auf denen deutsche Kultur, Volkstum und Sprache gepflegt würden. Dabei vertrat Meynen wiederholt nationalsozialistische Standpunkte und nahm auf Hitler Bezug.

Die Habilitationsschrift erzeugte weit über Fachkreise hinaus ein ungeheures Echo: In der Tagespresse wurde der »Durchbruch zum gesamtdeutschen Volkstum« und der »Pangermanismus« gefeiert.[453]

Auch die Befürworter einer gewaltsamen Annexionspolitik fühlten sich durch Meynen bestätigt, der noch Öl ins Feuer schüttete, als er in einem Beitrag unter dem Titel »Völkische Geographie« forderte, fortan den Begriff des Volkes in den Mittelpunkt geographischer Forschungen zu stellen und dabei seine Thesen mit Äußerungen Hitlers untermauerte.[454] Die öffentliche Resonanz war so heftig, daß die nationalsozialistischen Machthaber die Habilitationsschrift zunächst verboten, da sie durch Meynen das zunächst beabsichtigte friedliche Bild Deutschlands im Ausland gefährdet sahen und die »großdeutsche Lösung« erst 1938 auf ihrer politischen Agenda stand. Im Vorfeld des »Anschlusses« Österreichs schlachteten sie Meynens Buch dann aber kräftig aus.[455]

Meynen war nach Fertigstellung seiner Habilitation als Geschäftsführer der »Volksdeutschen Forschungsgemeinschaften« nach Berlin berufen worden. Wie bei der Leipziger Stiftung, so stand auch hier die Deutschtumsarbeit im Sinne der Penckschen Volks- und Kulturbodentheorie im Mittelpunkt und auch sie wurde aus Mitteln des Reichsinnenministeriums und des Auswärtigen Amtes unterstützt. Hauptaufgabe der »Volksdeutschen Forschungsgemeinschaften« war die sogenannte »Grenzlandforschung«, die nach dem völkisch definierten »Deutschland«-Begriff Meynens folgende Staaten umfaßte: Belgien, die Niederlande, Österreich, die Schweiz, die Tschechoslowakei, Ungarn, Rumänien, Polen, die baltischen Staaten und große Teile der Sowjetunion, Jugoslawiens und Bulgariens. Dies also war der Hintergrund, vor dem Meynen 1936 zum »ständigen Wissenschaftlichen Sekretär« der »Zentralkommission für wissenschaftliche Landeskunde von Deutschland« berufen wurde.

Ebenfalls 1936 war Konrad Meyer – wie oben dargestellt – zum Obmann der »Reichsarbeitsgemeinschaft für Raumforschung« (RAG) ernannt worden und versuchte nun auf dem Jenaer Geographentag, die landeskundlich arbeitenden Geographen auf seine nationalsozialistisch geprägten Raumforschungspläne einzuschwören. Diesem, in seinen Augen »unverhohlen frechen Ansinnen« begegnete Meynen, indem er die »Zentralkommission« zum Gegenpol der Reichsarbeitsgemeinschaft für Raumforschung ausbauen wollte.[456] Richtig erkennt Ute Wardenga:

»Wenngleich Meynen auch dem Nationalsozialismus keineswegs ablehnend gegenüberstand, so war er doch ausgesprochen empfindlich, was die offen-direkte Instrumentalisierung der Wissenschaft durch die Politik anlangte. Wissenschaft, das war sein Credo, konnte der Politik zwar beratend zuarbeiten, durfte sich aber selbst nicht, wie es in seinen Augen die Raumforschung tat, zum politischen Werkzeug machen.« [457]

Daß in den Jahren der nationalsozialistischen Diktatur kein wissenschaftliches Fach unpolitisch abseits stehen konnte und damit dieses Credo illusorisch bleiben mußte, hatte Meynen mit seiner Habilitation und seinen »Deutschtums«- Arbeiten selbst belegt.

Der Aufbau einer Luftbildsammlung in der Abteilung für Landeskunde entstand mit ausdrücklicher Unterstützung von Hermann Göring und wurde daher auch mit Hochdruck betrieben. Die Luftaufnahme aus dem Jahre 1934 aus der Sammlung zeigt die Gliederung der Landschaft um St. Goar.

Die Abteilung für Landeskunde

Den einzigen Weg, die Landeskunde gegenüber der Raumforschung zu behaupten, sah Meynen in einer behördlichen Institutionalisierung. Dieser Weg wurde durch den Ausbruch des Zweiten Weltkriegs geebnet: Wie schon 1914, so bestand auch jetzt das Bedürfnis nach einer systematischen Landesaufnahme in den besetzten Gebieten. So erreichte Meynen im Sommer 1940, daß eine eigenständige »Abteilung für Landeskunde« (AFL) im Reichsamt für Landesaufnahme gegründet wurde, »um« – wie die Anordnung des Reichsinnenministers lautete – »neben die Kartenwerke auch eine eingehende Landesbeschreibung treten zu lassen«.[458] Damit war die Landeskunde in Deutschland erstmals behördlich verankert. Als allgemeine Aufgaben wurden in der Anordnung genannt, »die landeskundlichen Forschungsmethoden weiterzuentwickeln und überhaupt die deutsche Landeskunde in jeder Weise zu fördern.«[459] Und als

»[...] Arbeitsplan auf lange Sicht ist der Abteilung ein einheitliches Reichswerk ›Landeskunde der Kreise des Deutschen Reiches‹ übertragen worden, ferner die landeskundliche Bearbeitung größerer Räume und die Vorbereitung landeskundlicher Erläuterungen zu den amtlichen Kartenwerken. Eine Sonderreihe ›Deutsche Städte‹ wird der stadtgeographischen Forschung gewidmet sein.« [460]

Emil Meynen wurde im April 1941 zum ersten Abteilungsleiter ernannt. Per Erlaß übernahm die Abteilung für Landeskunde alle Aufgaben und Projekte der »Zentralkommission«, der Meynen bisher als ständiger Sekretär vorgestanden hatte. Parallel gingen die Rechte und Pflichten der Zentralkommission in der neugeschaffenen Abteilung auf, ihr Vorstand fungierte danach lediglich noch als Forschungsbeirat.[461]

Die von der Zentralkommission übernommenen Vorhaben wurden zügig vorangebracht: der weitere Ausbau der Bibliographie, die amtlichen Kartenwerke, landeskundliche Handbücher, Grundlagenforschung für die geographische Arbeit, Monographien der Landkreise und die Schaffung eines eigenen Dokumentations- und Korrespondenzorgans, der noch heute bestehenden »Berichte zur deutschen Landeskunde«. Neben Bibliothek und Kartensammlung entstand an der Abteilung für Landeskunde auch noch eine Luftbildsammlung, die von Görings Ministerium »als zentrale Verbindungsstelle für die geographisch-landeskundliche Facharbeit im Bereich des Luftbildwesens« anerkannt wurde.[462] Das erste von Meynen 1941 vorgelegte Arbeitsprogramm sah nicht weniger vor als die flächendeckende landeskundliche Inventarisierung des Großdeutschen Reiches. In das Projekt war ein Großteil der deutschen Hochschulgeographie eingebunden – auch um sie vor der Ausrichtung auf die Raumforschung zu bewahren. 1942 schließlich wurde auf Initiative des Mitarbeiters Josef Schmithüsens mit der »naturräumlichen Gliederung Deutschlands« begonnen, einem prestigeträchtigen Großprojekt, das nach dem Krieg wiederaufgenommen wurde.

Berichte zur Deutschen Landeskunde
HERAUSGEGEBEN VON DER ABTEILUNG FÜR LANDESKUNDE IM REICHSAMT FÜR LANDESAUFNAHME
1. BAND 1941/42
VERLAG S. HIRZEL · LEIPZIG

Berichte zur Deutschen Landeskunde
HERAUSGEGEBEN VOM INSTITUT FÜR LANDESKUNDE
ZENTRALARCHIV FÜR LANDESKUNDE VON DEUTSCHLAND
35. BAND 1965
BUNDESANSTALT FÜR LANDESKUNDE UND RAUMFORSCHUNG
SELBSTVERLAG - BAD GODESBERG

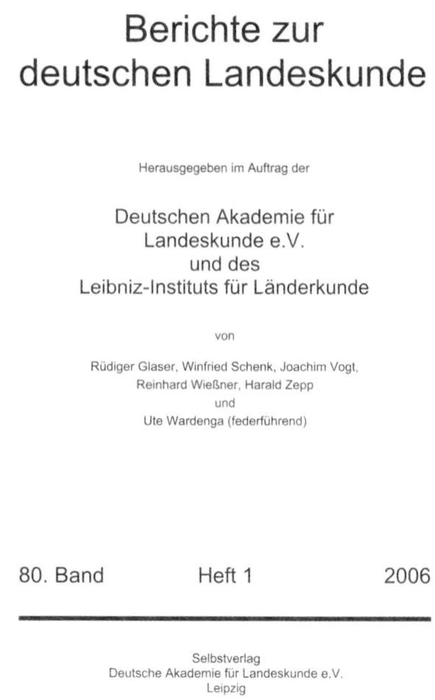
Berichte zur deutschen Landeskunde
Herausgegeben im Auftrag der
Deutschen Akademie für Landeskunde e.V. und des Leibniz-Instituts für Länderkunde
von
Rüdiger Glaser, Winfried Schenk, Joachim Vogt, Reinhard Wießner, Harald Zepp und Ute Wardenga (federführend)
80. Band Heft 1 2006
Selbstverlag
Deutsche Akademie für Landeskunde e.V.
Leipzig

Wie schon die Reihe »Raumforschung und Raumordnung«, so erscheinen auch die »Berichte zur deutschen Landeskunde« seit dem 1. Band von 1941/42 mit wenigen Nachkriegslücken durchgehend bis heute.

Ein weiteres Hauptanliegen der Abteilung für Landeskunde war das Reichswerk »Landeskunde der Kreise des Deutschen Reiches«. Als klassische Vorbilder galten hier die württembergischen Oberamtsbeschreibungen und die preußischen Kreisbeschreibungen des 19. Jahrhunderts, mit dem großen Unterschied, daß nun eine gleichmäßige, einheitliche und systematische Bearbeitung zugrunde gelegt wurde:

»Nach den Grundsätzen der wissenschaftlichen Geographie soll das naturräumliche Gefüge des Kreises, die strukturellen Züge von Wirtschaft und Siedlung, die Nutzung und die Gestaltung des Landes in allgemeinverständlichen Ausführungen beschrieben werden. Der Leitgedanke ist, sowohl für die Verwaltung wie für die Wirtschaft einen landeskundlichen Grundriß wie zugleich für die Bevölkerung eine Heimatkunde zu schaffen.« [463]

Die Herausgabe des Reichswerks bestellte Meynen zusammen mit dem späteren Obmann der Reichsarbeitsgemeinschaft für Raumforschung, Kurt Brüning, und mit Gerhard Isenberg, der zur selben Zeit seine Tragfähigkeitsanalysen in den »Generalplan Ost« integrierte. Das Reichswerk klingt in weiten Teilen wie eine Verknüpfung von Emil Meynens Deutschtumsforschung mit Konrad Meyers Raumordnung als »Volksordnung«. Der »Grundriß für die Bearbeitung« sieht für das vierte Kapitel vor:

»Bevölkerung (Volkskörper):

1. *Bevölkerungsverteilung und Dichte (Stand, Entwicklungsrichtungen)*
2. *Physisches Bild (rassische Züge, biologische Verhältnisse, Gesundheitszustand)*
3. *Völkische Züge (Volkstum, landesgebundene Gemeinschaften und landschaftliches Brauchtum, Volkscharakter, Geisteshaltung, Wirtschaftsgesinnung)*
4. *Volksordnung (Gesellschaftsaufbau, Berufsgliederung, Sozialverhältnisse, Bodenständigkeit, Wanderung)«.* [464]

294 Berichte zur deutschen Landeskunde

trage der Abteilung für Landeskunde gemeinsam mit G. ISENBERG, K. BRÜNING und E. OBST von E. MEYNEN geführt. Zu der Erarbeitung, die vielfach in gemeinsamem Auftrage mit den regionalen Einrichtungen des Landes, der Provinz und des Reichsgaues vorgesehen ist, sollen in erster Linie die örtlichen Kräfte der Hochschule, des NSLB. und der Praxis herangezogen werden. Die statistische Überarbeitung, die Ausstattung mit Karte und Bild, die kartographische Ausführung liegt bei der Abteilung; Druck und Vertrieb mag in gesonderten Fällen regional erfolgen.

Was bereits zu dem Plane der „Städtekunde" gesagt worden ist, sei auch hier wiederholt, Anregungen und Wünsche zur weiteren Ausgestaltung und Ergänzung des nachstehend zur Erörterung gestellten Grundrisses werden von der Abteilung für Landeskunde und den Herausgebern dankbar begrüßt und gerne im Rahmen des gesetzten Zieles geprüft. Um Mißverständnisse auszuschließen, sei nochmals unterstrichen, daß bei allen Abschnitten nur an eine geographisch durchgeführte Landeskunde gedacht ist.

Grundriß für die Bearbeitung der „Landeskunde der Kreise des Deutschen Reiches"

I. 1. Tabellarische Übersicht mit Textkarte (Größe, Lageskizze, Einwohnerzahl, Sozial- und Wirtschaftsstruktur, Siedlungsbestand).
   2. Einführung unter ganzheitlichem Gesichtspunkt (Lage mit Überblick auf die Großlandschaften, an denen der Kreis Anteil hat bzw. in denen er liegt, Bedeutung, Geschichte, besondere Züge und besondere Probleme des Kreises).

II. Die Landesnatur:
   1. Landschaft und Lebensraum
   2. Bau und Oberflächenform
   3. Klima und Witterung
   4. Gewässer und Wasserhaushalt
   5. Böden
   6. Pflanzen- und Tierwelt
   7. Die naturräumliche Gliederung

III. Geschichtliche Grundlagen (Grundzüge):
   1. Siedlungserschließung des Raumes
   2. Bevölkerung und Volksordnung in ihren geschichtlichen Voraussetzungen
   3. Die territoriale und administrative Raumentwicklung
   4. Das Werden der wirtschaftlichen Struktur

IV. Bevölkerung (Volkskörper):
   1. Bevölkerungsverteilung und Dichte (Stand, Entwicklungsrichtungen)
   2. Physisches Bild (rassische Züge, biologische Verhältnisse, Gesundheitszustand)

Mitteilungen 295

   3. Völkische Züge (Volkstum, landesgebundene Gemeinschaften und landschaftliches Brauchtum, Volkscharakter, Geisteshaltung, Wirtschaftsgesinnung)
   4. Volksordnung (Gesellschaftsaufbau, Berufsgliederung, Sozialverhältnisse, Bodenständigkeit, Wanderung)

V. Siedlung:
   1. Lage, Form, Verteilung
   2. Ländliche Siedlungen
   3. Städtische Siedlungen
   4. Siedlungsgefüge

VI. Wirtschaft und Verkehr:
   1. Wirtschaftsaufbau im Überblick
   2. Landwirtschaft (Grundlagen, Wirtschaftsweise, Wirtschaftsform und Leistung, Verteilung und Wirtschaftszweige)
   3. Wald- und Forstwirtschaft (sofern nicht mit Landwirtschaft verbunden)
   4. Bergbau
   5. Wasser- und Energiewirtschaft
   6. Gewerbe und Industrie
   7. Verbrauchswirtschaft
   8. Handel
   9. Fremdenverkehr und Gastwirtschaftsgewerbe
   10. Verkehr (gegenwärtige Verkehrserschließung und Verkehrsbahnen, Verkehrsformen und -leistungen; innerer Verkehr und Verkehrsbeziehungen nach außen)
   11. Zusammenwirken der Wirtschaft und Verkehrserscheinungen, Arbeitsordnung

VII. Verwaltungs- und Kulturordnung:
   1. Räumliche Verwaltungsgliederung und Verwaltungsfunktionen
   2. Kulturelle Einrichtungen, räumliche Verteilung und Funktion

VIII. Die Kulturlandschaft in ihrer räumlichen Gliederung und Erscheinung

IX. Der Kreis als Lebenseinheit:
   1. Innere Lebensbedingungen, Aufgaben und Leistungen
   2. Lebensbedingungen, Aufgaben und Leistungen des Kreises innerhalb des Reichsganzen
   3. Gesamtlebensproblem und Planungsaufgaben

X. Statistischer Anhang

XI. Forschungsgeschichte, Forschungseinrichtungen, Schrifttums- und Kartenverzeichnisse

XII. Sach- und Ortsregister

Die geplante Struktur der »Landeskunde der Kreise des Deutschen Reiches« wurde 1943 in den Berichten zur deutschen Landeskunde veröffentlicht.

Mit dem andauernden Krieg änderten sich auch die Anforderungen an die Abteilung für Landeskunde. Die meisten Vorhaben mußten ruhen, und die Arbeit konzentrierte sich – wie schon bei der Reichsarbeitsgemeinschaft für Raumforschung und der Reichsstelle für Raumordnung – auf die Aufnahme der eroberten und für die Besiedlung vorgesehenen Ostgebiete. So waren für das »Reichswerk« einzelne Kreisbeschreibungen in den neuen Reichsteilen vorgesehen, »deren genaue Kenntnis zu Verwaltungs- und Wirtschaftsführung unerläßlich« waren.[465] Und auch die »Landeskundlichen Darstellungen zu den Blättern der Topographischen Übersichtskarte des Deutschen Reiches 1 : 200.000 [...] sollen für die neuen Ostgebiete beschleunigt fertiggestellt werden«.[466]

Bevor es zu den vielfältigen Kooperationen wie beim »Reichswerk« kam, versuchte die Reichsstelle für Raumordnung im Konkurrenzkampf der Raumforschung mit der Landeskunde bereits kurz nach Gründung der Abteilung für Landeskunde, eine eigene landeskundliche Arbeitsgemeinschaft im Rahmen der »Kreismappen-« Untersuchung aufzubauen. Das Vorhaben scheiterte, was 1941 in den »Mitteilungen« der Berichte zur Deutschen Landeskunde mit Genugtuung verbreitet wurde:

»Die Dienststellen für Raumordnung verzichten mit Rücksicht auf die Eigenart ihres Aufgabenbereichs auf den Ausbau eines eigenen Apparats für die Bestandsaufnahme, bedienen sich dabei vielmehr der schon vorhandenen einschlägigen Institutionen, wozu u.a. das Statistische Reichsamt, das Reichsamt für Bodenforschung und das Reichsamt für Landesaufnahme mit der nunmehr errichteten Abteilung für Landeskunde gehören.« [467]

Und obwohl später Konrad Meyer, der mittlerweile die »Hauptabteilung Planung und Boden« beim Himmlerschen »Reichskommissariat für die Festigung des deutschen Volkstums« leitete, die Abteilung für Landeskunde in der Reichsarbeitsgemeinschaft für Raumforschung aufgehen lassen wollte, gelang es Meynen durch zahlreiche Kotaus vor dem Regime, die Selbständigkeit der Landeskunde den ganzen Krieg hindurch zu bewahren.[468] Auch als die Dienststelle in Berlin Ende 1944 ausgebombt und im März 1945 ins thüringische Worbis ausgelagert wurde, arbeitete das Team um Emil Meynen weiter. Wie schon Konrad Meyer für die Raumforschung, so blieb Meynen für die Landeskunde noch Jahrzehnte an herausragender Stelle tätig und war zu Selbstkritik nicht fähig. So leugnete er später den offensichtlichen Zusammenhang der Gründung der Abteilung für Landeskunde mit dem Ausbruch des Krieges:

»Mit dem Kriege hat die Errichtung der Abteilung für Landeskunde nichts zu tun, mehr schon mit der Bedrängnis der freien unabhängigen Forschung durch die ihren Totalanspruch immer stärker anmeldende Partei.« [469]

Und wie bei Meyer, so entbrannte auch bei Meynen, der von 1902 bis 1994 lebte, erst nach dessen Tod eine Diskussion um seine Person. War er für die einen der bedeutendste deutsche Geograph des 20. Jahrhunderts, so verteufelten ihn andere wegen seiner Nähe zum Nationalsozialismus. Ute Wardenga hat in ihrem differenzierten, wissenschaftshistorischem Nekrolog aus dem Jahre 1995 die Brüche in der Biographie nebeneinander gestellt und die Fachdiskussion um Meynen präzise zusammengefaßt:

»Denn während Meynen in den zahlreichen, aus Anlaß seiner verschiedenen Geburtstage geschriebenen Würdigungen als ein Mensch erscheint, der aus einer sich selten findenden Mehrfachbegabung heraus mit vorbildlichem Fleiß und unermüdlicher Schaffenskraft sein ganzes Leben in den Dienst der Wissenschaft gestellt und unter steter Zurücksetzung seiner eigenen Person in ungebrochener Integrität einen wesentlichen Beitrag zum Wiederaufbau der Geographie nach 1945 geleistet hat, wird er in einigen jüngeren wissenschaftshistorischen Arbeiten als ein Geograph charakterisiert, der sich ohne erkennbaren inneren Konflikt freiwillig, sogar an entscheidender Stelle in den Dienst des NS-Apparates stellte und so, zum Träger und Förderer eines menschenverachtenden totalitären Systems geworden, geradezu das Sinnbild einer Geographie abgibt, die in kollektiver Verdrängung sich weder einer Schuld noch einer Verantwortung bewußt ist.« [470]

Nachkriegsgründungen — Neuanfang und Kontinuitäten: Das Institut für Landeskunde

Meynen war es nicht nur gelungen, Personal, große Teile des Inventars und ein für Jahrzehnte reichendes Arbeitsprogramm, sondern auch erhebliche Geldbeträge aus dem Haushalt der Abteilung für Landeskunde mit nach Worbis zu nehmen. Im April 1945 gestattete die amerikanische Besatzungsmacht dem Meynen-Team, ihre Arbeit fortzuführen. Als Thüringen Ende Juni desselben Jahres vereinbarungsgemäß an die Sowjetunion übergeben wurde, organisierten die Amerikaner den Umzug der gesamten Abteilung für Landeskunde nach Scheinfeld in Bayern, weil sie sich – wie Meynen vermutete – »die Materialien für eine spätere Auswertung sichern« wollten.[471] Dabei konnten zwar die Arbeitsmaterialien, die Sammlungen und 50.000 Reichsmark gerettet werden; das komplette Mobiliar und 12.000 Bibliothekseinheiten gingen aber verloren. Im Tanzsaal des »Gasthofs zur Krone« in Scheinfeld begann die Abteilung für Landeskunde im Juli 1945, die verbliebenen Aufzeichnungen zu sichten und zu ordnen. Da die Amerikaner die Besoldung der Mitarbeiter aus anderen Mitteln veranlaßten, konnte Meynen mit den 50.000 Reichsmark noch über viele Nachkriegsjahre lang anstellungslose Hochschulgeographen mit Honorarverträgen an landeskundliche Projekte wie die »Naturräumliche Gliederung« oder die Kreisbeschreibung von Scheinfeld binden.[472] Mittlerweile hatte sich auch die »Zentralkommission« als »Zentralausschuß für Landeskunde« wieder konstituiert, um die Abteilung für Landeskunde, wie in den Statuten von 1941 vorgesehen, als wissenschaftlicher Beirat zu beraten. Wie schon 1941, so wurde auch jetzt Meynen als Leiter der Abteilung für Landeskunde und als Wissenschaftlicher Sekretär des Zentralausschusses von den verschiedenen Obmännern der Hochschulgeographie in den drei westlichen Besatzungszonen bestätigt.

Emil Meynen leitete von 1941 bis 1946 die Abteilung für Landeskunde, von 1947 bis 1959 das Amt (seit 1953 Bundesanstalt) für Landeskunde und von 1959 bis zu seiner Pensionierung im Jahre 1970 das Institut für Landeskunde.

Eine Zwangspause mußte die Abteilung für Landeskunde zwischen Oktober 1946 und März 1947 einlegen, als Meynen und seine Mitarbeiter wegen möglicher Verstrickungen in nationalsozialistische Verbrechen von der Besatzungsbehörde unter die Lupe genommen wurden. Die »Entnazifizierung« endete für Meynen erfreulich, und so genehmigte die amerikanische Militärregierung von Bayern im März 1947 die offizielle Wiederbegründung der Abteilung als selbständiges »Amt für Landeskunde« (AFL) unter der Leitung Meynens. Das Amt für Landeskunde war zunächst dem Bayerischen Staatsministerium für Unterricht und Kultus administrativ zugeteilt, ab Januar 1948 wurden aber jegliche Finanzleistungen aus Sparmaßnahmen eingestellt und es mußte wieder auf die geretteten Reichsmark zurückgegriffen werden. Meynen schreibt dazu später: »Man überließ Institution, Sammlungen und Angestellte im übrigen ihrem eigenen Schicksal.«[473] Finanzielle Mittel waren offenbar noch ausreichend vorhanden, so daß sogar – vor Wiederbegründung der Deutschen Forschungsgemeinschaft (DFG) – Forschungsvorhaben unterstützt wurden wie Josef Schmithüsens Untersuchung über die »Wirkungen des trockenen Sommers 1947«.[474]

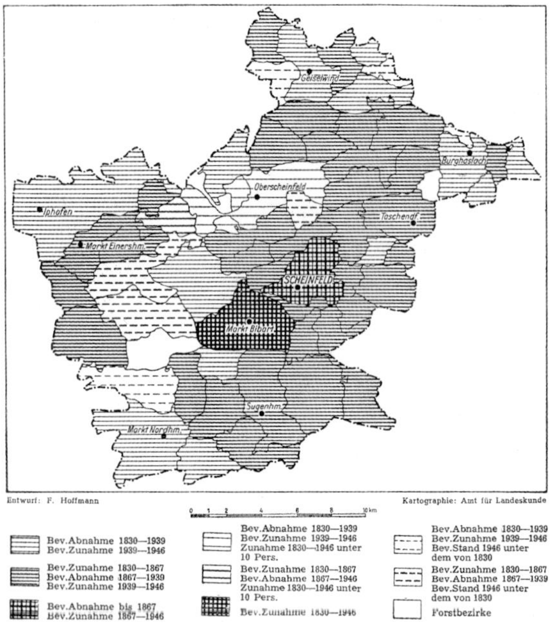

Karte 18 Die Bevölkerungsentwicklung der Gemeinden des Kreises Scheinfeld von 1830—1946

Wanderungsverluste und biologische Kraft im Kreis Scheinfeld (1880—1939)

Wanderungsgewinn bzw. -Verlust	— 10 425
Wanderungsziffer in % der Stammbevölkerung von 1880	— 49,9%
Geburtenüberschuß	7 146
Vermehrungsziffer in % der Stammbevölkerung von 1880	34,4%
Bevölkerungsbilanz in % der Bevölkerung von 1880	— 15,7%

Gemessen am Geburtenüberschuß lag die Abwanderung besonders hoch in der Zeit von 1885—1890

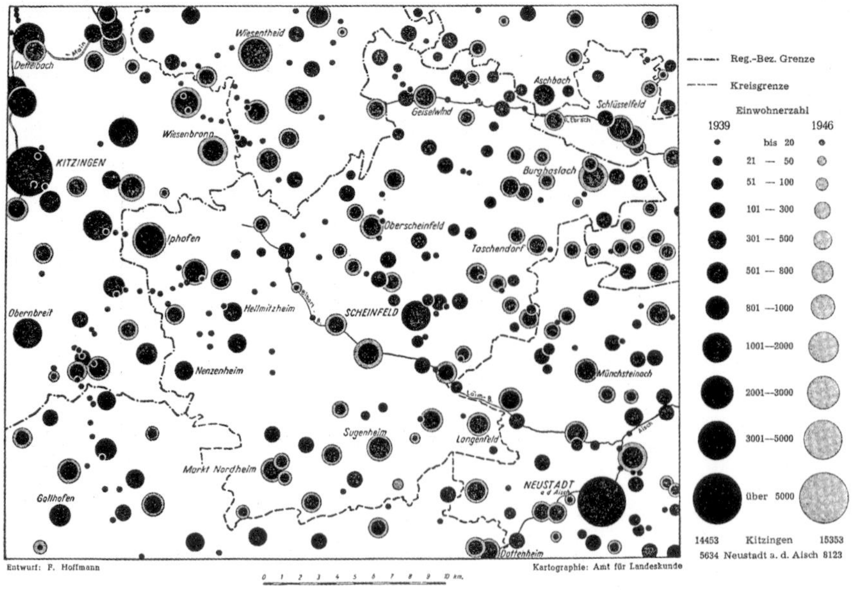

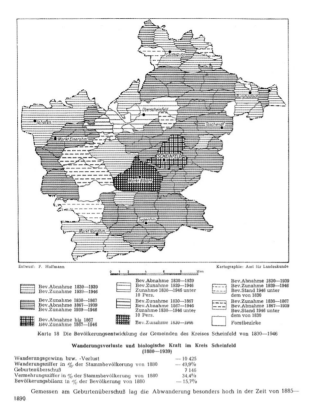

Links: In der Besatzungszeit erhielt die Abteilung für Landeskunde von den Amerikanern den Auftrag, die landeskundliche Beschaffenheit ihres neuen Dienstsitzes zu erforschen: Den Kreis Scheinfeld in Bayern. Ein Schwerpunkt lag hierbei auf der Bevölkerungsentwicklung, so beispielsweise den »Wanderungsverlusten und der biologischen Kraft des Kreises Scheinfeld von 1880 bis 1939«. Weitere Untersuchungen zum Kreis Scheinfeld bezogen sich auf die bevölkerungsstatistische Grundkarte (oben) und den Altersaufbau der Wohnbevölkerung (rechte Seite).

Im Verlauf des Jahres 1948 gelang es überdies, die laufenden Personal- und Sachkosten durch die Übernahme von Auftragsarbeiten des State Departments in Washington und der amerikanischen Militärregierung zu verdienen. Die US-Dienststellen, bei denen das Amt für Landeskunde nur noch als »Gruppe Meynen« bezeichnet wurde, veranlaßten Ende Juli 1948 die Verlegung des Amts nach Landshut an der Isar und erwarteten den vollständigen Einsatz für die amerikanischen Aufträge. Die deutschen Aufgaben des Amtes

»[...] in Fortführung der Zielsteckung der ehemaligen Abteilung für Landeskunde, insbesondere die landeskundlichen Schrifttums- und Kartendokumentationen und die Herausgabe der ›Berichte zur deutschen Landeskunde‹ [...]« [475]

standen aber für das Amt für Landeskunde im Vordergrund des Interesses, so daß dafür Nachtschichten und Überstunden eingelegt wurden, bis die Amerikaner aus einer Zeitungsreportage erfuhren, in welchem Umfang die deutsche Landeskunde weiterbetrieben wurde, was fast zur Auflösung des Amtes geführt hätte. Meynen äußert sich im Rückblick:

»Jede Erweiterung der deutschen Aufgaben wurde mißtrauisch verfolgt; der Mitarbeiterstab arbeitete praktisch doppelgesichtig, und je nach dem Besucher hieß es bald ›Gruppe Meynen‹, bald ›Amt für Landeskunde‹. Das Scheinfelder Türschild ›Amt für Landeskunde‹ konnte erst nach dem 1.10.1950 wieder angebracht werden.« [476]

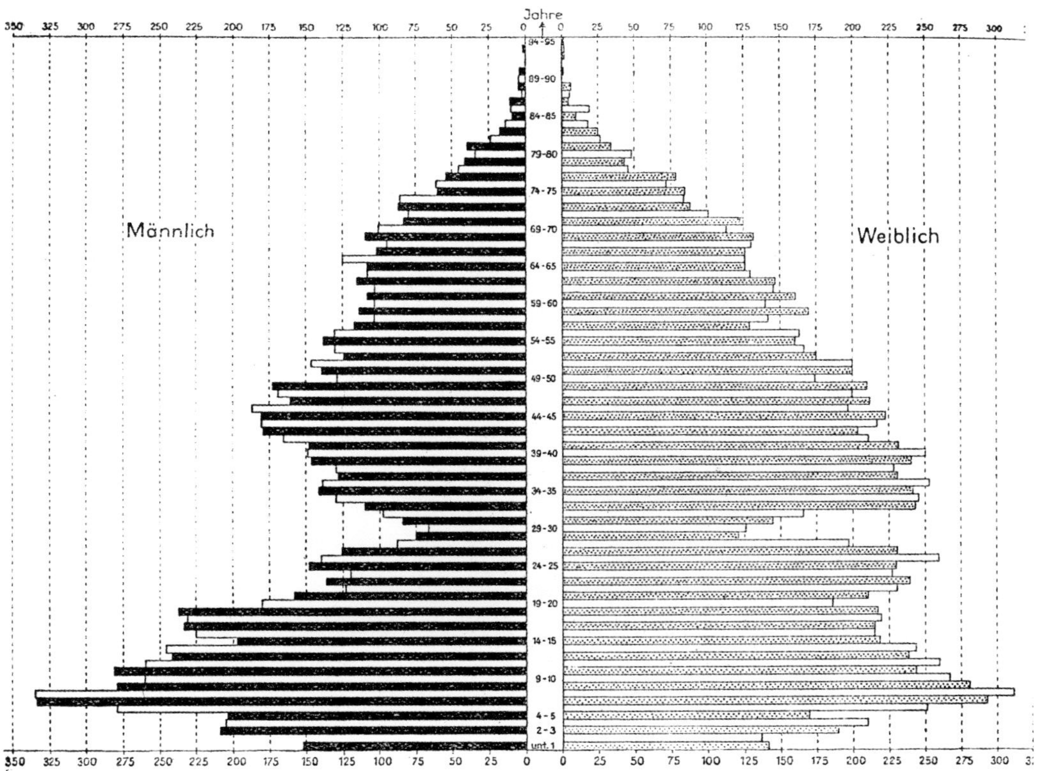

Als Ergebnis dieser Nachtschichten entstand beispielsweise die erste einheitliche Verwaltungsgrenzenkarte der vier Besatzungszonen als »Karte von Deutschland 1:100 000« und – als Auftragsarbeit des Instituts für Raumforschung – die erste bundeseinheitliche Gemeindegrenzenkarte mit einem Maßstab von 1:300 000.

Mit solchen »Vorzeigewerken« hoffte Meynen, in die Bundesverwaltung übernommen zu werden, denn bislang war das Amt für Landeskunde noch von den Aufträgen der Amerikaner abhängig, und die ersten Vorstöße im Oktober 1949, ins Bundesinnenministerium aufgenommen zu werden, waren gescheitert, so Meynen:

»Es zeigte sich eindeutig, daß ein Antrag auf Übernahme in die Bundesverwaltung nur nach dem Vorweis von Leistungen und durch Nachweis der Notwendigkeit einer landeskundlichen Verwaltungseinrichtung positiv beschieden werden würde.« [477]

Nach der Währungsreform ging dem Amt für Landeskunde das Geld langsam aus, der Verlag, der bisher Druck und Vertrieb der hauseigenen Publikationen übernommen hatte, zog sich zurück; es wurde ein Eigenverlag gegründet. Als im Oktober 1950 zudem die Aufträge der Amerikaner ausliefen und sowohl Diensträume als auch Privatwohnungen in Landshut zum 1. April 1951 gekündigt wurden, stand das Amt fast vor dem Aus. Weder das bayerische Finanz- noch das Wirtschafts- und auch nicht das Bundesministerium des Innern sprangen ein. Auch Vorschläge des Bundesrates, das Amt für Landeskunde mit dem Institut für Raumforschung (IFR) in Bad Godesberg zu vereinigen, wurden von ministerieller und fachwissenschaftlicher Seite schnell verworfen: die Unterschiede in Zielsetzung und Aufgabenstellung der beiden Institute sei zu groß.

Amt für Landeskunde
Direktor: Prof. E. Meynen

Landeskunde der Kreise Deutschlands
(Kreisbeschreibungen)

Richtlinien und Mitteilungen Nr. 2, Anlage 1 — 1. 11. 1947

Grundsätze der Darstellung und erläuternde Arbeitshinweise

Musterbeispiel für die tabellarische Übersicht

Landkreis Scheinfeld/Mittelfranken.
Kreisstadt: Scheinfeld.
Reg.-Bez.: Ober- und Mittelfranken.

1. Lage: Scheinfeld-Stadt — 49° 40' Min. östl. Länge; 10° 28' Min. nördl. Breite; 306 m Höhe ü. Meer
Höchster Punkt des Kreises: Iffigheimer Berg — 481 m
Tiefster Punkt des Kreises: Domherrenmühle b. Einersheim — 245 m

Der Kreis Scheinfeld liegt im südwestdeutschen Triasstufenland, beiderseits der Landstufe des mittleren Keupers. Der größere Teil des Kreises gehört dem Steigerwald an, ein kleinerer Teil reicht in die main-fränkische Lettenkohlenebene hinab.

Damit hat der Kreis an folgenden Landschaften Anteil:

1. Hoher Steigerwald: Vorwiegend von Nadelwald bestandene Stufenfläche des Keupersandsteines, nach Osten fingerförmig von parallel angeordneten Abdachungsbächen zertalt.
2. Vorderer Steigerwald: Von weiten Talgründen gegliederte, in einzelne langgestreckte bewaldete Keupersandsteinrücken aufgelöste Landstufe des Keupers zwischen Iphofen und Uffenheim.
3. Ochsenfurter und Uffenheimer Gäu: (Hellmitzheimer Bucht). In den vorderen Steigerwald eindringende Bucht der lößbedeckten Lettenkohlenebene mit, bis zum Muschelkalk eingetieften, scharf eingeschnittenen Tälern der Mainzuflüsse.

2. Größe und Bevölkerung:

	Fläche in qkm	Bevölkerung 1939	Bevölkerung 1947 Nährmittelbevölkerung	Bevölkerungsdichte 1939	Bevölkerungsdichte 1947
Kreis Scheinfeld	393,20	17 645	26 739	45	68
Reg.-Bez. Ober- u. Mittelfranken	15 121,50	1 885 450	2 308 547	125	153
Land Bayern	70 181,90	7 033 956	8 872 586	100	126

Bundesforschungsanstalt für Landeskunde und Raumordnung Bibliothek

3. Bevölkerungsentwicklung:

		1855	1871	1880	1900	1910	1925	1939	1947
Kreis Scheinfeld		19 065	20 265	20 889	19 098	18 282	17 868	17 645	26 739
Stadt Scheinfeld		1 090	1 162	1 241	1 186	—	1 361	1 855	2 097
Landgemeinden (typische Auswahl)	Sugenheim	—	832	814	772	690	638	596	1 104
	Oberlaimbach	—	156	178	136	120	130	150	265

4. Siedlungsbild:

Einwohnerzahl*)	Zahl der Orte	% aller Orte	Gesamteinwohner	% der Kreiseinwohner
0 — 50	0	—	0	—
50 — 100	7	12,7	580	3,3
100 — 200	19	34,6	2 954	16,7
200 — 300	10	18,2	2 383	13,5
300 — 500	12	21,8	4 704	26,7
500 — 750	3	5,5	1 815	10,3
750 — 1000	2	3,6	1 744	9,9
über 1000	2	3,6	3 465	19,6
insgesamt:	55	100 %	17 645	100 %

*) Falls bei Bearbeitung anderer Kreise notwendig, sind Zwischenstufen einzulegen.

5. Berufsstruktur:

	Berufstätige insgesamt	Land- und Forstwirtschaft abs.	Land- und Forstwirtschaft %*)	Industrie, Gewerbe, Handwerk abs.	Industrie, Gewerbe, Handwerk %	Handel und Verkehr abs.	Handel und Verkehr %	Öffentliche Berufe u priv. Dienstleist. abs.	Öffentliche Berufe u priv. Dienstleist. %
Kreis Scheinfeld	11 604	7 651	65,9	1 560	13,4	526	4,5	386	3,3
Stadt Scheinfeld	830	176	21,2	219	26,4	131	15,8	113	13,6
Reg.-Bezirk Ober- u. Mittelfranken	1 175 030	318 586	27,1	433 812	36,9	142 052	12,1	83 982	7,1
Land Bayern	5 030 770	1 619 290	32,2	1 537 488	30,6	619 927	12,3	418 157	8,3

*) % der Berufstätigen insgesamt.

6. Steuerleistung (1938):

	Land- u. forstwirtsch. Grundsteuer RM / ha	Steuerkraftmeßzahl je Kopf der Bevölkerung
Kreis Scheinfeld	7,26	22,01
Mönchsondheim	8,94	29,43
Birklingen	5,64	9,73
Reg.-Bez. Ober- u. Mittelfranken	6,35	41,54
Land Bayern	6,45	41,99

Das neugegründete Amt für Landeskunde gab Ende 1947 Richtlinien für die Kreisbeschreibungen der Landeskunde der Kreise Deutschlands heraus, die über Jahrzehnte, nur wenig modifiziert, zur Grundlage aller Erhebungen wurden.

In dieser existentiellen Not stellte die »Landesplanung Rheinland-Pfalz«, in dessen Auftrag das Amt für Landeskunde die Kreisbeschreibungen des Landes kurz zuvor übernommen hatte, Räume in einem ehemaligen Schulgebäude in Remagen zur Verfügung. Die Übersiedlung erfolgte im Mai 1951. Die Überführung in die Bundesverwaltung und die Zusammenlegung mit dem Institut für Raumforschung wurde auch in den folgenden Jahren ohne Ergebnis weiter diskutiert – sowohl im Haushaltsausschuß des Bundestages als auch in den Ausschüssen des Bundesrates. Dabei hatte sich das Amt für Landeskunde auf Vorschlag des Bundesrechnungshofes sogar eine neue Organisation gegeben und gliederte sich fortan in drei Abteilungen.[478]

Doch erst nachdem es Meynen durch fachlichen Nachweis gelungen war, die Unterstützung einzelner Länder zu gewinnen, für die das Amt für Landeskunde bereits Kreisbeschreibungen vorgenommen hatte, wie von Rheinland-Pfalz und Nordrhein-Westfalen, stimmten die zuständigen Ausschüsse des Bundesrates im März 1953 der Übernahme des Amtes in die Bundesverwaltung zu. Mit Verordnung vom 9. Juni 1953 wurde das Amt für Landeskunde in »Bundesanstalt für Landeskunde« (BFL) umbenannt und dem Bundesminister des Innern unterstellt.[479] Erleichtert schrieb Meynen:

»Ein langer Weg hatte seinen Abschluß gefunden; als ›Spätheimkehrer der Verwaltung‹ erreichte das Amt für Landeskunde das Ziel, in die überregionale Staatsverwaltung wieder eingegliedert zu sein.«[480]

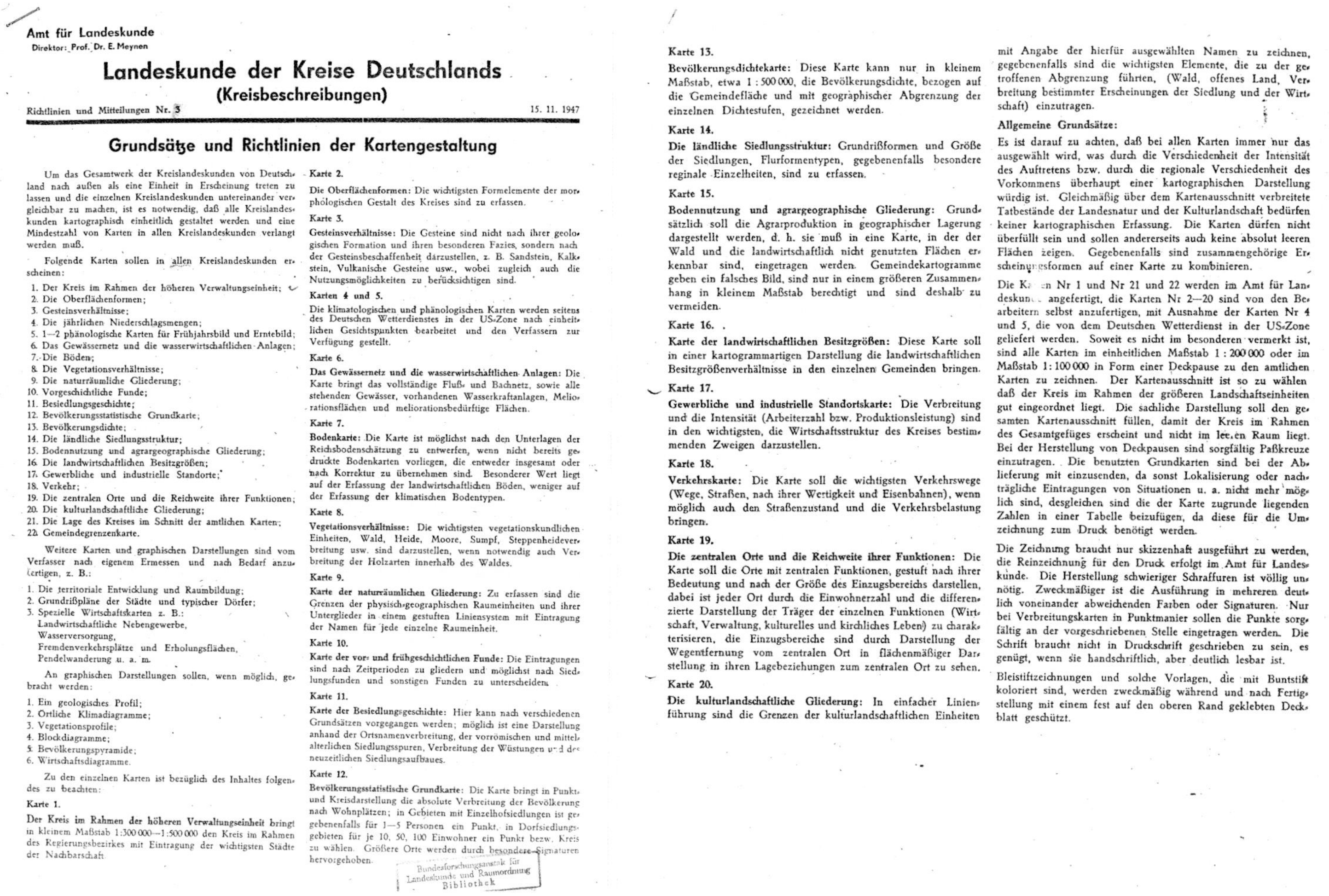

Amt für Landeskunde
Direktor: Prof. Dr. E. Meynen

Landeskunde der Kreise Deutschlands
(Kreisbeschreibungen)

Richtlinien und Mitteilungen Nr. 3 — 15. 11. 1947

Grundsätze und Richtlinien der Kartengestaltung

Um das Gesamtwerk der Kreislandeskunden von Deutschland nach außen als eine Einheit in Erscheinung treten zu lassen und die einzelnen Kreislandeskunden untereinander vergleichbar zu machen, ist es notwendig, daß alle Kreislandeskunden kartographisch einheitlich gestaltet werden und eine Mindestzahl von Karten in allen Kreislandeskunden verlangt werden muß.

Folgende Karten sollen in allen Kreislandeskunden erscheinen:

1. Der Kreis im Rahmen der höheren Verwaltungseinheit;
2. Die Oberflächenformen;
3. Gesteinsverhältnisse;
4. Die jährlichen Niederschlagsmengen;
5. 1—2 phänologische Karten für Frühjahrsbild und Erntebild;
6. Das Gewässernetz und die wasserwirtschaftlichen Anlagen;
7. Die Böden;
8. Die Vegetationsverhältnisse;
9. Die naturräumliche Gliederung;
10. Vorgeschichtliche Funde;
11. Besiedlungsgeschichte;
12. Bevölkerungsstatistische Grundkarte;
13. Bevölkerungsdichte;
14. Die ländliche Siedlungsstruktur;
15. Bodennutzung und agrargeographische Gliederung;
16. Die landwirtschaftlichen Besitzgrößen;
17. Gewerbliche und industrielle Standorte;
18. Verkehr;
19. Die zentralen Orte und die Reichweite ihrer Funktionen;
20. Die kulturlandschaftliche Gliederung;
21. Die Lage des Kreises im Schnitt der amtlichen Karten;
22. Gemeindegrenzenkarte.

Weitere Karten und graphischen Darstellungen sind vom Verfasser nach eigenem Ermessen und nach Bedarf anzufertigen, z. B.:

1. Die territoriale Entwicklung und Raumbildung;
2. Grundrißpläne der Städte und typischer Dörfer;
3. Spezielle Wirtschaftskarten z. B.:
   Landwirtschaftliche Nebengewerbe,
   Wasserversorgung,
   Fremdenverkehrsplätze und Erholungsflächen,
   Pendelwanderung u. a. m.

An graphischen Darstellungen sollen, wenn möglich, gebracht werden:

1. Ein geologisches Profil;
2. Örtliche Klimadiagramme;
3. Vegetationsprofile;
4. Blockdiagramme;
5. Bevölkerungspyramide;
6. Wirtschaftsdiagramme.

Zu den einzelnen Karten ist bezüglich des Inhaltes folgendes zu beachten:

Karte 1.

Der Kreis im Rahmen der höheren Verwaltungseinheit bringt in kleinem Maßstab 1:300 000—1:500 000 den Kreis im Rahmen des Regierungsbezirkes mit Eintragung der wichtigsten Städte der Nachbarschaft.

Karte 2.

Die Oberflächenformen: Die wichtigsten Formelemente der morphologischen Gestalt des Kreises sind zu erfassen.

Karte 3.

Gesteinsverhältnisse: Die Gesteine sind nicht nach ihrer geologischen Formation und ihren besonderen Fazies, sondern nach der Gesteinsbeschaffenheit darzustellen, z. B. Sandstein, Kalkstein, Vulkanische Gesteine usw., wobei zugleich auch die Nutzungsmöglichkeiten zu berücksichtigen sind.

Karten 4 und 5.

Die klimatologischen und phänologischen Karten werden seitens des Deutschen Wetterdienstes in der US-Zone nach einheitlichen Gesichtspunkten bearbeitet und den Verfassern zur Verfügung gestellt.

Karte 6.

Das Gewässernetz und die wasserwirtschaftlichen Anlagen: Die Karte bringt das vollständige Fluß- und Bachnetz, sowie alle stehenden Gewässer, vorhandenen Wasserkraftanlagen, Meliorationsflächen und meliorationsbedürftige Flächen.

Karte 7.

Bodenkarte: Die Karte ist möglichst nach den Unterlagen der Reichsbodenschätzung zu entwerfen, wenn nicht bereits gedruckte Bodenkarten vorliegen, die entweder insgesamt oder nach Korrektur zu übernehmen sind. Besonderer Wert liegt auf der Erfassung der landwirtschaftlichen Böden, weniger auf der Erfassung der klimatischen Bodentypen.

Karte 8.

Vegetationsverhältnisse: Die wichtigsten vegetationskundlichen Einheiten, Wald, Heide, Moore, Sumpf, Steppenheideverbreitung usw. sind darzustellen, wenn notwendig auch Verbreitung der Holzarten innerhalb des Waldes.

Karte 9.

Karte der naturräumlichen Gliederung: Zu erfassen sind die Grenzen der physisch-geographischen Raumeinheiten und ihrer Unterglieder in einem gestuften Liniensystem mit Eintragung der Namen für jede einzelne Raumeinheit.

Karte 10.

Karte der vor- und frühgeschichtlichen Funde: Die Eintragungen sind nach Zeitperioden zu gliedern und möglichst nach Siedlungsfunden und sonstigen Funden zu unterscheiden.

Karte 11.

Karte der Besiedlungsgeschichte: Hier kann nach verschiedenen Grundsätzen vorgegangen werden; möglich ist eine Darstellung anhand der Ortsnamenverbreitung, der vorrömischen und mittelalterlichen Siedlungsspuren, Verbreitung der Wüstungen und des neuzeitlichen Siedlungsaufbaues.

Karte 12.

Bevölkerungsstatistische Grundkarte: Die Karte bringt in Punkt- und Kreisdarstellung die absolute Verbreitung der Bevölkerung nach Wohnplätzen; in Gebieten mit Einzelhofsiedlungen ist gegebenenfalls für 1—5 Personen ein Punkt, in Dorfsiedlungsgebieten für je 10, 50, 100 Einwohner ein Punkt bezw. Kreis zu wählen. Größere Orte werden durch besondere Signaturen hervorgehoben.

Bundesforschungsanstalt für Landeskunde und Raumordnung Bibliothek

Karte 13.

Bevölkerungsdichtekarte: Diese Karte kann nur in kleinem Maßstab, etwa 1 : 500 000, die Bevölkerungsdichte, bezogen auf die Gemeindefläche und mit geographischer Abgrenzung der einzelnen Dichtestufen, gezeichnet werden.

Karte 14.

Die ländliche Siedlungsstruktur: Grundrißformen und Größe der Siedlungen, Flurformentypen, gegebenenfalls besondere reginale Einzelheiten, sind zu erfassen.

Karte 15.

Bodennutzung und agrargeographische Gliederung: Grundsätzlich soll die Agrarproduktion in geographischer Lagerung dargestellt werden, d. h. sie muß in eine Karte, in der der Wald und die landwirtschaftlich nicht genutzten Flächen erkennbar sind, eingetragen werden. Gemeindekartogramme geben ein falsches Bild, sind nur in einem größeren Zusammenhang in kleinem Maßstab berechtigt und sind deshalb zu vermeiden.

Karte 16.

Karte der landwirtschaftlichen Besitzgrößen: Diese Karte soll in einer kartogrammartigen Darstellung die landwirtschaftlichen Besitzgrößenverhältnisse in den einzelnen Gemeinden bringen.

Karte 17.

Gewerbliche und industrielle Standortskarte: Die Verbreitung und die Intensität (Arbeiterzahl bzw. Produktionsleistung) sind in den wichtigsten, die Wirtschaftsstruktur des Kreises bestimmenden Zweigen darzustellen.

Karte 18.

Verkehrskarte: Die Karte soll die wichtigsten Verkehrswege (Wege, Straßen, nach ihrer Wertigkeit und Eisenbahnen), wenn möglich auch den Straßenzustand und die Verkehrsbelastung bringen.

Karte 19.

Die zentralen Orte und die Reichweite ihrer Funktionen: Die Karte soll die Orte mit zentralen Funktionen, gestuft nach ihrer Bedeutung und nach der Größe des Einzugsbereichs darstellen, dabei ist jeder Ort durch die Einwohnerzahl und die differenzierte Darstellung der Träger der einzelnen Funktionen (Wirtschaft, Verwaltung, kulturelles und kirchliches Leben) zu charakterisieren, die Einzugsbereiche sind durch Darstellung der Wegentfernung vom zentralen Ort in flächenmäßiger Darstellung in ihren Lagebeziehungen zum zentralen Ort zu sehen.

Karte 20.

Die kulturlandschaftliche Gliederung: In einfacher Linienführung sind die Grenzen der kulturlandschaftlichen Einheiten mit Angabe der hierfür ausgewählten Namen zu zeichnen, gegebenenfalls sind die wichtigsten Elemente, die zu der getroffenen Abgrenzung führten, (Wald, offenes Land, Verbreitung bestimmter Erscheinungen der Siedlung und der Wirtschaft) einzutragen.

Allgemeine Grundsätze:

Es ist darauf zu achten, daß bei allen Karten immer nur das ausgewählt wird, was durch die Verschiedenheit der Intensität des Auftretens bzw. durch die regionale Verschiedenheit des Vorkommens überhaupt einer kartographischen Darstellung würdig ist. Gleichmäßig über dem Kartenausschnitt verbreitete Tatbestände der Landesnatur und der Kulturlandschaft bedürfen keiner kartographischen Erfassung. Die Karten dürfen nicht überfüllt sein und sollen andererseits auch keine absolut leeren Flächen zeigen. Gegebenenfalls sind zusammengehörige Erscheinungsformen auf einer Karte zu kombinieren.

Die Karten Nr 1 und Nr 21 und 22 werden im Amt für Landeskunde angefertigt, die Karten Nr 2—20 sind von den Bearbeitern selbst anzufertigen, mit Ausnahme der Karten Nr 4 und 5, die von dem Deutschen Wetterdienst in der US-Zone geliefert werden. Soweit es nicht im besonderen vermerkt ist, sind alle Karten im einheitlichen Maßstab 1 : 200 000 oder im Maßstab 1 : 100 000 in Form einer Deckpause zu den amtlichen Karten zu zeichnen. Der Kartenausschnitt ist so zu wählen daß der Kreis im Rahmen der größeren Landschaftseinheiten gut eingeordnet liegt. Die sachliche Darstellung soll den gesamten Kartenausschnitt füllen, damit der Kreis im Rahmen des Gesamtgefüges erscheint und nicht im leeren Raum liegt. Bei der Herstellung von Deckpausen sind sorgfältig Paßkreuze einzutragen. Die benutzten Grundkarten sind bei der Ablieferung mit einzusenden, da sonst Lokalisierung oder nachträgliche Eintragungen von Situationen u. a. nicht mehr möglich sind, desgleichen sind die der Karte zugrunde liegenden Zahlen in einer Tabelle beizufügen, da diese für die Umzeichnung zum Druck benötigt werden.

Die Zeichnung braucht nur skizzenhaft ausgeführt zu werden, die Reinzeichnung für den Druck erfolgt im Amt für Landeskunde. Die Herstellung schwieriger Schraffuren ist völlig unnötig. Zweckmäßiger ist die Ausführung in mehreren deutlich voneinander abweichenden Farben oder Signaturen. Nur bei Verbreitungskarten in Punktmanier sollen die Punkte sorgfältig an der vorgeschriebenen Stelle eingetragen werden. Die Schrift braucht nicht in Druckschrift geschrieben zu sein, es genügt, wenn sie handschriftlich, aber deutlich lesbar ist.

Bleistiftzeichnungen und solche Vorlagen, die mit Buntstift koloriert sind, werden zweckmäßig während und nach Fertigstellung mit einem fest auf den oberen Rand geklebten Deckblatt geschützt.

Meynen hatte die Landeskunde ja immer als Dienstleistung für den Staat und das Fach Geographie verstanden.[481] Aus dem Jahr 1955 stammt seine Definition des Fachs als die Beschreibung »eines Landes oder eines Staatsgebietes in der Gesamtheit ›Land und Leute‹ [...]«[482]. Die Landeskunde erfaßt dabei in Wort, Bild und Karte nicht nur den naturgegebenen Raum, sondern auch »den darin lebenden Menschen und alle Auswirkungen seiner raumgestaltenden Tätigkeit, die in Siedlung, Wirtschaft, Verkehr, Kultur und Staatenbildung in Erscheinung treten«.[483] Nach Meynen bedeutete dies, »das Land als kausal-funktionale Erscheinungswelt in einer ganzheitlichen Konzeption«[484] darzustellen. Die Vertreter der amtlichen Landeskunde forderte Meynen zur Bescheidung auf. Sie müßten die Landeskunde aus persönlicher Perspektive und die schöpferische Leistung anderen überlassen: »Amtliche Landeskunde heißt Bedienung der Verwaltung auf geographischem Sektor.«[485]

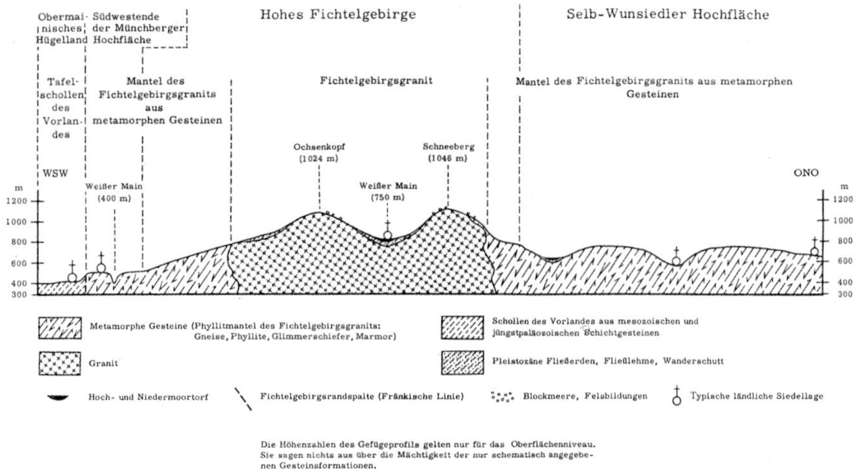

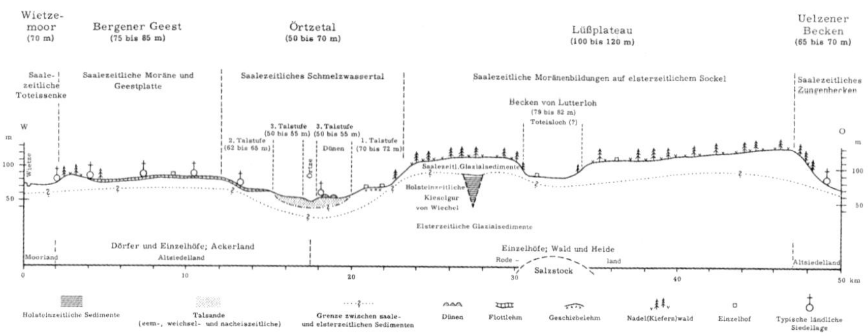

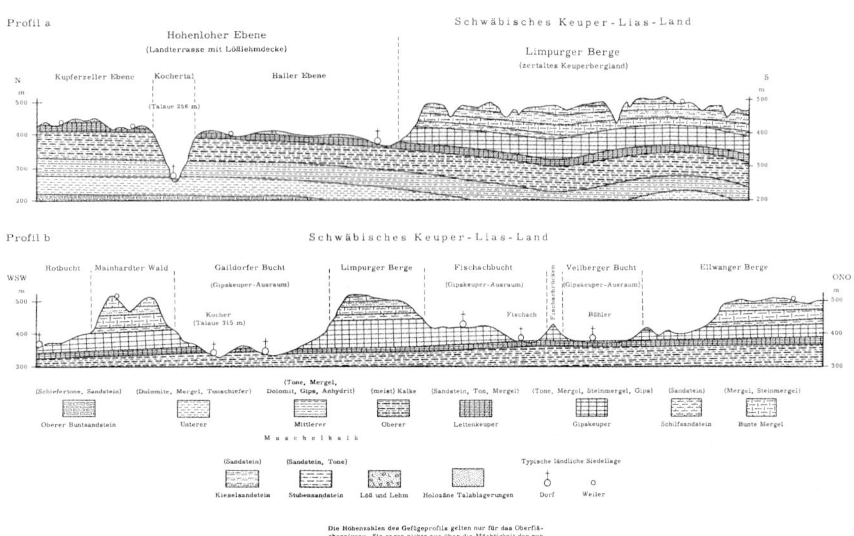

Oben und rechte Seite: Beispiele für die in den fünfziger und sechziger Jahren systematisch fortschreitende Aufnahme der naturräumlichen Gliederung Deutschlands: Gefüge- und Landschaftsprofile von Münchberg, Munster und Schwäbisch Hall (von oben nach unten) sowie die vom Institut für Landeskunde erarbeitete Karte »Großregionen im westlichen Mitteleuropa als naturräumliche Einheiten« im Maßstab 1:3.000.000 (rechte Seite).

Zu den herausragenden Arbeitsprojekten der fünfziger Jahre zählte die schon im Krieg begonnene, einheitlich und systematisch fortschreitende Aufnahme der naturräumlichen Gliederung ganz Deutschlands. Meynen definierte diese Aufgabe als Versuch, »Räume von mehr oder weniger gleichem Leistungspotential als Bezugseinheiten für Darstellung und weitere Untersuchung auszugliedern.«[486]

Ein erstes Ergebnis war die Karte »Naturräumliche Gliederung Westdeutschlands mit Hervorhebung der naturgegebenen Lebensräume und gegenwärtigen Kerngebiete der gewerblichen Wirtschaft wie der zentralen Orte erster Ordnung«, die die Bundesanstalt für Landeskunde für den vom Bundestag eingesetzten Sachverständigenausschuß »Neugliederung des Bundesgebietes« erstellte. Neben die Arbeiten zur naturräumlichen traten bald auch die der wirtschafts- und der funktionalräumlichen Gliederung. Außerdem setzte sich Meynen seit 1947 verstärkt für die Kartierung der »Zentralen Orte« im Christallerschen Sinne ein. Die 1944 begonnene Schriftenfolge der Abteilung für Landeskunde zur »Landeskundlichen Luftbildauswertung im mitteleuropäischen Raum« wurde von der Bundesanstalt für Landeskunde erfolgreich wieder aufgelegt und fortgeführt.

Die wie selbstverständlich ohne Unterbrechung weitergeführte Arbeit der Abteilung für Landeskunde zeigt in ihrer Vielfältigkeit, daß neben den politisch motivierten Aufgaben der Kriegszeit auch zahlreiche zeitlose wissenschaftliche Projekte begonnen werden konnten, die auch in einem demokratisch verfaßten politischen System noch Bestand hatten. Meynen begründete die Kontinuität später nüchtern:

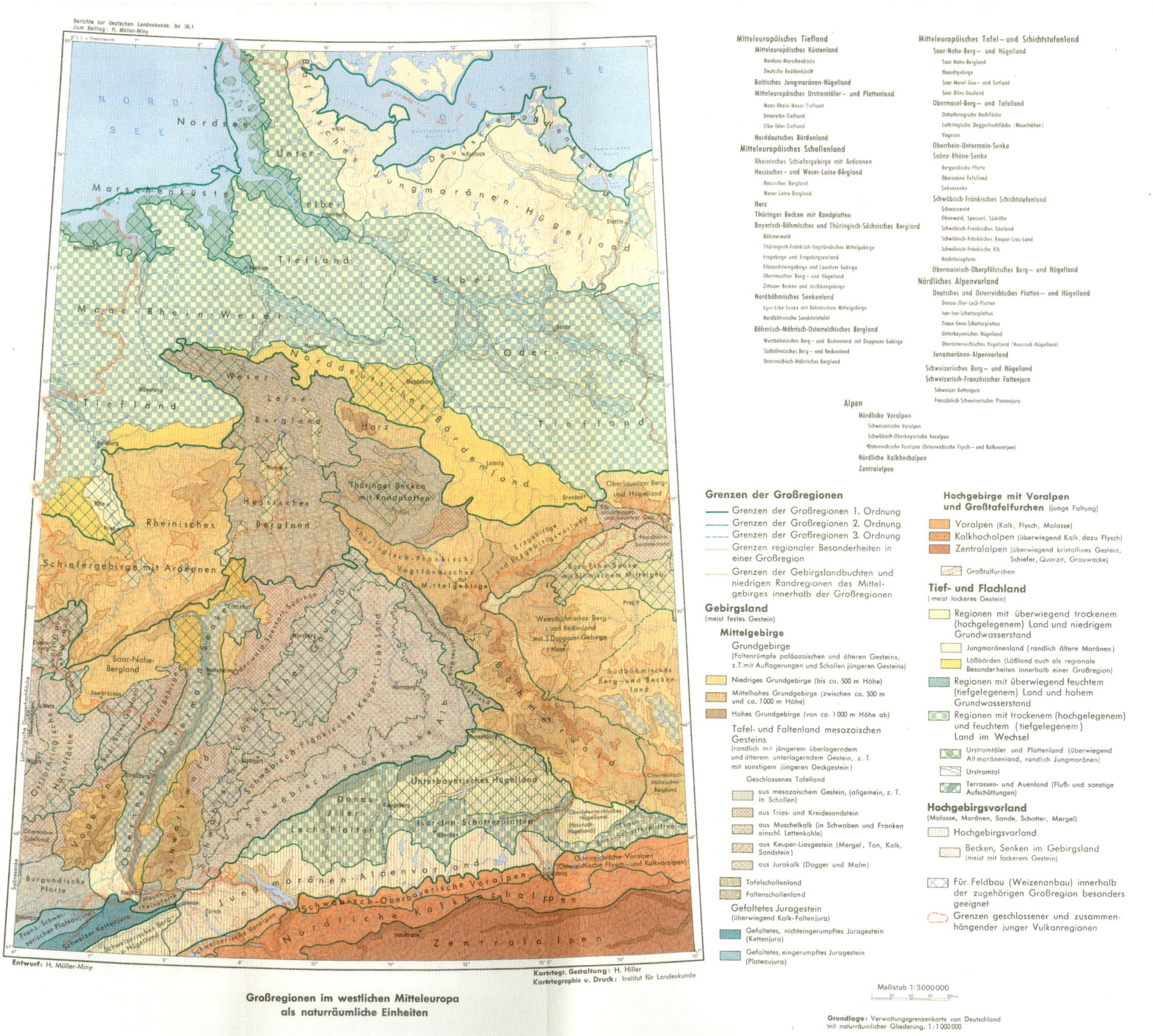

»Die Aufgabe blieb, bei und trotz allem Wechsel und aller Zeitunruhe, immer gleich, nämlich: Zentralarchiv der deutschen Landeskunde und Dokumentationsstelle der deutschen Landeskunde zu sein; als Institution amtlicher Landeskunde zu wirken; Mittlerstelle, dienendes Glied in der geographischen landeskundlichen Arbeit zu sein.« [487]

So wurden in den Nachkriegsjahren die »Landeskundlichen Darstellungen zu den Blättern der Topographischen Übersichtskarte des Deutschen Reiches« in der Beispielsammlung »Deutsche Landschaften. Geographisch-landeskundliche Erläuterungen zur Topographischen Karte 1:50.000« verwirklicht; der im Krieg begonnene »Typenatlas der Landnutzungsgefüge deutscher Agrarlandschaften« wurde später als »Atlas der Deutschen Agrarlandschaft« vollendet; und das 1943 begonnene »Reichswerk Landeskunde der

Kreise des Deutschen Reiches« bildete nach 1945 die Grundlage für das Vorhaben »Die deutschen Landkreise. Handbuch für die Verwaltung, Wirtschaft und Kultur«. Diese Kreisbeschreibungen ergeben nach Meynen

»[...] eine für das Landesgebiet und darüber hinaus für das ganze Bundesgebiet systematisch fortschreitende, um des Vergleiches willen über das gesamte Gebiet nach einheitlichen Gesichtspunkten bearbeitete Landesbeschreibung«.[488]

Und schließlich werden seit August 1948 auch wieder die »Berichte zur deutschen Landeskunde« und seit 1949 gemeinsam mit dem »Zentralausschuß« die bereits 1885 begründeten »Forschungen zur deutschen Landeskunde« herausgegeben. Eine weitere laufende Schriftenfolge erschien nach 1957: die »Bibliotheca Cartographia« bibliographiert das kartographische Schrifttum aller Länder der Erde. Weitere bedeutsame Veröffentlichungen waren die »Landeskundliche Luftbildinterpretation im mitteleuropäischen Raum« und die »Documentatio Geographica«. In Zusammenarbeit mit dem »Zentralverband der Deutschen Geographen« erschienen »Orbis Geographicus«, das »Geographische Taschenbuch« und der »Rundbrief«.

Weitere Arbeiten zur systematisch fortschreitenden geographischen Landesaufnahme wurden in den fünfziger Jahren begonnen. So etwa die mit den Gemeindegrenzkarten eng verbundene Aufgabe, alle Grenz- und Namensänderungen der deutschen Gemeinden, Kreise und Regierungsbezirke zu erfassen und laufend weiter zu beobachten. Immer öfter erledigte die Bundesanstalt für Landeskunde nun Aufträge der Bundesverwaltung: In loser Blattfolge erschien der »Verwaltungsgrenzenatlas«. Für die Lastenausgleichsämter und die Meldestellen erarbeitete sie das »Gemeinde- und Ortsverzeichnis der Deutschen Ostgebiete unter fremder Verwaltung«. Hier standen neben den amtlichen deutschen Ortsbezeichnungen die neuen polnischen Namen. Für die wasserwirtschaftliche Rahmenplanung entwarf die Bundesanstalt die »Gewässerkundliche Arbeitskarte« im Maßstab 1:500.000. Ebenso entstanden Arbeitskarten der öffentlichen Gas- und Elektrizitätsversorgung. Für das Bundesministerium für Ernährung, Landwirtschaft und Forsten beschaffte sie Grundlagen für die Errichtung von Naturparks, erstellte ein Gutachten über Bodenerosionen und erarbeitete eine Übersicht über die in der ersten Hälfte des 20. Jahrhunderts durch Landgewinnung und Melioration gewonnenen und durch Inanspruchnahme für Industrie, Siedlung und Verkehr verloren gegangenen land- und forstwirtschaftlichen Flächen.[489]

Die 1959 durchgeführte Zusammenlegung der nun als »Institut für Landeskunde« (IFL) weitergeführten Bundesanstalt für Landeskunde mit dem Institut für Raumforschung zur gemeinsam verwalteten aber weiter fachlich getrennten »Bundesanstalt für Landeskunde und Raumforschung« (BFLR) brachte den Landeskundlern mit dem Umzug nach Bad Godesberg die erwünschte Nähe zu den Bundesministerien ein. Auch entwickelte sich die Bibliothek des Hauses durch die geringere Entfernung zu Bonn und Köln rasch zur zentralen Fachbibliothek der deutschen Landeskunde: 1966 standen den Benutzern bereits über 65.000 Bücher, 1.700 Zeitschriften in ihrem laufenden Jahrgang, 200.000 Reihenluftbilder und 285.000 Kartenblätter zur Verfügung. Durch Meynens Verständnis von der Landeskunde als Dienstleister für die

Links: Die Luftbildsammlung wurde auch nach dem Krieg weiter ausgebaut. Hier ein Bild aus der Sammlung vom 21. Februar 1962, 15.43 Uhr: Es zeigt einen Dammbruch (rot umkreist) auf Husum mit vollgelaufenem Koog nach der verheerenden Sturmflut des Winters 1962.

Unten: Hier ein Beispiel aus dem »Atlas der Deutschen Agrarlandschaften«, der im Krieg als »Typenatlas der Landnutzungsgefüge deutscher Agrarlandschaften« begonnen worden war: Die abgebildete Karte zum »Landnutzungsgefüge im fränkischen Stufenland« zeigt »die landwirtschaftliche Nutzfläche nach Kulturarten und den Hauptgruppen der Feldfrüchte«.

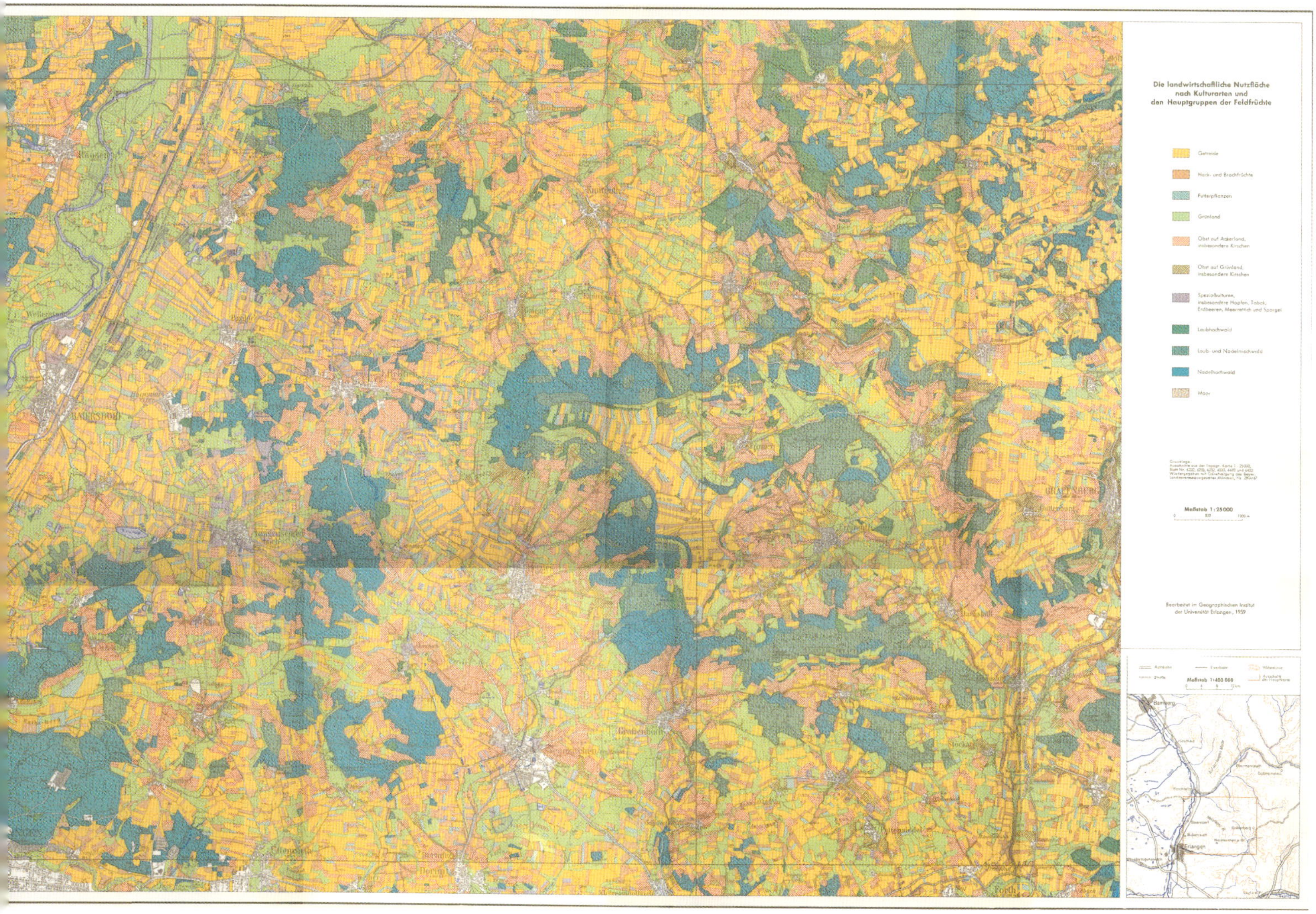

Über 200.000 Reihenluftbilder gehörten zum Bibliotheksbestand des Instituts für Landeskunde und dienten als Grundlage vielfältiger Forschungen, beispielsweise zur Veränderung im Aussehen des Pflanzenkleides eines Mischwaldes während der Vegetationsperiode; von oben nach unten: im Frühjahr, im Sommer und im Herbst.

Geographie errang die Bundesanstalt auch internationales Ansehen und war auf zahlreichen Kongressen an herausragender Stelle mit Vorträgen der Mitarbeiter plaziert, so 1962, als die internationale Tagung der »Technischen Konferenz der Vereinten Nationen über die Internationale Weltkarte 1:1 Million« in Bonn stattfand. Das Institut für Landeskunde half bei der Durchführung, erstellte Arbeitspapiere und bereitete sie weitgehend wissenschaftlich vor. Und die maßgebliche Beteiligung an der weltweiten Vereinheitlichung von Normen, technischen Standards und Namen brachte Emil Meynen 1967 die Leitung der deutschen Delegation bei der Konferenz der Vereinten Nationen über die Standardisierung geographischer Namen ein.

Mit dem Paradigmenwechsel Ende der sechziger Jahre, Wertewandel und der sozialliberalen Koalition unter Willy Brandt erfolgte auf allen gesellschaftlichen Ebenen eine deutliche Zäsur, die auch die Landeskunde nachhaltig berührte. Anders als zu Ludwig Erhards Zeiten griff die Politik immer mehr in den Wirtschaftsprozeß ein und versuchte diesen über Landesplanung und Raumforschung zu steuern; und anders als in den Jahren zuvor, kam das Wort »Planung« geradezu in Mode, galt nicht mehr – mit Blick auf die östliche »Planwirtschaft« – als Schreckgespenst, sondern wurde »zum Inbegriff einer aktiven, zukunftsorientierten Politik«.[490]

Schon Georg Müller hatte als Nachfolger Erich Dittrichs beim Institut für Raumforschung erkannt, daß sich mit der Bindung öffentlicher Mittel an räumlich erwünschte Zielvorgaben auch die privatbetriebliche Standortwahl lenken ließe. Bereits seit Mitte der sechziger Jahren praktizierte das – mittlerweile in »Institut für Raum*ordnung*« umbenannte – Institut für Raumforschung eine eher angewandte Wissenschaft und Politikberatung. Das Institut für Landeskunde unter Emil Meynen dagegen verharrte weiterhin in der Position eines Hilfsinstituts für die deutsche Geographie – während das Fach selbst sich verstärkt zu einer anwendungsorientierten Wissenschaft weiterentwickelte und, so der Geograph Gerhard Stiens, die »[...] Tendenz zu einer mehr problemorientierten Erfassung und Erklärung der räumlichen Situation mit zukunftsgestaltender Ausrichtung [...] in der Geographie zunehmend an Boden [...]« gewann.[491] Diese Entwicklung mußte auch Konsequenzen für das Institut für Landeskunde nach sich ziehen, denn, so Stiens weiter, mit

»[...] einem so gearteten Rückhalt gerade auch von Seiten der universitären Geographie [...] ergab sich erneut die Möglichkeit, Landeskunde, d.h. amtliche Landeskunde, als zweckgerichtete Landesforschung zu betreiben. Nur in dieser Form kann die amtliche Landeskunde heute dem Verlangen der Staatsverwaltung, über das eigene Territorium unterrichtet zu sein, nachkommen. Sie wird, als eine zweckgerichtete Wissenschaft, in ihrem Inhalt, in ihren Methoden und ihren Darstellungsweisen auch nicht ausschließlich mehr auf ihre universitäre Grundwissenschaft orientiert sein müssen. Sie wird zunehmend von den Ansprüchen der praktischen Ziele und Zwecke der Landeserforschung aus gelenkt werden.«[492]

Die Auswertung der Luftbilder des Stadtzentrums von West-Berlin im Umfeld der Kaiser-Wilhelm Gedächtniskirche in den Berichten zur Deutschen Landeskunde aus dem Jahre 1969 erbrachte folgendes Ergebnis: Links, auf dem Luftbild vom 25. April 1939, ist ein »bevorzugtes großstädtisches Wohnviertel mit Geschäftsstraße, Hotels und Tierpark« auszumachen. Aus dem Bild rechts dagegen, genau 25 Jahre später im April 1964 aufgenommen – das Europa-Center war damals gerade im Bau (linke obere Mitte) –, wird folgende Nachkriegsentwicklung gedeutet: »Ein Rückgang der Wohnfunktion zugunsten des neu aufgebauten Geschäftszentrums ist aus den modernen Großbauten erkennbar.«

Der Weg, den das Institut für Landeskunde bis zu diesem Ziel zurückzulegen hatte, war mit Emil Meynen nicht zu machen, er war zu sehr geprägt von der traditionellen landeskundlichen Geographie als unabhängiger Grundlagenforschung. Das Bundesministerium des Innern als Dienstherr des Instituts kritisierte später die amtliche Landeskunde in der Ära Meynen heftig wegen ihres Festhaltens am »selbstgenügsamen, deskriptiv-kausalen Erfassen der räumlichen Situation mit historisierender Tendenz« und verurteilte die »Abstinenz gegenüber zukunftsgestaltender, praxisorientierter Fragestellung«.[493] Meynen hatte stets versucht, die Geographie aus dem Fahrwasser der Raumforschung herauszuhalten und ist dabei von der Entwicklung seines eigenen Fachs überholt worden. So war Meynens Zeit im wahrsten Sinne abgelaufen, als er 1970 in den Ruhestand trat und das Institut für Landeskunde verließ.

Meynens Nachfolger Karl Ganser vertrat die neue Richtung und entwickelte die amtliche Landeskunde rasch zu einer anwendungsorientierten Disziplin, die nicht nur Aufträge der Bundesverwaltung erfüllte, sondern vor allem der Politik – gemeinsam mit der Raumordnung – die landesplanerische Linie vorgab. Dabei kam dem Institut für Landeskunde die grundlegende überregionale Strukturforschung in Hinblick auf die Erkenntnis des Landes in seiner gegenwärtigen Ordnung und Entwicklung zu.

Als Instrument dazu diente das System der laufenden Raumbeobachtung. Die hierbei entdeckten Trends wurden analysiert und führten zu Vorausschätzungen zukünftiger Raumentwicklungen. Aufgabenstellung und Organisation des Instituts für Landeskunde und des Instituts für Raumforschung hatten sich fortan, so Gerhard Stiens 1971, »nach der Zweckmäßigkeit und nach dem notwendigen Umfang der Information zu richten, die für richtiges bzw. leistungsfähiges staatliches Handeln in Bezug auf den Raum erforderlich ist.«[494] Die Aufgabenteilung war prädisponiert: Das Institut für Landeskunde arbeitete nicht normativ, wohl aber zweckgerichtet als Instrument amtlicher Überwachung der räumlichen Ordnung und erstellte die Grundlagen räumlicher Entwicklungen für die normativ tätige Raumforschung, die im Institut für Raumordnung die Faktoren für eine zukünftige menschenwürdige und ökonomisch vernünftige Zuordnung von Gesellschaft, Wirtschaft und Raum bestimmte und so der Raumordnungspolitik des Bundes als »think tank« zuarbeitete und sie mit entwarf.

Unter diesem gemeinsamen Ziel näherten sich das Institut für Landeskunde und das Institut für Raumordnung entscheidend an. Die bisher aus Gründen der zu großen Unterschiedlichkeit abgelehnte Fusion zeichnete sich seit Anfang der siebziger Jahre ab. Das Bundesinnenministerium hatte im März 1972 in einer Expertise das fachliche und organisatorische Nebeneinander der beiden Institute bemängelt, das weder den modernen wissenschaftlichen Erkenntnissen dieser Wissensgebiete entsprechen würde, noch die gewünschte Effektivität bei der wissenschaftlichen Beratung der Bundesregierung zur Folge hätte.[495] Die Ansprüche an wissenschaftliche Politikberatung hatten sich geändert. Der spätere Direktor der fusionierten Behörde, Wendelin Strubelt, nennt ein Beispiel für die gewandelten Anforderungen an die Landeskunde:

»So genügt es eben nicht mehr nur zu wissen, in welchen zeitlichen Abständen Fluten und Tiden menschliche Siedlungen bedrohen, sondern es bedarf heute umfangreicher Kenntnisse der demographischen, sozialen und umweltbezogenen Faktoren, um zum Beispiel eine neue Siedlung, ein Großprojekt oder auch nur eine einfache Ortsumgehung zu planen und dann konkret umzusetzen.«[496]

Die Zusammenlegung der beiden Institute sollte zum einen Synergieeffekte erzeugen, denn bislang hatte auch das Institut für Raumordnung – wegen der fehlenden Ausrichtung des Instituts für Landeskunde auf die Landesplanung und der dafür erforderlichen Grundlagenforschung – primär landeskundliche Arbeiten mit zu übernehmen. Diese Kapazitäten konnten nach der Fusion ganz der Raumordnung gewidmet und damit auch Kompetenzkonflikte ausgeräumt werden. Zum anderen kritisierte das Bundesinnenministerium,

»[…] daß es der amtlichen Landeskunde auf Bundesebene nicht gelungen ist, sich in dem notwendigen Maße von dem traditionellen wissenschaftlichen Selbstverständnis der auf den deutschen Hochschulen betriebenen Geographie zu lösen, um sich dafür zu einer intensiven Kooperation mit der Raumforschung hinzuwenden (Lösung von der Schulgeographie).«[497]

Karl Ganser übernahm die Leitung des Instituts für Landeskunde von Emil Meynen im Jahre 1971. Er blieb bis 1980 Leiter der Bundesforschungsanstalt für Landeskunde und Raumordnung.

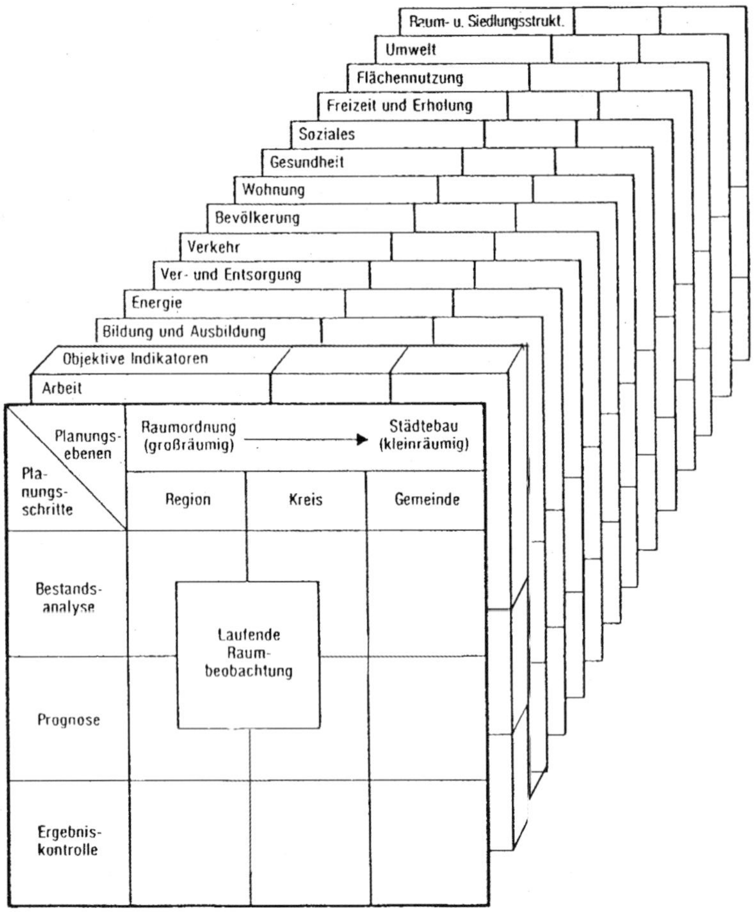

Oben: Die Laufende Raumbeobachtung entwickelte sich über Jahrzehnte zum wichtigsten deutschen Informationssystem zu Vorausschätzungen zukünftiger Raumentwicklungen. Die Datenerhebung erfolgt nach einem Indikatorensystem.

Oben rechts: Hans-Jochen Vogel, Bundesminister für Raumordnung, Bauwesen und Städtebau von 1972 bis 1974, reformierte grundlegend die staatliche Raumordnungspolitik.

Unter der Leitung von Karl Ganser gab das Institut für Landeskunde die Rolle des Dienstleisters für die deutsche Geographie auf; die wissenschaftliche Dokumentation in den »Berichten zur deutschen Landeskunde« wurde ebenso wie die kontinuierliche Arbeit an den Katalogen eingestellt, der »Zentralausschuß für deutsche Landeskunde«[498] als wissenschaftlicher Beirat abgelöst. Emil Meynen war entsetzt über diese Entwicklung, erschien sie ihm doch als die Zerstörung seines Lebenswerkes. Aus der Perspektive eines noch für zweieinhalb Jahrzehnte wissenschaftlich aktiven Pensionärs beklagte er später die von Ganser vorgenommene »einseitige Ausrichtung auf Raumordnung« und deklamierte:

»Das war das Ende eines fast drei Jahrzehnte währenden engen Zusammenwirkens von amtlicher Landeskunde und geographisch-landeskundlicher Forschung.«[499]

Das Institut für Landeskunde hatte sich unweigerlich von der systematischen Gewinnung von Kenntnissen über ein Land unter ausschließlich geographischen Gesichtspunkten zu einem multidisziplinären Institut entwickelt, das sich nun auch sozialwissenschaftlichen Herausforderungen zu stellen hatte.[500]

Diese deutliche inhaltliche Zäsur, die das Institut für Landeskunde 1970 erfuhr, mündete schließlich auch in eine grundlegende und dauerhafte organisatorische Umstrukturierung, als Hans-Jochen Vogel 1972 das Bundesministerium für Wohnungswesen und Städtebau von Lauritz Lauritzen übernahm. Vogel war – wie es der Historiker Arnulf Baring sieht – »umsichtig und energisch bemüht, kühnen, unkonventionellen Grundsätzen einer modernen und menschlichen Stadtentwicklung zum Durchbruch zu verhelfen.«[501] Über die Raumordnungspolitik wollte Vogel sein Ziel erreichen,

»[...] die Gemeinschaft unmittelbar und umfassend an Bodenwertzuwachs und Bodenrente zu beteiligen und ihre Entscheidungsbefugnis hinsichtlich der Grundstücksnutzung zu verstärken – beides in einem Maße, in dem das ökonomische Prinzip nicht etwa aufgehoben, wohl aber in die Schranken verwiesen wird, in denen es der Gesellschaft nützt und sie nicht schädigt.«[502]

Vogel zog deshalb die Raumordnungskompetenzen an sich und überführte gleich zu Beginn seiner Amtszeit im Dezember 1972 die Bundesforschungsanstalt aus dem Innenministerium in sein Ressort, das für die nächsten sechzehn Jahre den Namen »Bundesministerium für Raumordnung, Bauwesen und Städtebau« (BMBau) erhielt. Der inhaltlichen Ausrichtung des Instituts für Landeskunde und des Instituts für Raumordnung auf ein gemeinsames Ziel folgte konsequenterweise die Vereinigung der bislang fachlich selbständigen Institute.

Erlaß

über die Bundesforschungsanstalt für Landeskunde und Raumordnung

vom 6. April 1973, ergänzt durch Erlaß vom 26.11.1976

I.

(1) Die Bundesforschungsanstalt für Landeskunde und Raumordnung (Bundesforschungsanstalt -BfLR-) besteht als wissenschaftlich unabhängige nicht rechtsfähige Forschungseinrichtung des Bundes im Geschäftsbereich des für die Raumordnung zuständigen Bundesministers.

(2) Die Bundesforschungsanstalt gliedert sich in
a) die Abteilung Dokumentation und Information
b) die Abteilung Forschung
c) zentrale Einrichtungen.

(3) Sitz der Bundesforschungsanstalt ist Bonn-Bad Godesberg.

II.

(1) Der Bundesforschungsanstalt obliegt es, im Zusammenwirken mit ähnlichen Einrichtungen des In- und Auslandes wissenschaftliche und informative Grundlagen zur Lösung der Aufgaben der Bundesregierung im Bereich der Raumordnung und des Städtebaues zu schaffen. Insbesondere hat sie

- die gegenwärtigen und künftigen räumlichen Entwicklungen in der Bundesrepublik Deutschland zu beobachten und darüber zu berichten
- das raumordnungspolitische Informationssystem fortzuentwickeln
- die raumwirksamen Maßnahmen (insbesondere der staatlichen Behörden) sowie die Instrumente zur Gestaltung der räumlichen Ordnung wissenschaftlich zu analysieren
- Ziel und Wirkungsprognosen zu bearbeiten
- den für die Raumordnung zuständigen Bundesminister bei der Formulierung und Fortentwicklung des Zielsystems der Raumordnung wissenschaftlich zu beraten.

(2) Die Bundesforschungsanstalt stellt auf der Grundlage der ihr erteilten Aufträge

- ein Arbeitsprogramm für das jeweilige Haushaltsjahr sowie
- ein mittelfristiges Arbeitsprogramm für jeweils fünf Jahre

auf, die der Genehmigung des für die Raumordnung zuständigen Bundesministers bedürfen.

III.

(1) Bei der Bundesforschungsanstalt wird ein Wissenschaftlicher Beirat gebildet. Ihm gehören bis zu zwölf Mitglieder an, die von dem für die Raumordnung zuständigen Bundesminister auf höchstens vier Jahre berufen werden.

(2) Der Wissenschaftliche Beirat hat die Aufgabe, den Leiter der Bundesforschungsanstalt bei der Durchführung des jährlichen Arbeitsprogramms zu beraten.

(3) Die Geschäftsordnung des Wissenschaftlichen Beirats erläßt der zuständige Bundesminister.

IV.

(1) Dieser Erlaß tritt am 16. April 1973 in Kraft. Gleichzeitig treten der Erlaß über die Bildung einer Bundesanstalt für Landeskunde und Raumforschung vom 26. Mai 1959 (GMBl.S.250) und der Erlaß vom 7. September 1967 (GMBl.S.431) zur Änderung der Bezeichnung der Bundesanstalt für Landeskunde und Raumforschung und des Instituts für Raumforschung insoweit außer Kraft, als sie diesem Erlaß entgegenstehen.

(2) Bis auf weiteres leitet der Direktor des bisherigen Instituts für Landeskunde die Bundesforschungsanstalt für Landeskunde und Raumordnung unter Beibehaltung seiner derzeitigen Amtsbezeichnung.

Der Bundesminister für Raumordnung,
Bauwesen und Städtebau

Die Fusion der beiden Institute zur Bundesforschungsanstalt für Landeskunde und Raumordnung – Aufgaben und Ziele

Mit Erlaß vom 6. April 1973 fusionierten die beiden Institute unter dem Dach der Bundesforschungsanstalt für Landeskunde und Raumordnung, die sich fortan in die Abteilung Dokumentation und Information, in die Abteilung Forschung und in die zentralen Einrichtungen gliederte.[503] Ein zwölfköpfiger wissenschaftlicher Beirat sollte bei der Durchführung des jährlichen Arbeitsprogramms beraten. Zum ersten Direktor der neuorganisierten Bundesforschungsanstalt für Landeskunde und Raumordnung ernannte Vogel den bisherigen Leiter des Instituts für Landeskunde, Karl Ganser, der damit zum raumordnungspolitischen Vordenker des Ministers aufstieg und die Bundesforschungsanstalt zu einer zentralen Einrichtung für die Forschung auf dem Gebiet der Raumordnung entwickelte. Als Beraterin der Bundesregierung in Fragen der Raumordnung und des Städtebaus oblag ihr nun vor allem die Laufende Raumbeobachtung, die Forschungsbegleitung der einschlägigen Ressortforschung und die kurzfristige Bearbeitung von wissenschaftlichen Problemen. Der Erlaß von 1973 legte die Aufgaben der Bundesforschungsanstalt näher fest:
»Insbesondere hat sie die gegenwärtigen und künftigen räumlichen Entwicklungen in der Bundesrepublik Deutschland zu beobachten und darüber zu berichten, das raumordnungspolitische Informationssystem fortzuentwickeln, die raumwirksamen Maßnahmen (insbesondere der staatlichen Behörden) sowie die Instrumente zur Gestaltung der räumlichen Ordnung wissenschaftlich zu analysieren, Ziel- und Wirkungsprognosen zu bearbeiten, den für die Raumordnung zuständigen Bundesminister bei der Formulierung und Fortentwicklung des Zielsystems der Raumordnung wissenschaftlich zu beraten.« [504]

Diese Aufgaben waren alle auf Erfüllung des zweiten Grundgesetzartikels ausgerichtet[505], gleichwertige Lebensbedingungen zu schaffen. »Dieses Prinzip der Chancengleichheit«, so Hans-Peter Gatzweiler in seiner Reflektion auf 25 Jahre wissenschaftliche Politikberatung für das Bundesbauministerium,
»[...] ist nichts anderes als die Übertragung der Idee des ›sozialen Netzes‹ auf Raumordnung und Städtebau: Niemand soll längere Zeit arbeitslos sein, nur weil in seinem Lebensraum nicht genügend Ausbildungs- und Arbeitsplätze vorhanden sind. Niemand soll auf eine angemessene Wohnung verzichten müssen, nur weil als Folge der Bau- und Bodenkosten Wohnen in vielen Städten und Gemeinden zu teuer ist. Niemand soll auf Dauer hohen Umweltbelastungen ausgesetzt sein, nur weil sich in seinem Lebensraum wirtschaftliche Produktion und Verkehr konzentrieren.« [506]

Dabei sollten Anfang der siebziger Jahre auch die bisher vernachlässigten Bereiche Bildung, Umwelt und Ökologie berücksichtigt werden. Der Schwerpunkt wurde von der Dokumentation zur Information verlagert, die Mitarbeiter wurden aufgefordert, zukünftig weniger zu sammeln, dafür aber kritischer auszuwählen und inhaltlich zu erfassen.[507] Zu diesem Zweck wurde 1974 die Zeitschrift »Informationen zur Raumentwicklung« gegründet. In ihr gingen die seit 1951 existierenden »Informationen« des Instituts für Raumordnung und der 1948 erstmals publizierte »Rundbrief« des Instituts für Landeskunde auf.

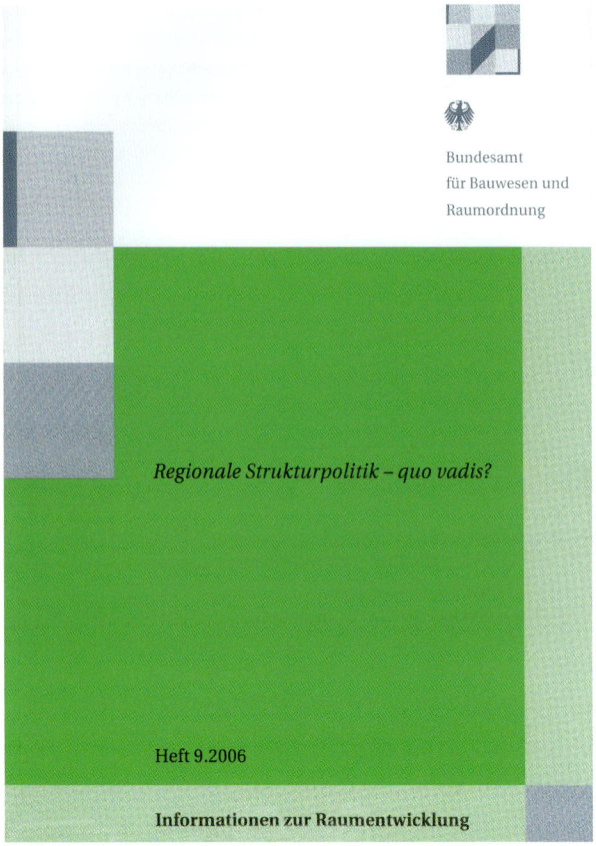

Die »Informationen zur Raumentwicklung« (IzR) wurden 1974 als Forum für den Austausch zwischen Wissenschaft und Praxis als erstes neues Publikationsorgan der Bundesforschungsanstalt für Landeskunde und Raumordnung ins Leben gerufen. Links der Titel der ersten IzR von 1974, rechts der Titel einer aktuellen Ausgabe aus dem Jahre 2006.

Die »Informationen zur Raumentwicklung« genießen seitdem als Forum für den Austausch zwischen Wissenschaft und Praxis eine hohe Reputation. 1975 wurde der Versuch unternommen, mit der gleichzeitigen Vorlage von Städtebau- und Raumordnungsbericht die Koordinierungszwänge zwischen den beiden Bereichen zu verdeutlichen und stärker in das Bewußtsein der Öffentlichkeit zu rücken. Raumordnung und Städtebau formulierten darin das gemeinsame Ziel, soziale und betriebliche Erosionsprozesse in den Abwanderungsgebieten und parallel eine Zersiedelung, herbeigeführt durch ungeordnete Neubautätigkeit im Umland der Städte, zu verhindern.[508]

Das Zauberwort der siebziger Jahre hieß »Integrierte Planung«: Die gesamte Staatstätigkeit sollte fachlich koordiniert, einem räumlichen Leitbild unterworfen, in eine mittelfristig verbindliche Finanzplanung übersetzt und im Rahmen der jährlichen Haushaltsplanung auch realisiert werden.[509] Dieses idealtypische Planungsverständnis fand zwar Eingang in das Bundesraumordnungsprogramm (BROP) von 1975, das auf die Verbesserung der Infrastruktur, der Umweltqualität und der regionalen Wirtschaftsstruktur abzielte, blieb aber letztendlich unrealisierbar. Einzig mit der Bundesverkehrswegeplanung wurden einige Programmkriterien des BROP wie die »Erschließung und Anbindung strukturschwacher Gebiete« und die »Lage eines Projektes auf einer großräumig bedeutsamen Achse« verwirklicht. Bis in die Gegenwart gehört die Bundesverkehrswegeplanung zu einem der wichtigsten Aufgabenfelder des wissenschaftlichen Bereichs.[510]

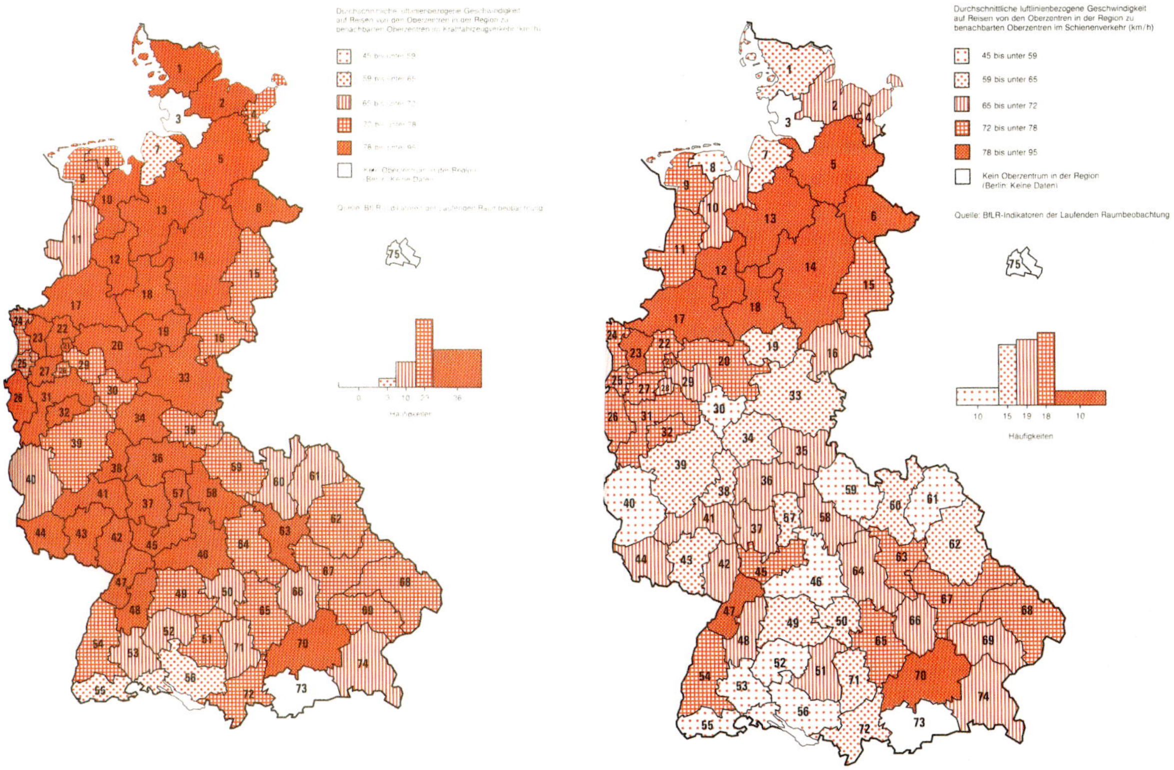

Im Rahmen der Bundesverkehrswegeplanung wurden in der Bundesforschungsanstalt für Landeskunde und Raumordnung u.a. die Verbindungsqualitäten der Oberzentren untersucht. Das Ergebnis dieser Studie – daß die Verbindungsqualität im Kraftfahrzeugverkehr (linke Karte) wesentlich besser als im Schienenverkehr sei (rechte Karte) – floss in die Bewertung der Planungsmaßnahmen des Bundesverkehrswegeplanes 1980 ein.

Trotz ursprünglich anderer Zielvorstellungen hatte sich bis Mitte der siebziger Jahre eine räumliche Funktionsteilung ergeben, die neue Strategien erforderte. Schon zuvor war das Konzept der »ausgeglichenen Funktionsräume« entwickelt worden. Es stellte eine Art sozialstaatsorientierter Kompromißlösung dar zwischen dem versorgungsorientierten Zentrale-Orte-Ansatz und dem wachstumsorientierten Entwicklungsschwerpunktkonzept.

»Als Nebenbedingungen für die wachstumsorientierte ›dezentrale Verdichtung‹ wirtschaftlicher und infrastruktureller Aktivitäten«, so Gerhard Stiens, *»sollte mit diesem Entwicklungskonzept gewährleistet werden, daß sich die Region insgesamt jeweils selbst tragen könne und daß in den größeren Funktionsräumen, die zu den Entwicklungszentren gehörten, jeweils alle ›Daseinsgrundfunktionen‹ gewährleistet sowie hochwertige Arbeitsmärkte garantiert seien. Damit wurde ein besonderes Ziel verbunden, nämlich interregionale Mobilitätszwänge zu reduzieren.«* [511]

Das daraus erwachsene Konzept der funktionsräumlichen Arbeitsteilung stellte eine Abkehr von den bisherigen, vorrangig am Sozialstaatsmodell orientierten Raumordnungskonzepten dar: Wirtschaftliche Entwicklungsziele rangierten vor den am Kriterium Lebensqualität orientierten räumlichen Ausgleichszielen. Die räumliche Arbeitsteilung, so die Prämisse, hätte zu wirtschaftlichen Entwicklungs- und Wohlstandschancen geführt, die nun gefördert werden sollten. Die funktionale Trennung zwischen Verdichtungsräumen und peripheren Räumen wurde dabei nicht mehr nur in Kauf genommen, sie sollte sogar verstärkt werden. In den achtziger Jahren wurde nur eine Facette des Funktionsteilungskonzept weitergeführt: das »Modell der Vorranggebiete« sollte die stärkere Ausrichtung auf problemorientierte Flächensteuerung begründen. In den Vorranggebieten sollten gezielt diejenigen Funktionen gefördert werden, für die die Regionen besonders geeignet erschienen. Nach Stiens ist den Konzepten seit Ende der sechziger Jahre gemeinsam,

»[...] daß sie auf die Stärkung der ›Region‹ ausgerichtet sind, d.h. darauf, daß die individuellen Regionen selbst wieder mehr Einfluß auf ihre Entwicklung nehmen können und lernen, ihre internen ›Entwicklungspotentiale‹ besser zu nutzen. Diese Konzepte sind in jedem Fall auf politische und/oder administrative Dezentralisierung abgestellt, sozusagen auf ›Regionalisierung‹ staatlicher Raumordnungs- und Regionalpolitik.« [512]

Die Vorstellung, gleiche Lebensbedingungen über die Raumordnung zu schaffen, fand einen großen öffentlichen Widerhall und führte letztendlich dazu, daß die Raumordnung bis Anfang der achtziger Jahre auch in den Ländern und Kommunen flächendeckend institutionalisiert wurde. Mit der zunehmenden räumlichen Programmkompetenz der Länder und Kommunen verlor das Bundesraumordnungsprogramm (BROP) aber immer mehr an Bedeutung, der Bund wurde faktisch auf die Rahmenkompetenz verwiesen. Die konzeptionelle und administrative Dominanz lag fortan bei den Ländern [513], so daß Gatzweiler über das BROP und die Zukunftsfähigkeit der Raumordnung pointiert urteilt:

»Im politischen Raum bietet es mit seiner klaren Zielsetzung zwar eine zitierfähige Grundlage für vielfältige regionale Ansprüche. Die geringe Handlungsorientierung verstärkt aber auch die Distanz zwischen den auf schnellen Vollzug der Fachprogramme fixierten Fachressorts und der mehr auf konzeptionelle Konsistenz und regionale Stimmigkeit fixierten Raumordnung. Alles in allem ist das Bundesraumordnungsprogramm Ende der 70er Jahre politisch out, von der Zeit und der Realität überholt. Denn schon in der zweiten Hälfte der 70er Jahre verläuft die räumliche Entwicklung weit abseits der Erwartungen, die dem Bundesraumordnungsprogramm zugrunde lagen. Größere Umweltschäden und der Ölpreisschock machen Mitte der 70er Jahre die Begrenzung der wirtschaftlichen Entwicklung durch Umwelt- und Energiekrise deutlich. Gesellschaftliche Wertvorstellungen wandeln sich. Aspekte der immateriellen Lebensqualität gewinnen an Bedeutung. Das Bewußtsein für ökologische Zusammenhänge und die Einsicht in die Gefährdungen und Grenzen der natürlichen Ressourcen wachsen. Diese Prozesse führen generell auch zu einer zunehmenden Skepsis gegenüber der Planbarkeit von Raum und Gesellschaft, einschließlich der Quantifizierbarkeit von Zielen auf der Grundlage gesellschaftlicher Indikatoren. Der politische Stellenwert der Raumordnung als Regierungsaufgabe erleidet einen gravierenden Bedeutungsverlust.« [514]

Wissenschaftlicher Beirat

Leiter
Direktor Dr. Ganser

Abteilung F
Forschung

Abteilung J
Dokumentation und Information

Z 1
Verwaltung
ROAR Roelefsen

Z 2
Kartographie, Reproduktion
TROAR Hiller

Referat F 1
Regionale Bevölkerungforschung
Dipl. Geogr. Stiens

Referat F 2
Regionale Arbeitsplatzforschung
Dipl. Geogr. Wagner

Referat F 3
Regionale Bildungsforschung
WissOR Dipl. Volksw. Dr. Bals

Referat F 4
Regionale Freizeitforschung
Dipl. Soz. Meuter

Referat F 5
Regionale Kommunikationsforschung
Dipl. Volksw. Dr. Heinze

Referat F 6
Flächennutzungsforschung
WissOR Dr. Bürgener

Referat F 7
Regionalökologische Forschung
WissDir. Prof. Dr. Schneider

Referat F 8
Raumstrukturelle Forschung
WissDir. Dr. Kroner

Referat J 1
Literatur-Dokumentation und Außenstelle Berlin
WissDir Dr. Schamp

Referat J 2
Literatur-Information
WissOR Dr. Heiland

Referat J 3
Numerische und topographische Information
WissDir Dr. Möller

Referat J 4
Informationssystem, EDV-Anlagen
Dipl. Geogr. Rase

Referat J 5
Informationsverbreitung
WissDir Dr. Schmidt

Organigramm der Bundesforschungsanstalt für Landeskunde und Raumordnung aus dem Gründungsjahr 1973. Die Leitung der Abteilungen Forschung und Information wurde wie die Leitung der gesamten Behörde von Karl Ganser wahrgenommen.

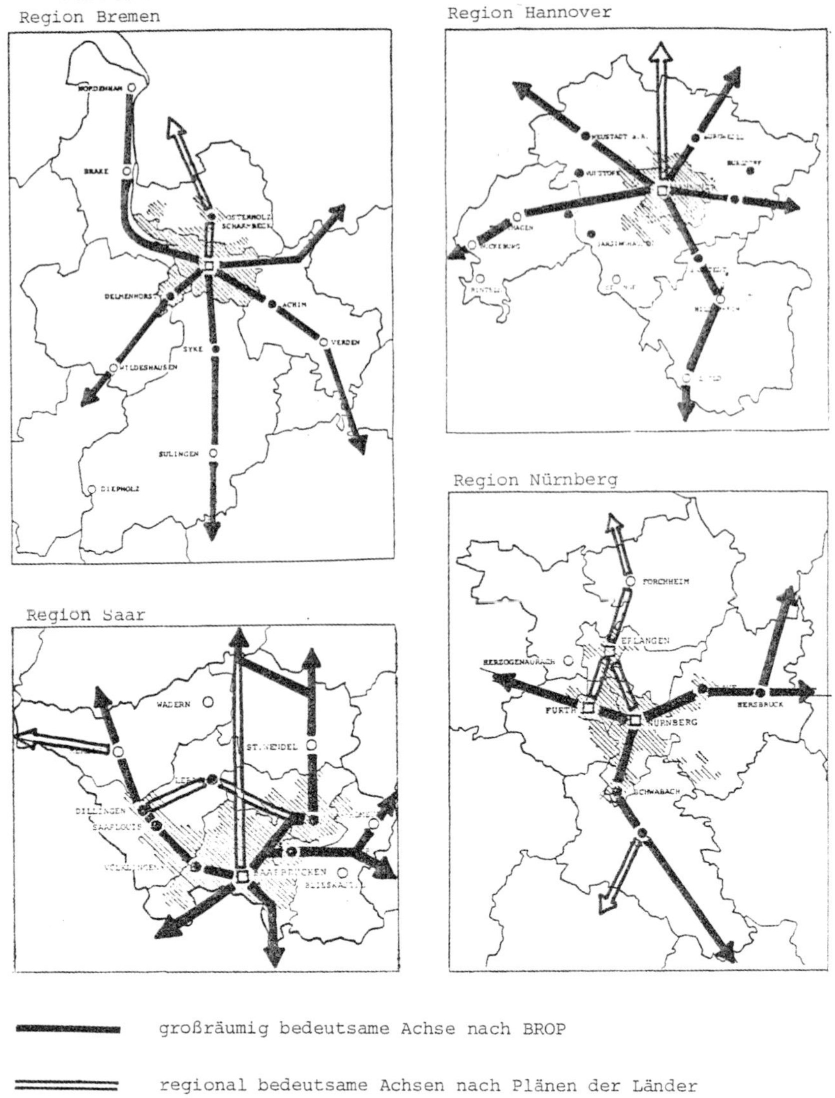

Ein Beispiel aus dem Mittelfristigen Forschungsprogramm Raumordnung und Städtebau (MFPRS): Untersuchungsgegenstand waren die Mittelstädte im Einzugsbereich von Verdichtungsräumen. Die Abbildung zeigt die Lage der Mittelstädte zu großräumig und regional bedeutsamen Achsen.

Dennoch stellt dieser Bedeutungsverlust nicht den Anfang vom Ende der Raumordnung dar. Die Rahmenkompetenz des Bundes wurde und wird regional auch akzeptiert: »Tagtäglich werden in den Bundesländern zwischen Landes- und Kommunalebene Entscheidungen gefällt gemäß raumordnungspolitischer Vorgaben aus den Raumordnungsplänen und Landesentwicklungsprogrammen, die von den Parlamenten in Gesetzesform gefaßt wurden.«[515]

Als konsequente Ausrichtung auf die Städtebaupolitik von Bundesbauminister Hans-Jochen Vogel war Mitte der 70er Jahre das »Mittelfristige Forschungsprogramm Raumordnung und Siedlungsentwicklung« (MFPRS) ins Leben gerufen worden, das in der Forschungslandschaft schnell bekannt wurde. Die einzelnen Regionalstudien sollten Mittel zum Ziel darstellen, gleichwertige Lebensqualität zu schaffen und dienten quasi als Beweisstücke für das Raumordnungsgesetz. Von 1974 bis 1984 war das MFPRS das Großforschungsprogramm der Bundesforschungsanstalt, das sich vor allem auf das Stadt-Umland-Verhältnis und hierbei auf die Tendenz zur Polarisierung der Funktionen »Arbeit« in den Kernstädten und »Wohnen« in den Randbezirken konzentrierte. Forschungsdesiderata bestanden auch bei den großräumigen

Disparitäten der Bereiche Arbeitsmarkt, Infrastrukturausstattung, Wohnungsversorgung und Umwelt. Die Einzelprojekte des MFPRS sollten diese regionalen Benachteiligungen aufspüren und den Maßnahmenkatalog zu deren Beseitigung verbessern. Als solche Maßnahmen wurden beispielsweise vorgeschlagen, den öffentlichen Personennahverkehr auszubauen, gut erreichbare Arbeitsplätze zu vermehren und die Ausstattung mit Dienstleistungseinrichtungen der verschiedensten Arten zu fördern.[516] Im Rahmen des MFPRS wurden viele neue Arbeitskräfte eingestellt, so daß Anfang der achtziger Jahre insgesamt 130 Mitarbeiter zum Personal der Bundesforschungsanstalt gehörten, davon 40 Wissenschaftler, 30 Sachbearbeiter, darunter Kartographen und Bibliothekare, und 60 Büro- und Schreibkräfte, technische und sonstige Mitarbeiter. Die jährlich ca. 15-20 ausgeschriebenen Forschungsprojekte des MFPRS wurden fast ausschließlich extern vergeben, so an wissenschaftliche Institute der Hochschulen, andere öffentliche Institutionen und an freie Planungsbüros. Die Mitarbeiter der Abteilung »Information und Planung« waren forschungsbegleitend tätig und kontrollierten die Zwischenberichte der Externen, um so das Interesse der Bundesforschungsanstalt und des Bundesbauministeriums zu überwachen, denn die Ergebnisse sollten anwendungsorientiert erarbeitet werden. Bis 1984 konnten im Rahmen des MFPRS rund 150 Forschungsvorhaben abgeschlossen werden, so zu Verkehr, Freizeit, Flächenansprüchen, Umwelt und benachteiligten Gruppen.

In dieser Zeit entfiel etwa ein Drittel des gesamten Zeitbudgets der Bundesforschungsanstalt auf das »Mittelfristige Forschungsprogramm Raumordnung und Siedlungsentwicklung«; ein weiteres Drittel auf ad-hoc-Aufträge, so auf die kurzfristige Bearbeitung von Anfragen zu aktuellen Themen des politischen Alltags; das letzte Drittel stand für Eigenforschung zur Verfügung. Zum Vergleich: Ende der neunziger Jahre verblieben ein Drittel der Zeit für die ad-hoc-Aufträge und Eigenforschung zusammen, zwei Drittel flossen in die Programme des Bundesbauministeriums wie »Urban 21« und den »Experimentellen Wohnungs- und Städtebau« (ExWoSt). Mitte der 80er Jahre wurde das MFPRS nicht mehr als kompaktes Jahresprogramm regelmäßig, sondern nur noch nach Bedarf aufgelegt, schließlich verschwand es ganz bzw. ging in die allgemeine Auftragsforschung über. Damit fehlte ein wichtiges Instrument, mit dem aus der Bundesforschungsanstalt über das Bundesbauministerium integrativ auf andere Ressorts eingewirkt werden konnte. Das MFPRS hat in den zehn Jahren seines Bestehens die Forschungslandschaft zu Raumordnung und Städtebau ganz entscheidend geprägt und einen engen Informationsaustausch zwischen Wissenschaft, planerischer Praxis, Verwaltung und Politik gewährleistet. Obwohl die Studien anwendungsorientierte Ergebnisse lieferten, wurde vielfach die schleppende Umsetzung in der Raumordnungspolitik kritisiert, so von Heik Afheldt:

»Vieles ist gegenüber der Praxis der Zeit vorher verbessert. Das MFPRS gleicht insgesamt aber noch zu sehr einer Kuh, für die sehr strukturierte Fütterungspläne aufgestellt worden sind. Sie gedeiht recht gut und der Input ist bestens dokumentiert. Aber wer welchen Nutzen aus den Eutern zieht…, das entgeht der Wißbegierde und der Erfolgskontrolle der BMBauern bisher noch weitgehend.«[517]

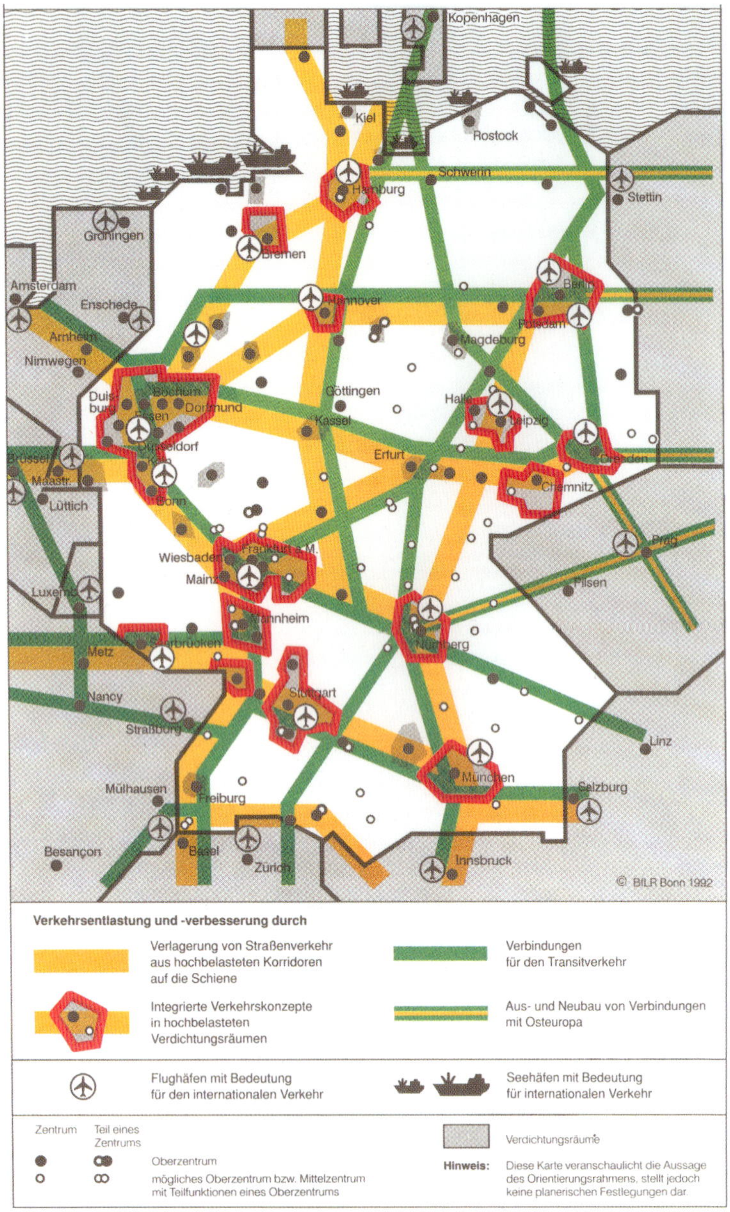

Oben: Die Anwendung der Theorie der »Zentralen Orte« und der »Entwicklungszentren« prägt bis heute den raumordnerischen Orientierungsrahmen wie beispielsweise das Leitbild Verkehr.

Afheldt berücksichtigt hier nicht, daß die Raumforschung darauf angelegt ist, durch ihre Erhebungen und Analysen mit fundierter Information die politischen Entscheidungsträger zu überzeugen und nachhaltige Wirkungen zu erzielen, die sich natürlich kaum direkt »messen« lassen. Jedenfalls können kurzfristige Umsetzungserfolge nicht im Vordergrund der Raumforschung stehen. »Erfolge« lassen sich erst im Rückblick benennen. Tatsächlich hat es politisch gewollte Veränderungen der großräumigen Strukturen der Bundesrepublik Deutschland gegeben: Die Anwendung der Theorien von den »Zentralen Orten« und den »Entwicklungszentren« hat zu einer funktionsfähigen industriewirtschaftlichen Raumstruktur geführt. Stiens dazu:

»Es ist das ›System‹ von durch gut ausgebauten Achsen oberster Hierarchiestufe (Autobahnen, Inter-City-Verbindungen) verbundener Oberzentren; ein Netz höchster Ordnung, durch das die Standorte der Produktion und die Absatzmärkte der Bundesrepublik Deutschland in einer Weise miteinander verbunden sind, deren Standard von anderen Industriestaaten in den meisten Fällen nicht annähernd erreicht wird. Unter diesem Aspekt muß Raumstruktur als relativ erfolgreich ›geordnet‹ erscheinen.« [518]

Die Politik, durch die Wissenschaft der Raumordnung Politikfelder zu besetzen, hatten alle SPD-Minister im Bundesbauministerium von Hans-Jochen Vogel (1972-1974) über Karl Ravens (1974-1978) bis Dieter Haack (1978-1982) praktiziert. Unter der Leitung von Karl Ganser war es der Bundesforschungsanstalt häufig gelungen, mit ihren Forschungsergebnissen – zum Beispiel zur Energie- und Verkehrspolitik – aktiv in die Fachministerien einzugreifen; so lieferte die anwendungsorientierte Forschung der Bundesforschungsanstalt – um ein weitreichendes Beispiel zu nennen – zahlreiche Anstöße für die Verkehrsberuhigungspolitik der siebziger und achtziger Jahre. In der Energiepolitik war der Ansatz: Öl einsparen, mehr Energieträger schaffen, das Fernwärmenetz ausbauen und die Abwärme besser nutzen. Dabei lehnte die Bundesforschungsanstalt einen »Globalismus« ab und befürwortete die Regionalisierung, was bei der Energieerzeugung beispielsweise hieß: lieber mehrere kleine als wenige große Kraftwerke. Forschungsergebnisse wirkten auch auf die Wohnungs- und Stadterneuerungspolitik, den öffentlichen Personennahverkehr, Bodennutzung und Bodenpolitik, Standorte und Dezentralisierung von Bundesbehörden, Fragen zu Recht und Verfahren

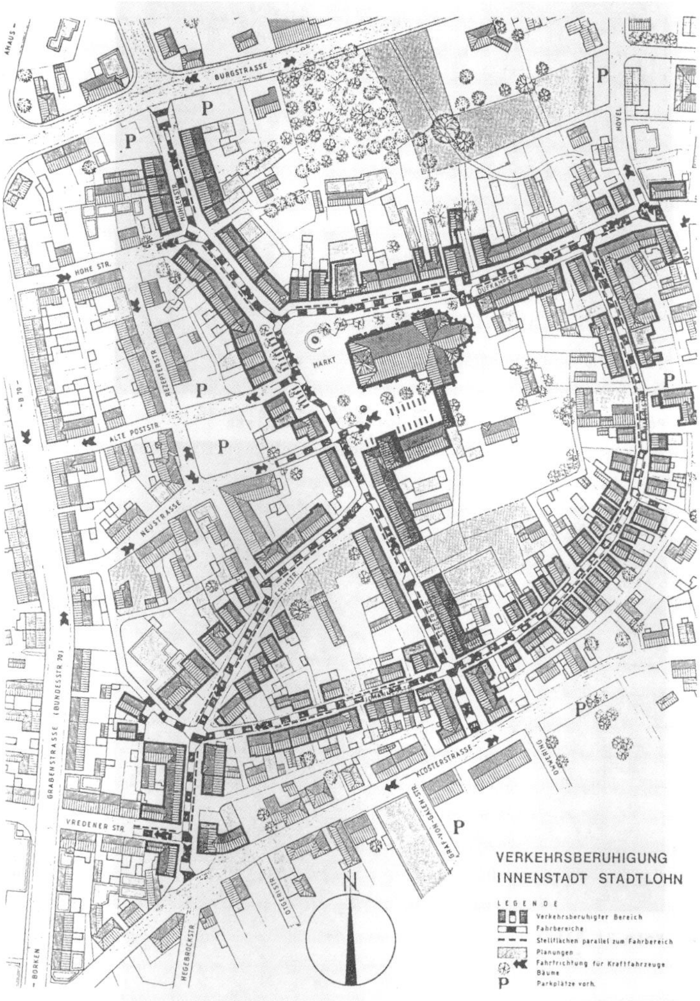

in der Raumordnung einschließlich Bürgerbeteiligung sowie auf den Bereich Finanzen und Steuern ein.[519] Die wachsenden wirtschaftlichen, ökologischen und sozialen Probleme und die knapperen staatlichen Ressourcen engten aber den politischen Handlungsspielraum der Raumordnung immer mehr ein, auch wurde vielen Fachressorts der Einfluß der Raumordnung zu groß. Die Bundesforschungsanstalt für Landeskunde und Raumordnung sollte auf eine beratende Behörde zurückgestutzt werden, so Gerhard Stiens:

»An die Stelle der Vorstellung von einer Raumordnungspolitik als ›integrierter‹ staatlicher Entwicklungsplanung ist die Vorstellung einer ›problemorientierten Raumordnungspolitik‹ getreten, die zu einer Auffassung von Politik als ›Krisenmanagement‹ tendiert […]«.[520]

Damit schwand Gansers Einfluß und in Folge dessen sein Interesse an der Leitung der Bundesforschungsanstalt, die er 1980 verließ und sich fortan als Abteilungsleiter im nordrhein-westfälischen Städtebauministerium mit Zuständigkeiten für Stadterneuerung, Denkmalschutz, kommunalen Straßenbau und Bauleitplanung mehr der Praxis widmen konnte, bevor er von 1989 bis Ende 2000 Geschäftsführer der Internationalen Bauausstellung Emscher Park wurde.

Im Rahmen der anwendungsorientierten Forschung der Bundesforschungsanstalt für Landeskunde und Raumordnung wurden auch zahlreiche Anstöße zur Verkehrsberuhigungspolitik der siebziger und achtziger Jahre gegeben. Hier ein Maßnahmenplan für die Innenstadt von Stadtlohn (oben links) sowie ein Beispiel praktischer Verkehrsberuhigung aus einer der Modellstädte: Vorher ungehindertes Rasen im Wohnbereich möglich (ganz oben), nach Umsetzung der Maßnahme können Autos hier nur noch mit maximal 30 km/h fahren.

Die Bundesforschungsanstalt für Landeskunde und Raumordnung als »verlängerte Werkbank« des Bundesbauministeriums – »Koordination durch Information«

Wendelin Stubelt leitete die Bundesforschungsanstalt für Landeskunde und Raumordnung von 1981 bis 1997, seitdem ist er Vizepräsident des Bundesamtes für Bauwesen und Raumordnung.

Als Gansers Nachfolger in der Leitung der Bundesforschungsanstalt war dessen bisheriger Stellvertreter, Frithjof Spreer, im Gespräch gewesen, der nach dem Weggang Gansers die kommissarische Leitung übernommen hatte und dessen Arbeit im Grenzgebiet zwischen Wissenschaft und Politik fortsetzte. Spreer betrachtete es als großen Nachteil, daß die Bundesforschungsanstalt »nur Daten vorgeben, Ratschläge erteilen, Richtungen weisen kann: die Entscheidungen fallen dann doch in der Politik.«[521] Unter den Bewerbern der öffentlichen Ausschreibung entschied sich das Ministerium dann nicht für einen Nachfolger aus den Reihen der Bundesforschungsanstalt, da eine Kontinuität Ganserscher Politikbeeinflussung vermieden werden sollte.

Mit Wendelin Strubelt ging 1981 die Leitung des Hauses stattdessen an einen Professor der Sozialwissenschaften mit dem Forschungsschwerpunkt Stadt- und Regionalplanung aus Bremen. Strubelt legte ein Konzept vor, daß die anvisierte Strukturänderung versprach. So wollte er als Wissenschaftsmanager fungieren. Die Bundesforschungsanstalt sollte, wie Strubelt es zwei Jahre nach seiner Amtsübernahme ausdrückte, sich auf wissenschaftliche Politikberatung konzentrieren, »auf umsetzungsorientierte Forschungen, die einen praktischen Erfolg bei der räumlichen Politik erwarten lassen.«[522] Die Bundesforschungsanstalt sollte ein Forum für Raumordnung werden, jedoch politisch zurückhaltender, dafür wissenschaftlich präsenter sein. Aus dem Politik- sollte ein Forschungsinstitut werden, das sich durch qualifizierte wissenschaftliche Arbeit eine unangreifbare Position verdiene. Strubelt sah die Bundesforschungsanstalt als wissenschaftliches Fundament für eine solide Politikberatung. Hier waren neue Schwierigkeiten vorprogrammiert, denn dem Ministerium schwebte eher eine Institution vor, die als verlängerte Werkbank des Bundesbauministeriums Auftragsarbeit erledigen sollte. Da jedoch die meisten Projekte der Bundesforschungsanstalt auf Langfristigkeit angelegt waren, konnte sich ein Wandel nicht schlagartig vollziehen. 1983 nennt Strubelt bekannte Forschungsschwerpunkte:

1. Die »flächenhafte Verkehrsberuhigung«; in diesem Programm wurden Planungshilfen für Gemeinden, Novellierungshilfen für die Bundesebene und Grundlagen für die zukünftige Stadtverkehrspolitik erarbeitet; dabei betreute die Bundesforschungsanstalt hauptsächlich die Aspekte Wohnungsmarkt, Städtebau, Stadtgestaltung und Wohnumfeldverbesserung.
2. »Stadterneuerung und Stadtökologie«; hier wurden Erfahrungen mit der Wohnumfeldverbesserung durch Grün- und Freiflächen auf Gemeindeebene gesammelt und ausgewertet, um Empfehlungen für Förderprogramme und Gesetzesinitiativen geben zu können.
3. »Siedlungskonzepte in Verdichtungsräumen«; in mehreren MFPRS-Projekten und durch Eigenforschung wurden Informationen über Faktoren gesammelt, die die Siedlungsentwicklung beeinflussen.[523]

Wissenschaftlicher Beirat

Leiter
Direktor und Professor
Dr. Strubelt

Abteilung F
Forschung
WissDir Dr. Gatzweiler

Abteilung J
Information
WissDir Dr. Türke

Z 1
Verwaltung
ROAR Müller

Referat F 1
Bevölkerung und Sozialstruktur
Dipl. Geogr. Dr. Stiens

Referat F 2
Wirtschaft und Beschäftigung
Dipl. Ing. Sinz

Referat F 3
Bildung und soziale Infrastruktur
WissDir Dr. Heiland

Referat F 4
Wohnen
Dipl. Soz. Meuter

Referat F 5
Verkehr und Energie
WissOR Dr. Lutter

Referat F 6
Bodennutzung und Bodenpolitik
Dr. Ing. Losch

Referat F 7
Umwelt
Dipl. Ing. Kampe

Referat F 8
Raumstruktur und Siedlungsstruktur
WissDir. Dr. Kroner

Referat F 8
Entwicklung der Agglomerationsräume
WissOR Dr. Ing. Güttler

Referat J 1
Literaturinformation
WissOR Dr. Weber

Referat J 2
Forschungsinformation
WissDir'in Dr. Brinkmann

Referat J 3
Raumbeobachtung und Prognosen
WissOR Dr. Böltken

Referat J 4
EDV-Anlagen, Informations-system
Dipl. Geogr. Rase

Referat J 5
Veröffentlichungswesen
WissOR Dr. Schliebe

Das Organigramm der Bundesforschungsanstalt für Landeskunde und Raumordnung aus dem Jahre 1986.

Oscar Schneider, Bundesbauminister von 1982 bis 1989.

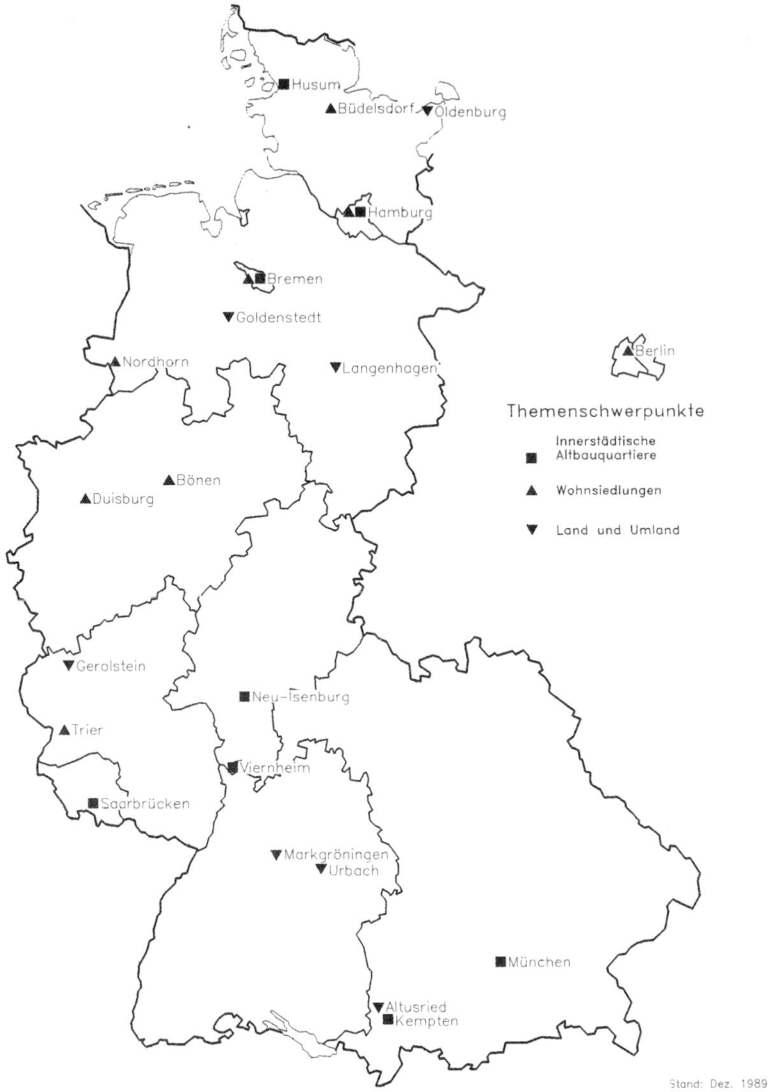

Im Rahmen des Programmes Experimenteller Wohnungs- und Städtebau (ExWoSt) wurde in den achtziger Jahren beispielsweise über »Ältere Menschen und ihr Wohnquartier« geforscht, hier die Karte mit den dafür ausgewählten Modellvorhaben.

Als Strubelt die Leitung der Bundesforschungsanstalt für Landeskunde und Raumordnung übernahm, gliederte sie sich neben der Verwaltung in die Abteilungen Forschung und Information. Die Abteilung Forschung bestand aus den Referaten »Bevölkerung und Sozialstruktur«, »Wirtschaft und Beschäftigung«, »Bildung und soziale Infrastruktur«, »Wohnen«, »Verkehr«, »Bodennutzung und Bodenpolitik«, »Umwelt«, »Raumstruktur und Siedlungsstruktur« und »Energie«. Die Abteilung Information gliederte sich in die Referate »Literaturinformation«, »Forschungsinformation«, Raumbeobachtung und Prognosen«, »EDV-Anlagen, Informationssystem« und »Veröffentlichungs-wesen«. Die neue strukturelle und personelle Ausrichtung der Bundesforschungsanstalt stellte bei vorerst inhaltlicher Kontinuität eine deutliche Zäsur dar.

Nach dem Regierungswechsel 1982 bekam der Städtebau im ersten Kabinett Kohl unter Bundesbauminister Oscar Schneider (1982-1989) einen entscheidenden Impuls: Eine durch Verdreifachung der Städtebauförderungsmittel gestärkte Innenentwicklung führte dazu, daß Stadt- und Dorfkerne nachhaltig erneuert und unter denkmalpflegerischen Gesichtspunkten gepflegt wurden, Baulücken geschlossen,

Brachflächen wieder genutzt und bodenschonend bebaut wurden. Diese bestandsorientierte, ressourcenschonende und umweltverträgliche Städtebaupolitik fand auch Eingang in eine vereinfachte und übersichtlichere Gesetzgebung, die gleichzeitig auch die erste Gesamtkodifikation des deutschen Städtebaurechts bedeutete: Zum 1. Juli 1987 wurden Städtebauförderungsgesetz und Bundesbaugesetz im Baugesetzbuch zusammengeführt. Die städtebaulichen Akzente beeinflußten auch die neuen Schwerpunkte in der Raumordnungspolitik, die die Bundesregierung 1986 festlegte. Zu einem der wichtigsten praxisorientierten Forschungsprogramme des Bundesbauministeriums gehört seitdem der »Experimentelle Wohnungs- und Städtebau« (ExWoSt). Das Programm förderte bereits mehrere hundert Modellvorhaben, die durch unkonventionelle Konzepte und innovative Umsetzungsstrategien dazu beitragen, daß sich die Lebensbedingungen unter dem Prinzip der Chancengleichheit verbessern.

Doch noch andere Faktoren dieser Jahre beeinflußten die weitere Entwicklung. So gewann in den achtziger Jahren die Umweltplanung als konkurrierender Politikbereich rasch an Beachtung. Einen entscheidenden Impuls erhielt die Bundesraumordnungspolitik durch die Regionalisierung staatlicher Kompetenzen im Rahmen einer gemeinsamen europäischen Raumentwicklungspolitik, die in den 80er Jahren immer mehr ins Blickfeld trat: Mit dem zunehmenden Integrationsprozeß stellten die enormen räumlichen Unterschiede in Europa zwischen peripheren und zentralen Regionen eine neue Herausforderung dar. Daß hier nationale Begrenzungen fielen, neue Zuschnitte von Raumregionen entstanden und raumwirksame Faktoren im europäischen Konzert verglichen wurden, stellte besonders für die Wissenschaft der Raumordnung, wie sie die Bundesforschungsanstalt betrieb, neue Chancen dar. Hier wurden vor allem Ansätze verfolgt, die auf die Stärken und internen Entwicklungspotentiale der Regionen setzten und auch dezentral konzipiert werden sollten. Erste Lösungsstrategien wurden 1983 in der Europäischen Raumordnungscharta niedergelegt.[524]

In der novellierten Raumordnungspolitik verfolgte die christlich-liberale Koalition in Kontinuität der Vorgängerregierung die Strategie, durch die Fachplanungen hindurch Raumordnung zu betreiben; vor allem sollte dies – wie Helmut Kohl in seiner Regierungserklärung vom 4. Mai 1983 ankündigte – zu einer besseren Koordinierung der Raumordnung mit der Struktur- und vor allem der Umweltpolitik führen, denn besonders die Bereiche »Arbeitsplätze« und »Umwelt« waren spätestens Anfang der achtziger Jahre zwangsläufig zu dominierenden Aspekten der Raumordnung geworden. Doch auch dieser Versuch, alle Fachressorts bei ihren raumbedeutsamen Planungen auf einen gemeinsamen räumlichen Orientierungsrahmen auszurichten, blieb theoretischer Ansatz und daher erfolglos. Zeitlich einhergehend mit dem Bruch der sozialliberalen Koalition und dem Machtwechsel von 1982 war die Raumordnungspolitik als integrierte staatliche Entwicklungsplanung am Ende, eine Phase der Schwerpunktverlagerung, neuer Orientierungspunkte und Aufgabenansätze stand an. Gerhard Stiens findet es charakteristisch,

»[...] daß hierfür direkte Einwirkungen von seiten des politisch-administrativen Systems (da fehlend) auf keinen Fall Auslöser gewesen sind, eher schon – und im Gegensatz dazu – eine dort verbreitet herrschende Reglosigkeit bzw. Ratlosigkeit, was Neuausrichtung von Ressortpolitik und darauf orientierter Forschung anbetrifft.« [525]

Und Gatzweiler urteilt 1997 rückblickend ernüchtert:
»Statt mit langem Atem den Maßnahmenvollzug der Fachpolitiken durch konkrete, mit dem jeweiligen fachlichen Zielsystem kompatible Innovationen zu beeinflussen, dominieren die rituellen Regionalisierungsklauseln und Verteilungsanalysen, die von den Fachressorts lediglich zur Kenntnis genommen werden [...]. Die Dominanz der Fachplanungen durch das Ressortprinzip ist zu stark, bis heute. Der Raumordnung mangelt es bis heute an politischem Stellenwert, der für das Durchstehen der Konflikte zwischen den Zielen der Fachplanungen und der räumlichen Planung notwendig ist.« [526]

Hier wird eine gewisse Tragik deutlich: Die Instrumente und Ergebnisse der wissenschaftlichen, auf Anwendung orientierten Forschung über die regionale, bundes- und europaweite Raumordnung wird immer ausgefeilter, die Datengrundlagen immer umfangreicher und die Auswertung immer differenzierter. Doch während die Bundesforschungsanstalt Forschungsergebnisse vorlegte, die als solides, wissenschaftliches Fundament für eine nachhaltige Raumordnungspolitik hätten dienen können, ist den verantwortlichen Raumordnern in der Politik der Durchbruch von der Programmatik zum Programmvollzug nur sporadisch gelungen.

Erreicht wurde aber eine »Koordination durch Information«, so die Koordination raumordnungsbezogener Politik durch Raumordnungsprognosen, -berichte und -programme sowie durch Information über die Ergebnisse der Ressortforschung. Als wichtigstes Instrument dieser Strategie zur Orientierung, Konfliktregelung und Konsensbildung hat sich seit den siebziger Jahren das räumliche Informationssystem der Bundesforschungsanstalt bewährt, das der Fachöffentlichkeit unter dem Namen »Laufende Raumbeobachtung« (LRB) bekannt ist. Sie dient als Einrichtung zur regelmäßigen, systematischen, umfassenden und autonomen Beobachtung der großräumigen Tendenzen im Bundesgebiet sowie der Auswirkungen politischen Handelns.

Sie wurde als »Frühwarnsystem« entwickelt, das regionale Ungleichgewichte, die dem sozialstaatlichen Prinzip gleichwertiger Lebensbedingungen zuwider liefen, beobachten und auswerten sollte. Diese »regionalen Disparitäten« waren infolge räumlicher Konzentrationsprozesse entstanden, die die Politik »ökonomischer Funktionalisierung der räumlichen Strukturen« ausgelöst hatte. Die »Laufende Raumbeobachtung« sollte nun die räumlichen Entwicklungen im interregionalen Vergleich registrieren. Dazu mußten Indikatoren entwickelt werden, anhand derer die Veränderung regionaler Lebensbedingungen objektiv gemessen werden konnte. Solche Indikatoren waren und sind die Art und Anzahl von Arbeitsplätzen, Schulen, Freizeiteinrichtungen, Krankenhäusern und weitere soziale, ökonomische und kulturelle

Kurzinformationen zum Kreis

KS Potsdam
Brandenburg

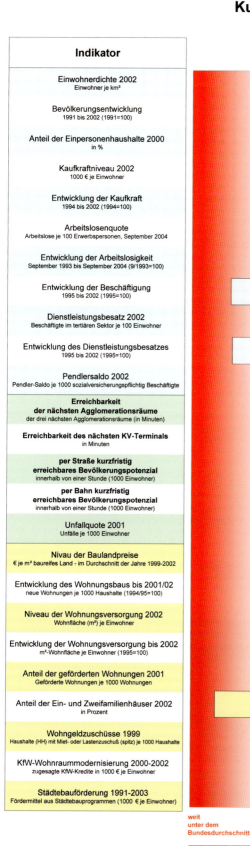

Indikator	Kreis	Deutschland	Bundesland
Einwohnerdichte 2002 Einwohner je km²	1201	231	88
Bevölkerungsentwicklung 1991 bis 2002 (1991=100)	94	103	101
Anteil der Einpersonenhaushalte 2000 in %	43,3	36,0	30,5
Kaufkraftniveau 2002 1000 € je Einwohner	15,3	16,4	13,3
Entwicklung der Kaufkraft 1994 bis 2002 (1994=100)	139	129	149
Arbeitslosenquote Arbeitslose je 100 Erwerbspersonen, September 2004	13,5	11,4	19,8
Entwicklung der Arbeitslosigkeit September 1993 bis September 2004 (9/1993=100)	116	113	145
Entwicklung der Beschäftigung 1995 bis 2002 (1995=100)	80	98	83
Dienstleistungsbesatz 2002 Beschäftigte im tertiären Sektor je 100 Einwohner	43,5	21,6	20,1
Entwicklung des Dienstleistungsbesatzes 1995 bis 2002 (1995=100)	92	109	94
Pendlersaldo 2002 Pendler-Saldo je 1000 sozialversicherungspflichtig Beschäftigte	233	5	-158
Erreichbarkeit der nächsten Agglomerationsräume der drei nächsten Agglomerationsräume (in Minuten)	101	89	98
Erreichbarkeit des nächsten KV-Terminals in Minuten	52	43	67
per Straße kurzfristig erreichbares Bevölkerungspotenzial innerhalb von einer Stunde (1000 Einwohner)	4276	3840	2046
per Bahn kurzfristig erreichbares Bevölkerungspotenzial innerhalb von einer Stunde (1000 Einwohner)	4420	3296	1662
Unfallquote 2001 Unfälle je 1000 Einwohner	6,2	6,2	7,0
Nivau der Baulandpreise € je m² baureifes Land - im Durchschnitt der Jahre 1999-2002	139	76	50
Entwicklung des Wohnungsbaus bis 2001/02 neue Wohnungen je 1000 Haushalte (1994/95=100)	54	56	99
Niveau der Wohnungsversorgung 2002 Wohnfläche (m²) je Einwohner	36	40	37
Entwicklung der Wohnungsversorgung bis 2002 m²-Wohnfläche je Einwohner (1995=100)	118	109	118
Anteil der geförderten Wohnungen 2001 Geförderte Wohnungen je 1000 Wohnungen	0,1	1,3	0,5
Anteil der Ein- und Zweifamilienhäuser 2002 in Prozent	50	82	84
Wohngeldzuschüsse 1999 Haushalte (HH) mit Miet- oder Lastenzuschuß (spitz) je 1000 Haushalte	89	41	86
KfW-Wohnraummodernisierung 2000-2002 zugesagte KfW-Kredite in 1000 € je Einwohner	653	37	140
Städtebauförderung 1991-2003 Fördermittel aus Städtebauprogrammen (1000 € je Einwohner)	535	67	270

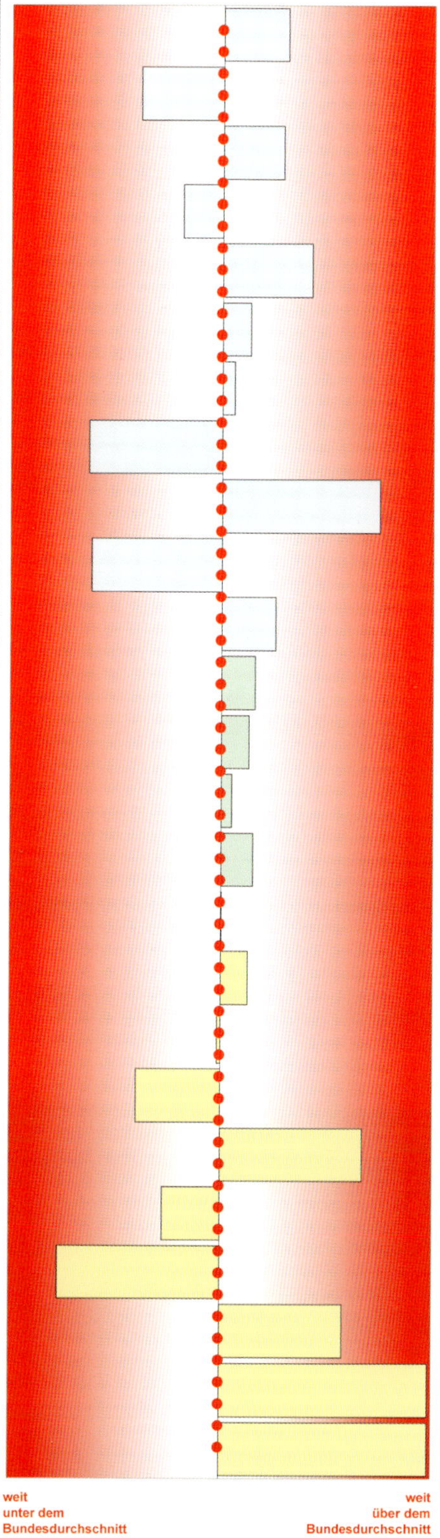

Damit die Grafik übersichtlich bleibt, wurden die regionalen Extremwerte gegebenenfalls ab- bzw. aufgerundet.

Ansprechpartner:
Dr. Steffen Maretzke - BBR I4

●●●●●● Bundesdurchschnitt

Stand: Oktober 2004

Die Laufende Raumbeobachtung wird stetig weiterentwickelt. Hier ein aktuelles Beispiel mit Indikatoren für Kurzinformationen auf Kreisebene.

Infrastrukturaspekte im Verhältnis zur Einwohnerzahl, Erreichbarkeit und Etliches mehr. Entsprechend der Querschnittsaufgabe der Raumordnung werden also grundsätzlich alle raumrelevanten Lebensbereiche berücksichtigt. Ende der neunziger Jahre enthielt die regionalstatistische Datenbasis für jeden Kreis ca. 12.000 Daten.

Diese Daten werden ständig aktualisiert und erweitert. Die Laufende Raumbeobachtung selbst wurde durch die Subsysteme Stadtbeobachtung, Wohnungsmarktbeobachtung und die laufende Umfrageforschung ergänzt. Im stetigen Ausbau befindet sich auch die »LRB Europa«, die eine ebenso differenzierte Datenstruktur für das geographische Europa erstellen will. Die europäische Raumbeobachtung konzentriert sich vor allem auf die Europäische Union, aber auch auf den Europäischen Wirtschaftsraum, Mittel- und Osteuropa und die Regionen der GUS.

Als effektive Datenzugriffsverfahren entwickelte die Laufende Raumbeobachtung eigene EDV-Programmsysteme, so für die regionalisierten Bevölkerungs-, Wanderungs- und Haushaltsprognosemodelle. Bereits Mitte der achtziger Jahre ist die Laufende Raumbeobachtung der umfassendste öffentlich zugängliche Datenpool mit folgenden Leistungen: Vergleich regionaler Disparitäten; kontinuierliche Beobachtung räumlicher Entwicklungsprozesse; Aufdecken von Zusammenhängen, die für aktuelle politische Entscheidungen von Bedeutung sind; Kontrolle von Wirkung und Erfolg politischer Maßnahmen; Voraussetzungen für Prognosen und regionalisierte Modellrechnungen.

Die Analysen räumlicher Entwicklung in den Raumordnungsberichten des Bundes und anderer periodischer Berichte stützen sich fast ausschließlich auf die Ergebnisse der Laufende Raumbeobachtung. Gerade in dem pragmatischen Zugriff, den die Laufende Raumbeobachtung bietet, unterscheidet sie sich von den in den siebziger Jahren gescheiterten anderen Indikatorensystemen. Auch bei fast allen größeren Projekten der Bundesforschungsanstalt für Landeskunde und Raumordnung wurde auf die Erhebungen der Laufende Raumbeobachtung zurückgegriffen. Durch die schnellen Zugriffsmöglichkeiten erwies sie sich als nützlich bei der Bearbeitung von ad-hoc-Aufträgen, für Expertisen und Reden des Ministers und für parlamentarische Anfragen oder Bundestagsausschüsse. Wendelin Strubelt beschreibt wegen der vielseitigen Einsetzbarkeit die Laufende Raumbeobachtung als bedeutende, langfristige Aufgabe:

»Eine aktive Raumordnungspolitik muß sich auf gesichertes Wissen stützen. Ihr zentrales Anliegen muß deshalb die Verbesserung der Informationsbasis sein. Gute Informationen schaffen einen Vorlauf für einen wirkungsvollen und rationellen Einsatz von Maßnahmen. Notwendig sind Informationen über gesellschaftliche Verhältnisse, alternative Entwicklungsmöglichkeiten und deren Auswirkungen sowie über die Folgen bisheriger Maßnahmen.« [527]

Europäische Raumentwicklung

Europäisches Raumentwicklungskonzept

Die Zusammenarbeit der europäischen Staaten und ihrer Regionen wird für die Raumentwicklung immer wichtiger. Viele Aufgaben und Probleme (z.B. im Umweltbereich oder bei den europäischen Verkehrsnetzen) können nicht mehr allein auf nationaler Ebene gelöst werden. Die Mitgliedstaaten der Europäischen Union haben daher gemeinsam mit der Europäischen Kommission das "Europäische Raumentwicklungskonzept" erarbeitet, kurz EUREK genannt.

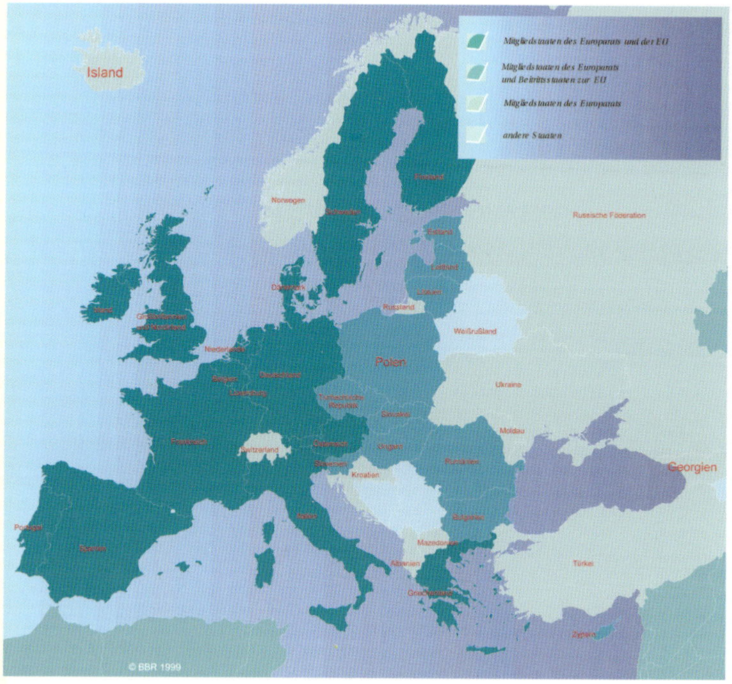

Das EUREK stellt eine Vision vom künftigen Raum der Europäischen Union dar. Es ist ein europäischer Orientierungsrahmen für Planungen und größere Investitionen öffentlicher und privater Entscheidungsträger. Ziel ist es, daß alle Städte und Regionen in der EU gleichermaßen an der Entwicklung profitieren. Dazu müssen sie besser als bisher zusammenarbeiten.

Angesichts der vielfältigen räumlichen Verflechtungen und der bevorstehenden Osterweiterung darf sich die raumordnerische Zusammenarbeit nicht auf die Europäische Union beschränken, sondern sind gesamteuropäische Perspektiven gefordert. Die Mitgliedstaaten des Europarats erarbeiten daher zur Zeit "Leitlinien für eine nachhaltige räumliche Entwicklung auf dem europäischen Kontinent".

Transnationale Zusammenarbeit in der Raumentwicklung

Zur Umsetzung des EUREK hat die Europäische Kommission das Förderprogramm Interreg II C aufgelegt. Damit unterstützt sie die transnationale Zusammenarbeit in größeren europäischen Räumen. Ziel von Interreg II C ist die Verbesserung der transnationalen Zusammenarbeit, um eine ausgewogene und nachhaltige Raumentwicklung in Europa zu fördern.

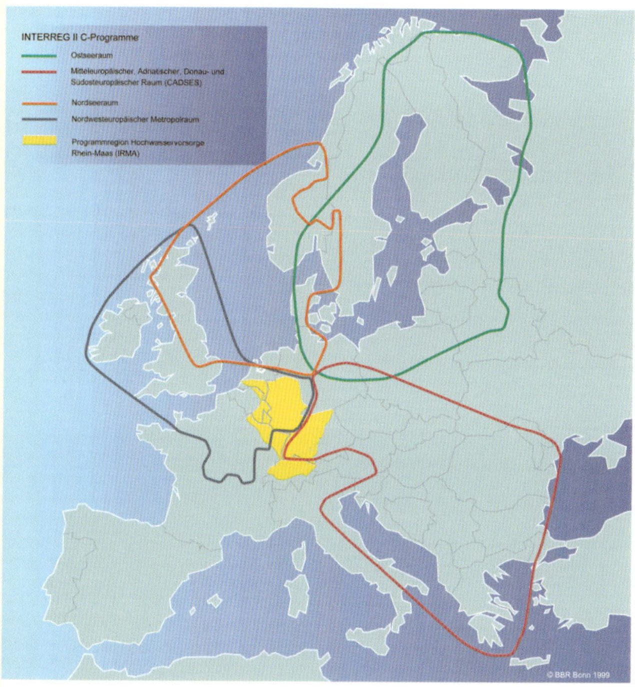

Bund und Länder sind an fünf transnationalen Kooperationsräumen beteiligt. In diesen Räumen wollen die europäischen Staaten und ihre Regionen gemeinsame Entwicklungsvorstellungen in konkreten Projekten umsetzen. In allen Kooperationsräumen wurden eine Reihe von transnationalen Projekten auf den Weg gebracht, die den Wert der staatenübergreifenden Zusammenarbeit überzeugend demonstrieren.

Das Bundesamt für Bauwesen und Raumordnung unterstützt die Zusammenarbeit der zuständigen Institutionen in Deutschland und den europäischen Staaten durch prozeßbegleitende Beratung, durch die fachliche Betreuung von Projekten und durch Erfahrungsaustausch.

Auch die europäische Raumbeobachtung wird seit den achtziger Jahren ständig weiterentwickelt, die Zusammenarbeit fortwährend intensiviert und der Erfahrungs- und Datenaustausch immer differenzierter und abgestimmter. Das »Europäische Raumentwicklungskonzept«, kurz »EUREK«, ist heute der Orientierungsrahmen für Raumplanungen auf europäischer Ebene.

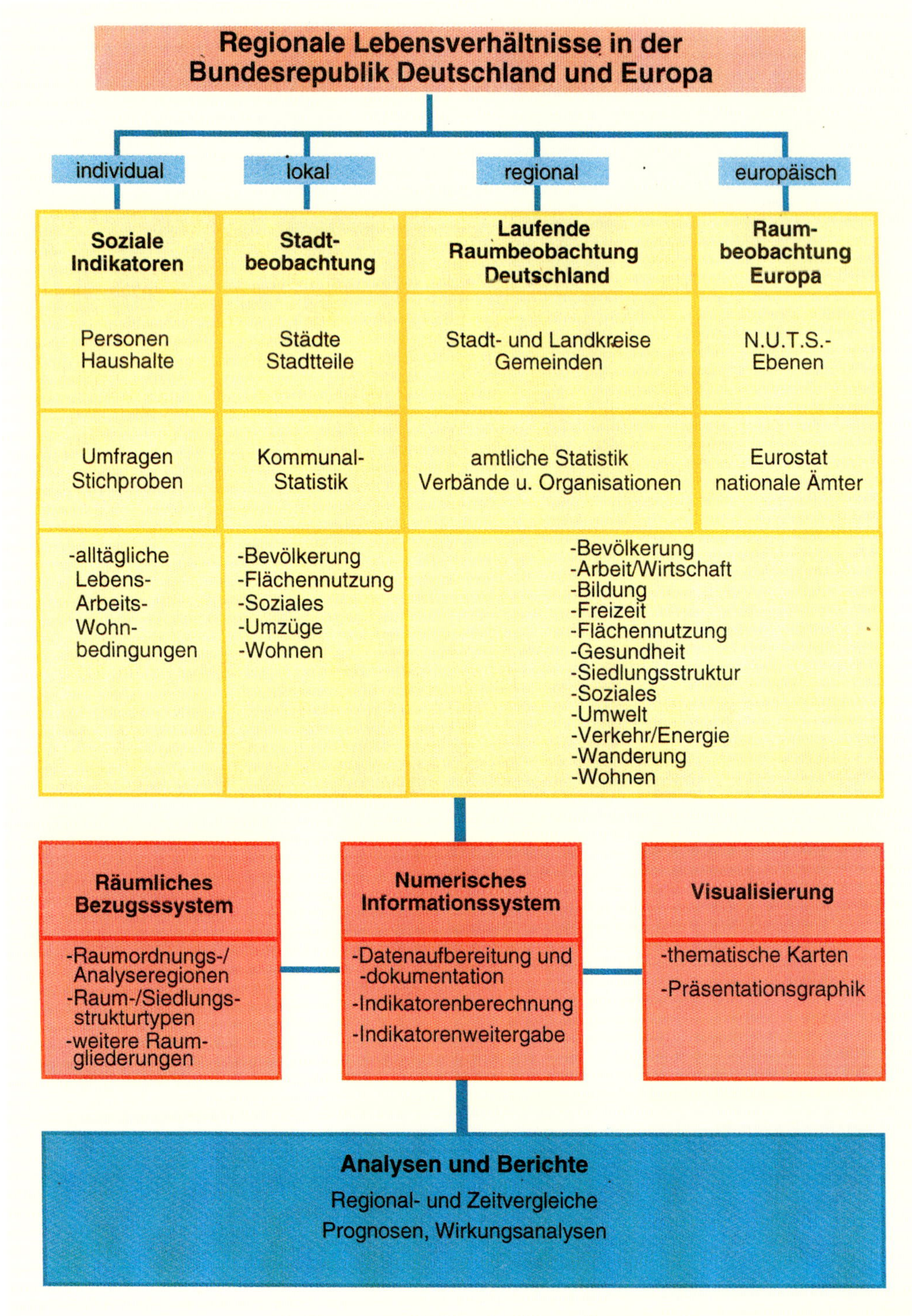

Das Raumbeobachtungs-system.

Ziel sollte es sein, die Entstehung räumlicher Disparitäten zu verhindern bzw. gleichwertige Lebensbedingungen zu wahren. Dazu mußten die raumwirksamen Aktivitäten aller Fachressorts koordiniert werden[528], weshalb ihnen die Ergebnisse der Laufenden Raumbeobachtung gleichermaßen transparent gemacht wurden. Sie wurde von Anfang an für solch gezielte Informationspolitik genutzt, so für die Abgrenzung von Verdichtungsräumen für Hintergrundinformationen bei der Bundesverkehrswegeplanung. Dabei steht zwar die Selbstinformation der Bundesraumordnung im Vordergrund, doch sollen diese extern zur Verfügung gestellten Daten auch Bürger, Planer und Politiker vor Ort mit regionalen Disparitäten bekannt machen. Auch hier herrscht das Prinzip der »Koordination durch Information« vor. So informiert sich beispielsweise die regionale Wirtschaftsförderung bei der Laufenden Raumbeobachtung über Standorte, die sich an den Erfordernissen einzelner Betriebstypen orientiert. Die Daten der Laufenden Raumbeobachtung werden auch bei Ver- und Entsorgungsfragen und bei Problemen des Nahverkehrs genutzt.[529]

Wegen des hohen methodischen Standards und der Vielzahl der verfügbaren Daten ist die Laufende Raumbeobachtung von herausragender wissenschaftlicher Bedeutung. Während sich jegliche Forschung über Raumordnung auf die an keiner anderen Stelle umfassender vorhandenen Daten stützt, fehlt – wie schon bedauert – die politische Einsicht, Forschungsergebnisse auch in praktische Raumordnungspolitik münden zu lassen, so daß die Wirkung sowohl bei den Fachressorts als auch bei den nachgeordneten Ebenen der Raumordnung eher marginal bleibt. Das liegt vor allem an der geringen Bedeutung der Bundesraumordnung im Rahmen der horizontalen und vertikalen Politikverflechtung. Über die gleichzeitige, kontinuierliche Begehrtheit der Erhebungen der Laufenden Raumbeobachtung urteilt Gatzweiler kritisch:

»Wo es gut paßt, wird gern auf die Datengrundlagen der Raumordnung zurückgegriffen. Wo es nicht paßt, wird auf die fachpolitisch maßgeblichen Sachzwänge verwiesen, die es nicht erlauben, die raumordnungspolitische ›Kulisse‹ zu beachten.«[530]

Die Wiedervereinigung: Chance und Herausforderung – Die Vorbereitung der Fusion mit der Bundesbaudirektion

Ein Bedeutungs- aber auch ein gewaltiger Arbeitszuwachs fiel der Laufenden Raumbeobachtung mit der deutschen Wiedervereinigung zu. Schon vor der formalen Einheit im Oktober 1990 ging sie daran, ihr komplexes räumliches Informationssystem auf die fünf neuen Bundesländer und Ost-Berlin auszudehnen, und bereits einen Monat später wurde eine vierzigköpfige »Außenstelle Berlin« mit den Arbeitsbereichen Raumordnung, Städtebau und Wohnungswesen geschaffen. Das Personal für die Außenstelle Berlin kam fast ausschließlich aus den neuen Bundesländern: aus der Forschungsleitstelle für Territorialplanung, dem Institut für Städtebau und Architektur der Bauakademie und dem Institut für Geographie und Geoökologie der Akademie der Wissenschaften.

Große Schwierigkeiten bei der Einrichtung der Laufenden Raumbeobachtung im Osten waren vorprogrammiert, denn die beiden bestehenden Systeme waren nicht kongruent und viele Daten, die fester Bestandteil westlicher Erhebungen sind, waren in der DDR gar nicht vorhanden, so etwa Daten zum Bruttoinlandsprodukt. Nur in den seltensten Fällen standen regional differenzierte Zeitreihen zur Verfügung, die Entwicklungen nach einheitlichen Kriterien seit der Kriegszeit bis in die Gegenwart dokumentierten. Lediglich bei den harten demographischen Daten wie der Geburtenentwicklung konnte auf eine vergleichbare Materialdichte zurückgegriffen werden. Große Schwierigkeiten bereiteten die territiorialen Gebietsreformen seit 1989: Fünf neue Bundesländer und die umfangreichen Kreis- und Gemeindegebietsreformen brachten es mit sich, daß neuere Daten zur Regionalstruktur kaum noch mit früheren vergleichbar waren. Diese Vergleichbarkeit herzustellen und über aktuelle Entwicklungstendenzen zu berichten, war vorrangige Aufgabe der Bundesforschungsanstalt nach der Wiedervereinigung.[531]

Eine Ausweitung der bundesdeutschen Raumordnungsinstanzen auf die neuen Bundesländer war auch deshalb schwierig, weil dort nicht auf gewachsene Verwaltungs- und Forschungsstrukturen bei Raumordnung und Städtebau zurückgegriffen werden konnte. In der DDR waren beides keine eigenständigen Politikbereiche, sondern den zentralen volkswirtschaftlichen Planungen unterworfen. 1949 war eine zentrale Abteilung Landes-, später Regionalplanung im Ministerium für Planung und dann in der Staatlichen Plankommission geschaffen worden, parallel dazu aber auch eine Hauptabteilung Landesplanung im Ministerium für Aufbau eingerichtet. Mit der Beseitigung von Kriegsschäden und dem Aufbaugesetz der DDR von 1950 gewann die technisch-gestalterische Planung mittels Flächennutzungs-, Bebauungs- und Aufbauplänen zeitweise ein Übergewicht über die räumliche Gesamtplanung.[532] Auf Länderebene war die Landesplanung bei den Wirtschaftsministerien angesiedelt. 1954 leiteten die Beschlüsse des vierten Parteitages der SED einen Wiederaufbau der räumlichen Planung ein: Zukünftig sollten komplexe Orts-, Stadt- und Bezirkspläne erarbeitet werden. Bis in die sechziger Jahre herrschte aber noch die vorhabenbezogene selektive Planung – die sogenannte Inselplanung – vor. Beispielhaft hierfür steht das Eisenhüttenkombinat Ost und der Aufbau von Eisenhüttenstadt als »Stalinstadt«.[533] Erst allmählich entstand eine umfassende Territorialplanung der DDR, die alle gesellschaftlichen Bereiche erfaßte. Die räumliche Planung war dabei fest in der Volkswirtschaftsplanung integriert. Es mußten also nach der Wiedervereinigung völlig neue Institutionen geschaffen werden.[534]

Räumliches Informationssystem

Laufende Raumbeobachtung:
Beobachtung der regionalen Lebensverhältnisse in Deutschland und Europa durch Vergleiche über Raum und Zeit

Beispiel: die Bevölkerungsentwicklung in Deutschland

Die Entwicklung von 1939 bis Ende der achtziger Jahre

Bevölkerungsentwicklung 1939 bis 1950

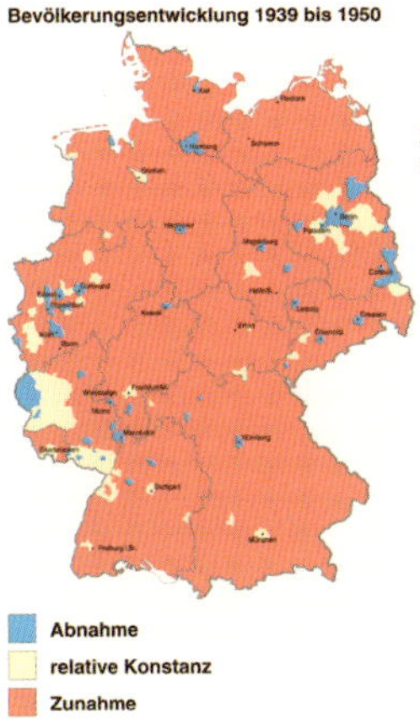

Zerstörte Städte
und Zustrom von Flüchtlingen

Bevölkerungsentwicklung 1950 bis 1961

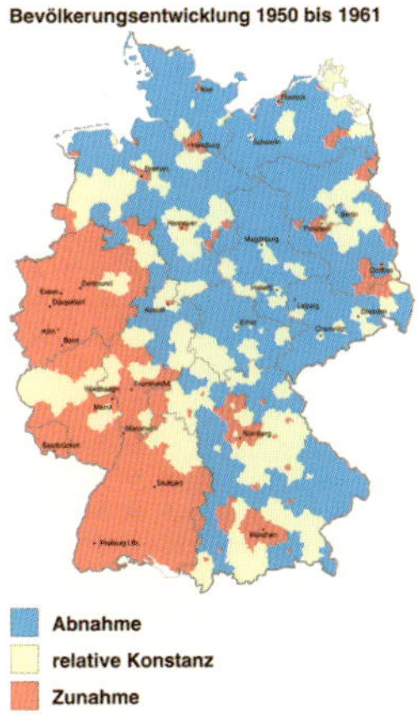

Wiederaufbau der Städte
und Landflucht

Bevölkerungsentwicklung 1961 bis 1970

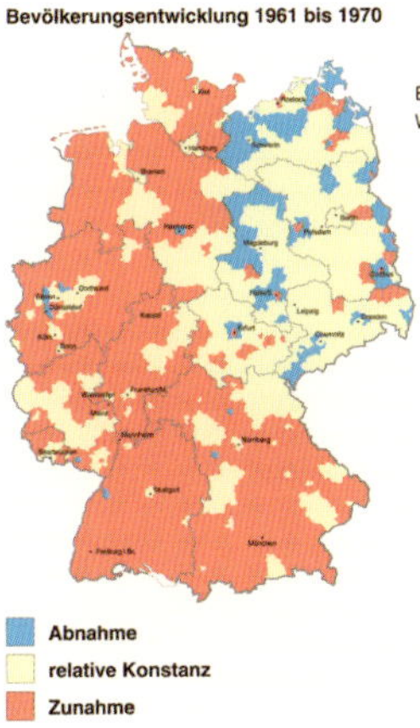

Beginn der Suburbanisierung:
Wohnen außerhalb der Großstadt

Bevölkerungsentwicklung 1970 bis 1987

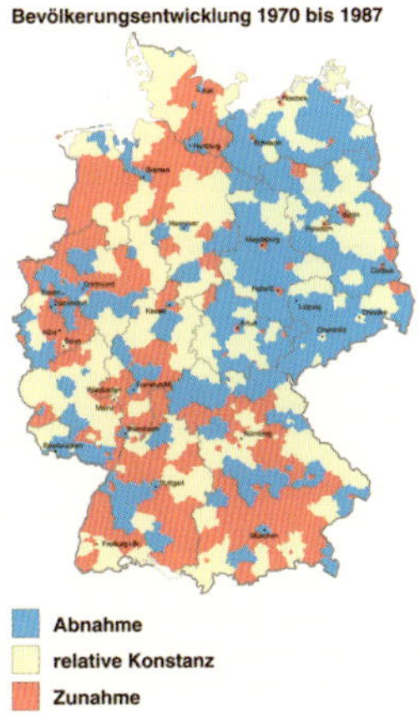

Verstärkung der Suburbanisierung
und Zuwanderung aus dem Ausland

Die Entwicklung seit der deutschen Einigung

Bevölkerungsentwicklung 1989 bis 1993

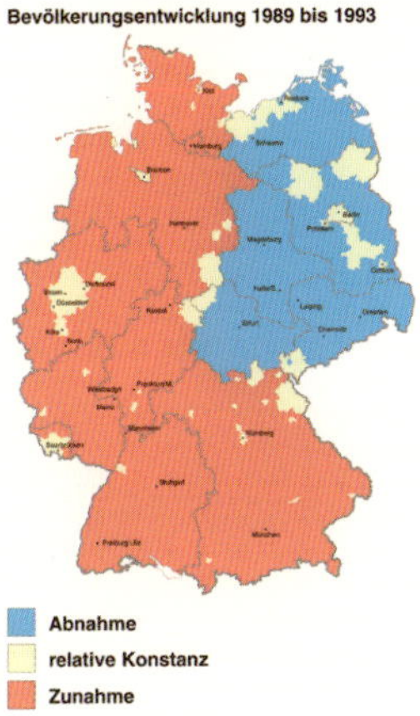

Die deutsche Einigung:
starke Ost-West-Wanderungen

Bevölkerungsentwicklung 1993 bis 1998

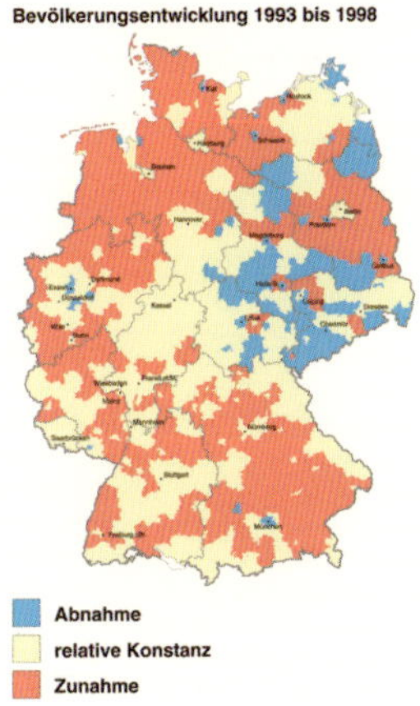

Die 90er Jahre: Konsolidierung
der Bevölkerungsverteilung

Über Jahrzehnte reichende differenzierte Zeitreihen für Gesamtdeutschland sind selten – wie beispielsweise bei der Bevölkerungsentwicklung. Zu unterschiedlich war und ist zumeist die Datengrundlage, die während der Zweistaatlichkeit Deutschlands erhoben wurde.

So wurde auf die fünf neuen Länder das westliche System der Zuständigkeitsteilung zwischen Fachressorts, Ländern, Kreisen und Gemeinden übertragen. Das Bundesbauministerium befürwortete als raumordnungspolitische Flankierung des Aufschwungs Ost eine wachstumsorientierte Entwicklungspolitik, weil nur von wirtschaftsstarken Regionen die notwendige flächendeckende Modernisierung der zentralen Orte und ländlichen Teilräume getragen werden könne. In allen Arbeitsbereichen der Bundesforschungsanstalt wurde die Agenda der Raumordnung in den neunziger Jahren von den Folgen der deutschen Wiedervereinigung bestimmt. Statt dem Nord-Süd- stand das Ost-West-Gefälle im Vordergrund. Enorm waren die Unterschiede in den Erwerbsmöglichkeiten, der Infrastrukturversorgung, den Wohnungs- und Wohnumfeldbedingungen und der Umweltqualität.

Für die Raumordnung galt auch hier so schnell wie möglich über eine Bestandsaufnahme zum Ziel der chancengleichen Lebensbedingungen für alle zu kommen, bevor eine Massenabwanderung vor allem junger Menschen aus der ehemaligen DDR zu einer gefährlichen Spirale sich immer weiter verschlechternder Lebensumstände führen konnte. Der Handlungsbedarf der Raumordnung ergab sich aus den geschilderten Problemen: Erwerbsmöglichkeiten mußten neu geschaffen und gesichert werden, die wirtschaftsnahe Infrastrukturausstattung mußte schnell verbessert, die hohe Umweltbelastung abgebaut werden. Gleichzeitig waren umfangreiche Stadterneuerungen durchzuführen, Stadt-Umland-Entwicklungen zu koordinieren und geordnete umwelt- und sozialverträgliche Stadterweiterungen zu planen. Die Kooperation der Bundesforschungsanstalt mit der »Kommission für die Erforschung des sozialen und politischen Wandels in den fünf neuen Bundesländern e.V« (KSPW) ist hier besonders zu erwähnen, zumal da diese Forschungen bereits in den Zusammenhang gesamteuropäischer Entwicklungen gestellt wurden.

In den von der Bundesforschungsanstalt herausgegebenen »Regionalbarometern neue Länder« wurden die Ergebnisse zusammengefaßt. Diese ersten differenzierten regionalräumlichen Bestandsaufnahmen dokumentierten die desolate Hinterlassenschaft von 40 Jahren Planwirtschaft: Regionale Monostrukturen, niedriges Niveau der Arbeitsteilung, Modernisierungsrückstände, die einseitige Ausrichtung auf die Erfordernisse des RGW-Marktes, überdimensionierte betriebliche Konzentrationsprozesse, ein de facto fehlender Mittelstand, der unbefriedigende Zustand von Infrastruktur und Bausubstanz, der Mangel an leistungsfähigen regionalen Zentren, gravierende Umweltsünden u.v.m.[535] Von Anfang an wurden die regionalen Vergleiche auf europäischer Ebene durchgeführt. Gatzweiler urteilte bereits im November 1990:

»Mit Ausnahme Ost-Berlins liegen alle Regionen der neuen Bundesländer in den untersten Ausstattungsklassen. Eine noch schlechtere Ausstattung weisen nur die meisten portugiesischen Regionen, drei griechische und zwei italienische Regionen sowie eine spanische auf.«[536]

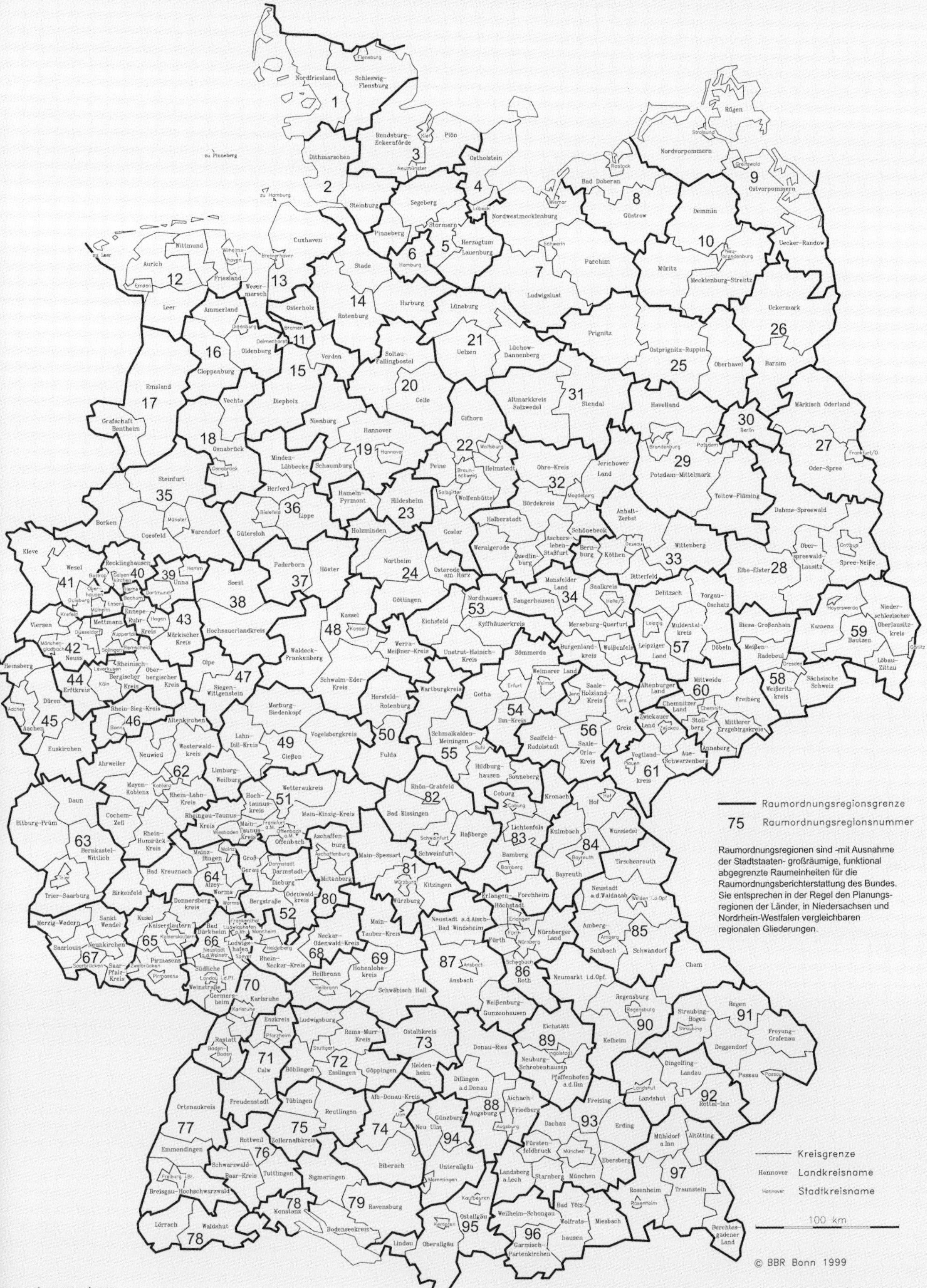

Raumordnungsregionen

Schleswig-Holstein Nord
Schleswig-Holstein Süd-West
Schleswig-Holstein Mitte
Schleswig-Holstein Ost
Schleswig-Holstein Süd
Hamburg
Westmecklenburg
Mittleres Mecklenburg/Rostock
Vorpommern
Mecklenburgische Seenplatte
Bremen
Ost-Friesland
Bremerhaven
Hamburg-Umland-Süd
15 Bremen-Umland
16 Oldenburg
17 Emsland
18 Osnabrück
19 Hannover
20 Südheide
21 Lüneburg
22 Braunschweig
23 Hildesheim
24 Göttingen
25 Prignitz-Oberhavel
26 Uckermark-Barnim
27 Oderland-Spree
28 Lausitz-Spreewald
29 Havelland-Fläming
30 Berlin
31 Altmark
32 Magdeburg
33 Dessau
34 Halle/S.
35 Münster
36 Bielefeld
37 Paderborn
38 Arnsberg
39 Dortmund
40 Emscher-Lippe
41 Duisburg/Essen
42 Düsseldorf
43 Bochum/Hagen
44 Köln
45 Aachen
46 Bonn
47 Siegen
48 Nordhessen
49 Mittelhessen
50 Osthessen
51 Rhein-Main
52 Starkenburg
53 Nordthüringen
54 Mittelthüringen
55 Südthüringen
56 Ostthüringen
57 Westsachsen
58 Oberes Elbtal/Osterzgebirge
59 Oberlausitz-Niederschlesien
60 Chemnitz-Erzgebirge
61 Südwestsachsen
62 Mittelrhein-Westerwald
63 Trier
64 Rheinhessen-Nahe
65 Westpfalz
66 Rheinpfalz
67 Saar
68 Unterer Neckar
69 Franken
70 Mittlerer Oberrhein
71 Nordschwarzwald
72 Stuttgart
73 Ostwürttemberg
74 Donau-Iller (BW)
75 Neckar-Alb
76 Schwarzwald-Baar-Heuberg
77 Südlicher Oberrhein
78 Hochrhein-Bodensee
79 Bodensee-Oberschwaben
80 Bayerischer Untermain
81 Würzburg
82 Main-Rhön
83 Oberfranken-West
84 Oberfranken-Ost
85 Oberpfalz-Nord
86 Industrieregion Mittelfranken
87 Westmittelfranken
88 Augsburg
89 Ingolstadt
90 Regensburg
91 Donau-Wald
92 Landshut
93 München
94 Donau-Iller (BY)
95 Allgäu
96 Oberland
97 Südostoberbayern

Nach der Wiedervereinigung wurde auch das System der Raumordnungsregionen und Kreise von der Bundesrepublik auf die neuen Bundesländer übertragen.

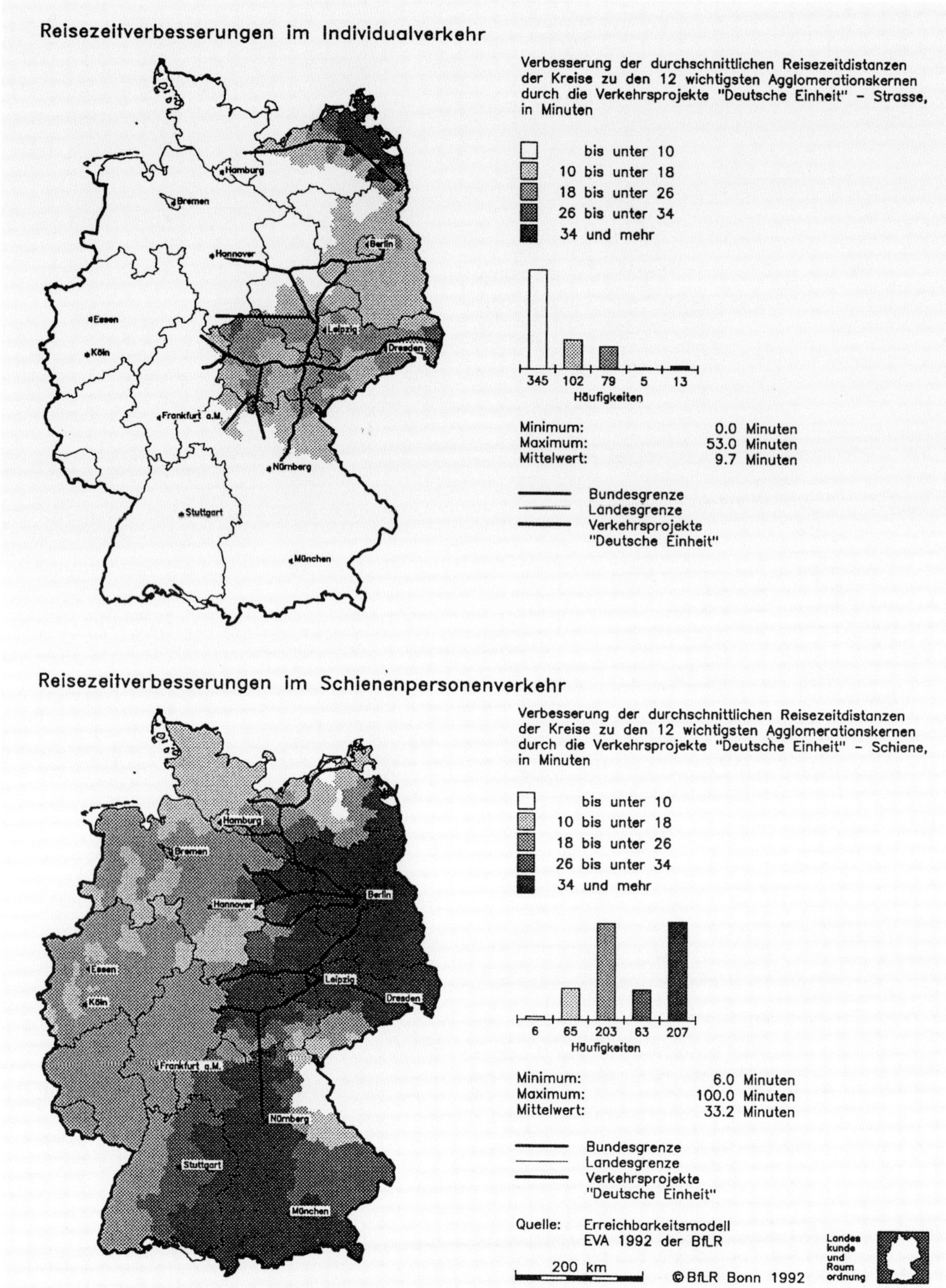

Das Ost-West-Gefälle und nicht mehr das Nord-Süd-Gefälle stand nach der Wiedervereinigung ganz oben auf der Raumordnungs-Agenda. Hier eine Untersuchung aus dem Jahre 1992 zu den Auswirkungen der Verkehrsprojekte »Deutsche Einheit« auf die Reisezeitverbesserungen im Individual- und Schienenpersonenverkehr.

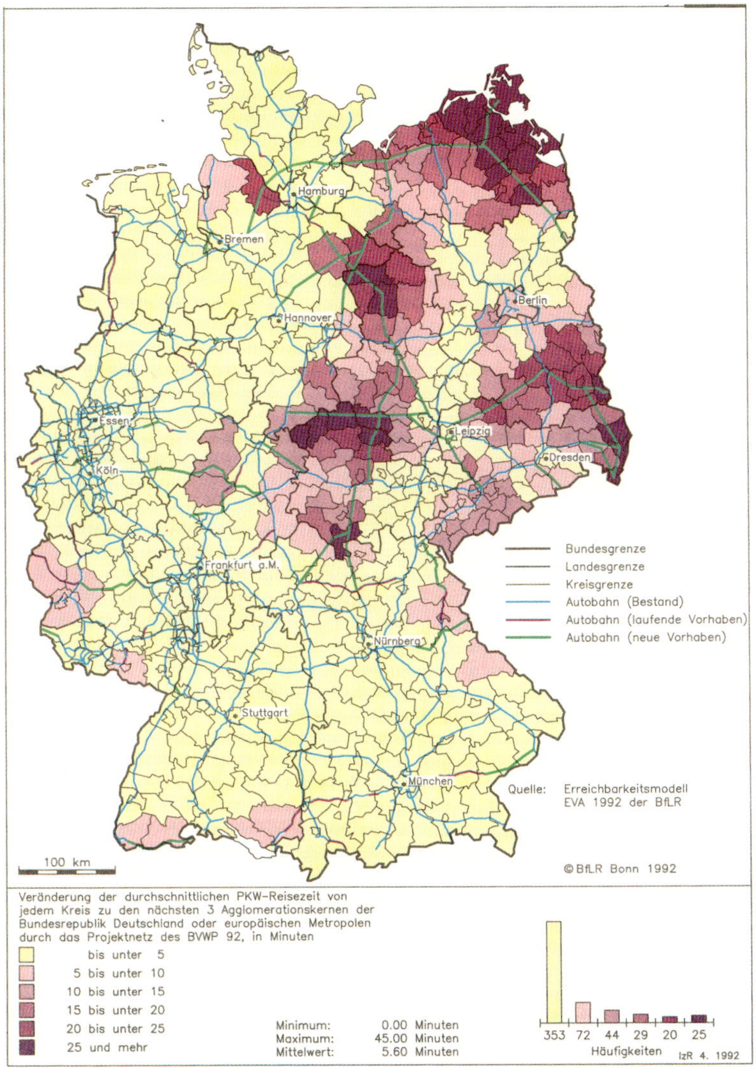

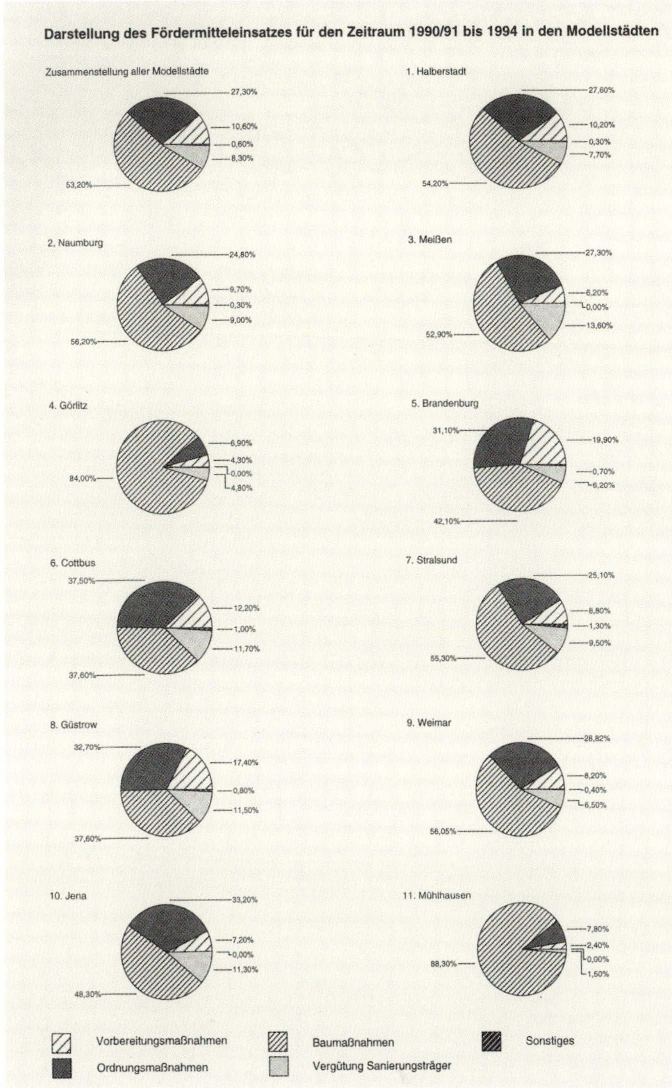

In Folge der regionalen Deformationen und eines dramatischen Stellenabbaus kam es dann auch noch zu der befürchteten massiven Abwanderung aus den neuen in die alten Bundesländer: Zwischen 1989 und 1992 verließen mehr als 1,2 Millionen Menschen das Gebiet der ehemaligen DDR, darunter überproportional viele junge und hochqualifizierte Ostdeutsche, was zu einer nachhaltigen Schwächung des regionalen Entwicklungspotentials in den fünf neuen Bundesländern führte. Seitdem sind zwar schon einige räumliche Defizite beseitigt worden. So wurde die Infrastruktur umfangreich modernisiert, alte Bausubstanz vor dem Verfall bewahrt, Stadtkerne saniert und die Wohnqualität spürbar verbessert. Die Bundesforschungsanstalt beteiligte sich beispielsweise im ExWoSt-Modellstadtprogramm des Bundesbauministeriums an städtebaulichen Maßnahmen, die als Pilotprojekte in elf Städten der neuen Länder durchgeführt wurden. Eine nachhaltige Verbesserung der ökonomischen Strukturen hat es aber lange nicht gegeben. Die Analysen der Bundesforschungsanstalt prognostizierten, daß es noch Jahrzehnte dauern werde, bis das Ziel gleichwertiger Lebens- und Arbeitsbedingungen und ausgewogene wirtschaftliche, soziale und kulturelle Verhältnisse im ganzen Land geschaffen sein würden.[537]

Oben links: Untersuchung zu Veränderungen bei der Erreichbarkeit von Agglomerationskernen durch das Projektnetz des Bundesverkehrswegeplans 1992.

Oben rechts: Die elf ausgewählten Städte des ExWoSt-Modellstadtprogramms und der dortige Fördermitteleinsatz von1990 bis 1994.

Der in den neunziger Jahren vollständig neu entstandene Stadtteil »Potsdam-Kirchsteigfeld« mit Kirche, Marktplatz, Wohn- und Geschäftsgebäuden, Schulen und sozialen Einrichtungen ist eines der größten Wohnungsbauvorhaben, das nach der Wiedervereinigung in den neuen Ländern realisiert wurde. Es wurde im Rahmen des ExWoSt-Programms von der Bundesforschungsanstalt für Landeskunde und Raumordnung betreut. Oben links ein Luftbild des neuen Stadtteils, rechts daneben eine Wohnsiedlung am See.

Die Erfahrungen, die in den neuen Ländern gesammelt wurden, führten zu einer Neuorientierung der gesamtdeutschen Raumordnungspolitik, die ihren Niederschlag im raumordnungspolitischen Orientierungsrahmen (ORA) von 1992 und dem 1995 beschlossenen raumordnungspolitischen Handlungsrahmen (HARA) findet. Der ORA gibt das Leitbild der dezentralen Konzentration vor, in dem die »Region und Stadt der kurzen Wege« verwirklicht und die Funktionen Arbeiten, Wohnen, Versorgung und Erholung räumlich wieder stärker zusammengeführt werden sollen. Der HARA konkretisiert diese Vorstellung und soll Instrumente für die Umsetzung wie beispielsweise die »Regionalkonferenzen« erproben. Zwar ist wie in vielen Bereichen der Unterschied zwischen den neuen und den alten Ländern noch lange nicht nivelliert, doch sind sie mit der Verabschiedung des Bau- und Raumordnungsgesetzes (BauROG) von 1998 planungsrechtlich vereint, und die Phase des Experimentierens ist abgeschlossen.

Die Akzentverschiebung auf die neuen Bundesländer und die, sich mit der Wiedervereinigung ergebenden zusätzlichen Aufgaben brachten auch eine Strukturveränderung innerhalb der Bundesforschungsanstalt mit sich. Diese erschöpfte sich nicht in der Einrichtung der Berliner Außenstelle, sondern bedingte auch eine neue Organisationsform. Seit dem 1. Januar 1991 gliederte sie sich mit ihren rund 150 Mitarbeitern in drei zentrale Referate und zwei wissenschaftliche Abteilungen. Folgende laufenden Veröffentlichungen, auf die später noch näher eingegangen wird, berichteten über die Forschungsergebnisse der Bundesforschungsanstalt: Die »BfLR-Mitteilungen«, die »Informationen zur Raumentwicklung«, die, gemeinsam mit der Akademie für Raumforschung und Landesplanung herausgegebenen Zeitschrift »Raumforschung und Raumordnung«, die Schriftenreihen »Forschungen zur Raumentwicklung«, »Materialien zur Raumentwicklung« und die Literaturdokumentation »Referateblatt zur Raumentwicklung«. Bei der Durchführung des jährlichen Arbeitsprogramms stand Wendelin Strubelt als Direktor weiterhin der Wissenschaftliche Beirat beratend zur Seite. Er bestand aus maximal zwölf Mitgliedern, die vom zuständigen Bundesminister auf höchstens vier Jahre berufen wurden und meist Fachvertreter von deutschen oder europäischen Universitäten waren.

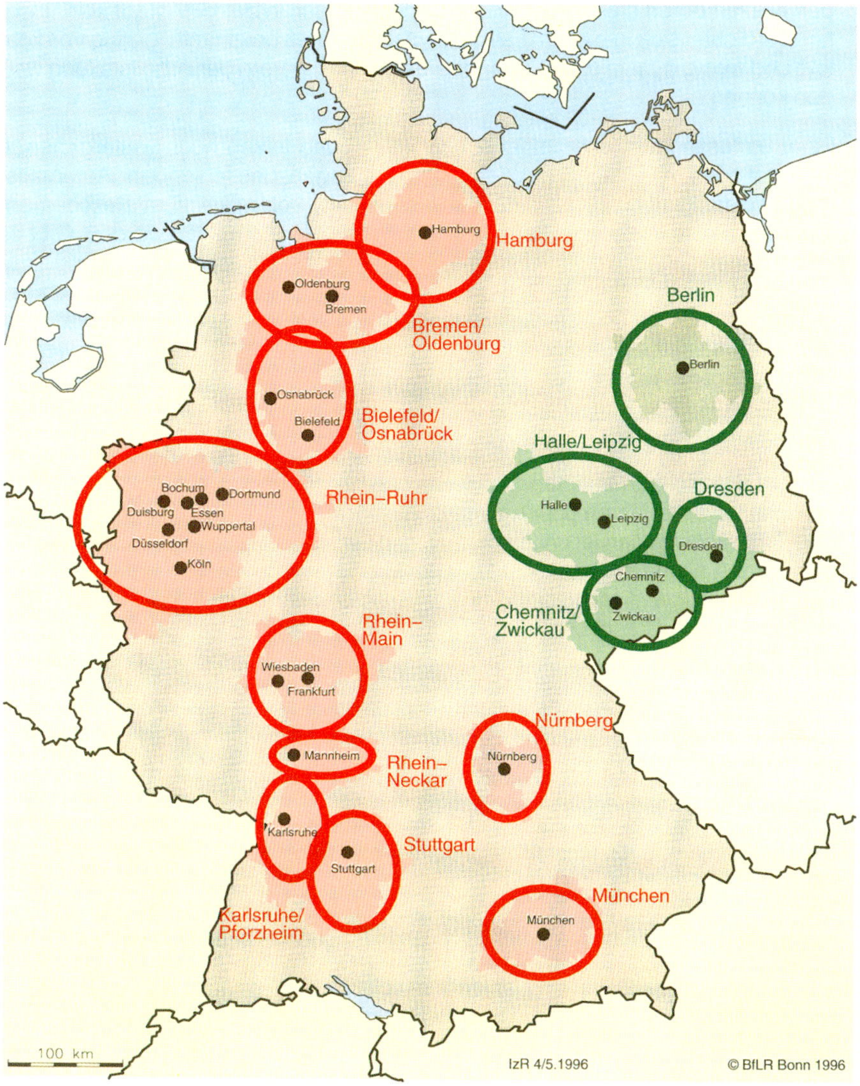

Alte Länder

Die Räume zeichnen sich aus durch:

- stark verdichtete Kernbereiche und Verdichtungsansätze im Umland
- herausragende Bevölkerungs- und/oder Beschäftigtenentwicklung im Umland
- hohen Belastungsdruck aufgrund hoher Bevölkerungs- und Beschäftigtenzahlen in der Kernstadt

Neue Länder

Die Räume zeichnen sich aus durch:

- stark verdichtete Kernbereiche und Verdichtungsansätze im Umland
- hohen Belastungsdruck aufgrund hoher Bevölkerungszahlen in der Kernstadt

● **Kernstadt**

Anm.: Zur Abgrenzung von Kern- und Umlandbereichen wurden die Raumordnungsregionen herangezogen

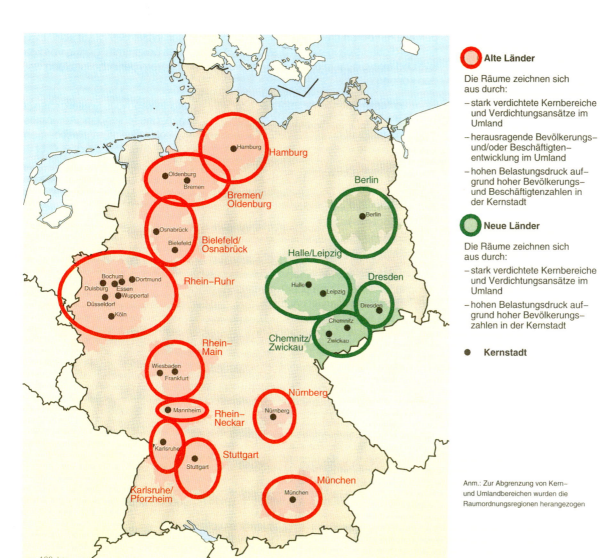

Für die BfLR-Untersuchung »Räumliche Arbeitsteilung in Großstadtregionen – interkommunale und raumordnerische Konfliktkategorien« wurden sowohl Untersuchungsregionen aus den alten als auch aus den neuen Bundesländern herangezogen. Dabei wurden drei Kriterien zur Definition der Untersuchungsregionen zugrunde gelegt:
1. Herausragende Größe und Dichte der Kernstädte. 2. Herausragendes Wachstum im Umland. 3. Bereits vorhandene Verdichtungstendenzen im näheren Umland.

Bei allem Wandel, dem die Bundesforschungsanstalt für Landeskunde und Raumordnung in den vergangenen Jahrzehnten unterworfen war, blieben doch fünf Hauptaufgaben über Jahrzehnte bestehen: Eigenständige Bearbeitung von Forschungsaufgaben; die Laufende Raumbeobachtung; Planung, Begleitung und Auswertung von Forschungsprojekten innerhalb des Forschungsprogramms des Bundesbauministeriums; Aufbereitung und Anwendung von Forschungsergebnissen für die Praxis; Dokumentation von und Information über Forschungsergebnisse.[538] Bis in die jüngste Vergangenheit wurde hauptsächlich Ressortforschung im Rahmen des Erkenntnisinteresses des zuständigen Ministeriums oder im Politikinteresse betrieben. Dabei ist es Aufgabe, dem Ministerium fachlich bei der Wahrnehmung seiner Aufgaben auf den Gebieten der Raumordnung, des Städtebaus und des Wohnungswesens sowie die Bundesregierung bei weiteren damit in Zusammenhang stehenden Aufgaben des Bundes zu beraten und zu unterstützen sowie auf diesen Gebieten gesetzlich oder organisatorisch zugewiesene Verwaltungsaufgaben zu erledigen.

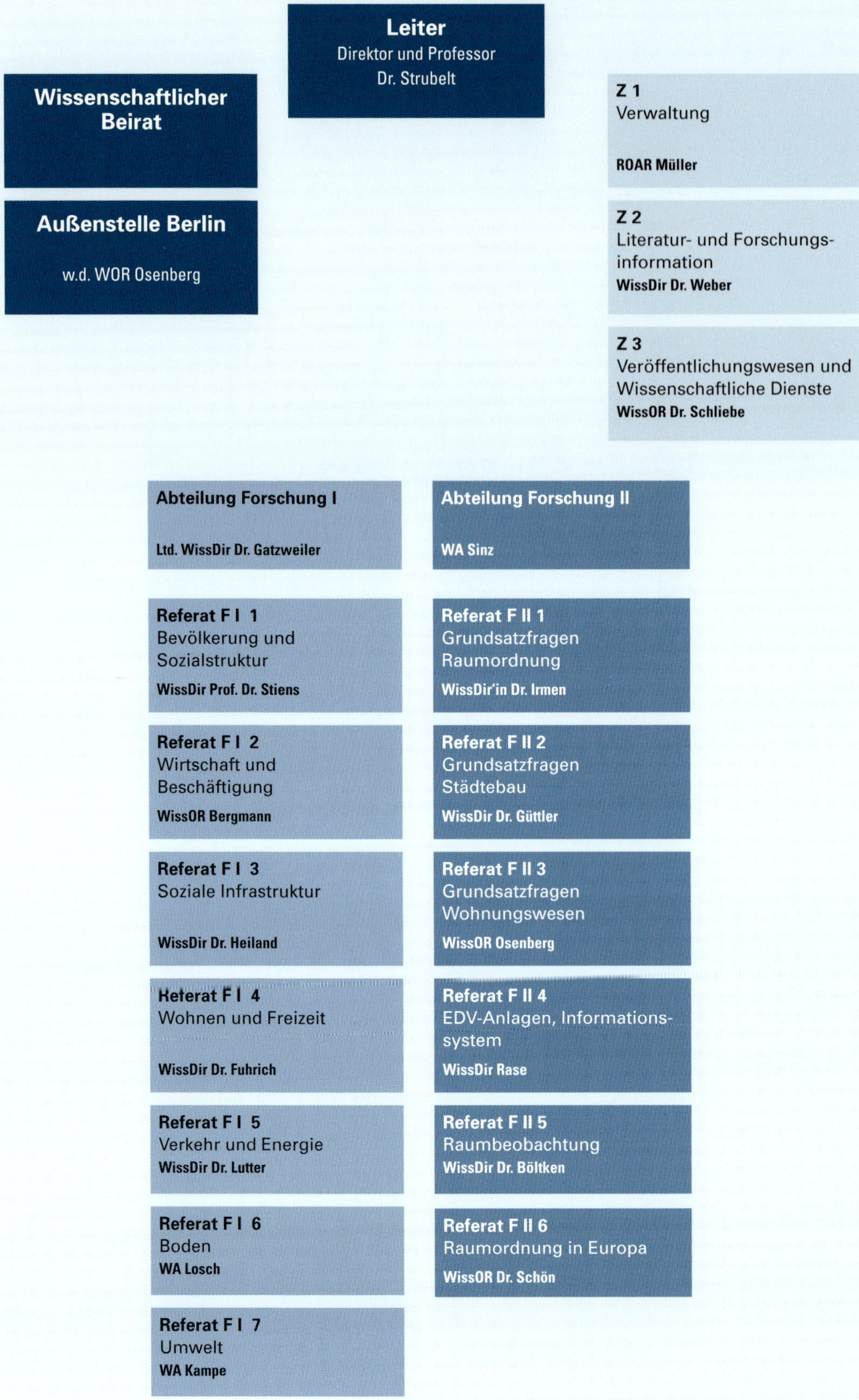
Leiter
Direktor und Professor
Dr. Strubelt
Wissenschaftlicher Beirat
Außenstelle Berlin
w.d. WOR Osenberg
Z 1
Verwaltung
ROAR Müller
Z 2
Literatur- und Forschungs-information
WissDir Dr. Weber
Z 3
Veröffentlichungswesen und Wissenschaftliche Dienste
WissOR Dr. Schliebe
Abteilung Forschung I
Ltd. WissDir Dr. Gatzweiler
Abteilung Forschung II
WA Sinz
Referat F I 1
Bevölkerung und Sozialstruktur
WissDir Prof. Dr. Stiens
Referat F II 1
Grundsatzfragen Raumordnung
WissDir'in Dr. Irmen
Referat F I 2
Wirtschaft und Beschäftigung
WissOR Bergmann
Referat F II 2
Grundsatzfragen Städtebau
WissDir Dr. Güttler
Referat F I 3
Soziale Infrastruktur
WissDir Dr. Heiland
Referat F II 3
Grundsatzfragen Wohnungswesen
WissOR Osenberg
Referat F I 4
Wohnen und Freizeit
WissDir Dr. Fuhrich
Referat F II 4
EDV-Anlagen, Informations-system
WissDir Rase
Referat F I 5
Verkehr und Energie
WissDir Dr. Lutter
Referat F II 5
Raumbeobachtung
WissDir Dr. Böltken
Referat F I 6
Boden
WA Losch
Referat F II 6
Raumordnung in Europa
WissOR Dr. Schön
Referat F I 7
Umwelt
WA Kampe

Organigramm der Bundesforschungsanstalt für Landeskunde und Raumordnung aus dem Jahre 1995.

Verbreitungsgrad der BfLR-Veröffentlichungen in Europa im Jahre 1995 nach Beziehern.

Hauptaufgabe bleibt auch das Informationssystem zur räumlichen Entwicklung im Bundesgebiet. Der wissenschaftliche Bereich führt kontinuierlich anwendungsorientierte Forschungsarbeiten durch und pflegt einen engen Erfahrungsaustausch mit dem wissenschaftlichen Umfeld und der Praxis im nationalen und internationalen Raum. Während das Institut für Landeskunde und das Institut für Raumordnung noch der Grundlagenforschung verpflichtet waren, hatte sich die Bundesforschungsanstalt im Laufe der Jahre in der wissenschaftlichen Politikberatung profiliert. »Damit verbindet sich eine bewußtere Konzentration auf Produkte und Orientierung an Kunden«, so Gatzweiler.[539] Es gab zwar noch andere Forschungseinrichtungen, die raumrelevante gesellschaftliche Strukturen und Prozesse darstellen, erfassen und analysieren und dabei Aspekte der Landes- und Regionalplanung, des Städtebaus und der kommunalen Entwicklungsplanung berücksichtigen. Doch nur die Bundesforschungsanstalt für Landeskunde und Raumordnung stellte mit ihren Forschungen, Datensammlungen und Veröffentlichungen ein bundesweites Forum für die Diskussion wissenschaftlicher Aspekte der Raumordnung dar.

Mit der Raumordnungsprognose (ROP) 2010 aus dem Jahre 1994 hat die Bundesforschungsanstalt für Landeskunde und Raumordnung einen vielbeachteten Beitrag zur räumlich differenzierten Zukunftsforschung in wissenschaftlicher Eigenarbeit geleistet. Das hier gezeigte Beispiel aus der ROP prognostiziert bis 2010 einen erheblichen Rückgang der Anzahl weiblicher Erwerbspersonen in den neuen Bundesländern. 1991 waren dort noch über 75 Prozent erwerbstätig.

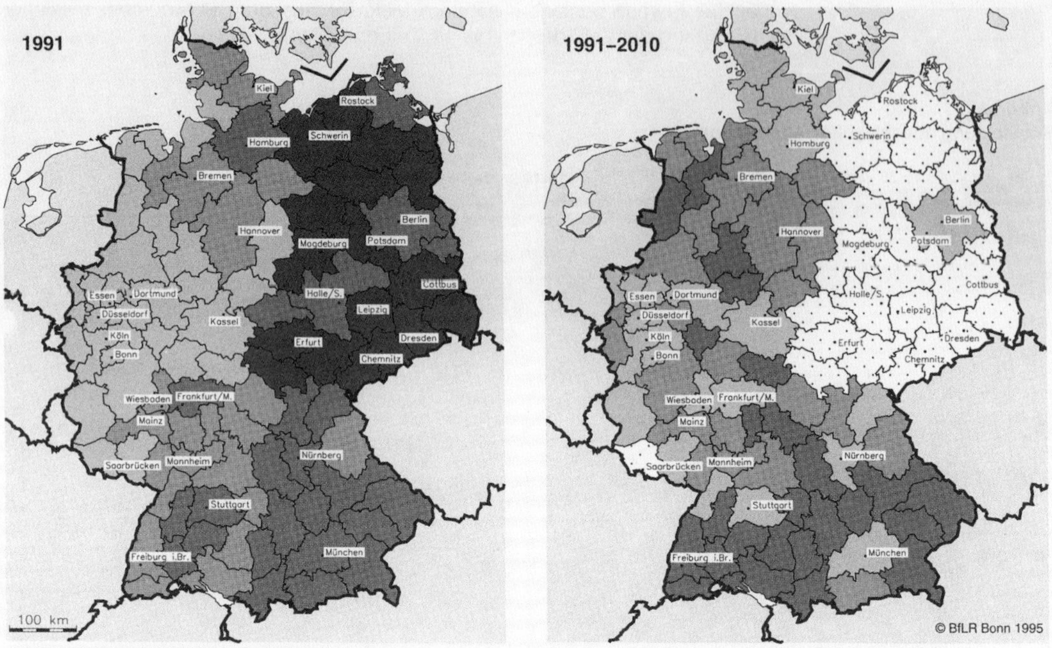

Weibliche Erwerbspersonen je 100 weibliche Erwerbsfähige, 1991

- bis unter 58.0
- 58.0 bis unter 62.0
- 62.0 bis unter 76.0
- 76.0 und mehr

Erhöhung (+) bzw. Verringerung (–) der weiblichen Erwerbspersonenzahl im Zeitraum 1991–2010 um ... %

- bis unter 0
- 0 bis unter 15.0
- 15.0 bis unter 20.0
- 20.0 und mehr

Quelle: Mikrozensus, BfLR – Erwerbspersonenprognose 1991–2010, ROP 0195 – Raumordnungsregionen

IzR 12.94

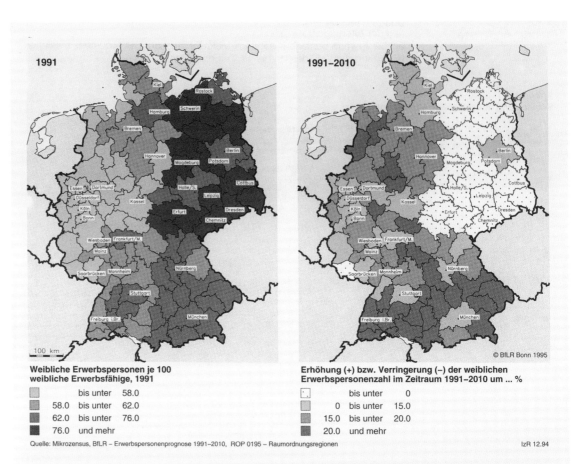

Land / Regionstyp	Weibliche Erwerbspersonen absolut, in 1000				Entwicklung der weiblichen Erwerbspersonenzahl absolut, um ... 1000			um ... %		
	1991	1995	2000	2010	1991-2000	2000-2010	1991-2010	1991-2000	2000-2010	1991-2010
Alte Länder	12328	12903	13214	14238	886	1024	1910	7.2	7.8	15.5
Agglomerationsräume	6555	6822	6932	7343	377	411	788	5.8	5.9	12.0
Verstädterte Räume	3876	4079	4204	4606	328	402	730	8.5	9.6	18.8
Ländliche Räume	1897	2001	2077	2289	181	211	392	9.5	10.2	20.7
Neue Länder	4576	4278	4179	3961	-397	-218	-615	-8.7	-5.2	-13.4
Agglomerationsräume	2352	2228	2203	2136	-148	-68	-216	-6.3	-3.1	-9.2
Verstädterte Räume	1429	1312	1259	1152	-170	-107	-278	-11.9	-8.5	-19.4
Ländliche Räume	795	738	717	673	-79	-43	-122	-9.9	-6.0	-15.3
Bundesgebiet	16904	17181	17393	18199	489	806	1295	2.9	4.6	7.7
Agglomerationsräume	8907	9051	9136	9479	229	343	572	2.6	3.8	6.4
Verstädterte Räume	5305	5391	5463	5758	158	295	453	3.0	5.4	8.5
Ländliche Räume	2692	2739	2794	2962	102	168	270	3.8	6.0	10.0

Quelle: Mikrozensus, BfLR-Erwerbspersonenprognose 1991-2010, ROP 0195

Das Spezifische des Ansatzes der Bundesforschungsanstalt, das sie von anderen Institutionen unterschied, die ebenfalls gesellschaftliche oder sektorale Bereiche wissenschaftlich bearbeitete, ist der Ansatz der räumlichen regionalen und lokalen Differenzierung aus gesamtstaatlicher Perspektive. Analysiert und dargestellt wurden dabei insbesondere die Kreise oder kreisfreien Städte und die Gemeinden als die »kleinsten« räumlichen Einheiten. Ein aussagekräftiges Beispiel für eine sektoral sehr komplexe Studie ist die »Raumordnungsprognose 2010«, mit der die Bundesforschungsanstalt einen vielbeachteten Beitrag zur räumlich differenzierten Zukunftsforschung in wissenschaftlicher Eigenarbeit geleistet hat.

Auf der Basis von umfangreichen Daten und Zahlenreihen, erhoben vor allem von der Laufenden Raumbeobachtung, werden bis auf die Kreise bzw. auf knapp 100 Raumordnungsregionen heruntergezogene Prognosen über die Bevölkerungs- und Arbeitsmarktentwicklung, private Haushalte, über Wohnungsmarkt- und Siedlungsflächenentwicklung von 1991 bis 2010 zur Verfügung gestellt. Die Datenauswertungen sind veröffentlicht worden für die Gesamtrepublik, getrennt nach den alten und den neuen Ländern, nach Bundesländern, nach siedlungsstrukturellen Regionstypen, nach Raumordnungsregionen und teilweise nach Kreisen. Ziel dieser Raumordnungsprognose ist es, regional differenzierte, mittelfristige Entwicklungen aufzuzeigen, anhand derer die jeweiligen Regionen beispielsweise auf die dadurch abzusehende Nachfrage nach Wohnungen und Siedlungsflächen reagieren können: Eine quantitative Prognose als strategische Entscheidungshilfe wollte die Bundesforschungsanstalt den Verantwortlichen damit zur Hand geben. Bucher und Gatzweiler dazu in der Einführung zu den ersten Ergebnissen der Raumordnungsprognose 2010:

»Prognosen sind der Politik oft unbequem und das um so eher, je mehr sie unerwünschte Entwicklungen voraussagen. Nicht selten mahnen sie zum Umsteuern, ohne daß sie politisch Gehör finden. Überstürztes politisches Handeln in Zeiten plötzlichen Erwachens zeugt vom schwierigen Verhältnis zwischen Politik und Prognose. Gleichwohl sind Prognosen notwendig als Entscheidungshilfe für die Entwicklung zukunftsgerechter politischer Strategien.« [540]

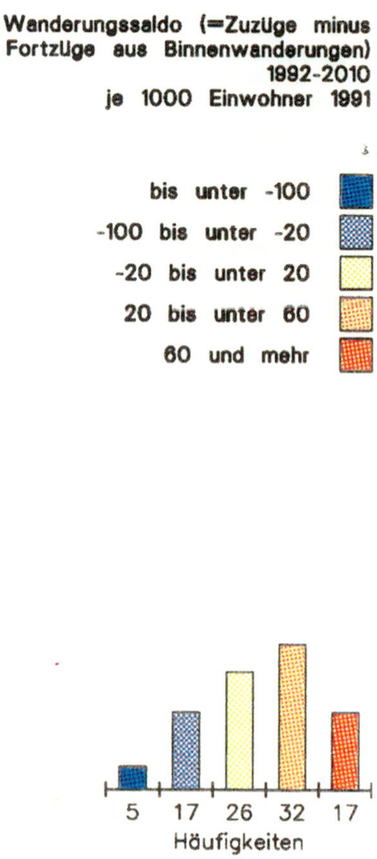

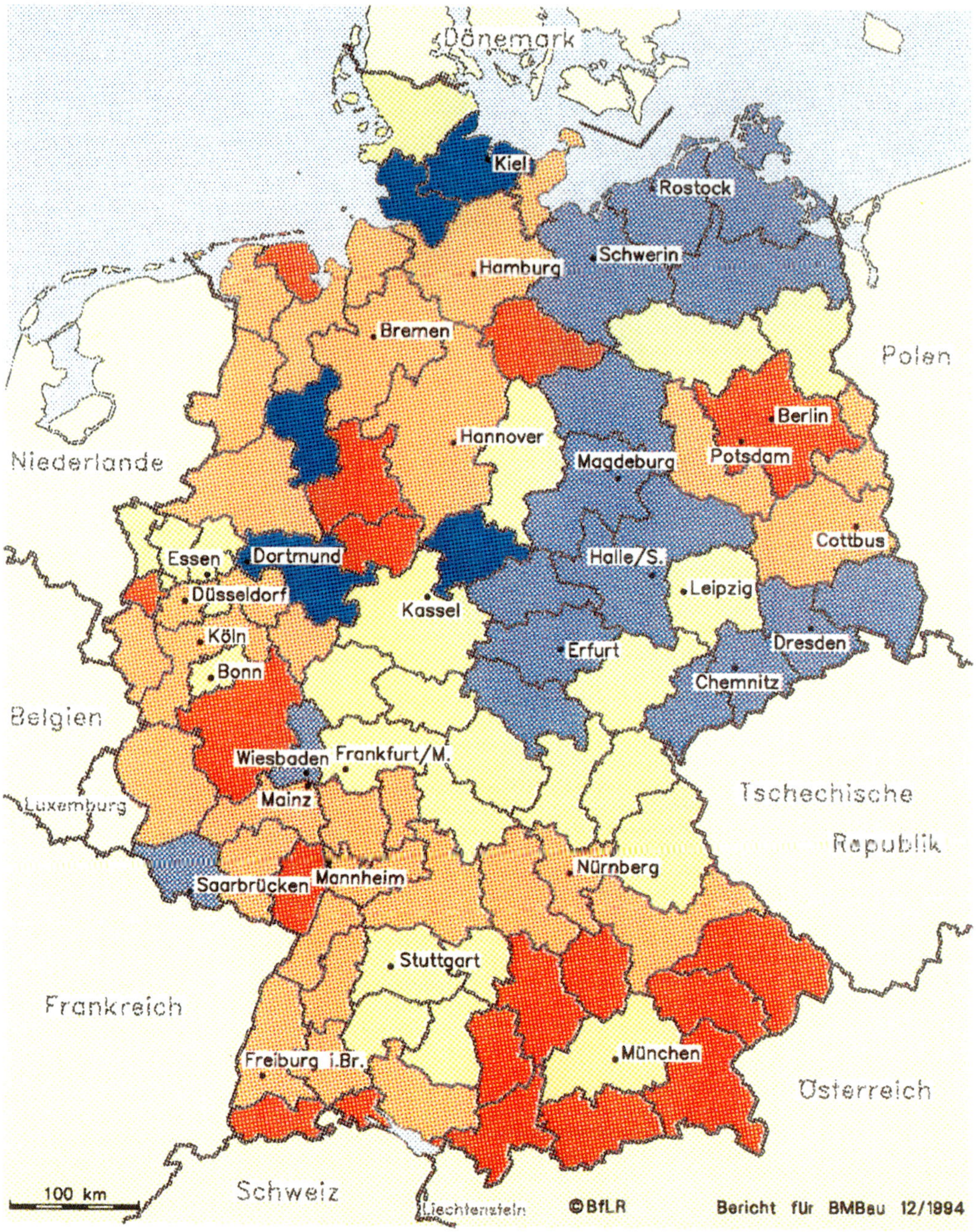

Ein weiteres Beispiel aus der Raumordnungsprognose 2010: Die Binnenwanderungen 1992 – 2010.

Als eines der ersten Ergebnisse nannten die Autoren für die Bundesrepublik eine fallende Tendenz bei den Wanderungsbewegungen. Die Prognose rechnete bis 2010 mit rund 21 Millionen zu- und 13 Millionen fortziehenden Menschen. Im selben Zeitraum sollte die Geburtenhäufigkeit weitgehend stabil bleiben und die Lebenserwartung kontinuierlich ansteigen: bei den Frauen auf gut 81 Jahre, bei den Männern auf fast 75 Jahre. Aus diesen und anderen Daten wurden räumliche Auswirkungen gefolgert:

1. Die Bevölkerungsentwicklung vergrößert den Siedlungsdruck in den Verdichtungsregionen und führt zu Entwicklungsproblemen in dünn besiedelten Regionen.
2. Die Integrationsaufgaben durch die Außenwanderungen werden sich sehr ungleich auf die Regionen verteilen.
3. Die regionale Bevölkerungsentwicklung führt mittelfristig zu keinen Entlastungseffekten auf den Arbeitsmärkten.
4. Die demographischen Wellen in der Altersstruktur erschweren eine kontinuierliche Infrastrukturplanung.
5. Die Bevölkerungsentwicklung verschärft die Wohnungsmarktprobleme in den Agglomerationen des Westens.[541]

Bei der Siedlungsentwicklung empfahl die Prognose aufgrund der Ergebnisse folgende konkreten Maßnahmen:
»Der Bund kann werben für die Umsetzung programmatischer, vorausschauender Konzepte wie die siedlungsstrukturelle Leitvorstellung der dezentralen Konzentration. Der Bund kann zweitens die planungsrechtlichen Rahmenbedingungen für die Umsetzung solcher Vorstellungen verbessern, wie zuletzt 1993 mit dem Investitionserleichterungs- und Wohnbaulandgesetz geschehen. Schließlich kann der Bund drittens auch finanzielle Unterstützungsleistungen bieten, d.h. die Umsetzung von Konzepten der dezentralen Konzentration mit raumwirksamen öffentlichen Mitteln fördern. Das potentiell dafür zur Verfügung stehende Mittelvolumen beläuft sich auf jährlich rd. 100 Milliarden DM.«[542]

Auch dieses wieder Beispiele für die anwendungsorientierte Forschung des »Politikberatungsinstituts BFLR«.

Die Darstellung der Vordenker, Institutionalisierung und Entwicklung der staatlichen Landeskunde und Raumordnung ist damit beendet. Die Bundesforschungsanstalt für Landeskunde und Raumordnung steht nun an der Schwelle der Fusion mit der Bundesbaudirektion. Fortan geht die Entwicklung einher mit der Geschichte der staatlichen Bauverwaltung.

I

II

III

IV

V

VI

Die Fusion der Bundesbaudirektion mit der Bundesforschungsanstalt für Landeskunde und Raumordnung

Von der Idee zur Verwirklichung der Fusion zweier ›ungleicher Geschwister‹

Als in den neunziger Jahren die Entwicklung zum »lean management« auch die Bundesbehörden erreichte, überlegte das Bundesbauministerium, seine beiden nachgeordneten Behörden, die Bundesforschungsanstalt für Landeskunde und Raumordnung (BfLR) und die Bundesbaudirektion (BBD), zu einem gemeinsamen Bundesamt zusammenzulegen. Damit sollten auch die Verwaltungsstrukturen vereinheitlicht werden, so wie dies bereits beim Bundesamt für Umwelt und Naturschutz geschehen war. Inhaltlich verfolgte das Bundesbauministerium die Absicht, die bauliche Praxis grundsätzlicher und die räumliche Forschung praxisnäher zu gestalten. Bauminister Klaus Töpfer stellte Ende 1996 dem Bundestag die Fusionsziele vor:
»Wie Sie der Anlage entnehmen können, sieht das Fusionskonzept – obwohl beide Behörden bisher unterschiedliche Aufgaben wahrnehmen und insoweit keine Überlappungen bestehen – eine Organisationsstraffung (fast ein Drittel weniger Referate) und eine Rückführung des Personalkörpers im wesentlichen auf den Stand vor der deutschen Einigung vor. Im Gegenzug wird lediglich eine Stellenanhebung vorgesehen – zur Gewährleistung einer amtsangemessenen Besoldung des Behördenleiters. Das Aufgabenprofil geht im Baubereich von der Konzentration auf Bauherrnaufgaben und im Forschungsbereich von striktem Anwendungsbezug aus. Daneben werden neue Akzente gesetzt, so z. Bsp. bei der künftigen Zuarbeit im Wohnungswesen. Zugleich werden Aufgaben und Personalstellen aus dem Ministerium in die neue Behörde abgeschichtet. Mit diesem Konzept wird nach meiner Überzeugung nicht nur ein klarer Beitrag zum ›Schlanken Staat‹ geleistet; in der Bündelung raumordnerischer, städtebaulicher, wohnungswirtschaftlicher und bautechnischer Aufgaben in einer Bundesoberbehörde sehe ich eine wichtige fachpolitische Gestaltungschance.«[543]

In der Begründung der Gesetzesvorlage vom 29. August 1997 werden fachliche Gründe neben den fiskalischen genannt:
»Die Aufgaben in den Bereichen Raumordnung, Städtebau, Wohnungs- und Bauwesen sollen stärker verzahnt und zukunftsorientiert in einer Behörde gebündelt werden. Auf diesen für den Wirtschaftsstandort Bundesrepublik Deutschland wichtigen Handlungsfeldern soll so den Herausforderungen an die Bundesebene in wachstumswirksamer, international tragfähiger und zukunftssicherer Weise begegnet werden.«[544]

Die Fusion der Bundesforschungsanstalt für Landeskunde und Raumordnung und der Bundesbaudirektion zum »Bundesamt für Bauwesen und Raumordnung« (BBR) erfolgte zum 1. Januar 1998. Mit der konsequenten Ausrichtung der Landeskunde auf die Raumordnung seit Anfang der siebziger Jahre wurde mit der Fusion die »Landeskunde« auch aus dem neuen Namen getilgt. Anders als 1973, als zwei eng verwandte Bereiche, die Landeskunde und die Raumordnung zur Bundesforschungsanstalt fusionierten, sind hier zwei Organisationseinheiten zusammengefaßt worden, die Strubelt in seinem Beitrag »Tschüß BfLR – Guten Tag BBR« zurecht als die »ungleichen Geschwister« bezeichnet.[545] Florian Mausbach, Präsident der Bundesbaudirektion, wurde mit der Fusion zum Präsidenten des neuen Bundesamtes ernannt. Der bisherige Direktor der Bundesforschungsanstalt, Wendelin Strubelt, wurde nun Vizepräsident des Bundesamtes für Bauwesen und Raumordnung und blieb verantwortlich für den wissenschaftlichen Bereich.

Großbürgerliche Villa, Headquarter of the U.S. High Commissioner, Amerikanische Botschaft, Bundesbauministerium und seit 1999 Hauptsitz des Bundesamtes für Bauwesen und Raumordnung: Schloß Deichmanns Aue und die in den fünfziger Jahren hinzugekommenen amerikanischen Ständerbauten.

Präsident Florian Mausbach
Vizepräsident und Professor Dr. Wendelin Strubelt

Abteilung Z
Zentralabteilung
LRD Hermann

Z 1
Personal, Fortbildung
++
RD Dr. Wirth

Z 2
Organisation und Informationstechnik
NN

Informationstechnik
ORR Adler

Z 3
Haushalt, Selbstverlag, Beihilfen
ROAR Hübner

Z 4
Innerer Dienst
ROAR Petto

Z 5
Justitiariat
ORR Dr. Stadler

Z 6
Forschungsverwaltung
NN

Abteilung I
Raumordnung und Städtebau
LWD Dr. Gatzweiler

Referat I 1
Raumentwicklung
WD Dr. Lutter, WD Prof. Dr. Stiens

Referat I 2
Stadtentwicklung und Städtebau
WD Dr. Fuhrich, WD Dr. Güttler

Referat I 3
Europäische Raum- und Stadtentwicklung
WD Dr. Schön

Referat I 4
Wirtschaft und Gesellschaft
WOR Bergmann

Referat I 5
Verkehr und Umwelt
WA Kampe

Referat I 6
Räumliches Informationssystem
WDin Dr. Irmen, WD Dr. Böltken

Referat I 7
Wissenschaftliche Dienste
WD Dr. Schliebe, WD Dr. Rase

Abteilung II
Bauen, Wohnen, Architektur
LBD Löffler

Gruppe II 1
Wohnungswesen
NN

II 11
Wohnungsmarkt
WD Osenberg

II 12
Wohnungspolitische Analysen und Berichte
NN

II 13
Bau- u. Wohnungswirtschaft, Förderung der Bauforschung
RD Simon

Referat II 2
Grundsatzfragen des Bauens, Baustandards, Bausysteme, Baurationalisierung, GAEB
NN

Referat II 3
Planung, Wettbewerbe, Gutachten
BORin Hückelheim-Kaune

Referat II 4
Innenarchitektur, Baukultur, Kunst
NN

Referat II 5
Standortbezogene Wirtschaftlichkeitsanalysen, Wertermittlungen, Zuwendungsmaßnahmen, Messen und Ausstellungen
NN

Abteilung III
Bundesbauten Bonn
LBD Runkel

Referat III 1
Geschäftsstelle
BOARin Lawrenz

Referat III 2
Gebäudetechnik
BD Steuer

Referat III 3
Projektmanagement Bonn-Nord
NN

Referat III 4
Projektmanagement BMVg, AA, Kunst- und Ausstellungshalle, AdVB, AKNZ, Stiftung Adenauer-Haus
BD Sieben

Referat III 5
Projektmanagement Bonn-Süd
BD Krüger

Neubau Deutsche Welle
NN

Koordinierungsbüro
Controlling, Koordinierung von Grundsatzangelegenheiten, Öffentlichkeitsarbeit
RD Becker

Abteilung IV
Bundesbauten Ausland
N

Referat IV 1
Geschäftsstelle
OAR Weiler

Referat IV 2
Gebäudetechnik
A Zimmermann

Referat IV 3
Projektmanagement Europa
D Schindler

Referat IV 4
Projektmanagement Afrika und Amerika
D Wank

Referat IV 5
Projektmanagement Asien, Australien, Ozeanien
Din Behérycz

Abteilung V
Bundesbauten Berlin
LBD Zodtner

Referat V 1
Geschäftsstelle
BARin Reimers

Referat V 2
Gebäudetechnik
TA Dr. Brinkmann

Gruppe V 3
Baumaßnahmen der Stiftung Preußischer Kulturbesitz
BD Misol

V 31
Projektmanagement Kulturforum, Dahlem
BORin Kesse

V 32
Projektmanagement Museumsinsel
BORin Große-Rhode

V 33
Projektmanagement Staatsbibliothek
BORin Grevesmühl

Referat V 4
Projektmanagement BMWi, BMVBW, BBA, DAI
TA Froelich

Referat V 5
Projektmanagement BT, BK, DHM, BMJ, BPrA, BMBF, BMFSFJ
BD Mölders

Referat V 6
Projektmanagement AA, BMI
BORin Wesseler

Referat V 7
Projektmanagement BMA, BMI, BMVBW, BR, BPA, BMJ
BD Kuntzsch

Arbeitsbereich
Gebäude- und Liegenschaftsbetreuung, Controlling-Institution
TA Tepper

Das Organigramm des 1998 gegründeten Bundesamtes für Bauwesen und Raumordnung.

Bundesbauminister Klaus Töpfer kündigte 1996 die Fusion der beiden einzigen, seinem Ministerium nachgeordneten Behörden an, der Bundesbaudirektion und der Bundesforschungsanstalt für Landeskunde und Raumordnung.

Das bisherige Zentralreferat 1, Verwaltung, ging in der Zentralen Verwaltungsabteilung der bisherigen Bundesbaudirektion auf, die nun für das gesamte Bundesamt zuständig wurde. Die Grundsatzabteilung Wohnungswesen wurde organisatorisch aus der ehemaligen Bundesforschungsanstalt (Abteilung F II, Referat 3) herausgelöst, verschmolz mit der aus dem Bundesbauministerium »abgeschichteten« Gruppe Wohnungswesen und übernahm nach der Fusion als Teil der »Gruppe II.1« in der neugeschaffenen Abteilung »Bauen, Wohnen, Architektur« eine »Scharnierfunktion« zwischen der ehemaligen Bundesbaudirektion und der früheren Bundesforschungsanstalt. Die Gruppe ist in die drei Referate »Wohnungsmarktentwicklung«, »Wohnungspolitische Analysen und Berichte« und »Wohnungswirtschaft, Kostensenkung, Förderung der Bauforschung« unterteilt. Hier werden wissenschaftliche, bautechnische und administrative Kompetenzen zusammengeführt und miteinander verzahnt.[546] Ansonsten hat sich hauptsächlich die äußere Organisationsstruktur verändert: So wurden alle übrigen 14 Referate der ehemaligen Bundesforschungsanstalt in sieben neuen Referaten der Abteilung I, »Raumordnung und Städtebau« unter der Leitung von Hans-Peter Gatzweiler zusammengefaßt. Größere Personaleinsparungen hat es hier zunächst nicht gegeben, da die meisten der neuen Referate von »Doppelspitzen« geleitet wurden.

Neu hinzugekommen waren als organisatorische Einheiten die sogenannten Projektgruppen, die referatsübergreifende Aufgaben erfüllten und in denen seit Anfang 1998 die schon länger laufenden Programme des Bundesbauministeriums, Weltkonferenz »URBAN 21 Zur Zukunft der Städte«, »Raumwirksame Fördermittel« und »Regionen der Zukunft« durchgeführt wurden. Parallel zur Fusion am 1. Januar 1998 wurde im Rahmen des Umzugsgesetzes der 1. Dienstsitz des neuen Bundesamtes nach Bonn verlegt. Im Jahre 2002 zog der Forschungsbereich aus dem Bad Godesberger »Michaelshof« in den Komplex des ehemaligen Bundesbauministeriums in der Deichmanns Aue in Bonn-Mehlem, wo sich die Fachbibliothek ein noch besseres Renommé erarbeiten konnte und Dank eines eigenen Dienstleistungszentrums Druck mit hochwertiger Technik und Fachpersonal alle über den Selbstverlag des Bundesamtes für Bauwesen und Raumordnung vertriebenen Publikationen des Bau- und Forschungsbereichs in hochwertiger Qualität selbst produziert werden konnten. In der Deichmanns Aue, wo nun auch repräsentative Konferenzräume aller Größen im Schloss zur Verfügung standen, arbeiteten jetzt alle Bonner Abteilungen des Bundesamtes für Bauwesen und Raumordnung erstmals unter einem gemeinsamen Dach.

URBAN 21

Logo der Weltkonferenz »Urban 21« zur Zukunft der Städte, die vom Bundesamt für Bauwesen und Raumordnung vorbereitet und im Juli 2000 mit fast 4.000 Teilnehmern aus 100 Ländern in Berlin durchgeführt wurde.

Eine weitere einschneidende Veränderung erfolgte nach der Bundestagswahl vom Oktober 1998: Unter der ersten rot-grünen Regierung wurden die ehemals selbständigen Bereiche »Verkehr« (BMV) und »Raumordnung, Bauwesen und Städtebau« (BMBau) zu einem neuen Ministerium für »Verkehr, Bau- und Wohnungswesen« (BMVBW) zusammengefaßt. Nicht nur organisatorisch, sondern auch inhaltlich zeichnet sich mit der Tilgung von »Raumordnung« und »Städtebau« aus dem Namen eine Akzentverschiebung ab. Während bislang die »Raumordnung« beim Bundesbauministerium eine eigene Unterabteilung bildete, ging dieser Bereich nun in der »Grundsatzabteilung Verkehr« des ehemaligen Bundesverkehrsministeriums auf. Das Ziel, Städtebau und Raumordnung integrativ zu verknüpfen, schrieb die erste rot-grüne Bundesregierung im Oktober 1998 in ihrer Koalitionsvereinbarung fest. Neben einer besseren Verzahnung von Wohnungs- und Städtebau wollte die neue Regierung die nachhaltige Siedlungsentwicklung stärken und neue soziale Schwerpunkte setzen, wozu beispielsweise das Programm »Stadtteile mit besonderem Entwicklungsbedarf – die soziale Stadt« für Innenstädte, Großsiedlungen und Stadtteilzentren aufgelegt wurde.

In einer ersten Bilanz nach einem Jahr Fusion wurde die Frage aufgeworfen, ob die »Zielvorgabe für die ungleichen Geschwister« erreicht worden ist, »nach vorn zu schauen und den Platz der BfLR in der wissenschaftlichen Gemeinschaft im neuen organisatorischen Gewand nicht zu verspielen.« Diese Bilanz zum Jahresende 1998 stimme

»[…] optimistisch für die weitere Zukunft. Klare Schwerpunktsetzungen im Arbeitsprogramm haben Identität stiftende Akzente gesetzt und den wissenschaftlichen Bereich des BBR als Politikberatungseinrichtung, den Platz der ehemaligen BfLR, im wissenschaftlichen und praktischen Umfeld gefestigt.«[547]

Eine weitere Profilierung, Akzentuierung und Stärkung der anwendungsorientierten Wissenschaftsberatung erfuhr der Forschungsbereich mit der von 2000 bis 2003 durchgeführten Organisationsuntersuchung. Auch nach der 2004 erfolgten Fusion mit den Bundesbauämtern I und II der Oberfinanzdirektion in Berlin, gab es keinen Zweifel daran, daß das Bundesamt für Bauwesen und Raumordnung aus zwei unterschiedlichen Standbeinen bestand, die beide gleichermaßen das Profil der Behörde prägten. In seinem Weihnachtsbrief 2003, wenige Tage vor der Fusion mit den Bauämtern der Oberfinanzdirektion, schickte Präsident Mausbach versöhnliche und beruhigende Worte an die Abteilungen I und II:
»Die Sorge, dass der wissenschaftliche Bereich nun an Bedeutung verliert, teile ich nicht. Die Bedeutung der einzelnen Abteilungen wird nicht nach der Zahl, sondern der Leistung ihrer Mitarbeiter gemessen. Und da werden die wissenschaftlichen Abteilungen weiterhin durch hervorragende Ergebnisse glänzen und mit dem Gewicht der Gesamtbehörde eher an Bedeutung gewinnen.«[548]

Neben dem Ziel der Personaleinsparung durch Zusammenlegung zweier Verwaltungen sollte die Fusion vor allem im Baubereich zu einer radikalen Änderung des bisherigen Aufgabenprofils weg von planerischen und Bauleitungs-Tätigkeiten hin zur reinen Bauherrenverwaltung führen. Dazu heißt es in der Begründung der Gesetzesvorlage zur Fusion:
»Die Bundesbauaufgaben für die Verfassungsorgane und obersten Bundesbehörden (ohne die derzeitigen Neubaumaßnahmen im Spreebogenbereich in Berlin), die zivilen Auslandsbauten und sonstige beauftragte Bundesbaumaßnahmen werden konzentriert auf Bauherrenaufgaben. Die Planung und Durchführung der Bauaufgaben werden weitestgehend durch Einschaltung freiberuflich tätiger Architekten, Ingenieure und Sonderfachleute sowie die Privatwirtschaft erledigt. Der Behörde obliegt somit vorwiegend das Projektmanagement.«[549]

Was darunter konkret zu verstehen war, regelte später ein vom Bundesbauministerium erlassener »Katalog der Bauherrenaufgaben«[550], der als »Orientierung für die zukünftige Durchführung von Bundesbaumaßnahmen« dienen sollte und hier wegen der Bedeutung und Reichweite auf das weitere Wirken des Bundesamtes für Bauwesen und Raumordnung vollständig wiedergegeben wird[551]:

*»I. **Maßnahmenübergreifende Leistungsschwerpunkte***
Grundsatzangelegenheiten; Aufstellung und Fortschreibung von Regelwerken und Arbeitshilfen; Mitwirkung bei Rechtsetzungsvorhaben, Normung; Erfassen und Auswerten von Erkenntnissen von Bundesvorhaben; Öffentlichkeitsarbeit; Interne Aus- und Fortbildung; Dokumentation und Auswertung; Prüfungsangelegenheiten; Wettbewerbsverfahren (z.B. GRW, VOF, Kunstbeirat, Münzen)

II. Maßnahmenbezogene Leistungsschwerpunkte
A. Nutzerberatung allgemein in baufachlichen und denkmalpflegerischen Fragen; in funktionalen Fragen; in baurechtlichen Fragen; in ökonomischen Fragen; in ökologischen Fragen; in künstlerischen Fragen

B. Nutzerberatung für Bauantrag: Programmdefinition; Raumprogramm; Bestimmung der technischen, funktionalen und qualitativen Leistungsanforderungen; Standortbestimmung, Baufachliches Gutachten; Studien zur Sicherstellung der Wirtschaftlichkeit von Investitions- und Folgekosten; Festlegung von Programmkosten ggf. als Kostenobergrenze/ Budget und Termingestaltung; Beratung in baurechtlichen Angelegenheiten

C. Planungsauftrag zur Aufstellung einer Bauunterlage/Haushaltsunterlage-Bau
1. Prüfung des Bauantrages: Bauliche Standards und Funktionen; Standort; Terminplanung; Projektkosten; Baurecht
2. Klärung der Voraussetzungen für eine wirtschaftliche Durchführung des Vorhabens
3. Interne Projekt- und Beteiligtenorganisation: Zuständigkeiten; Sicherheitsvorschriften; Abhängigkeiten
4. Festlegung verbindlicher Vorgaben: Leistungsbilder; Standards, bauliche Sicherheit; Kosten, Termine, Qualität, Wirtschaftlichkeit
5. Auswahl und Vergabe von Planungsleistungen
6. Sicherstellung der Planungsziele: Planungsvorhaben; Qualitätsstandards; Termine; Kostenrahmen
7. Öffentlich rechtliche Verfahren: Antragstellung in baurechtlichen Angelegenheiten; Aufgaben im bauaufsichtlichen Verfahren
8. Prüfung, Genehmigung und Festsetzung von Bauunterlagen, HU-Bau, AFU-Bau nach Maßgabe des BMVBW

D. Bauauftrag
1. Auswahl und Beauftragung der Planungsbeteiligten
2. Prüfung der Ausschreibungsunterlagen für Bauverträge
3. Angebotseinholung, Submission und Beauftragung von Bauleistungen
4. Ausführungsbegleitende Kontrolle, Qualitätssicherung
5. Mittelbewirtschaftung
6. Kassen- und Rechnungswesen
7. Abnahme: Rechtsverbindliche Abnahme der beauftragten Bauleistungen; Übergabe an den Auftraggeber/Nutzer; Bestandsdokumentation und Auswertung; Verfolgung der Mängelbeseitigung; Freigabe von Sicherheitsleistungen

E. Juristisches Vertragsmanagement: Verfolgung der Gewährleistungsansprüche; Schadenersatz, Pfändungen, Abtretungen, Vergleiche, Beweissicherung, Konkurse; Mitwirkung bei Einbehalt der Sicherheitsleistungen; Rückforderungen; Prozesse

F. Gebäudebetreuung: Überwachung und Steuerung externer Dienstleister; Controlling von Instandhaltungsleistungen; Vertragsmanagement; Analyse der Betriebsführung; Betriebsüberwachung

G. Sonderaufgaben: Wertermittlung; Zuwendungsmaßnahmen; Durchführung von Münzwettbewerben; Gremiumstätigkeit bei Wettbewerben; Beteiligung als Träger öffentlicher Belange; Jährliche Baubegehung zur Aufstellung der BBN/AABau 2 A.«

Zusammenfassend läßt sich festhalten: Während die Bundesbaudirektion früher selbst *plante und ausführte,* sollte das fusionierte Bundesamt für Bauwesen und Raumordnung fortan *steuern und koordinieren.* Damit war der Abschluß einer jahrzehntelangen Entwicklung vollzogen: Bis 1970 waren fast alle Baumaßnahmen von der Vorplanung bis zur Fertigstellung von der Bundesbaudirektion als Ortsinstanz in Eigenregie durchgeführt worden und Freiberufliche nur in geringem Umfang bei der Statik und als Gutachter eingeschaltet worden. In dieser Zeit und den Jahren danach waren lediglich eine gute Handvoll Planungsarchitekten innerhalb der Bundesbaudirektion für den überwiegenden Teil der staatlichen Repräsentationsbauten im In- und Ausland verantwortlich gewesen. Herausragend zu nennen sind hier Namen wie Sadewasser, Oltmanns, Löhr, und Seidlitz.

Seit den siebziger Jahren waren angesichts des gewachsenen Volumens und der gestiegenen Ansprüche der Bauherren mehr und mehr Leistungen an Freischaffende vergeben worden. Ende der neunziger Jahre mündete diese Entwicklung konsequenterweise in die Bauherrenverwaltung, die mit den nicht weiter an Dritte zu vergebenden staatlichen Kernaufgaben ausgestattet wurde. Die Ressourcen, die die Bundesbaudirektion auf dem Gebiet der Planung und Bauleitung besaß, qualifizierte sie nun als staatlicher Bauherr gemeinsam mit herausragenden Architekten, die sich in Wettbewerben für die kulturellen oder politischen Staatsbauten als Sieger durchgesetzt hatten, die Baumaßnahmen durchzuführen.

Die Bundesbaudirektion wurde, nun auch noch ausgestattet mit der Autorität der späteren Nutzer – der Bundesministerien und Verfassungsorgane –, deren Bauherrenfunktion sie wahrnahm, zu einem verlässlichen und professionellen Partner renommierter Architekturbüros und Ausführungsplaner. Statt zeitaufwendiger Planung und Bauleitung konnte sich die Bauverwaltung bei wachsendem Bauvolumen und kontinuierlich abnehmendem Personal auf das Baumanagement konzentrieren.

Das notwendige Umdenken im Tagesgeschäft erforderte von den Mitarbeitern auch neue Qualifikationen, die sie sich in der Praxis und über ein Weiterbildungsprogramm aneignen mußten. Nicht wenigen fiel es jedoch schwer, als Planer angetreten zu sein und nun als Bauherrenvertreter tätig zu sein. Statt Kreativität in architektonischen Fragen war nun Kompetenz in Baumanagement und Bauunterhalt gefordert. Bereits 1960 hatte Adolf Arndt in seinem vielbeachteten Vortrag auf den Berliner Bauwochen in der Akademie der Künste laut über die »Demokratie als Bauherr« nachgedacht, die nach einem Jahrzehnt Bundesrepublik noch immer keine baukulturelle Ausdruckskraft und Eigenständigkeit gefunden hatte und gefragt, »ob und inwieweit es die Aufgabe der staatseigenen Bauverwaltung aus politischer Sicht sein kann, selber öffentliche Bauten zu errichten.«[552] In seiner Antwort auf diese Frage hatte er davor gewarnt, dem Staatsbaubeamten seine kreativen Aufgaben zu nehmen und ihn zum reinen Baumanager werden zu lassen:

»Nach dem Gesichtspunkt der Wechselwirkung wird man es den Baubeamten nicht verweigern dürfen, selber auch schöpferisch tätig zu werden und zu bleiben. Wie könnte denn ein Mensch sich den Sinn für das Schöpferische bewahren und Ratgeber sein für das Schöpferische, wenn man es ihm zur Amtspflicht machte, dem Schöpferischen zu entsagen?«[553]

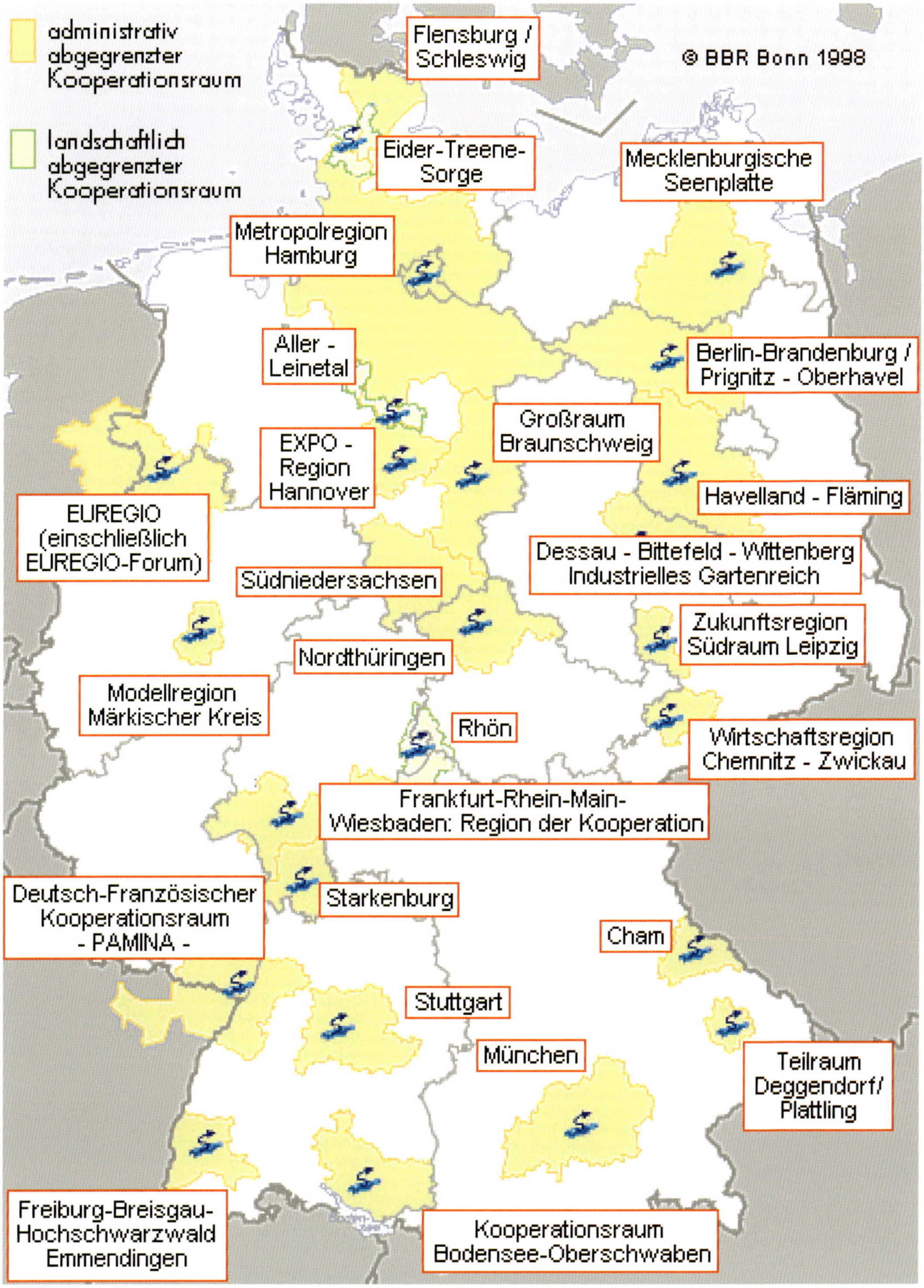

26 Regionen haben am Bundeswettbewerb »Regionen der Zukunft – regionale Agenden für eine nachhaltige Raum- und Siedlungsentwicklung« teilgenommen, den das Bundesamt für Bauwesen und Raumordnung im Auftrag des Bundesbauministeriums konzipiert und durchgeführt hat. Fast drei Jahre lang arbeiteten die Teilnehmer auf die Prämierungsveranstaltung im Rahmen der Weltkonferenz zur Zukunft der Städte URBAN 21 hin, wo sie ihre zukunftsweisenden Konzepte und die im Laufe des Wettbewerbs realisierten Projekte einer weltweiten Fachöffentlichkeit präsentieren konnten.

Präsident Florian Mausbach
Vizepräsident und Professor Dr. Wendelin Strubelt

Abteilung Z
Zentralabteilung
LRD Hermann

Z 1
Personal, Fortbildung
RD Dr. Wirth

Z 2
Organisation KLR und Informationstechnik
RD Becker

Z 3
Haushalt, Druckerei, Selbstverlag
ROAR Petto

Z 4
Innerer Dienst
ROAR Hübner

Z 5
Justitiariat, Vergabe
RD Dr. Stadler

Z 6
Forschungsverwaltung
RD Meyka

Abteilung I
Raumordnung und Städtebau
LWD Dr. Gatzweiler

Referat I 1
Raumentwicklung
WD Dr. Lutter, WD Prof. Dr. Stiens

Referat I 2
Stadtentwicklung und Bodenmarkt
WD Dr. Fuhrich

Referat I 3
Europäische Raum- und Stadtentwicklung
WD Dr. Schön

Referat I 4
Regionale Strukturpolitik und Städtebauförderung
WOR Dr. Eltges

Referat I 5
Verkehr und Umwelt
WD Bergmann

Referat I 6
Raum- u. Stadtbeobachtung
WDin Dr. Irmen, WD Dr. Böltken, WD Dr. Rase

Referat I 7
Wissenschaftliche Dienste
WD Dr. Schliebe

Abteilung II
Bauen, Wohnen, Architektur
LBD Dr. Kaltenbrunner

Gruppe II 1
Wohnungswesen
LRD Müller

II 11
Wohnungsmarktentwicklung
WOR Waltersbacher

II 12
Wohnungspolitische Analysen und Berichte
WOR Metzmacher

II 13
Bau- u. Wohnungswirtschaft, Förderung der Bauforschung
VAe Lorenz-Hennig

Referat II 2
Bautechnik, Bauökologie, Energieeinsparung
BD Schettler-Köhler

Referat II 3
Architektur/Baukultur, Wettbewerbe, Bauwerksdaten, Zuwendungsmaßnahmen
BDin Hückelheim-Kaune

Referat II 4
Grundsatzfragen des Bauens, Bauwirtschaft
RD Alvermann

Abteilung III
Bundesbauten Ausland und Bonn
LBD Runkel

Servicereferat III S 1
Einsatzplanung, Bauhaushalt
BOAR Volkmann, BOARin Lawrenz

Servicereferat III S 2
Gebäudetechnik
BD Steuer

Servicereferat III S 3
Projektentwicklung, Planung, Wirtschaftlichkeitsanalysen, Wertermittlung, Messen und Ausstellungen, Innenarchitektur

Servicereferat III S 4
Vertragsmanagement
im Aufbau

Präsidialbüro
Presse- und Öffentlichkeitsarbeit
VA Kübler

Abteilung IV
Bundesbauten Berlin
LBD Löffler

Arbeitsbereich
Gebäude- und Liegenschaftsbetreuung, Controlling-Institution
TAe von Hagel

rojektbereich III A 1
rojektmanagement Europa
D Bermbach

rojektbereich III A 2
rojektmanagement Ost-
nd Südeuropa, Amerika
OR Sonntag

rojektbereich III A 3
rojektmanagement Asien,
ustralien, Ozeanien
D Baurmann

rojektbereich III A 4
rojektmanagement Afrika,
orderer Orient
ORin Kuhr

rojektbereich III B 1
rojektmanagement Bonn-
ord
D Schlieper

rojektbereich III B 2
rojektmanagement BMVg,
A, Kunst- und Ausstel-
ngshalle, AdVB, AKNZ
Sieben

ojektbereich III B 3
ojektmanagement
onn-Süd
Krüger

ojektbereich III B 4
eubau Deutsche Welle
Steffen

Servicereferat IV S 1
Einsatzplanung, Bauhaushalt
BARin Reimers

Servicereferat IV S 2
Gebäudetechnik
TA Zimmermann

Servicereferat IV S 3
Projektentwicklung, Planung, Hochbau
im Aufbau

Servicereferat IV S 4
Vertragsmanagement
im Aufbau

Projektbereich IV A 1
Projektmanagement Gesamtkoordination, Kulturbauten, SPK, DHM
BD Mölders

Projektbereich IV A 2
Projektmanagement SPK, Museumsinsel
BDin Große-Rhode

Projektbereich IV A 3
Projektmanagement SPK, Staatsbibliothek, SIM
BDin Grevesmühl

Projektbereich IV A 4
Projektmanagement SPK, Kulturforum, Dahlem
BDin Behérycz

Projektbereich IV B 1
Projektmanagement BMWA, BMVBW, BMBF
BOR Fudickar

Projektbereich IV B 2
Projektmanagement DBT, BK, BMJ, BPrA, BMFSFJ, BMU

Projektbereich IV B 3
Projektmanagement AA, Äthiopische Botschaft
BOR Fehn Krestas

Projektbereich IV B 4
Projektmanagement BMA, BMVEL, BR, BPA, BMVBW, BMU
BD Kuntzsch

Organigramm des Bundesamtes für Bauwesen und Raumordnung im Jahre 2003, kurz vor der Fusion mit den Bauämtern der Oberfinanzdirektion Berlin. Die Baumaßnahmen im Ausland und in Bonn waren zwischenzeitlich zu einer Abteilung zusammengefasst und die jahrzehntelang übliche Referatstruktur der Bauabteilungen in Projektbereiche und Servicereferate umgewandelt worden.

Doch die Gleise waren bereits in eine andere Richtung gestellt. Das »Gesetz über die Errichtung eines Bundesamtes für Bauwesen und Raumordnung« vom 15. Dezember 1997 bedeutete eine der einschneidendsten Zäsuren in der Geschichte der Bundesforschungsanstalt für Landeskunde und Raumordnung und der Bundesbaudirektion. Der Forschungsbereich konnte sein Aufgabenprofil fortentwickeln und akzentuieren. Die Behörde, die bisher aus mehreren Abteilungen bestanden hatte, fand sich nun als eine von sechs Abteilungen im neuen Bundesamt wieder, war mehr noch als zuvor der anwendungsorientierten wissenschaftlichen Politikberatung verpflichtet und übernahm die Organisation bedeutender Projekte des Bundesbauministeriums. So führte die Forschungsabteilung beispielsweise die Weltkonferenz zur Zukunft der Städte »Urban 21« im Juli 2000 mit über 3.800 Teilnehmern aus 100 Ländern in Berlin durch. Weitere Projekte des Bundesbauministeriums waren »Regionen der Zukunft«, »Stadtumbau Ost«, »Stadtumbau West«, »Experimenteller Wohnungs- und Städtebau« (ExWoSt), »Soziale Stadt« und das Aktionsprogramm »Modellvorhaben der Raumordnung« (MoRo), in dem innovative raumordnerische Handlungsansätze in den beiden Themenschwerpunkten »Nachhaltige Siedlungsentwicklung« sowie »Infrastruktur und demographischer Wandel« erprobt werden.

Mit der Raumordnungsprognose 2020 (ROP 2020) beispielsweise wurden den zuständigen Institutionen in Bund und Regionen Prognosedaten zur Bevölkerungs-, Haushalts- und Erwerbspersonenentwicklung zur Verfügung gestellt, die, was die Bevölkerungsdaten betrifft, nie zuvor räumlich so weit ausdifferenziert waren: Die kleinste Prognoseeinheiten sind die 440 kreisfreien Städte und Landkreise. In der ROP 2020 werden regional sehr unterschiedliche Entwicklungen prognostiziert. Insgesamt werden die Wachstumsregionen aber weiter ab- und die Schrumpfungsregionen weiter zunehmen. Da die wachsende Lücke zwischen normativem Anspruch und realer Entwicklung bei den Lebensverhältnissen angesichts knapper werdender öffentlicher Mittel kaum noch zu schließen sei, empfehlen die Redakteure der Studie, Hansjörg Bucher und Hans-Peter Gatzweiler, das bislang mit der Raumordnungsgesetzgebung seit 1965 verfolgte Ziel der Angleichung ungleichwertiger Lebensverhältnisse

»[...] zu lockern, um Wege der ›Schrumpfungsplanung‹ einzuschlagen [...].«[554] Die ROP 2020 *»beansprucht nicht mehr zu sein als der Versuch«*, so die Autoren weiter, *»›Schneisen in die Zukunft zu schlagen‹. Sie ist vor allem notwendig, um eine vorausschauende, vorsorgende und aktive Politik vorzubereiten und zu unterstützen.«*[555]

Den Verantwortlichen in Bund, Ländern, Regionen und Kreisen gibt das BBR in der Raumordnungsprognose 2020 entsprechende Aufgaben mit auf den Weg, beispielsweise eine grundlegende Neudefinition und Gestaltung einer nachhaltigen Stadtentwicklung in schrumpfenden Städten einschließlich der Forderung nach integrierten Stadtentwicklungskonzepten. Außerdem eine bessere Verzahnung von Wohnungs- und Städtebaupolitik, auch um gefährdete Stadtquartiere zu stabilisieren sowie eine stärkere Regionalisierung der Wohnungspolitik.

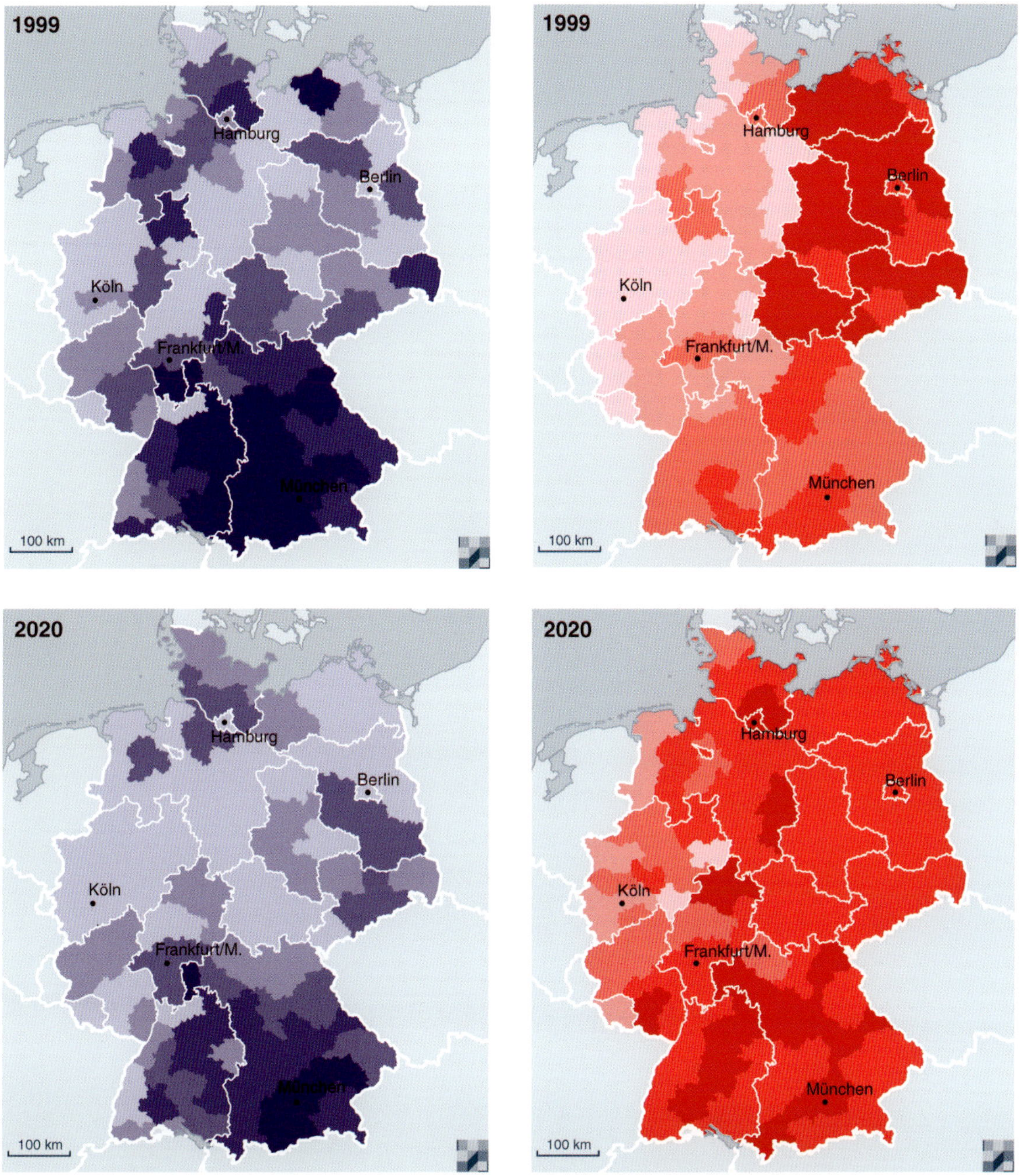

Erwerbsbeteiligung der Männer in %

- bis unter 80
- 80 bis unter 81
- 81 bis unter 82
- 82 bis unter 83
- 83 und mehr

Erwerbsbeteiligung der Frauen in %

- bis unter 61
- 61 bis unter 64
- 64 bis unter 67
- 67 bis unter 72
- 72 und mehr

Quelle: BBR-Erwerbspersonenprognose 1999 - 2020/Kreise; div. Mikrozensen

© BBR Bonn 2004

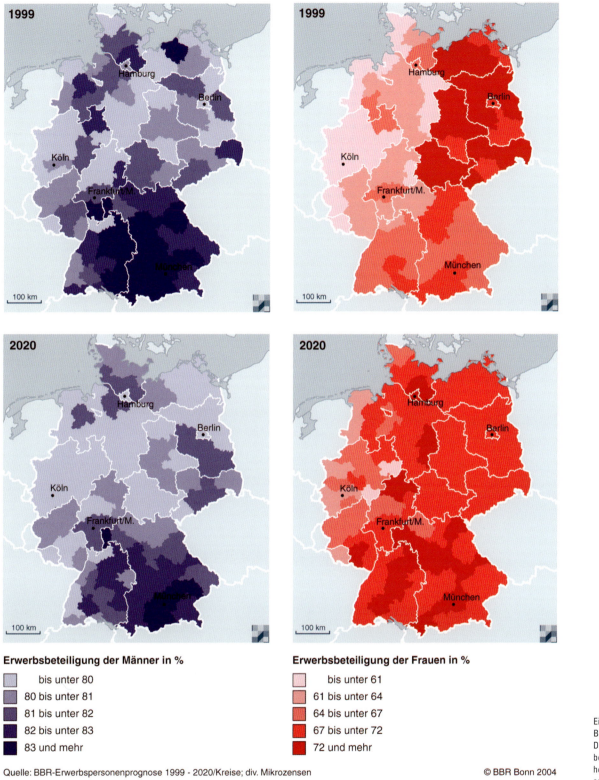

Ein Beispiel aus der vielbeachteten BBR-Raumordnungsprognose 2020: Die nach Geschlechtern getrennt betrachtete und bis auf Kreisebene heruntergebrochene Erwerbspersonenprognose 1999 – 2020.

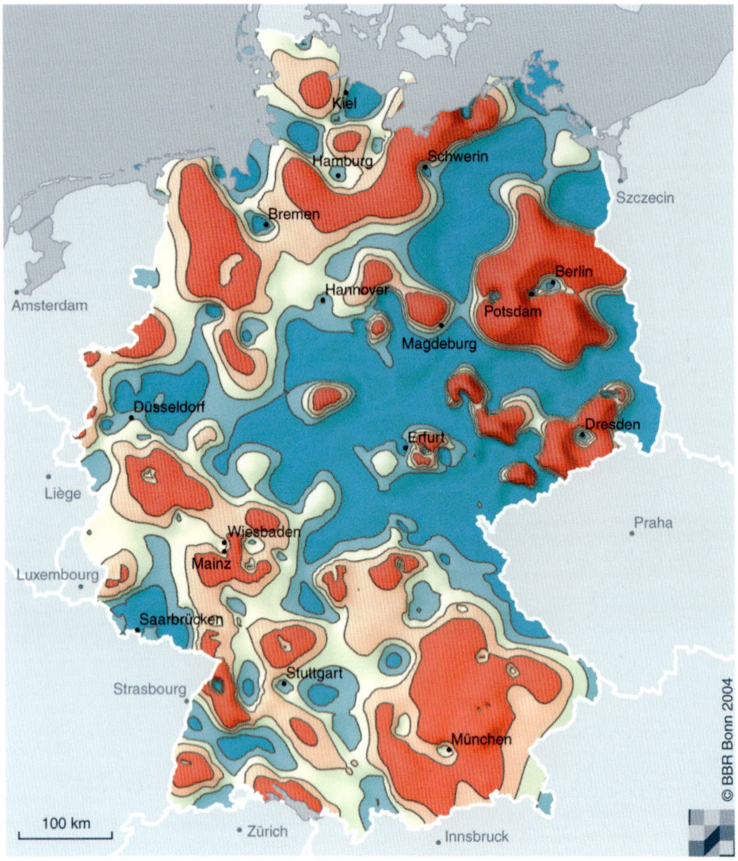

Veränderung der Bevölkerungszahl 1999 bis 2020 in %

- bis unter -7,5
- -7,5 bis unter -2,5
- -2,5 bis unter 2,5
- 2,5 bis unter 7,5
- 7,5 und mehr

Quelle: BBR-Bevölkerungsprognose 1999 - 2020/Kreise

Trends der Raumentwicklung

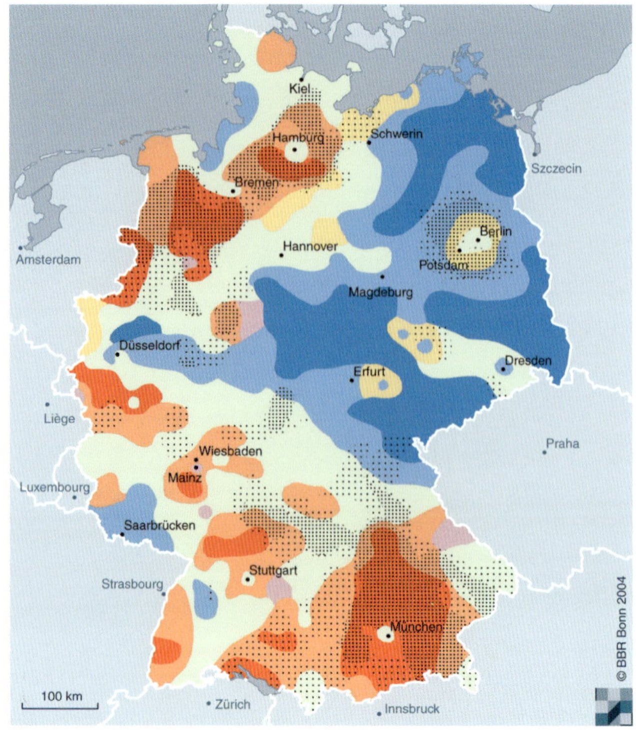

Räume in denen die Entwicklung der Bevölkerung und der Beschäftigung geprägt ist durch

- starke Schrumpfung
- geringe Schrumpfung
- divergierende Trends (schrumpfende Bevölkerung, wachsende Beschäftigung)
- Stagnation
- divergierende Trends (wachsende Bevölkerung, schrumpfende Beschäftigung)
- geringes Wachstum
- starkes Wachstum

Siedlungsflächen- und Verkehrswachstum

- stark
- sehr stark

Quellen: Laufende Raumbeobachtung des BBR, SuV-Trendrechnung 2020, BBR-Bevölkerungsprognose 2002-2020/Exp, ITP-Intraplan Consult GmbH, Datengrundlagen: BVWP-Verkehrsprognose 2015, Beschäftigtenstatistik der Bundesagentur für Arbeit, Flächenerhebung nach Art der tatsächlichen Nutzung des Bundes und der Länder

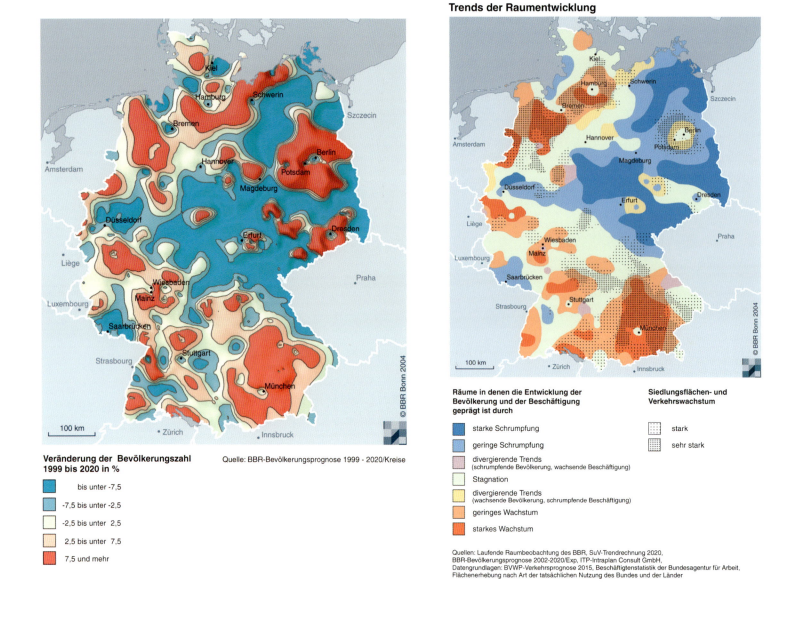

Oben links: Die Veränderung der Bevölkerungszahlen in Deutschland ist ein weiteres Beispiel für die detaillierte Betrachtung der BBR-Raumordnungsprognose 2020.

Oben rechts: Mit der Gründung des Bundesamtes für Bauwesen und Raumordnung wurden dem Wissenschaftlichen Bereich hoheitliche Rechte übertragen, so die selbstständige Bearbeitung des alle vier Jahre erscheinenden Raumordnungsberichts (ROB), der auf der Grundlage einer breiten Quellenbasis beispielsweise »Trends der Raumentwicklung« thematisiert wie hier im ROB 2004.

Mit derartigen Prognosen auf gesicherter, weit ausdifferenzierter Datenbasis findet der Wissenschaftsbereich des BBR weithin Gehör und stellt Entscheidungsträgern in Bund und Ländern, in Regionen und Städten ein aussagekräftiges Instrumentarium zur Verfügung. Die Bundesforschungsanstalt für Landeskunde und Raumordnung war eine vorwiegend in Wissenschaftskreisen bekannte Forschungseinrichtung. Durch die Fusion mit der Bundesbaudirektion zum Bundesamt für Bauwesen und Raumordnung ist sie nun Teil einer großen Behörde mit umfangreichen Ressourcen und größerem Gewicht in der nationalen und internationalen Wahrnehmung geworden und erhielt wichtige gesetzliche Kompetenzen, die bis dahin beim Ministerium lagen: So erarbeitet die Forschungsabteilung die regelmäßigen Raumordnungsberichte für das Ministerium zur Vorlage an den Bundestag nun selbständig und führt in Eigenregie die Laufende Raumbeobachtung als Informationssystem, mit dessen Hilfe die räumliche Entwicklung beobachtet und bewertet wird. Auch dies ist Ausdruck des neuen Aufgabenprofils mit größerer wissenschaftlicher Eigenverantwortung.

Gleichzeitig gelang es durch eine verstärkte Öffentlichkeitsarbeit, die professionelle Kompetenz in Bau- und Forschungsfragen zu stärken und die Entwicklung von einer reinen Baubehörde und einer vornehmlich forschenden Behörde hin zu einem Bundesamt mit baupraktischem und wissenschaftlichem Anspruch zu vermitteln. Mit dem seit der Fusion erscheinenden »Jahrbuch Bau und Raum« gibt das Bundesamt einen Überblick über aktuelle staatliche Bauten und anwendungsorientierte Forschung aus den Bereichen Raumordnung und Städtebau, Wohnungswesen, Baukultur und Architektur.

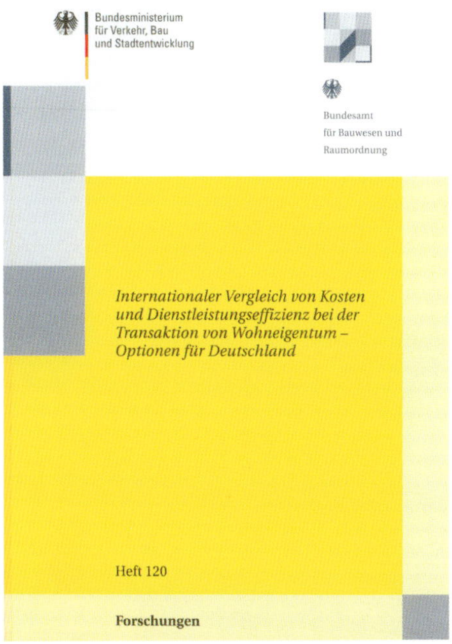

Diese Themen werden für ein großes Fachpublikum noch durch regelmäßige Veröffentlichungen vertieft, die alle unter dem Dach des Bundesamtes fachlich und drucktechnisch betreut und vom Selbstverlag herausgegeben werden: Im Mittelpunkt der Reihe »Forschungen« steht die Veröffentlichung von Projektergebnissen aus der wissenschaftlichen Arbeit des Bundesamtes für Bauwesen und Raumordnung und der Ressortforschung des Bundesministeriums für Verkehr, Bau- und Wohnungswesen (seit 2005: Bundesministerium für Verkehr, Bau und Stadtentwicklung) im Bereich Raumordnung, Städtebau und Wohnungs-/Bauwesen. Das Spektrum reicht dabei von umsetzungsorientierten, politik- und planungsrelevanten bis hin zu methodisch-theoretischen Fragen. Themen in 2004 waren beispielsweise »Die Städte Europas«, »Erhaltung von Kulturlandschaften bei Wahrung ihrer Dynamik« und »Investitionszulage Ost«.

Die Publikation »Informationen zur Raumentwicklung« ist eine seit Jahrzehnten bewährte Fachzeitschrift für räumliche Planung und Politik. Sie erscheint in Themenheften, die zu aktuellen und mittelfristigen Aufgaben in den Bereichen Raumordnung, Städtebau, Wohnungs- und Bauwesen Stellung beziehen und ist ein zentrales Diskussionsforum an der Nahtstelle zwischen Wissenschaft und Praxis in Deutschland. 2004 wurden in den »Informationen zur Raumentwicklung« neben anderen folgende Themen behandelt: »Reaktivierung von Bahnbrachen«, »Raumordnung auf dem Meer – Integriertes Küstenzonenmanagement«, »Raumordnung und (Bundes-) Verkehrswegeplanung im 21. Jahrhundert«, »Raumordnerische und städtebauliche Aspekte der Brennstoffzellentechnologie und Wasserstoffökonomie«, »Die Soziale Stadt – ein Programm wird evaluiert« und die »Raumordnungsprognose 2020. Regionen und Städte im demographischen Wandel«.

Mit der Schriftenreihe »Berichte« greift das Bundesamt für Bauwesen und Raumordnung seine gesetzliche Aufgabe auf, Raumordnungsberichte zu erstellen und in regelmäßigen Abständen Berichte zur städtebaulichen Entwicklung, zur Wirkung städtebaulicher Förderprogramme und zur Bauland- und Immobilienmarktentwicklung vorzulegen. So erschienen 2004 beispielsweise der »BBR-Wohnungsmarktbericht«, der »Bauland- und Immobilienmarktbericht«, der »Raumordnungsbericht 2004«, der »Städtebaubericht« und die »Wohnungsprognose 2020«. In der Reihe werden auch die Ergebnisse aus der Laufenden Raumbeobachtung und umfassende empirische Informationen veröffentlicht wie das »Regionalbarometer Neue Länder«.

In der umsetzungs- und praxisorientierten Schriftenreihe »Werkstatt: Praxis« wird in unregelmäßiger Folge über das Forschungsprogramm »Experimenteller Wohnungs- und Städtebau« (ExWoSt) und das raumordnungspolitische Aktionsprogramm »Modellvorhaben der Raumordnung« (MoRo) berichtet. Das Spektrum der Veröffentlichung reicht dabei von der kürzeren programmbegleitenden Information über die umfängliche Darstellung von Ergebnissen wie der »Querschnittsuntersuchung kostenbewußtes Bauen« bis hin zur Dokumentation guter Beispiele (Best Practises) aus den Forschungsfeldern, Modellvorhaben und Projekten dieser Forschungsprogramme, beispielsweise über »Regionales Flächenmanagement« oder »Kommunale Gebühren«.

Die Reihe »Raumforschung und Raumordnung« besteht seit 1937 und wird als Fachzeitschrift für räumliche Planung und Politik gemeinsam mit der Akademie für Raumforschung und Landesplanung in Hannover herausgegeben. Die Zeitschrift veröffentlicht Variahefte mit Einzelbeiträgen zu aktuellen Themen aus dem Bereich der Raumordnung, der Landes- und Regionalplanung und des Städtebaus einschließlich der einschlägigen raumwissenschaftlichen Forschung wie im Jahre 2004 zur »Räumlichen Struktur des Flächenverbrauchs in Deutschland«, zu »Erfolgsfaktoren kommunaler Wirtschaftspolitik in Ostdeutschland« oder zum »Modularen Aufbau von Nachhaltigkeitsindikatorensystemen«.

Im Newsletter »Informationen aus der Forschung des BBR« stellt der wissenschaftliche Bereich regelmäßig in Kurzbeiträgen seine aktuellen Projekte, Veröffentlichungen und Veranstaltungen im Bereich der Raumordnungs-, Städtebau- und Wohnungspolitik und des Bauwesens vor. Zweimal pro Jahr erscheinen die »Informationen« als »Research News« auch auf Englisch. Die Online-Reihe »Arbeitspapiere« dient der fachinternen Diskussion von Arbeitsgrundlagen und -ergebnissen aus dem wissenschaftlichen Bereich des Bundesamtes. Sie hat Werkstattcharakter (work in progress).

In der Schriftenreihe »Forum Bau und Raum« wird sowohl die jährliche, gleichnamige Fachtagung dokumentiert als auch weitergehende Fragen aus den Bereichen (Städte)Bau, Architektur und öffentlicher Bauverwaltung diskutiert. Das erste Forum Bau und Raum widmete sich dem Phänomen »Suburbia«, das zweite beschäftigt sich mit dem Thema: »Das Hochhaus und die europäische Stadt«.

Als CD-ROM erscheinen die Indikatoren und Karten zur Raumentwicklung – INKAR – und INKAR Pro mit aktuellen Daten aus der Laufenden Raumbeobachtung sowie Jahrgangsdokumentationen der »Informationen zur Raumentwicklung«.

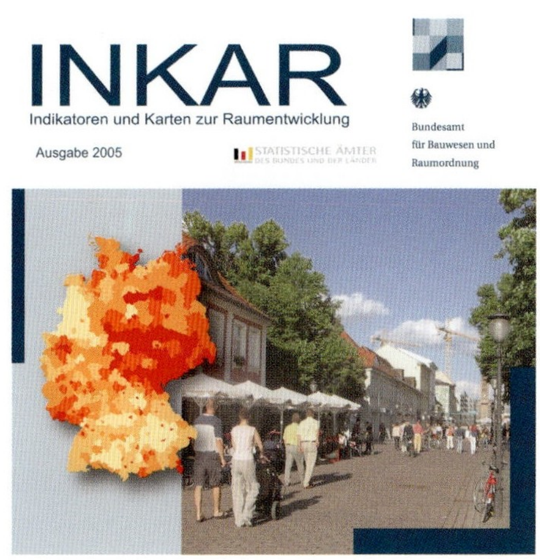

Neben diesen regelmäßigen Veröffentlichungen gibt das Bundesamt für Bauwesen und Raumordnung auch Sonderpublikationen zu Spezialthemen heraus wie beispielsweise den »Leitfaden Nachhaltiges Bauen« und Auftragsarbeiten des Bundesministeriums für Verkehr, Bau und Stadtentwicklung für die Initiative Architektur und Baukultur, aus der die Bundesstiftung Baukultur mit Sitz in Potsdam hervorgegangen ist.

Weiterer Bestandteil der Öffentlichkeitsarbeit sind regelmäßige Ausstellungen zu den Wettbewerbsergebnissen im Kunst- und Baubereich, Einzelausstellungen zu besonderen Baumaßnahmen wie dem »Deutsch-Italienischen Zentrum Villa Vigoni« sowie große Sonderausstellungen zu Themen wie »50 Jahre Auslandsbauten der Bundesrepublik Deutschland«, die unter dem doppeldeutigen Begriff »Botschaften« mit breiter Resonanz zuerst im Deutschen Architektur Museum in Frankfurt am Main, dann im Lichthof des Auswärtigen Amtes in Berlin und schließlich im Haus der Geschichte der Stadt Bonn gezeigt wurde. Regelmäßig nimmt das Bundesamt für Bauwesen und Raumordnung an den »Tagen der Architektur« teil und führt bei besonders interessanten Bauten in Bonn und Berlin »Tage der Offenen Tür« durch. Bei den Bundesministerien in Berlin, der »Deutschen Welle« in Bonn, dem »Neuen Museum« auf der Berliner Museumsinsel, beim Pei-Bau und dem Zeughaus Unter den Linden haben Zigtausende die Gebäude begeistert gestürmt, sich in den vom Bundesamt publizierten Flyern und Broschüren über technische, denkmalpflegerische und baukulturelle Details informiert und gezeigt, daß in der Bevölkerung ein vitales Interesse an Staatsarchitektur besteht.

Reihe oben: Impressionen der vom Bundesamt für Bauwesen und Raumordnung durchgeführten Ausstellung zur Villa Vigoni im Auswärtigen Amt Berlin.

Rechts: Zur Ausstellung »Botschaften – 50 Jahre Auslandsbauten der Bundesrepublik Deutschland« gab das Bundesamt für Bauwesen und Raumordnung einen 250seitigen Katalog heraus.

Auswirkungen der Fusion auf Binnenstrukturen und Aufgaben

Bundesamt für Bauwesen und Raumordnung

Mit der Fusion von Bundesforschungsanstalt für Landeskunde und Raumordnung und Bundesbaudirektion erhielt das neugeschaffene Bundesamt für Bauwesen und Raumordnung auch ein neues Corporate Design mit eigenem Logo.

In der Begründung zum Fusionsgesetz wurden fachliche und fiskalische Effekte genannt, die durch die Zusammenführung von Bundesbaudirektion und Bundesforschungsanstalt für Landeskunde und Raumordnung erwartet wurden. Durch Organisationsstraffung und Nutzung von Synergieeffekten durch Abbau bürokratischer Elemente, Verschlankung und Rückführung des Stellenplanes wurde letztendlich eine Entlastung des Bundeshaushaltes erreicht. Bis zum Jahr 2007 wurde zudem der Gesamtstellenbestand der ehemaligen Bundesbaudirektion und der ehemaligen Bundesforschungsanstalt für Landeskunde und Raumordnung gegenüber dem von 1993 um 17%, also um 124 Stellen von 715 auf 591[556] gesenkt. Insbesondere wurden Flexibilität im Arbeitseinsatz und eine flache Hierarchie geschaffen, Kleinreferate vermieden und Aufgaben gebündelt.[557]

Mit der Fusion erfolgte im Rahmen des Bonn-Berlin-Ausgleichgesetzes – wie oben ausgeführt – auch die Verlegung des 1. Dienstsitzes des Bundesamtes für Bauwesen und Raumordnung von Berlin nach Bonn. 142 Stellen wurden dabei nach Bonn verlagert, vor allem betraf dies die gesamte Zentralabteilung und die Auslandsabteilung, die fast vollständig in die Bundesstadt umzog. Daß dieser Umzug sozial verträglich ablief und niemand unfreiwillig den Wohnort wechseln mußte, war einer großen Kraftanstrengung der Zentralabteilung und der Personalräte des Bundesamtes und ihres Tauschpartners, des Bundesbauministeriums, zu verdanken. So zogen nur wenige Mitarbeiter tatsächlich von Berlin nach Bonn, dafür tauschten umso mehr, rund 100, ihre Arbeitsplätze mit dem Bundesministerium für Raumordnung, Bauwesen und Städtebau (BMBau), das im Zuge der ersten rot-grünen Kabinettsbildung 1998 mit dem Verkehrsministerium zum Bundesministerium für Verkehr, Bau- und Wohnungswesen (BMVBW) zusammengelegt worden war. Im Verlauf des Jahres 1999 konnten zudem die Mitarbeiter der bisherigen Bundesbaudirektion von Bonn-Beuel aus der St. Augustiner Straße in den repräsentativen, früheren Dienstsitz des Bundesbauministeriums in die Deichmanns Aue nach Bonn-Mehlem wechseln. 2002 zog auch – wie schon erwähnt – die Abteilung I vom bisherigen Standort der Bundesforschungsanstalt für Landeskunde und Raumordnung Am Michaelshof in Bad Godesberg dorthin, so daß alle Bonner Mitarbeiter unter einem Dach vereint wurden, was neben den schon genannten fachlichen Synergieeffekten und den positiven fiskalischen Auswirkungen auch die Identifikation der Mitarbeiter mit dem neuen Bundesamt für Bauwesen und Raumordnung fördern sollte, das sich mit der Fusion auch ein neues Corporate Design und ein eigenes Leitbild zugelegt hatte. In Berlin waren zu dieser Zeit 255 der insgesamt 689 Beschäftigten tätig.[558]

Ein dem Fusions-Gesetz von 1997 folgender Errichtungserlaß mit Maßgabenkatalog regelte im einzelnen den Zuschnitt des neuen Bundesamtes, die Bauherrenaufgaben und auch viele neu hinzugekommene und aus dem Bundesbauministerium »abgeschichtete«, teils hoheitliche Kompetenzen. Wegen seiner Bedeutung für die weitere Zukunft des Bundesamtes für Bauwesen und Raumordnung und die ganze Neuausrichtung des staatlichen Bauwesens wird dieser Erlaß hier ausführlich wiedergegeben:

»Aus dem Bereich des Bauwesens werden dem BBR folgende weitere Aufgaben übertragen: Unterstützung des BMBau bei der Vorbereitung und Durchführung der Ausschreibung für die Beauftragung eines privaten Dienstleisters zur zentralen Übernahme des gebäudetechnischen Betriebs der Liegenschaften der Bundesressorts in Berlin, sowie bei der Entwicklung eines Konzepts für die Wahrnehmung der im Zusammenhang mit dem privaten Dienstleister anfallenden zentralen Controlling-Aufgaben und des Vertragsmanagements. […] Ferner ist beabsichtigt – nach Klärung fachlicher, personeller und stellenmäßiger Voraussetzungen – dem BBR folgende Aufgaben zu übertragen [wofür die neu zu gründende Abteilung II als Schnittstelle zwischen Forschung und Baumanagement eine Brückenfunktion einnehmen sollte; Anm. d. Verf.]:

- *Aufgaben im Zusammenhang mit der Geschäftsführung des Gemeinsamen Ausschusses Elektronik im Bauwesen (GAEB),*
- *Fortentwicklung des Standardleistungsbuches,*
- *Regelungen für die elektronische Bauabrechnung,*
- *normierende Regelungen für den Aufbau von Leistungsverzeichnissen und den Datenaustausch,*
- *Förderung der Bauforschung gemäß Zweitem Wohnungsbaugesetzbuch einschließlich Geschäftsführung der Arbeitsgemeinschaft Bauforschung,*

Aus dem Bereich Raumordnung und Städtebau hat das BBR als neue gesetzliche Aufgaben

- *ein räumliches Informationssystem zu führen (§ 18 Abs. 5 ROG) und mit dessen Hilfe die räumliche Entwicklung zu beobachten, zu bewerten und darüber zu berichten,*
- *regelmäßig Raumordnungsberichte – abweichend vom bisherigen Verfahren – eigenständig zu erarbeiten und dem für Raumordnung zuständigen Bundesministerium zur Vorlage an den Deutschen Bundestag zuzuleiten (§ 21 ROG).*

Darüber hinaus hat das BBR in regelmäßigen Abständen Berichte zur städtebaulichen Entwicklung und zur Wirkung städtebaulicher Förderungsprogramme vorzulegen sowie verstärkt mitzuwirken

- *an der Umsetzung der Raumordnungs- und Städtebaupolitik des Bundes sowie*
- *an europäischen und internationalen Ressortaufgaben […],*
- *die Vorbereitung und Durchführung von städtebaulichen und raumordnerischen Modellvorhaben einschl. verwaltungsmäßiger Abwicklung und Mittelbewirtschaftung,*
- *weitere Verwaltungsaufgaben im Bereich der Ressortforschung,*
- *die Abstimmung von Fach- und Regionalplänen mit den betroffenen Ressortbereichen.*

Im Bereich des Wohnungswesens hat das BBR die Aufgaben

- *der laufenden Wohnungsmarktanalyse und -prognostik,*
- *der Untersuchung ausgewählter wohnungspolitischer Fragestellungen,*
- *der Bearbeitung wohnungspolitischer Fragen im Rahmen von Modellvorhaben.*

Darüber hinaus wirkt das BBR durch regelmäßige statistische Übersichten und Ausarbeitungen zu wohnungspolitischen Einzelfragen verstärkt an der Umsetzung der Wohnungspolitik des Bundes mit […].

- *Erarbeitung wohnungspolitischer Berichte,*
- *Vorbereitung von und fachliche Stellungnahme zu wohnungspolitischen Maßnahmen der Bundesregierung,*
- *Betreuung und Ausbau des wohnungspolitischen Informationssystems,*
- *Analysen zur Bauwirtschaft,*
- *Betreuung der wohnungswirtschaftlichen Beratungsleistungen für die osteuropäischen Staaten sowie Mitwirkung an der internationalen Zusammenarbeit im Wohnungswesen,*
- *Maßnahmen zur Kostensenkung im Wohnungsbau.«*[559]

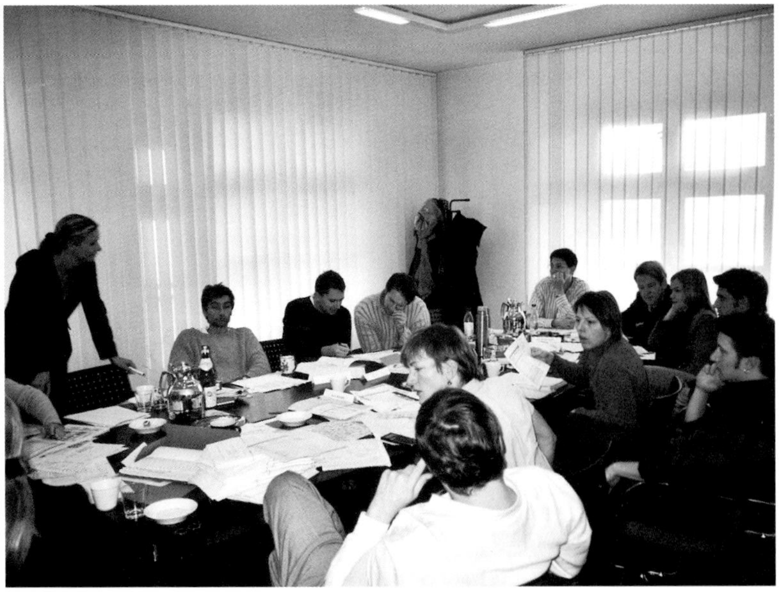

»...die geschicktesten von ihnen aber als Referendarien engagirt werden...«. Schon im 18. Jahrhundert war die Bedeutung einer staatlichen Bauausbildung erkannt worden. Heute setzt das Bundesamt für Bauwesen und Raumordnung diese Tradition fort. Die Bilder zeigen Referendare bei einem Projektmanagement-Seminar im Jahre 2001.

Im Hinblick auf die Forschungsaufgaben wurden die Abteilungen I und II als Forschungsanstalt im Sinne des § 35 Abs. 8 Nr. 1 der Bundeslaufbahnverordnung anerkannt. Als Ausbildungsbehörde des gehobenen und höheren bautechnischen Verwaltungsdienstes wurde das Bundesamt für Bauwesen und Raumordnung bestätigt.[560]

Das von ihm durchgeführte »Referendariat«[561] ist eine bauadministrative und baukulturelle Eliteausbildung, deren Ursprünge bis ins 18. Jahrhundert zurückgehen.[562] Die Notwendigkeit und Bedeutung einer staatlichen Bauausbildung in Form eines Referendariats fand bereits in der »Instruktion« zur Errichtung des preußischen Oberbaudepartements von 1770, der ersten Vorgängerinstitution des Bundesamtes für Bauwesen und Raumordnung, Erwähnung:

»Damit es künftig nicht an geschickten Baumeistern fehle, sollten einige fähige Köpfe als Conducteurs [i.e. Bauleiter], die geschicktesten von ihnen aber als Referendarien engagirt werden, welche bei den Bearbeitungen und Revisionen der Anschläge von den membris Collegii mit zugezogen, auch mit auf Commissionen genommen, sodann aber bei bewiesener Geschicklichkeit als Bau-Inspektoren und Landbaumeister, so wie die geschicktesten als Bau-Direktoren und Bau Räthe [...] versorgt [...] werden.«[563]

Damals wie heute ist das Ziel des Referendariats, fachkundigen, mit den Abläufen einer staatlichen Behörde vertrauten Führungsnachwuchs heranzubilden. Die Bedeutung der Ausbildung für die staatliche Baukultur hatte Bundespräsident Johannes Rau in seiner Rede im ehemaligen Plenarsaal in Bonn beim Festakt des 1. Konvents der Baukultur am 4. April 2003 hervorgehoben:

»Damit Beliebigkeit und Stillosigkeit nicht zu einem prägenden Muster werden, brauchen wir Menschen, die die Fähigkeiten und die persönliche Autorität haben, Orientierungspunkte für gutes Bauen zu setzen und Qualitätsmerkmale zu definieren, hinter die niemand zurückfallen sollte.«[564]

Die »Ausbildungs- und Prüfungsordnung für die Laufbahn des höheren technischen Verwaltungsdienstes« legt die Lerninhalte des Referendariats fest:

»Während der Ausbildung soll das auf der Hochschule und im Berufsalltag erworbene Wissen – als Architekt oder Fachingenieur – in der Praxis angewendet, gegebenenfalls erweitert und um Kenntnisse vor allem auf den Gebieten Verwaltung, Recht, Planung, Betrieb und Führungsaufgaben ergänzt werden. Dabei sind Verantwortungsbereitschaft und Initiative zu wecken und zu fördern. Staatspolitische, wirtschaftliche, kulturelle und soziale Belange sind bei der Ausbildung zu berücksichtigen.«[565]

Der Ausbildungsplan vermittelt Kenntnisse über das Verhältnis zwischen Politik und Administration sowie zwischen Privatwirtschaft und öffentlichem Auftraggeber, über Organisation, Finanz- und Personalwesen, Aufgaben, Rechtsgrundlagen und Kompetenzregelungen der Bundesbauverwaltung. Praktika in privatwirtschaftlichen Unternehmen vermitteln die Aufgaben des Projektmanagements, das auch für die öffentliche Bauverwaltung durch die Konzentration auf Bauherrenaufgaben große Bedeutung gewonnen hat. Das Referendariat wird mit der Großen Staatsprüfung abgeschlossen. Als Bauassessoren sollen die erfolgreichen Absolventen danach für eine anspruchsvolle staatliche Baukultur im großen Spektrum der öffentlichen Verwaltung einstehen.

Knapp zwei Jahre nach der Fusion der Bundesforschungsanstalt für Landeskunde und Raumordnung mit der Bundesbaudirektion mußte das Bundesministerium für Verkehr, Bau- und Wohnungswesen vor dem Rechnungsprüfungsausschuß eine Ergebniskontrolle ablegen. Die bislang ausgebliebenen Einspareffekte der Zusammenlegung hatte der Bundesrechnungshof bereits im April 1998 gerügt:
»Das Bundesministerium hat die in Zusammenhang mit der Errichtung des Bundesamtes für Bauwesen und Raumordnung zum 1. Januar 1998 angestrebten Organisationsverbesserungen nebst einer nachhaltigen Senkung der Verwaltungskosten im Baubereich bisher verfehlt«.[566]

In seiner Antwort wies das Ministerium darauf hin, daß das Bundesamt seit 1998 »eine erhebliche Steigerung des Leistungsumfanges der bauenden Abteilungen« erfahren habe und fährt fort:
»Diese Erweiterung des Leistungsumfanges resultiert aus den Bauaufgaben in Bonn und Berlin in Zusammenhang mit der Verlagerung der Bundeshauptstadt von Bonn nach Berlin. Während in den Jahren davor ein Bauvolumen von ca. 500 Mio. DM jährlich zu betreuen war, schnellten die Zahlen auf bis zu 1.167 Mio. DM (1999) jährlich hoch. Gleichwohl wurden […] die Stellenpläne verringert. Um das erhöhte Aufgabenvolumen qualitäts- und termingerecht erledigen zu können, erfolgte eine weitgehende Vergabe von Aufgaben an den Markt (Beginn der Bauherrenverwaltung). Nur dadurch konnten die notwendigen Kapazitäten erschlossen werden. So wurden beispielsweise allein für die Bundesbauten in Bonn 96,4 % aller Leistungen an Dritte vergeben. Da diese Vergabe durch Honorarmittel realisiert wurde, sind bisher noch keine meßbaren Kosteneinsparungen zu verzeichnen. […] Die Phase der Konsolidierung des Bauvolumens auf gesunkenem Niveau mit der erforderlichen Personalanpassung wird über die nächsten Jahre kontinuierlich weiterverfolgt.«[567]

Organisationsuntersuchung zur Vollendung der Fusion

Um diese stellenwirtschaftlichen Vorgaben kurz- bis mittelfristig zu erfüllen, begann eine im Verkehr- und Bauministerium eingesetzte »Projektgruppe BBR«, kurz PG BBR, unter Leitung von Ministerialdirigent Manfred Rettig mit einer umfangreichen Organisationsuntersuchung[568], deren Hauptziel es war, insbesondere für die Bauabteilungen »Vorschläge für eine effiziente Organisation des BBR«[569] zu entwickeln. Effizienter Personaleinsatz und Senkung der Bauverwaltungskosten waren das oberste Ziel. Neben den Sofortmaßnahmen setzte sich die Projektgruppe mit der »Entwicklung der künftigen Aufgaben- und Organisationsstruktur des BBR unter Berücksichtigung des Kernaufgabenprozesses im BMVBW/Abschichtung von Aufgaben«[570] auch ein langfristiges Ziel. Überdies sollten für den Forschungsbereich die Arbeitsprogramme und die Mittlerfunktion zwischen Ministerium und Forschern sowie Instituten konturiert, die Abteilungen I und II innerhalb des Bundesamtes besser integriert, die Brückenfunktion der Abteilung II zwischen »Wissenschaft/Theorie« und »Bau/Praxis« gestärkt und die Referate II 3 bis II 5[571] neu strukturiert werden. Außerdem sollten Verbesserungen in der Vertragsgestaltung und -durchführung vorgeschlagen und Schwerpunkte für den neuen Arbeitsbereich »Gebäude- und Liegenschaftsbetreuung, Controlling-Institution« (GCI)[572] festgelegt werden. Eine vierte Arbeitsgruppe kümmerte sich innerhalb der Projektgruppe um »Aufbaustruktur/ Personalbemessung/ Kosten- und Leistungsrechnung«. Eckpunkte der Neuorganisation waren:

»Die Umsetzung der ›Fusions-Vorgaben‹ [...] nach der räumlichen Zusammenführung des BBR; eine Neuorganisation der Bauabteilungen des BBR und Ausrichtung der Organisation auf die Wahrnehmung von ›Bauherrenaufgaben‹ unter Berücksichtigung der Konzentration auf Kernaufgaben (im Ministerium – Abschichtung ins BBR und im BBR – Outsourcing/Vergabe).«[573]

Den Abschlußbericht der Organisationsuntersuchung legte die »PG BBR« nach einjähriger Arbeit am 3. Juli 2001 vor. Als Grundlage weiterer Beschlüsse hatte es zuvor einen Leistungsvergleich der in Berlin tätigen Bauverwaltungen der Oberfinanzdirektion, der Bundesbaugesellschaft und des Bundesamtes für Bauwesen und Raumordnung gegeben. Die PG BBR kam hier zu einem für das Bundesamt erfreulichen Ergebnis:

»Es wurde festgestellt, dass durch das BBR die Aufgaben im Bereich Bauunterhalt, kleine und große Baumaßnahmen in der Regel im vorgesehenen Termin-, Qualitäts- und Kostenrahmen durchgeführt werden. Dies war möglich durch überwiegende Fremdvergabe von delegierbaren Leistungen an Dritte. Damit wurden erste Schritte zur Umsetzung des Baumanagement-Konzeptes eingeleitet. [...] Durch die vorgezogene Arbeitsaufnahme des Deutschen Bundestages in Berlin 1999 (statt 2000) mussten auch die von dem BBR betreuten Baumaßnahmen der Ressorts vorzeitig an die Bedarfsträger übergeben werden. Dies war für alle Beteiligten nicht problemfrei. Die Tatsache jedoch, dass eine vorge-

Die Organisationsuntersuchung der »Projektgruppe BBR« im Bundesbauministerium analysierte auch problematische Bauvorhaben, bei denen es zu Zeit- oder Kostenüberschreitungen gekommen war, so bei der Herrichtung des früheren Goebbelschen Propagandaministeriums für das Bundesarbeitsministerium.

Gebäude- und Liegenschaftsbetreuung
Controlling
Institution

Bundeskanzleramt *5)

Bundesministerium für Wirtschaft *11)

Presse- und Informationsamt *6)

Bundesministerium für Landwirtschaft *1)

Bundesministerium für Arbeit *12)

Bundesrat *4)

Bundesministerium der Finanzen *10)

Mit der Gründung des Bundesamtes für Bauwesen und Raumordnung wurde auch eine eigene Abteilung »Gebäude- und Liegenschaftsbetreuung, Controlling-Institution« (GCI) geschaffen. Obwohl nur wenige Jahre im BBR aktiv – die GCI wurde im Rahmen der Fusion mit den Bauämtern der Oberfinanzdirektion im Jahre 2004 an die neugegründete Bundesanstalt für Immobilienaufgaben abgegeben –, entfaltete sie eine große Wirkungskraft. Der Lageplan zeigt die Standorte der von der GCI in Berlin betreuten Ministerien und staatlichen Liegenschaften.

Bundesministerium für Verkehr *15)

Bundesministerium f. Bildung *8)

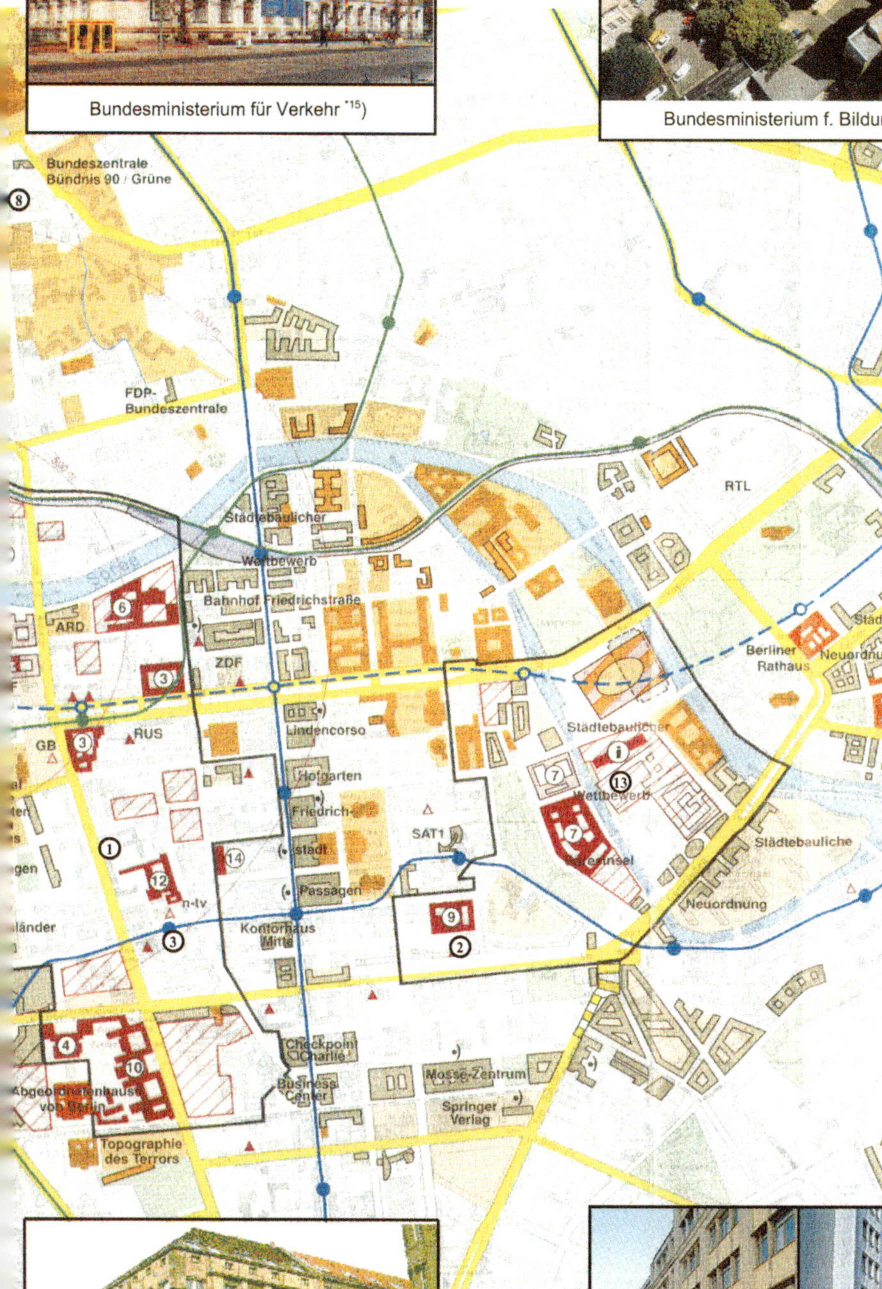

Bundesministerium für Familie *14)

Bundesbauministerium *13)

Auswärtiges Amt *7)

Bundesministerium für Gesundheit *3)

Bundesministerium der Justiz *2)

zogene Arbeitsaufnahme in Berlin – ohne wesentliche Provisorien für die Bundesregierung – möglich war, ist nicht zuletzt ein Beleg für die Leistungsfähigkeit der durch die Bundesregierung gewählten Art und Weise der Erledigung ihrer Baumaßnahmen. Einen erheblichen Beitrag leistete dabei das Bundesamt für Bauwesen und Raumordnung mit seinen Partnern. Zusätzliche Aufgaben von überragender politischer Bedeutung, wie die Bauten der Stiftung Preußischer Kulturbesitz, das Deutsche Historische Museum in Berlin oder UN-Gebäude in Bonn, wurden dem BBR durch die Bundesregierung übertragen.«[574]

Die Projektgruppe beleuchtete auch jene Baumaßnahmen wie die Herrichtung des Goebbelschen Propagandaministerium zum Bundesarbeitsministerium, wo es zu Verzögerungen und Verteuerungen gekommen war.
»Bei der Auswertung solcher Großvorhaben wurde ein unmittelbar ablesbarer Zusammenhang zwischen den Managementstrukturen der Projektorganisation der Baumaßnahmen und der Termin- und Kostensicherheit einer Baumaßnahme sichtbar. Es zeigte sich auch, dass die erfolgreiche Abwicklung nicht allein von den Regelwerken, sondern wesentlich von der Gewährleistung einer autorisierten personenbezogenen Verantwortung bestimmt wurde.«[575]

In der Konsequenz dieser Analyse bekräftigte die Organisationsuntersuchung die Entwicklung hin zur Bauherrenverwaltung, die jetzt weiter vorangetrieben werden sollte. Die Beschränkung auf die staatlichen Kernaufgaben Projektentwicklung und Baumanagement hatten zu einer Wandlung des Bauleiters zum Projektleiter geführt. Nun sollte die Eigenverantwortlichkeit der Projektleiter weiter gestärkt werden, der Personaleinsatz flexibler gehandhabt werden können und die ganze Organisation gestrafft werden. So wurden zum 1. August 2002 die Abteilungen »Bundesbauten Bonn« und »Bundesbauten Ausland« zu einer Bonner Bauabteilung zusammengelegt, die bisherigen »Referate« in »Projektbereiche« umgewandelt und für alle Bauabteilungen »Servicereferate« eingerichtet, um der Hinwendung zum Projektmanagement besser gerecht zu werden. Der Abschlußbericht gab vor:
»Durch klare Definition der Verantwortung und eindeutige Festlegung der Kompetenzen ist die Projektorganisation zu stärken, für bedeutsame Baumaßnahmen sind neue Projektstrukturen einzurichten, in den Bauabteilungen ist eine enge und umfassende Zusammenarbeit von Technikern, Kaufleuten und Juristen zu gewährleisten um sicherzustellen, dass die beabsichtigte verstärkte Delegation von Leistungen und Verantwortung auf die freiberuflich Tätigen gelingt.«[576]
Und weiter: *»Die Konzentration auf Baumanagementaufgaben geht unbeschadet der Gesamtverantwortung der Bauverwaltung einher mit einer erweiterten Einschaltung von freiberuflich tätigen Architekten und Ingenieuren, die, wenn möglich, erfolgsabhängig honoriert werden.«*[577]

Entscheidungsunterlage Bau (ES-Bau)		
Aufstellung der ES-Bau	Bedarfsträger	GIIN mit
Beratung/fachliche Unterstützung	Bauverwaltung	BBR
Billigung der ES-Bau	Oberste Instanz des Bedarfsträgers	AA
Baufachliche Genehmigung	Oberste Technische Instanz (OTI)	BMVBS
Anerkennung/Bestätigung Haushaltsbedarf	Bundesministerium der Finanzen	BMF
Nach baufachlicher Genehmigung und haushaltsmäßiger Anerkennung bittet die oberste Technische Instanz des Bedarfsträgers die OTI um Planung und Ausführung der Baumaßnahme		AA

Entwurfsunterlage Bau (EW-Bau)		
Auftrag zur Aufstellung EW-Bau (und Ausführung der Baumaßnahme)	OTI	BMVBS
Durchführung der Wettbewerbe nach GRW 95	Bauverwaltung mit OTI	BBR/ BMVBS
Aufstellung EW-Bau/Ausführung	Bauverwaltung	BBR
Einverständnis	Bedarfsträger	GIIN
Die Bauverwaltung unterrichtet OTI und BMF über die Ergebnisse der EW-Bau		BBR
Wird die Kostenobergrenze überschritten, dann ist die EW-Bau über die OTI und die oberste Technische Instanz des Bedarfsträgers an das BMF zur Herstellung eines Einvernehmens zuzuleiten		
Ausführungsplanung …		

Zur Erhöhung der Effizienz in der Bauverwaltung wurde im Rahmen der Novellierung der »Richtlinien für die Durchführung von Baumaßnahmen des Bundes« (RBBau) die »Entscheidungsunterlage Bau« (ES-Bau) geschaffen, mit der bereits zu Beginn der Planungsphase die Kostenobergrenze einer Baumaßnahme berechnet werden kann. In der Info-Graphik wird beispielsweise der Neubau eines Goethe Instituts Inter Nationes (GIIN) angenommen, das als Nutzer mit dem Auswärtigen Amt (AA) als oberster Instanz in Erscheinung tritt.

Auch sollten die Verwaltungskosten durch die 2002 erfolgte Einführung der Kosten- und Leistungsrechnung aufgezeigt und gesteuert werden. Weiterhin sollten konkrete Maßnahmen zur effizienteren Aufgabenerledigung umgesetzt werden:

»Konsequente Ausnutzung der mit der RBBau vorgegebenen Möglichkeiten mit dem Schwerpunkt, zum Beispiel vor Planungsbeginn die Bauaufgabe und die Projektziele und Kostenobergrenzen frühestmöglich verbindlich zu definieren. Eindeutige Festlegung der Managementstrukturen zur Erledigung der Aufgabe einschließlich der Festschreibung des dafür erforderlichen Kostenrahmens vor Beginn der Bauplanung.«[578]

Durch die parallel vom Bundesbauministerium durchgeführte Novellierung der »Richtlinien für die Durchführung von Baumaßnahmen des Bundes« (RBBau) wurden die rechtlichen Rahmenbedingungen geschaffen, die Effizienz in der Bauverwaltung zu erhöhen. Das Bundesamt für Bauwesen und Raumordnung hat mit der »Entscheidungsunterlage Bau« (ES-Bau) nun ein Instrument in der Hand, daß, anders als die bisher herangezogene »Haushaltsunterlage Bau« (HU-Bau) die Kostenobergrenze bereits sehr früh, mit Beginn der Planungsphase, ermöglicht, während dies bei der HU-Bau erst nach der Planungsphase möglich war. Mit der Einführung der Entscheidungsunterlage Bau wurden eine Reihe von späteren Abstimmungsprozessen überflüssig gemacht, was den ganzen Verfahrensweg verkürzte.

Als weitere Folge der Organisationsuntersuchung wurde der Aufbau der neuen wissenschaftlichen Abteilung II – Bauen, Wohnen, Architektur – nun zügig vorangetrieben, damit sie ihre Brückenfunktion zwischen Forschung und Baupraxis ausfüllen und das Fusionsziel erreichen konnte, die Bereiche Raumordnung, Städtebau, Wohnungswesen und Bauwesen – einschließlich Baumanagement – miteinander zu verzahnen und zukunftsorientiert zu bündeln. Die »Projektgruppe BBR« legte in ihrem Abschlußbericht fest:

»Operative Aufgaben aus dem Bereich Bauwesen (Abteilung II) sind in die Bauabteilungen zu verlagern, die Bündelung fachlicher raumordnerischer und städtebaulicher Kompetenz in den Referaten der Abteilung I bleibt bestehen, Bereiche der Abteilung II (Wohnungswesen, Bauwirtschaft) sind ohne Personalmehrung innerhalb des BBR durch entsprechende Stellenverlagerung ggf. zu stärken und durch entsprechende Strukturentscheidungen umzusetzen.«[579]

In Folge dieser Vorgaben wurde das Referat II 4 »Grundsatzfragen des Bauens, Bauwirtschaft« geschaffen und die Aufgaben der Referate »Innenarchitektur, Baukultur, Kunst« und »standortbezogene Wirtschaftlichkeitsanalysen, Wertermittlungen, Zuwendungsmaßnahmen, Messen und Ausstellungen« überwiegend in die beiden Bau-Abteilungen III und IV verlagert.[580]

Dank der vielfältigen Umstrukturierungen sollten die bei der Organisationsuntersuchung erhofften Synergieeffekte erreicht und ein fachlicher Austausch zwischen den forschenden und bautechnischen Referaten ermöglicht werden. So sollten wissenschaftliche Erkenntnisse beispielsweise über ökologisches Bauen, Brandschutz, Nachhaltigkeit und neueste technische und energetische Errungenschaften im Bau-

In der nach der Fusion neugeschaffenen Abteilung II wurden auch Münzwettbewerbe durchgeführt. Heute ist diese Aufgabe im Planungsreferat der Abteilung IV angesiedelt. Ein aktuelles Beispiel ist der Wettbewerb für eine Münze zum 225. Geburtstag von Karl Friedrich Schinkel im Jahre 2006. 1. Preisträger war der Berliner Künstler Axel Bertram.

wesen über Fortbildungsveranstaltungen, Info-Broschüren und den persönlichen Kontakt der Mitarbeiter untereinander auf dem kurzen Dienstweg in die Baumanagement-Referate gelangen, wo sie zeitnah in die Baupraxis eingebracht werden sollten. Anwendungsorientierte Arbeitsergebnisse sollten aus den Grundsatzreferaten des Bauwesens, der Energieeinsparung, der Bauwirtschaft und der Bautechnik wie beispielsweise das »Standardleistungsbuch« den Projektleitern und Servicereferaten der Bau-Abteilungen die Betreuung der vielfältigen kulturellen und politischen Staatsbauten im In- und Ausland erleichtern. Im Referat »Projektbezogene Datenverarbeitung und Einsatz neuer Medien«, das ebenfalls in der Abteilung II angesiedelt wurde, sollte die Brückenfunktion zwischen Forschung und Praxis besonders deutlich werden: In enger Rückkoppelung mit den Baureferaten sollte hier ein elektronisches Controlling-Informationssystem (CIS-Bau) entwickelt werden, das das Bauprojektmanagement unterstützen sollte. Mit dem CIS-Bau sollte externen und internen Partnern eine Kommunikationsplattform geboten werden, die zu jeder Zeit einen Überblick über den aktuellen Stand einer Baumaßnahme ermöglichen sollte, was Kosten, Termine und Qualität betrifft. Mit Hilfe dieses flächendeckenden Informationssystems sollten die fehleranfälligen Schnittstellen zukünftig weitgehend beseitigt werden. Die Integration Externer in die Prozessabläufe sollte den behördeninternen Aufwand erheblich reduzieren. Gleichzeitig sollte ein Paradigmenwechsel im Management von Bauprojekten ermöglicht werden: Weg von der Rückwärtsbetrachtung der Berichtsorientierung hin zu einer aktiven Ereignissteuerung.

Fusion des Bundesamtes für Bauwesen und Raumordnung mit den Bundesbauämtern der Oberfinanzdirektion Berlin – Die Reform der Bundesbauverwaltung geht weiter: Ein Ausblick

Kaum war diese Organisationsuntersuchung abgeschlossen und die entsprechenden Änderungen umgesetzt, erfolgte eine weitere Zäsur in der Geschichte des Bundesamtes für Bauwesen und Raumordnung, auf die im Abschlußbericht der »PG BBR« bereits hingewiesen worden war: »Erweiterung des Projektes im Hinblick auf Neustrukturierung der Bauverwaltung in Berlin (OFD)«[581]. Damit war die Fusion zwischen dem Bundesamt für Bauwesen und Raumordnung und den Berliner Bundesbauämtern I und II der Oberfinanzdirektion (OFD) gemeint, die schließlich zum 1. Januar 2004 verwirklicht wurde. Die bisherigen Bundesbauämter mit ihren 540 Beschäftigten wurden an diesem Tag zu den Abteilungen V und VI des Bundesamtes in Berlin. Das Personal hatte sich mit dieser Zusammenlegung fast verdoppelt: Insgesamt hatte das Bundesamt für Bauwesen und Raumordnung zu diesem Zeitpunkt rund 1240 Mitarbeiterinnen und Mitarbeiter. In Berlin hatte sich die Zahl sogar auf nun 810 Beschäftigte verdreifacht. Im Gegenzug ging die »Gebäude- und Liegenschaftsbetreuung, Controlling-Institution« (GCI) mit insgesamt 20 Mitarbeitern zur Oberfinanzdirektion Köln. Sie wurde dort in die neue Bundesanstalt für Immobilienaufgaben integriert. Obwohl die GCI nur wenige Jahre beim Bundesamt war, so konnte sie doch innerhalb kürzester Zeit ein erfolgreiches Facilitymanagement aufbauen und wegen ihrer Integration in der staatlichen Bauverwaltung eine professionelle und qualifizierte Alternative zu den privaten Marktanbietern auf dem Gebiet des Gebäude- und Liegenschaftsmanagements anbieten. Ein großer Teil der Nutzer der Berliner Bundesbauten hatte dies erkannt und beauftragte die GCI mit dem Facilitymanagement für ihre Liegenschaften.

Die Wurzeln der Bundesbauämter der Oberfinanzdirektion, mit denen das Bundesamt für Bauwesen und Raumordnung 2004 fusionierte, sind die gleichen wie die der Bundesbaudirektion und reichen zurück bis in die Jahre nach den Stein-Hardenbergschen Reformen, als die preußischen Hochbauaufgaben zu Beginn des 19. Jahrhunderts im Ministerium für Gewerbe, Handel und öffentliche Arbeiten institutionalisiert wurden. Die weitere Entwicklung bis zum 1. Weltkrieg ist weitestgehend identisch mit der oben dargestellten Chronologie. In der dem Reichsfinanzministerium eingegliederten Reichsbauverwaltung in den zwanziger Jahren ist dann erstmals eine Struktur erkennbar, die dem heutigen Aufbau der Bundesbauverwaltung mit Hochbauabteilungen in den Oberfinanzdirektionen der Länder ähnelt. In Berlin gab es seit den 1920er Jahren bis zum Jahre 2003 zwei Bauämter der Oberfinanzdirektion. Ein drittes Bauamt kam mit einer von vornherein begrenzten Existenz im Jahre 1930 hinzu und war einzig für die Baumaßnahmen für die Olympischen Spiele im Jahre 1936 gegründet worden.

Nach dem Krieg restaurierten die Bauämter der Oberfinanzdirektion auch das Berliner Olympiastadion.

Präsident Florian Mausbach

Vizepräsident und Professor Dr. Wendelin Strubelt

Abteilung Z
Zentralabteilung

LRD Hermann

Referat Z 1
Personal, Fortbildung
RD Dr. Wirth

Referat Z 2
Organisation, Controlling, Berichtswesen
RD Becker

Referat Z 3
Haushalt, Druckerei, Selbstverlag
ROAR Petto, Beauftragter für den Haushalt

Referat Z 4
Innerer Dienst
ROAR Hübner

Referat Z 5
Justitiariat, Vergabe
RD Dr. Stadler

Referat Z 6
Forschungsverwaltung
RD Meyka

Referat Z 7
Informationstechnik
Herr Grimm

Abteilung I
Raumordnung und Städtebau

LWD Dr. Gatzweiler

Referat I 1
Raumentwicklung
WD Dr. Lutter

Referat I 2
Stadtentwicklung
WD Dr. Fuhrich

Referat I 3
Europäische Raum- und Stadtentwicklung
WD Dr. Schön

Referat I 4
Regionale Strukturpolitik und Städtebauförderung
WD Dr. Eltges

Referat I 5
Verkehr und Umwelt
WD Bergmann

Referat I 6
Raum- u. Stadtbeobachtung
WD Dr. Rase

Referat I 7
Wissenschaftliche Dienste
WORin Dr. Veith

Abteilung II
Bauen, Wohnen, Architektur

LBD Dr. Kaltenbrunner

Gruppe II 1
Wohnungswesen
LRD Müller

II 11
Wohnungs- und Immobilienmarkt
WOR Waltersbacher

II 12
Wohnungspolitische Analysen und Berichte
WOR Metzmacher

II 13
Kostenstrukturen und Qualitäten im Wohnungsbau, Wohnungswirtschaft
Frau Lorenz-Hennig

Referat II 2
Forschung im Bauwesen, Energieeinsparung, Klimaschutz, GAEB
BD Schettler-Köhler

Referat II 3
Baukultur, Architektur, Städtebau
WR Dr. Asendorf

Referat II 4
Grundsatzangelegenheiten des Bauens, Bauwirtschaft
RD Alvermann

Referat II 5
Gebäude- und Liegenschaftsdokumentation, Einsatz baufachlicher Software
Herr Hase

Referat II 6
Bautechnik, Nachhaltiges Bauen, Umweltschutz und Sicherheit bei Gebäuden
NN, w.d. AL II

Abteilung III
Bundesbauten Ausland und Bonn

LBD Runkel

Referat III S 1
Einsatzplanung, Bauhaushalt
BOARin Lawrenz

Referat III S 2
Gebäudetechnik
BD Steuer

Referat III S 3
Projektentwicklung, Planung, Hochbau, Wirtschaftlichkeitsanalysen, Wertermittlung, Messen und Ausstellungen, Zuwendungsmaßnahmen (Ausland)
BRin z. A. Pfisterer

Referat III S 4
Vertragsmanagement
NN,
ORRin Malotki
(kommissarische Leitung)

Referat III A 1
Projektmanagement Europa (ohne Ost- und Südeuropa)
BD Bermbach

Referat III A 2
Projektmanagement Ost- und Südeuropa, Amerika
m. d. W. d. G. b. BORin Lonsing

Referat III A 3
Projektmanagement Asien, Australien, Ozeanien
BD Baurmann

Referat III A 4
Projektmanagement Afrika, Vorderer Orient
BORin Kuhr

Referat III B 1
Projektmanagement Bonn-Nord
BD Schlieper

Referat III B 2
Projektmanagement BMVg, AA, BRH, BZR, Kunst- und Ausstellungshalle, AdVB, AKN
NN

Referat III B 3
Projektmanagement Bonn-Süd
BORin Baum

Leitungsstab
Frau Gärtner

Pressereferent
Herr Kübler

Geheimschutz
BORin Dr. Demircan

Abteilung IV
Bundesbauten Berlin I
BD Mölders

Referat IV S 1
Einsatzplanung, Bauhaushalt
BOARin Reimers

Referat IV S 2
Gebäudetechnik
Herr Zimmermann

Referat IV S 3
Projektentwicklung, Planung, Wettbewerbe, Zuwendungsmaßnahmen Inland)
BDin Hückelheim-Kaune

Referat IV S 4
Vertragsmanagement
ORR Mix

Referat IV A 1
Projektmanagement AA, DHM, BK, Kronprinzenpalais, Humboldtforum
BR Grübener

Referat IV A 2
Projektmanagement SPK, Museumsinsel
BDin Große-Rhode

Referat IV A 3
Projektmanagement SPK, Staatsbibliothek, SIM
BDin Grevesmühl

Referat IV A 4
Projektmanagement SPK, Kulturforum, Dahlem, Topografie des Terrors
BDin Behérycz

Referat IV B 1
Projektmanagement BMVBS, SPK, Friedrichshagen
BDin Miethke

Referat IV B 2
Projektmanagement BPrA, BMFSFJ, BMWi Restabwicklung, AGV Nord, DBT Restabwicklung, BMJ Restabwicklung
BD Misol

Referat IV B 3
Projektmanagement Neubau Bundesnachrichtendienst
BD Fehn Krestas

Abteilung V
Bundesbauten Berlin II
BD Schmeling

Referat V S 1
Einsatzplanung, Bauhaushalt
BOARin Hammerstädt

Referat V S 2
Gebäudetechnik, Bauingenieurwesen
Herr Rabe

Referat V S 3
Projektentwicklung, Planung, Hochbau
Herr Härtle

Referat V S 4
Vertragsmanagement
RDin Nitze

Referat V A 1
Technische Aufsicht für den Geschäftsbereich des BMVg, Projektmanagement BMI, BMJ, THW
BORin Lutz

Referat V A 2
Projektmanagement Bundeswehrkrankenhaus
m.d.W.d.G.b. BRin Steinmann

Referat V A 3
Projektmanagement Bundeswehr: JLK, GSK, Blücher-K., DSK, BAKS, Luftwaffenmuseum, TXL, THF
BD Müller

Referat V A 4
Projektmanagement BfR, BBA, BGR, BVL, SWP, Zoll und AGV-West
Frau Zille

Referat V A 5
Projektmanagement BMVg, BMBF, BArch, UBA, AGV-West
BD Fudickar

Referat V A 6
Projektmanagement BMELV, BMU, BMAS, PTB, Landstadt Gatow
Herr Berg

Abteilung VI
Bundesbauten Berlin III
LBDin Ruoff-Breuer

Referat VI S 1
Einsatzplanung, Bauhaushalt
BOARin Hoppe

Referat VI S 2
Gebäudetechnik
BOR Zohner

Referat VI S 3
Projektentwicklung, Planung, baurechtliche Genehmigungsverfahren, Hochbau
BOR Rempel-Holzer

Referat VI S 4
Vertragsmanagement
ORR Ihrig

Referat VI A 1
Projektmanagement BMF, BR, BstU, BVA, AGV-Ost u.a.
BD Henzgen

Referat VI A 2
Projektmanagement RKI, BAM, BPOL u.a.
BD Weber

Referat VI A 3
Projektmanagement BKA, BfV, BfS, BStU, BAuA, BND, AGV-Ost
BOR Dr. Scheffler

Referat VI A 4
Projektmanagement DBT, BMZ, AGV-Ost u.a.
BOR Schuppel

Mit der Zusammenlegung des Bundesamtes für Bauwesen und Raumordnung mit den Bauämtern I und II der Oberfinanzdirektion Berlin verdoppelte sich fast das Personal auf 1.240 Mitarbeiter. Die hinzugekommenen Bauaufgaben wurden in den neugeschaffenen Abteilungen V und VI zusammengefasst und die »Projektbereiche« wieder in »Referate« umbenannt. Das Organigramm zeigt die Struktur des BBR zum Jahresende 2006.

Auch die Sanierung der Abfertigungshalle des Flughafens Tempelhof lag in den Händen der Oberfinanzdirektion.

Nach dem Zweiten Weltkrieg entstand beim Oberfinanzpräsidium Berlin eine Baudirektion mit rund 45 Mitarbeitern. Der erste Leiter, Baudirektor Bruker, umriß die Ziele der Bauverwaltung damals, kurz nach Kriegsende, mit nüchternen Worten:

»Bei allen Maßnahmen und Planungen muß wohlverstandene Sparsamkeit und höchste Wirtschaftlichkeit angestrebt werden. Luxus und übermäßiger Aufwand sind in einem wohlgeordneten Staatswesen nicht am Platz. Sie sind Feinde einer höheren Kunstentfaltung und dürfen daher bei den Arbeiten der staatlichen Bauverwaltung keine Statt haben. Höchste Leistung bei geringstem Aufwand, tiefste Wirkung mit einfachsten Mitteln müssen die Leitgedanken bei allem Bauschaffen sein.«[582]

Eine der ersten größeren Baumaßnahmen nach dem Krieg war der Wiederaufbau des teilweise kriegszerstörten früheren Hotels »Haus Cumberland« am Kurfürstendamm, in dem die Bauverwaltung dann selbst ihren Sitz nahm. Bereits seit 1936 hatten hier wechselnde Ämter der Finanzverwaltung, zuletzt die Steuerabteilung der Oberfinanzdirektion residiert. In den fünfziger Jahren bewältigte die Baudirektion vielfältige Aufgaben, so beispielsweise die Erweiterung des Rundfunkhauses in der Masurenallee, die Restaurierung des Olympiastadions und der Waldbühne, die Abfertigungshalle des Flughafens Tempelhof und Dienstgebäude für das Hahn-Meitner-Institut sowie den noch heute von der Oberfinanzdirektion genutzten Neubau in der Fasanenstraße 87. Als 1958 die Bundesbaudirektion (BBD) ihren ersten Dienstsitz von Bonn nach

Die Physikalisch-Technische Bundesanstalt stellt ein außerordentliches Industriedenkmal dar, dass von den Bundesbauämtern der Oberfinanzdirektion saniert worden war. Hier eine Innen- und eine Außenansicht des ehemaligen Arbeitsschutzmuseums im Hermann-von-Helmholtz-Bau.

Berlin – ebenfalls in die Fasanenstraße – verlegte, übernahm sie nicht nur knapp 100 Mitarbeiter, sondern auch viele Baumaßnahmen der Baudirektion des Oberfinanzpräsidiums, so die Physikalisch-Technische Bundesanstalt, das Schloß Bellevue und das Reichstagsgebäude, das die Baudirektion nach dem Krieg notdürftig vor weiterem Verfall gesichert hatte.

1959 ging aus der Baudirektion beim Oberfinanzpräsidium die Baugruppe bei der Sondervermögens- und Bauverwaltung der Oberfinanzdirektion Berlin hervor, aus der später die Bauämter Nord und Süd wurden.[583] Diese übernahmen in den sechziger Jahren von der Senatsverwaltung für Bau- und Wohnungswesen die Baumaßnahmen für die alliierten Streitkräfte in Berlin, was das Aufgabenspektrum nachhaltig veränderte: fortan wurde das Tätigkeitsfeld der Bauämter neben den Bauten für das Allgemeine Grundvermögen, die Arbeitsverwaltung und die Zollverwaltung ganz wesentlich von Flugplatz- und Kasernenanlagen, von Munitionsbunkern, Schießanlagen, Wohnsiedlungen, Krankenhäusern, Kampfdörfern auf Übungsplätzen und anderen militärischen Anlagen bestimmt.[584]

Eine weitere Zäsur erfuhren die Bundesbauämter mit der Wiedervereinigung. Ein drittes Bauamt im Ostteil der Stadt wurde gegründet, einige Jahre später wurden die Bauämter Nord und Süd zum Bundesbauamt 1 zusammengelegt; es trat abermals ein Aufgaben- aber auch ein Auftraggeberwechsel ein. Über diese Herausforderung nach der Wiedervereinigung, die die Bauämter mit Bravour gemeistert hatten, fand Ministerialrat Dirk Kühnau vom bisher den Bundesbauämtern übergeordneten Bundesfinanzministerium anerkennende Worte in seiner Rede anläßlich der Eingliederung der Bundesbauämter in das Bundesamt für Bauwesen und Raumordnung:

»Das Allgemeine Grundvermögen verfügte nun über ein Plus von mehr als 10.000 Wohnungen und einer Fülle sonstiger Liegenschaften in Berlin, die bauseits betreut werden mussten; Konversionsliegenschaften der ehemaligen Alliierten, aber auch der Sowjettruppen, stellten große Anforderungen an die Bauverwaltung, und schließlich kamen mit dem Regierungswechsel Bonn-Berlin Bauvorhaben als neue Aufgaben hinzu, die erhöhte bis extreme Qualitäts-, Zeit- und Kostenanforderungen stellten. Das Rohwedderhaus, der Bendlerblock, das Kronprinzenpalais, Schloss Niederschönhausen, das Staatsratsgebäude, Palast der Republik, Baumaßnahmen für den Bundesgrenzschutz und für die Nachrichtendienste – eine Fülle höchst unterschiedlicher und anspruchsvoller Baumaßnahmen aber auch Auftraggeber mussten betreut werden.«[585]

Nach dem Ende des Besatzungsstatuts über Berlin und dem Abzug der Alliierten gelangten deren Flughäfen, Kasernen und Truppenübungsplätze in den Besitz des Bundes. Auf den sogenannten »Konversionsflächen« entstanden überwiegend Wohnsiedlungen, hier beispielsweise auf dem Gelände der ehemaligen McNair-Barracks in Süd-Berlin. Die Wohnsiedlung aus Ein- und Mehrfamilienhäusern auf dem Bild links entstand auf der Betonpiste, die auf dem hinteren Teil des Bildes oben zu sehen ist und damit die Lücke in der umgebenden Wohnbebauung harmonisch schließt.

Das frühere Reichsluftfahrtministerium und spätere Detlef-Rohwedder-Haus der Treuhand wurde von den Bundesbauämtern der Oberfinanzdirektion für das Bundesfinanzministerium hergerichtet.

Mit der Fusion der Bundesbauämter und dem Bundesamt für Bauwesen und Raumordnung kamen Bauaufgaben zurück, die bis 1958 von der Oberfinanzdirektion, danach von der Bundesbaudirektion und nach 1990 wieder von der Oberfinanzdirektion betreut wurden. Nun bleiben sie unter dem Dach des Bundesamtes für Bauwesen und Raumordnung vereint.

Präsident Mausbach lud die neu Hinzugekommenen zu einer Informationsveranstaltung am 8. Januar 2004 in die Urania ein:

»Mit den neuen Berliner Bauabteilungen ist eine starke Truppe mit einem breiten Spektrum von Bauaufgaben aller Art entstanden: Vom Schloss des Bundespräsidenten bis zur einfachen Wohnung, von der Museumsinsel bis zur Kaserne. Daraus erwächst eine große Bereicherung für alle, die jetzt zusammenwirken, ein Reichtum an beruflicher Erfahrung und Fachwissen wie an Charakteren und Persönlichkeiten. […] Kurzum, wir sind jetzt eine große Bundesoberbehörde mit wichtigen öffentlichen Aufgaben, von der mit Recht viel erwartet wird. Lassen Sie uns gemeinsam unser Amt, unsere Tätigkeit und uns selbst weiterentwickeln.«[586]

Die Aufgaben der ehemaligen Bundesbauämter I und II, die mit der Fusion zu den neuen, personell etwa gleichstarken Abteilungen V und VI des Bundesamtes für Bauwesen und Raumordnung wurden, umfassten die bauliche Betreuung von großen und kleinen Neu-, Um- und Erweiterungsbauten sowie die Bauunterhaltung für Liegenschaften des Bundes und Dritter sowie der Bundesministerien für Finanzen und Verteidigung. Schwerpunktaufgaben der Abteilung V – mit Sitz am Theodor-Heuss-Platz hat – waren die bauliche Betreuung bundeseigener Wohnungen einschließlich der ehemaligen Alliierten-Gebäude und

Links: Der Berliner Sitz des Bundesverteidigungsministeriums im »Bendler-Block« wurde von den Bundesbauämtern saniert, die Kunst am Bau – bestehend aus einem großformatigen Teppich mit einem eingewebten Luftbild des kriegszerstörten Berlins – wurde in einem Wettbewerb des Bundesamtes für Bauwesen und Raumordnung entschieden.

Oben: Auf dem Gelände des Schlosses Niederschönhausen in Berlin-Pankow wurde die Bundesakademie für Sicherheitspolitik angesiedelt.

die Betreuung von Dienststellen des Bundesministeriums der Verteidigung, der Bundeswehr, des Bundesarchivs und verschiedener Bundesanstalten. In der Abteilung VI am Frankfurter Tor erfolgte neben anderen die bauliche Betreuung des Bundesfinanzministeriums, des Bundeskriminalamtes, des Bundesgrenzschutzes, der Bundesanstalt für Materialforschung und -prüfung und des Bundesnachrichtendienstes, der mit 4.000 Mitarbeitern von Pullach nach Berlin ziehen wird und auf dem Gelände des bisherigen Stadions der Weltjugend im Bezirk Mitte einen Neubau nach dem siegreichen Entwurf des Berliner Architekturbüros Kleihues und Kleihues für rund 720 Millionen Euro erhalten wird.

Durch die Fusion mit den Bundesbauämtern hatte das Bundesamt für Bauwesen und Raumordnung erstmals seit 1994 wieder eine Technische Aufsicht als Mittelinstanz (TAM) erhalten. Die rund 70 Mitarbeiter der »TAM« hatten Aufgaben der Fachaufsicht inne, der Berichterstattung nach »RBBau«, der zentralen Überwachung und Koordination des Haushaltsvollzuges sowie der Wahrnehmung projektbezogener Rechtsangelegenheiten der Bauverwaltung. Mit der erfolgten Auflösung der Technischen Aufsicht als Mittelinstanz am 1. Juni 2004 zur Angleichung an die Organisation des Bundesamtes holten die Bundesbau-

Der Neubau des Bundesnachrichtendienstes für rund 4.000 Mitarbeiter, der in den Jahren 2007 bis 2012 in Berlin nach Plänen des Architekten Jan Kleihues entstehen wird, ist mit einem Volumen von 720 Millionen Euro die größte Baumaßnahme, die das Bundesamt für Bauwesen und Raumordnung je durchgeführt hat. Auf den Abbildungen ist eine Computersimulation, ein Musterbüro und das Modell (1 – Besucherzentrum und Schule / 2 – Hauptgebäude / 3 – Energiezentrale) zu sehen.

ämter in Berlin eine Entwicklung zum zweistufigen Aufbau nach, die in mehreren Länderbauverwaltungen bereits in den neunziger Jahren realisiert worden war. In einem nächsten Schritt wurden die beiden neuen Bauabteilungen in eine Bauherrenverwaltung umgewandelt, eine Entwicklung, die das Bundesamt für Bauwesen und Raumordnung bereits seit Mitte der neunziger Jahre vollzogen hatte.

Staatssekretär Tilo Braune begrüßte die neuen Mitarbeiter im Geschäftsbereich des Bundesministeriums für Verkehr, Bau- und Wohnungswesen mit den Worten:

»Das BBR erfährt mit der Fusion und der damit verbundenen Erweiterung seiner Zuständigkeiten in Berlin einen erheblichen Bedeutungszuwachs. Für die Erledigung der Bauangelegenheiten des Bundes in Berlin wird es als einzige Behörde zuständig sein! Die Teile des BBR in Bonn und Berlin werden künftig gleichgewichtig sein – bei Fortbestehen des Status als einer Behörde mit Dienstsitz in Bonn. Die Größe des BBR in Berlin bedeutet aber zugleich, dass der Standort Berlin und damit ebenso die Arbeitsplätze am Dienstort Berlin gesichert sind.«[587]

Die Überlegungen der »Projektgruppe BBR« anläßlich der Organisationsuntersuchung in den Jahren 2000 und 2001 gingen aber bereits weit über eine Neuregelung von Binnenstrukturen hinaus und zielten auf eine vollständige Neuorganisation der gesamten Bundesbauverwaltung. Als weiterer »Eckpunkt« wurde der »Ausblick auf neue Strukturen der gesamten Bauverwaltung Bund/Länder im Bereich der nachgeordneten Behörden des BMVBW« benannt.[588] Erklärter Wille der politisch Verantwortlichen blieb bei aller Offenheit über die Organisationsform die »weitere Optimierung unter Wahrung der Einheit der Bauverwaltung für zivile und militärische Vorhaben«[589], so der Konsens von CDU und SPD bei Bildung der Großen Koalition im November 2005. »Wir erhalten«, so die Festlegungen im Koalitionsvertrag, »die fachlichen Kernkompetenzen der Bauverwaltung und konzentrieren sie auf Baumanagementaufgaben.«[590]

Der nächste Reformschritt sieht die Gründung einer Anstalt öffentlichen Rechts zum 1. Januar 2008 vor. Diese Anstalt soll den Bausachverstand des Bundes bündeln und unter ihrem Dach das Bundesamt für Bauwesen und Raumordnung und die Bundesbaugesellschaft Berlin, die sich seit 1. Januar 2006 in stiller Liquidation befindet, zusammenführen.[591] Als Ziele dieser Umgestaltung benennt das Bundesbauministerium *»die aufgabenkritische Anpassung aufbau- und ablauforganisatorischer Strukturen zur wirksamen Durchsetzung fachlicher, wirtschaftlicher und politischer Ansprüche des Bundesbaus, eine stärkere projektorientierte Organisation des Bauherrenmanagements durch Abbau von Hierarchieebenen, eine weitere Verbesserung der Kostentransparenz und eine Effizienzsteigerung durch den Einsatz betriebswirtschaftlicher Steuerungsinstrumente.«*[592] Auf Empfehlung der Lenkungsgruppe vom 11. Januar 2007 soll die neu zu gründende Anstalt den altbewährten Namen »Bundesbaudirektion« erhalten.

Die Konzentration auf reine Baumanagementaufgaben führte gleichzeitig zu Überlegungen, den wissenschaftlichen Bereich des Bundesamtes für Bauwesen und Raumordnung – die Abteilung I und den überwiegenden Teil der Abteilung II – aus der bestehenden Organisation herauszulösen und in einer gemeinsamen Bundesinstitution mit dem Institut für Erhalt und Modernisierung von Bauwerken[593] zusammenzuführen. Diesem Vorgehen hat Bundesbauminister Wolfgang Tiefensee am 29. November 2006 zugestimmt. In Unterarbeitsgruppen und Arbeitsgruppen werden nun alle für die Schaffung einer eigenen wissenschaftlichen Behörde und einer Anstalt öffentlichen Rechts für die Bundesbauverwaltung notwendigen Schritte vorbereitet und der Lenkungsgruppe vorgelegt, die dann Entscheidungsempfehlungen für die Leitungsebene des Ministeriums formuliert.

Links oben: ASP Schweger Assoziierte Gesamtplanung Hamburg entwarfen den Plan für das neue Bundesfamilienministerium unweit der Berliner Wilhelmstraße, das ein Gebäudeensemble aus verschiedenen Epochen vereint und mit einem Neubau klammert.

Rechts oben: Petzinka Pink Architekten Düsseldorf entwarfen den Neubau für das Bundesgesundheitsministerium in Bonn als 13stöckiges Hochhaus.

Rechts: Im Berliner Zentrum wird ein Altbau für das Bundesumweltministerium generalsaniert und durch einen Neubau von Geier Maass Pleuser Architekten Berlin erweitert.

Nach den Plänen von Anderhalten Architekten Berlin erhält das Bundesministerium für Ernährung, Landwirtschaft und Verbraucherschutz einen Neubau in Berlins Mitte.

Staatsarchitektur und staatliches Bauen darf sich aber nicht auf Zweckmäßigkeit und Wirtschaftlichkeit beschränken. Staatsbauten haben eine herausragende staats- und kulturpolitische Bedeutung. Es sind Bauten, die Staat machen. Den Bürgern dieses Landes bieten insbesondere die politischen und kulturellen Hauptstadtbauten die sinnliche Möglichkeit der Identifikation mit dem demokratischen Gemeinwesen. In den diplomatischen und kulturellen Auslandsbauten präsentiert sich Deutschland nach außen.

Das Wechselspiel von öffentlichen Bauten und Plätzen mit privaten Wohn- und Gewerbebauten ist das, was seit eh und je die europäische Stadt prägt und ihren einmaligen Reiz ausmacht. Dies war über die Jahrhunderte nur möglich, weil das öffentliche Bauen eine herausgehobene kulturelle Stellung hatte, die sich auch in der entsprechenden Rolle öffentlicher Baumeister spiegelte.

In dieser besonderen Bedeutung der Staatsarchitektur sieht Florian Mausbach, Präsident des Bundesamtes für Bauwesen und Raumordnung, eine große Herausforderung und Verpflichtung:

»Staatsarchitektur in der Demokratie soll die Vielfalt und Offenheit der Gesellschaft in zeitgemäßer Architektur zum Ausdruck bringen. In der Verbindung von alt und neu wird sie als Fortsetzung und Fortschritt der Geschichte sichtbar. Staatsarchitektur darf und muß aber auch den Ernst und die Würde öffentlicher Verantwortung ausstrahlen, als Ausdruck ordnender Macht und schützender Staatsgewalt. Staatsgewalt, die vom Volke ausgeht und deshalb auch vom Volke als die ihre erkannt werden sollte.«[594]

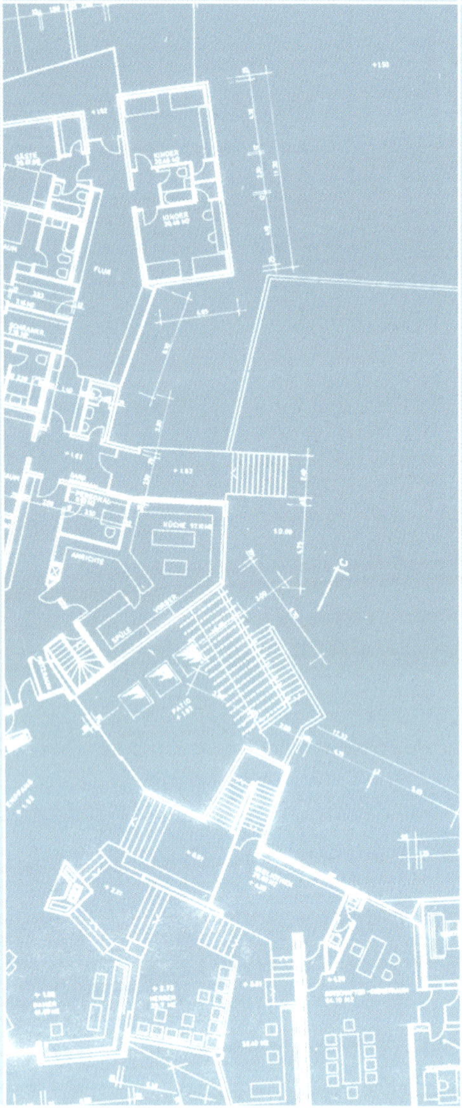

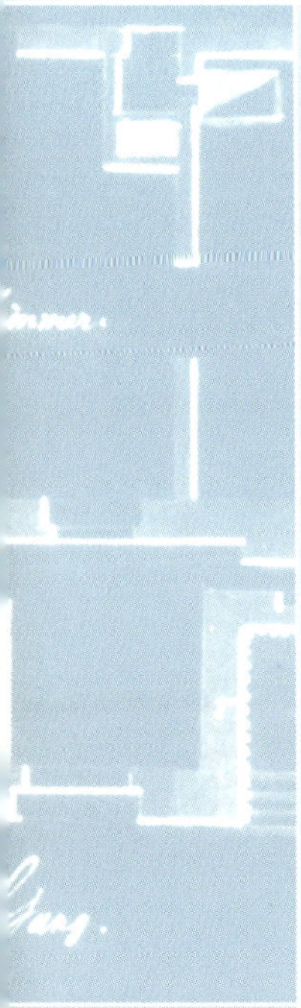

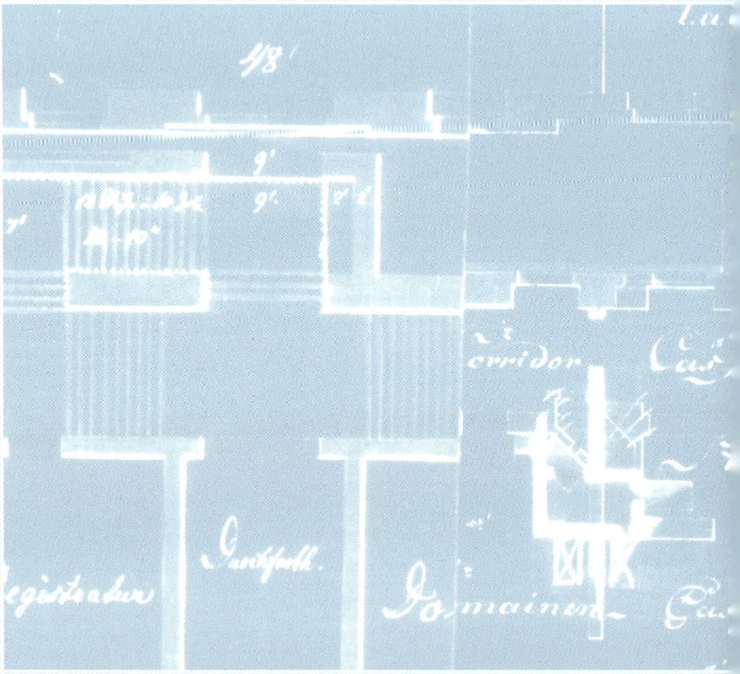

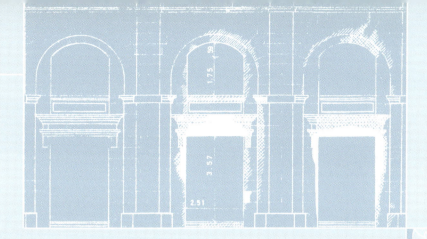
1.75
3.57
2.51

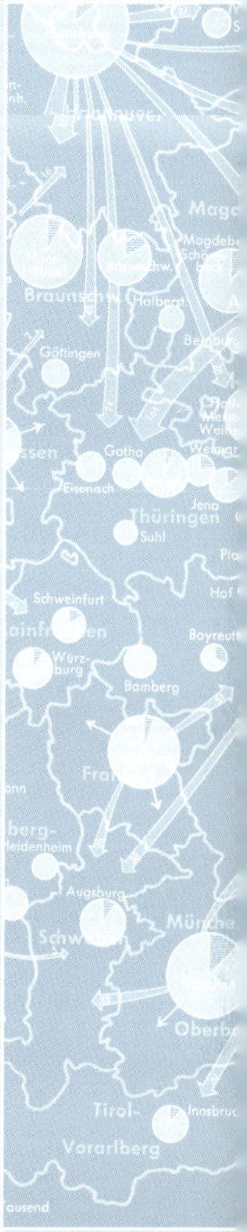
Göttingen
Gotha
Eisenach
Thüringen
Suhl
Schweinfurt
Bamberg
Augsburg
Vorarlberg

Anhang

Anmerkungen

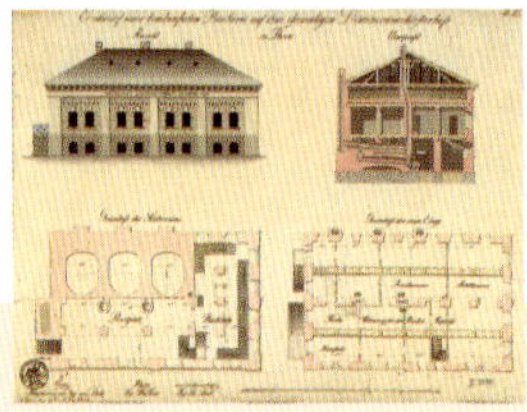

I

1 S. z.B. Reinle, Adolf: Zeichensprache der Architektur. Symbol, Darstellung und Brauch in der Baukunst des Mittelalters und der Neuzeit. Zürich und München 1976. Vgl. bes.: Nerdinger, Winfried: Politische Architektur. Betrachtungen zu einem problematischen Begriff. In: Flagge, Ingeborg/ Stock, Wolfgang Jean (Hgg.): Architektur und Demokratie. Bauen für die Politik von der amerikanischen Revolution bis zur Gegenwart. Stuttgart 1992, S. 10-31; im Folgenden zitiert: Nerdinger, Architektur. Vgl. auch Bandmann, Günter: Mittelalterliche Architektur als Bedeutungsträger. Berlin 1951.

2 In dieser Arbeit wird fortan ausschließlich auf die Entwicklung in Preußen eingegangen. Dies liegt darin begründet, daß die heutige staatliche Bauverwaltung, um deren Geschichte es hier geht, sich gradlinig in einer institutionellen Entwicklungsgeschichte bis zu vergleichbaren preußischen Institutionen zurückverfolgen läßt, nicht aber auf z.B. bayerische, badische oder sächsische. Die Entwicklung der Bauverwaltung in anderen deutschen Staaten verlief zwar zeitlich und inhaltlich ähnlich, wurde aber mit der Reichsgründung wie in vielen öffentlichen Bereichen von der preußischen Hegemonialmacht majorisiert.

3 Vgl. hier und im Folgenden: Strecke, Reinhart: »Dem Geist der neuen Verfassung gemäß.« Vom Oberbaudepartement zur Oberbaudeputation. In: Kloosterhuis, Johann (Hg.): Aus der Arbeit des Geheimen Staatsarchivs. Berlin 1996, S. 76; im Folgenden zitiert: Strecke, Geist.

4 Aus dieser Zentralbehörde, die mit vollem Namen »Königliches General-Ober-Finanz-Kriegs-und-Domainen-Directorio« hieß, gingen nach der Stein-Hardenbergschen Verwaltungsreform die »Regierungen« hervor, aus den Departements die Ministerien.

5 Vgl. Strecke Reinhart: Anfänge und Innovation der preußischen Bauverwaltung: Von David Gilly zu Karl Friedrich Schinkel (Veröffentlichungen aus den Archiven Preussischer Kulturbesitz, Beiheft 6). Köln et al. 2000, bes. S. 55ff.; im Folgenden zitiert: Strecke, Anfänge.

6 Diese unterste, regionale Verwaltungsebene im alten Preußen war vornehmlich mit der Finanzverwaltung betraut.

7 Zitelmann, Ludwig: Kurze Darstellung der Geschichte und Verfassung des Königlichen Preußischen Ober-Bau-Departements. In: Sammlung nützlicher Aufsätze und Nachrichten, die Baukunst betreffend 3 (1801), S. 90f.

8 Ebd., S. 91.

9 Zit. n. Strecke, Anfänge, S. 55.

10 Seit den 1960er Jahren gilt diese, immer wieder novellierte und neuen Anforderungen angepaßte »Richtlinie für die Durchführung von Baumaßnahmen des Bundes« für die gesamte Bauverwaltung; sie wurde weitestgehend auch von den Bundesländern für die Landesaufgaben übernommen.

11 Zit. n. Strecke, Anfänge, S. 58.

12 Ebd., S. 59.

13 Ebd.

14 Aus der Instruktion zur Errichtung eines Oberbaudepartements vom 17.4.1770, GStA PK, II. HA Gen.Direktorium, Generaldepartement, Tit. XII. Nr. 1, Bl. 82. (M); im Folgenden zitiert: Instruktion.

15 Vgl. Strecke, Geist, S. 78.

16 Vgl. Strecke, Reinhart: Der erste Dienstsitz. In: Mathematisches Calcul und Sinn für Ästhetik: die preußische Bauverwaltung 1770-1848. Katalog zur Ausstellung des Geheimen Preußischen Staatsarchivs Preußischer Kulturbesitz in Zusammenarbeit mit der Kunstbibliothek der Staatlichen Museen zu Berlin, Preußischer Kulturbesitz. Berlin 2000, S. 102; im Folgenden zitiert: Mathematisches Calcul.

17 Es handelte sich um den Geheimen Ober-Finanz-Rath Struve als erstem Direktor, dem Kriegs- und Domainen-Rath Voß als zweitem Direktor, den weiteren Kriegs- und Domainen-Räthen Harlem und Naumann sowie dem Ober-Bau-Direktor Boumann und den Ober-Bau-Räthen Silbersschlag, Gerhardt, Holsche und Seidel. S. hierzu Kuntzsch,

Eckart: 203 Jahre Staatliche Bauverwaltung. In: BBD-Informationen 1 (1973), S. 11; im Folgenden zitiert: Kuntzsch, Bauverwaltung.

18 Instruktion.

19 Strecke, Reinhart: Schlüssige Bauanschläge. In: Mathematisches Calcul, S. 84.

20 Vgl. Bolenz, Eckhard: Vom Baubeamten zum freiberuflichen Architekten. Technische Berufe im Bauwesen. Preußen/Deutschland, 1799-1931 (Europäische Hochschulschriften, Reihe III Geschichte und ihre Hilfswissenschaften, Bd. 488). Frankfurt/M. usw. 1991, S. 47; im Folgenden zitiert: Bolenz, Berufe.

21 S. Anders, Wolf-Dieter: Schinkel, ein preußischer Baumeister. In: BBD-Informationen 1 (1974), S. 27; im Folgenden zitiert: Anders, Schinkel.

22 Instruktion, Art. 5.

23 Bolenz, Berufe, S. 48.

24 Instruktion, I-IV.

25 Vgl. Strecke, Geist, S. 77.

26 Instruktion, Art. 3.

27 Ebd., Art. 7.

28 Ebd., Art. 2.

29 Ebd., Art. 8.

30 Ebd., Art. 9f.

31 Vgl. Bolenz, Berufe, S. 48f.

32 Acta Borussica. Denkmäler der preußischen Staatsverwaltung im 18. Jahrhundert. Die Behördenorganisation und die allgemeine Staatsverwaltung im 18. Jahrhundert (Einzelveröffentlichung der Historischen Kommission zu Berlin, Bd. 16, 2. T). Berlin 1982, S. 832.

33 Vgl. hier und im Folgenden: Strecke, Geist, S. 80.

34 Ein Taler bestand aus 28,6 Gramm Silber; das damalige Jahresgehalt eines mittleren Beamten betrug in etwa 100 Taler.

35 Vgl. Konter, Erich: Die preußische Bauverwaltung und ihre Ausbildung von 1770 bis 1850. In: ARCH+ 7 (1975), S. 21; im Folgenden zitiert: Konter, Bauverwaltung.

36 Zit.n. ebd., S. 49.

37 Cabinetsordre Friedrich Wilhelms III. aus dem Jahre 1799 zur Errichtung der Bauakademie; zit.n. Bodenschatz, Harald: »Der rote Kasten«. Zu Bedeutung, Wirkung und Zukunft von Schinkels Bauakademie. Berlin 1996, S. 34; im Folgenden zitiert: Bodenschatz, Kasten.

38 Oberbaudirektor Boumann (1706-1776) erbaute u.a. das Holländische Viertel in Potsdam, das dortige Rathaus und in Berlin neben der St. Hedwigs-Kathedrale auch das Palais des Prinzen Heinrich, das heutige Gebäude der Humboldt-Universität Unter den Linden.

39 Der Geheime Oberbaurat Gilly (1745-1808) war als Hafen-, Brücken- und Kirchenbaumeister ein Vertreter des Frühklassizismus.

40 Langhans (1732-1808) war der Leiter des Oberhofbauamtes. Neben dem Brandenburger Tor und den Mohrenkolonaden schuf er das Berliner Schauspielhaus.

41 Schadow (1764-1850), Schöpfer u.a. der Quadriga auf dem Brandenburger Tor, war seit 1788 Hofbildhauer in Berlin.

42 Vgl. Bodenschatz, Kasten, S. 34.

43 Das von der französischen Revolutionsarchitektur geprägte Gebäude mit einem von Friedrich Gilly entworfenen und von Gottfried Schadow ausgeführten Fries fiel 1886 der Abrißbirne zum Opfer.

44 Vgl. Bodenschatz, Kasten, S. 36.

45 Bolenz, Berufe, S. 48.

46 Vgl. Konter, Bauverwaltung, S. 21.

47 Vgl. ebd.

48 Vgl. Strecke, Geist, S. 81.

49 Vgl. ebd.

50 Instruktion vom 24.4.1804, zit. n. ebd., S. 82.

51 Zit. n. ebd., S. 83.

52 Ebd.

53 Zit. n. ebd., S. 91f.

54 Vgl. Strecke, Reinhart: Uniform für Baubeamte. In: Mathematisches Calcul, S. 113f.

55 Bolenz, Berufe, S. 53.

56 Aus der »Instruktion für die technische Oberbaudeputation vom 26. September 1809«, Art. 16, zit. n. Strecke, Geist, S. 102.

57 Vgl. Bodenschatz, Kasten, S. 41.

58 Eytelwein (1764-1849) war der Prototyp des zukünftigen Bauingenieurs. Anfangs im Wasserbau tätig, war er beim Oberbaudepartement zuständig für die mathematisch-naturwissenschaftliche Grundlagenforschung. Mit Bauten ist er nicht vertreten, doch schrieb er zahlreiche wichtige Werke zu mathematischen, statisch-konstruktiven, hydraulischen und zeichnerisch-geometrischen Problemen sowie zur Technologie der Brauerei und Spritbrennerei.

59 Zit. n. Strecke, Geist, S. 100.

60 Zit. n. Konter, Bauverwaltung, S. 21f.; das handschriftliche Original des Diensteides befindet sich im Geheimen Staatsarchiv Preußischer Kulturbesitz, I. HA Rep. 93 D Oberbaudeputation, Nr. 11, Bl. 3.

61 Hier und im Folgenden zit. n. Anders, Schinkel, S. 27.

62 Zajonz, Michael: Stolz der Besiegten. Freiheit, in Stein gehauen: Ein Symposium ergründet den Baumeister Karl Friedrich Schinkel. In: »Der Tagesspiegel« vom 6. März 2006; im Folgenden zitiert: Zajonz, Stolz.

63 »Was ist heute Architektur?« Hans Kollhoff über den Wiederaufbau und die künftige Nutzung der Bauakademie von Karl Friedrich Schinkel. In: »Die Welt« vom 14. Juni 2004.

64 Zu den vielfältigen Bauaktivitäten Schinkels sei bes. hingewiesen auf: Börsch-Supan, Eva: Karl Friedrich Schinkel. Die Provinzen Ost- und Westpreußen und das Großherzogtum Posen. Hg. von Helmut Börsch-Supan und Gottfried Riemann (Karl Friedrich Schinkel: Lebenswerk, Bd. XVIII). München, Berlin 2003.

65 Zajonz, Stolz.

66 1808–1814: Innenministerium; 1815–1817: Finanzministerium; 1817–1825: Handelsministerium; 1825–1830: Innenministerium; 1830–1834: Handelsministerium; 1835–1848: Innen- und Finanzministerium.

67 Vgl. Bodenschatz, Kasten, S. 64.

68 Bartetzky, Arnold: Die Kontrolle des Direktors am Bau. In: Frankfurter Allgemeine Zeitung vom 11. Juni 2004.

69 Vgl. hier und im Folgenden: Mathematisches Calcul, S. 116f.

70 Aus dem Ministerialblatt der Inneren Verwaltung von 1850 zit. n. Bolenz, Berufe, S. 54.

71 Hans-Jürgen Ewers, der damalige Präsident der Technischen Universität (TU) Berlin, bezeichnete in seinem Beitrag zum 200jährigen Jubiläum der Bauakademie, als deren Traditionsnachfolgerin sich die TU stolz sieht, die Bauakademie als »den Nucleus der Berliner Universitätslandschaft überhaupt« (Ewers, Hans-Jürgen: »Konsequent und optimistisch ins 21. Jahrhundert«. 200 Jahre Bauakademie und 100 Jahre Promotionsrecht. In: »TU intern« 10/99, S. 1.

72 Vgl. hierzu Zöbl, Dorothea: Zur Vorgeschichte der Reichsbaudirektion in Kaiserreich und Weimarer Republik. In: Die Verwaltung. Zeitschrift für Verwaltungsrecht und Verwaltungswissenschaften 32 (1999), S. 507f.; im Folgenden zitiert: Zöbl, Vorgeschichte.

73 Vgl. ebd., S. 508.

74 Aus dem Erlaß vom 7. Mai 1880 zit. n. Bolenz, Berufe, S. 54.

75 Zit. n. Zöbl, Vorgeschichte, S. 509.

76 Vgl. hier und im Folgenden ebd.

77 Bolenz, Berufe, S. 56.

78 Vgl. Zöbl, Vorgeschichte, S. 510.

79 Ebd.

80 Vgl. ebd., S. 511.

81 Zit. n. ebd., S. 512.

82 Zit. n. ebd., S. 513.

II

83 In: Reichs-Gesetzblatt Nr. 204, Jahrgang 1919, S. 1801f.

84 Im Bericht des Reichsschatzministeriums vom 30. September 1920, S. 5; Original im Bundesarchiv Bestand R 2, Nr. 28046; Kopie im Archiv des Bundesamtes für Bauwesen und Raumordnung in Berlin (im Folgenden: A.d.B.).

85 Ebd., S. 1.

86 Ebd., S. 6.

87 Der Bericht der Reichsbauverwaltung für die Reichsministerien an das Auswärtige Amt vom 28.12.1927 befindet sich im Bundesarchiv unter dem Bestand R 2 des Reichsfinanzministeriums sowie in Kopie im A.d.B.

88 Aus dem Zentralblatt der Bauverwaltung zit. n. Zöbl, Vorgeschichte, S. 516.

89 S. hierzu das umfangreiche Werk von Welzbacher, Christian: Die Staatsarchitektur der Weimarer Republik. Berlin 2006.

90 So wurde die Technische Aufsicht in der Mittelinstanz (TAM) der OFD-Bundesbauämter Berlin erst zum 1. Juni 2004 aufgelöst.

91 Die Bauakademie der DDR bewältigte in etwa vergleichbare Aufgaben wie die Vorgängerorganisation. Hier wurde baufachliche Entwicklungs-, Grundlagen- und Forschungsarbeit betrieben, Baumaterialien und Baustoffe für verschiedene Bauansprüche getestet und empfohlen, z.B. entwickelte die Bauakademie die sogenannte »Plattenbauweise«, die u.a. in den Großbausiedlungsmaßnahmen der DDR, aber auch

- in einer anspruchsvolleren Version - im Repräsentativbau eingesetzt wurde.

92 Vgl. Kuntzsch, Bauverwaltung, S. 14.

93 Die Entwicklung in den Einzelstaaten wird daher hier nicht weiter verfolgt. Vielmehr wird das Augenmerk nun auf die Reichsentwicklung gelegt.

94 Vgl. Zöbl, Vorgeschichte, S. 516.

95 Schreiben des Auswärtigen Amts an die Reichskanzlei vom 26.10.1926, Kopie des Schriftstücks im A.d.B.

96 Ebd.

97 Aus dem Reichstagsprotokoll der Plenarsitzung vom 31. März 1927 zit. n. Zöbl, Vorgeschichte, S. 516.

98 Kopie des Briefs vom 28.12.1927 befindet sich im Besitz des A.d.B.

99 Mertz, Carl: Die Reichsbaudirektion. Posthum als Fragment erschienen in: BBD-Informationen 1/1978, S. 4.

100 Die Verordnung ist abgedruckt im »Amtsblatt der Reichsfinanzverwaltung«, Ausgabe A, 11 (9.XII.1929), S. 77.

101 Erlaß des Reichsministers der Finanzen vom 25. März 1930 »In Ausführung der Verordnung des Herrn Reichspräsidenten vom 16. November 1929«, Original im Bundesarchiv, Bestand R 2, Nr. 9177, S. 112; als Faksimile abgedruckt in: BBD-Informationen 1/1980, S. 6f.

102 In einer Aufstellung der für die Reichsbaudirektion (RBD) verantwortlichen Unterabteilung P II/III des Reichsfinanzministerium (RMF) wird die Entwicklung des Personalstamms der Preußischen Hochbauverwaltung der der Reichsbauverwaltung gegenübergestellt. Während es 1932 in der Preußischen Hochbauverwaltung 1.463 Beschäftigte gab, hatte die Reichsbauverwaltung im selben Jahr nur 793. Außerdem stellte das RMF fest, daß trotz Aufgabenschwunds im Reich wie in Preußen lediglich bei der Reichsbauverwaltung die vorgesehene Personalabschmelzung seit 1922 um rund 28% durchgeführt wurde, während die Preußische Hochbauverwaltung sogar einen Personalzuwachs von 13% - bei gleichzeitigem Aufgabenschwund - zu verzeichnen hatte (Die Aufstellung vom November 1932 ist abgedruckt in: BBD-Information 1/1980, S. 11f.).

103 Der Vermerk der Reichskanzlei vom 15. Juni 1930 ist abgedruckt in: BBD-Information 1/1980, S. 10.

104 Der Vermerk liegt als Kopie des Bundesarchivs dem A.d.B. vor.

105 S. die »Uebersicht über die finanzielle Lage des Erweiterungsbaues der Reichskanzlei Berlin W, Wilhelmstr. 77/78«, als Kopie des Bundesarchivs, Bestand R 2, im Besitz des A.d.B.

106 Der Bericht des Reichsfinanzministeriums, »Stand 1. Oktober 1930«, liegt als Kopie des Bundesarchivs, Bestand R 2, dem A.d.B. vor.

107 Vgl. hierzu Reichles eigene Erläuterungen: Der Erweiterungsbau des Reichsministeriums für Volksaufklärung und Propaganda in Berlin. In: Zentralblatt der Bauverwaltung 55 (27. Februar 1935), S. 149-154.

108 So Reichle in seinem Artikel nach der Baufertigstellung: Neubauten des Reichsminsiteriums für Volksaufklärung und Propaganda in Berlin. In: Zentralblatt der Bauverwaltung 59 (8. Februar 1939), S. 126.

109 Ebd.

110 Ebd.

111 Nach dem Krieg war das ehemalige Propagandaministerium Sitz von Wilhelm Pieck als erstem Präsidenten der DDR und des Nationalrates der Nationalen Front sowie anderer gesellschaftlicher Organisationen wie der Liga für Völkerfreundschaft und später das Medienministerium der DDR.

112 Das Dokument liegt in Kopie dem A.d.B. vor.

113 Löhrer, Carl. Ch.: Die Neuordnung des deutschen Lebensraumes als Gemeinschaftsaufgabe. In: Reichsplanung. Organ des Hauses der Reichsplanung 1 (1935), S. 3.

114 Die Auflistung der einzelnen Baumaßnahmen und ihrer Kosten vom 6. Februar 1943 liegen in Kopie dem A.d.B. vor.

115 Ebd.

116 Teut, Anna: Architektur im Dritten Reich. 1933-1945. Berlin/Frankfurt/M./Wien 1965, S. 180; im Folgenden zitiert: Teut, Architektur.

117 Ebd., S. 181.

118 Ebd., S. 179.

119 Reichsgesetzblatt Teil I (1937) vom 30. Januar 1937, S. 103.

120 Der Brief Speers vom 5. Juni 1937 liegt in Kopie des BA dem A.d.B. vor.

121 Auflistung vom 6. Februar 1943 in Kopie im A.d.B.

122 Vgl. Schäche, Wolfgang: Das Gebäude der ehemaligen Japanischen Botschaft in Berlin-Tiergarten. Berlin 1984, S. 26; im Folgenden zitiert: Schäche, Gebäude.

123 Ebd., S. 25.

124 Vgl. Schäche, Wolfgang: Das Gebäude der ehemaligen Italienischen Botschaft in Berlin-Tiergarten. Berlin 1984, S. 31; s. auch Frielingsdorf, Andrea et al.: Repräsentationsarchitektur im Nationalsozialismus - Materialien zur Italienischen Botschaft in Berlin-Tiergarten. Berlin 1979; und Rheinsberg, Raffael: Botschaften. Archäologie eines Krieges. Berlin 1982.

125 Auflistung vom 6. Februar 1943 in Kopie im A.d.B.

126 Bericht liegt in Kopie dem A.d.B. vor.

127 »Zusammenstellung« vom 8. Juli 1944 befindet sich in Kopie im Besitz des A.d.B.

128 Das Schreiben liegt im Original im Bundesarchiv, Bestand R 2, Kopie im A.d.B.

129 »Erlaß des Führers über den Kriegseinsatz der Bauverwaltungen. Vom 24. August 1944.« Liegt in Kopie im A.d.B.

III

130 Vgl. Thorn-Prikker, Jan: Keine Experimente. Alltägliches am Rande der Staatsarchitektur. In: Flagge, Ingeborg/Stock, Wolfgang Jean (Hgg.): Architektur und Demokratie. Bauen für die Politik von der amerikanischen Revolution bis zur Gegenwart. Stuttgart 1992, S. 249; im Folgenden zitiert: Thorn-Prikker, Experimente.

131 Ebd.

132 2005 wurde die Abteilung B mit den Unterabteilungen B 1 (Bauwesen, Bauwirtschaft) und B 2 (Bundesbauten) eingerichtet. Zuvor war dieser Aufgabenbereich im Bundesministerium für Verkehr, Bau- und Wohnungswesen bis zum Jahr 2004 in den Unterabteilungen BS 3 (Bauwesen) und BS 4 (Bundesbauten) organisiert, als die Abteilung BS in zwei eigene Abteilungen getrennt wurde: Die Abteilung Bauwesen und die Abteilung Städtebau.

133 Vgl. Sitte, Fritz. M.: Die Bundesbaudirektion. Ms. Manuskript, Berlin 1981, S. 3; im Folgenden zitiert: Sitte, Bundesbaudirektion; s. hierzu auch ders.: Die Geschichte der staatlichen Bauverwaltung, der Reichs- und der Bundesbaudirektion. Berlin 1996; im Folgenden zitiert: Sitte, Geschichte. Beide Schriften des ehemaligen Bundesbaudirektors Sitte (1975-1989) liegen als Manuskript im A.d.B. Die Entwicklung vom Baureferat im BMF 1949 bis kurz vor der Eingliederung der Bundesbauverwaltung in das BMBau 1972 wird aus einem sehr persönlichen Erfahrungshorizont heraus detailliert geschildert vom früheren Leiter der Abteilung Bundesbauwesen Rossig, Johannes: Zwanzig Jahre Bauen für den Bund - ein Rückblick auf die Jahre 1949/50 bis 1969/70. Ms. Manuskript, Berlin o.J. [1983]; im Folgenden zitiert: Rossig, Zwanzig Jahre. Das Manuskript befindet sich im A.d.B. Johannes Rossig war 1950/51 Vertreter Karl Badbergers als Leiter der Bundesbaudirektion. 1952 übernahm er die Leitung des Baureferats im Bundesfinanzministerium, wo er als Leiter der Abteilung VIII (Bundesbauwesen) im Jahre 1970 altersbedingt ausschied.

134 Johannes Rossig begründet diese Entwicklung zur eigenständigen Abteilung mit der zunehmenden Differenzierung und Zunahme von Aufgaben, so z.B. für die Bundeswehr seit Mitte der fünfziger Jahre. Weiter schreibt er: »Das Aufgabengebiet Bundesbau war in den weiten Bereichen aller Bundesverwaltungen mit Verwaltungs-, Instituts-, Schulbauten im In- und Ausland, Bundesgrenzschutz, Wohnungsbau für die Stationierungsstreitkräfte, erheblich verstärktes Baugeschehen in Berlin so gewachsen, daß die Ministerialinstanz weiter und weiter ausgebaut werden mußte« (Rossig, Zwanzig Jahre, S. 11).

135 Ebd. S. 13.

136 Ebd., S. 12

137 Ebd., S. 12 u. S. 14.

138 Bis 22.10.1969: Bundesministerium für Wohnungswesen und Städtebau.

139 Baring, Arnulf: Machtwechsel. Die Ära Brandt - Scheel. München 1984, S. 720; im Folgenden zitiert: Baring, Machtwechsel.

140 So Hans-Jochen Vogel 1972 in der »Neuen Juristischen Wochenschrift«; zit.n. Baring, Machtwechsel, S. 720.

141 Vgl. Sitte, Bundesbaudirektion, S. 4.

142 Das Finanzverwaltungsgesetz wurde am 6. September 1950 erlassen.

143 Ministerialblatt des Bundesministeriums der Finanzen Nr. 13 (1950), S. 300.

144 Der Erlaß des BMF vom 28. August 1950 ist als Faksimile abgedruckt in: BBD-Information 1/1980, S. 21.

145 Zit. n. Sales Meyer, Franz: So begann es - damals. Die goldenen fünfziger Jahre der Bundesbaudirektion. In: BBD-Information 1/1978, S. 5; im Folgenden zitiert: Sales Meyer, So begann es.

146 Durth, Werner: Deutsche Architekten. Biographische Verflechtungen 1900-1970 (Schriften des deutschen Architekturmuseums zur Architekturgeschichte und Architekturtheorie). Braunschweig 1986, S. 327; im Folgenden zitiert: Durth, Architekten.

147 Sales Meyer, Franz: So begann es, S. 6

148 Ebd. S. 9; über seinen Chef und Amtsvorgänger urteilte Sales Meyer: »Badberger [...] war ein prächtiger, gütiger Mensch und ein nobler Charakter, der in der Bundesbaudirektion allgemeine Wertschätzung genoß. Er war Architekt nicht nur von Beruf, sondern von der Berufung her. Probleme der Verwaltung waren ihm fremd und unbequem« (ebd., S. 7).

149 Vgl. Thorn-Prikker, Experimente, S. 247.

150 Der Vermerk Badbergers und die Antwort von Ministerialrat Weil vom BMF vom 19. Mai 1950 liegen als gemeinsamer Vorgang in den Akten des Bundesarchivs. Eine Kopie befindet sich im A.d.B.

151 Ebd.

152 Hier und im Folgenden sind die Personalzahlen den jeweiligen Stellenplänen der einzelnen Jahres-Bundeshaushaltspläne entnommen. Diese befinden sich im Parlamentsarchiv des Deutschen Bundestages in Berlin.

153 Das Vertriebenenministerium wurde im Bonner »Körnerspeicher« untergebracht.

154 S. hierzu bes. die Publikation über die in den fünfziger und sechziger Jahren entstandenen Bundesbauten: Stein auf Stein. Ein Bildbericht über Bauaufgaben und Bauten des Bundes 1949-1964. Hg. in Zusammenarbeit mit dem Bundesschatzministerium (Bundesbauverwaltung). Berlin, Wien, 1964; im Folgenden zitiert: Stein auf Stein.

155 Sales Meyer, Franz: So begann es, S. 10.

156 Dollinger, Werner: Geleitwort. In: Stein auf Stein, S. 5.

157 Sitte, Geschichte, S. 5.

158 Nach der Wiedervereinigung und dem Ende der Ost-West-Konfrontation wurde die Anlage weitestgehend abgerissen - als »Rückbau« dieser Größenordnung eine neue und ebenso einmalige Herausforderung für die Bundesbaudirektion wie seinerzeit der Bunkerbau. In einem dreihundert Meter langen, konservierten Teilstück wird ein »Museum des Kalten Krieges« an die Spaltung der Welt erinnern.

159 Hierbei wurden lediglich Neubauten von Kanzleien, Residenzen und unmittelbar mit diesen Baumaßnahmen zusammenhängenden Dienstwohnungen gezählt. Später separat errichtete Wohnunterkünfte sowie nachträglich hinzugefügte Erweiterungsbauten wurden nicht einbezogen. Ebenso wurden die Altbausanierungen hier nicht berücksichtigt, auch wenn es sich dabei um vollständige Entkernung und Neubauten hinter alten Fassaden handelte. Ebenfalls nicht mitgezählt wurden die Neubauten für Auslands- und Kulturinstitute, Schulen und Studentenwohnheime oder sonstige Auslandsbauten der BBD/des BBR.

160 Vgl. Aschauer, Bernd: Die Botschaftsgebäude der Bundesrepublik Deutschland. Ms. Manuskript, Berlin 1999, im Besitz des A.d.B; im Folgenden zitiert: Aschauer, Botschaftsgebäude. Neben den Neubauten führt Aschauer auch einige der wichtigsten denkmalpflegerischen Wiederherstellungen und zahlreiche letztendlich nicht realisierte Projekte auf.

161 Auch die Entwürfe der Bundesbaudirektion waren teilweise Ergebnisse von hausintern ausgeschriebenen Wettbewerben: So fand 1970 ein BBD-interner Wettbewerb für den Neubau der Botschaft in Islamabad statt, bestehend aus Kanzlei, Residenz, einer Dienstwohnung, Dienerquartieren, Nebengebäuden und einem Mehrzwecksaal. Die BBD-Architekten Erhard Mundhenk, Lothar Blum, Heinz Seidlitz und René Mitscherlich beteiligten sich damals an dem Wettbewerb. Das zwischen 1971 und 1975 realisierte Gebäudeensemble baut auf den Planungen von Erhard Mundhenk und Heinz Seidlitz auf, die gemeinsam für Vorentwurf und Entwurf verantwortlich zeichneten. Mit der Ausführungsplanung wurde die Philipp Holzmann AG beauftragt.

162 Vgl. Aschauer, Botschaftsgebäude, S. 82-85.

163 Engerer Wettbewerb zur Erlangung von Bauentwurfsvorschlägen.

164 Asendorf, Olaf/Voigt, Wolfgang/Wang, Wilfried (Hgg.): Botschaften. 50 Jahre Auslandsbauten der Bundesrepublik Deutschland. Bonn 2000, S. 86; im Folgenden zitiert: Asendorf, Botschaften.

165 Vgl. Aschauer, Botschaftsgebäude, S. 100.

166 Mit Johannes Krahn, der 1954 Sieger des eingeschränkten

Wettbewerbs geworden war, hatte die Bundesbaudirektion bereits Erfahrung: In der Cité Universitaire in Paris war nach Krahns Plänen das deutsche Haus, das »Maison Heinrich Heine« entstanden. Krahn war einem größeren Publikum durch den Wiederaufbau der Frankfurter Paulskirche bekannt geworden. Auch im Botschaftsbau hatte Krahn bereits Leistung gezeigt: Von ihm stammte die französische Botschaft in Bad Godesberg.

167 Vgl. Asendorf, Botschaften, S. 86-89.

168 Vgl. ebd., S. 94.

169 Der Entwurf stammt von den BBD-Architekten Konrad Weise und Horst Peter Oltmanns.

170 Ebd.; s. auch: Aschauer, Botschaftsgebäude, S. 140f. Anfang der neunziger Jahre wurde auf der knapp 13.000 qm großen Liegenschaft noch ein Gesandtenhaus nach Plänen des BBD-Architekten Rolf Löhr errichtet. Dieses Gesandtenhaus stellt eine harmonische Erweiterung der Bauten aus den fünfziger Jahren dar ohne seine Entstehungszeit in den Neunzigern zu verleugnen. Es setzt architektonisch neue Akzente, fügt sich aber doch ins Gesamtgefüge der unterschiedlichen vorhandenen Gebäude ein. Asendorf charakterisiert den Neubau von Rolf Löhr im Katalog zur »Botschaften-Ausstellung« folgendermaßen: »Auch bei der Planung des Gesandtenwohnhauses wurden japanische Bautraditionen aufgenommen. Sie sind vor allem an dem nach allen Seiten abgewalmten Dach sowie an den Fenstersprossen im Tatami-Raster wahrzunehmen« (ebd.).

171 2004 bis 2005 entstand ein kubischer Neubau aus Glas und Stahl nach Plänen des im Wettbewerb siegreichen Architekturbüros Mahler Günster Fuchs aus Stuttgart. S. hierzu Busch, Florian: Deutsche Botschaft Tokio. Das neue Kanzleigebäude. In: Bauwelt 37/2005, S. 34-39.

172 Vgl. bes. Aschauer, Botschaftsgebäude, S. 28f.

173 Vgl. bes. ebd., S. 108-111.

174 S. zum Neubau in Rio de Janeiro nach Plänen der Bonner Architekten Schmidt und van Dorp die Darstellung bei Aschauer, Botschaftsgebäude, S. 126f. und die illustrierte Präsentation bei Asendorf, Botschaften, S. 90-93.

175 Vgl. bes. Aschauer, Botschaftsgebäude, S. 132f.

176 Die Sanierung erfolgte von 1964 bis 1968.

177 Vgl. Aschauer, Botschaftsgebäude, S. 114f. und Asendorf, Botschaften, S. 110-113. Die Entwürfe und die Bauausführung unter der Leitung der Bundesbaudirektion werden in der Publikation »Bauten des Bundes 1965 - 1980« positiv bewertet: »Die Bundesbaudirektion hat mit der Wiederherstellung des unter Denkmalschutz stehenden Gebäudes, dessen Bausubstanz schon über 250 Jahre alt ist, einen kunsthistorisch bemerkenswerten Beitrag geleistet. Im Einvernehmen mit den französischen Denkmalbehörden und den besonders qualifizierten Kontaktarchitekten [Marc Nebinger und Roland Grohmann, Paris; Anm. d. Verf.] hat sie das Botschaftsgebäude den heutigen Erfordernissen entsprechend restauriert. Die unbedingt notwendigen Um- und Einbauten haben den künstlerischen und historischen Gesamteindruck nicht beeinträchtigt« (Leuschner, Wolfgang: Bauten des Bundes 1965 - 1980. Hg. vom Bundesminister für Raumordnung, Bauwesen und Städtebau. Karlsruhe 1980, S. 194 und 197; im Folgenden zitiert: Leuschner, Bauten). Wolfgang Leuschner, der Autor der Publikation, war von 1969 bis 1975 Präsident der Bundesbaudirektion.

178 Im Vorfeld der Sanierung erfolgte unter der Leitung des Deutschen Forums für Kunstgeschichte eine wissenschaftliche Inventarisierung der gesamten kulturhistorisch wertvollen Ausstattung des Palais Beauharnais. Dazu s. bes.: Gaehtgens, Thomas W./Leben, Ulrich/Ebeling, Jörg: Palais Beauharnais in Paris. Zur historischen Ausstattung. In: Jahrbuch Bau und Raum 2004, hg. vom Bundesamt für Bauwesen und Raumordnung. Tübingen, Berlin 2004, S. 82-91.

179 Vgl. Sitte, Geschichte, S. 6.

180 Der Nachruf der BBD auf Carl Mertz im Jahre 1978 nennt seine Qualitäten: »Mit hohem künstlerischen und technischen Anspruch war er, pragmatisch und selbstbewußt denkend und handelnd, stets der Architektur, der richtigen Form, der wahren Gestalt und der überzeugenden Konstruktion und Technik verpflichtet« (in: BBD-Information 1/1978, S. 2).

181 In: Kansy, Dietmar: Zitter-Partie. Der Umzug des Bundestages von Bonn nach Berlin. Hamburg 2003, S. 64; im Folgenden zitiert: Kansy, Zitter-Partie.

182 Ebd., S. 65.

183 Ebd.

184 Vgl. Schmädeke, Jürgen: Der Deutsche Reichstag. Das Gebäude in Geschichte und Gegenwart. Berlin 31981, S. 115f.

185 Vgl. Leuschner, Bauten, S. 176-181.

186 S. zur Baugeschichte von Schloss Bellevue bes.: Busche,

Ernst A.: Bellevue. Vom königlichen Lustschloß zum Amtssitz des Bundespräsidenten. Leipzig 2006. Zum Schlosspark erschien die Publikation von Wimmer, Clemens Alexander: Der Schloßpark Bellevue in Berlin (Mitteilungen der Pückler-Gesellschaft 21). Berlin 2006.

187 Diese Bauaufgaben für die »ressortgebundenen Bundesliegenschaften«, gingen nach der Wiedervereinigung Deutschlands zunächst wieder an die Oberfinanzdirektion zurück und gehören seit 2004, seit der Fusion mit der Bauverwaltung der Oberfinanzdirektion, zum Aufgabenspektrum des Bundesamtes für Bauwesen und Raumordnung.

188 Leuschner, Bauten, S. 52.

189 Ebd., S. 51.

190 Asendorf, Botschaften, S. 122.

191 Beispielsweise den »AISC 1965 Architectural Award of Excellence« des American Institut of Steel Construction, New York; das »Certificate of Merit for excellent Architecture« der Metropolitan Washington Board of Trade, Washington; den »Architectural Prize (1965)« der New York Board of Trade; den »Institutional Landscaping Award (1967)« der American Association of Nurserymen.

192 Vgl. beispielsweise die Artikel in der »Washington Post« vom 19. April 1964, vom 12. Mai 1964, vom 24. November 1965; den Beitrag in der »Frankfurter Allgemeinen Zeitung« vom 11. Mai 1964, in der »Welt« vom 11. Mai 1964, dem »Evening Star« vom 24. November 1965, der »Allgemeinen Bauzeitung« Nr. 20 vom 15. Mai 1964, der »Bauverwaltung« 8/64, S. 410-417 und 2/66, S. 87-88; in »Baumeister« 8/66, S. 939; »«Architectural Record« 12/64, S. 13; »Progressive Architecture« 1/65, S. 171-176, »Architectural Forum« 5/65, S. 62-69; »Architettura« 11/65, S. 460-461, »Bauen und Wohnen« 1/66, S. 1-10; »Architektur und Wohnform« 2/66, S. 85-94.

193 S. Zuständigkeitsanpassungsgesetz vom 30. August 1971, Art. 52. In dem Gesetz wurden Regelungen über die Finanzbeziehungen zwischen Bund und Ländern zusammengefaßt.

194 Zit. n. Flagge, Ingeborg: Provisorium als Schicksal. Warum mit der Bonner Staatsarchitektur kein Staat zu machen ist. In: Flagge, Ingeborg/Stock, Wolfgang Jean (Hgg.): Architektur und Demokratie. Bauen für die Politik von der amerikanischen Revolution bis zur Gegenwart. Stuttgart 1992, S. 230; im Folgenden zitiert: Flagge, Provisorium.

195 Leuschner, Wolfgang/Sitte, Fritz Moritz: Der Staat und das Bauen. In: Stein auf Stein, S. 17.

196 Flagge, Provisorium, S. 225.

197 Ebd., S. 230.

198 Zit. n.: Mausbach, Florian: Bauten die Staat machen - Bauten der Bundesrepublik Deutschland in Berlin. In: Hill, Herrmann (Hg.): Staatskultur im Wandel. Beiträge der 69. Staatswissenschaftlichen Fortbildungstagung vom 14. bis 16.März 2001 an der Deutschen Hochschule für Verwaltungswissenschaften Speyer (Schriftenreihe der Hochschule Speyer Bd. 150). Berlin 2002, S. 54; im Folgenden zitiert: Mausbach, Bauten.

199 Vgl. bes. Bauwelt 36 (stadtbauwelt 39), 1973, S. 19 und Flagge, Architektur in Bonn nach 1945. Bonn 1984, S. 52.

200 Bohnenkamp, Hermann: Das neue Bundeskanzleramt. In: »Die Bauverwaltung« 11/1976, S. 406.

201 Zit. n. ebd., S. 411.

202 Zit. n. Mausbach, Bauten, S. 54.

203 Zit. n. Mausbach, Florian: »Bauten, die Staat machen.« Vortrag auf der 59. Bundesversammlung der technischen Referendare am 19. Februar 1999 in der Hessischen Landesvertretung in Bonn. Redemanuskript im A.d.B./Leitungsstab.

204 Zit. n. dem Preisgerichtsurteil im A.d.B.

205 Flagge, Provisorium, S. 225.

206 Ebd.

207 Siedler, Wolf Jobst/Niggemeyer, Elisabeth: Die gemordete Stadt. Abgesang auf Putte und Straße, Platz und Baum. Berlin 1964.

208 Mitscherlich, Alexander: Die Unwirtlichkeit unserer Städte. Anstiftung zum Unfrieden. Frankfurt/M. 1965.

209 Jesberg, Paulgerd: »Ein Stück Lebensvielfalt - Bauen am Platz«. In: Deutsche Bauzeitschrift (DBZ) 9/2002, S. 37.

210 Thorn-Prikker, Experimente, S. 250.

211 So Roland Günter 1965 in seiner Kritik an den Bonner Regierungsbauten. Zit. n. Flagge, Provisorium, S. 231.

212 Der Beitrag von Carlos Widmann erschien in der Süddeutschen Zeitung am 13.12.1984.

213 Ebd.

214 Durth, Architekten, S. 9.

215 Vgl. Thorn-Prikker, Experimente, 255.

216 Ebd.

217 Ebd.

218 Flagge, Provisorium, S. 240.

219 Bauten des Bundes 1989-91. Hg. vom Bundesminister für Raumordnung, Bauwesen und Städtebau. Bonn 1991, S. 39; im Folgenden zitiert: Bauten des Bundes 1989-91.

220 Der unter dem Kürzel »Gz« erschienene Kommentar erschien am 27.10.1989 unter der Überschrift »Der Bundestag als Bauherr« im »Tagesspiegel«.

221 Bericht in »Der Tagesspiegel« vom 27.10.1989.

222 Ebd.

223 Vgl. Artikel »Präsident Sitte geht« in: Deutsches Architektenblatt 12/89, S. 1776.

224 Behnisch, Günter: Bauen für die Demokratie. In: Flagge, Ingeborg/Stock, Wolfgang Jean (Hgg.): Architektur und Demokratie. Bauen für die Politik von der amerikanischen Revolution bis zur Gegenwart. Stuttgart 1992, S. 73.

225 Conradi, Peter: BBB - Eine Alternative zur PPP [Public Private Partnership]. 10 Jahre Bundesbaugesellschaft - Ein Erfahrungsbericht. In: Deutsches Architektenblatt 6/2004, S. 16; im Folgenden zitiert: Conradi, BBB.

226 Vgl. Bericht im »Tagesspiegel« vom 27.10.1989.

227 Sitte, Geschichte, S. 9.

228 Thewalt, Andreas: Genügend Geld für den Umzug aus Bonn. Nun muß Berlin für mehr Tempo sorgen. In: Berliner Morgenpost vom 16. November 1992.

229 So z.B. im Artikel »Abgeordnete wollen angeblich Private Parlament bauen lassen. Dazu soll der Bundesbaudirektion die Zuständigkeit entzogen werden.« In »Der Tagesspiegel« vom 17. August 1991.

230 Ebd.

231 Michael Wilkens war einst Mitarbeiter Paul Baumgartens gewesen.

232 Kansy, Zitterpartie, S. 67.

233 Weiterhin waren im Aufsichtsrat vertreten private Bauunternehmer, Architekten, Wirtschaftsprüfer, ehemalige Bundestagsabgeordnete und Vertreter von Banken.

234 Vgl. zu den Arbeitsabläufen der Bundesbaugesellschaft Conradi, BBB, S. 16-18.

235 Zu den parlamentarischen Beratungen über die Organisation der Bauvorhaben für den Umzug nach Berlin vgl. Deutscher Bundestag, Drucksache 12/2850 vom 17.06.1992 und 12/6615 vom 20.01.1994.

236 Dies waren die Architekten von Gerkan, Marg und Partner sowie Schweger und Partner aus Hamburg; de Architecten Cie (Piet de Bruijn) aus Amsterdam; Busmann und Haberer sowie van den Valentyn aus Köln.

237 S. bes. Burg, Annegret/Redecke, Sebastian (Hgg.): Kanzleramt und Präsidialamt, Internationale Architekturwettbewerbe für die Hauptstadt Berlin. Berlin, Basel, Boston 1995.

238 Weitere Informationen zu Bauvorhaben der Bundesbaugesellschaft Berlin mbH: Bundesbaugesellschaft Berlin mbH (Hg.): Aufbruch in neue Architektur und Technik. Das Parlaments- und Regierungsviertel im Spreebogen. Berlin [2]2004.

239 Vgl. Schlußbericht zur Organisationsuntersuchung der BBD, Phase II; das Gutachten befindet sich u.a. im A.d.B.

240 Ebd., S. 6.

241 Die folgenden Erläuterungen werden durch die Info-Grafik auf S. 197 illustriert.

242 Die Graphik ist als Anlage K 21 der RBBau in ihrer 16. Aust.-Lfg. vom Februar 1995 beigefügt.

243 Bzw. das jeweils der BBD übergeordnete Ministerium.

244 Hintergrundinformationen zu den Vergabeverfahren öffentlicher Aufträge, wie sie das BBR ihren potentiellen Auftragnehmern auf der BBR-Homepage www.bbr.bund.de vorstellt:
»VOB/VOL: Die nationalen und europäischen Vergabevorschriften sehen für die Vergabe von Bauleistungen (VOB) sowie Lieferungen und Leistungen (VOL) drei verschiedene Verfahren vor, die Vergabearten. Je nach dem, ob es sich um Vergabeverfahren oberhalb oder unterhalb des Schwellenwertes handelt, werden sie unterschiedlich bezeichnet. Inhaltlich stimmen sie jedoch in wesentlichen Teilen überein.
Vergabearten in ihrer Rangordnung: Die Wahl der Vergabeart ist nicht beliebig. Öffentliche Auftraggeber sind verpflichtet, Aufträge grundsätzlich im Wege des offenen Verfahrens/der öffentlichen Ausschreibung zu vergeben. Nur ausnahmsweise, beim Vorliegen besonderer, in der VOB/A bzw. VOL/A genannter Voraussetzungen, die auch aktenkundig gemacht werden müssen, darf von dieser Regel abgewichen werden. In diesem Fall wird zunächst geprüft, ob ein nichtoffenes Verfahren mit Teilnahmewettbewerb/eine beschränkte Ausschreibung durchgeführt werden kann. Diese Vergabeart hat Vorrang vor dem Verhandlungsverfahren/freihändige Vergabe.
Offenes Verfahren (oberhalb des Schwellenwertes) bzw. öffentliche Ausschreibung: Beliebig viele Unternehmen, die in dem geforderten Marktsegment tätig sind, können Angebote abgeben und somit am Wettbewerb teilnehmen. Die

Ausschreibungen werden einer breiten Öffentlichkeit in speziellen Veröffentlichungsorganen bekannt gemacht.
Nichtoffenes Verfahren mit Teilnahmewettbewerb (oberhalb des Schwellenwertes) bzw. beschränkte Ausschreibung mit oder ohne Teilnahmewettbewerb: Kennzeichen dieser Verfahrensart ist, dass die Anzahl der Bieter durch eine Vorauswahl der Vergabestelle begrenzt ist. Ausgewählte Anbieter werden von der Vergabestelle zur Abgabe eines Angebotes aufgefordert. Ein sogenannter Teilnahmewettbewerb dient der Vorauswahl möglicher Bieter. Der Auftrag wird öffentlich bekannt gegeben, alle interessierten Unternehmen können Anträge auf Teilnahme stellen. Die Vergabestelle wählt aus diesen Bewerbern Geeignete aus, die dann zur Abgabe eines Angebotes aufgefordert werden.
Verhandlungsverfahren oberhalb des Schwellenwertes) bzw. freihändige Vergabe, jeweils mit und ohne Teilnahmewettbewerb: Auch hier fordert die Vergabestelle von sich aus Unternehmen zur Abgabe von Angeboten auf. Dabei ist sie nur begrenzt an formelle Vorschriften gebunden. Sie kann z.B. mit dem Bieter über Inhalt und Preise des Angebotes verhandeln. Auch bei dieser Vergabeart sollte, soweit möglich, ein Wettbewerb zwischen verschiedenen Bietern stattfinden.
Vergabeunterlagen: Mit der Aufforderung zur Abgabe eines Angebotes leitet das Bundesamt für Bauwesen und Raumordnung einem Bieter Unterlagen zu, die in ihrer Gesamtheit als »Vergabeunterlagen« bezeichnet werden. Diese Vergabeunterlagen beinhalten:
1. Angebotsanforderungsschreiben EVM(L/B)A;
2. Angebotsschreiben EVM(L/B)Ang;
3. Bewerbungsbedingungen EVM(B/L)BWB;
4. Besondere Vertragsbedingungen EVM(B/L)BVB;
5. Zusätzliche Vertragsbedingungen EVM(B/L)ZVB;
6. Leistungsbeschreibung mit Leistungsverzeichnis
Sie ist das Kernstück der Vergabeunterlagen. Hier wird die gewünschte Leistung eindeutig und vollständig beschrieben, wobei darauf geachtet werden muss, dass durch die Beschreibung nicht von vorneherein ein bestimmtes Produkt festgelegt bzw. ein bestimmtes Unternehmen bevorzugt wird (wettbewerbsneutrale Beschreibung). Die Leistungsbeschreibung ist zu gliedern in die Baubeschreibung und das Leistungsverzeichnis, bestehend aus den Vorbemerkungen und der Beschreibung der Teilleistungen. Die Vergabeunterlagen können ergänzt werden durch Zeichnungen, Wartungsverträge, EFB Preis-Blätter, Lohngleitklauseln, usw.
VOF: Die VOF dient zur Vergabe öffentlicher Dienstleistungsaufträge oberhalb des Schwellenwertes. Aufträge für freiberufliche Leistungen sind im Verhandlungsverfahren mit vorheriger EG-Vergabebekanntmachung zu vergeben.«

245 Brief von Barbara Jakubeit vom 30.11.1994 an das Sachgebiet II 3 (Auslandsreferat), S. 1f.; im A.d.B.

246 Paul, Ulrich: Barbara Jakubeit – Berlins designierte Senatsbaudirektorin. In: »Berliner Zeitung« vom 26. April 1996.

247 Ebd.

248 Begrüßungsworte durch LBD Diedrichs am 30. Juni 1995 anläßlich der Urkundenübergabe an Herrn Florian Mausbach im Staatsratsgebäude in Berlin. In: BBD-Information 1995, S. 5.

IV

249 Seit dem Jahr 2004 gehören diese Baumaßnahmen durch die Fusion mit den Bundesbauämtern I und II wieder zum Aufgabenspektrum des BBR.

250 S. hierzu die Selbstdarstellung der Bundesbaugesellschaft: Aufbruch in neue Architektur und Technik. Das Parlaments- und Regierungsviertel im Spreebogen. Hg. von der Bundesbaugesellschaft Berlin mbH. Berlin März 2003.

251 Der damalige Vorsitzende der Bundestagsbaukommission, Dietmar Kansy, schränkt den vielfach übertriebenen Einfluß Helmut Kohls auf die Architektur des Bundeskanzleramtes ein: »Im Übrigen hat Kohl ja das Kanzleramt nicht einsam auf dem Thron sitzend und dem Architekten Anweisungen gebend, sondern mit Unterstützung einer informellen, kleinen, aber fähigen Beratergruppe planen lassen. Die frühere Präsidentin der Bundesbaudirektion Barbara Jakubeit, der österreichische Architekt Gustav Peichl, der damalige Chef des Goethe-Instituts Hilmar Hoffmann, der seinerzeitige Generaldirektor des Deutschen Historischen Museums Christoph Stölzl und der FAZ-Herausgeber Frank Schirrmacher waren ja keine Leichtgewichtler als Berater.« In: Kansy, Zitter-Partie, S. 142.

252 Wefing, Heinrich: »Kulisse der Macht«. Das Berliner Kanzleramt. München 2001, S. 220-222.

253 Ebd., S. 228.

254 Der Vortrag wurde am 12.2.1997 im Deutschen Architektur Zentrum in Berlin gehalten. Das Redemanuskript befindet sich im A.d.B.; im Folgenden zitiert: Mausbach, Reichsbank.

255 Ebd.

256 Redetext liegt der Pressemappe zur Schlüsselübergabe bei; im A.d.B.

257 Mausbach, Bauten, S.66.

258 Haberlik, Christina: Ganzheitliche Lösungen. In: Haberlik, Christina/Zohlen, Gerwin: Die Baumeister des Neuen Berlin. Porträts, Gebäude, Konzepte. Berlin 52001, 219f.

259 Schwaetzer, Irmgard/Töpfer, Klaus/Oswald, Eduard/Müntefering, Franz/Klimmt, Reinhard: Vorwort. In: Demokratie als Bauherr. Die Bauten des Bundes in Berlin 1991 bis 2000, hg. vom Bundesministerium für Verkehr, Bau- und Wohnungswesen. Berlin 2000, S. 7.

260 Mausbach, Florian: Granit und Glas - Terrazzo und Majolika. In: Kunst am Bau. Die Projekte des Bundes in Berlin. Hg. vom Bundesministerium für Verkehr, Bau- und Wohnungswesen. Tübingen, Berlin 2002, S. 11.

261 Ebd.

262 Thomas Wagner in einem Artikel in der Frankfurter Allgemeinen Zeitung vom 6. Februar 1999.

263 Florian Mausbach in seinen Begrüßungsworten anlässlich der Eröffnung der vom BBR konzipierten Ausstellung »Kunst am Bau - die Bauten des Bundes in Berlin« im ehemaligen Staatsratsgebäude in Berlin am 1. Oktober 2001; Text der Pressemappe entnommen; im A.d.B.

264 Zusätzlich entwickelten Bundespräsidialamt und Bundesrat - wie oben dargestellt - ihre Kunstkonzepte mit eigenen Kunstbeiräten. Neu konstituiert hat sich am 1. Juni 2006 beim Bundesbauministerium ein beratendes Sachverständigengremium für alle Belange der Kunst am Bau. Das achtköpfige Gremium besteht aus Vertretern der Bereiche Architektur, Wissenschaft, Museen, Medien und Kunst. Damit wird, so das Ministerium, »die im Rahmen der Initiative Architektur und Baukultur begonnene Stärkung der Kunst bei Bundesbauten fortgesetzt. Die Beteiligung von Künstlern ist eine baukulturelle Aufgabe und zudem eine Chance, die Architektur von Bauten der öffentlichen Hand durch künstlerische Interpretation einer breiteren Öffentlichkeit zu vermitteln. Der Sachverständigenrat soll dafür Impulse geben und helfen, die künstlerische Mitwirkung bei den Baumaßnahmen des Bundes insgesamt weiter auszubauen« (Pressmitteilung 186/2006 des Bundesministeriums für Verkehr, Bau und Stadtentwicklung vom 1. Juni 2006, S. 1).

265 Über diese beeindruckende Grafiksammlung erschien ein eigener Katalog: Grafische Sammlungen der Bauten des Bundes in Berlin. Hg. vom Bundesamt für Bauwesen und Raumordnung, Berlin 2001.

266 Zur Kunst am Bau bei den Bundesbauten sei besonders auf folgende Literatur hingewiesen: Kunst am Bau. Die Projekte des Bundes in Berlin. Hg. vom Bundesministerium für Verkehr, Bau- und Wohnungswesen. Tübingen, Berlin 2002; Kunst im Parlament: Ausgewählte Werke aus der Sammlung des Deutschen Bundestages. Hg. vom Deutschen Bundestag. Köln 1997; Amelunxen, Hubertus von/Schmidt, Hans-Werner: Photo- und Konzeptkunst am Bau. Unter den Linden 50. Ein Projekt für den Deutschen Bundestag Berlin. Hg. vom Bundesamt für Bauwesen und Raumordnung im Auftrag des Bundesministeriums für Verkehr, Bau- und Wohnungswesen. Heidelberg 2000.

267 Abschlußbericht der Arbeitsgruppe des Bundesministeriums für Verkehr, Bau- und Wohnungswesen (BMVBW) »Auswertung der Baumaßnahmen in Berlin«. Az. BS 35 B - B 1101-00/01, S. 3; im A.d.B; im Folgenden zitiert: BMVBW-Abschlußbericht.

268 Ebd., S. 14.

269 Ausführlich heißt es hier: »Das Generalplanermodell [...] hat nicht zu der gewünschten Kompetenz- und Kommunikationsbündelung geführt, sondern eher zu einer Entfremdung zwischen Auftraggeber/Projektleitung und den Planungsbeteiligten. Die Projektleitung hat auf die vielfältigen internen Störungen innerhalb des Generalplanerteams, falls sie überhaupt rechtzeitig erkennbar werden, nur bedingte Einflussmöglichkeiten (›black box‹)«, ebd., S. 15.

270 Ebd., S. 2f.

271 Ebd., S. 14.

272 Ebd., S. 15.

273 Vgl. Flasche, Christiane: Geometrische Figur mit Bewegung

und Licht. Das architektonische Konzept von Ieoh Ming Pei. Bestandteil der Pressemappe anläßlich der Schlüsselübergabe am 28. Februar 2003. Im A.d.B.

274 Rede von Florian Mausbach anläßlich der Schlüsselübergabe im Wechselausstellungsgebäude des Deutschen Historischen Museums am 28. Februar 2003. Bestandteil der damaligen Pressemappe; im A.d.B.

275 Hierzu sei besonders hingewiesen auf: Die neue Museumsinsel. Der Mythos. Der Plan. Die Vision. Hg. von Carola Wedel. Berlin 2002; im Folgenden zitiert: Wedel, Museumsinsel.

276 Die Rede ist Bestandteil der Pressemappe »Ein letzter Blick« - Zum Baubeginn am Neuen Musem. Im A.d.B.

277 Vgl. Pressemitteilung der Staatlichen Museen Berlin in der Pressemappe »Ein letzter Blick« - Zum Baubeginn am Neuen Musem. Im A.d.B.

278 Rede von Florian Mausbach anläßlich des Baubeginns im Neuen Museum ist Bestandteil der Pressemappe »Ein letzter Blick« - Zum Baubeginn am Neuen Musem. Im A.d.B.

279 Zit.n. Wedel, Museumsinsel, S. 85.

280 Asendorf, Botschaften, S. 142.

281 Cornel Faltin in: Berliner Morgenpost vom 12.10.1994.

282 Joseph Giovannini in: Architektur und Wohnen 1 (1995), S. 102ff.

283 Jakubeit, Barbara, die als Präsidentin der Bundesbaudirektion für die Errichtung der Botschaft verantwortlich war, in: Berliner Morgenpost vom 17.11.1994.

284 Harpprecht, Klaus, in: Die Neue Gesellschaft. Frankfurter Hefte 42 (12.1995), S. 1122ff.

285 Uthmann, Jörg von, in: Baumeister 91 (11.1994), S. 4f.

286 Rimscha, Robert von, in: Der Tagesspiegel vom 12.09.1994.

287 Bauwelt 40/41, 1994, S. 2272f.

288 Polaczek, Dietmar: Deutsche Badezimmer. Teuer und besserwisserisch: Die Restaurierung der Villa Vigoni. In: »Frankfurter Allgemeine Zeitung« vom 3. Juli 1996.

289 Polaczek, Dietmar: Zerschlagenes und gekittetes Porzellan. In der Villa Vigoni: Keine deutschen Badezimmer, aber der Historiker Bernd Roeck als Generalsekretär. In: »Frankfurter Allgemeine Zeitung« vom 11. Juli 1996.

V

290 Vgl. Strubelt, Wendelin: Überlegungen zur Politikanalyse in einem neuen Forschungsfeld »Räumliche Wasservorsorgepolitik«. In: Informationen zur Raumentwicklung 2/3 (1983), S. 113. Strubelt verweist hier auf den Sozialhistoriker Karl August Wittvogel und fährt fort: »Gerade in tropischen Ländern ist die Organisation der Wasserversorgung, die Zuteilung von Quellen und Wasserrechten, auch heute immer noch eine Frage von Tod und Leben [...]« (ebd.).

291 Schon Hans Zeisel hat auf die Bedeutung der Statistik, aber auch auf die Problematik in ihrer Nutzung durch öffentliche und staatliche Instanzen hingewiesen.

292 S. hierzu bes. Rath, Klaus W.: Zur Bedeutung der Raumordnung im Merkantilismus. In: Historische Raumforschung 1 (Forschungsberichte des Ausschusses »Historische Raumforschung« der Akademie für Raumforschung und Landesplanung, Bd. 1). Bremen-Horn 1956, S. 131-154.

293 Ebd., S. 153; die Entscheidungsträger in Zeiten sich häufender Disproportionen - hier wird auf Ludwig Erhards soziale Marktwirtschaft angespielt, die eine Raumordnung ablehnte - sollten sich nach Raths Urteil dieses Systems wieder besinnen, um »an eine Neuordnung der Proportionen zu denken, d.h. an das Denken jener Raumordnung des Merkantilismus im Sinne der Staatswirtschaft des damals souveränen Fürsten Anschluß zu suchen, sich ihrer zu besinnen, nicht um sie zu kopieren, sondern um sich auf die Grundkräfte zu besinnen, die eine derartige Raumordnung tragen können« (ebd., S. 140).

294 Dieser sogenannte »Pariser Meridian« wurde von Barcelona nach Dunkerque vermessen und behielt - zumindest für die Franzosen - noch bis ins 20. Jahrhundert Gültigkeit, während der Rest der Welt auf der internationalen geodätischen Konferenz in Rom 1883 den Nullmeridian durch Greenwich für allgemein verbindlich erklärte.

295 Hier ist bes. das Edikt »betreffend den erleichterten Besitz und den freien Gebrauch des Grundeigentums sowie die persönlichen Verhältnisse der Landbewohner« vom 10. Oktober 1807 zu nennen.

296 Die Begriffe Raumplanung, Raumordnung, Landesplanung und Landesordnung werden in der zeitgenössischen Literatur oft synonym gebraucht. Differenzierungen wurden erst in der Nachkriegszeit vorgenommen.

297 Er wurde aus der Gemeinde Berlin und 46 Vorortgemeinden gebildet.

298 S. hierzu: Pfannschmidt, Martin: Landesplanung Berlin-Brandenburg-Mitte. In: Raumordnung und Landesplanung im 20. Jahrhundert. Historische Raumforschung 10 [Forschungsberichte des Ausschusses »Historische Raumforschung« der Akademie für Raumforschung und Landesplanung]. Hannover 1971, S. 35.

299 Hierzu sei bes. hingewiesen auf: Engeli, Christian: Landesplanung in Berlin-Brandenburg. Eine Untersuchung zur Geschichte des Landesplanungsverbandes Brandenburg-Mitte 1929-1936 (Schriften des Deutschen Instituts für Urbanistik 75). Stuttgart, Berlin, Köln, Mainz 1986.

300 Ebd., S. 46.

301 Als »Konservative Revolution« wird die antidemokratische Strömung der Zwischenkriegszeit bezeichnet, die sich für die Leitvorstellung eines »neuen Nationalismus« einsetzte. Zu ihr wird die intellektuelle Rechte der Weimarer Republik gezählt: Zeitschriften wie »Die Tat« und das »Deutsche Volkstum«, Kreise wie der Juniklub um Max Boehm und Arthur Moeller van den Bruck und die Gruppen um Ernst Jünger und Ernst Niekisch. S. hierzu: Mohler, Armin: Die Konservative Revolution in Deutschland 1918-1932. Ein Handbuch. Darmstadt [4]1994; und Breuer, Stefan: Anatomie der Konservativen Revolution. Darmstadt 1993.

302 S. hierzu bes. Hoffacker, Heinz Wilhelm: Entstehung der Raumplanung, konservative Gesellschaftsreform und das Ruhrgebiet 1918 bis 1933. Essen 1989, S. 143-150; im Folgenden zitiert: Hoffacker, Entstehung.

303 S. zu Migge das Kapitel ebd., S. 183-212.

304 Ebd., S. 213-270.

305 Ebd., S. 271-308.

306 Um Schwierigkeiten aufgrund des fehlenden gesetzlichen Rahmens zu vermeiden, griffen die meisten Verbände auf die rechtliche Konstruktion des eingetragenen Vereins zurück, z.B. die »Landesplanung für den engeren mitteldeutschen Industriebezirk in Merseburg« (s. ebd., S. 22).

307 Allein zwischen 1920 und 1925 wurden 64.000 Wohnungen aus überwiegend öffentlichen Mitteln gebaut, und die Einwohnerzahl des Ruhrgebiets stieg um 260.000 auf 3,833 Millionen (s. Steinberg, Heinz Günter: Die Geschichte des Siedlungsverbandes Ruhrkohlenbezirk und seine Bedeutung für die Entwicklung der Landesplanung in Deutschland. In: Raumordnung und Landesplanung im 20. Jahrhundert. Historische Raumforschung 10 [Forschungsberichte des Ausschusses »Historische Raumforschung« der Akademie für Raumforschung und Landesplanung]. Hannover 1971, S. 9; im Folgenden zitiert: Steinberg, Geschichte).

308 Dabei griff der Siedlungsverband - was hier erstmalig bei der Raumordnung geschah - bereits auf Luftbilder zurück (s. Röhr, Karl J.: Die Verwendung des Luftbildes beim Siedlungsverband Ruhrkohlenbezirk. In: Bildmessung und Luftbildwesen 9 [1934], S. 45-48.).

309 Steinberg, Geschichte, S. 8.

310 Vgl. Hoffacker, Entstehung, S. 365.

311 Steinberg, Geschichte, S. 15; s. auch folgende Literatur zum Thema: Umlauf, Josef: Der Siedlungsverband Ruhrkohlenbezirk. Organisation und Arbeitsweise. Essen 1960; und: Siedlungsverband Ruhrkohlenbezirk 1920-1970. (Schriftenreihe Siedlungsverband Ruhrkohlenbezirk 29). Essen 1970.

312 Die Verfassung des Deutschen Reichs vom 11. August 1919. Berlin 1930, S. 48, Artikel 155.

313 Die Arbeitsgemeinschaft sollte systematische Grundlagen erarbeiten; der Vorsitzende Robert Schmidt verfolgte aber nicht einen einheitlichen Prinzipien verpflichteten Landesausbau ganz Preußens, sondern richtete seinen Blick vor allem auf die industriellen Ballungszentren (s. Hoffacker, Entstehung, S. 25f.).

314 Vor allem bei den Deutschnationalen und den Nationalsozialisten.

315 S. hierzu z.B. Mahraun, Arthur: Der große Plan. Der Weg aus dem Chaos von Staat und Wirtschaft. Berlin 1932. Mahrauns Programmschrift des Jungdeutschen Ordens sieht den räumlichen Umbau des Reichs und eine teilweise Entindustrialisierung als Ausweg aus der Weltwirtschaftskrise.

316 Hoffacker, Entstehung, S. 16. Wegen fehlender Reichsinstitutionen, rechtlicher Grundlagen und einer verbindlichen Begrifflichkeit ermangelte es auch einer wissenschaftlichen Raumforschung, so daß Hoffacker von einer »gewisse[n] Orientierungslosigkeit der deutschen Landesplanungen«

spricht (ebd., S. 28).

317 Zit.n. ebd., S. 14. Weigmann, der 1934 das Institut für wirtschaftliche Raumforschung an der Universität Rostock gründete, ließ den Begriff »Raumordnung« endgültig zu einer akzeptierten Vokabel werden.

318 Günther Franz findet es »fast selbstverständlich, daß nach 1933 der Staat die Landesplanung an sich zog, sie zentralisierte und reichseinheitlich regelte« (Franz, Günther: Zur Einführung. In: Raumordnung und Landesplanung im 20. Jahrhundert. Historische Raumforschung 10 [Forschungsberichte des Ausschusses »Historische Raumforschung« der Akademie für Raumforschung und Landesplanung]. Hannover 1971, S. VIII; im Folgenden zitiert: Franz, Einführung.

319 Sehr unterschiedlich werden diese Gesetze in der historischen Forschung bewertet. Für die einen waren sie Ausdruck und Teil des Führerprinzips, und bereits die Begriffe Raumordnung und Raumplanung drückten den Totalitätsgedanken des nationalsozialistischen Herrschaftssystems aus (Peltz-Dreckmann, Ute: Nationalsozialistischer Wohnungsbau. München 1978, s. bes. S. 303f.; im Folgenden zitiert: Peltz-Dreckmann, Wohnungsbau). Für die anderen stellten diese Gesetzesmaßnahmen die Erfüllung jahrzehntelanger städtebaulicher Bestrebungen dar und wurden dementsprechend positiv eingeschätzt (Rappaport, Philipp August: Sitten und Siedlungen im Spiegel der Zeiten. Stuttgart, Köln 1952, s. bes. S. 106). Die Wahrheit wird dazwischen liegen: Bei aller Sinnhaftigkeit und Notwendigkeit der raumplanerischen Maßnahmen für die Entwicklung und Gestaltung Deutschlands wurden sie doch erst als Bestandteil eines auf totale Beherrschung und Krieg ausgerichteten nationalsozialistischen Gesamtkonzepts institutionalisiert.

320 Die Nationalsozialisten reklamierten die Idee einer Institutionalisierung für sich, da »von den Regierungen der Nachkriegszeit die Bedeutung dieser Ansätze für die Gesamtheit nicht erkannt« wurde (so W. H. Böckler in seinem Artikel »Raumordnung« in »Raumforschung und Raumordnung« [RuR] 1 [1936/37], S. 5); Böckler weiter: »Das änderte sich von dem Augenblick an, als die organische Staatsidee des Nationalsozialismus politische Wirksamkeit erhielt. Eine umfassende, übergeordnete Reichsplanung drängte um so mehr zur Verwirklichung, als die einzelnen Fachressorts der nationalsozialistischen Regierung große Planungen vornahmen und ein zunehmender Landbedarf der öffentlichen Hand eintrat [...]« (ebd.).

321 Reichsgesetzblatt (RGBl) I, S. 468; beim Reichsernährungsministerium war bereits im September 1933 die »Reichsstelle für Raumordnung bei der Neubildung deutschen Bauerntums« entstanden, die sich umfassend mit allen Fragen der Siedlung in der Landwirtschaft befassen sollte. Als das Interesse der Reichsführung daran aber bald abflaute – die nationalsozialistische »Agrarromantik« und »Großstadtfeindschaft« wurde fallengelassen, da die Notwendigkeit industrieller und großstädtischer Ballungsräume erkannt wurde – führte die Reichsstelle nur noch ein Schattendasein und wurde im Spätherbst 1935 aufgelöst. In den zwei Jahren ihres Bestehens hatten die drei Mitarbeiter der Reichsstelle an der lagegetreuen Kartierung des Großgrundbesitzes, über die Auswertung der Grundsteuerreinertragswerte und an den Daten über die allgemeine Raumstruktur der Landkreise gearbeitet. S. hierzu Isenberg, Gerhard: Zur Geschichte der Raumordnung, aus persönlicher Sicht. In: Raumordnung und Landesplanung im 20. Jahrhundert. Historische Raumforschung 10 [Forschungsberichte des Ausschusses »Historische Raumforschung« der Akademie für Raumforschung und Landesplanung]. Hannover 1971, S. 97-102; im Folgenden zitiert: Isenberg, Geschichte.

322 RGBl I, S. 793.

323 S. den Zweiten Erlaß über die Reichsstelle für Raumordnung vom 18.12.1935 (RGBl I, S. 1515) und die Verordnung zur Durchführung der Reichs- und Landesplanung vom 15.2.1936 (RGBl I, S. 104). Zum Aufgabengebiet der Landesplanungsgemeinschaften, die die praktischen Planungsarbeiten ausführten, s. bes. Fischer, Wilhelm: Die Organisation der Raumordnung. Planungsbehörden und Landesplanungsgemeinschaften. In: Raumforschung und Raumordnung (RuR) 2 (1938), S. 225.

324 Die Reichsplanungsgemeinschaft, gegründet am 19.3.1937, war Nachfolgerin der Gesellschaft zur Vorbereitung der Reichsplanung und Raumordnung e.V., die ihrerseits 1934 aus der Gesellschaft zur Vorbereitung der Reichsautobahnen e.V. entstanden war (s. Hoffacker, Entstehung, S. 22, Anm. 32).

325 S. Istel, Wolfgang: Entwicklungslinien einer Reichsgesetzgebung für die Landesplanung bis 1945. In: Beiträge zu Raum-

forschung, Raumordnung und Landesplanung (Schriftenreihe Landes- und Stadtentwicklungsforschung des Landes Nordrhein-Westfalen, Landesentwicklung Bd. 1.042). Dortmund 1985, S. 82.

326 Laut Geschäftsverteilungsplan von 1942; s. hierzu Herzberg, Marcel: Raumordnung im nationalsozialistischen Deutschland (Dortmunder Materialien zur Raumplanung 25). Dortmund 1997, S. 39; im Folgenden zitiert: Herzberg, Raumordnung.

327 Die RAG wurde als Zusammenschluß der sich mit der Raumforschung beschäftigenden und dem Reichswissenschaftsministerium unterstehenden wissenschaftlichen Kräften gegründet. Es gab noch zahlreiche weitere Institutionen, die sich mit Raumordnung und -forschung befaßten, die aber nicht in unmittelbarem organisatorischem Kontext zur RAG oder RfR standen und daher hier nur genannt werden sollen: Die 1922 gegründete und 1934 gleichgeschaltete »Deutsche Akademie für Städtebau und Landesplanung«, die 1938 der RAG angeschlossen wurde; die »Akademie für Landesforschung und Reichsplanung« (1935-1937) als Organ der NSDAP; das »Reichssiedlungwerk« seit 1933; das 1934 begründete »Reichsheimstättenamt« der Deutschen Arbeitsfront und der NSDAP und das Amt des »Siedlungsbeauftragten im Stabe des Stellvertreters des Führers«. Herzberg nennt noch 32 weitere Institute, die sich mit Raumforschungsfragen beschäftigten (Herzberg, Raumordnung, S. 68).

328 Zur Rolle Meyers in der nationalsozialistischen Raumforschung s. z.B. Rössler, Mechthild: Die Institutionalisierung einer neuen »Wissenschaft« im Nationalsozialismus: Raumforschung und Raumordnung 1935-1945. In: Geographische Zeitschrift 75 (1987), S. 179f.; im Folgenden zitiert: Rössler, Institutionalisierung.

329 Herzberg, Raumordnung, S. 20.

330 Muhs, Hermann: Die Raumordnung in der nationalsozialistischen Staatspolitik. In: RuR 1 (1936/37), S. 518; 520f.

331 Ebd., S. 521; nach einer akribischen Recherche in den rund einhundert Personalakten stellte Marcel Herzberg fest, daß alle leitenden Mitarbeiter der RfR »exponierte Nationalsozialisten«, Parteigenossen und »zusätzlich auch noch in den zahlreichen Parteigliederungen aktiv« waren. »Lediglich bei einem Referenten war festzustellen, daß er nicht Mitglied der NSDAP war« (Herzberg, Raumordnung, S. 41).

332 Lörcher, Carl Ch.: Die Neuordnung des deutschen Lebensraumes als Gemeinschaftsaufgabe. In: Reichsplanung. Organ des Hauses der Reichsplanung 1 [1935], S. 2.

333 Meyer, Konrad: Raumforschung. In: RuR 1(1936/37), S. 3.

334 Jarmer, Ernst: Politische Zielsetzung und weltanschauliche Abgrenzung der Raumordnung. In: RuR 1 (1936/37), S. 8.

335 Meyer, Konrad: Einführung. In: Ders. (Hg.):Volk und Lebensraum. Forschungen im Dienste von Raumordnung und Landesplanung. Heidelberg 1938; Hervorhebung im Original.

336 Rössler, Institutionalisierung, S. 181.

337 S. ebd.

338 S. den Artikel von »Gl.«: Vordringliche Aufgaben der Raumforschung. In: RuR 1 (1936/37), S. 119. Hier werden als einige Untersuchungsergebnisse des ersten Jahres der Raumforschung die Verkehrs- und Tarifpolitik, Wohnungsverhältnisse und Altstadtsanierung, Grundwasserverhältnisse, Lagerstätten, Rohstoffe und Forstwirtschaft aufgeführt.

339 Meyer, Konrad: Volk, Staat und Raum. In: RuR 1 (1936/37), S. 434.

340 Viererbl, Karl: Tschechoslowakische Grenzpolitik. In: Reichsplanung. Organ der Akademie für Landesforschung und Reichsplanung 2 (1936), S. 1.

341 S. Herzberg, Raumordnung, S. 68.

342 Kerrl, Hanns: 3 Jahre Reichsstelle für Raumordnung. In: RuR 2 (1938), S. 1.

343 Herzberg, Raumordnung, S. 83.

344 S. ebd., S. 104.

345 Müller, Rolf-Dieter: Hitlers Ostkrieg und die deutsche Siedlungspolitik. Die Zusammenarbeit von Wehrmacht, Wirtschaft und SS. Frankfurt/M. 1991, S. 84.

346 S. hierzu ebd., S. 91f.

347 Ebd., S. 100f.

348 S. Isenberg, Geschichte, S. 100f.

349 S. ebd., S. 101.

350 Während in den fünfziger Jahren für Isenberg vor allem Marktkapazitäten eine Rolle spielen sollten, standen im Krieg die Wohn- und Ernährungskapazitäten und die Erreichbarkeit der kriegswichtigen Betriebe durch die Arbeitsfähigen im Vordergrund (s. ebd.).

351 Istel, Wolfgang: Die Konzeption »punkt-axialer Raumentwicklung«: Herkunft und Ausblick. In: Fehl, Gerhard/Rodriguez-Lores, Juan (Hgg.): »Die Stadt wird in der Landschaft sein und die Landschaft in der Stadt«. Bandstadt und Bandstruktur als Leitbilder des modernen Städtebaus. Basel, Berlin, Boston 1997, S. 302.

352 Hitler, Adolf: Mein Kampf. Zwei Bände in einem Band. München [43] 1933, S. 742.

353 S. die Untersuchungen zur »rücksichtslosen Germanisierung« des gesamten Ostraumes im Kapitel »Die Hoffnung auf ein ›Großgermanisches Reich im Osten‹« in Hermand, Jost: Der alte Traum vom neuen Reich. Völkische Utopien und Nationalsozialismus. Frankfurt/M. 1988, S. 321–330; im Folgenden zitiert: Hermand, Traum.

354 S. hierzu die Kurzbiographie Meyers bei Gutberger, Jörg: Volk, Raum und Sozialstruktur. Sozialstruktur- und Sozialraumforschung im »Dritten Reich« (Beiträge zur Geschichte der Soziologie 8). Diss. Münster 1996, S. 511 f.; im Folgenden zitiert: Gutberger, Volk. Gutberger sieht Meyer als den »große[n] Administrator der nationalsozialistischen Raumforschung und Raumplanung« (ebd., S. 511).

355 S. Broszat, Martin: Der Staat Hitlers. Grundlegung und Entwicklung seiner inneren Verfassung. München [11] 1986, S. 396.

356 Während Meyer als ehemaliger Obmann der RAG diese beinahe selbstverständlich für die RFK nutzte, verabredete er mit der RfR eine »enge Gemeinschaftsarbeit«, die sich in der Zusammenarbeit der folgenden Jahre zu einer wechselseitigen Dynamik für die Festigung des deutschen Volkstums entwickelte (s. Gutberger, Volk, S. 354).

357 S. ebd. S. 351.

358 Exemplarisch für die Universität Freiburg hat dies aufgezeigt Rössler, Institutionalisierung, S. 186–188.

359 Gutberger, Volk, S. 351; s. zu Meyers »Machtvollkommenheit« auch Buchheim, Hans: Die SS – das Herrschaftsinstrument. Befehl und Gehorsam (Anatomie des SS-Staates 1). München [4] 1984, S. 199f.

360 S. das ausführliche Kapitel zum »RAG-Kriegsforschungsprogramm« in Gutberger, Volk, S. 363–368.

361 Unter ihnen Gerhard Isenberg und Leo Hilberath (s. ebd., S. 353).

362 Unter ihnen Walter Christaller, Friedrich Bülow, Gottfried Feder, Walter Hildebrandt, Walter Geisler und Hans Bernhard von Grünberg (ebd.).

363 S. hierzu ebd., S. 351f.

364 Rössler, Institutionalisierung, S. 185.

365 S. z.B.: Höhne, Heinz: Der Orden unter dem Totenkopf. Die Geschichte der SS. München o.J., S. 290; im Folgenden zitiert: Höhne, Orden; Höhne ebd.: Im Generalplan Ost »skizzierte Meyer das Wunderland des deutschen Herrenmenschen«.

366 S. Hermand, Traum, S. 327. Die Planungsvorgabe für die »Endlösung der Judenfrage« war wenige Monate zuvor in der sogenannten Wannsee-Konferenz festgelegt worden.

367 Thamer, Hans-Ulrich: Verführung und Gewalt. Deutschland 1933–1945. Berlin/Darmstadt/Wien 1986, S. 662. Zwischen 1942 und 1944 hatte die SS bereits »mindestens eine Million Slawen« ermordet (s.: Ackermann, Josef: Heinrich Himmler als Ideologe. Göttingen 1970, S. 118). Der Generalplan Ost war trotz der kurzen Vorlaufzeit schon sehr detailliert: für die Region Leningrad z.B. sah Meyer die Ermordung von 90% der Bevölkerung vor (Roth, Karl Heinz: »Generalplan Ost« – »Gesamtplan Ost« Forschungsstand, Quellenprobleme, neue Ergebnisse. In: Rössler, Mechthild/Schleiermacher, Sabine [Hgg.]: Der Generalplan Ost. Hauptlinien der nationalsozialistischen Planungs- und Vernichtungspolitik. Berlin 1993, S. 68).

368 Diese Bevölkerungsteile sollten durch Himmlers Regeln für die Schulbildung vom 16.9.1942 unmündig gehalten werden: »Die Gesamtlinie ist absolut die: Wir haben diesem Volke keine Kultur zu bringen. Es genügt, 1. wenn die Kinder in der Schule die Verkehrszeichen lernen, damit sie uns nicht in die Autos laufen, 2. wenn sie das kleine Einmaleins bis 25 lernen, damit sie soweit zählen können und 3. wenn sie ihren Namen schreiben können; mehr ist nicht nötig« (zit. n. Hermand, Traum, S. 328).

369 Die deutschen Siedler für die Ostgebiete sollten aus dem »Altreich«, aus Übersee und Europa kommen, auch an »Eindeutschungsfähige« aus den besetzten Ostgebieten war gedacht. S. hierzu Herzberg, Raumordnung, S. 116–119. Himmlers Pläne gingen sogar soweit, »germanisches Blut in der ganzen Welt zu holen, zu rauben und zu stehlen, wo ich kann« (zit. n. Hermand, Traum, S. 328).

370 In einer Rede vor SS-Offizieren in Posen erläuterte Himmler 1943 die Einzelheiten des Plans der Versklavung und Ausrottung, bei der nicht nur die Intelligenzia der eroberten Staaten »totgeschlagen« oder »sterilisiert«, sondern auch die »breiten Massen« durch wahllose Erschießungsaktionen oder brutale Arbeitseinsätze dezimiert werden sollten: »Ob

beim Bau eines Panzergrabens 10.000 russische Weiber an Entkräftung umfallen oder nicht, interessiert mich nur insoweit, als der Panzergraben für Deutschland fertig wird« (zit. n.: Saller, Karl: Die Rassenlehre des Nationalsozialismus in Wissenschaft und Propaganda. Darmstadt 1961, S: 118).

371 S. zu dieser Thematik Wasser, Bruno: Himmlers Raumplanung im Osten. Der Generalplan Ost in Polen 1940-1944. Basel 1993.

372 Höhne, Orden, S. 290.

373 Wasser bezeichnet dieses Gebiet als ein »modellhaftes raumpolitisches Exerzierfeld der SS« (Wasser, Bruno: Die Neugestaltung des Ostens. Ostkolonisation und Raumplanung der Nationalsozialisten in Polen während der deutschen Besatzung 1939-1945 unter besonderer Berücksichtigung der Zamojszczyzna im Distrikt Lublin. Diss. Aachen 1991, S. 32). Vgl. auch Heinemann, Isabel: Wissenschaft und Homogenisierungsplanungen für Osteuropa. Konrad Meyer und der »Generalplan Ost«. In: Heinemann, Isabel/Wagner, Patrick (Hgg.): Wissenschaft - Planung - Vertreibung. Neuordnungskonzepte und Umsiedlungspolitik im 20. Jahrhundert (Beiträge zur Geschichte der Deutschen Forschungsgemeinschaft, hg. von Rüdiger vom Bruch und Ulrich Herbert, Bd. 1). Stuttgart 2006, S. 45-72, bes. S. 52; im Folgenden zitiert: Heinemann, Wissenschaft.

374 Reichskommissariat für die Festigung des deutschen Volkstums

375 Reichsstelle für Raumordnung

376 Herzberg, Raumordnung, S. 119.

377 Heinemann, Wissenschaft, S. 53.

378 Der Reichsminister und Chef der Reichskanzlei Lammers an den Leiter der RfR; zit. n. ebd., S. 105.

379 Per »Erlaß des Reichsbevollmächtigten für den totalen Kriegseinsatz«, Joseph Goebbels, vom 24.10.1944.

380 Franz, Einführung, S. VIII; auch Mechthild Rössler kommt zu der Erkenntnis, daß »Kriegsende und Ende der nationalsozialistischen Herrschaft [...] nicht als Einschnitt für die Raumforschung zu bezeichnen« ist (Rössler, Institutionalisierung, S. 191).

381 S. Arbeitsbericht der Akademie für Raumforschung und Landesplanung. In: RuR 7 (1948), S. 68.

382 Nach 1950 gemeinsam mit dem Institut für Raumforschung unter der Leitung von Erich Dittrich.

383 Folgende Jahrgänge der Reihe Raumforschung und Raumordnung (RuR) sind bis heute erschienen: 1. Jg. 1937 bis 8. Jg. 1944; 9. Jg. 1948; 10. Jg. 1950; 11. Jg. 1953 bis 65. Jg. 2007.

384 Zit.n. Rössler, Institutionalisierung, S. 192.

385 Brüning, Kurt: Zum Geleit. In: RuR 7 (1948), S. 2; Rössler erkennt richtig: »Durch den Verweis auf die ›Wissenschaftlichkeit‹ wurde die Raumforschung - und die Planungspraxis - trotz des explizit hergestellten Traditionsbezugs zur Begründung und Etablierung im Nationalsozialismus, den politisch-gesellschaftlichen Bedingungen ihrer Entwicklung enthoben. Dadurch konnte die Kontinuität vom Dritten Reich bis heute auch in den neuesten Publikationen zur Raumforschung und -planung ohne Probleme betont werden, ja die 1935 errichtete ›Reichsstelle für Raumordnung‹ als ›Modell‹ bezeichnet werden, an das ›auch nach 1945 wieder angeknüpft werden konnte‹« (Rössler, Institutionalisierung, S. 193).

386 Gutberger, Volk, S. 512.

387 S. hierzu: Rössler, Mechthild: Konrad Meyer und der »Generalplan Ost« in der Beurteilung der Nürnberger Prozesse. In: Rössler, Mechthild/Schleiermacher, Sabine (Hgg.): Der Generalplan Ost. Hauptlinien der nationalsozialistischen Planungs- und Vernichtungspolitik. Berlin 1993, S. 356ff.

388 Gutberger, Volk, S. 512.

389 Vgl. ebd., S. 511; 1971 wird Meyer von der ARL die Gelegenheit gegeben, einen apologetischen Artikel über die RAG zu veröffentlichen (Meyer, Konrad: Die Reichsarbeitsgemeinschaft für Raumforschung 1935 bis 1945. In: Raumordnung und Landesplanung im 20. Jahrhundert. Historische Raumforschung 10 [Forschungsberichte des Ausschusses »Historische Raumforschung« der Akademie für Raumforschung und Landesplanung]. Hannover 1971, S. 103-116). Darin beklagt er, »daß angesichts des [...] verstörten Verhältnisses der Deutschen zu ihrer Geschichte mit wahrer Passion alle Gegenwart auf verbrecherische Zusammenhänge abgeklopft würde. Ich kann versichern, daß dieses Abklopfen gründlich in den Jahren 1945 bis 1948 erfolgte und daß das Fehlen verräterischer Geräusche sogar von einem hohen amerikanischen Gericht bestätigt worden ist. Daher fehlen auch in diesem vorliegenden zeitgeschichtlichen Rückblick auf unser Forschungsgebiet sensationelle Ereignisse, die sich für eine dämonisierende Geschichtsbetrachtung eignen. Unsere RAG war eine ganz normale Wissenschaftsorganisation. Ihre gedanklichen Ziele waren - wie die vieler anderer Einrichtungen auch - in die geistesgeschichtlichen Zusammenhänge und Dimensionen der Zeit eingebettet« (ebd., S. 113). Seine Tätigkeit als Chef der Hauptabteilung Planung und Boden beim RKF und Autor des Generalplans Ost läßt Meyer zugunsten folgender Formulierung unter den Tisch fallen: »[...] die Forschung im Dienste der Kriegsernährung verlangte meinen besonderen Einsatz« (ebd., S. 108). Das »Ausklammern der kritischen Auseinandersetzung mit seiner eigenen Position« und die »relativierende und verharmlosende Darstellung der Rolle der RAG« weist Herzberg einleuchtend nach und findet es zurecht »bedenklich [...], daß die ARL eine solche Selbstrechtfertigung noch 1971 unkommentiert veröffentlichte« (Herzberg, Raumordnung, S. 167).

390 Heinemann, Wissenschaft, S. 72.

391 Herzberg, Raumordnung, S. 173.

392 Vgl. Gutberger, Volk, S. 352.

393 Vgl. Isenberg, Gerhard: Tragfähigkeit der deutschen Länder in den Westzonen. In: RuR 9 (1950), S. 20. Die »Tragfähigkeit« definiert die Höchstzahl an Menschen, die ein Raum versorgen kann.

394 Vgl. Gutberger, Volk, S. 355.

395 Für Herzberg war damit die »Raumordnung und -forschung auch ein Spiegelbild der Nachkriegsgesellschaft. Auch in der Beziehung, daß eine Beschäftigung mit der Rolle der eigenen Planungs- und Wissenschaftsdisziplin in der NS-Zeit nicht stattfand, sondern ausgeklammert und verdrängt wurde« (Herzberg, Raumordnung, S. 176).

396 S. bes. Rössler, Institutionalisierung; Gutberger, Volk, Heinemann, Wissenschaft und Herzberg, Raumordnung.

397 Nur in Nordrhein-Westfalen, wo der Siedlungsverband Ruhrkohlenbezirk fortbestand, wurde die Teilung in Landesplanungsbehörden und -gemeinschaften beibehalten.

398 Davon machte er aber erst 1965 mit der Verabschiedung des Raumordnungsgesetzes Gebrauch (vgl. Raumordnungsgesetz [ROG] vom 9.4.1965. In: Bundesgesetzblatt [BGBl] I [1965], S. 1726).

399 S. für die Anfangszeit Ernst, Werner: Die Bundesraumordnung von 1945 bis 1965. In: Akademie für Raumforschung und Landesplanung (Hg.): Zur geschichtlichen Entwicklung der Raumordnung, Landes- und Regionalplanung in der Bundesrepublik Deutschland (Forschungs-und Sitzungsberichte 182). Hannover 1991, S. 3-31.

400 Gutberger, Volk, S. 467; Parallel begründete Stephan Prager die »Arbeitsgemeinschaft der Landesplaner der Bundesrepublik«, die an die Entwicklung der zwanziger Jahre anschloß. Auch fachliche Vereinigungen entstanden, so z.B. die »Deutsche Akademie für Städtebau und Landesplanung« und der »Deutsche Verband für Wohnungswesen, Städtebau und Raumplanung«.

401 »Abgrenzung der Aufgabenbereiche und Zusammenarbeit des Amtes für Landeskunde mit den Institutionen für Raumforschung. In: Berichte zur deutschen Landeskunde (BzdL) 9 (1950/51), S. 1.

402 Die ARL hat die Aufgabe, die Raumforschung mit dem Ziel der besten Nutzung des deutschen Raumes zu fördern und für die Landesplanung und Raumordnung der deutschen Länder nutzbar zu machen.

403 BGBl I (1950), S. 679.

404 Dittrich kam 1949 mit Forschungsauftrag zum IfR, wurde 1950 wissenschaftlicher Abteilungsleiter, ab 1951 mit der Gesamtleitung des Instituts betraut und 1958 zum beamteten Direktor ernannt, der er bis zu seiner Pensionierung 1969 blieb. Vgl. Gutberger, Volk, S. 542 und die Vita in: Dittrich, Erich: Raumordnung und Leitbild (Schriftenreihe des Instituts für Städtebau, Raumplanung und Raumordnung an der Technischen Hochschule in Wien, Heft 2). Wien 1962; vgl. auch die Würdigung zur Pensionierung von Meyer, Konrad: Dank an Erich Dittrich. In: RuR 28 (1970), S. 49f.; im Folgenden zitiert: Meyer, Dank.

405 Als Leiter der Hochschularbeitsgemeinschaft für Raumforschung (HAG) an der Universität Leipzig war Dittrich Konrad Meyer als Obmann der RAG weisungsgebunden. Und Meyer wollte den Wissenschaftler nicht isolieren, sondern in einer fakultätsübergreifenden Gemeinschaft an den praktischen Planungsarbeiten zur »Erhaltung und Sicherung der Nation« einbinden (s. den Sitzungsbericht über die erste Arbeitstagung der RAG vom 17.4.1936, zit. n. Herzberg, Raumordnung, S. 66). Der Wirtschaftswissenschaftler und Soziologe Dittrich war als Leiter der HAG auch automatisch Mitglied in der sächsischen Landesplanungsgemeinschaft, die wiederum, zusammengefaßt in der Reichsplanungsgemeinschaft, der RfR unterstand. Die 42 deutschen HAGs erfaßten

das Reich in der Grundlagenforschung und Bestandsaufnahme flächendeckend und wurden nach 1939 auf das Kriegsforschungsprogramm der RAG ausgerichtet (vgl. Rössler, Institutionalisierung, S. 186-191).

406 Hoffacker, Entstehung, S. 15, Anm. 8; an dieser Stelle sind Kurzdefinitionen angebracht: Raumforschung wird als die Wissenschaft von der Raumordnung und von der geplanten strukturräumlichen Entwicklung angesehen. Raumplanung als die Gesamtheit aller zur Erarbeitung, Aufstellung und Durchsetzung der erstrebten strukturräumlichen Ordnung eingesetzten planerischen Mittel. Und Raumordnung ist als Aufgabe Teil der Daseinsvorsorge, die heute von der raumgestaltenden Leistungsverwaltung getätigt oder wenigstens gefordert und erwartet wird (vgl. Istel, Wolfgang/Partzsch, Dieter: Aufgaben und Aufbau der Raumforschung. In: Informationsbriefe für Raumordnung 1.1.1. [1970], S. 3; im Folgenden zitiert: Istel, Aufgaben).

407 Peltz-Dreckmann, Wohnungsbau, S. 304.

408 Dittrich, Erich: Raumordnung und Leitbild. Wien 1962, S. 2.

409 Dittrich, Erich: Die räumliche Ordnung in der Bundesrepublik Deutschland und ihre Entwicklung. In: Raum und Ordnung. Probleme der Raumordnung in der Bundesrepublik Deutschland. Hg. vom Bundesminister für Wohnungswesen, Städtebau und Raumordnung. Bonn 1963.

410 S. die umfangreiche Bibliographie der sozialwissenschaftlichen Raumforschungsliteratur bei Gutberger, Volk, S. 553-600.

411 S. Leitgedanken zur Raumforschung und Raumordnung. Eine Auswahl aus den Arbeiten von Erich Dittrich anläßlich seines 65. Geburtstages, hg. von der Österreichischen Gesellschaft für Raumforschung und Raumplanung. Wien 1969; im Folgenden zitiert: Leitgedanken.

412 Gutberger, Volk, S. 468; Gutberger sieht darin »ein Beispiel für den Versuch einiger Sozialempiriker [...], die während der NS-Zeit gewonnenen Erkenntnisse in der Nachkriegsära und unter den Vorzeichen einer ›raumwissenschaftlichen Behandlung‹ wiederzubeleben« (ebd., S. 469).

413 Vgl. ebd., S. 467, Anm. 3.

414 Auszug aus dem Organisationserlaß des Instituts für Raumforschung Bonn vom 15.11.1951 – 1500 B 1295/51 in der Fassung vom 29.12.1952, wiedergegeben in: RuR 11 (1953), S. 66.

415 So bezeichnet von der früheren Wissenschaftlichen Oberrätin der BfLR, Christel Bals, in ihrem undatierten und nicht betitelten, handschriftlichem Manuskript über die Entwicklung des IfR (im Besitz des Verfassers); S. 4; im Folgenden zitiert: Bals, Manuskript.

416 Vgl. Gutberger, Volk, S. 542.

417 Vgl. Bals, Manuskript, S. 5; der Blick über den eisernen Vorhang bestätigte Erhard auch: hier wurde die Raumordnung ein fester Bestandteil der sozialistischen Planwirtschaft; sie blieb darauf beschränkt, im Rahmen der zentral gelenkten, volkswirtschaftlichen Planung die räumlichen Aspekte wahrzunehmen. Dementsprechend wurde in der DDR die »Gebietsplanung« auch organisatorisch aus dem Bauressort gelöst und in die Zuständigkeit des Ressorts für ökonomische Planung überführt. Sie blieb bis zum Untergang der DDR auch nur ein ausführendes Organ der ökonomischen Vorgaben, während sich die Raumordnung in der Bundesrepublik zur übergeordneten, koordinierenden und integrierenden, überfachlichen Planung als selbständige Institution der öffentlichen Verwaltung entwickelte.

418 Umlauf, Johann: Geschichte der deutschen Landesplanung und Raumordnung. In: Informationsbriefe für Raumordnung R.1.2.1. (1967), S. 8; im Folgenden zitiert: Umlauf, Geschichte.

419 S. zur Forderung nach einem Leitbild Dittrich, Erich: Das Leitbild und seine Problematik. In: Raumforschung. 25 Jahre Raumforschung in Deutschland. Hg. von der Akademie für Raumforschung und Landesplanung. Bremen 1960, S. 107-116.

420 Noch 1955 hatte das Bundeswirtschaftsministerium erklärt, daß Marktwirtschaft und Raumordnung unvereinbar seien; der Wandel ist dann in einer Regierungserklärung von 1962 nachzulesen, in der bestätigt wird, »daß eine wirksame Raumordnung ein notwendiger Bestandteil einer verantwortungsbewußten Gesellschaftspolitik ist« (Umlauf, Geschichte, S. 8).

421 Vgl. Meyer, Dank, S. 50.

422 Der Nachruf auf Dittrich sieht ihn als einen »der hervorragenden geistigen Väter dieses Gutachtens. [...] Erich Dittrichs dauerndes Verdienst bleibt es, mit seinen Arbeiten über das Leitbild der Raumordnung den theoretischen Bezugsrahmen für die Raumordnung geschaffen zu haben« (Nachruf auf Dittrich In: IfR-Informationen 11 [1972], o. S.).

423 Vgl. Leitgedanken, S. 6.

424 Istel, Aufgaben, S. 4.

425 Vgl. Stiens, Gerhard: Raumordnungspolitische Strategien und Instrumente im Wandel. In: GR 38 (1986), S. 438; im Folgenden zitiert: Stiens, Strategien.

426 Vgl. Hübler, Karl-Hermann: Die Bundesraumordnung von 1965 bis 1989. In: Akademie für Raumforschung und Landesplanung (Hg.): Zur geschichtlichen Entwicklung der Raumordnung, Landes- und Regionalplanung in der Bundesrepublik Deutschland (Forschungs-und Sitzungsberichte 182). Hannover 1991, S. 32-51

427 Istel, Aufgabe, S. 4.

428 Vgl.: Funk, Albrecht: Agrarentwicklung und Agrarpolitik. In: Narr, Wolf-Dieter/Thränhardt, Dietrich (Hgg.): Die Bundesrepublik Deutschland. Entstehung - Entwicklung - Struktur. Königstein/Ts. 1984, S. 222.

429 S. Stiens, Strategien, S. 438.

430 Dieses Programm diente als Instrument zum Abbau des Strukturgefälles und entsprach damit dem erwähnten Verfassungsauftrag. Das Bundesraumordnungsprogramm umfaßte eine »räumlich-konkrete Zielvorstellung für die Entwicklung des Bundesgebietes in seiner Gesamtheit, die Anwendung und Übertragung der gesamträumlichen Zielvorstellung auf Teilräume des Bundesgebietes und die Regionalisierung der raumwirksamen Mittel des Bundeshaushaltes« (Istel, Aufgaben, S. 5).

431 Vgl. Boustedt, Olaf: Georg Müller †. In: RuR 33 (1975), S. 203.

432 Ebd.

433 Vgl. Müller, Georg: Raumwirksame Ausgaben im Bundeshaushaltsplan 1962. In: RuR 21 (1963), S. 65ff.

434 Unter Müllers Leitung wurde die Technik der Raumforschung erweitert, so daß heute u.a. folgende Methoden zur Verfügung stehen: die funktionale Betrachtungsweise, die säkulare Trendbeobachtung, die geisteswissenschaftliche und naturwissenschaftliche Bestandsaufnahme als Analyse und Diagnose der Gegenwart, die - durch Abstraktion der Wirklichkeit gewonnene - Bildung von Modellen, die empirische Sozialforschung, die Methoden der Zukunftsforschung, die Konstruktion von Simulationsmodellen und - im Bereich der Vorausanalyse - die Methode der landesplanerischen Zielprognose (s. dazu im Einzelnen: Istel, Aufgaben, S. 7f.).

435 Der Erlaß vom 26.5.1959 wurde im Gemeinsamen Ministerialblatt (GMBl) 18 (1959), S. 250f. veröffentlicht.

436 Bulletin des Presse- und Informationsamtes der Bundesregierung 25 (6.2.1962), S. 211; im Folgenden abgekürzt: Bulletin.

437 Bulletin 216 (1963), S. 1921.

438 Der Erlaß vom 7.9.1967 findet sich im GMBl 24 (1967), S. 431.

439 Mit Erlaß vom 6.4.1973 (s. GMBl 11 [1973], S. 184).

440 Bis 1832 war Posen geographisch aufgenommen, bis 1838 Pommern, bis 1842 Westfalen, bis 1845 Brandenburg, bis 1850 die Rheinprovinz und bis 1859 Sachsen-Thüringen. Zudem verfügte der preußische Innenminister durch Zirkularrescript 1838 die Abfassung von statistischen landeskundlichen Kreisübersichten, die mit den württembergischen Oberamtsbeschreibungen vergleichbar waren.

441 Die Aufgaben des Zentraldirektoriums sind definiert im »Militärwochenblatt« Nr. 88 von 1875.

442 Als schillerndstes Beispiel seines Universalwissens gilt Humboldts 1845-58 veröffentlichter vierbändiger »Kosmos«, der noch heute als eines der ambitioniertesten wissenschaftlichen Werke aller Zeiten angesehen wird.

443 Ritter, Karl: Europa, ein geographisch-historisch-statistisches Gemälde. 2 Bde., Frankfurt/M. 1804-1807. Afrika und Asien sind in der zweiten Auflage seines Lebenswerks abgehandelt: Afrika in ders.: Die Erdkunde im Verhältnis zur Natur und zur Geschichte des Menschen. Berlin ^{2}1822. Die Beschreibung Asiens erschien in neun Bänden unter dem selben Titel in den Jahren 1832-59 in Berlin.

444 S. hierzu die Abhandlung des Initiators der Zentralkommission und Privatdozenten für Geographie an der Universität Halle: Lehmann, Richard: Über systematische Förderung wissenschaftlicher Landeskunde von Deutschland. In: Verhandlungen des 2. Deutschen Geographentages zu Halle. Berlin 1882, S. 99-113.

445 Diese Bibliographie machte »auch auf der internationalen Ebene Furore« und führte zur Bildung ähnlicher Zentralkommissionen in Belgien, den Niederlanden und der Schweiz (vgl. Wardenga, Ute: Von der Landeskunde zur »Landeskunde«. In: Heinritz, Günter et al. [Hgg.]: Der Weg der deutschen Geographie. Rückblick und Ausblick [50. Deutscher Geographentag Potsdam 2. Bis 5. Oktober 1995. Tagungsbe-

richt und wissenschaftliche Abhandlungen 4]. Stuttgart 1996, S. 134; im Folgenden zitiert: Wardenga, Landeskunde).

446 1885 erschien erstmals eine auf naturwissenschaftlicher Erkenntnis beruhende landeskundliche Darstellung des Deutschen Reiches. Sie wurde von Albrecht Penck in der von Alfred Kirchhoff begründeten Handbuchreihe »Unser Wissen von der Erde. Allgemeine Erdkunde und Länderkunde« veröffentlicht.

447 Meynen, Emil: Die Stellung der amtlichen Landeskunde im Rahmen der geographischen Arbeit. In: Berichte zur deutschen Landeskunde, Bd. 14, 1955, S. 17; im Folgenden zitiert: Meynen, Stellung.

448 Wardenga, Ute: Emil Meynen – Annäherung an ein Leben. In: Geographisches Taschenbuch. 23. Ausgabe, Stuttgart 1995, S. 36; im Folgenden zitiert: Wardenga, Meynen.

449 Vgl. ebd.

450 Zit. n. ebd., S. 25.

451 Ebd., S. 26.

452 Ebd., S. 29.

453 S. Wardenga, Landeskunde, S. 137.

454 Vgl. Wardenga, Meynen, S. 30.

455 Vgl. Wardenga, Landeskunde, S. 137.

456 Vgl. Wardenga, Meynen, S. 37.

457 Wardenga, Landeskunde, S. 137.

458 Abgedruckt in den »Mitteilungen« der »Berichte zur deutschen Landeskunde« (BzdL) 1 (1941/42), S. 4.

459 Ebd.

460 Ebd.

461 Vgl. Wardenga, Meynen, S. 38.

462 S. Meynen, Emil: Institut für Landeskunde. Das erste Vierteljahrhundert seiner Tätigkeit 1941–1966. In: Institut für Landeskunde. 25 Jahre Amtliche Landeskunde. Beiträge der Mitarbeiter, hg. von E. Meynen. Bad Godesberg 1967, S. 10; im Folgenden zitiert: Meynen, Institut.

463 In den BzdL 2 (1943), S.292.

464 Ebd., S. 294f.

465 Ebd., S. 292.

466 In den »Mitteilungen« der BzdL 3 (1943), S. 1.

467 In den »Mitteilungen« der BzdL 1 (1941/42), S. 85.

468 S. Wardenga, Meynen, S. 38f. So machte sich Meynen selbst unentbehrlich, als er kriegswichtige Aufgaben übernahm und sich wieder verstärkt den Volksdeutschen Forschungsgemeinschaften widmete, deren Leitung er immer noch ausübte.

469 Meynen, Institut, S. 2.

470 Wardenga, Meynen, S. 20.

471 Meynen, Institut, S. 12.

472 Vgl. Wardenga, Landeskunde, S. 138f.

473 Meynen, Institut, S. 16.

474 Vgl. ebd., S. 18.

475 So Meynen, ebd., S. 19.

476 Ebd.

477 Ebd., S. 20.

478 Abteilung 1: Gutachtertätigkeit, Schaffung von Arbeits- und Themakarten, Verzeichnisse von geographischen Namen und Auskünfte zur Schreibung geographischer Namen, Nachweis von Verwaltungsgrenzenänderungen, Verbindung zur Regionalstatistik. Abteilung 2: Berichterstattung über Schrifttums- und Kartenneuerscheinungen zur Landeskunde Deutschlands, Generalkatalog der deutschen Landeskunde, Bibliothek der deutschen Landeskunde und Kartensammlung, Forschungsarchiv. Abteilung 3: Landesbeschreibung, geographisch-landeskundliche Forschung, landeskund-liche Luftbildauswertung, Bildnachweis und Luftbildsammlung. Zudem gab es noch eine technische Gruppe, die aus der Kartographie und der Reproduktion bestand.

479 S. den Text der Verordnung in BGBl I (1953), S. 383.

480 Meynen, Institut, S. 28.

481 Ebd., S. 47.

482 Meynen, Stellung, S. 12.

483 Ebd., S. 21

484 Ebd.

485 Ebd.

486 Ebd., S. 20.

487 Meynen, Institut, S. 1.

488 Meynen, Stellung, S. 20.

489 Vgl. Meynen, Institut, S. 30f.

490 Ellwein, Thomas: Macht und Ohnmacht der Politik. In: Bruder, Wolfgang/Ellwein, Thomas (Hgg.): Ploetz. Die Bundesrepublik Deutschland. Daten, Fakten, Analysen. Freiburg, Würzburg [2]1985, S. 209.

491 Stiens, Gerhard: Die wissenschaftliche Basis von Raumplanung und Raumordnungspolitik. Standort und Aufgaben. In: Raum + Siedlung 10 (1971), S. 230; im Folgenden zitiert: Stiens, Basis.

492 Ebd., S. 230f.

493 Schreiben des Bundesminsters des Innern, Geschäftszeichen R 9-161 700/1 vom 3.3.1972 an die BfLR, S. 5. Kopie im Besitz des Verfassers.

494 Stiens, Basis, S. 231.

495 Anlage zum Schreiben des Bundesminsters des Innern, Geschäftszeichen R 9-161 700/1 vom 3.3.1972 an die BfLR, S. 1. Kopie im Besitz des Verfassers.

496 Strubelt, Wendelin: Einführung. In: Landeskunde in der räumlichen Planung. Referate der Fachsitzung 43 des 45. Deutschen Geographentags Berlin am 2. Oktober 1985. In: BzdL. 60 (1986), S. 24.

497 Ebd., S. 13.

498 Der »Zentralausschuß« nahm 1974 die Rechtsform eines Vereins an und existiert nach seiner 1995 vorgenommenen Namensänderung in »Deutsche Akademie für Landeskunde e.V.« bis heute weiter.

499 Meynen, Emil/Richter, Gerold: Der Zentralausschuß für deutsche Landeskunde. Ein Bericht über die Jahre 1941-1982. In: BzdL 56 (1982), S. 70.

500 Vgl. Strubelt, Wendelin: Die Landeskunde aus der Sicht der Bundesforschungsanstalt für Landeskunde und Raumordnung. In: BzdL 56 (1982), S. 190.

501 Baring, Arnulf: Machtwechsel. Die Ära Brandt - Scheel. München 1984, S. 720; im Folgenden zitiert: Baring, Machtwechsel.

502 So Hans-Jochen Vogel 1972 in der »Neuen Juristischen Wochenschrift«; zit.n. Baring, Machtwechsel, S. 720.

503 S. den Erlaß in: GMBl 11 (1973), S. 184.

504 Ebd.

505 »Jeder hat das Recht auf freie Entfaltung seiner Persönlichkeit.«

506 Gatzweiler, Hans-Peter: Raumordnungs- und Städtebaupolitik des Bundes im Wandel der Zeiten. In: Monheim, Heiner/Zöpel, Christoph (Hgg.): Raum für Zukunft: zur Innovationsfähigkeit von Stadtentwicklungs- und Verkehrspolitik. Festschrift für Karl Ganser. Essen 1997, S. 68; im Folgenden zitiert: Gatzweiler, Wandel.

507 S. IfR-Informationen 23 (1973), S. 222.

508 Vgl. Gatzweiler, Wandel, S. 73.

509 Vgl. Gatzweiler, Wandel, S. 71.

510 Vgl. z.B. Würdemann, Gerd/Sieber, Niklas: Raumwirksamkeitsanalyse in der Bundesverkehrswegeplanung 2003. In: Informationen zur Raumentwicklung 6/2004, S. 365-376. Der Beitrag beruht auf Arbeiten der Arbeitsgemeinschaft Bundesverkehrswegeplanung im BBR.

511 Stiens, Strategien, S. 439.

512 Ebd.

513 Vgl. Stiens, Strategien, S. 437.

514 Gatzweiler, Wandel, S. 73.

515 Stiens, Strategien, S. 437.

516 Vgl. Türke, Klaus: Ein Jahrzehnt angewandte Forschung für Raumordnung und Städtebau. Zur Geschichte des MFPRS. In: RuR 42 [1984], S. 279; im Folgenden zitiert: Türke, Jahrzehnt.

517 Zit.n. ebd., S. 281.

518 Stiens, Strategien, S. 437.

519 Vgl. Kroner, Günter: Die Bundesforschungsanstalt für Landeskunde und Raumordnung (BfLR). Ein Rückblick. In: Das Bundesbauministerium seit 1949. Daten - Fakten - Personen. Zusammengestellt von Edgar Hein. Bonn o.J. [1985], S. 60.

520 Stiens, Strategien, S. 438.

521 So Spreer in einem Interview, ausgewertet in Dreher, Klaus: Datenanalysen und Prognosen. Die Bundesforschungsanstalt für Landeskunde und Raumordnung. In: »Das Parlament« 37 (12.9.1981).

522 Strubelt, Wendelin: Bundesforschungsanstalt für Landeskunde und Raumordnung. In: structur 5 (1983), S. 133f.; im Folgenden zitiert: Strubelt, BfLR.

523 Ebd., S. 134f.

524 Diese gemeinsamen Grundlagen wurden auf der zwölften Europäischen Raumordnungsministerkonferenz im Jahre 2000 in einem weiteren Schritt handlungsorientiert ausgerichtet.

525 Stiens, Gerhard: Forschungs- und Informationsauftrag praxisorientierter Landeskunde heute. Unter besonderer Berücksichtigung »Amtlicher Landeskunde« auf Bundesebene. In: BzdL. 60 (1986), S. 32.

526 Gatzweiler, Wandel, S. 75.

527 Strubelt, BfLR, S. 134.

528 Vgl. Gatzweiler, Hans Peter: Raumordnungspolitik als Koordination durch Information. In: structur 3 (1983), S. 63-67; im Folgenden zitiert: Gatzweiler, Raumordnungspolitik.

529 Vgl. ebd., S. 65-67.

530 Gatzweiler, Wandel, S. 76.

531 Vgl. Maretzke, Steffen/Strubelt, Wendelin: Die deutsche Einheit. Neue Herausforderungen für die Raumordnung. In: Bau und Raum. Jahrbuch 1998. Hg. vom Bundesamt für Bauwesen und Raumordnung. Ostfildern-Ruit 1998, S. 50; im Folgenden zitiert: Maretzke/Strubelt, Einheit.

532 Vgl. Behrens, Hermann: Von der Landesplanung zur Territorialplanung. Zur Entwicklung der räumlichen Planung in der SBZ/DDR von 1945 bis Anfang der 60er Jahre (Forum Wissenschaft. Studien Bd. 41) Marburg 1997, S. 203.

533 Ebd., S. 208.

534 S. hierzu bes. Strubelt, Wendelin et al.: Städte und Regionen, räumliche Folgen des Transformationsprozesses (Berichte zum sozialen und politischen Wandel in Ostdeutschland, Bd. 5). Opladen 1996; im Folgenden zitiert: Strubelt, Städte.

535 BfLR (Hg.): Regionalbarometer neue Länder - Erster zusammenfassender Bericht (Materialien zur Raumentwicklung 50). Bonn 1993. Der zweite zusammenfassende Bericht kam als Heft 69 der Materialien 1995 heraus, der dritte als Heft 83 im Jahre 1997. Vgl. auch Maretzke/Strubelt, Einheit, S. 50.

536 Hans-Peter Gatzweiler in seinem Vortrag auf der 12. Arbeitstagung des Fachverbandes der Berufsgeographen der Geographischen Gesellschaft in Jessern bei Cottbus; abgedruckt in: Raumordnung und Raumplanung in Deutschland, hg. von der Gegraphischen Gesellschaft e.V., Fachverband der Berufsgeographen und der Regionalsektion Cottbus. Cottbus 1991, S. 17. Vgl. hierzu auch: BfLR (Hg.): Raumordnung in Europa (IzR 9/10). Bonn 1993 und Strubelt, Städte.

537 Das Heft »Informationen zur Raumentwicklung 6/7. 2006« hat sich dem Thema »Gleichwertige regionale Lebensverhältnisse?« gewidmet, es mit einem Fragezeichen versehen und die Zeitgemäßheit des Gleichheitsgrundsatzes »angesichts sich dramatisch verändernder wirtschaftlicher, finanzieller und demographischer Rahmenbedingungen« auf den Prüfstand gestellt (Gatzweiler, Hans-Peter/Strubelt, Wendelin: Einführung. In: Informationen zur Raumentwicklung 6/7. 2006, S. I.

538 Vgl. Gatzweiler, Wandel, S. 87.

539 Ebd., S. 88.

540 Bucher, Hansjörg/Gatzweiler, Hans-Peter: Einführung zur Raumordnungsprognose 2010. Erste Ergebnisse: Bevölkerung, Haushalte und Erwerbspersonen (Informationen zur Raumentwicklung 12 [1994]), S. I.

541 Bucher, Hansjörg et al: Die künftige Bevölkerungsentwicklung in den Regionen Deutschlands. In: Raumordnungsprognose 2010. Teilbereich Regionalisierte Bevölkerungsprognose. Kurzfassung. Selbstverlag der BfLR Bonn 1995, S. 11f.

542 Ebd., S. VI.

VI

543 Scheiben von Bundesbauminister Klaus Töpfer, Geschäftszeichen Z I 2 - 110909-10 an die BT-Berichterstatter Dieter Pützhofen, Jürgen Koppelin, Rolf Niese, Oswald Metzger und Uwe-Jens Rössel vom 22.11.1996. Im A.d.B. (Geschäftsstelle der Reformbeauftragten).

544 Gesetz-Entwurf und als Anlage die Begründung dazu sind veröffentlicht als Drucksache 13/8447 der 13. Wahlperiode des Deutschen Bundestages; Zitat stammt von S. 6.

545 Strubelt, Wendelin: Tschüß BfLR - Guten Tag BBR. In: Mitteilungen und Informationen der BfLR 6 (Dezember 1997), S. 1.

546 Vgl. Löffler, Gerd: Abteilung II. Wir sind die »Neuen«! In: BBR-Journal 1998, S. 28.

547 Ein Jahr nach der Fusion. In: Informationen aus der Forschung des BBR 6 (1998), S. 1.

548 Florian Mausbach in seinen Weichnachtsgrüßen an die BBR-Beschäftigten am 19.12.2003, verbreitet als Rundmail.

549 Ebd.

550 Der »Katalog der Bauherrenaufgaben«, aus dem im Folgenden zitiert wird, erging am 26. Oktober 1999 als Erlaß vom BMVBW an das BBR und trägt das Geschäftszeichen BS 30 - 0 6107-00; im A.d.B. (Geschäftsstelle der Reformbeauftragten); Hervorhebungen im Original.

551 S. bes. den Beitrag: Mausbach, Florian/ Rudolph, Hans-Dietmar: Planen, Bauen und Betreuen. Die Bauherrenaufgaben des Bundes werden neu konturiert. In: BBR-Journal Special 1999, S. 1-10.

552 Arndt, Adolf: Demokratie als Bauherr (Anmerkungen zur Zeit 6 [1961], hg. von der Akademie der Künste Berlin). Berlin 1961, S. 31.

553 Ebd.

554 Bucher, Hansjörg/Gatzweiler, Hans-Peter: Raumordnungsprognose 2020. Regionen und Städte im demographischen Wandel. In: Informationen zu Raumentwicklung 3/4. 2004, S. III.

555 Ebd., S. II f.

556 Ohne Berücksichtigung der zusätzlichen elf Stellen der Gebäude und Controlling Institution (GCI) sowie weiterer Stellenverlagerungen aus dem BMVBW.

557 Gesetz-Entwurf und als Anlage die Begründung dazu sind veröffentlicht als Drucksache 13/8447 der 13. Wahlperiode des Deutschen Bundestages; die Angaben zu den Stellenplänen und der Straffung der Organisation stammen von S. 7.

558 Eine weitere Aufschlüsselung der Personaldaten ergibt: 176 Beamte, 447 Angestellte, 34 Arbeiter, 19 Auszubildende und 13 Baureferendare und Bauinspektoranwärter. 389 männliche Beschäftigte stehen 300 weiblichen gegenüber.

559 Der Errichtungserlaß des BMBau mit Geschäftszeichen Z I 2 - 110409-10 erging am 18. Dezember 1997 und befindet sich u.a. im A.d.B. (Geschäftsstelle der Reformbeauftragten).

560 Im Jahr 2006 bildete das Bundesamt für Bauwesen und Raumordnung neben acht Baureferendaren und fünf Bauinspektorenanwärtern auch 42 Auszubildende in den Berufsbildern Fachangestellte für Bürokommunikation, Medien- und Informationsdienste, Bauzeichner, Drucker, Fachinformatiker Systemintegration aus (s. Mausbach, Florian: Ausbildungsleistungen des BBR. In: Hausmitteilung des Bundesamtes für Bauwesen und Raumordnung 9/2006 vom 29. Mai 2006, Anlage zu Punkt 3, S. 1).

561 Vgl. bes. Fudickar, Klaus: Baureferendariat beim Bundesamt für Bauwesen und Raumordnung. In: Bundesamt für Bauwesen und Raumordnung (Hg.): Bau und Raum Jahrbuch 2004. Tübingen, Berlin 2004, S. 148-151; im Folgenden zitiert: Fudickar, Baureferendariat.

562 Vgl. Konter, Erich: Die preußische Bauverwaltung und ihre Ausbildung von 1770 bis 1850. In: ARCH+ 7 (1975), S. 21ff.

563 Aus der Instruktion zur Errichtung eines Oberbaudepartements vom 17.4.1770, GStA PK, II. HA Gen.Direktorium, Generaldepartement, Tit. XII. Nr. 1, Bl. 82. (M)., Art. 9f.

564 Rau, Johannes: Bauen und Kultur. Rede des Bundespräsidenten im ehemaligen Plenarsaal in Bonn beim Festakt des 1. Konvents der Baukultur. In: Bundesamt für Bauwesen und Raumordnung (Hg.): Bau und Raum Jahrbuch 2004. Tübingen, Berlin 2004, S. 12.

565 Zit. n. Fudickar, Baureferendariat, S. 148.

566 Zit. n. dem Erlaß des BMVBW, BS 30, vom 25. August 1999 über die »Organisation des Bundesamtes für Bauwesen - Bericht des BMVBW vor dem Rechnungsprüfungsausschuß über den Stand der Bearbeitung; im A.d.B. (Geschäftsstelle der Reformbeauftragten).

567 Ebd.

568 Die konstituierende Sitzung dieser »Projektgruppe BBR« (PG BBR) fand am 23. Juni 2000 im Bonner Sitz des BMVBW statt. Zur PG BBR gehörten neben MDirig Rettig folgende BMVBW-Vertreter: MR Scholz, MR Sinz, MR Dr. Herrmann, MR Dr. Gorzel, MR Dr. Eckhart, MR Wankerl, BDir Collmeier, ORR Thiele, TA Müller, VA Süßmilch und VA Wedel. Vom BBR saßen Präsident Mausbach, LRD Herrmann und RD Becker in der PG BBR. Außerdem vom Bundesrechnungshof MR Erbrecht und ORnR Mietzner sowie OAR Friedrichs als Vertreter des Hauptpersonalrats.

569 Aus dem Protokoll der konstituierenden Sitzung der Projektgruppe am 23.06.2000, Geschäftszeichen des BMVBW PG BBR Z 20/2215.9/11, S. 2; im Folgenden zitiert: Protokoll 1 der PG BBR.

570 Ebd.

571 Referat II 3: Planung, Wettbewerbe, Gutachten; Referat II 4: Innenarchitektur, Baukultur, Kunst; Referat II 5: Standortbezogene Wirtschaftlichkeitsanalysen, Wertermittlungen, Zuwendungsmaßnahmen, Messen.

572 Da die GCI mit Wirkung zum 1. Januar 2004 als Organisationseinheit vollständig vom BBR zur Vermögens- und Liegenschaftsverwaltung der Oberfinanzdirektion übergegangen ist und mit Beginn des Jahres 2005 in die Bundesimmobilienanstalt (BIMA) integriert wurde, wird hier und im Folgenden nicht mehr näher auf die Bedeutung und die Aufgaben der GCI eingegangen.

573 Protokoll 1 der PG BBR, Anlage 1 »Projektauftrag ›Organisationsuntersuchung des BBR‹«, S. 1.

574 Aus dem Erlaß des BMVBW an das BBR vom 19. September 2001 mit dem Abschlußbericht der Projektgruppe

BBR vom 3. Juli 2001, Geschäftszeichen des BMVBW Z 20/2215.9/11; im Folgenden zitiert: Abschlußbericht der PG BBR. Hier aus der Anlage »Bericht der Projektgruppe über die Organisation des BBR«, S. 4.

575 Ebd.

576 Ebd., S. 2.

577 Ebd., Anlage »Bericht der Projektgruppe über die Organisation des BBR«, S. 9.

578 Ebd., Anlage »Bericht der Projektgruppe über die Organisation des BBR«, S. 7.

579 Ebd. S. 1f.; Mit Erlaß vom 18. Dezember 2002 wurden die Ergebnisse der Organisationsuntersuchung dem BBR zur Umsetzung aufgegeben. Zum 17. März 2003 wurde der neue Geschäftsverteilungsplan eingeführt und die Maßnahmen in einer Hausanordnung den Mitarbeitern vorgestellt. Neben der Einführung von Projekt- und Servicebereichen sowie einer Stärkung der Projektorientierung und der Reduzierung der Bauabteilungen von drei auf zwei, sah die »Anpassung der Aufbauorganisation« für den Leitungsbereich die Auflösung des Koordinierungsbüros und die Einrichtung einer Stabsstelle für Presse- und Öffentlichkeitsarbeit vor.

580 S. hierzu die »Hausanordnung des BBR für Bonn und Berlin«, Z 2 - 03 01 03 Nr. 2/2003 vom 10. März 2003.

581 Protokoll 1 der PG BBR, Anlage 1 »Projektauftrag› Organisationsuntersuchung des BBR‹«, S. 1.

582 Zit. n. der Rede von MR Kühnau vom BMF auf der Begrüßungsveranstaltung für die neuen Beschäftigten des BBR am 8. Januar 2004 in der Urania. Im A.d.B., S. 2; im Folgenden zitiert: Kühnau, Rede.

583 S. zur Geschichte der Bundesbauämter I und II bes.: Chronik der Bauämter Nord und Süd der Sondervermögens- und Bauverwaltung Berlin. Ms Manuskript Berlin 1984. Im A.d.B.

584 Kühnau, Rede, S. 3.

585 Ebd.

586 Schreiben des Präsidenten an die neuen Mitarbeiterinnen und Mitarbeiter der Abteilungen V und VI im A.d.B.

587 Rede von StS Tilo Braune am 8. Januar 2004 auf der Fusionsveranstaltung des BBR; Abdruck der Rede im A.d.B.

588 Protokoll 1 der PG BBR, Anlage 1 »Projektauftrag ›Organisationsuntersuchung des BBR‹«, S. 1.

589 »Gemeinsam für Deutschland - mit Mut und Menschlichkeit«. Koalitionsvertrag zwischen CDU, CSU und SPD vom 11.11.2005, S. 52.

590 Ebd.

591 Vgl. hierzu die Beantwortung der schriftlichen Anfragen Nr. 03/145-146 des Bundestagsabgeordneten Dr. Norbert Röttgen vom 27. März 2006 sowie die Ministervorlage des Bundesministeriums für Verkehr, Bau und Stadtentwicklung B 10 - 8114.3/2 - 2 vom 23. Februar 2006 zur »Errichtung einer Arbeitsgruppe ›Neustrukturierung der Bauverwaltung des Bundes‹«.

592 Ebd., S. 5.

593 Das Institut für Erhalt und Modernisierung von Bauwerken e.V. (IEMB) an der Technischen Universität Berlin ist aus der ehemaligen Bauakademie der DDR hervorgegangen und nimmt wichtige wissenschaftliche und politikvorbereitende Aufgaben für das Bundesbauministerium wahr.

594 Mausbach, Bauten, S. 75.

Literaturverzeichnis

Quellen

Abschlußbericht der Arbeitsgruppe des Bundesministeriums für Verkehr, Bau- und Wohnungswesen (BMVBW) »Auswertung der Baumaßnahmen in Berlin«. Az. BMVBW, BS 35 B – B 1101-00/01.

Anordnung des Reichsinnenministers zur Gründung einer »Abteilung für Landeskunde« (AfL) im Reichsamt für Landesaufnahme in: »Mitteilungen« der »Berichte zur deutschen Landeskunde« (BzdL) 1 (1941/42), S. 4.

Arbeitsbericht der Akademie für Raumforschung und Landesplanung. In: RuR 7 (1948), S. 68.

Atlas der Deutschen Agrarlandschaften Teil II, hg. von Otremba, Erich im Auftrag des Instituts für Landeskunde. Wiesbaden 1962-1971.

Ausbauplan für die Bundesfernstraßen 1971-1985. Hg. vom Bundesminister für Verkehr. Bonn 1971.

Beamteneid von Karl Friedrich Schinkel vom 19. Mai 1810. Geheimes Staatsarchiv Preußischer Kulturbesitz, I. HA Rep. 93 D Oberbaudeputation, Nr. 11, Bl.3.

»Begrüßungsworte durch LBD Diedrichs am 30. Juni 1995 anläßlich der Urkundenübergabe an [den neuen Präsidenten der Bundesbaudirektion] Herrn Florian Mausbach im Staatsratsgebäude in Berlin.« In: BBD-Information 1995, S. 5.

Bericht an den Haushaltsausschuß des deutschen Bundestages nach § 88 Abs. 2 BHO BRH: Gz.: V2 (31161)-2001-1287 vom 11.03.2002.

Bericht der Reichsbauverwaltung für die Reichsministerien an das Auswärtige Amt vom 28.12.1927. Bundesarchiv Bestand R 2 des Reichsfinanzministeriums.

Bericht des Bundesrechnungshofs über das Bundesministerium für Verkehr, Bau- und Wohnungswesen (Einzelplan 12) im Kapitel 45: »Erfolgskontrolle einer privaten Baugesellschaft des Bundes (Kapitel 12 26 Titel 682 01)«

Bericht des Reichsfinanzministeriums, »Stand 1. Oktober 1930«, Bundesarchiv, Bestand R 2 des Reichsfinanzministeriums.

Bericht des Reichsschatzministeriums vom 30. September 1920. Bundesarchiv Bestand R 2, Nr. 28046

Erlaß des Bundesministeriums der Finanzen vom 28. August 1950 mit näheren Ausführungen zur Gründung der Bundesbaudirektion in: BBD-Information 1/1980, S. 21.

Erlaß des Bundesministeriums des Inneren über die Zusammenlegung des Instituts für Raumforschung mit der Bundesanstalt für Landeskunde zur Bundesanstalt für Landeskunde und Raumforschung vom 26.5.1959 in: Gemeinsames Ministerialblatt (GMBl) 18 (1959), S. 250f.

Erlaß des Bundesministeriums des Inneren vom 29.1.1962 zur Übergabe der Federführung für die Raumordnung einschließlich der Fachaufsicht über das Institut für Raumforschung aus dem Geschäftsbereich des Bundesministeriums des Innern in das Ministerium für Wohnungswesen, Städtebau und Raumordnung in: Bulletin des Presse- und Informationsamtes der Bundesregierung 25 (6.2.1962), S. 211.

Erlaß des Bundesbauministeriums vom 7.9.1967 über die Umbenennung des »Instituts für Raumforschung« in »Institut für Raumordnung« (IfR) und der »Bundesanstalt für Landeskunde und Raumordnung« in »Bundesforschungsanstalt für Landeskunde und Raumordnung« (BfLR) in: Gemeinsames Ministerialblatt (GMBl) 24 (1967), S. 431.

Erlaß des Bundesbauministeriums vom 6.4.1973 über die Zusammenlegung des Instituts für Raumordnung und des Instituts für Landeskunde in: Gemeinsames Ministerialblatt (GMBl) 11 (1973), S. 184.

Erlaß des Reichsministers der Finanzen vom 25. März 1930 »In Ausführung der Verordnung des Herrn Reichspräsidenten vom 16. November 1929«. Bundesarchiv, Bestand R 2, Nr. 9177, S. 112.

Gesetzesvorlage vom 29. August 1997 zur Fusion der Bundesbaudirektion mit der Bundesforschungsanstalt für Landeskunde und Raumordnung zum Bundesamt für Bauwesen und Raumordnung in: Drucksache 13/8447 der 13. Wahlperiode des Deutschen Bundestages, S. 6ff.

Gutachten über geeignete Landschaften für die Einrichtung von Naturparken vom Standpunkt der Raumordnung. Hg. vom Institut für Raumforschung. Bad Godesberg 1959.

Hitler, Adolf: Mein Kampf. Zwei Bände in einem Band. München [43]1933.

Instruktion zur Errichtung eines Oberbaudepartements vom 17.4.1770, GStA PK, II. HA Gen.Direktorium, Generaldepartement, Tit. XII. Nr. 1, Bl. 82. (M).

Koalitionsvertrag »Gemeinsam für Deutschland – mit Mut und Menschlichkeit« zwischen CDU, CSU und SPD vom 11.11.2005

Ministerialblatt des Bundesministeriums der Finanzen Nr. 13 (1950), S. 300.

Nachruf der Bundesbaudirektion auf Carl Mertz im Jahre 1978 in: BBD-Information 1/1978, S. 2.

Organisationserlaß des Instituts für Raumforschung Bonn vom 15.11.1951 – 1500 B 1295/51 in der Fassung vom 29.12.1952, in: RuR 11 (1953), S. 66.

Protokoll der konstituierenden Sitzung der »Projektgruppe BBR« (PG BBR) am 23.06.2000, Geschäftszeichen des BMVBW PG BBR Z 20/2215.9/11.

Raumordnungsgesetz (ROG) vom 9.4.1965. In: Bundesgesetzblatt (BGBl) I (1965), S. 1726.

Reichs-Gesetzblatt Nr. 204, Jahrgang 1919.

Reichs-Gesetzblatt Teil I (1937) vom 30. Januar 1937.

Stellenpläne der einzelnen Jahres-Bundeshaushaltspläne im Parlamentsarchiv des Deutschen Bundestages in Berlin.

»Uebersicht über die finanzielle Lage des Erweiterungsbaues der Reichskanzlei Berlin W, Wilhelmstr. 77/78«. Bundesarchiv, Bestand R 2 des Reichsfinanzministeriums.

Verfassung des Deutschen Reichs vom 11. August 1919. Berlin 1930.

Vermerk der Reichskanzlei über die Reichsbauverwaltung vom 15. Juni 1930. In: BBD-Information 1/1980, S. 10.

Verordnung über die Errichtung einer Reichsbaudirektion Berlin vom 16.11.1929. In: »Amtsblatt der Reichsfinanzverwaltung«, Ausgabe A, 11 (9.XII.1929), S. 77.

Verordnung vom 9. Juni 1953 über die Umbenennung des Amtes für Landeskunde in »Bundesanstalt für Landeskunde« (BfL) und die Unterstellung unter den Bundesminister des Innern in: BGBl I (1953), S. 383.

Verordnung zur Durchführung der Reichs- und Landesplanung vom 15.2.1936 im Reichsgesetzblatt (RGBl) I, S. 104.

Zuständigkeitsanpassungsgesetz vom 30. August 1971, Art. 52.

Zweiter Erlaß über die Reichsstelle für Raumordnung vom 18.12.1935 im Reichsgesetzblatt (RGBl) I, S. 1515.

Sekundärliteratur

Ackermann, Josef: Heinrich Himmler als Ideologe. Göttingen 1970.

Acta Borussica. Denkmäler der preußischen Staatsverwaltung im 18. Jahrhundert. Die Behördenorganisation und die allgemeine Staatsverwaltung im 18. Jahrhundert (Einzelveröffentlichung der Historischen Kommission zu Berlin, Bd. 16, 2. T). Berlin 1982.

Amelunxen, Hubertus von/Schmidt, Hans-Werner: Photo- und Konzeptkunst am Bau. Unter den Linden 50. Ein Projekt für den Deutschen Bundestag Berlin. Hg. vom Bundesamt für Bauwesen und Raumordnung im Auftrag des Bundesministeriums für Verkehr, Bau- und Wohnungswesen. Heidelberg 2000.

Anders, Wolf-Dieter: Schinkel, ein preußischer Baumeister. In: BBD-Informationen 1 (1974).

Anonymus: Abgrenzung der Aufgabenbereiche und Zusammenarbeit des Amtes für Landeskunde mit den Institutionen für Raumforschung. In: Berichte zur deutschen Landeskunde (BzdL) 9 (1950/51), S. 1ff.

Anonymus [Strubelt, Wendelin]: Ein Jahr nach der Fusion. In: Informationen aus der Forschung des BBR 6 (1998), S. 1.

Arndt, Adolf: Das zeitgerechte Parlamentsgebäude. In: Die neue Gesellschaft 9 (1962), Heft 6, S. 429–438.

Arndt, Adolf: Demokratie als Bauherr (Anmerkungen zur Zeit 6 [1961], hg. von der Akademie der Künste Berlin). Berlin 1961.

Aschauer, Bernd: Die Botschaftsgebäude der Bundesrepublik Deutschland. Ms. Manuskript, Berlin 1999.

Asendorf, Olaf/Voigt, Wolfgang/Wang, Wilfried (Hgg.): Botschaften. 50 Jahre Auslandsbauten der Bundesrepublik Deutschland. Bonn 2000.

Aufbruch in neue Architektur und Technik. Das Parlaments- und Regierungsviertel im Spreebogen. Hg. von der Bundesbaugesellschaft Berlin mbH. Berlin März 2003.

Bals, Christel: Hs Manuskript über die Entwicklung des IfR. Bonn o.J.

Bandmann, Günter: Mittelalterliche Architektur als Bedeutungsträger. Berlin 1951.

Baring, Arnulf: Machtwechsel. Die Ära Brandt – Scheel. München 1984.

Bartetzky, Arnold: »Die Kontrolle des Direktors am Bau.« In: Frankfurter Allgemeine Zeitung vom 11. Juni 2004.

Bau und Raum. Jahrbuch 1998. Hg. vom Bundesamt für Bauwesen und Raumordnung. Ostfildern-Ruit 1998.

Bau und Raum. Jahrbuch 1999/2000. Hg. vom Bundesamt für Bauwesen und Raumordnung. Ostfildern-Ruit 1999.

Bau und Raum. Jahrbuch 2000/2001. Hg. vom Bundesamt für Bauwesen und Raumordnung. Ostfildern-Ruit 2000.

Bau und Raum. Jahrbuch 2001/2002. Hg. vom Bundesamt für Bauwesen und Raumordnung. Tübingen, Berlin 2001.

Bau und Raum. Jahrbuch 2002/2003. Hg. vom Bundesamt für Bauwesen und Raumordnung. Tübingen, Berlin 2002.

Bau und Raum. Jahrbuch 2004. Hg. vom Bundesamt für Bauwesen und Raumordnung. Tübingen, Berlin 2004.

Bau und Raum. Jahrbuch 2005. Hg. vom Bundesamt für Bauwesen und Raumordnung. Tübingen, Berlin 2005.

Bau und Raum. Jahrbuch 2006. Hg. vom Bundesamt für Bauwesen und Raumordnung. Hamburg 2006.

Bauten des Bundes 1989-91. Hg. vom Bundesminister für Raumordnung, Bauwesen und Städtebau. Bonn 1991.

Behnisch, Günter: Bauen für die Demokratie. In: Flagge, Ingeborg/Stock, Wolfgang Jean (Hgg.): Architektur und Demokratie. Bauen für die Politik von der amerikanischen Revolution bis zur Gegenwart. Stuttgart 1992.

Behrens, Hermann: Von der Landesplanung zur Territorialplanung. Zur Entwicklung der räumlichen Planung in der SBZ/DDR von 1945 bis Anfang der 60er Jahre (Forum Wissenschaft. Studien Bd. 41) Marburg 1997, S. 203ff.

Beyme, Klaus von: Die Kunst der Macht und die Gegenmacht der Kunst. Frankfurt am Main 1998.

Bodenschatz, Harald: »Der rote Kasten«. Zu Bedeutung, Wirkung und Zukunft von Schinkels Bauakademie. Berlin 1996.

Böckler, W.H.: »Raumordnung.« In »Raumforschung und Raumordnung« (RuR) 1 (1936/37), S. 5ff.

Börsch-Supan, Eva: Karl Friedrich Schinkel. Die Provinzen Ost- und Westpreußen und das Großherzogtum Posen. Hg. von Helmut Börsch-Supan und Gottfried Riemann (Karl Friedrich Schinkel: Lebenswerk, Bd. XVIII). München, Berlin 2003.

Bohnenkamp, Hermann: Das neue Bundeskanzleramt. In: »Die Bauverwaltung« 11/1976, S. 406.

Bolenz, Eckhard: Vom Baubeamten zum freiberuflichen Architekten. Technische Berufe im Bauwesen. Preußen/Deutschland, 1799-1931 (Europäische Hochschulschriften, Reihe III Geschichte und ihre Hilfswissenschaften, Bd. 488). Frankfurt/M. usw. 1991.

Bourdieu, Pierre: Politische Repräsentation. In: Berliner Journal für Soziologie 4/1991, S. 489-515.

Boustedt, Olaf: Georg Müller †. In: RuR 33 (1975), S. 203.

Bredekamp, Horst: Ikonographie des Staates: Der Leviathan und seine neuesten Folgen. In: Leviathan 1/2001, S. 18-35.

Breuer, Stefan: Anatomie der Konservativen Revolution. Darmstadt 1993.

Broszat, Martin: Der Staat Hitlers. Grundlegung und Entwicklung seiner inneren Verfassung. München [11]1986.

Brüning, Kurt: Zum Geleit. In: RuR 7 (1948), S. 2.

Bucher, Hansjörg et al: Die künftige Bevölkerungsentwicklung in den Regionen Deutschlands. In: Raumordnungsprognose 2010. Teilbereich Regionalisierte Bevölkerungsprognose. Kurzfassung. Selbstverlag der BfLR Bonn 1995, S. 11f.

Bucher, Hansjörg/Gatzweiler, Hans-Peter: Einführung zur Raumordnungsprognose 2010. Erste Ergebnisse: Bevölkerung, Haushalte und Erwerbspersonen (Informationen zur Raumentwicklung 12 [1994]), S. 1 ff.

Bucher, Hansjörg/Gatzweiler, Hans-Peter: Raumordnungsprognose 2020. Regionen und Städte im demographischen Wandel. In: Informationen zu Raumentwicklung 3/4. 2004, S. 1 ff.

Buchheim, Hans: Die SS – das Herrschaftsinstrument. Befehl und Gehorsam (Anatomie des SS-Staates 1). München [4]1984.

Bundesminister für Vertriebene, Flüchtlinge und Kriegsgeschädigte (Hg.): Soziale und rechtliche Hilfsmaßnahmen für die luftkriegsbetroffene Bevölkerung bis zur Währungsreform (Dokumente deutscher Kriegsschäden. Evakuierte. Kriegssachgeschädigte. Währungsgeschädigte. Die geschichtliche und rechtliche Entwicklung Bd. II/1). Bonn 1960.

Bundesministerium für Raumordnung, Bauwesen und Städtebau (Hg.): Raumordnerischer Orientierungsrahmen. Bonn 1993.

Busch, Florian: Deutsche Botschaft Tokio. Das neue Kanzleigebäude. In: Bauwelt 37/2005, S. 34-39.

Busche, Ernst A.: Bellevue. Vom königlichen Lustschloß zum Amtssitz des Bundespräsidenten. Leipzig 2006.

Christaller, Walter: Die Zentralen Orte in den Ostgebieten und ihre Kultur- und Marktbereiche (Struktur und Gestaltung der Zentralen Orte des Deutschen Ostens, Gemeinschaftswerk im Auftrage der Reichsarbeitsgemeinschaft für Raumforschung Teil 1), Leipzig 1941.

Chronik der Bauämter Nord und Süd der Sondervermögens- und Bauverwaltung Berlin. Ms Manuskript Berlin 1984.

Cohen, Jean-Louis: Das Monumentale: latent oder offenkundig. In: Schneider, Roman/Wang, Wilfried (Hgg.): Moderne Architektur in Deutschland 1900 bis 2000. Macht und Monument. Ostfildern-Ruit 1998.

Conradi, Peter: BBB [Bundesbaugesellschaft] – Eine Alternative zur PPP [Public Private Partnership]. 10 Jahre Bundesbaugesellschaft – Ein Erfahrungsbericht. In: Deutsches Architektenblatt 6/2004, S. 16.

Cullen, Michael S.: Der Reichstag. Die Geschichte eines Monuments. Münsterschwarzach 1983.

Cullen, Michael S.: Der Reichstag. Parlament, Denkmal, Symbol. Berlin 1999.

Cullen, Michael S.: Die »Demokratie als Bauherr«. Essay. In: Blickpunkt Bundestag, Forum der Demokratie. Oktober 2000.

Cullen, Michael S.: Parlamentsbauten zwischen Zweckmäßigkeit, Repräsentationsanspruch und Denkmalpflege. In: Schneider, Hans-Peter/Zeh, Wolfgang (Hgg.): Parlamentsrecht und Parlamentspraxis in der Bundesrepublik Deutschland. Berlin, New York 1989, S. 1845-1889.

Demokratie als Bauherr. Die Bauten des Bundes in Berlin 1991 bis 2000, hg. vom Bundesministerium für Verkehr, Bau- und Wohnungswesen. Berlin 2000.

Dittrich, Erich: Das Leitbild und seine Problematik. In: Raumforschung. 25 Jahre Raumforschung in Deutschland. Hg. von der Akademie für Raumforschung und Landesplanung. Bremen 1960, S. 107-116.

Dittrich, Erich: Die räumliche Ordnung in der Bundesrepublik Deutschland und ihre Entwicklung. In: Raum und Ordnung. Probleme der Raumordnung in der Bundesrepublik Deutschland. Hg. vom Bundesminister für Wohnungswesen, Städtebau und Raumordnung. Bonn 1963.

Dittrich, Erich: Raumordnung und Leitbild (Schriftenreihe des Instituts für Städtebau, Raumplanung und Raumordnung an der Technischen Hochschule in Wien, Heft 2). Wien 1962.

Dreher, Klaus: Datenanalysen und Prognosen. Die Bundesforschungsanstalt für Landeskunde und Raumordnung. In: »Das Parlament« 37 (12.9.1981).

Durth, Werner: Deutsche Architekten. Biographische Verflechtungen 1900-1970 (Schriften des deutschen Architekturmuseums zur Architekturgeschichte und Architekturtheorie). Braunschweig 1986.

Ellwein, Thomas: Macht und Ohnmacht der Politik. In: Bruder, Wolfgang/Ellwein, Thomas (Hgg.): Ploetz. Die Bundesrepublik Deutschland. Daten, Fakten, Analysen. Freiburg, Würzburg ^{2}1985, S. 209ff.

Engeli, Christian: Landesplanung in Berlin-Brandenburg. Eine Untersuchung zur Geschichte des Landesplanungsverbandes Brandenburg-Mitte 1929-1936 (Schriften des Deutschen Instituts für Urbanistik 75). Stuttgart, Berlin, Köln, Mainz 1986.

Ernst, Werner: Die Bundesraumordnung von 1945 bis 1965. In: Akademie für Raumforschung und Landesplanung (Hg.): Zur geschichtlichen Entwicklung der Raumordnung, Landes- und Regionalplanung in der Bundesrepublik Deutschland (Forschungs- und Sitzungsberichte 182). Hannover 1991, S. 3-31.

Ewers, Hans-Jürgen: »Konsequent und optimistisch ins 21. Jahrhundert«. 200 Jahre Bauakademie und 100 Jahre Promotionsrecht. In: »TU intern« 10/99, S. 1.

Faltin, Cornel: »Dazu verdammt, in einem Gesamtkunstwerk zu leben.« In: Berliner Morgenpost vom 12.10.1994.

Fischer, Wilhelm: Die Organisation der Raumordnung. Planungsbehörden und Landesplanungsgemeinschaften. In: Raumforschung und Raumordnung (RuR) 2 (1938), S. 225ff.

Flagge, Ingeborg: Provisorium als Schicksal. Warum mit der Bonner Staatsarchitektur kein Staat zu machen ist. In: Flagge, Ingeborg/Stock, Wolfgang Jean (Hgg.): Architektur und Demokratie. Bauen für die Politik von der amerikanischen Revolution bis zur Gegenwart. Stuttgart 1992, S. 224-245.

Flasche, Christiane: Geometrische Figur mit Bewegung und Licht. Das architektonische Konzept von Ieoh Ming Pei. Bestandteil der Pressemappe anläßlich der Schlüsselübergabe am 28. Februar 2003.

Franz, Günther: Zur Einführung. In: Raumordnung und Landesplanung im 20. Jahrhundert. Historische Raumforschung 10 (Forschungsberichte des Ausschusses »Historische Raumforschung« der Akademie für Raumforschung und Landesplanung). Hannover 1971, S. VIII.

Frielingsdorf, Andrea et al.: Repräsentationsarchitektur im Nationalsozialismus – Materialien zur Italienischen Botschaft in Berlin-Tiergarten. Berlin 1979.

Froese, Udo: Das Kolonisationswerk Friedrichs des Großen. Wesen und Vermächtnis. In: Meyer, Konrad (hg. für die Reichsarbeitsgemeinschaft für Raumforschung): Beiträge zur Raumforschung und Raumordnung, Bd. 5. Heidelberg, Berlin 1938.

Fudickar, Klaus: Baureferendariat beim Bundesamt für Bauwesen und Raumordnung. In: Bundesamt für Bauwesen und Raumordnung (Hg.): Bau und Raum Jahrbuch 2004. Tübingen, Berlin 2004, S. 148-151.

Funk, Albrecht: Agrarentwicklung und Agrarpolitik. In: Narr, Wolf-Dieter/Thränhardt, Dietrich (Hgg.): Die Bundesrepublik Deutschland. Entstehung – Entwicklung – Struktur. Königstein/Ts. 1984, S. 222ff.

Gaehtgens, Thomas W./Leben, Ulrich/Ebeling, Jörg: Palais Beauharnais in Paris. Zur historischen Ausstattung. In: Jahrbuch Bau und Raum 2004, hg. vom Bundesamt für Bauwesen und Raumordnung. Tübingen, Berlin 2004.

Gatzweiler, Hans-Peter: Raumordnungspolitik als Koordination durch Information. In: structur 3 (1983), S. 63-67.

Gatzweiler, Hans-Peter: Raumordnungs- und Städtebaupolitik des Bundes im Wandel der Zeiten. In: Monheim, Heiner/Zöpel, Christoph (Hgg.): Raum für Zukunft: zur Innovationsfähigkeit von Stadtentwicklungs- und Verkehrspolitik. Festschrift für Karl Ganser. Essen 1997, S. 68ff.

Geisler, Walter: Welche Struktur und welche Gestaltung sollen die zentralen Orte des Ostens und ihre Einzugsgebiete künftig erhalten? (Struktur und Gestaltung der Zentralen Orte des Deutschen Ostens, Gemeinschaftswerk im Auftrage der Reichsarbeitsgemeinschaft für Raumforschung Teil 2), Leipzig 1941.

Giovannini, Joseph: »Es fehlt der Charme eines echten Gesamtkunstwerkes.« In: Architektur und Wohnen 1 (1995), S. 102ff.

Grafische Sammlungen der Bauten des Bundes in Berlin. Hg. vom Bundesamt für Bauwesen und Raumordnung, Berlin 2001.

Gutberger, Jörg: Volk, Raum und Sozialstruktur. Sozialstruktur- und Sozialraumforschung im »Dritten Reich« (Beiträge zur Geschichte der Soziologie 8). Diss. Münster 1996.

Haberlik, Christina/Zohlen, Gerwin: Die Baumeister des Neuen Berlin. Porträts, Gebäude, Konzepte. Berlin ^{5}2001.

Harpprecht, Klaus: »Die Architektur der Arroganz.« In: Die Neue Gesellschaft. Frankfurter Hefte 42 (12.1995), S. 1122ff.

Heinemann, Isabel: Wissenschaft und Homogenisierungsplanungen für Osteuropa. Konrad Meyer und der »Generalplan Ost«. In: Heinemann, Isabel/Wagner, Patrick (Hgg.): Wissenschaft – Planung – Vertreibung. Neuordnungskonzepte und Umsiedlungspolitik im 20. Jahrhundert (Beiträge zur Geschichte der Deutschen Forschungsgemeinschaft, hg. von Rüdiger vom Bruch und Ulrich Herbert, Bd. 1). Stuttgart 2006, S. 45-72.

Hermand, Jost: Der alte Traum vom neuen Reich. Völkische Utopien und Nationalsozialismus. Frankfurt/M. 1988.

Herzberg, Marcel: Raumordnung im nationalsozialistischen Deutschland (Dortmunder Materialien zur Raumplanung 25). Dortmund 1997, S. 39ff.

Höhne, Heinz: Der Orden unter dem Totenkopf. Die Geschichte der SS. München 1989.

Hoffacker, Heinz Wilhelm: Entstehung der Raumplanung, konservative Gesellschaftsreform und das Ruhrgebiet 1918 bis 1933. Essen 1989.

Hübler, Karl-Hermann: Die Bundesraumordnung von 1965 bis 1989. In: Akademie für Raumforschung und Landesplanung (Hg.): Zur geschichtlichen Entwicklung der Raumordnung, Landes- und Regionalplanung in der Bundesrepublik Deutschland (Forschungs-und Sitzungsberichte 182). Hannover 1991, S. 32-51.

Isenberg, Gerhard: Tragfähigkeit der deutschen Länder in den Westzonen. In: RuR 9 (1950), S. 20ff.

Isenberg, Gerhard: Zur Geschichte der Raumordnung, aus persönlicher Sicht. In: Raumordnung und Landesplanung im 20. Jahrhundert. Historische Raumforschung 10 (Forschungsberichte des Ausschusses »Historische Raumforschung« der Akademie für Raumforschung und Landesplanung). Hannover 1971, S. 97-102.

Istel, Wolfgang: Entwicklungslinien einer Reichsgesetzgebung für die Landesplanung bis 1945. In: Beiträge zu Raumforschung, Raumordnung und Landesplanung (Schriftenreihe Landes- und Stadtentwicklungsforschung des Landes Nordrhein-Westfalen, Landesentwicklung Bd. 1.042). Dortmund 1985, S. 82ff.

Istel, Wolfgang/Partzsch, Dieter: Aufgaben und Aufbau der Raumforschung. In: Informationsbriefe für Raumordnung 1.1.1. (1970), S. 3.

Istel, Wolfgang: Die Konzeption »punkt-axialer Raumentwicklung«: Herkunft und Ausblick. In: Fehl, Gerhard/Rodriguez-Lores, Juan (Hgg.): »Die Stadt wird in der Landschaft sein und die Landschaft in der Stadt«. Bandstadt und Bandstruktur als Leitbilder des modernen Städtebaus. Basel, Berlin, Boston 1997, S. 302ff.

Jakubeit, Barbara: »Keine Großmannssucht, sondern politisch geboten.« In: Berliner Morgenpost vom 17.11.1994.

Jakubeit, Barbara: Villa Vigoni. Deutsch-italienische Begegnungsstätte am Comer See. In: Bauwelt 40/41, 1994, S. 2272f.

Jesberg, Paulgerd: »Ein Stück Lebensvielfalt – Bauen am Platz«. In: Deutsche Bauzeitschrift (DBZ) 9/2002, S. 37.

Kansy, Dietmar: Zitter-Partie. Der Umzug des Bundestages von Bonn nach Berlin. Hamburg 2003.

Kerrl, Hanns: 3 Jahre Reichsstelle für Raumordnung. In: RuR 2 (1938), S. 1.

Kollhoff, Hans: »Was ist heute Architektur?« In: »Die Welt« vom 14. Juni 2004.

Konter, Erich: Die preußische Bauverwaltung und ihre Ausbildung von 1770 bis 1850. In: ARCH+ 7 (1975), S. 21ff.

Kroner, Günter: Die Bundesforschungsanstalt für Landeskunde und Raumordnung (BfLR). Ein Rückblick. In: Das Bundesbauministerium seit 1949. Daten – Fakten – Personen. Zusammengestellt von Edgar Hein. Bonn o.J. [1985], S. 60ff.

Kunst am Bau. Die Projekte des Bundes in Berlin. Hg. vom Bundesministerium für Verkehr, Bau- und Wohnungswesen. Tübingen, Berlin 2002.

Kunst im Parlament: Ausgewählte Werke aus der Sammlung des Deutschen Bundestages. Hg. vom Deutschen Bundestag. Köln 1997.

Kuntzsch, Eckart: 203 Jahre Staatliche Bauverwaltung. In: BBD-Informationen 1 (1973), S. 10-16.

Lehmann, Richard: Über systematische Förderung wissenschaftlicher Landeskunde von Deutschland. In: Verhandlungen des 2. Deutschen Geographentages zu Halle. Berlin 1882, S. 99-113.

Leitgedanken zur Raumforschung und Raumordnung. Eine Auswahl aus den Arbeiten von Erich Dittrich anläßlich seines 65. Geburtstages, hg. von der Österreichischen Gesellschaft für Raumforschung und Raumplanung. Wien 1969.

Leuschner, Wolfgang: Bauten des Bundes 1965-1980. Hg. vom Bundesminister für Raumordnung, Bauwesen und Städtebau. Karlsruhe 1980.

Löffler, Gerd: Abteilung II. Wir sind die »Neuen«! In: BBR-Journal 1998, S. 28f.

Lörcher, Carl. Ch.: Die Neuordnung des deutschen Lebensraumes als Gemeinschaftsaufgabe. In: Reichsplanung. Organ des Hauses der Reichsplanung 1 (1935), S. 2ff.

Mahraun, Arthur: Der große Plan. Der Weg aus dem Chaos von Staat und Wirtschaft. Berlin 1932.

Maretzke, Steffen/Strubelt, Wendelin: Die deutsche Einheit. Neue Herausforderungen für die Raumordnung. In: Bau und Raum. Jahrbuch 1998. Hg. vom Bundesamt für Bauwesen und Raumordnung. Ostfildern-Ruit 1998, S. 48-57.

Mausbach, Florian: Bauten die Staat machen – Bauten der Bundesrepublik Deutschland in Berlin. In: Hill, Herrmann (Hg.): Staatskultur im Wandel. Beiträge der 69. Staatswissenschaftlichen Fortbildungstagung vom 14. bis 16. März 2001 an der Deutschen Hochschule für Verwaltungswissenschaften Speyer (Schriftenreihe der Hochschule Speyer Bd. 150). Berlin 2002.

Mausbach, Florian: »Bauten, die Staat machen.« Vortrag auf der 59. Bundesversammlung der technischen Referendare am 19. Februar 1999 in der Hessischen Landesvertretung in Bonn. Ms. Manuskript, Berlin 1999.

Mausbach, Florian: Granit und Glas – Terrazzo und Majolika. In: Kunst am Bau. Die Projekte des Bundes in Berlin. Hg. vom Bundesministerium für Verkehr, Bau- und Wohnungswesen. Tübingen, Berlin 2002, S. 11.

Mausbach, Florian/Rudolph, Hans-Dietmar: Planen, Bauen und Betreuen. Die Bauherrenaufgaben des Bundes werden neu konturiert. In: BBR-Journal Special 1999, S. 1-10.

Memminger, Johann Daniel Georg von (Hg.): Beschreibung des Oberamts Ravensburg. Stuttgart, Tübingen 1836.

Mertz, Carl: Die Reichsbaudirektion. Posthum als Fragment erschienen in: BBD-Informationen 1/1978.

Meyer, Konrad: Dank an Erich Dittrich. In: RuR 28 (1970), S. 49f.

Meyer, Konrad: Die Reichsarbeitsgemeinschaft für Raumforschung 1935 bis 1945. In: Raumordnung und Landesplanung im 20. Jahrhundert. Historische Raumforschung 10 (Forschungsberichte des Ausschusses »Historische Raumforschung« der Akademie für Raumforschung und Landesplanung). Hannover 1971, S. 103-116.

Meyer, Konrad: Raumforschung. In: RuR 1(1936/37), S. 3.
Jarmer, Ernst: Politische Zielsetzung und weltanschauliche Abgrenzung der Raumordnung. In: RuR 1 (1936/37), S. 8ff.

Meyer, Konrad (Hg.): Volk und Lebensraum. Forschungen im Dienste von Raumordnung und Landesplanung. Heidelberg 1938.

Meyer, Konrad: Volk, Staat und Raum. In: RuR 1 (1936/37), S. 434ff.

Meynen, Emil: Das Bitburger Land (Forschungen zur Deutschen Landes- und Volkskunde XXVI. 3). Phil Diss. Köln 1926.

Meynen, Emil: Institut für Landeskunde. Das erste Vierteljahrhundert seiner Tätigkeit 1941-1966. In: Institut für Landeskunde. 25 Jahre Amtliche Landeskunde. Beiträge der Mitarbeiter, hg. von E. Meynen. Bad Godesberg 1967, S. 10ff.

Meynen, Emil: Die Stellung der amtlichen Landeskunde im Rahmen der geographischen Arbeit. In: Berichte zur deutschen Landeskunde, Bd. 14, 1955, S. 17ff.

Meynen, Emil/Richter, Gerold: Der Zentralausschuß für deutsche Landeskunde. Ein Bericht über die Jahre 1941-1982. In: BzdL 56 (1982), S. 70ff.

Miller Lane, Barbara: Architektur und Politik in Deutschland 1918-1945 (Schriften des deutschen Architekturmuseums zur Architekturgeschichte und Architekturtheorie). Braunschweig 1986.

Mitscherlich, Alexander: Die Unwirtlichkeit unserer Städte. Anstiftung zum Unfrieden. Frankfurt/M. 1965.

Mönninger, Michael: Die politische Architektur der Hauptstadt. In: Scheer, Thorsten/Kleihues, Josef Paul/Kahlfeld, Paul (Hgg.): Stadt der Architektur – Architektur der Stadt. Berlin 2000, S. 389-397.

Mönninger, Michael: Sehnsucht nach der Leichtigkeit des Steins. In: Frank, Charlotte/Schultes, Axel/Bohne, Stephan (Hgg.): Kanzleramt Berlin. Stuttgart 2002, S. 27-47.

Mohler, Armin: Die Konservative Revolution in Deutschland 1918-1932. Ein Handbuch. Darmstadt 41994.

Müller, Georg: Raumwirksame Ausgaben im Bundeshaushaltsplan 1962. In: RuR 21 (1963), S. 65ff.

Müller, Rolf-Dieter: Hitlers Ostkrieg und die deutsche Siedlungspolitik. Die Zusammenarbeit von Wehrmacht, Wirtschaft und SS. Frankfurt/M. 1991.

Müller-Miny, Heinrich: Großregionen im westlichen Mitteleuropa als naturräumliche Einheiten im Kartenbild. In: Berichte zur Deutschen Landeskunde Bd. 36/1966, S. 89-94.

Muhs, Hermann: Die Raumordnung in der nationalsozialistischen Staatspolitik. In: RuR 1 (1936/37), S. 518ff.

Nerdinger, Winfried: Politische Architektur. Betrachtungen zu einem problematischen Begriff. In: Flagge, Ingeborg/Stock, Wolfgang Jean (Hgg.): Architektur und Demokratie. Bauen für die Politik von der amerikanischen Revolution bis zur Gegenwart. Stuttgart 1992.

Nerdinger, Winfried: »Ein deutlicher Strich durch die Achse der Herrscher«. Diskussionen um Symmetrie, Achse und Monumentalität zwischen Kaiserreich und Bundesrepublik. In: Schneider, Roman/Wang, Wilfried (Hgg.): Moderne Architektur in Deutschland 1900 bis 2000. Macht und Monument. Ostfildern-Ruit 1998, S. 87-99.

Otembra, Erich: Der Landkreis Scheinfeld: Regierungsbezirk Mittelfranken (Die deutschen Landkreise: Handbuch der Verwaltung, Wirtschaft und Kultur. Die Landkreise Bayerns, Bd. 1). Scheinfeld/Mfr. 1950.

Paul, Ulrich: Barbara Jakubeit – Berlins designierte Senatsbaudirektorin. In: »Berliner Zeitung« vom 26. April 1996.

Peltz-Dreckmann, Ute: Nationalsozialistischer Wohnungsbau. München 1978.

Pfannschmidt, Martin: Landesplanung Berlin-Brandenburg-Mitte. In: Raumordnung und Landesplanung im 20. Jahrhundert. Historische Raumforschung 10 (Forschungsberichte des Ausschusses »Historische Raumforschung« der Akademie für Raumforschung und Landesplanung). Hannover 1971, S. 35ff.

Polaczek, Dietmar: Deutsche Badezimmer. Teuer und besserwisserisch: Die Restaurierung der Villa Vigoni. In: »Frankfurter Allgemeine Zeitung« vom 3. Juli 1996.

Polaczek, Dietmar: Zerschlagenes und gekittetes Porzellan. In der Villa Vigoni: Keine deutschen Badezimmer, aber der Historiker Bernd Roeck als Generalsekretär. In: »Frankfurter Allgemeine Zeitung« vom 11. Juli 1996.

Rappaport, Philipp August: Sitten und Siedlungen im Spiegel der Zeiten. Stuttgart, Köln 1952.

Rath, Klaus W.: Zur Bedeutung der Raumordnung im Merkantilismus. In: Historische Raumforschung 1 (Forschungsberichte des Ausschusses »Historische Raumforschung« der Akademie für Raumforschung und Landesplanung, Bd. 1). Bremen-Horn 1956, S. 131-154.

Rau, Johannes: Bauen und Kultur. Rede des Bundespräsidenten im ehemaligen Plenarsaal in Bonn beim Festakt des 1. Konvents der Baukultur. In: Bundesamt für Bauwesen und Raumordnung (Hg.): Bau und Raum. Jahrbuch 2004. Tübingen, Berlin 2004, S. 8-15.

Raumordnung in Europa (Informationen zur Raumentwicklung 9/10). Hg. von der Bundesforschungsanstalt für Landeskunde und Raumordnung, Bonn 1993.

Regionalbarometer neue Länder – Erster zusammenfassender Bericht (Materialien zur Raumentwicklung 50). Hg. von der Bundesforschungsanstalt für Landeskunde und Raumordnung, Bonn 1993.

Regionalbarometer neue Länder – Zweiter zusammenfassender Bericht (Materialien zur Raumentwicklung 69). Hg. von der Bundesforschungsanstalt für Landeskunde und Raumordnung, Bonn 1995.

Regionalbarometer neue Länder – Dritter zusammenfassender Bericht (Materialien zur Raumentwicklung 83). Hg. von der Bundesforschungsanstalt für Landeskunde und Raumordnung, Bonn 1997.

Reichle, Karl: Der Erweiterungsbau des Reichsministeriums für Volksaufklärung und Propaganda in Berlin. In: Zentralblatt der Bauverwaltung 55 (27. Februar 1935), S. 149-154.

Reichle, Karl: Neubauten des Reichsminsiteriums für Volksaufklärung und Propaganda in Berlin. In: Zentralblatt der Bauverwaltung 59 (8. Februar 1939), S. 126ff.

Reinle, Adolf: Zeichensprache der Architektur. Symbol, Darstellung und Brauch in der Baukunst des Mittelalters und der Neuzeit. Zürich und München 1976.

Rheinsberg, Raffael: Botschaften. Archäologie eines Krieges. Berlin 1982.

Rimscha, Robert von: »Meisterwerk, Mist, Feldherrenhalle oder Sanssouci?« In: Der Tagesspiegel vom 12.09.1994.

Ritter, Karl: Afrika. Die Erdkunde im Verhältnis zur Natur und zur Geschichte des Menschen. Berlin [2]1822.

Ritter, Karl: Asien. Die Erdkunde im Verhältnis zur Natur und zur Geschichte des Menschen. 9 Bde., Berlin 1832-59.

Ritter, Karl: Europa, ein geographisch-historisch-statistisches Gemälde. 2 Bde., Frankfurt/M. 1804-1807.

Röhr, Karl J.: Die Verwendung des Luftbildes beim Siedlungsverband Ruhrkohlenbezirk. In: Bildmessung und Luftbildwesen 9 (1934), S. 45-48.

Rössler, Mechthild: Die Institutionalisierung einer neuen »Wissenschaft« im Nationalsozialismus: Raumforschung und Raumordnung 1935-1945. In: Geographische Zeitschrift 75 (1987), S. 179ff.

Rössler, Mechthild: Konrad Meyer und der »Generalplan Ost« in der Beurteilung der Nürnberger Prozesse. In: Rössler, Mechthild/Schleiermacher, Sabine (Hgg.): Der Generalplan Ost. Hauptlinien der nationalsozialistischen Planungs- und Vernichtungspolitik. Berlin 1993, S. 356ff.

Rossig, Johannes: Zwanzig Jahre Bauen für den Bund – ein Rückblick auf die Jahre 1949/50 bis 1969/70. Ms. Manuskript, Berlin o.J. [1983].

Roth, Karl Heinz: »Generalplan Ost« – »Gesamtplan Ost« Forschungsstand, Quellenprobleme, neue Ergebnisse. In: Rössler, Mechthild/Schleiermacher, Sabine (Hgg.): Der Generalplan Ost. Hauptlinien der nationalsozialistischen Planungs- und Vernichtungspolitik. Berlin 1993, S. 68ff.

Sales Meyer, Franz: So begann es – damals. Die goldenen fünfziger Jahre der Bundesbaudirektion. In: BBD-Information 1/1978.

Saller, Karl: Die Rassenlehre des Nationalsozialismus in Wissenschaft und Propaganda. Darmstadt 1961.

Schäche, Wolfgang: Das Gebäude der ehemaligen Italienischen Botschaft in Berlin-Tiergarten. Berlin 1984.

Schäche, Wolfgang: Das Gebäude der ehemaligen Japanischen Botschaft in Berlin-Tiergarten. Berlin 1984.

Schmädeke, Jürgen: Der Deutsche Reichstag. Das Gebäude in Geschichte und Gegenwart. Berlin 3/1981.

Schneider, Roman/Wang, Wilfried (Hgg.): Moderne Architektur in Deutschland 1900 bis 2000. Macht und Monument. Ostfildern-Ruit 1998.

Schneider, Sigfried: Luftbild und Luftbildinterpretation (Lehrbuch der Allgemeinen Geographie, Bd 11). Berlin 1974.

Schneider, Sigfrid: Methoden der Raumgliederung mit Hilfe des Luftbildes. In: Berichte zur Deutschen Landeskunde Bd. 42/1969, S. 147-156.

Sedlmayer, Hans: Allegorie und Architektur. In: Warnke, Martin (Hg.): Politische Architektur in Europa vom Mittelalter bis heute – Repräsentation und Gemeinschaft. Köln 1984, S. 157-174.

Shepherd, William R: Historical Atlas. New York 1926.

Siedler, Wolf Jobst/Niggemeyer, Elisabeth: Die gemordete Stadt. Abgesang auf Putte und Straße, Platz und Baum. Berlin 1964.

Sitte, Fritz. M.: Die Bundesbaudirektion. Ms. Manuskript, Berlin 1981.

Sitte, Fritz M.: Die Geschichte der staatlichen Bauverwaltung, der Reichs- und der Bundesbaudirektion. Ms. Manuskript, Berlin 1996.

Stein auf Stein. Ein Bildbericht über Bauaufgaben und Bauten des Bundes 1949-1964. Hg. in Zusammenarbeit mit dem Bundesschatzministerium (Bundesbauverwaltung). Berlin, Wien, 1964.

Steinberg, Heinz Günter: Die Geschichte des Siedlungsverbandes Ruhrkohlenbezirk und seine Bedeutung für die Entwicklung der Landesplanung in Deutschland. In: Raumordnung und Landesplanung im 20. Jahrhundert. Historische Raumforschung 10 (Forschungsberichte des Ausschusses »Historische Raumforschung« der Akademie für Raumforschung und Landesplanung). Hannover 1971, S. 9ff.

Stiens, Gerhard: Die wissenschaftliche Basis von Raumplanung und Raumordnungspolitik. Standort und Aufgaben. In: Raum + Siedlung 10 (1971), S. 230ff.

Stiens, Gerhard: Forschungs- und Informationsauftrag praxisorientierter Landeskunde heute. Unter besonderer Berücksichtigung »Amtlicher Landeskunde« auf Bundesebene. In: BzdL. 60 (1986), S. 32ff.

Stiens, Gerhard: Raumordnungspolitische Strategien und Instrumente im Wandel. In: Geographische Rundschau 38 (1986), S. 438ff.

Strecke, Reinhart: Anfänge und Innovation der preußischen Bauverwaltung: Von David Gilly zu Karl Friedrich Schinkel (Veröffentlichungen aus den Archiven Preussischer Kulturbesitz, Beiheft 6). Köln et al. 2000.

Strecke, Reinhart: »Dem Geist der neuen Verfassung gemäß.« Vom Oberbaudepartement zur Oberbaudeputation. In: Kloosterhuis, Johann (Hg.): Aus der Arbeit des Geheimen Staatsarchivs. Berlin 1996.

Strecke, Reinhart: Mathematisches Calcul und Sinn für Ästhetik: die preußische Bauverwaltung 1770-1848. Katalog zur Ausstellung des Geheimen Preußischen Staatsarchivs Preußischer Kulturbesitz in Zusammenarbeit mit der Kunstbibliothek der Staatlichen Museen zu Berlin, Preußischer Kulturbesitz. Berlin 2000.

Strubelt, Wendelin: Bundesforschungsanstalt für Landeskunde und Raumordnung. In: structur 5 (1983), S. 133ff.

Strubelt, Wendelin: Die Landeskunde aus der Sicht der Bundesforschungsanstalt für Landeskunde und Raumordnung. In: BzdL 56 (1982), S. 190ff.

Strubelt, Wendelin: Einführung. In: Landeskunde in der räumlichen Planung. Referate der Fachsitzung 43 des 45. Deutschen Geographentags Berlin am 2. Oktober 1985. In: BzdL. 60 (1986), S. 24.

Strubelt, Wendelin et al.: Städte und Regionen, räumliche Folgen des Transformationsprozesses (Berichte zum sozialen und politischen Wandel in Ostdeutschland, Bd. 5). Opladen 1996.

Strubelt, Wendelin: Tschüß BfLR – Guten Tag BBR. In: Mitteilungen und Informationen der BfLR 6 (Dezember 1997), S. 1.

Strubelt, Wendelin: Überlegungen zur Politikanalyse in einem neuen Forschungsfeld »Räumliche Wasservorsorgepolitik«. In: Informationen zur Raumentwicklung 2/3 (1983), S. 113ff.

Teut, Anna: Architektur im Dritten Reich. 1933-1945. Berlin/Frankfurt/M./Wien 1965.

Thamer, Hans-Ulrich: Verführung und Gewalt. Deutschland 1933-1945. Berlin/Darmstadt/Wien 1986.

Thewalt, Andreas: Genügend Geld für den Umzug aus Bonn. Nun muß Berlin für mehr Tempo sorgen. In: Berliner Morgenpost vom 16. November 1992.

Thorn-Prikker, Jan: Keine Experimente. Alltägliches am Rande der Staatsarchitektur. In: Flagge, Ingeborg/Stock, Wolfgang Jean (Hgg.): Architektur und Demokratie. Bauen für die Politik von der amerikanischen Revolution bis zur Gegenwart. Stuttgart 1992.

Türke, Klaus: Ein Jahrzehnt angewandte Forschung für Raumordnung und Städtebau. Zur Geschichte des MFPRS. In: RuR 42 (1984), S. 279ff.

Umlauf, Josef: Der Siedlungsverband Ruhrkohlenbezirk. Organisation und Arbeitsweise. Essen 1960.

Umlauf, Johann: Geschichte der deutschen Landesplanung und Raumordnung. In: Informationsbriefe für Raumordnung R.1.2.1. (1967), S. 8ff.

Umlauf, Josef: Siedlungsverband Ruhrkohlenbezirk 1920-1970. (Schriftenreihe Siedlungsverband Ruhrkohlenbezirk 29). Essen 1970.

Uthmann, Jörg von: »Wie der Tempel eines fremden Gottes: neue Residenz des deutschen Botschafters in Washington.« In: Baumeister 91 (11.1994), S. 4f.

Viererbl, Karl: Tschechoslowakische Grenzpolitik. In: Reichsplanung. Organ der Akademie für Landesforschung und Reichsplanung 2 (1936), S. 1ff.

Wardenga, Ute: Emil Meynen – Annäherung an ein Leben. In: Geographisches Taschenbuch. 23. Ausgabe, Stuttgart 1995, S. 36ff.

Wardenga, Ute: Von der Landeskunde zur »Landeskunde«. In: Heinritz, Günter et al. (Hgg.): Der Weg der deutschen Geographie. Rückblick und Ausblick (50. Deutscher Geographentag Potsdam 2. bis 5. Oktober 1995. Tagungsbericht und wissenschaftliche Abhandlungen 4). Stuttgart 1996, S. 134ff.

Warnke, Martin: Politische Ikonographie. Hinweise auf eine sichtbare Politik. In: Leggewie, Claus (Hg.): Wozu Politikwissenschaft? Über das Neue in der Politik. Darmstadt 1994, S. 170-178.

Wasser, Bruno: Die Neugestaltung des Ostens. Ostkolonisation und Raumplanung der Nationalsozialisten in Polen während der deutschen Besatzung 1939-1945 unter besonderer Berücksichtigung der Zamojszczyzna im Distrikt Lublin. Diss. Aachen 1991.

Wasser, Bruno: Himmlers Raumplanung im Osten. Der Generalplan Ost in Polen 1940-1944. Basel 1993.

Wedel, Carola (Hg.): Die neue Museumsinsel. Der Mythos. Der Plan. Die Vision. Berlin 2002.

Wefing, Heinrich (Hg.): »Dem Deutschen Volke«. Der Bundestag im Berliner Reichstagsgebäude. Bonn 1999.

Wefing, Heinrich: »Kulisse der Macht«. Das Berliner Kanzleramt. München 2001.

Wefing, Heinrich: Parlamentsarchitektur. Zur Selbstdarstellung der Demokratie in ihren Bauwerken. Eine Untersuchung am Beispiel des Bonner Bundeshauses (Beiträge zum Parlamentsrecht, Bd. 31). Berlin 1995.

Welch Guerra, Max: Hauptstadt einig Vaterland. Planung und Politik zwischen Bonn und Berlin. Berlin 1999.

Welzbacher, Christian: Die Staatsarchitektur der Weimarer Republik. Berlin 2006.

Wimmer, Clemens Alexander: Der Schloßpark Bellevue in Berlin (Mitteilungen der Pückler-Gesellschaft 21). Berlin 2006.

Wolf, Paul: Der Neuaufbau von Dorf und Stadt im deutschen Ostraum (Struktur und Gestaltung der Zentralen Orte des Deutschen Ostens, Gemeinschaftswerk im Auftrage der Reichsarbeitsgemeinschaft für Raumforschung Teil 4), Leipzig 1941.

Würdemann, Gerd/Sieber, Niklas: Raumwirksamkeitsanalyse in der Bundesverkehrswegeplanung 2003. In: Informationen zur Raumentwicklung 6/2004, S. 365-376.

Zitelmann, Ludwig: Kurze Darstellung der Geschichte und Verfassung des Königlichen Preußischen Ober-Bau-Departements. In: Sammlung nützlicher Aufsätze und Nachrichten, die Baukunst betreffend 3 (1801).

Zöbl, Dorothea: Zur Vorgeschichte der Reichsbaudirektion in Kaiserreich und Weimarer Republik. In: Die Verwaltung. Zeitschrift für Verwaltungsrecht und Verwaltungswissenschaften 32 (1999).

Namensregister

A

B

C

D

E

F

G

H

I

J

K

L

M

N

O

Abbildungsnachweis

Die fett gedruckten Seitenzahlen verweisen auf die Standorte im Buch.

A

Atelier Altenkirch, Karlsruhe: **S. 278, S. 279** | Atelier Tesar, Wien: **S. 259** | Atlas der Deutschen Agrarlandschaften Teil II, hg. von Otremba, Erich im Auftrag des Instituts für Landeskunde. Wiesbaden 1962-1971, Blatt 6: **S. 351 unten** | Ausbauplan für die Bundesfernstraßen 1971-1985. Hg. vom Bundesminister für Verkehr. Bonn 1971, Abb. 15: **S. 324 oben rechts** | Auswärtiges Amt, Politisches Archiv: **S. 76**

B

BBR, Andreas Kübler/ Rita Westerholt: **S. 23, S. 45 unten, S. 49, S. 300, S. 301** | BBR-Bildarchiv: **S. 95 unten links, S. 118 links und rechts, S. 135, S. 136, S. 137, S. 138, S. 139, S. 145, S. 151 unten, S. 155, S. 156/157, S. 158/159, S. 160, S. 164, S. 171 links, S. 172, S. 174, S. 176, S. 177, S. 178/179, S. 193, S. 200 oben, S. 200 unten links, S. 201 unten und oben, S. 201 rechts, S. 206, S. 223 links, S. 223 mitte, S. 236 links, S. 236 rechts, S. 248 oben, S. 252/253, S. 262 oben, S. 264, S. 265, S.266, S. 275 Reihe oben, S. 275 Reihe unten, S. 285 unten** | BBR/Der Tagesspiegel, Berlin: **S. 437** | BBR-Kartensammlung; wiederabgedruckt in: Soziale und rechtliche Hilfsmaßnahmen für die luftkriegsbetroffene Bevölkerung bis zur Währungsreform (Dokumente deutscher Kriegsschäden. Evakuierte. Kriegssachgeschädigte. Währungsgeschädigte. Die geschichtliche und rechtliche Entwicklung Bd. II/1). Hg. vom Bundesminister für Vertriebene, Flüchtlinge und Kriegsgeschädigte. Bonn 1960, Karte 3: **S. 312 oben** | BBR-Luftbildsammlung zur deutschen Landeskunde, Erwerbsnummer 63/1463, Standortnummer 22-202: **S. 351 oben links** | Berichte zur deutschen Landeskunde 1943, S. 294f.: **S. 341** | BfLR-Arbeitspapiere 13/1995, Karte 1: **S. 387** | BfLR-Mitteilungen 3/1992, S. 3: **S. 382** | Bildarchiv Preußischer Kulturbesitz, Berlin: **S. 250/251** / Kupferstichkabinett, SMB, Reinhard Saczewski: **S. 54**; Jörg P. Anders: **S. 56, S. 57** / Nationalgalerie, SMB, Jörg P. Anders: **S. 55 unten** | Bildarchiv Wim Cox, Köln: **S. 95 unten rechts, S. 212 obere Reihe** | Brandenburgisches Landesamt für Denkmalpflege, Messbildarchiv: **S. 47** | Brandenburgisches Landeshauptarchiv Potsdam (BLHA), Rep. 2 Karte 198/1 B: **S. 34** | Bruchhausen, Jörg von, Berlin: **S. 262 links, S. 263** | Bundesarchiv Koblenz: **S. 188, S. 189** | Bundesbildstelle: **S. 180/181, S. 184, S. 190, S. 194, S. 200 unten rechts, S. 208, S. 209, S. 273 links, S. 319, S. 325, S. 343 oben rechts, S. 355 oben rechts, S. 356 oben rechts, S. 370 oben links, S. 395, S. 398** | Bundesministerium für Arbeit und Soziales: **S. 419** | Bundesministerium für Raumordnung, Bauwesen und Städtebau: Raumordnerischer Orientierungsrahmen. Bonn 1993, Karte D, S. 17: **S. 366 oben links** | Bundespresseamt: **S. 17, S. 124 oben, S. 125, S. 126, S. 127, S. 128, S. 129, S. 130, S. 131, S. 143, S. 144, S. 162, S. 163, S. 165, S. 166, S. 236 mitte** | Busam, Friedrich, Berlin: **S. 186, S. 187, S. 242, S. 283, S. 284, S. 285 oben**

C

Christaller, Zentrale Orte, Kartenwerk.: **S. 308 links**

D

d-company, Ittigen/Bern: **S. 432, S. 433** | Deutsche Landschaften. Geographisch-landeskundliche Erläuterungen zur Topographischen Karte 1:50.000, hg. vom Institut für Landeskunde, Bonn 1965, Kartenwerk: **S. 348** | DHM-Bildarchiv: **S. 90 rechts, S. 109, S. 119, S. 244 unten, S. 245 unten links und rechts**

E

Engeli, Landesplanung, S. 37: **S. 293 unten links** | Erfurt, Stephan, Berlin: **S. 231 oben links** | ExWoSt-Informationen 1989. Forschungsfeld Ältere Menschen und ihr Wohnquartier Nr. 4, S. 16: **S. 370 oben rechts** / ExWoSt-Informationen 1995. Städtebauliche Erneuerung – Modellvorhaben der Stadterneuerung 10.13, S. 5: **S. 383 oben rechts**

F

Fielitz, Monika, Berlin: **S. 230 oben links und rechts, S. 231 oben, S. 261 mitte, S. 280, S. 281 oben, S. 281 links** | Fotobestand W. Schäche, Berlin: **S. 92, S. 93, S. 98/99, S. 101, S. 102, S. 103** | Froese, Kolonisationswerk, o.S.: **S. 290 oben links und oben rechts** | Fudickar, Klaus, Berlin: **S. 416** | Fünftes Kolloquium Forschungsvorhaben »Flächenhafte Verkehrsberuhigung«. Ergebnisse aus den Modellgebieten und Erfahrungen anderer Städte. 16.-17. Mai 1990 Stadttheater Ingolstadt, S. 444: **S. 367 oben rechts, unten rechts, oben links**

G

Geheimes Staatsarchiv Preußischer Kulturbesitz, I. HA Rep. 100 Hausministerium, Nr. 971, Bl.2: **S.35** / I. HA Rep. 121 Ministerium für Handel und Gewerbe, Abt. für Bergwerks-, Hütten- und Salinenwesen, D II 1 Nr. 101 Bd. 7, Bl. 66-69: **S.37 links** / I. HA Rep. 125 Oberexaminationskommission, Nr. 1600, Bl. 10: **S.37 rechts** / I. HA Rep. 89 Geheimes Zivilkabinett, Nr. 28747, Bl. 1 und Bl. 73-75: **S.52** / I. HA Rep. 93D Oberbaudeputation, Nr. 11, Bl. 3: **S.50** / II. HA Gen.Dir., Generaldepartement, Tit. XII Nr.1, Bd.1, Bl.81: **S.28** / II. HA Gen.Dir., Kleve, Tit. LXIII Nr. 10, Bl. 16r (links) und Bl. 17r: **S.36** / II. HA Gen.Dir., Kleve, Tit. XXIV Nr. 1, Bl. 12: **S.40 rechts** / II. HA Gen. Dir., Oberbaudepartement, Nr.168, Bl.3: **S.26** / II. HA Gen.Dir., Oberbaudepartement, Nr.168, Bl.32: **S. 27** / II. HA Gen.Dir., Ostpreußen II, Nr. 560, Bl. 47: **S.44** / II. HA Gen.Dir., Ostpreußen II, Nr. 587, Bl. 6: **S.48** / II. HA Gen.Dir., Ostpreußen II, Nr. 638, Bl. 17: **S.32** / II. HA Gen.Dir., Westpreußen, Bestallungen, Tit. XXII, Baubediente Nr. 1, Bd. 1, Bl. 63v: **S.38/39** / II. HA, Ostpreußen II, Nr.638, Bl.277: **S.45 oben** / XI. HA Karten, Festungspläne, F 70832: **S.53** / XI. HA Karten, Kartensammlung StA Königsberg, G 10.644/ Blatt 1 [Ansicht Eingangsfront], Blatt 6 [Querschnitt]: **S.40 links** / XI. HA Karten, Plankammer Regierung Marienwerder, G 2360 [Ansicht] bzw. E 1860 [Grundriss]: **S.31 unten, S.42, S.43** / Dienstbibliothek 19a 1242 (Photo nach: Festschrift zur Feier der Grundsteinlegung für den Erweiterungsbau der Reichshauptbank, Berlin 1934, Bild 2: S.30), 47,4: **S.31 oben** | Geisler, Struktur, S. 57: **S. 307 oben links** | Gemäldegalerie Dresden: **S. 19 rechts** | Groth + Graalfs, Uwe Siegliz: **S. 384 oben links**

H

Haagen, Kaido, Tallinn: **S. 273 oben links und rechts** | Hahn Helten Architekten, Aachen: **S. 276** | Herschel, Holger, Berlin: **S. 21** | Herzberg, Raumordnung, S. 40: **S. 300 links** | Hohmuth, Jürgen, Berlin: **S. 213, S. 245 unten, S. 368 oben links** | Hueber, Eduard, New York: **S. 269, S. 270/271** | Huthmacher, Werner, Berlin: **S. 249 links**

I

Informationen zur Raumentwicklung (IzR) Heft 3/4, 1981, S. 172 ff., Karte 1: **S. 361 oben links** / Karte 2: **S. 361 oben rechts** / IzR 4/1992, Karte 5: **S. 383 oben links** / IzR 4/5 1996, S. 195: **S. 385 oben** / IzR Heft 12, 1994, S. 891: **S. 388** | Institut für Raumforschung: Gutachten über geeignete Landschaften für die Einrichtung von Naturparken vom Standpunkt der Raumordnung. Bad Godesberg 1959, Kartenwerk: **S. 321 oben links und unten links**

J

Joosten, Hans, Berlin: **S. 435 rechts**

K

Kandzia, Stuttgart: **S. 182** | Kilger, Andreas, Berlin: **S. 254/255, S. 256/257** | Kirchner, André, Berlin: **S. 216 links, S. 222, S. 223 rechts, S. 226, S. 232 unten rechts, S. 233 unten links, S. 237** | Kreidler, Volker, Berlin: **S. 435 links** | Kroll, Bernhard, Hamburg: **S. 218, S. 220** | KSP Architekten, Berlin: **S. 235** | Kübler, Andreas, Potsdam: **S. 273 links unten, S. 274 links oben, rechts oben und links unten, S. 281 links unten, S. 412, S. 413 links oben und rechts oben**

L

Landesarchiv Berlin: **S. 22, S. 24, S. 41, S. 62 unten, S. 64, S. 65, S. 66 links oben, S. 66 links unten, S. 67, S. 68, S. 73, S. 83, S. 84, S. 88, S. 89, S. 91 links, S. 94, S. 95 oben, S. 96/97, S. 105, S. 106, S. 107, S. 110, S. 112, S. 113, S. 117, S. 120, S. 146 oben, S. 146 unten rechts, S. 147 oben, S. 153 ganz links unten, S. 153 unten;** Landesarchiv Berlin, Siegfried Blohm: **S. 91 rechts, S. 108, S. 111, S. 148 unten rechts;** Landesarchiv Berlin, Barbara Esch-Marowski: **S. 205;** Landesarchiv Berlin, Otto Hagemann: **S. 63, S. 87, S. 311 unten rechts;** Landesarchiv Berlin, Willy Kiel: **S. 69 oben, S. 147 unten rechts, S. 152 rechts;** Landesarchiv Berlin, Klaus Lehnartz: **S. 151 links oben, S. 152 ganz rechts, S. 152 ganz rechts unten;** Landesarchiv Berlin, Richard Perlia: **S. 152 oben;** Landesarchiv Berlin, Bert Sass: **S. 154;** Landesarchiv Berlin, Karl-Heinz Schubert: **S. 150, S. 153 links;** Landesarchiv Berlin, Gert Schütz: **S. 142, S. 146 unten links, S. 149 unten rechts, S. 151 rechts oben;** Landesarchiv Berlin, Hans Seiler: **S. 153 ganz links oben;** Landesarchiv Berlin, Horst Siegmann: **S. 21, S. 147 unten links, S. 148 oben, S. 148 unten links, S. 149 oben links, S. 149 oben rechts, S. 149 unten links, S. 151 mitte rechts;** Landesarchiv Berlin, Waldemar Titzenthaler: **S. 60, S. 62 oben, S. 85**

M

Magdanz, Andreas, Aachen: **S. 132, S. 133** | Medienarchiv Bonn: **S. 124 rechts, S. 168/169, S. 170, S. 171 rechts** | Memminger, Beschreibung Kartenwerk: **S. 329** / Tabellen I-III: **S. 330** | Meyer, Constantin, Köln: **S. 232 unten links** | Meynen, Bitburger Land, Beilage III: **S. 332** / Beilage V: **S. 333 oben links** / S. 283: **S. 333 oben rechts** / Beilage II: **S. 334** / S. 250: **S. 336** | Mitteilungen aus dem Institut für Raumforschung, Heft 45, 1962, Kartenwerk: **S. 321 oben rechts, unten rechts** | Mittelfristiges Forschungsprogramm Raumordnung und Städtebau (MFPRS) des Bundesministers für Raumordnung, Bauwesen und Städtebau, Projekt 1978.29, Bonn 1981, S. 184, Abb.20: **S. 364 oben rechts** | Müller, Stefan, Berlin: **S. 207, S. 214, S. 215, S. 216/217 mitte und rechts, S. 228, S. 229, S. 231 links, S. 232 oben links, S. 233 rechts und oben links, S. 240, S. 241** | Müller-Miny, Großregionen, Karte im Anhang: **S. 349**

N

NASA: **S. 289 links** | Nemec, Ivan, Frankfurt: **S. 211, S. 212 unten, S. 244 oben links und rechts**

O

Ortmeyer, Klemens, Berlin: **S. 227** | Otembra, Landkreis Scheinfeld, S. 59: **S. 344 oben links** / Kartenwerk, Karte 19: **S. 344 oben rechts** / S. 72: **S. 345**

P

Philipp Holzmann AG, Frankfurt am Main: **S. 277 mitte links und unten** | Physikalisch Technische Bundesanstalt, Berlin: **S. 431** | Profitlich, Florian, Berlin: **S. 219, S. 221, S. 258, S. 260 links, S. 261 rechts, S. 267** | Raumforschung und Raumordnung (RuR) 2/1938, S. 228: **S. 297;** S. 227: **S. 298** / RuR 3/1939, S. 124: **S. 302 oben links;** S. 220: **S. 303 oben links;** S. 218: **S. 303 oben rechts;** S. 428: **S. 304 oben links und oben rechts;** Karte im Anhang: **S. 305 oben links** / RuR 4/1940, S. 153: **S. 307 oben rechts;** S. LIX: **S. 310 oben links** / RuR 6/1942, S. 211: **S. 305 oben rechts;** S. 213: **S. 305 unten;** Beilage: **S. 306 oben** / RuR 12/1954, S. 79: **S. 318;** Kartenwerk, Abb. 2: **S. 323 links oben** / RuR 22/1964, o.S. (zwischen S. 128 und 129): **S. 326** / RuR 27/1969, Heft 4, Beilage, Karte 2: **S. 323 rechts oben** | Raumordnungsbericht 1966, Kartenwerk o.S. (zwischen S. 28 und 29): **S. 324 oben links** | Raumordnungsprognose 2010. Teilbereich Regionalisierte Bevölkerungsprognose. Kurzfassung, BfLR, Februar 1995, nach S. 10, Karte 3: **S. 390** | RBBau, Abschnitt E, Anlage 1, Blatt 1: **S. 423** | Reuter, Oltmann, Berlin: **S. 224/225** | Richter, Ralph, New York: **S. 140, S. 141** | Richtlinien und Mitteilungen Nr. 2, Anlage 1 vom 1.11. 1947: **S. 346 oben rechts, oben links, S. 347 oben rechts, oben links** | Roth, »Generalplan Ost«, S. 66: **S. 309** | Royal Collection, London: **S. 18 links**

S

Schlupp, Hans, Düsseldorf: **S. 167, S. 272 oben links und rechts** | Schneider, Luftbild, S. 291: **S. 352** | Schneider, Methoden, Kartenwerk, Bild 2: **S. 354 oben rechts** / Bild 3: **S. 354 oben links** | Schwarz, Ulrich, Berlin: **S. 246, S. 248 ganz oben, S. 249 oben links, S. 249 oben rechts** | Shepherd, William R: Historical AtlaS. New York 1926: **S. 18 rechts** | Staatliche Museen PK, Alte Nationalgalerie/Bildarchiv PK, 2004: **S. 331 oben links** | Südwestdeutsches Archiv für Architektur und Ingenieurbau, Karlsruhe: **S. 161** | Symposien-Arbeitspapiere-Seminare Heft 33. Verkehrsberuhigung und Entwicklung von Handel und Gewerbe: Materialien zur Diskussion, S. 231, Abb. 1: **S. 367 oben links**

U

Ullstein Bild: **S. 55 mitte rechts, S. 104, S. 430**

V

VA Morushenko, Kiew: **S. 274 rechts oben**

W

Web Gallery of Art: **S. 19 links** | Weiße, Antonia, Berlin: **S. 232 oben rechts, S. 238/239** | Werkstatt: Praxis Nr. 4/1998, S. 21: **S. 384 oben rechts** | Windszus, Peter, Kairo: **S. 277 ganz oben und oben** | Wolf, Neuaufbau, S. 14.: **S. 310 oben rechts** / S. 20: **S. 310 mitte rechts** / S. 24: **S. 311 unten links** / S. 25: **S. 311 mitte rechts** / S. 26: **S. 310 unten links** / S. 28: **S. 310 unten rechts** / S. 37: **S. 311 oben** | Wolff, Renate, Berlin: **S. 272 rechts**

In den Abbildungsnachweisen werden für Publikationen nur Kurztitel benannt. Bitte hierzu die ausführlichen Titel im Literaturverzeichnis nachschlagen. Soweit nicht anders angegeben, liegen die Bildrechte beim Bundesamt für Bauwesen und Raumordnung (BBR), Bonn. Alle Illustrationen auf dem Schutzumschlag finden sich nochmals im Buch. Unbekannt gebliebene Copyright-Inhaber bittet der Herausgeber um Mitteilung.